国家出版基金項目
NATIONAL PUBLICATION FOUNDATION
四川省巴蜀文化研究中心重點科研項目
巴蜀文化研究大家系列

十三經恒解

卷之七

《春秋恒解》

箋解本

〔清〕劉沅◎著

總主編◎譚繼和
總策劃◎施維

箋解　譚繼和　祁和暉

巴蜀書社

圖書在版編目（CIP）數據

十三經恒解（箋解本）／（清）劉沅著；譚繼和、祁和暉箋解
—成都：巴蜀書社，2016.1
ISBN 978-7-5531-0569-7

Ⅰ.①十… Ⅱ.①劉… ②譚… Ⅲ.①經學②《十三經》-注釋 Ⅳ.①Z126.2

中國版本圖書館 CIP 數據核字（2015）第 175942 號

十三經恒解（箋解本）　（清）劉　沅　**著**
譚繼和　祁和暉　**箋解**

出品人	林　建　侯安國
策劃編輯	施　維
責任編輯	張照華　張亮亮　肖　靜　封　龍 張紅義　王群栗　趙邦媛　童際鵬
出　版	巴蜀書社 地址：成都槐樹街 2 號　郵編：610031 總編室電話：（028）86259397
網　址	www.bsbook.com
發　行	巴蜀書社 發行科電話：（028）86259422　86259423
經　銷	新華書店
印　刷	四川省南方印務有限公司
版　次	2016 年 1 月第 1 版
印　次	2016 年 1 月第 1 次印刷
成品尺寸	210mm×290mm
印　張	218.5
書　號	ISBN 978-7-5531-0569-7
定　價	2000.00 元（全 10 卷）

本書若出現印裝質量問題，請與印刷廠聯系。

目　録

春秋恒解

十三經恒解

箋解本

卷之七

春秋恒解

謝正强◎整理

序

是非者，天下之公理也。孔子曰：人之生也直。斯民也，三代之所以直道而行，聖王在上，禮樂明而教化興。所以修身飭紀者，無貴賤皆同。即所以立德成名者，舍《大學》無自。唐虞三代，道一風同。雖其主極使然，亦以民之秉彝，好是懿德。天性之自然，有不容外也。周室既衰，列國之淩亂[1]雖甚，文武之方策猶存。孔子苟得志於時，舉而措之，損益以歸中和，其道則猶是二帝三王之道，其心亦猶是天地生成[2]之心，無他異也。奈當途既鮮知音，而及門或懷疑貳。故子嘗曰：我欲託諸空言，不如見諸行事。蓋事者，人所共知。聖人之行事，又人人天理所咸有。即所行以證而知聖人非空言，亦可知聖人無奇術。此夫子惓惓之衷耳。古史記言記動以警人君，且以爲後來之規戒。聖人在上，則惟知修德承天而已，豈計將來之毁譽哉？聖治漸微，聖蹟將墜。夫子删《書》斷自唐虞，以聖王之法貽後。其書有褒無貶，冠履猶存，謹度者其亦當知率由矣。乃春秋變亂，無復知有聖王之道者，夫子懼大義之淩夷，不得已而筆削魯史，以存是非。亦惟是天下之公理與生民之常經，不容或淆。然以匹夫而進退公卿，私爲賞罰，故孟子以爲天下[3]之事，其實猶是民彝正直之理而已。自來傳註諸家，能發明聖人之意者不少，而拘泥三傳，過爲艱深，以晦本文者亦多。愚淺陋，幸生聖人之時，竊謂以聖人之心，求聖人之事，則知聖言不能外民彝而別有是非。其苦於難

① 亂，《槐軒雜著》卷一本序作夷。
② 成，《槐軒雜著》卷一本序作人。
③ 下，《槐軒雜著》卷一本序作子。

解者[①]，非是非之難明，而以至理爲是非者寡也[②]。及門多從事此書，時以大義相質，久乃成編，不忍捐棄，聊書之以俟高明，後之君子其亦諒愚之庸妄也夫。

時道光十有八年孟夏，雙流劉沅書　咸豐二年重校定　時年八十有五

聖人筆削是非，不外天理。特人天理未純，則不得是非之正，因不得聖人之言。全書解釋不執一家，準以聖人之天理。此爲中庸之德，此爲知言。

受業姪孫鴻典志[③]

① 者，《槐軒雜著》卷一本序闕。
② 也，《槐軒雜著》卷一本序作矣。
③ 按：孫鴻典題記原載《槐軒雜著》卷一本序末。

凡例 附辨正　晚年定本

一、《春秋》爲魯史。凡史紀事皆必詳其本末。夫子取而筆削之，因其事具在史策，故止論其是非。而是非之所以辨，則於書法見之。其初特爲訓告門人之作。因左丘明爲史官，受《經》於孔子。雖未得孔子之道，而知尊孔子。於是即孔子所書爲之傳，亦有《經》之所無而丘明自傳之者，是丘明自以其事可傳而傳之。秦火以後，魯史舊文俱泯，幸此書爲孔門授受私書，後裔珍藏，久而遂顯，後人乃得知夫子筆削之故。然《左氏》荒漏亦多，《公》《穀》更不待言。學者當分别觀之。

一、左氏本魯史官，曾從孔子學，而親炙不久，故其所得不深。即文章甚工，亦未嘗與游、夏同科，則其所造可知矣。《論語》記巧令足恭耻之，夫子許以同志。其人品正大，亦非常侣。特聖人筆削精意，原不易知。游、夏不能贊一詞，又何况丘明耶？其義頗舛，記事亦有疏謬。或晚年病盲，未及校定傳者之誤。今將發明聖人，自不能曲從《傳》説，非必與争辨也。丘明爲孔門弟子無疑，唐趙匡始倡議左氏非丘明，朱子亦因虞不臘疑之。然周有臘事，而非祭名。諸儒未察，愚於《詩經·載芟章》附解詳之。兹不贅。

一、《公羊傳》，舊傳公羊高作。高傳其子平，平傳其子地，地傳其子敢，敢傳其子壽。然其中有子沈子、司馬子、子女子、子北宫子、高子等語，則非公羊一人之詞。穀梁子名俶，字元始，一名赤然。其《傳》中初獻六羽條云：穀梁子曰、尸子曰。尸子名佼，與商鞅同時。舊云穀梁受經於子夏，若與尸子同時則不合。二人舊云皆受學於子夏，然子夏晚年深造，夫子告以三無等義，非苟爲言者。二人果爲弟子，何不聞引述其師之言，而鑿空妄語者甚多？則決非子夏之徒矣。

一、夫子因空言不如實事，筆削《春秋》，以示門人時中之道，則當時師弟必有問答之言，因秦火不傳。惟《左氏》以國史尚在，《公》《穀》則不知何人剽襲傳聞，遂爲作傳，乖謬甚多。而至漢，《公》《穀》先出，《左氏》最後出，於是《公》《穀》遂與《左氏》並行。儒者以爲孔門遺裔，不敢輕議，不知三傳之謬不削，則經義不明。而沿三傳之説者，且横流無已。愚故一一辨正，務使聖人之心，明白共知，豈矜意見而好反前人哉？

一、理一而已，著爲萬事萬物，而其原皆本於心。心純乎理，則在我者即天之理。盡其性而盡人物之性，無不可一以貫之。常人無聖人之心，由未踐聖人之事，又安能知聖人之言？天下古今情事萬變，豈可勝窮？然要不外五倫，道在五倫，五倫本於五性，五性止是一性。不能窮理盡性以至於命，而以一知半解釋《春秋》，此三傳所以多謬，而諸儒是非淆亂日甚也。

一、孔子作《春秋》，即事明理，未嘗自言，可以懼亂賊，正人心。孟子時，知孔子者鮮，又何知《春秋》？故孟子表孔子《春秋》以明此書維持世教，原是爲當時諸侯放恣而言。後人遵孟子之言，知《春秋》尊周攘夷而不知仁。管仲錄霸功，夫子節取之意，知誅亂臣賊子而不知夫子尤責重三綱。凡若此類似是而非，明者甚少，今一一詳明之。雖多與前人異説，實乃以中庸之道折衷，至是期於不悖聖人。其諸儒之論，亦不能一一詳辨也。

一、讀聖人書，原要學聖人。學至於聖，亦衹全得個爲人之理，忠孝節義，其大端也。晚近以聖人爲不可學，於聖人之行即不則效，而於聖人之言卻又好爲議論，欲以此矜博雅、居高明。然無聖人之實，妄生臆説，貽誤後來，其罪更甚，不可不知，不可不戒也。

雙流劉沅識

春秋恒解卷一 晚年定本

杜氏預曰：春秋者，魯史記之名也。記事者，以事繫日，以日繫月，以月繫時，以時繫年，所以紀遠近、别同異。故史之所記，必表年以首事，年有四時，故錯舉以爲所記之名也。《晋語》司馬侯對悼公曰：羊舌肸習於《春秋》，公使傅其大子。《楚語》申叔時言傅大子之法，亦曰教之以《春秋》。蓋魯秉周禮，其史官獨能善于記載，夫子未修之時，已爲當世所重。故晋韓起見《魯春秋》，而曰：周禮盡在魯矣。夫子因魯史之舊文，略爲增省，存其是非美惡，故曰：其文則史，其義則某竊取之。又嘗曰：我欲託之空言，不若見諸行事之深切著明也。誠以概言義理，虚而無着，不如實之以事，是非易明。然則《春秋》皆當時實事，特美惡淆亂，靡關勸懲。自夫子修之，而是非始定也。儻夫子待志于時，其措施可即此而推。故孟子曰：《春秋》，天子之事也。天子爲憲天之人，以天理正人心，即列國史官紀載得失，皆得而正之。夫子無其位而辨其是非，存爲一家之私言，實乃萬世之公理。知之者曰明是非之理，罪之者曰干賞罰之權，不知其正人心而憂世道，爲至深遠也。杜氏又云：《春秋》爲周之舊典禮經。蓋夫子所明，皆周之典禮，非史臣舊文即盡合周典禮也。至《汲冢瑣語》有《魯春秋》記魯獻公十七年事，或因夫子《春秋》取其名以名書，非可與《魯春秋》比。墨子曰：吾見百國《春秋》。及晏子、虞卿、吕不韋、陸賈等著書，皆曰《春秋》。然其篇次本無年月，與錯舉《春秋》記名之義不合，歐陽公已辨之矣。

隱公

公名息姑，惠公之子，周公八世孫。以平王四十九年即位，爲桓所弑。《謚法》：隱拂不成曰隱。《春秋》託始於隱公，當平王四十九年，論者不一。愚謂當以經文及孟子詩亡之義爲定。蓋平王東遷，諸侯固無有怨畔者，使王修明文武之政，何患不治？乃在位日久，毫無振作，致諸侯漸肆。鄭莊爲王畿内小國，乃挾爲王卿士之勢，假王命以兼并。魯，周公之裔，王室優之異於他國，使克體周公之意，盡忠王家，匡正諸侯，豈不爲天子長城？乃於即位任意而爲，不請王命。於鄭假命侵淩，反爲所使，紀爲昏姻，齊滅之不能救。觀經所記，失禮甚多。夫子託始，固非無故矣。其《詩》亡然後《春秋》作，愚於《孟子》註已詳，兹再申明之。蓋美惡是非之公，不泯于人心。聖王在上，既正其乾綱，而又有採風之使、陳詩之條，民間歌謡上達於天子，因以知其政俗之盛衰，而行其黜陟。以歌咏之和平、陳義之中正者，則登諸朝廟，被諸管絃。平王繼亂離之後，既不能修文武之法，至末年並此陳詩、採風之典亦不舉行，于是諸侯以私心好惡，變亂是非。即有一二賢智，憂時憫俗，著爲歌咏，諸侯惡其害己，不列輶軒。忌諱深而草野乏忠言，諂諛進而朝廷少公論。一時之美惡失真，猶可言也；千秋之公論無存，甚可憂也。夫子所以即《春秋》而筆削之，是則是，非則非，使諸侯美惡之迹燦然復陳。彼即能去譏刺之篇章，而不能揜其所行之實事；即能飾目前之諛詞，而不能逃千秋之公論，所以誅奸諛於既死，發潛德之幽光。託始於隱者，以至隱之時，而變亂且多。且平王在位已久，入春秋三年而崩。其無可有爲之實曉然。文、武、周公之舊，從兹熄滅。《春秋》故不得不從兹始也。

元　年　周平王四十九年

《公羊傳》：元年者何？君之始年也。人君即位始年稱元年，猶歲一月稱正月，非有他意。曲説推衍附會，遂有屢改元以爲異者，誤矣。

春王正月。

春，歲之始。王，周王。正月，建子之月。冠王於春，大一統以尊君也。不書即位，攝也。桓公少，隱公攝位。將讓國而致于桓，不行即位之禮，故不書即位，然非禮也。攝政不攝君，名不正則言不順，君命之則可。公不請于周天子，而以私意擅讓于弟，似是而非，開好名釀亂之階。不書即位，如公之意，而公之失以彰矣。

三月，公及邾儀父盟于蔑。

父，音甫。蔑，莫祜反。

邾，大邾國。儀父，其名。蔑，魯地。《左傳》：未王命，故不書爵。公攝位而欲求好于邾，故爲蔑之盟。按：盟亦周制，然非國之本務也。公初即位而爲此，故書及以明公之志，而著其失。

夏五月，鄭伯克段于鄢。

鄢，音偃。杜注：潁川鄢陵縣。今屬河南開封府。

稱鄭伯，明其爲君，可以化弟，否，亦可全之也。克，勝也。期于必克其弟。段不稱弟，鄭伯不以弟視之。于鄢，著鄭伯斥之于外，不親近之，且迫之于鄢也。舜待象何等親愛，故爲大孝。聖人深惡鄭伯，故特筆戒天下之爲人兄者。

秋七月，天王使宰咺來歸惠公、仲子之賵。

咺，呼阮反。賵，撫鳳反。王稱天，明奉天必則天也。宰，冢宰。咺，其名。惠公、仲子，明惠公所寵非夫人也。以天王之尊而下賵諸侯之寵，以冢宰之貴而不能正君，且爲使焉。故正名以譏之。貨財曰賵。

九月，及宋人盟于宿。

宿，杜注：小國，東平無鹽縣也。今在山東兗州府東平州東二十里。

《左傳》：惠公之季年，敗宋師于黄。公立而求成焉。九月，及宋人盟于宿，始通也。宋人，微者也，及之盟，公也。盟本非所尚也，又與卑者盟，故諱之。

冬十有二月，祭伯來。

祭，側界反。今開封府東北十五里有祭伯城。

祭伯，王臣也。來，私來朝。無王命而來朝，故不與其朝。

公子益師卒。

《左傳》：衆父卒，公不與小斂，故不書日。益師蓋賢，故因魯史而存之也。

附　解

紀事必書年月。書元年春正月，常也。夫子冠王於春，以明尊王之義。左氏言周正月，明全書皆用周正，而前人紛紛議論，求深反淺，多晦經義。三代民事皆用夏時，特歲終息事。如今年節則子丑寅各用，蓋一陽生於子，至寅而爲泰卦。天一地二，其數得三，前人謂道生一，一生二，二生三，三生萬物。實衹言有天地然後有萬物耳。以其爲陽氣初生而盛，故子丑寅皆可爲春。夫子爲周民，因魯史作此書，故記事必從周正。而胡氏云夏時冠周月，致來譏訕，非過也。三代皆用夏正，愚於《論語》諸書多言之，兹不贅。邾有大邾、小邾。小邾本名郳，一曰郳，附庸于魯，後乃名邾。此盟者大邾也。周官司盟，掌盟載之法。蓋周制，諸侯世及卿大夫世官世禄，欲其久相保，故爲此制，然必不得已而用之。夫子與陳、蔡大夫盟，及矢子路，則盟誓非必可廢也。但爲國以禮，以德孚於人爲主。此非急務。公初立而一年再與人盟，其無治國之本可知，故兩書及以志諷。儀父，《左傳》云邾子克，解者遂謂美之稱字，然何緣而美之？經書儀父，當從經以爲名，不必從左氏。或本有二名，亦未可知。鄭伯爲兄且君，而不能善化其弟，養成其惡而克之。古稱孝友，蓋友弟者即所以爲孝也。未有孝而不友弟，未有不友弟而猶可爲孝子者。顧尋常兄弟之間，或多難以德化，以恩誼所在，非權術才智可施也。若天子諸侯，則位尊權重，果仁至而義盡，何患不可化，又何至不能容？管、蔡得罪於君，與先王故，周公不能曲全之，然羽翹音嘵則痛之矣。象至不仁，然僅欲害吾身，舜則忘之。段恃母驕恣，本無大惡，善遇之而不畀以權，何至爲亂？夫子書克、書于鄢，斥鄭伯惡之者至矣。而毛西河反謂鄭莊爲是，豈非狂妄？又按：《左傳》言莊公寤生，驚姜氏，遂惡之，不近情理。寤生，難産也。凡兒生而始寤，此未生而寤，故其難産。然天下未有因難産而遂惡其子者。此蓋莊公飾詞。然則何以惡之？觀其待段之情，則平日必不能承歡。使果恩誼交至，不薄待弟，姜氏何必爲之求邑哉？左氏誤信傳聞，反或疑姜氏偏愛。夫母即偏愛，安可不恭？觀其曰姜氏欲之焉避害，斥呼其母，忿懟宛然。寤生豈能逃不孝之罪哉？惠公、仲子，夫子特記王歸賵事，而公不書即位之義，明春秋書法，所以爲微而顯也。惜自來無人見及，今詳論之。《左氏》云：惠公元妃孟子。孟子卒，繼室以聲子，生隱公。宋武公生仲子，仲子生而有文在其手，曰：爲魯夫人。故仲子歸於我。生桓公而惠公薨，是以隱公立而奉之。元妃卒而聲子繼室，則聲子即元妃矣。惠公特以仲子手文之異寵之，而生桓公。是隱公既嫡且長，當立者也。因父寵仲，愛其子，欲以國與桓，然非禮也。隱誠欲效伯夷，於父在即當白父讓弟，或父死必讓弟，亦當立桓而相之，桓不受則己亦必立。乃父在不言於父，父没不即讓弟。己仍爲君，不行即位之禮，曰：吾攝將授弟耳。夫堯老舜攝，耄而使舜代治，未即禪位也。周公攝政，立成王而負扆，未自居南面也。國無二君，諸侯上有天子，豈有已立爲君而曰攝，擅讓國之名，又未聞奉天子之命，可爲正名者乎？舊史以其不行即位之禮，故不書即位。而夫子則以其不合正名之義，亦不書即位。三傳皆可備參，而實皆未得夫子之意。仲子非嫡，《左氏》《穀梁》明言之，而猶有以隱爲庶、桓爲嫡者，何耶？若夫手文一事，近於妖妄。手紋彷彿若字，未必果分明云然，即或有之，亦事之偶，豈可據爲典要？無識者傳以爲奇。魯惠愚妄，寵之。隱公因之遂欲讓國，實非聖賢中正之義。罹於凶禍，豈非自取乎？夫子書惠公、仲子，使人知仲子非夫人，不特天王歸賵之失見，而仲子非夫人，桓公非嫡，隱公之讓爲非正，皆明矣。及宋人盟，《穀梁》云内外皆卑，然則何以必書？自是公與之盟，書及以示諷耳。公子益師卒，舊史於魯大夫書卒，外不書。本國史臣之禮，夫子或存或否，其人事實無考，則其書之之故，亦無庸妄擬。若益師可類推。必鑿求其義者，非也。

二　年　平王五十年

春，公會戎于潛。

潛，杜注：魯地。書稱徐戎，蓋今南徐等處也。

《左傳》：修惠公之好也。戎請盟，公辭。戎，徐戎也。與淮奄均濱海，周初屢爲患。伯禽平定之後，蓋遂安靖，與魯唇齒相依。故惠公與好，而公立亦會之。書以見周公、伯禽懷柔之遺，非譏也。

夏五月，莒人入向。

莒國，杜注：城陽莒縣。今山東青州府莒州是也。向，杜注：譙國龍亢縣東南有向城。今江南鳳陽府懷遠縣西四十里有故縣村。

《左傳》：莒子娶于向，向姜不安莒而歸。夏，莒人入向，以姜氏還。入，乘其無備而入之也。書人以惡莒，而不罪向。何也？正家之義，責重夫綱。既不能正綱以化其妻，又稱兵而入人國，以其妻歸，行同劫奪。人之賤之甚矣。

無駭帥師入極。

駭，《穀梁》作侅。帥，朔律反。極，杜注：附庸小國。今山東兖州府魚臺縣西有極亭。

無駭氏展，魯司空也。極，蓋附庸于魯。無駭恃强私入其邑，故去官與氏而書帥師，以著其無君虐小之罪。

秋八月庚辰，公及戎盟于唐。

唐，杜注：魯地。高平方與縣有武唐亭。今在山東兖州府魚臺縣東十二里。

《左傳》：戎請盟。秋，盟於唐，復修戎好也。前會戎于潛，戎請盟而弗許。今與之盟，蓋公既而悟戎意之不必違也。故書公及交鄰安戎。盟非過也，非以示貶。杜氏曰：八月無庚辰，日月必有誤。

九月，紀履緰來逆女。冬十月，伯姬歸于紀。

緰，音須。履緰，《左》作裂繻。

履緰，紀大夫。天子諸侯亦不自主昏。卿爲君，逆，禮也。《公羊傳》：女在其國稱女，在塗稱婦，入國稱夫人。婦人謂嫁曰歸。夫婦，人倫之本，故聖人重昏禮，而賢女尤難得。紀，小國也，而逆女如禮可書。伯姬、叔姬皆賢，不幸不能善終。夫子書之以誌，慨欲人正夫綱而善全，賢配男女，正天地之大義。有賢者而不遇，聖人所憫。《春秋》明人倫不可勝書，即伯姬、叔姬以示之也。

紀子伯、莒子盟于密。

伯，《左》作帛。杜氏預曰：國在東莞劇縣，姜姓，後爲齊滅。密，杜注：莒邑。城陽淳于縣東北有密鄉。今山東萊州府昌邑縣東南十五里有密鄉故城。

伯，《左氏》作帛，則其名也。名之其表之歟？合前後夫子詳記，紀事及王名爲侯，與之婚則紀子，蓋賢。《左氏》云，失，地名。滅，同姓名。此非然也。蓋子以其賢而弱，因莒方恃强侵伐，故盟以親莒。觀後書大去其國、以酅入齊皆特筆，則夫子之名之非貶矣。

十有二月乙卯，夫人子氏薨。

《公羊傳》：夫人者，隱之母也。不書葬，成公之意。子將不終爲君，故母亦不終爲夫人。然非禮也。公母之，夫人之何不書葬？公無禮，夫子豈成之乎？

鄭人伐衛。

《左傳》：鄭人伐衛，討公孫滑之亂也。共叔出奔衛，衛人爲之伐鄭，取廩延。鄭伯不友，鄰國不平，不自反而報怨，故人以惡之。伐，聲罪致討。鄭以衛爲罪伐之，夫子因其意而書以伐，曰鄭人以爲可伐，子則深惡其擅伐之名也。

附解

聖人明是非、定褒貶，不外天理人情，天理一而已。人情物理隨時異態，隨時變通，至無定而有定。有定者理，無定者事也。以一定之理，衡無定之事，而適得其中，此自古聖人所以事不同而道同。春秋時無是非之時也，夫子就當時之事，明其是非。故孟子曰：其事則齊桓、晋文，其文則史，其義則夫子竊取。會盟征伐，天子之大權也，當時視爲常事，夫子其能一概没之乎？時俗如斯，上下相安於如斯。孟子曰：有王者作，將比今之諸侯而盡誅之乎？其教之不改而後誅之也。故會盟征伐，苟有裨於時，無大害於義，夫子皆節取之。所以爲救時之衰，即所以教門人隨時處中之道也。如此年會戎盟戎，會盟本非所尚，況與戎盟乎？然而魯故密邇徐戎，《書》載《費誓》美伯禽，自是以後未聞魯患。淮夷徐戎則撫綏，相安必有道矣。與之會盟何咎？紀子伯，伯，《左氏》作帛，則紀子之名耳。諸侯非失國有咎，例不書名，而此非事也。合前後夫子書紀事觀之，則紀子蓋賢，時王晋其爵，夫子憫其失國，不特不名以罪之，亦不書滅于齊，而曰大去其國。則此之書名表其人以見賢，而弱偪於强大，蓋有深惜焉。否則傳寫之誤耳。但作闕文觀，則義止於不當盟耳。就經文詳繹之，似不其然。明者其參究之。

三　年　平王五十一年

春王二月己巳，日有食之。

程子曰：月，王月也。事在二月，則書王二月；在三月，則書王三月。無事則書時書首月。蓋有事則道在事，無事則存天時正王朔。天時備則歲功成，王道存則人理立，春秋之大義也。日月之時有常，日掩月則月爲之食，月掩日則日爲之食，然必經道緯道皆同而後食，火土餘氣蔽之則食甚。日爲君象，其食尤當警懼。不言月掩日而曰有食之者，聖人慎言天道。或日或不日，史有詳略，非大義所關，聖人因之也。

三月庚戌，天王崩。

《左氏》以爲平王實三月壬戌崩。赴以庚戌，故書之。非也。崩日何因而必改易？其不書葬，以周來訃而魯未往也。胡氏所謂無君是也。

夏四月辛卯，君氏卒。

君氏者何？隱公夫人也。曷爲不書夫人？公以攝故，降之不成禮，名曰君氏，猶言君妻云爾。舊史書之，《左氏》仍之，傳曰：不赴於諸侯，不反哭於寢，不祔於姑，故不曰薨。不稱夫人，故不言葬。不書姓，爲公故，曰君氏。蓋釋舊史書君氏之故，而公之失見矣。然《左氏》於夫人子氏薨無傳，而誤以此爲聲子，疏忽之甚，豈病盲後失檢，傳者誤歟？隱既爲君，妻安得不爲夫人？攝君已非，又降其妃，非禮之至。夫子因而不改，所謂直書其事而失見也。

秋，武氏子來求賻。

武氏子，王朝大夫武氏子。賻以貨財，助喪費也。王臣不下交，蓋武氏與魯有交，卒而其子使來求助，非自來，故不名也。史書之子，存之以志其失，非爲王求賻也。若王求則當書王使求；若武氏求則當書爲王求。若王使武氏求，而武氏使其子來，則亦當有爲王字。

八月庚辰，宋公和卒。

程氏端學曰：宋以王者後，得稱公。諸侯書卒，正也。書薨者，臣子之詞也。故内書薨而外書卒。愚按：吉凶慶弔，諸侯禮宜相聞。來告則書，否則弗書。其或名或不名，或日或不日，從其赴告之詞。史舊文也，聖人因之。

冬十有二月，齊侯、鄭伯盟于石門。

齊，姜太公封國。今山東青州府臨淄縣西北營邱城是也。後胡公徙封薄姑，則今青州府博興縣東北石門齊地。或曰濟北盧縣故城西南濟水之門，今山東濟南府長清縣西南。

《左傳》：盟于石門，尋盧之盟也。志齊鄭之交，著春秋變亂之始也。周制，天子之卿大夫士爵優於外諸侯，而權祿不逮。周初外諸侯猶入爲王輔，後此無聞。畿内諸侯爲王臣，或世及或世祿或否。鄭莊始侵并人國，時齊僖亦强，二人相固以逞威力，故斥齊侯、鄭伯以著之。自是諸侯紛紛效尤，兵争以多。劉氏實曰：志世變是也。而其説未暢。

癸未，葬宋穆公。

程子曰：諸侯告喪，魯往會葬則書。杜氏預曰：舉謚稱公者，據彼國之辭也。

附解

君氏卒，《公》《穀》皆云尹氏而爲之詞。然魯史記魯事當得實，非若列國事傳聞多誤。但《左氏》多疏忽，遂滋異議。夫人子氏薨，不言何人。此以君氏爲聲子，於是歸仲子之賵。及此二事，皆不分明，可慨也。聲子爲惠公繼室，爲隱公母，公自不敢不以爲夫人。至己妻則以攝故，而名曰君氏。蓋周制生則名，死則謚，公於其卒而號曰君氏，舊史書之，左氏仍之，夫子因而不削，以其事明明失禮，直書固可以見，而不料後人之罔罔也。武氏子爲王求賻，王之意歟？武氏之意歟？其子疇使之來，自平王東遷，國微財匱，大東小東，致怨於杼軸之空，而外侯富强，王臣下交久矣。夫子存此以志世變。無論何人喪葬，總無求賻之禮，則義重求賻，爲王爲己均非也。賵賻二字，《公羊》云：車馬曰賵，貨財曰賻。《穀梁》云：歸死曰賵，歸生曰賻。然實無大分別，皆謂助喪費之財物耳。賵從冒，言不揣而冒昧相贈。賻言主人本裕，已附益之。春秋之初，齊、鄭首敗王綱，故夫子王風以下，次以鄭、齊之風。此書盟于石門，義亦如斯。餘則正解已詳。

四　年　桓王元年

春王二月，莒人伐杞，取牟婁。

杞，杜注：本都陳留雍丘縣，今河南開封府杞縣。後遷都淳于，今青州府安丘縣有淳于故城。杞，姒氏，武王克殷，求禹後，得東婁公而封之于杞。牟婁，杜注：杞邑。按：城陽諸縣東北有婁鄉。今婁鄉城在山東青州府諸城縣境。

伐、侵皆稱兵也，伐明而侵暗。諸侯不得擅侵伐，春秋諸侯無禮，以强凌辱。莒，小國耳，而伐國取邑，是自饜也。書以惡之，且志小國不臣之始。

戊申，衛州吁弑其君完。

弑君，大惡也。其惡同，而其人氏族親疏，所以致惡之由不同，故《春秋》書法不同。凡弑君，惟子書世子，餘皆書名，不書其官。蓋惡亂賊，亦以戒被弑者也。君爲臣綱，父爲子綱。苟正其綱，則恩義交盡，臣子何遽悖逆？世子罪大惡極，故斥書之，使萬載切齒，而君父之不綱亦見矣。其臣不書官，不書公子公孫。齒之於國人，既不許其爲臣，亦以見君綱不正，爲國人所害。桓公，州吁兄也。州吁不道，莊公在，已衆著，桓公何不早爲預防裁抑之？所以桓雖未聞失德，而亦如他。書之弑逆，大惡也，而反咎其上，豈情理哉？蓋五倫莫大於三綱，三綱正而後五倫正，聖人故並戒之耳。

夏，公及宋公遇于清。

清，杜注：衛邑，濟北東阿縣有清亭。今東阿縣屬兗州府。

古者，諸侯因王事不期而值曰遇，亦有禮焉，特以其不期故曰遇也。春秋諸侯私相約會，或簡其禮，托名曰遇，以赴告焉，非禮也。宋與魯交，將以謀鄭，託于遇以祕其迹，書之以志其不誠。

宋公、陳侯、蔡人、衛人伐鄭。

蔡，汝南上蔡縣。今屬河南汝寧府。縣西南十里有故蔡國城。

《左傳》：宋殤公之即位也，公子馮出奔鄭，鄭人欲納之。及衛州吁立，將修先君之怨于鄭，而求寵于諸侯以和其民，使告于宋曰：君若伐鄭以除君害，君爲主，敝邑以賦與陳、蔡從，則衛國之願也。宋人許之。于是，陳、蔡方睦于衛，故宋公、陳侯、蔡人、衛人伐鄭，圍其東門，五日而還。按：州吁弑君，法所必討也。宋不惟不討，而且信其邪説，以私意糾合伐鄭，故首宋以惡之。書爵，罪其不稱上公之爵，而目其人以惡之，非予之。陳、蔡黨惡，本與衛睦，故皆書人以惡之①。

秋，翬帥師會宋公、陳侯、蔡人、衛人伐鄭。

《左傳》：秋，諸侯復伐鄭。宋公使來乞師，公辭之，羽父請以師會之，公弗許，固請而行。故書曰翬帥師，疾之也。諸侯之師敗鄭徒兵，取其禾而還。按：翬擅專而行不義，削公子斥書名，惡其已有無君之心也。

九月，衛人殺州吁于濮。

濮，杜注：陳地，水名。

程子曰：稱衛人，衆辭也，舉國殺之也。朱子曰：春秋之法，亂臣賊子，人人得而誅之。愚按：濮，陳地。于濮，著陳之能討賊也。討賊本石碏之謀，而稱衛人者，衛人之公憤也。石碏之功，臣子所當，爲統以衛人，碏此舉合乎公義也。非陳則衛不能獨討賊，故書于濮以美陳也。

冬十有二月，衛人立晋。

人，衆辭也。立者，不宜立也。晋蓋諸公子諸侯之立，不承國于先君，不稟命于天子，衆謂宜立而遂立，焉可乎？《春秋》不能悉書也，即立晋以明之。詳見附解。

附　解

周制，封建世及，本有易爲離散之勢。特聖人選建皆賢，謂其修齊之道，世傳不替，當可以久安。而不知人心難防，在上者富貴驕肆，飽暖思淫，遂淩夷矣。兼并侵奪，至春秋而益甚。前此已然，《春秋》但即其事以明是非，有據王章言者，有以己意斷之者。所謂時中，凡古今事時勢，《經》權不同，可以例推。此爲詔示門人之書，而前人乃以例説《春秋》，謬矣。此年書莒伐杞，小國恃大國之維恤，而乃恃强侵奪，此顯犯王章者。州吁書衛，立晋稱衛人，此義之自夫子立者。諸若此類，至宜細參之。伐鄭止一次而重書者，特罪翬以見翬之專與隱之失也。立晋書衆人，著晋之不當立也。《史記》云：晋，桓公弟。非也。莊姜無子，厲嬀亦無子，莊姜以戴嬀子爲子。桓公被弑之時，厲嬀蓋早卒。戴嬀因州吁不相容，故大歸于陳。而厲嬀無聞，是早卒之驗。莊姜賢明，蓋有防身之智。使晋爲桓弟，州吁豈能容之？故晋爲群公子又不賢，故不當立。夫子書之以概凡不當立者。諸侯不由天子而立，且由國人而立，王莽居攝，黄袍加身，即此而肇。故此書可以爲萬世之龜鑑也。

---

① 經文陳書爵，未書人，作者此處恐有筆誤。

五　年　桓王二年

春，公矢魚于棠。

矢，《公》《穀》作觀。棠，杜注：高平方與縣北有武唐亭魯侯觀魚臺。今兖州府魚臺縣魚亭山是其處也。

《左傳》：公將如棠觀魚，臧僖伯諫之。公曰：吾將略地焉。遂往，陳魚而觀之。僖伯稱疾，不從。書曰：公矢魚于棠，非禮也，且言遠地也。魚，常物，何觀焉？《公羊》謂百金之魚，公張之。是也。故從《左》作矢。公之荒見矣。

夏四月，葬衛桓公。

《左傳》：衛亂，是以緩。外侯葬不悉書，告則書。衛人討賊而告葬，書以慨亂，亦喜其得賊也。至桓之謚不稱其實，則《春秋》已多，然不勝責矣。

秋，衛師入郕。

郕，《公羊》作盛。杜注：郕國也，東平剛父縣西南有郕鄉。今山東兖州府寧陽縣北有盛鄉城是也。

《左傳》：衛之亂也，郕人侵衛，故衛師入郕。書譏報怨，書帥師著其恃衆。衛宣初立，不思修德，反躬與小國報復，故刺之也。

九月，考仲子之宫。

考，成也。始成而祀之。隱公欲以國授桓，故尊其母，而先爲宫以祀之。以一己之私念，昧君臣之大分。已儼然爲君，而曰將以與人，吾特攝之。正名之義謂何？故書以刺也。

初獻六羽。

羽，翟也。文舞樹翟羽于竿而舞，故曰羽。初者魯因成王賜周公廟用八佾，後遂群廟皆僭之。公因衆仲言，始用六佾萬於仲子之宫，群廟當亦然。夫子善之，故書曰初，志如禮也。而其後不然，失禮亦見矣。

邾人、鄭人伐宋。

《左傳》：宋人取邾田，邾告鄭求興師，是邾報怨首兵，故先邾於鄭。鄭不以義曉之，而即同伐。亦非也。故皆人以貶之。邾見侵于宋，當告之天子，請之方伯，不當間宋、鄭之隙，而偕鄭伐宋。

螟。

胡氏安國曰：蟲食苗心曰螟，食葉曰螣，食節曰賊，食根曰蟊。國以民爲本，民以食爲天。書螟，紀災也。聖人以是爲國之大事也。

冬十有二月辛巳，公子彄卒。

彄，若侯反。

《左傳》：臧僖伯卒，公曰：叔父有憾于寡人，寡人不敢忘。葬之加一等。命卿書卒，所以尊王命也。杜氏預曰：大夫書卒不書葬。葬者，臣子之事，非公家所得與。

宋人伐鄭，圍長葛。

長葛，杜注：潁州長社縣北有長葛城。今河南開封府許州長葛縣北十二里有故城。

《左傳》：宋人伐鄭，圍長葛，以報入郛。圍，環攻也。伐之圍之，報怨虐民，故書人以賤之。

六　年　桓王三年

春，鄭人來輸平。

去年邾、鄭伐宋，宋使來告。因使者不善言，公未出兵。鄭恐公之與宋也，故來。輸平，輸納也。蓋納賄以求平。平，美事也。書輸平，明鄭欲離宋、魯之交，而以賄求成，不盡善也。故書曰人。後秦欺六國，全祖此術。故聖人之所慮者遠。

夏五月辛酉，公會齊侯盟于艾。

艾，杜注：泰山牟縣東南有艾山。今在山東青州府蒙陰縣西北。

《左傳》：夏，盟于艾，始平于齊也。愚按：春秋之初，宋、魯、衞、陳、蔡爲黨；齊、鄭爲黨。鄭爲王畿之國，首敗王綱，思連諸侯以肆侵并。而齊爲大國，故假齊以平魯，離宋、魯之交，以爲後圖焉。書會齊侯盟于艾，盟者，齊之意而公會之云爾，誌當時各懷私心，假盟誓以相親。世風之衰，可慨也。

秋七月。

《公羊》：此無事，何以書？《春秋》雖無事，首時過則書。首時過，則何以書？春秋編年，四時具，然後爲年。

冬，宋人取長葛。

何氏休曰：不繫鄭舉伐者，因上伐圍取也。《經》書冬，《左氏》作秋。劉氏敞曰：邱明作書，雜取當時史策，或用夏正，或用周正是也。愚按：鄭莊方且連齊、魯以蹙宋，宋不知也。伐而取之，徒肆其惡，直書其事，而諸侯愚狡之跡昭然。夫子蓋深慨之，不特惡之也。

七　年　桓王四年

春王三月，叔姬歸于紀。

叔姬曷歸？紀季也。紀滅而紀季以酅入于齊，存宗祀，姬賢能佐之，故書其歸，不書來逆，蓋如禮也。重其歸，故止書歸。

滕侯卒。

滕國，杜注：在沛國公丘縣東南，今山東兖州府滕縣西南十五里有古滕城是也。孔疏：《譜》云：滕，姬姓，文王子錯叔繡之後，武王封之，居滕。

五等諸侯，皆可稱公、侯，卒葬必赴，赴則書。滕鄰魯而爲同姓，赴，魯故書。不名，史失之。不書葬，魯不會葬，非有譏也。

夏，城中丘。

中丘，杜注：在琅琊臨沂縣東北。今山東兗州府沂州東北三十里有中丘城。

《左傳》：書不時也。使民必農隙。春秋兵爭，勞民不以時。聖人謹書之以示戒。

齊侯使其弟年來聘。

諸侯相聘，禮也。禮聘以大夫。使其弟，齊侯厚其弟，且親母也。無貶詞。《記》曰：五十而後爵，明冠禮無大夫，非謂親親之道也。

秋，公伐邾。

《左傳》：秋，宋及鄭平。七月庚申，盟于宿。公伐邾，爲宋討也。邾與魯近，素相睦，且公會與盟于蔑矣。今爲宋伐之何？居聲罪致討曰伐，邾無罪也，而公爲詞以伐之。如其言而書伐，不加貶斥，其失自不可掩矣。

冬，天王使凡伯來聘。

凡，杜注：凡，國；伯，爵。汲郡共縣東南有凡城。今凡縣故城在河南衞輝府輝縣西南二十里。

書誌周之弱也。諸侯不朝天子，而王獨下聘之。聘雖常禮，亦以變而書也。

戎伐凡伯于楚丘以歸。

楚丘，杜注：衞地，在濟陰城武縣西南。今兗州府曹縣東楚丘亭是也。

《左傳》：初，戎朝于周，發幣于公卿，凡伯弗賓。冬，王使凡伯來聘。還，戎伐之于楚丘以歸。胡氏安國曰：一人而曰伐，見其以徒衆也。楚丘，衞地。以歸，易詞也。于楚丘者，罪衞不救王臣之患。周之秩官，敵國賓至，關尹以告，候人爲導，司徒具徒，司寇詰姦，佃人積薪，火師監燎。其貴國之賓至，則以其班加一等益虔。至于王吏，則皆官正涖事。今凡伯承王命爲過賓于衞，而戎得伐之以歸，是蔑先王之官，而無君父也。

附　解

道莫大於五倫。五倫由夫婦始，夫婦正而後家道正，正家而後可以正天下國家。故曰：君子之道，造端乎夫婦。第夫婦之成，必由父母。男女皆子也，則愛之者同，所以善全其生者亦同。而擇壻之道，聖人罕言。世人重男輕女，儒者抑陰扶陽，又薄視婦人，致滋弊端，不可不辨。陰陽之義，本於天地。天地者，夫婦而父母也。陰陽消長而生五行，五行生化萬物，天地之大功用存焉。然天生地成，地生天成，不聞專恃陽而不恃陰。《易經》一書發明陰陽變化之理，戒其偏勝，喜其中正。陰陽皆戒其過亢，不戒其和同，何嘗謂陰不如陽哉？蓋成形成象之後，則陽統夫陰；無聲無臭之始，實陰先乎陽。陽，動也；陰，靜也。有靜而後有動。即以人事言，但有君父夫，而無臣子妻，又何以成家國而普生成？故夫婦之義，聖人重言之。而此書伯姬、叔姬事，尤爲人倫所繫，非漫爲書也。春秋娶女者何限，夫子獨詳記伯姬始終之事，一者正當時並妻媵妾之失，二者爲天下後世擇壻者告也。《論語》記公冶、南容，明夫子擇壻不棄寒畯，亦不避富貴，惟賢是取。女子在室，凡事不能自主，惟父母是依。壻而賢，終身之吉；不賢，終身之凶。世人不知擇壻，輕棄其女者何限？春秋禮制衰亂，夫妻妾媵之間，任意而行，爲禍家國者，不勝屈指。如媵女事，以娣從且以姪從，不顧尊卑名分，不計其人終身如何了結。又或姊妹同夫，榮枯嫌怨，釀成大亂。其義前此聖人未嘗言，以其事前此未嘗有也。媵之事始見於《春秋》，《左氏》云凡諸侯嫁女同姓媵。媵，送也。蓋謂助行昏禮親親之誼。《公羊》云二國媵，孔氏始言以女，鄭康成始言以姪娣從彼。見《春秋》多然，遂以爲古禮亦然。夫天下豈有甘棄其女爲人媵而使幽曠終身者乎？春秋時，五倫不正，君父視如弁髦，何有於子女？或屈於大國，或銜怨洩忿。如齊使宣姜通於昭伯，鄭棄二女於楚，秦使懷嬴事，文公種種不法，非復人類，而當局者安之也。夫子修《春秋》，適有伯姬、叔姬事，書其始末，一以著賢媛不幸之遭，一以著姊妹同歸一處不得其終。爲人父母者，不可不慎耳。堯試舜而嬪以二女，夫試人以女，此事之駭人聽聞者。然堯豈妄者哉？蓋雖灼知舜賢，而未悉其隱微幽獨，二女賢者使歸之，而察及隱微，乃畀以大任，凡人何可援以爲例？或姊妹相繼續婚，猶爲情理之正。若嫁姊而使其娣爲妾，甚至以其姪從，非病狂喪心之父母，何以至此？夫同姓媵者，男女送之於備物備禮，起居一切爲便，非遂爲之臣妾也。或贈以女，如今贈婢；或贈以男，名爲媵臣，亦必當時送婚禮畢即返矣，無竟留其國之事。烏有一娶九女，以娣姪備數，其父母居然棄之，有是人情乎？聖人制禮，原不過天理人情，恰合乎中，何謬戾至此？叔姬，《公》《穀》皆謂爲媵，待年於國，至此乃歸。夫子於二年書伯姬歸于紀，後書紀侯大去其國，齊人葬伯姬。則伯姬爲紀子夫人，國亡入齊，没而齊人葬之明矣。七年書叔姬歸於紀，明未嘗從伯姬爲媵。次書紀季以酅入於齊，叔姬歸於酅，則紀季入齊求以酅，存宗祀事定，而叔姬歸酅，叔姬之爲季妻無疑。二姬蓋賢，紀子亦賢，無辜爲强齊所并，夫子憫之。二姬不幸，子尤憫之。故隱、桓間記紀事特詳，書二姬事亦詳，而凡列國之類此者可推，其非禮者亦可見。夫子作《春秋》，本爲空言無補，不如實事。故就魯史之事以明是非，以教門人。天下事不可勝窮矣，即一事以概其餘；即春秋之所書是非，以概凡事是非，此夫子誨人之意，知之而後爲不負夫子之意，奈何妄爲之説以亂是非乎？齊侯使其弟來聘亦非過也，而議者甚多，今略辨之。《禮記》冠義言：古者五十而後爵。故無大夫冠禮，以冠必年二十也。非謂聖人選賢必逾五十始命爲大夫。舜生三十登庸，堯迭爲賓主；唐叔封桐，豈已壯歲。古今奇材異能，固有出於齠年者，而豈必盡暮齒哉？兄弟之間，惟重恩誼，不講是非。以論是非則必争也。九經之義，尊其位，重其祿，所以親親，親之欲其貴，愛之欲其富，象至不仁，封之有庳。聖人之於兄弟，何如齊侯厚其弟，使之習禮，睦於魯，特遣至親，亦何譏焉。齊僖薨而襄公不體父志，絀無知禮秩，連稱、管至父導之作亂，其事在二十年後。以子之不肖，追咎其父，謂不當親厚其弟，其必令人防範至親，時時慮其生患而薄待之，其可謂聖人之道乎？曹丕因父欲立植惡植，並及諸弟，置之於鄴，禁絶外交。子叡承之，諸王不得入朝，病危倉猝，無可付託，乃以曹爽、司馬氏輔孤，致典午横行，遂危宗社。凡若此類，古不勝書。説經而不以人情物理參之，使聖人至中至庸之道盡爲塵封，往往求深反淺。否則妄談惑世，以爲讀書寡識，實已貽誤後來矣。夫人莫不稟天理而生，亦莫不有事理著於事。事必當理，人情得其正，即天理合其常。聖人亦人耳，因天理純全，故言行得乎人情之正。其書籍之重，亦以其本天理而洽人情，盡乎物理之變。即其書而實踐之，乃可以成己成人，豈徒文哉。又豈可以私心淺見求之哉。愚於四子六經註釋，不免有繁複之譏。非不欲簡也，聚訟太多，群疑莫解，非縷析何以開之。

八　年　桓王五年

春，宋公、衛侯遇于垂。

垂，杜注：衛城。濟陰句陽縣東北有垂亭。今兖州府曹州北句陽店是其地也。

宋、衛素睦，而讎于鄭。齊侯欲平宋、衛于鄭，鄭不受而宋、衛亦貌從也，故託爲遇以謀焉。書以誌諸侯之詐也。

三月，鄭伯使宛來歸祊。

祊，必彭反。《公》《穀》作邴。祊，杜注：在琅琊費縣東南。今山東兖州府費縣治故祊城是也。

宛，鄭大夫。不書氏，史失之矣。魯有朝宿之邑，在王畿内，曰許田。鄭有朝宿之邑，近于魯，曰祊。時天子不巡狩，諸侯亦不朝，故欲以祊易許田，各取其近者。使宛來歸祊，木訥曰：魯初睦于宋，宋伐鄭，齊恐魯助宋，故爲鄭求魯，魯不應之，反爲宋伐邾，故鄭宛歸魯祊。鄭岷隱曰：祊近于魯，許鄰于鄭。鄭伯利在得，許田未取，直取之于魯，故先使人歸祊，爲異日取許田之計。書以見鄭之狡，魯爲所愚，至先王封邑私相互易之罪亦見。曰來歸，明易者，鄭之意也。

庚寅，我入祊。

來歸不言我，而入曰我。明本非我，有魯貪而爲鄭愚也。入，不當入而入也。愚按：蒙上三月書入之日，以見魯之汲汲也，其刺深矣。

夏六月己亥，蔡侯考父卒。

辛亥，宿男卒。

諸侯死則稱名以别于天子，周制也。卒或名或不名，史失之，而夫子因之也。

秋七月庚午，宋公、齊侯、衛侯盟于瓦屋。

瓦屋，杜注：周地。今開封府洧川縣南二十里瓦屋里是。

宋，衛黨也。齊欲爲鄭平之，宋亦欲因是以親齊，故盟于瓦屋。然卒未平于鄭也，故其後宋、衛入鄭。此盟蓋宋之志，故先之，非特以其爵也。盟以長亂，君子所非，夫子詳書于策，著當時諸侯狡黠無常之狀。

八月，葬蔡宣公。

杜氏預曰：三月而葬，速。愚按：侯也。而書公，臣子之詞也。蔡告葬，故獨書。

九月辛卯，公及莒人盟于浮來。

浮，《公》《穀》作包。浮來，杜注：紀邑。東莞縣有邳鄉，邳鄉西有公來山。號邳來間。今莒州西二十里有浮來。

《左傳》：以成紀好也。紀微弱，莒常欲吞并。公盟以結莒，使無侵紀，以紀爲魯昏姻也。書人，莒大夫也。公爲紀故，降而與其臣盟莒。罪著公，無譏也。

螟。

螟，食苗心蟲。程子曰：爲災也。民以食爲命，故有災必書。

冬十有二月，無駭卒。

駭，《穀》作侅。

無駭氏展。自無駭始爲上卿，故史書之，而夫子仍之。氏由自號，姓由君賜，古之制也。《春秋》於公族多稱公子、公孫，異姓未賜姓而有氏，大夫亦書名：聊存禮制之一端，不必皆譏刺也。

附解

春秋諸侯兼并，實由鄭與齊始。鄭莊公三世爲王卿士，挾其勢以侵奪人國，遂爲王畿内之大國。齊僖沿太公夾輔之勛首，先憑陵與國。二國連結，列邦創爲侵伐之局。夫子尤惡之，故託始是時，詳記鄭齊與諸國離合之迹，及弱小見滅之端，明東周分裂由二國倡亂，其罪不可逃也。記歸祊一事，見天子特頒先人禋祀，亦隨意相授，則兼并他人，又何顧忌。聖人之作此書，原是即實事以明是非。而事不勝書，則義當隅反。亦有仍舊文而存其事者，不盡褒貶。學者當以經文爲主，詳味其旨，不可過於求深，亦不可參以鹵莽，乃爲得之。

九　年　桓王六年

春，天王使南季來聘。

隱公立九年矣，未聞一朝天子，而王反下聘之。書以慨周之淩夷，且罪魯也。《穀梁》：南，氏姓也。季，字也。

三月癸酉，大雨，震電。庚辰，大雨雪。

雨，去聲。

三月，夏之正月也。劉向云：雷未可以出，電未可以見。雷電既已出見，則雪不當復降，皆失節也。愚按：雷電雨雪並行，陰陽乖戾、人事反常所致。

挾卒。

杜氏預曰：挾，魯大夫，未賜族。

夏城郎。

《左傳》：書不時也。趙氏鵬飛曰：備宋也。郎逼于宋，魯將北會齊，鄭伐宋，疑宋批亢擣虛，故城以備之，尚何暇順天時恤民力耶？

秋七月。

《穀梁》：無事焉，何以書？不遺時也。范氏甯曰：四時不具，不成年也。

冬，公會齊侯于防。

防，《公》作邴。防，杜注：魯地。在琅琊華縣東南。今兗州府費縣東北六十里有華城，即華縣也。

《左傳》：宋公不王，鄭伯爲王左卿士，以王命討之。伐宋。宋以入郛之役怨公，不告命。公怒，絶宋使。鄭人以王命來告伐宋。公會齊侯于防，謀伐宋。鄭非受命伐宋也。特以私怨。公與齊亦非爲尊王命也，亦徇鄭私。夫子第書其曾伐離合之事，而不及宋不王。鄭假王命，蓋彼此狡黠之迹明，而無王之罪已見。所謂微而顯者也。

十　年　桓王七年

春王二月，公會齊侯、鄭伯于中丘。

《左傳》：公會齊侯、鄭伯於中丘。癸丑，盟于鄧，爲師期。魯本與宋睦，鄭莊以計間之，且餌齊使，從今將伐宋。前會防，今會中丘，皆魯地，則齊鄭來就魯可知。鄭莊假王命開摟伐之局，而毫無爲衆心，罪浮五霸。夫子深惡之。是時魯尚强，使能正之，猶不至鴟張，而乃不然。故夫子詳書公及會盟事以刺也。

夏，翬帥師會齊人、鄭人伐宋。

夏五月，羽父先會齊侯、鄭伯伐宋。魯使翬師從伐宋。齊侯、鄭伯甘與大夫同行，貪狡不顧名分，書人以賤之。而翬素不臣，且以爲宜也，然其罪不可恕也。故書翬帥師會，而不書公使翬。

六月壬戌，公敗宋師于菅。

《左傳》：六月戊申，公會齊侯、鄭伯於老桃。壬戌，公敗宋師于菅。書公敗，著其黨不義而擅伐，爲鄭所愚也。

辛未，取郜。辛巳，取防。

郜，古報反。郜，杜注：濟陰城武縣有郜城。今在兗州府城武縣東南八十里。防，杜注：高平昌邑縣西南有西防城。今在兗州府金鄉縣西。

《左傳》：庚午，鄭師入郜。辛未，歸于我。庚辰，鄭師入防。辛巳，歸于我。本鄭取而歸魯，直書魯取，以其助虐而取非己有，惡之也。浹辰而取二邑，書日以著其虐之甚。

秋，宋人、衛人入鄭。

宋、衛乘虛而入鄭，直書其事，以見其擅相攻伐，狡黠之狀。

宋人、蔡人、衛人伐戴。鄭伯伐取之。

戴，《公》《穀》作載。戴，杜注：陳留外黄縣東南有戴城。今河南歸德府考城縣東南五里考城故城是。

《左傳》：秋七月庚寅，鄭師入郊。猶在郊，宋人、衛人入鄭。蔡人從之，伐戴。八月壬戌，鄭伯圍戴。癸亥，克之，取三師焉。宋、衛既入鄭，而以伐戴召蔡人，蔡人怒，故不和而敗。伐，代宋、衛、蔡三師。取，取戴也。宋、衛約蔡伐鄭，既入鄭而伐戴，乃召蔡人。蔡怒其不待己，故不和，鄭乘而伐之，並取戴。書以著三國爲鄭愚弄，可嗤又可恨也。

冬十月壬午，齊人、鄭人入郕。

成，《公》作盛。

郕，衛之與也。齊、鄭入郕，以報衛黨宋伐戴之舉。書人，惡之也。《左氏》以爲討違王命。夫鄭莊豈誠奉命討罪者哉？

十有一年　桓王八年

春，滕侯、薛侯來朝。

薛，杜注：魯國薛縣。今薛城在山東兗州府滕縣南四十里。孔疏：《譜》云：薛，任姓，黄帝之苗裔奚仲封薛侯，仲虺居薛以爲湯左相，武王復以其胄爲薛侯。小國無記，世不可知，亦不知爲誰所滅。愚按：薛始見于《經》，至魯哀公十年，《經》書薛伯夷卒，後此無考。然《孟子》云：齊人將築薛。《史記》云：齊湣王封田嬰于薛。則薛爲齊滅明矣。《一統志》：薛城，在滕縣南四十里。

周禮：諸侯殷相聘，世相朝。世朝謂世相好則可相朝，非必終諸侯之世而一朝也。周衰，諸侯不朝天子，而相朝又獨小國朝大，則無王矣。魯方强盛，齊、鄭亦曲相親，故滕、薛朝之。夫子書此，固慨其無王，而魯可以有爲，公爲齊、鄭所役之失亦見。

夏，公會鄭伯于時來。

《公》《穀》夏字下有五月字。時來，《公》作祁黎，《左傳》又作郲。時來，杜

注：郲也，滎陽縣東有釐城。鄭地也。在今河南開封府東四十里。

《左傳》：夏，公會鄭伯于郲，謀伐許也。時來，鄭地。公爲鄭所餌往會，以共攻許，故書以非之。

秋七月壬午，公及齊侯、鄭伯入許。

許，杜注：潁川許昌縣。今河南開封府許州，故許城在州東北四十里。孔疏：譜云：許，姜姓，與齊同祖，堯四岳，伯夷之後也。周武王封其苗裔文叔于許。

《左傳》：秋七月，公會齊侯、鄭伯伐許。壬午，入許。許莊公奔衛。齊侯以許讓公。公辭，乃與鄭人。鄭伯使許大夫百里奉許叔居許東偏，使公孫獲處許西偏。愚按：鄭主兵而書及，譏魯徇人而妄入人國也。許男奔，不書，非其罪也。

冬十有一月壬辰，公薨。

《左傳》：羽父請殺桓公，將以求大宰。公曰：爲其少也，吾將授之矣。使營菟裘，吾將老焉。羽父懼，反譖公于桓公而請弑之。公之爲公子也，與鄭人戰于狐壤，止焉。鄭人囚諸尹氏，賂尹氏而禱于其主鍾巫，遂與尹氏歸而立其主。十一月，公祭鍾巫，齊於社圃，館于寫氏。壬辰，羽父使賊弑公于寫氏。立桓公而討寫氏。有死者，不書葬，爲本國君諱，而公之見弑明矣。《公羊傳》：地不書，隱之也，何隱爾？弑也。《春秋》君弑，賊不討，不書葬，以爲無臣子也。

附　解

魯隱之讓，先儒多以爲是。愚按：諸侯受命于天子，而有社稷人民。不奉王命，即爲僭亂。魯桓，非嫡也，惠公徒以其母仲子生而有文在手，曰爲魯夫人，遂授位于桓。桓幼而隱長，隱公而果欲承父之志也，必請命于王。王命攝則攝，命立則立，則名正矣。乃不能，然居攝而長民人曰：吾將以授弟也。名不正則言不順，非此之謂乎？夫子于元年書正月，以明一書之義。下此每年皆不書王於其即位，不書所以著隱之無王，而凡列國之即位不正者統此矣。其《春秋》之作，不始于惠而始于隱，愚於篇首已明之。夫周之德厚矣。太王、王季、文王，深仁浹洽。武王應天順人，非有一毫利天下之心。周公制作，合前代聖王禮樂而折衷至善。然不數傳而即衰者，以世官世祿，民皆飽暖，反生驕淫之弊。亦由後人奉行之不善，非聖人立法有疵也。先王賢則世官，不賢則世祿。而後世不賢亦世官，世祿亦有等級。而後世世祿概行，民皆有田，而非貴則不得富，非賢則不得貴。後世不然，豈聖人之所料哉。兼并侵奪，實由齊、鄭而起。而魯實爲之黨惡，故夫子託始于此。其隱公在位，無一善政可紀。至以私意攝位，不稟王命，不由世及之常，反至釀成簒弑之禍，夫子固不以爲是也。前人猶有以隱爲賢，以齊僖爲小霸者，何其謬哉！《左傳》言周、鄭交質，及取鄔劉寫邘之田等事，《經》皆不書。蓋臣子于君父，惟當恪恭將事，雖君父不仁，其可肆行乎哉！左氏或咎王室，或云不告不書，皆未達聖人之意。夫子爲魯諱亦爲周諱，凡王有失，固不容盡書也。

桓公

楊氏士勛曰：桓公名允，惠公之子，隱公之弟，以桓王九年即位。《世本》作軌。《謚法》：辟土服遠曰桓。

元　年　桓王九年

春王正月，公即位。

人君繼世，請命于王。告廟即位，禮之正也。桓實弑隱而委罪寫氏，告廟即位如常禮。《經》書王、書正、書即位，無異詞，若爲桓諱者然。而實以著明，明有周天子在，公然弑篡，爲可誅也。且前不書薨所，不書葬，則桓弑君諱飾之迹已明。

三月，公會鄭伯于垂。

張氏洽曰：公篡立，而懼諸侯之討己，欲外結好以自固。因鄭伯常歸祊以易許田而未遂，乃求好于鄭，鄭亦欲乘此機以求許田，故會于垂。篡弑之人，凡民罔不憝，而鄭莊首與爲會，故書公會鄭伯，言出于鄭志，以深罪鄭伯也。

鄭伯以璧假許田。

《左傳》：公即位，修好於鄭。鄭人請復祀周公，卒易祊田。公許之。三月，鄭伯以璧假許田，爲周公祊故也。愚按：隱公時，鄭嘗以祊易許田，魯受祊而未與許田。今鄭加璧以易之。朝宿之邑，受之先王先公，豈可擅易。先儒謂諱易爲假，不知書曰以璧假，則二國賄交而蔑典，已見假之名，不輕于易也。

夏四月丁未，公及鄭伯盟于越。

越，杜注：近垂，地名。當在山東兗州府曹州附近。

《左傳》：結祊成也。盟曰：渝盟無享國。愚按：魯結鄭以自安，鄭乘機而假田。各遂其私，爲越之盟。書及，罪尤重魯也。

秋大水。

《左傳》：凡平原出水爲大水。孫氏覺曰：大者，非常之辭。水非常而爲災。家氏鉉翁曰：不書月，概一秋而言也。傷人害物，而後書。水旱饑饉，歲氣不和恒有，而聖王必謹之者，人事修則天道順，不自恕也。《春秋》亦必書之。而此大水，胡氏安國以爲桓逆德而致陰沴。然弑逆之罪，非此等災變可當也。夫子蓋第以其害民而書。

冬十月。

俞氏皋曰：雖無事，必書時。書首月而成歲。其有四時不具者，蓋闕文也。

二　年　桓王十年

春王正月，戊申，宋督弑其君與夷及其大夫孔父。

胡氏安國曰：桓無王，而元年書王正月，以天道王法正桓之罪。二年書王正月，以天道王法正宋督之罪是也。《春秋》弑君始見于魯、宋。魯，内國也，故諱其迹而存其義。宋，外國也，故彰其事與義。孔父蓋忠正之臣，華督欲召公子馮憚之故，先以計殺父，即弑君而立馮。《左氏》不實，辨詳附解。書及，明孔父因君而死，著其節也。孔父，名也，賢孔父而名之。名其君故名其臣，劉氏敞謂君前臣名是也。

御案：孔氏之先。多以字連父，若弗父、金父。然則後以孔爲氏，蓋因其賢而以爲氏焉，非孔本字也。

滕子來朝。

杜氏預曰：隱十一年稱侯，今稱子者，蓋時王所黜。楊氏士勛曰：周德雖衰，尚爲天下宗主，滕今降爵，明是時王所黜。愚按：春秋之世，王政雖衰，天下尚以虚名戴周。故齊、晋之霸，必請命于周。即三晋爲侯，猶請命焉。第大國勢强，或王憚黜之，或雖黜而不聽命。若滕、薛小國，則亦遂黜其爵。聖人因其實而書之，亦餼羊猶存之意也。

三月，公會齊侯、陳侯、鄭伯于稷，以成宋亂。

稷，杜注：宋地。當在今歸德府境。

宋華督弑其君殤公，召莊公于鄭而立之。以郜大鼎賂公，齊、陳、鄭皆有賂，故遂相宋公。書公會，曰以成宋亂，明乎公之同惡而黨之，若宋公非此會不成者，深惡桓而彰其惡。接書納鼎，其肆惡尤見。所謂微而顯、隱而彰者也。

夏四月，取郜大鼎于宋。戊申，納于大廟。

桓弑逆欲諱其迹，故成宋亂而爲宋諱，且納賂器於廟。若曰定宋亂而宋勞之，名正言順也。故書取于宋、納於大廟，剌其不當取與納，猶次剌其諱惡掩飾者深。《公羊》：謂之郜鼎何？器從名，地從主人。

秋七月，杞侯來朝。

《公》《穀》作紀侯。據《經》屢書紀侯，當然也。

諸侯不朝天子而私相朝，非禮也。此書紀侯來朝，别有義焉。時齊欲滅紀，紀侯求魯爲之主。夫子書之以見王室衰微，小國難以自存，志慨也。紀，子爵，蓋賢，而王晋之。

蔡侯、鄭伯會于鄧。

鄧，杜注：潁川召陵縣西南有鄧城。今鄧襄城在河南開封府郾城縣東南三十五里。

胡氏安國曰：《左氏》曰：始懼楚也。其地以國，鄧亦與焉。楚僭號稱王，憑陵江漢，三國與之鄰，是以懼也。其後卒滅鄧，虜蔡侯，而鄭爲之服役。聖人蓋傷之也。

九月，入杞。

《穀梁》：我入之也。杜氏預曰：不稱主帥，微者也。高氏閌曰：此年入杞，八年入郲，其辭雖略，而罪有餘也。夫桓弑君，莫入莫伐之，乃入人伐人，是使天下共蒙其耻也。

公及戎盟于唐。

隱公亦嘗與戎盟矣，然戎再請而後與盟。今書公及，明戎不請而及之盟，蓋已負大惡，結以自固也。

冬，公至自唐。

凡盟會不盡書。至自某，書必有義。此書至自唐，著公負罪不安、結戎自固之隱。

附解

孟子曰：孔子成《春秋》，而亂臣賊子懼。弑惡大逆，豈容隱其事哉。而《春秋》託始於隱，繼以桓之弑逆。隱不當攝而攝，大義不明，反召弑逆之禍，桓弑逆而安然在位。孔子魯臣，不得不隱諱之，而大義不可以不明，將如何示其端哉？隱薨不地不葬，則薨不成禮，朦朧了局，其没不以正可知。於桓書王正月、書即位如常詞，著其不由王命，居然自立，法不恕也。恰有宋督弑君事，亦書王正月，以見桓之即位書王非常詞。又書公會諸國以成宋亂，及納宋鼎于太廟，而桓之弑立不安於心，外結黨援，意亦昭然。此所以可懼亂賊也。不然而何以爲戒哉？《左傳》記華督見孔父妻而豔之，遂殺父奪其妻，並弑宋公，大謬。《禮》：女子出門必擁蔽其面。况大夫之妻，行必乘，乘必帷。孔父嘉爲正考父之子，正考父鼎銘垂戒，孟僖子稱爲明德。孔父嘉親承庭訓，因其賢而死於節，故子孫以其名爲氏。烏有其妻不循禮法露面於道，致華督見之者乎？宋公因公子馮在鄭，屢次伐鄭。華督蓋黨於馮，故欲立馮。而孔父嘉實掌兵柄，又不附己，是以先殺父而後弑君。其宣言民不堪命，司馬則然，誣孔父也。《公羊傳》：孔父生而存，則殤公不可得而弑也。《穀梁傳》亦謂孔父閑也。均以孔父爲賢累而死。《左氏》去孔父嘉百餘年，不詳考其實，而據傳聞妄説，致忠賢蒙冤，安可弗辨？孔父先死而先書君，先尊後卑之義也。

三　年　桓王十一年

春正月。

桓弒立，王不能討，已亦安之。元年春王，以明其弒。二年書王，以正宋罪。此年以後不書王，乃見前二年書王之故也。故前人皆云不書王以見桓無王及王之失政，而謂爲史失書者謬也。

公會齊侯于嬴。

嬴，杜注：齊邑，泰山嬴縣。今故城在山東泰安州東南五十里。

《左傳》：會于嬴，成昏於齊也。公不由媒介，自與齊侯會。而齊侯亦面訂婚書于嬴，責尤重。魯慕齊之大，往自求婚，弒逆之人，悖禮而行，遂以釀惡。可鑒也。

夏，齊侯、衞侯胥命于蒲。

蒲，杜注：衞地，在陳留長垣縣西南。今直隸大名府長垣縣治是也。

《左傳》：不盟也。二國以事相約而不盟，於會遇皆無當，故子以胥命目之。言其同相要結之意，非褒也。

六月，公會杞侯于郕。

杞，《公》作紀。郕，《公》作盛。

紀懼齊，欲親魯。魯桓篡立，亦欲結外援以自固，故會也。

秋七月壬辰朔，日有食之，既。

日月經道緯道皆同度行，則相衝而食。日陽精，而月掩之，則爲災尤大。程子曰：既，書也。食盡爲異大也。

公子翬如齊逆女。

娶妻必親迎，然諸侯不出境，而逆迎之于所館。卿如齊，逆女可也。翬，逆賊也，而桓所寵，然逆女如禮，則不得以其惡而並没其如禮，故稱公子。而桓任翬使逆女，君臣惘然。不知姜氏匪人，已陰貫禍其事，自昭然焉。聖人據事直書，而天道昭然，蓋人心巧于機謀，天道巧于報應如此。

九月，齊侯送姜氏于讙。

讙，杜注：魯地，濟北蛇丘縣西有下讙亭。今濟南府肥城縣西南有故城，俗訛爲夏暉城。

嫁女，父母戒之，禮也。躬送之，非禮也。已至魯地而不稱夫人，尚未成婚，從其父言之也。

公會齊侯于讙。

魯桓欲結齊以自固而娶其女，因齊侯送女至讙，特往會之。非親迎，故不書逆女，而其失自見矣。

夫人姜氏至自齊。

夫人至，成婚一切如禮，則但書逆女來歸可也。此書夫人姜氏至自齊，如常詞。而齊侯躬送其女，公親會侯，似未嘗書者，著自齊而來，爲魯禍也。其意隱而其義嚴矣。

冬，齊侯使其弟年來聘。

《左傳》：致夫人也。致夫人，禮也。而不書致夫人何也？齊侯既親送，公受之矣。前已失禮，此爲虚文。

有年。

《公羊》：有年何以書？以喜書。大有年亦以喜書。此其曰有年，何僅有年也，必有年而後民安，非可偶無年者。然常有年則不書，特書有年，則其餘無年可知。天雖不因君而罪民，然君之無德，亦必見焉。必謂桓、宣之惡當無年者，非謂有年無故而書者，亦非也。

附解

夫婦，人倫之本，而男女有别。故昏禮慎重周詳，非徒儀文，明男女不易而成夫婦也。桓公弑逆，天奪其魄，慕齊之大，親往求婚。齊侯昏憒，不知其女，親送至魯。凡淫惡等事，每有道路昭然，而父母家庭等人猶惘然者。文姜之惡，君子所耻言，而其父、其夫方且鄭重如此。聖人直書其事，千載觀之，猶爲齒冷，可弗鑑乎？且凡篡亂之徒，天罰已及，而當局昏昏。如此者不勝屈指。夫子非獨爲魯記也。秦無道而吕早代嬴，唐蔑倫而武已入宫，曹操防三馬而子丕曲護司馬氏，皆自植禍根，非他人所爲。造物之巧，無心而若有心，人亦安能預防？是以聖人教人修身、齊家從誠正始。一念之欺，而志氣昏焉，天地神明棄之矣。有一分之惡，則有一分之禍。善不積不足以成名，惡不積不足以滅身。夫子豈無故而言之乎？儒者諱言禍福，蓋恐人因爲善而求福，因避禍而不爲善，意亦無他。然善即天理也。自全天理，原不爲禍福起見。而天理熟而天應之，不期福而自福矣，悖理甚而天怒之，不期禍而自禍矣。知禍福之由本于善惡，善惡之分只在天理，存亡則畏禍求福，亦崇德修慝之正道。若夫忠孝節義，死於綱常，全其天理，而上合天心，下扶人紀，不朽之靈，昭昭赫赫。非禍也，正命也。然亦不幸而遭變乃然，豈忠臣孝子節婦必捐軀而後爲貴哉？《洪範》陳五福六極，《周易》明吉凶悔吝。從古聖人，無不以禍福教人。而乃爲一偏之説，以善爲未必福，爲惡爲未必禍，使人必蔑天理而任其心之所爲。小人不知天命，而不畏也。小人而無忌憚，不深可慨乎。蓋主禍福者天，而理則天人之所同。人即不必求福，豈有求禍之人？聖人未嘗苟且避禍，而潛見飛躍，必有其宜。明哲保身，凝道之效，君子有終身之憂，無一朝之患也。奈何不細爲體察，得其貫通，而妄言以誤人耶？大有年，胡康侯之説太拘，毛西河非之亦過，其義正解已明。

四　年　桓王十二年

春正月，公狩于郎。

周之正月，夏之仲冬。書狩，時也。時則何以書？志魯之猶未失政也。四時田獵，春曰蒐。蒐，搜也。春耕恐害田之物伏焉，故搜以取之。夏曰苗。苗之方榮，恐獸戕之，故獵以護苗。秋曰獮。獮，選也。秋令肅殺，選豁稼者而殺之。冬曰狩。狩，守也。倉廩既登，恐獸攫取，殺之而守。蓋先王既于農隙講武，以明安不忘危，而又恐後世淫于原獸也，故其義如此。魯自文、宣以後，政治下移。桓襄强盛之時，身負大惡，未聞匡王恤鄰之事，而徒習武自保。書狩如常詞，而不足於桓之意存焉。謂郎爲遠地故譏者，非也。

夏，天王使宰渠伯糾來聘。

王，桓王。宰，冢宰。渠，氏；伯，爵；糾，其名也。天子有下聘之禮，但桓弑逆不朝，王不能討，而反下聘，失綱甚矣。奉天立政，其可爾乎？直書其事如常詞，而失自見矣。四時具乃成歲，或史失之，而夫子不增以爲闕文之義。或本有而傳失，皆非夫子筆削所繫也。

附　解

狩於郎，《左》以爲書時，《公羊》以爲譏遠地。宗《公羊》者多，宗《左》者亦有，皆非也。周制寓兵於農，四時田獵以講武事，所得以爲乾豆賓客，充君之庖。國之大事，在祀與戎，苟或不舉，則非禮而怠政。伯禽《費誓》，夫子刪《書》，特存之明魯開國之規模，入《春秋》而猶盛。故齊、鄭侵伐，必求親魯。使隱、桓能正身正人，不隨俯仰，未必不可修明周公、伯禽之政，捍衛王室，乃不能然，反黨同不義，夫子詎弗傷之？桓雖弑立，而似有强武之材，能修武備，故没而國人謚之曰桓。特身犯大逆，又貿貿娶齊，在位十八年，無一忠君正人之事。書其狩郎，以見可以有爲而不能爲，惜之亦刺之也。自後惟書莊公狩於禚，其後則政柄下移，不復書狩。蒐紅、蒐比蒲，與兹之書狩不同。書之可考魯盛衰之迹固非無因而云然也。

五　年　桓王十三年

春正月，甲戌、己丑，陳侯鮑卒。

《左傳》：于是陳亂，文公子佗殺太子免而代之，公疾病而亂作。杜氏預曰：甲戌，前年十二月二十一日；己丑，此年正月六日。趙氏匡曰：甲戌下有脱文。黄氏仲炎曰：傳録者誤耳。其言甚是。餘皆曲説。

夏，齊侯、鄭伯如紀。

《左傳》：齊侯、鄭伯朝于紀，欲以襲之。紀人知之。愚按：齊結鄭以謀亂。胡氏安國謂紀人來告其事，故史書之。是也。夫子存之，書如紀以惡其詐。

天王使仍叔之子來聘。

仍，《穀》作任。

仍叔之子而果賢耶？則當書其名也。今不然，譏也。天王私愛仍叔，而及其子，故斥言以譏之。

葬陳桓公。

黄氏震曰：使會葬，故書。吴氏澂曰：不書月，史失之。

城祝丘。

祝丘，杜注：魯地。漢即丘縣。今沂州東南五十里有即丘城。

高氏閌曰：齊將襲紀，公欲助紀，而畏齊來討，故非時城此以備之。

秋，蔡人、衛人、陳人從王伐鄭。

按：《左傳》：王奪鄭伯政，鄭伯不朝。王以諸侯伐鄭，鄭伯禦之。戰于繻葛，王卒大敗。鄭無道，至敢拒王師，其罪大矣。不書戰，書敗，諱之以存天下之大防也。三國從王，正也。不爵而書人，君臣之辭也。不先書王伐鄭，王當命方伯征之，而不必自將，諱之也。不稱天，從天王不成語，非削之也。

大雩。

雩，求雨之祭。重其事，故曰大，非雩有大小也。建巳之月，龍見祈澤而雩，常祭也。旱而雩，非常也。書大雩著其旱也，非以爲僭也。

螽。

《公》作螺。

杜氏預曰：蚣蝑之屬爲災，故書。朱子曰：螽，蝗屬。家氏鉉翁曰：繼雩書螽，旱蝗並作也。

冬，州公如曹。

州，國名。今山東青州府安丘縣淳于城州所都也。曹，今山東兖州府縣西北四里有定陶故城，即曹國，姬姓伯爵，文王子叔振鐸之後。

州，國名。公，爵也。如曹，蓋朝於晋。《經》凡諸侯相朝，皆曰如。其事無考。《左傳》：淳于公如曹，度其國危，遂不復。其危若何？孰偪之而國誰有之？皆無據。當闕疑也。

六　年　桓王十四年

春正月，寔來。

寔何人？來何事？闕文也。《左傳》：自曹來朝。書曰：寔來。不復其國也。蓋以來而不去爲寔，然則宜曰：州公自曹來失。地當名，亦曰：州公某來。其君賢則如紀，書大去其國，不賢則如書梁，亡事。異年如異地，而蒙去年書寔來，殊爲語不成文，史例無之。《左傳》謬，《公》《穀》尤謬。觀後年書穀、鄧來朝，則知此書寔來決非州公。

夏四月，公會紀侯于郕。

郕，《左》《公》作成。成，杜注：魯地。泰山鉅平縣東南。今山東兖州府寧陽縣東北九十里有古城社，即成城也。

《左傳》：紀來諮謀齊難也。黄氏震曰：齊欲圖紀。紀，魯甥也。以魯婚于齊，故求魯，而公會之。紀侯蓋賢，故屢書以憫之。

秋八月壬午，大閲。

《左傳》：簡車馬也。簡閲車徒，亦禮制，而八月非其時。夫子書之，非譏其不時，譏其徒自衛而不能匡王恤鄰。四月紀來告難，八月大閲，冬紀又來求告。王求成公謝之，則大閲何取哉？

蔡人殺陳陀。

前一年，陳桓公卒，其異母弟佗殺世子免而代之。今蔡人殺之，立世子免弟躍，是爲厲公。佗立踰年矣，而不稱君。與衛殺州吁、齊殺無知同一討賊之詞，亦其臣民不附，未成其爲君也。稱人，明國人共討之。

九月丁卯，子同生。

《左傳》：子同生，以大子生之禮舉之，接以大牢，卜士負之，士妻食之。公與文姜、宗婦命之。公問名于申繻，對以名之義。公曰：是其生也，與吾同物，命之曰同。父子相繼，以承先德，人道之大者，而君公尤重。子同之生，如禮命名，亦當書之，以見繼體之重。不悉書，書一以存其義，無褒亦無貶。《穀梁》妄矣。

冬，紀侯來朝。

《左傳》：紀侯來朝，請王命以求成于齊，公告不能。紀求請王命與齊成，正也。使桓從之，大義不由此明，而魯不可以存宗國之舊哉。惜魯桓求婚于齊以自固，方睦齊不暇，豈肯爲紀求齊。書來朝，憫紀而惡魯之不恤鄰也。

附　解

《春秋》一書，夫子因空言不如行事，深切著明，故因魯史筆削以示門人。當時及門質問，必有著述，不幸秦火無傳。今惟憑三傳，而三傳實多悖謬，致聖人之意不彰。《左氏》固三傳之佳者也，然意其身爲國史，及身之事，見聞較確。舊事據舊史書之，固多不實。此年州公如曹，寔來是也。夫子大書州公如曹，其爲相朝固明。《左氏》言度其國危遂不復，然一國之君，非萬不得已，疇甘棄其國與家而他往者？滕畏齊、楚，孟子告以自彊，及遷，否則效死。紀侯偪於齊，夫子詳書其事，而曰大去其國，紀季以酅入齊。聖賢之重其事如此也。州公國何以危？孰伐之，孰滅之？不書其事，而但曰度其國危遂不復。夫度之云者，必籌之至熟。意見未定，而遽棄國，並其家人婦子而棄之，豈人情乎？既早度之，則必思託身之所，何以如曹不久，而又如魯？諸侯失國而託於諸侯，禮也，孟子言之，以其事自春秋以來固常有之。若以寔爲州公名，則必云州公寔而後可寔，既非其名而曰寔來，事隔一年，人來分兩地，夫子倦於下筆，但曰寔來，聖人不如此疏略。詳悉求之，左氏去州公時遠，又未深知其事，荒忽記之，其可曲從之乎？至《穀梁》曰：是來也，以其畫我，簡言之。《公羊》曰：是來也，慢之，化我也。畫我化我，幾不成文。其妄又何足信？蔡人殺陳佗，《史記》錯謬，《左氏》簡，毛西河之説爲長，從之。

七　年　桓王十五年

春二月己亥，焚咸丘。

咸丘，杜注：魯地。高平鉅野縣南有咸亭。今屬山東兖州府。咸丘，魯地而界於邾，蓋有據之爲患者，公襲而焚之。近人於盜賊所止，往往焚其聚落，即此意，然而暴矣。

夏，穀伯綏來朝。鄧侯吾離來朝。

穀，杜注：穀國，在南鄉筑陽縣北。今湖廣襄陽府穀城縣治爲故筑陽城，古穀城在縣北。釋例曰：鄧國，義陽鄧縣。今湖廣襄陽府東北二十里有鄧城。

來朝，常也，而書名。《公》《穀》曰：失國之君。是也。二國去魯千餘里，而鄰於楚。蓋爲楚偪，來託於魯。書侯，憫之不没其爵。書名，失地也。不書秋冬，史闕文也。

附　解

焚咸丘，《左氏》無傳。杜預以爲火田。然火田，常也。《公》《穀》以爲邾地，魯用火攻。劉氏敞謂：邾地，何以不書邾咸丘？葉氏夢得謂：爲人，火有焚之者。三説當從《公》《穀》。蓋邾有大邾、小邾。小邾附庸於魯，後漸强盛，常與魯爲難。《公》《穀》云邾地，蓋小邾也。咸丘，魯地，而小邾與之密邇，必有據咸丘爲患者。故公襲而焚之，未嘗用兵攻伐，故止書焚。夫子時，咸丘人皆知之，故左氏不爲之傳。後人因左氏無傳，又不知咸丘界於小邾，遂疑《公》《穀》而從杜氏。然火田常事，以爲人火，則當云咸丘焚，而不曰焚咸丘。故《公》《穀》爲允。穀、鄧書名，亦以《公》《穀》爲是。春秋大國兼併弱小，寓公不勝書矣。書二國以見一斑。書名罪其失國，書侯憫其見偪。凡類此者可推焉。

八　年　桓王十六年

春正月己卯，烝。

趙氏匡曰：正月之烝，不失時也。《經》爲五月又烝，故書此以明一歲再烝。若不書，即似春有故不烝，夏乃烝耳。

天王使家父來聘。

家，氏；父，字。周之世臣。桓弑立，王不能討，且五年之間來聘者三。備書之，以見王綱斁而簒人乃得志也。

夏五月丁丑，烝。

程子曰：正月既烝矣而非時，復烝者必以前烝爲不備也。其黷亂甚矣。

秋，伐邾。

邾，小邾也。書伐，桓必以不義責之。如其志書之，而公擅伐之，不義自見。觀此而焚咸丘之故亦明。

冬十月，雨雪。

《公羊》：何以書記？異也。何異爾？不時也。齊氏履謙曰：《春秋》凡三書雨雪，雨皆言大，此獨不言大。言大者以大爲異，不言大者以失時爲異。

祭公來，遂逆王后于紀。

昏禮必親迎。天子尊不自爲主，則命同姓諸侯爲主。王娶于紀，使魯爲主，而使祭公逆女。書祭公來，則知魯之爲主也。書遂逆王后于紀，則知爲逆女來也。重大昏而使宰王，無譏焉；因逆女而來故稱遂，以明其事，亦非刺也。自逆者而言則稱王后，以全乎爲臣之禮；自歸者而言則稱季姜，以全乎爲子之義。此事《春秋》無譏焉。先儒多失之鑿矣。又案：桓王立十六年矣，而娶於紀，則再娶矣。可見《公羊》謂諸侯一娶九女不再娶之非。

九　年　桓王十七年

春，紀季姜歸于京師。

《左傳》：凡諸侯之女行，唯王后書。京，大也。師，衆也。王畿至大，而爲衆所歸，不敢斥言王，故曰歸于京師。毛氏曰：自魯而言，則稱王后；自紀而言，則稱季姜。

夏四月。

秋七月。

黄氏震曰：書以備四時。

冬，曹伯使其世子射姑來朝。

曹伯有疾，故使其世子來朝。周禮：諸侯之嫡子，有攝其君之禮，然必急王命而後可也。朝魯非王命，特私耳。而亟使其世子攝，在世子則失就養之禮，在曹伯則失防患之道。而魯以强，故致人父子失所，交譏之矣。

附　解

祭伯來爲王逆女，使魯爲之主，禮也。而前人多非之。深文曲説，此類甚多，非聖人至中至正至平之道也。案：紀因微弱，屢求於魯。魯畏齊，不能庇。紀子蓋賢，故王晋爵爲侯，又與之婚，《春秋》詳書之。而魯不匡王，與齊肆暴之罪以彰，且並書伯姬、叔姬事，蓋二姬亦賢媛也。《公羊傳》云：諸侯一娶九女，不再娶。先儒信之，遂生許多謬論，大失聖人中正之義。觀此經所載桓王再娶，襄公十二年靈王求后於齊襄王，有後母惠后，又娶翟女爲后，此非天子再娶乎？至諸侯尤多，齊襄與桓娶王姬，晋平娶少姜，齊請繼室於晋是也。猶曰《春秋》之事，非聖王之事也。然試思自堯舜至孔孟：曾有不再娶之事、不再娶之言乎？至九嬪世婦，特備内廷使令，豈謂必娶女如是之多？聖人以修身寡慾教人，而儒者以多慾爲禮。夫夫婦人倫之正，豈盡偕老，而曰不可再娶？勢必多置妾御，不必再有正内之人，理何以通？曹世子來朝，斥爲非禮。不知周禮明言，諸侯之適子，誓於天子而攝其君，則下其君一等，未誓則以皮帛繼子男。是世子非不可攝行聘事。但曹伯有疾，世子不當違養而從父命。因曹弱魯强，不得已而强之。魯亦不能體人父子之誼，爲大失耳。愚正註已明。

十　年　桓王十八年

春王正月。

桓無王，自三年後不復書王。今復書王，何也？存王也。數以十而盈。十年不書王，嫌無王矣。王雖不綱，天下何可無王？故書。

庚申，曹伯終生卒。

夏五月，葬曹桓公。

湛氏若水曰：著葬之得體也。《禮》：諸侯五月而葬。何以書？有赴報則史書之，聖人存之。

秋，公會衛侯于桃丘，弗遇。

桃丘，杜注：衛地，濟北東阿縣東南有桃城。今山東東昌府東阿縣西五十里有桃城鋪，旁有一丘，高有數仞，即桃丘也。

季氏本曰：衛與齊黨，而齊以紀故與魯爲讎。魯聞衛侯適齊期戰，故往會之以間齊，而衛由他道過矣，故曰弗遇。若期而背約，則當言弗至。愚案：衛已黨于齊矣，公猶欲結之會于桃丘。或期或否不可知，書曰弗遇，則公之爲衛愚可見，而衛之狡不待言矣。

冬十有二月丙午，齊侯、衛侯、鄭伯來戰于郎。

案：《左傳》：北戎病齊，諸侯救之，鄭公子忽有功焉。齊人餼諸侯，使魯次之。魯以周班後鄭。鄭人怒，請師於齊。齊人以衞師助之。魯無失禮，而鄭伐之。齊人以紀故怨魯，衞黨齊而助鄭。書來戰，直魯而罪三國也。不言敗績，義不係乎勝負，略之，非必諱之也。

十有一年 桓王十九年

春正月，齊人、衞人、鄭人盟于惡曹。

惡曹，杜注：地闕。

三國之君，前來戰于郎矣，今復結盟，以府怨故貶而稱人。《左傳》書宋，誤。杜氏反以爲經闕，非也。

夏五月癸未，鄭伯寤生卒。

秋七月，葬鄭莊公。

鄭方讎魯，宜不赴告。而書卒葬者，世子忽之，意也赴之，故如常書之。胡氏安國謂鄭莊志殺其弟，使餬其口于四方。身没未幾，而公子互爭，兵革不息。亂之初生也，起于一念之不善，後世則而象之。至于兄弟相殘，國内大亂，有國者所以必循天理，而不可以私欲滅之。其言深切著明，可爲世鑒矣。

九月，宋人執鄭祭仲。

《左傳》：初，祭封人仲足有寵于莊公，莊公使爲卿。爲公娶鄧曼，生昭公，故祭仲立之。宋雍氏女于鄭莊公，曰雍姬，生厲公。雍氏宗有寵于宋莊公，故誘祭仲而執之，曰不立突，將死。亦執厲公而求賂焉。祭仲與宋人盟，以厲公歸而立之。案《穀梁》：祭，氏；仲，名是也。宋書人，仲不書爵而書名，皆貶也。

突歸于鄭。

蒙上宋人執祭仲而書歸于鄭，則歸爲仲歸之明矣，罪仲也。突，名。賤惡之。不繫以鄭，不當有鄭也。

鄭忽出奔衞。

忽繫以鄭，宜有鄭也。忽非嫡，亦未立爲世子。特以長可立。未踰年之君稱子。而不稱子，以此。

柔會宋公、陳侯、蔡叔盟于折。

折，杜注：地闕。

柔，内大夫也。宋結陳、蔡、魯以助突而要，魯不欲也。故但使臣會之。柔不稱爵，以公既不從宋，則當辭，不當使臣會君。故不書大夫，以明大夫不當與諸侯抗。

公會宋公于夫鍾。

鍾，《公》作童。夫鍾，杜注：郕地。今在山東兖州府寧陽縣盛鄉城，即郕國，其北有夫鍾里。

冬十有二月，公會宋公于闞。

鬫，杜注：魯地，東平須昌縣東南。今山東兗州府汶上縣西有鬫亭，在南旺湖中。

公屢會宋公，《左氏》皆無傳。下伐宋乃明之，其屢會宋，皆爲欲平宋、鄭也。然突簒，宋助突，皆法所不容。公實既不能正己，又不問其事之是非，而屢會以求之，故詳書以彰其失也。

十有二年　桓王二十年

春正月。

黄氏震曰：書正月以存四時之始。

夏六月壬寅，公會杞侯、莒子盟于曲池。

杞，《公》《穀》作紀。曲池，《公》作毆虵。曲池，杜注：魯地。魯國汶陽縣北有曲水亭。今在曲阜縣東北四十里，源出石門山。

《左傳》：盟于曲池，平杞也。紀微莒，嘗輕之。齊方圖紀，公結莒以援之，故平其怨。雖卒無救于紀，而公意自善，故書法會以明其志。然紀屢朝魯，求請于王平齊，而公畏齊辭之。區區恃盟會禦齊，末矣。且自返不正，無足取重于人。而屢盟欲平宋、鄭，宋亦不聽。詳書于冊，可以見不正其身，如正人何也？

秋七月丁亥，公會宋公、燕人盟于穀丘。

穀丘，杜注：宋地。今在山東兗州府曹州北三十里。

《左傳》：公欲平宋、鄭。故及宋公盟于穀丘。而燕何以與焉？豈魯要之使來歟？燕，杜氏預以爲南燕大夫，存參。

八月壬辰，陳侯躍卒。

杜氏預曰：厲公也。不書葬，魯不會也。《左傳》：佗殺太子免而代之。陳厲公，蔡出也。故蔡人殺五父而立之。厲公即躍。五父即佗，《史記》以爲二人，增一利公，孔氏穎達已辨之。

公會宋公于虚。

虚，去魚反。《公》作郯虚。杜注：宋地。疑在睢州境。

冬十有一月，公會宋公于龜。

龜，杜注：宋地。疑在睢州境。

《左傳》：公欲平宋、鄭，盟于句瀆之丘。宋成未可知也，故又會于虚，會于龜。

丙戌，公會鄭伯，盟于武父。

武父，杜注：鄭地。陳留濟陽縣東北有武父城。《水經注》：濟陽，故武父城也。今在直隸大名府東明縣西南，與河南開封府蘭陽縣接界。

《左傳》：宋公辭平，故與鄭伯盟于武父。然宋因索賂于鄭，而鄭不滿其欲，故怨鄭。突簒、宋黨惡，皆不正矣。公不能申明大義，告于天王，以己先不正而正人，宜人不從。因宋辭平，又黨鄭伐宋，其妄彌甚。故夫子詳書以戒。

丙戌，衛侯晋卒。

孔氏穎達曰：《春秋》之中，惟此重書日，其餘亦應有一日兩事，各書日名，但更無其日，不可復知。計赴告之體，本應皆以日告史官，復應各書其日。仲尼書《經》，不以日月褒貶，或略或詳，非此所急，故日月詳略，皆依舊文。此以舊史所重，故因史成文耳。

十有二月，及鄭師伐宋。丁未，戰于宋。

宋始則助突之篡，繼則責略無厭，有可伐之罪。然魯桓、宋莊皆篡也，非伐宋之人。前屢書會宋矣，此書會鄭及鄭伐宋，則魯之助鄭可知。書戰于宋，著深入以甚，其爲忿兵也。

十有三年　桓王二十一年

春二月，公會紀侯、鄭伯。己巳，及齊侯、宋公、衛侯、燕人戰。齊師、宋師、衛師、燕師敗績。

蘇氏轍曰：先言會而後言日，既會而後戰，會戰異日。衛睦于齊，燕黨于宋，宋怨鄭、魯而親齊。魯忿宋附鄭，去年十二月伐宋與戰，勝負未分。今春復會鄭，謀再戰。紀蓋魯召之，燕亦宋召之，蒙上文做會戰連書。四國書師，著其衆。書敗績，復書四國，著其黨同不義，自取敗辱，以爲戒也。前已咎魯，此又咎宋，衛侯喪未踰年而稱爵，蓋以吉服從戎，書以惡之也。

三月，葬衛宣公。

上書衛侯之戰，此書葬，著衛朔不孝之罪也。家氏鉉翁曰：敗績而歸，乃葬其父，甚矣衛朔之不仁也。《春秋》不書衛子，而以爵書，絶之於名教也。衛朔行同犬彘，是不足深責。而《春秋》垂法後世，不容無責也。

夏，大水。

湛氏若水曰：紀異也。水，陰之象也，惡之象也，小人之象也，臣下之象也，妻妾之象也。人君可以省矣。

秋七月。

冬十月。

十有四年　桓王二十二年

春正月，公會鄭伯于曹。

《左傳》：會于曹，曹人致餼，禮也。蓋前年魯、鄭同敗齊、衛之師，虞其報怨，故爲會以謀之。曹素與魯協，故會鄭于其地。其會無可取者，直書之，而其義自見。

無冰。

何氏休曰：周之正月，夏十一月，法當堅冰。無冰者，温也。胡氏安國曰：周官凌人之職，飲冰于夏，其藏之也。固陰沍寒，于是乎取其出之也。賓食喪祭，于是乎用理陰陽天地之一事也。今仲冬之月，燠而無冰，則政治縱弛之所致也。故書于策。

夏五。

此史闕文也。聖人作《春秋》，筆削之以明大義。若其事之無關重輕者，則仍舊文而不改，示人以慎也。此或舊史本闕，夫子因之。或夫子之後乃脱簡，均不可知。要其爲闕疑之一義，則一也。

鄭伯使其弟語來盟。

語，《穀》作禦。

《左傳》：鄭子人來尋盟，且修曹之會。高氏閌曰：來盟于我，彼欲之之辭也。按：突德魯而使來盟厚魯，故以弟。然其事則無足取，書以著其實爾。

秋八月壬申，御廩災。

御廩，藏粢盛之所。《左傳》以災仍嘗，書災，爲不害。非也。若不成災，則不書災矣。書災，譏其不謹。

乙亥，嘗。

周八月，夏六月也。而嘗不時，御廩方災。越三日遂嘗，不敬。書以見魯之於禮不由道，而苟且若是。

冬十有二月丁巳，齊侯禄父卒。

宋人以齊人、蔡人、衛人、陳人伐鄭。

《公羊》蔡人在衛人下。

《左傳》：冬，宋人以諸侯伐鄭，報宋之戰也。焚渠門，入及大逵。伐東郊，取牛首。以大宫之椽歸，爲盧門之椽。按：宋怨突之背己，以四國伐鄭。四國從宋之忿兵，故皆貶而稱人。

十有五年　桓王二十三年

春二月，天王使家父來求車。

胡氏安國曰：遣使需索之謂求。王畿千里，租稅所入，足以充費，不至于有求四方。諸侯各有職貢，不至于來求。以喪事而求貨財已爲不可，况車服乎？書曰求，譏王，亦刺諸侯之不臣也。

三月乙未，天王崩。

天子立與崩，諸侯皆當賀弔。春秋衰亂，諸侯儕天子於列國，赴則書，否則不書，亦不往弔。此書崩不書葬，即此意。是後王崩多不書，蓋王室亦不赴矣。

夏四月己巳，葬齊僖公。

齊僖卒，葬皆書赴而會葬也。魯與齊有隙，猶赴且會葬。天王崩不然。比事書之，魯之不臣見矣。

五月，鄭伯突出奔蔡。

按：《左傳》：祭仲專，鄭伯患之，使其壻雍糾殺之。雍姬知之，以告仲。仲殺雍糾，公出奔蔡。不書祭仲，而以自奔爲文，不與仲以得逐君也。突因祭仲而入，亦因之而出。書名亦惡之，著其自取也。

鄭世子忽復歸于鄭。

書鄭世子，明當有鄭。書復歸，則其出之無罪可知矣。汪氏克寬曰：前先書突歸，而繼書忽奔，以忽之出由突之入也。此先書突奔，而繼書忽歸，明忽之歸由突之出也。

許叔入于許。

許叔，蓋許子之弟。鄭莊公滅許，使許大夫奉許叔居許東偏。兹復入于許，蓋因鄭亂而復其國。不書復國，非君也。書入于許，著其入之易，以明鄭莊恃强滅國，不久而失之，爲世戒也。

公會齊侯于艾。

艾，《公》作鄗，《穀》作蒿。

書會齊侯，欲會者齊也。而書公往會，刺公之不明也。齊、魯嘗搆怨，襄公立而復與魯通，彭生之禍兆于此矣。故志之也。

邾人、牟人、葛人來朝。

牟，杜注：牟國。泰山牟縣。今山東濟南府東二十里有牟城。葛，杜注：梁國。寧陵縣東北。今河南歸德府寧陵縣有葛城，在汴河之南。葛，嬴姓。

邾，小邾也。三國皆附庸于魯人，蓋其臣也。《左氏》無傳，不知其何以朝。書來朝，以見魯猶未衰。人朝于魯，而魯不朝王，失亦見矣。《公羊》謂狄之，非。

秋九月，鄭伯突入于櫟。

櫟，杜注：鄭别都也。河南陽翟縣。今開封府禹州是。

《左傳》：鄭伯因櫟人殺檀伯，而遂居櫟。若但書鄭突，則疑乎突當有鄭；不書鄭則無以知櫟爲鄭地，以其曾篡也。從其實而書鄭伯，非予之也。書名，惡之也。書入于櫟，則其强逼之罪可見。曰入，不當入者也。

冬十有一月，公會宋公、衛侯、陳侯于袲，伐鄭。

宋公上，《公羊》有齊侯。袲，昌氏反。《公羊》作侈袲。杜注：衛地。沛國相縣西南有袲亭。今在江南鳳陽府宿州。

《左傳》：會于袲，謀伐鄭，將納厲公也。弗克而還。按：忽與突之得失昭然矣。四國謀納突而伐鄭，何以書爵書伐，蓋非與之也。突不道以庶篡嫡，既出而入于櫟，以逼鄭。四國不討賊而又助之，從其意而書伐。見鄭無可伐之罪。書爵明其可以匡正，而反助惡也。先書會于袲，而繼之曰伐鄭，以見其同惡相濟之實。

附　解

《春秋》比事屬辭，其事明，則夫子書法是非亦明矣。故有傳言其事，而事或三傳異同，當以《經》斷之。有無傳者，尤當即《經》文前後考證以定之，不可以一例拘。如《左傳》記祭仲謂忽君多内寵，子無大援，將不立。後人遂以爲鄭莊未立世子，不知仲言將不立，謂其雖爲世子而無大援，兄弟等多狡，恐不能固其位也。非謂其非世子。《史記》亦云太子忽。夫子明明云鄭世子忽，豈非世子而謂之世子乎？宋衛四國會衺伐鄭，書爵、書伐，無貶詞，人多疑惑，不知上文明書突奔突入，世子忽復歸，則突、忽是非昭然矣。而四國會伐之非，又何待論。所謂直書其事，而義自見者。鄭莊不道，擅滅許，又沽虛名，置許叔東偏。今許叔乘鄭亂入許，夫子存其事，無褒亦無貶，可以戒人不義妄爲耳。凡若此類，細玩《經》文，詳考其事，固不難斷。愚謂此書不可淺求，亦不可太深求者，此也。

十有六年　莊王元年

春正月，公會宋公、蔡侯、衛侯于曹。

《左傳》：會于曹，謀伐鄭也。

夏四月，公會宋公、衛侯、陳侯、蔡侯伐鄭。

伐鄭，謀納突也。不書，不與其納也。三書公會，著魯爲不義之首。書公，斥之，非予之也。三國從公非首惡，爲内諱，公既書爵，則三國不得獨書人。然會伐叠書而不删，則伐鄭之非自見矣。會于曹，蔡先衛。伐鄭，衛先蔡。蓋其時册書之序。史如其序書之，夫子亦因之。非大義所關也。

秋七月，公至自伐鄭。

凡至告廟則書，而兹則著其多行不義，安之如常也。

冬，城向。

《左傳》云：書時也。周之冬，夏之八、九、十月。此書冬，其十月乎？趙氏鵬飛曰：向介莒、魯之境上。本非莒邑，故莒、魯交争，互以爲己有。而其交争自今日城向始，故聖人謹志之是也。

十有一月，衛侯朔出奔齊。

《左傳》：初，衛宣公烝于夷姜，生急子，屬諸右公子。爲之娶于齊，而美，公取之，生壽及朔，屬壽于左公子。夷姜縊。宣姜與公子朔構急子。公使諸齊，使盜待諸莘，將殺之。壽子告之。使之行，不可，曰：棄父之命，惡用子矣。有無父之國，則可也。及行，飲以酒，壽子載其旌以先，盜殺之。急子至，曰：我之求也。此何罪？請殺我乎。又殺之。二公子故怨惠公。十一月，左公子洩、右公子職立公子黔牟。惠公奔齊。朔譖殺其兄而得國，二公子因衆怒逐之。蓋王實使之然也。斥其名以自奔爲文，惡之也。觀後衆諸侯納朔，王使子突救黔牟，則《公》《穀》云得罪於天子者，信矣。伋、壽事詳附解。

附解

鄭突、衛朔不義得國，其事易知，而魯桓必助之，何也？蓋人之所以異於禽獸者，天理。《書》曰：作德心逸日休，作僞心勞日拙。日日修慝，則志氣日益清明，所謂君子上達也。日日爲非，則志氣日益昏昧，所謂小人下達也。魯桓弑逆，故視突、朔之争爲常事。夫子屢書公會，其惡之已至，亦以其事是非本曉然，不必顯加貶斥而自見也。至伋、壽争死，事有疑之者，愚於《詩經恒解·二子乘舟》篇已辨之矣。兹再申言。《史記》以宣公爲桓公弟，非也。辨已見衛人立晋。惟晋爲群公子，年亦非幼，故其生伋在未立之前。晋之爲伋娶齊女，因伋長也。其納齊女在即位初年，則生壽亦當在初年。《左氏》記二子死事於魯桓十六年，追叙之耳。故《史記》亦與《左氏》同。夫子删詩存《二子乘舟》篇，豈無其事而夫子不删之？《史記》以夷姜爲宣公妻，而《左氏》云烝於夷姜，當從史詞。凡三傳、《史記》所記春秋事，往往互易，皆當以孔子斷之，他書又何待言乎！

十有七年 莊王二年

春正月丙辰，公會齊侯、紀侯盟于黄。

黄，杜注：齊地。路史登之。黄縣東南有古黄城，本紀邑，後入齊。

《左傳》平齊紀且謀衛故也。齊方圖紀，衛朔奔齊。魯爲紀親，齊而納朔。然魯爲紀謀，當告之天子，乃區區以會盟要齊，且衛朔無道，何以謀納之？其恃人而不恃己，非禮妄動，直書其事，失自見矣。

二月丙午，公會邾儀父，盟于趡。

會，《公》《穀》作及。趡，翠軌反。杜注：魯地。當在今兖州府泗水、鄒縣之間。

此大邾也，故《左傳》謂尋蔑之盟。邾前與牟葛來朝者，小邾也。書此見下文及宋伐邾之謬。杜氏預曰：二月無丙午。丙午，三月四日也。日月必有誤。

夏五月丙午，及齊師戰于奚。

《公》闕夏字。奚，《穀》作郎奚。杜注：魯地。今兖州府滕縣南奚公山下有奚邑。《水經注》：夏車正，奚仲之國也。山上有奚仲冢。

《左傳》：疆事也。齊人侵魯疆。疆吏來告，公曰：疆埸之事，慎守其一而備其不虞。姑盡所備焉。事至而戰，又何謁焉。蓋齊人侵魯，魯有備。兩君未行。臣下自相戰，故書師也。書及，見齊人欺魯，魯及之戰，屈在齊也。《穀梁》誤。

六月丁丑，蔡侯封人卒。

秋八月，蔡季自陳歸于蔡。

《左傳》：蔡桓侯卒，蔡人召蔡季於陳。秋，蔡季自陳歸于蔡，蔡人嘉之也。何氏休曰：蔡侯封人無子，季，次當立。封人欲立獻舞，而疾害季。季辟之陳。封人死，歸反奔喪，思慕三年，卒無怨心，故賢而字之。愚按：蔡季未嘗爲君，因其辟亂去國，素有賢名，故封人卒而蔡人召之。其奔不書，特書其歸，而且稱子①，蓋夫子賢其去就得正也。

癸巳，葬蔡桓侯。

諸侯卒稱公，必請謚于王，王命之而後可。《春秋》本國臣子皆稱之曰公，葬亦不請王命而私謚爲公。今蔡桓稱侯，獨從其爵。蓋蔡人以侯赴葬，故史亦仍之。夫子嘉其如禮而存之耳。

及宋人、衛人伐邾。

《左傳》：宋志也。蓋宋伐邾，要公而公即從之。然春與邾盟，旋即背之，此何義哉？書及，罪魯也，不書公，諱之實以譏之。

冬十月朔，日有食之。

日食必記，重之也。不書日，史逸其傳。

附　解

邾有大邾、小邾。大邾與魯鄰，小邾附庸於魯，本名郳，即鄒也。本居騶邑，爲魯所并。後小邾漸强，春秋末屢見於經，與盟會猶或號郳，故《孟子》載郳與魯鬨。前人多不分明，故謂此盟於趡之邾，即前二年朝魯之邾。然左氏以爲尋蔑之盟，則可知此爲大邾，朝爲小邾矣。蓋左氏魯人，其於大邾、小邾至明。後人不得其實，則往往誤會。愚於《孟子恒解》已詳，兹不贅。齊侯非誠心交魯，特以文姜，故不絶之。故春盟於黄，夏即侵魯，而詭不親行，但使人潛師侵之，其後仍與魯會。若曰此邊吏所爲，非寡人之意也。魯爲其所欺，夫子但書其事，而齊之詐、魯之愚，已宛然可見。蔡季歸於蔡，《左》《穀》云嘉之、賢之，而不傳其事。《公羊》亦無傳。惟何休言其事。以夫子經文核之，季，諸侯之弟也，而書其歸，稱其字繫之於蔡，則《左》《穀》之言非妄，故從何休。蔡桓稱侯，諸書從啖助謂賢蔡季，且賢其請謚於王。然蔡季未嘗爲君，安能爲封人請謚？自是蔡人來赴。原文史仍之，本未稱公而稱侯，故夫子亦仍之耳。

① 子，疑當作字。

十有八年　莊王三年

春王正月。

凡淫亂不義之事，蔑天理、壞人倫，不有天誅，必有人禍。魯桓篡國，天王不能討，而亂自内作。死於强鄰，以膺天誅。《春秋》于是年復書王正月，以戒後世。先儒之説非誣也。

公會齊侯于濼。

濼，盧篤反。又音洛。濼水，杜注：在濟南府歷城縣西北，入濟。今趵突泉即樂水之源也，蓋濟水伏流重發處。

公與夫人姜氏遂如齊。

《公羊》無與字。

會不書夫人，夫人無外會之禮，諱之也。而書與、書遂，明夫人欲如齊而公不禁，遂與之偕。失夫綱，自取禍也。

夏四月丙子，公薨于齊。丁酉，公之喪至自齊。

《左傳》：公將有行，遂與姜氏如齊。申繻曰：女有家，男有室，無相瀆也，謂之有禮，易此必敗。公會齊侯于濼，遂及文姜如齊。齊侯通焉。公謫之，以告。夏四月丙子，享公。使公子彭生乘公，公薨於車。魯人告于齊曰：寡君畏君之威，不敢寧居，來修舊好，禮成而不反，無所歸咎，惡于諸侯。請以彭生除之。齊人殺彭生。范氏寧曰：夫人與齊謀殺之，不書，諱也。愚按：上文書公會齊侯，與夫人姜氏如齊，下書夫人孫于齊，則公見弑之事昭然，雖諱而實未没其迹也。桓篡弑，天理所不容，其禍自取之。然諸兒與夫人之惡，不可恕也。故臣子之辭，書薨、書喪至，以尊其君，雖被弑而書其地以惡齊，書葬以斥魯，臣子之不能討賊，理各得而義綦嚴矣。

秋七月。

冬十有二月己丑，葬我君桓公。

書葬如常詞。夫子爲本國君諱，而魯之臣子不能復讎，安於耻辱如常，罪亦見矣。

附　解

孟子曰：人之所以異於禽獸者幾希。幾希者何？天理而已。天之理，人得之以爲人。俗曰天理良心，聖人亦止全此四字。常人雖不能全，亦必猶有此幾希而後爲人。天理良心即性也、仁也、道也、德也、誠也。共由曰道，實有曰誠，得於身曰德。本此天理良心施之，咸宜曰義。節其過，文其不及曰禮。知之真曰智。行之恒且久曰信。念念事事能存天理良心，則慈讓敬慎，一切自然俱有。故曰仁者，人也。君子亦仁而已。若親親者，尤人之本。愛敬其親，則必愛敬其兄弟。而女兄弟與兄弟微别，則以男女必有别也。俗云萬惡淫爲首，百行孝最先。孝即是仁，仁必循禮，而何至竟爲禽獸之行？然其原則必由父母善教也。齊僖首敗王綱，人且以爲小霸。而其家法不修，至於如此，其無禮也由其先不仁也。子之告顔子也曰：非禮勿視，聽言動。説者以爲仁不外是制外即以養中也，不知記者明言其目四者，戒其非禮動察耳。其爲仁存養静功，不能以文字傳，故記者未記。蓋心至浮動，性本虚明。性即仁也，存養其心，知止有定矣。而後静安相次而及。静能致中，然後動而能致和。非但兢兢克制防閑遂可爲仁，原思之難，夫子所以僅可之。夫七情之欲，如水潰堤，如火赴薪，至難遏也。非存養久而天理固，安能强持之？文、武、周公禮制嚴且密矣，不數傳而畔亂淫惡叢生，豈禮之難行歟？不仁故也。無爲仁之功，則良心天理日就牿亡。雖使之循規矩、謹言動，而有其貌無其誠，故夫子教人學禮，而又曰：人而不仁，如禮何也。世儒斤斤於禮法，而存養之學始終本末不全。是以賢智苦其迂曲，愚不肖艱於則效，欲人不淪於非類，不可得也。如姑姊妹女子子已嫁而反，兄弟不與同席而坐、同器而食，禮文如是。而齊襄兄弟，其爲禽獸乃在未嫁之前，又將何以禁之？契之敷五教也，曰男女有别。别之一字，禮在其中矣。夫婦亦曰有别，至合者孰如夫婦，而曰有别，禮亦不勝屈指矣。修身齊家不外於循天理存良心，而兄妹尤至親愛敬而必有别。念及父母，有不友恭而循禮者乎？故仁者，禮之本，禮以行仁，仁乃踐禮，豈徒强制於外已哉？言禮而不爲仁，五霸假之以欺也，王莽且飾之以即真。文、武、周公之禮，非本仁以爲之者乎？内外交養，本末交修，馴至於爲仁極熟，則義乃精。柳下惠之坐懷不亂，仁也。魯男子之閉户不納，禮也。其安勉不同，其合仁禮之實同。末季淫惡至多矣，爲其上者若不教以爲仁，使其克孝，而但以禮强之必赴，豈不至難？試觀古今禽獸之事，其始孰不從一念無良而起？

春秋恒解卷二晚年定本

莊公

名同，桓公之子。《謚法》：勝敵克壯曰莊。

元　年　莊王四年

春王正月。

不書即位。《公羊》曰：君弒，子不言即位。《穀梁》曰：先君不以其道終，則子不忍即位。皆是也。然公即行即位禮，夫子亦不書之。何也？本國之君，史臣諱之，不忍書，義也。而書薨之地、書葬，不書即位，諱國惡，而其事亦明。且不予人子以忘親自安也。

三月，夫人孫于齊。

内諱奔。言孫，言若自孫讓而去耳。文姜淫賊，致夫死，與弒無異，自慚而如齊，實便其苟合也。書夫人孫于齊，不書姜氏，若不知爲何氏者，不特絶之，且以見母夫人也。而聽其如齊，刺莊公之意亦深矣。

夏，單伯逆王姬。

單，音善，後同。逆，《左》作送。

單伯，王朝卿士。天子嫁娶子女，使同姓諸侯主婚。不親昏，君臣之分懸殊也。必使人主婚，重倫本也。伯與姬不書名，尊王以及之也。

秋，築王姬之館于外。

魯在喪，不可行吉事，而王命不可辭。故築館于外。然天子非禮而使魯，當以禮辭。乃忘讎悖禮，隱忍遷就，築館于外以爲得禮也，不知其本已失，他無足觀。築館之或在内、或在外，均不必論矣。

冬十月乙亥，陳侯林卒。

高氏閌曰：莊公與桓王同時，王名林而公亦名林，君臣同名也。愚案：然則陳侯當更名而不然，慢矣。

王使榮叔來錫桓公命。

是時王使魯主王姬之昏，故追錫桓公以寵異之。然桓公簒弑，王不能討，而又錫命之，則非天理矣。故王不稱天以示貶，莊公不能以父死之故告天子請討，而藉錫命以蓋其醜，王亦若罔聞，知君臣交失矣。錫命，諸説不同，大抵如今之哀策，而有命物與俱也。

王姬歸于齊。

胡氏安國曰：魯主王姬之嫁舊矣，在他公時常事不書，此獨書者，以歸于齊故也。逆于京師，築館于外，而不書歸于齊，則無以見其罪之所在也。書歸于齊，而後忘親釋怨之罪著，《春秋》復讎之義明矣。

齊師遷紀、郱、鄑、郚。

郱，蒲丁反。鄑，子斯反。郚，音吾。郱，杜注：在東莞臨朐縣東南。今屬山東青州府。鄑，杜注：都昌縣西有訾城。都昌，今山東青州府昌邑縣也。有訾亭社，在縣西十里。郚，杜注：在朱虛縣東南。今山東濟南府安丘縣西南六十里郚城。

郱、鄑、郚、紀皆小國，齊人以師脅而遷之，書以惡之也。

附　解

甚矣禮教之衰，人心遂不可問也。嫁女必擇婿，而王以女歸齊襄。父讎可痛心，而魯反爲齊婚主。若居喪而行吉禮，猶其失禮之小者也。夫子詳書之以戒後來。周、魯、齊君臣父子之間，悖禮傷教若此，人可不以爲鑒乎？齊遷紀、郱四國，蓋已滅其國矣，而别遷之他地。若未嘗滅之者，然夫子亦止書遷，不書遷於何處，蓋其擅遷天子封國，罪已見焉，不必更詳書也。郱、鄑、郚皆略，惟詳紀事，蓋紀子賢也。

二　年　莊王五年

春王二月，葬陳莊公。

杜氏預曰：魯往會之，故書。

夏，公子慶父帥師伐于餘丘。

于餘丘，杜注：國名，釋例注闕。

于餘丘，杜氏預曰：國名。吴氏澂曰：于，發語詞，猶曰于越。公子慶父，莊公庶兄也。本長故稱孟，不同于正嫡，故稱仲。書父、子者，明慶父亦桓公之子，有復讎之責者也。莊公年少，而慶父專兵權，不知復讎，帥師伐無罪之小國，故書公子以罪之。至莊公委任强臣，以召後禍，義居次矣。

秋七月，齊王姬卒。

胡氏安國曰：内女嫁諸侯則書卒，王姬何以書此？内女爲之服也。《檀弓》曰：齊告王姬之喪，魯莊公爲之大功。按：胡説非也。内女亦不盡書卒，有故則書。王不應昏齊而女以女，書卒爲王姬幸，凡不擇賢而嫁女者當鑒也。聖人無事不爲人心風俗計，非但尊王而已，若魯爲之服尤非禮。《檀弓》記其事非以爲法也。

冬十有二月，夫人姜氏會齊侯于禚。

禚，諸若反。《公羊》作郜。禚，杜注：齊地。

前孫于齊，去姜氏已絶之矣，兹何以復書夫人姜氏？病莊公也。姜氏爲魯夫人，夫死無私歸母家之禮，而就齊地以會齊侯，其宣淫之迹昭然矣。莊公不能防閑，其母罪曷逭乎？至齊侯之鳥獸行，又不足責矣。

乙酉，宋公馮卒。

馮，皮冰反。

高氏閌曰：觀宋莊忮求敗類，則穆公之不以國與子，有以知之矣。

附　解

夫子删《詩》，存《南山》《猗嗟》數篇，刺齊襄、文姜、莊公已備。而《春秋》尤詳齊襄、姜氏之惡不待言，所以責莊公者尤甚。蓋婦人之義，夫死從子，非謂母從子教令也。婦人無外事，必使子主之。母而賢子必聽命焉，不賢則子可以幾諫防閑。夫父有不道，子且無曲從之義矣，而况母乎？蓋事親之道，不外於象賢、幹蠱二義。親或不賢，必委曲諭親於道，蓋致其親於聖賢，乃爲孝也。况母本無外事，父没母存，安可任其恣情越禮？莊公昧昧，致其母恣行無忌，千載下猶爲含羞，而其子安之。夫子屢書不一，書豈得已哉？爲天下父母告，使之自修而無貽臭於萬年。爲人子，告使知諭親於道，而毋負大不孝之罪。世俗知忤逆之非，或不知陷親不義之罪，所以殷殷垂教耳。

三　年　莊王六年

春王正月，溺會齊師伐衛。

《穀梁傳》：溺者何也？公子溺也。其不稱公子何也？惡其會仇讎而伐同姓，故貶而名之也。愚按：衛朔在齊，齊欲納之。魯往會伐衛，忘讎而助惡，故書以惡之，蓋不與其納朔也。貶溺，則刺公可知。

夏四月，葬宋莊公。

五月，葬桓王。

《左傳》：緩也。桓王崩七年而後葬。據《左傳》，周公欲弑莊王而立王子克。辛伯告王，遂與王殺周公黑肩。王子克奔燕。則因亂故也。雖曰國有故，而莊王何以爲子，諸侯何以爲臣哉？故書以志其慢也。

秋，紀季以酅入于齊。

酅，户圭反。酅蓋齊之邑，在齊國東安平縣。今山東青州府臨淄縣東有安平城，又有酅亭。

紀季者何？紀侯之弟也。齊已遷紀，繼又將并其所遷之地而没之，故紀侯使紀季以酅入於齊，請後五廟以存宗祀。力不能自存而又不甘事讎，命季屈爲附庸以存宗祀，權而得者也。言入，難之也。齊欲盡紀而得之，存酅亦難矣。不書紀侯使，蓋季之策而紀侯從之。賢季也，而紀侯在其中矣。詳見附解。

冬，公次于滑。

滑，《公》《穀》作郎滑。杜注：鄭地，在陳留襄邑縣北。今河南歸德府睢州有滑亭。《左傳》：將會鄭伯謀救紀也。鄭伯辭以難。不書救紀，譏也。譏其不能抗齊救紀。胡氏安國曰：伐而書次，以次爲善；救而書次，以次爲譏。是也。高氏閌曰：但書次，若無故而自出者焉。

附解

春秋事實，全憑三傳。而三傳記事多缺略，以致後儒議論百出，以此歎知聖者希傳聖人之書，亦不易也。如葬桓王，《左氏》曰緩也。而不叙周公黑肩事。於此句之下，猶幸桓十八年有之，所以緩葬之故得明。乃前人紛紛爲之異説，可怪也。紀季以酅入於齊，《公羊》引魯子之言曰：請後五廟以存姑姊妹。其事已明，而讀者不知其實。《穀梁》曰入者，以酅事齊是也。而又曰：酅，紀之邑。入者，内弗受。以他處書入解此入字既誤，以酅爲紀邑尤非。《左氏》曰：紀於是乎始判。則竟以爲紀尚未亡，特令季以酅入於齊，於是乎有謂紀季此舉不由君使，特其志存宗祀，夫子恕而存之者。何其不味經文、不知當時之事乎？周室之衰，由强大侵併弱小，而鄭、齊實爲之魁。《春秋》託始於隱公以恃强挾詐之事，其事皆在此時也。鄭莊分許，使許叔居東偏。齊襄遷紀，而居之别地，其事正同，而齊尤狡滑。《春秋》已明書之，而後人無能知之，遂令夫子之意不彰，不得不辨之也。齊久欲滅紀，因紀侯賢，而魯爲紀姻國，心猶憚魯，故求睦於魯。而魯君無能，其心亦欲救紀，畏齊不敢。齊遂遷紀於其國，且並郱、鄑、郚同遷之。若未嘗滅紀，特憐其弱而遷之善地者然，實則紀已不得有其舊封矣。遷之近齊，操縱之、奴辱之，惟己所爲，紀無如之何。故前年冬遷，今年即以酅入齊。纔一年有餘耳。因齊常陵逼，紀不能堪，故不得已而爲此計，冀齊或憫念之。不言求全宗祀，而曰以存姑姊妹，遜詞乞憐，亦可哀矣。無如齊至無厭，必欲盡有其地，故次年紀侯即大去其國，其以地與齊可知。紀已滅矣，何以書大去？則以紀季以酅入齊，齊侯許之。雖國已與齊，而有酅以全身家故也。於紀季以酅入齊，不書紀侯使之，以下文書紀侯大去其國合觀之自明也。其兄弟同心、善全宗祀之賢亦見也。酅本齊地，齊遷紀於其國，而以己地與之，蓋非止一酅。其故都則齊已攘之，因酅爲紀侯所有，故書之。若其本有者，王室不綱，弱小無以自存，夫子傷之，《春秋》不勝書也。於隱、桓、莊三公間記紀事特詳，以見其義。而三傳反不分明，致後儒滋惑，聖人之意何以彰哉。兒子松文曰：《左氏》云紀於是乎始判。似齊分紀爲二，故經書紀季入齊、紀侯大去爲兩事。曰：此左氏之妄也。若齊分季爲二，如鄭莊滅許，使許叔居許東偏，則夫子不書遷紀矣。且如左氏之説判紀爲二，居紀者紀侯乎？紀季乎？如紀侯仍居紀，而季居酅，則以酅入齊爲不合。如季居紀，而紀侯居齊地，則紀侯大去亦不順。故當以經定傳，而不當屈經從傳也。

四　年　莊王七年

春王二月，夫人姜氏享齊侯于祝丘。

享，《公》《穀》作饗。

胡氏安國曰：享者，兩君相見之禮，于廟中所以訓恭儉也。犧象不出門，嘉樂不野合，非兩君相見又去其國而享諸侯，甚矣。高氏閌曰：禮，姑姊妹已嫁不反，兄弟不與同席而坐，况用兩君相見之禮乎？愚案：姜氏與齊侯爲禽獸之行，靦然不諱。莊公亦若不聞者。直書其事，三人之罪無所逃矣。

三月，紀伯姬卒。

《穀梁傳》：外夫人不卒，此其言卒何？吾女也。適諸侯則尊同，故卒之。愚謂不特此也。魯與紀爲婚姻之國，有救恤之誼。且齊不共天之讎也，救紀而抗齊，恤患復讎之義兼得焉。當時，魯力足以抗齊，而隱忍不發，《春秋》惡之，故特書伯姬之卒以病魯，亦或以姬之賢也。

夏，齊侯、陳侯、鄭伯遇于垂。

許氏翰曰：齊與陳、鄭遇垂，蓋謀取紀，是以紀侯見難而去。以上下文觀之，其説是也。齊合陳、鄭謀紀，托於不期而遇，譎也。

紀侯大去其國。

《左傳》：紀侯不能下齊，以與紀季。大去其國，違齊難也。《穀梁傳》：民之從者，四年而後畢也。紀侯賢而齊侯滅之，不言滅而曰大去其國者，不使小人加乎君子。范氏寧曰：不曰滅而曰大去其國，蓋抑無道之强。以優有道之弱。若進止在己，非齊所得滅也。張氏洽曰：自桓之五年，書齊、鄭如紀，以至莊元年、三年，凡關紀之存亡者，一一備書。紀侯圖存不獲，因强暴陵迫，委宗廟于其弟而去之，故特書大去，而不曰出奔，所以責强暴、閔小弱，而寓興滅繼絶之志。《公羊》謂齊襄復九世之讎，《春秋》賢之。大謬，詳附解。

六月乙丑，齊侯葬紀伯姬。

齊既滅紀，因伯姬魯女，故葬之以媚魯。然則齊猶有畏魯之心也，魯忘讎怯懦，既不能救紀，又不能收葬伯姬，故書以病之。稱齊侯，目其人非予之也。若曰以詐力滅紀，而又飾厚文以欺人，皆齊侯所爲耳。

秋七月。

冬，公及齊人狩于禚。

禚，齊地。齊襄，讎也，公不特不能復父讎，而曲意于齊，遠至齊地與之狩，其無良甚矣。書及、書人，卑齊侯以罪公，先儒言之甚詳，皆是也。

附　解

齊以計滅紀，賴紀侯善全宗祀，先求以酅存姑姊妹。太王之避狄也，曰：狄人之所欲者，吾土地也。天子封國，本當世守，而齊非外寇，亦天子之臣也。天子不能正其罪而聽其侵奪，則失國非紀侯之罪矣。紀既曲全宗祀，不與齊争土地，亦爲善全之道。故不書奔，不書滅，不書名，而曰大去。計自隱公至今凡六十一年，凡書紀事二十餘事，詳玩經文，夫子賢紀君臣之意可見。乃前人罪紀侯不能死社稷，謂夫子與其不争而去，故不書名，不與其去而不存，故書叔姬歸酅，而不錄紀侯之卒，是不知叔姬爲季之妻，亦不知紀季以酅存紀，紀侯仍有所歸，及不書去名之故也。且國君死社稷，其義亦非諸儒所云，國君爲天子守土，不幸而有外寇，則當以死捍禦之。蓋重君故重其職守也。今齊侯與王室聯姻，紀亦王之姻親，魯爲宗國，非若外寇比。紀侯求庇於魯，求代請於王與齊平，魯辭以不能。齊不畏天子，亦不念婚姻，而吞併天子封國。不顯然攻伐，而以計遷紀，繼乃淩困之，使自去國。其狡詐無君已甚。紀本爲天子守土，而齊亦王守土之臣，均不爲天子臣，齊吞併而天子不能禁，則失國非其罪矣。以土地與齊，猶是天子之臣，非委國於外寇可比。孟子告滕文以遷守二端，使其自擇。蓋滕猶有可遷之地，紀則無可遷之地。齊襄既必滅之，又安能不禍之？紀侯先使其弟以酅入齊，求存宗祀，齊幸許之。既而盡以其地與齊，亦權宜之一道。夫子不書滅，不書名，而書大去其國，罪齊無道，慨天子不君，憫紀侯無辜焉耳。去於何歸？歸紀季也。既已失國，安得書名？書叔姬歸酅，而不書紀侯歸酅者，諸侯失國，雖由弱小不能抗齊，然亦自少修德行仁所致，故不以其有所歸爲美而書之。書叔姬則以姬之賢且美，季之能全宗祀也。聖人斟酌去取，固非偶然，安可影響求之？《公羊傳》謂齊襄九世祖爲紀先人所譖見誅，今襄公復讎，孔子善之。大謬。凡言復讎者，皆本無罪而被讒害，君相有司不能究正，子孫冤忿難安而報之也。然讎不過三代，安有遥遥九世，以復讎爲名，目無君上，擅滅人國之理？齊先哀公因何而爲紀所譖，其事無徵。譖者紀，而殺之者王，有罪無罪不可知，而第曰復讎已乎？鯀殛而禹興，禹不以爲讎，舜亦不以罪人子視禹也。誤信《公羊》，致私恩微嫌，以復讎爲詞，干犯王章，横暴殺傷如聶政之流，其禍世何極。故辨之。

五　年　莊王八年

春王正月。

夏，夫人姜氏如齊師。

師，衆也。齊未嘗興師侵伐，蓋去冬狩禚，盛兵以出，權脅魯莊，久留不返，以待文姜。至此而姜至矣，故冬狩至今夏，陳師以出，若將侵伐者然。實以迎文姜耳。夫子書如師不書月日，著其靦然無耻，久與齊襄私合，以戒爲惡之人，日肆一日，既戕其身，又爲千載唾駡也。

秋，郳黎來來朝。

郳，《公》作倪。黎，《左》作犂。郳，杜注：附庸國也。東海昌慮縣東北有郳城。今昌慮城在兖州府滕縣東南六十里，郳城在縣東六里。

郳，國名。黎來，名也。《左傳》：未王命，不稱爵，附庸於魯，故來朝。書之以見小國朝公，公不朝王，而且逆王命。與下二事連書，以彰其失也。

冬，公會齊人、宋人、陳人、蔡人伐衛。

《左傳》：冬，伐衛，納惠公也。孫氏復曰：不言納朔者，不與諸侯伐衛納朔也。朔行惡甚，國人逐之奔齊。天子不使反衛，明年王人子突救衛是也。公與諸侯不顧王命伐衛納朔，故貶諸侯曰人。人諸侯則公之惡從可見矣。王氏葆曰：不言公，則若内之微者，亦不足以見四國稱人之爲君也。

附　解

孔氏據《世本》云：邾先世邾顔有功於周，其子友封於郳，爲小邾。今始見《經》，然前已屢書邾矣。《公羊》皆云邾屢，則非始見《經》。然《經》既前書邾，此何以忽稱郳？《左氏》言書名之義，是也。而以爲小邾，則非也。蓋郳當别爲一國，始見《經》故書之，以見周公封魯之舊，且見公不修前人之業，抗違王命之罪耳。

六　年　莊王九年

春王正月，王人子突救衛。

正月，《公》《穀》作三月。

子突，王臣。先儒謂諸侯之卿，再命三命皆書名，一命乃稱人，非也。臨之以王必書名，書人尊王，則王臣雖卑亦曰王人，雖尊亦曰子突。書王救衛，則王不與朔，可見王惡朔而直黔牟。諸侯乃抗違立朔，罪曷勝誅。公同惡同罪，夫子深惡之可知矣。毛氏曰：書救雖是嘉予，但以王官出討而但云救，已可痛矣。况不能救哉。傷王室之卑弱也。

夏六月，衛侯朔入于衛。

《左傳》：衛侯入，放公子黔牟于周，放甯跪于秦，殺左公子洩、右公子職，乃即位。《公羊傳》：衛侯朔何以名絶？曷爲絶之犯命也？其言入，何篡詞也。《穀梁》曰：入者，内弗受也。何用弗受？以王命絶之皆是也。《左氏》以二公子立黔牟爲不度。大非。愚按：斥名罪之，而又書侯，著其自立爲侯，抗逆王命，非予之也。

秋，公至自伐衛。

《穀梁傳》：惡事不致，此其致何？不致則無以見公之惡事之成也。愚按：書至雖常辭，而公之助衛拒王命已見，且著其肆無忌憚也。

螟。

冬，齊人來歸衛俘。

《左傳》：齊人來歸衛寶，文姜請之也。朔奔齊，齊侯合諸侯以納之。朔入而以寶賂齊，文姜内，愧而欲媚魯，請齊以寶分魯。書齊來歸衛俘，則齊本貪賂而後助逆抗王，魯忘父讎而黨齊爲惡，其罪愈著矣。

七　年　莊王十年

春，夫人姜氏會齊侯于防。

《左傳》：文姜會齊侯于防，齊志也。防，魯地。上年書文姜數與齊侯會，今書齊侯至魯與會，二人之獸行不勝誅。魯莊無耻，聽齊侯來會，罪曷極耶。

夏四月辛卯，夜，恒星不見。夜中，星隕如雨。

辛卯夜，《穀》夜作昔。見，音現。隕，于閔反。《公》作霣。

恒星三垣及四七之星，皆至夜即見。不見，無有也。至夜中而衆星又隕，如雨之多，大異也。故詳記之。朱子曰：常星不見，陰不陰，陽不陽，君不君，臣不臣之象。汪氏克寬曰：經星不見，天地常經泯滅之象，衆星奔流，諸侯放恣、互相凌駕之象。皆有理也。三傳悉迂曲。

秋，大水。無麥、苗。

苗，黍稷之苗也。周之秋初，夏之五月。麥熟于夏四月，麥收而種黍稷等。麥至五月而始畢收，黍稷等苗方種。大水，無麥、苗，蓋四月即水至，五月而益大。故夫子總書，以見傷民食也。《左氏》謬。

冬，夫人姜氏會齊侯于穀。

穀，杜注：齊地。濟北穀城縣。今山東兖州府東阿縣治故穀城是也。

胡氏安國曰：防，魯地。穀，齊地也。初會于禚，次享于祝丘，又次如齊歸，又一歲而再會焉，其爲惡益遠矣。明年無知弑諸兒，其禍淫之明驗也。愚按：《經》于其事大書不一，書罪齊襄、姜氏、莊公者甚。而男罪尤先，諸兒見弑，莊子見殺，慶父亦殺，逆爲惡之禍，豈非天理乎？

附 解

天地人神一氣，以其本一理也。先儒於禍福之説不言，恐人爲善而預求福，爲惡而止畏禍，亦維世之心也。然盍思天地鬼神，豈有心禍福人哉？止此理耳。循理久而天地鬼神通焉，爲其本原合也。徇欲久而天地鬼神棄焉，爲其理亡則氣亦敝也。《大易》以吉凶悔吝教人，使人知吉凶生於善惡，必當爲善而去惡。《洪範》五福六極，亦明明詳列其端，則聖人豈禁人言禍福乎？夫子言大德必得禄位名壽，大人則與天地合德、日月合明、鬼神合吉凶，蓋天人同此理，即同此氣。善與善相感，而善氣應之，福不期而至矣。惡與惡相感，而惡氣應之，禍不期而集矣。栽者培之，傾者覆之，天亦何心而宜民？人受禄佑以令德，信之則禍福非外理而求，正欲人循理而不自外於天耳。自儒者諱言禍福，而後學從之，謂爲善未必有福，爲惡未必有禍。善者以怠，惡者以肆，而人之喪其天良，甘爲不義者不少，其禍世豈淺鮮哉。齊襄、文姜之事，人所羞言，而夫子屢書之，非得已也，傳其事使人愧之惡之，感發天良而戒之。齊襄罪爲尤重，殺身亡家；文姜不安于魯，受詈千載。豈不由一念之惡歟。恒星不見，星隕如雨，《公》《穀》迂曲，《左傳》云夜明，亦非也。日入而夜昏，豈有星而昏，無星而遂明哉？且恒星者，三垣及二十八宿也。紫微垣帝居，太微垣明堂，天市垣人民物産貴賤，二十八宿爲日月五星之散采，兼人事人物於其中，皆可云恒星。二十八宿群星雖有時不見者，而其主星則常存。恒星不見，是朝野内外民物，無一得宜之象。星隕如雨，是群黎百姓皆不安全之象。變異無大於此者矣，故詳記之。夫人爲三才之主，人道無非天道。盡道而後，人心即天心，天子尤人神之主也。君失其綱，而五事不修，五行失序，五氣失調，浸淫至於大亂，彝倫攸斁，人不得爲人，天亦不安其天。象如此，故春秋至狂秦，刀兵之禍，歷數百年而不止，豈偶然哉。金木水火土五星雖亦恒星，而其實則陰陽之用，不與他星例視。大水，無麥、苗，夫子合兩事而書之也。麥四月而秋五月畢穫，黍稷稻粱菽之苗五月而種。周之初秋，夏之五月。四月即有水災，至五月而益大，故麥與苗俱無耳。而《左氏》以爲不害嘉穀，豈非貿貿？凡災異之事，原不可概以爲異。堯水湯旱，自古有之。然聖人不以爲氣數之常，而以爲己身之咎，必返躬自責。常人無聖人之德，視災警爲尋常，惡日積而禍亦旋至。夫子所以必謹書之，使知畏災變以修身也。若不務崇德修慝，惟以消災免禍爲計，勢必舍本求末。如京房之流，好言災異，反至殺身，不可不戒。

八　年　莊王十一年

春王正月，師次于郎，以俟陳人、蔡人。

杜氏預曰：期共伐郕，陳、蔡不至，故駐師于郎以待之。愚按：本公將而書師不書公，譏其無名而動衆也。郕與魯爲同姓，莊公爲齊所使，無故興師，暴露久俟，故書師書次以譏之。

甲午，治兵。

治，《公羊》作祠。

張氏洽曰：久次于外，而所俟者不至，衆心不一，故申明約束以訓齊其衆。愚按：治兵有其時，有其地。今治兵于所次之地，則不義興師，衆心離叛可見。故不言公，諱之實譏之也。其不言地者，上已言次于郎矣。

夏，師及齊師圍郕。郕降于齊師。

郕，《公》作成。降，戶江反。

《左傳》：仲慶父請伐齊師。公曰：不可。我實不德，齊師何罪？罪我之由。《夏書》曰：皋陶邁種德，德，乃降。姑務修德以待時乎。按：莊公親仇讎而伐同姓，郕獨降于齊師，蓋輕魯也。爲讎所役，不義而適足召耻，故書。及書郕降齊以譏之，意實畏齊而託爲修德之言，其足以欺人乎。

秋，師還。

公從父讎伐同姓，復不爲郕所服，積久始還。書師還，譏久役且著其無義，徒召辱也。

冬十有一月癸未，齊無知弑其君諸兒。

《左傳》：齊侯使連稱、管至父戍葵丘。瓜時而往，曰：及瓜而代。期戍，公問不至。請代，弗許。故謀作亂。僖公之母弟曰夷仲年，生公孫無知，有寵于僖公，衣服禮秩如適，襄公絀之。二人因之以作亂。連稱有從妹在公宫，無寵，使間公，曰：捷，吾以女爲夫人。冬十月，齊侯遊于姑棼，遂田于貝丘。見大豕，從者曰：公子彭生也。公怒曰：彭生敢見，射之，豕人立而啼。公懼，隊于車，傷足喪屨。反，誅屨于徒人費。弗得，鞭之，見血。走出，遇賊于門，劫而束之。費曰：我奚御哉。袒而示之背，信之。費請先入，伏公而出鬭，死于門中。石之紛如，死于階下。遂入，殺孟陽于牀。曰：非君也，不類。見公之足于戶下，遂弑之，而立無知。襄公積惡自斃，天之道也。然固無知之君，故斥其弑逆之罪。不言連稱、管至父，罪歸主者。不書徒人費等之死難，汪氏克寬曰：近暱嬖幸之臣，從君于昏而任其禍，未可以死節許之也。不書公孫，義見州吁弑君註。

附 解

人子以成親之美爲大孝。父母而賢則象賢，武、周是也；不賢則幹蠱，舜、禹是也。阿意曲從，陷親於惡，則爲大不孝。莊公於母不能以禮義事之，至誠感之，以致稔惡不悛，已不可爲人矣。况父死于母，實死於齊。母不可讎，齊亦不可讎乎？而隱忍無耻，且與齊婚，凡事曲從，夫子前已隱刺之矣。本年書同齊伐郕事，詳悉書之，而公之罪乃大著。書次郎俟陳、蔡，見公約二國從齊。書及齊圍郕，見公曲意徇齊。書郕降齊，則郕並不以魯爲意，而公之無志、無耻益見。《經》文明書次郎，秋始師還。《左氏》乃云治兵於廟爲禮，又以不伐齊師爲善，何疏莽若是耶？至齊襄獸行，固宜天誅，而不恕與知之罪者。君父，天也，天不可讎。無知既爲臣，豈可犯逆？愚嘗言湯武非夏商北面爲臣，所以夫子謂其應天順人，正此義也。彭生爲豕，晋厲膏肓，皆爲上肆惡，天命誅之，豈以其尊而恕之乎？天止此理，人得之以爲人。蔑天理而不罰之，則非天道。世儒諱言禍福，並天賞善罰惡之意皆虚。然義文、周、孔，且專以吉凶悔吝教人矣。愚前已宣其義，兹不贅。

九　年　莊王十二年

春，齊人殺無知。

《左傳》：初，公孫無知虐于雍廩。九年春，雍廩殺無知。雍廩以私憾而殺無知，非義討也。然亂賊人人得而誅之，故不稱雍廩，而從乎衆人之辭，以齊人所當討也。

公及齊大夫盟于蔇。

蔇，其器反。《公》《穀》作暨。蔇，杜注：魯地。琅琊繒縣北有蔇亭。今在山東兖州府嶧縣東八十里故鄫城。

《左傳》：初，襄公立無常，鮑叔牙曰：亂將作矣。奉公子小白出奔莒。亂作，管夷吾、召忽奉公子糾來奔。大夫不敢敵諸侯，禮也。今齊無君，大夫來與公盟，謀納糾。大夫無嫌，公忘親無耻而與齊事，屈己與大夫盟，則非也。故書公及以病之。

夏，公伐齊，納子糾。齊小白入于齊。

從《左》作納子糾。

《左傳》：公伐齊，納子糾。桓公自莒先入。以叔向之言徵之，子糾、小白皆僖公庶子也。齊無主則二人皆可立，小白，子糾庶兄，亦無必立之禮。糾書子，明糾爲齊公子，蒙上伐齊之齊，故不復言齊。書齊小白明小白亦宜有齊，二人之直均也。書納子糾，小白入齊，則其争國著矣。納，不受而强入之也。子糾、小白皆可有齊，但齊既有君，則子糾可以不必納之。公必納之，爲糾謀而實非愛人以德之道，卒致糾反受禍，則公之咎也。故書法如此。

秋七月丁酉，葬齊襄公。

杜氏預曰：九月乃葬，亂故。張氏洽曰：無知已誅，可以葬矣。

八月庚申，及齊師戰于乾時，我師敗績。

乾，音干。乾時，杜注：齊地，時水在樂安縣界，支流旱則竭涸，故曰乾時。今樂安故城，在山東青州府博興縣北，時水在縣南。

《左傳》：師及齊師戰于乾時，我師敗績，公喪戎路，傳乘而歸。秦子、梁子以公旗辟于下道，是以皆止。案：及戰者公也，不書公，貶也。不諱敗績，甚公之及戰也，不當納糾而納之，既已無功，亦可已矣。又忿而及齊戰，至于敗績，非義召辱，徒促子糾之死。公之瞢亂如此，有欲諱之而不能者矣。《公羊》以莊公爲復讎。本爲納糾，何云復讎？生不讎而且曲以事之，死又欲定其亂，可以爲復讎乎？

九月，齊人取子糾殺之。

《左傳》：鮑叔帥師來言曰：子糾，親也。請君討之。管、召，讎也，請受而甘心焉。乃殺子糾于生竇，召忽死之，管仲請囚，鮑叔受之，及堂阜而稅之。歸而以告曰：管夷吾治于高傒，使相可也。按：公納糾而不果，又不能庇，懼齊而殺之，故書取以病魯。小白爭奪而戕骨肉，故斥書人以惡之。家氏鉉翁曰：以路人絶之，絶之于天倫，所以大誅斥之也。管、召生死不書，以二人非奉君命輔導，私相追從，無一定主臣之義，可以死可以無死，不足深論也。

冬，浚洙。

洙，音殊。

張氏洽曰：洙水在魯，魯雖殺子糾，猶有畏齊之心，故浚而深之以備齊。胡氏安國曰：書以見勞民于守國之末務而不知本，爲後戒也。

附　解

小白、子糾，誰弟誰兄？先儒紛紛異論，當以叔向爲斷。叔向，春秋人，且晋大夫之良，其言當不誤。惟二人皆僖公庶子，無知弑襄公，二人所以畏禍，俱出齊。無君則二人皆可立，故夫子於糾書子，明其爲齊公子也。小白書齊，亦齊公子。是二人之直均也。但小白已入齊爲君，則子糾亦何必定與之争？書納，見其不必入而强納之也。常人重視富貴，聖人不然，故不以公納子糾爲是。君子愛人以德，子糾不争立，小白未必殺之。公爲糾謀，反致子糾於死。於此可知息争仁讓，非特義當然，亦全身遠害之道也。召忽、管仲非奉君命輔世子，私相從服，故可以死，可以無死。小白殺子糾，大不仁，春秋書齊人，書取殺之，罪小白，罪魯，皆明管仲可以不死，而能輔桓匡周，故取其功。不然，使仲宜死而不死，雖有大功，聖人豈舍大節而錄微長哉？愚於《論語恒解》附解已詳，此略言之，學者當參觀而後曉然耳。乾時之役，後人信《公羊》，謂莊公雖敗猶榮，以其能復讎。非也。愚正解已明。凡儒者論事，引經據傳以證之，本屬正義。但傳註詁經，往往不得其解，誤引之反貽害國家與人心風俗，不可不慎。

十　年　莊王十三年

春王正月，公敗齊師于長勺。

長勺，杜注：魯地。路氏曰：成王以商民六族錫魯公，有長勺氏、尾勺氏。此其所居也。

《左傳》：齊師伐我。公將戰，曹劌請見。其鄉人曰：肉食者謀之，又何間焉？劌曰：肉食者鄙，未能遠謀。乃入見。問：何以戰？公曰：衣食所安，弗敢專也，必以分人。對曰：小惠未徧，民弗從也。公曰：犧牲玉帛，弗敢加也，必以信。對曰：小信未孚，神弗福也。公曰：小大之獄，雖不能察，必以情。對曰：忠之屬也，可以一戰，戰則請從。公與之乘。戰于長勺。公將鼓之，劌曰：未可。齊人三鼓，劌曰：可矣。齊師敗績。公將馳之，劌曰：未可。下，視其轍，登，軾而望之，曰：可矣。遂逐齊師。既克，公問其故。對曰：夫戰，勇氣也。一鼓作氣，再而衰，三而竭。彼竭我盈，故克之。夫大國難測也，懼有伏焉。吾視其轍亂，望其旗靡，故逐之。按：齊伐我而與戰，應敵之兵，宜無罪矣。曷爲不書齊伐，而書公敗齊師？蓋公父讎不報而反納糾以樹恩，糾即當立，亦宜告天子俾立之，非魯可專政。況大讎未復而以私徇人，其爲齊伐，實自取矣。然齊既取子糾殺之，又忿魯伐之，亦大非義，故書公敗之以見齊爲無道，自取敗辱，未嘗予公，亦未嘗恕齊也。

二月，公侵宋。

齊常偕宋侵魯，故公勝齊即侵之。然不自修而徒報怨，非也。故蒙上敗齊書侵宋，以見其逞忿之失。

三月，宋人遷宿。

宿，風姓，太皞之後。宋恃强遷之屬于己，爲附庸，故書人以罪之。未滅其宗社，故不曰滅。

夏六月，齊師、宋師次于郎。公敗宋師于乘丘。

乘，繩證反。乘丘，杜注：魯地。西漢泰山郡有乘丘縣。《括地志》：乘丘在瑕丘縣西北三十五里。今山東兖州府滋陽縣西有古瑕丘城。

《左傳》：夏六月，齊師、宋師次于郎。公子偃曰：宋師不整，可敗也。宋敗，齊必還，請擊之。公弗許。自雩門竊出，蒙皋比而先犯之。公從之。大敗宋師于乘丘。齊師乃還。按：齊、宋窺魯而次郎，報怨之師，非也。公不修德而逞忿，雖敗宋，亦非也。故書次，斥言公以交譏之。

秋九月，荆敗蔡師于莘，以蔡侯獻舞歸。

莘，所巾反。舞，《穀》作武莘。杜注：蔡地。在今河南汝寧府汝陽縣境。

《左傳》：蔡哀侯娶于陳，息侯亦娶焉。息嬀將歸，過蔡。蔡侯曰：吾姨也。止而見之，弗賓。息侯聞之，怒，使謂楚文王曰：伐我，吾求救于蔡而伐之。楚子從之。秋九月，楚敗蔡師于莘，以蔡侯獻舞歸。按：息侯導楚伐己，僞求救致蔡，而使楚伐之。息罪甚矣，何以不書息而罪蔡，且書其名耶？蓋《左氏》云弗賓，必有戲褻之事，故息侯乃大怒而讎之。故夫子亦罪蔡侯也。書荆不書爵，狄之深惡之。荆楚本二木名，因以爲國號，從其始封則曰楚，斥諸蠻夷則曰荆。

冬十月，齊師滅譚。譚子奔莒。

譚，杜注：譚國。在今濟南平陵縣西南。今山東濟南府歷城縣東七十里有譚城。

《左傳》：齊侯之出也，過譚，譚不禮焉。及其入也，諸侯皆賀，譚又不至。冬，齊師滅譚，譚無禮也。譚子奔莒，同盟故也。書師書滅，罪其恃强辱小。譚子不名，罪不至見滅也。書奔以賤之，見其無禮自取之罪。

附解

按：周家立國，畫井封疆，僅中原之地，今北五省，其餘半屬羈縻。楚地自荆湘以下，該今兩湖、兩廣、江浙等處，至爲寥闊，而以外裔視之。封鬻熊爲楚子控制之，其立國亦不過荆湘間。蓋聖人第求天下乂安，未嘗欲盡臣妾之。鬻熊爲文王師，固聖人也。地廣民衆，封之於此，使漸摩教化之因。所治者南夷，故爵僅於子。《史記》云：夷王微弱，熊渠甚得江漢間民，自立爲王。厲王暴虐，熊渠畏其伐，去王號。夫能得民心則賢矣，而又自立爲王，是其所以得民心者，豈足録哉？史遷無識，故其語不可信。十一世至熊通，請王求爲王，不許，竟自稱王，是爲武王。子文王益强，侵陵江漢間，此敗蔡者即文王也。前人謂國始號荆，後改爲楚。然《商頌》已言：維女荆楚。則荆楚通稱，其來已久。鬻熊封爲楚子，則楚乃其正號。此年始見於《經》，夫子書荆，固以其僭王猾夏，夷視之也。《左傳》云蔡侯享息嬀弗賓，而《史記》云不敬。《史記》尤明。蓋弗賓不過禮疏耳，不敬則該許多褻慢在内。享婦人不敬其事，豈可言盡哉。故夫子不罪息侯，而專書獲蔡侯，且斥名以惡之，不但以其失國當書名也。夫禮以防淫，淫人必先廢禮。《坊記》載子言有大享君夫人之禮，儒者或疑之。愚按：周初封君八百，同姓至於五十，其他半屬姻婭，故曰同姓謂之伯父、叔父，異姓謂之伯舅、叔舅。至春秋猶沿伯叔甥舅之稱，則大享夫人必其親戚也。聖人明倫男女曰有别，而夫婦亦曰有别，則男女斷無輕相見之理。陽侯殺繆而竊其夫人，周衰之事。子曰：禮，非祭，男女不交爵。陽侯殺繆侯而竊其夫人，故大饗廢夫人之禮，非以享夫人爲禮也。交爵者，古凡祭必婦親之。君獻爵，卿大夫贊幣，而從夫人獻爵。命婦從男女交錯獻爵之謂，非親相授受也。男從男，女從女。即大饗有君夫人之禮，必主在夫人饗之，非主君親與酬酢。傳世久遠，主君遂親饗之，所以有陽侯殺繆侯而奪其妻事。陽侯、繆侯無考，今息、蔡之事頗與相同。息侯因蔡侯弗賓其妻，即導楚滅蔡，罪莫大焉。夫子何以不書而專書蔡侯？則蔡侯不敬息嬀，其狀必有令人不堪者。故息侯乃大怒，至欲滅其國而後甘心。此事理可揣而知者。不然則夫子書法之意，亦無以明。蔡侯以無禮滅國，譚子以無禮出奔，於此見禮不可以斯須去身，而聖人垂戒之意亦彰矣。

十有一年　莊王十四年

春王正月。

夏五月戊寅，公敗宋師于鄑。

鄑，子斯反。鄑，杜注：魯地。當在今兗州府境，與元年在都昌縣西者乃二地。

《左傳》：宋爲乘丘之役故侵我。公禦之，宋師未陳而薄之，敗諸鄑。凡師，敵未陳曰敗某師，皆陳曰戰，大崩曰敗績，得儁曰克，覆而敗之曰取某師，京師敗曰王師敗績于某。愚按：不書宋侵，惟書公敗宋師，甚公也。爲國以禮，而以兵勝人爲强乎？

秋，宋大水。

《左傳》：宋大水。公使弔焉，曰：天作淫雨，害于粢盛，若之何不弔？對曰：孤實不敬，天降之災，又以爲君憂，拜命之辱。臧文仲曰：宋其興乎。禹、湯罪己，其興也悖焉；桀、紂罪人，其亡也忽焉。且列國有凶稱孤，禮也。言懼而名禮，其庶乎。既而聞之曰：公子御説之辭也。臧孫達曰：是宜爲君，有恤民之心。杜氏預曰：公使弔，故書。吕氏祖謙曰：春秋災異多矣，聖人不能盡書，取其一二甚者以爲戒。張氏洽曰：比歲交兵，怨不廢禮，蓋古意之猶存而未泯者也。張氏溥曰：兵敗于外，水災于内，宋烏得而不亂？

冬，王姬歸于齊。

《左傳》：齊侯來逆共姬。愚按：魯主婚，故書之。其稱王姬歸，與列國之女同者。胡氏安國謂：夫先婦從天理也。雖王姬之貴，其當婦道與士庶人之女同。《春秋》之書，所以爲述天理訓後世也。

十有二年　莊王十五年

春王三月，紀叔姬歸于酅。

叔姬，紀季妻也。紀季以酅入齊，未攜家室，蓋未知齊果見容否也。故叔姬歸于魯。紀侯去國，而伯姬卒于齊，紀季已安于酅，故叔姬今始歸酅。書以終紀之事，見弱小受侮之可憫，其亦以姬賢故歟？

夏四月。

秋八月甲午，宋萬弑其君捷及其大夫仇牧。

捷，《公》作接。

按：《左傳》：宋萬被獲于魯，宋請之得歸。因宋公以囚戲之，萬遂弑閔公于蒙澤。遇仇牧於門，批而殺之。遇太宰督于東宫之西，又殺之。立子游。群公子奔蕭。公子御説奔亳。南宫牛、猛獲帥師圍亳。宋萬不稱氏，賈氏以爲未賜族。是也。其稱南宫萬，蓋人以其居南宫而呼之，非君所賜，孔氏穎達誤也。萬弑君而仇牧衛君及難，故書及以予其節。華督亦死難而不書者，督弑君當討，幸生至今，安得以死節予之？毛氏乃謂弑逆之人，亦許遷善，豈非大謬？

冬十月，宋萬出奔陳。

《左傳》：冬十月，蕭叔大心及戴、武、宣、穆、莊之族以曹師伐之。殺南宫牛于師，殺子游于宋，立桓公。猛獲奔衛。南宫萬奔陳，以乘車輦其母，一日而至。宋人請猛獲于衛，衛人歸之。亦請南宫萬于陳，以賂。陳人使婦人飲之酒，而以犀革裹之，比及宋，手足皆見。宋人皆醢之。宋萬奔陳，宋人以賂請于陳，陳歸之而宋人醢之，則宋討賊矣。而不書殺萬者，宋臣不能殺賊，以賂而後得之，故止書萬出奔以譏其失賊。

附　解

三代以下史書，肇自司馬，爲之紀傳論贊，班史更廣其例，而作史者遂以爲例。古史無是也。但記其事與言行，而是非得失待人考之，故夫子以見闕文爲幸。《春秋》一書，孔門弟子撰述無傳，惟憑三傳。而三傳記事互異，議論多乖，若不詳究明白，聖人之志何以曉然？如宋萬弑君，《左氏》言萬被魯獲而歸，宋公靳之，萬病之，遂弑宋公是也。而不敘仇牧之何以死，則夫子書及牧之義不明。《公羊》曰：仇牧，閑也。牧所以死之故明。而又曰：萬，宋之卑者也。卑者以國氏。及其大夫仇牧，以尊及卑。若夫子書及仇牧，特以卑及之，於義大非。州吁、無知，皆公子也。書曰衛州吁、齊無知，與宋萬正同，曷得謂以國爲氏？爲卑者之詞乎？宋萬亦大夫，止書宋萬，亦猶州吁、無知耳。《公羊》云仇牧手劍叱萬，萬臂摋仇牧，碎其首。則仇牧死事之實明。而謂魯莊公獲萬，歸舍諸宫中。萬多力，且虜也，魯君何遽舍諸宫中？又云萬與宋公博，婦人皆在側，萬美魯侯之淑。公妒其言，顧曰：此虜也。萬怒，搏公，絶其脰。是宋公亦置萬宫中，與博，令群婦人觀之，其爲褻慢已甚。殊不可信矣。大抵公戲萬，萬怒而批公，因力大，遂弑公，固其實事。夫子告定公曰：使臣以禮。告康子曰：臨之以莊。九經修身之義，曰齋明盛服，非禮不動。公之被弑，正由昧於此義。仇牧捍君而死，故書及以予之，何容曲説耶？至宋萬出奔陳，陳得宋賂而後歸之，與石碏以計討賊，陳爲衛討州吁不同，夫子不書，殺萬亦不書得諸於陳。既不與陳以討賊，並不以討賊予宋，臣義固彰彰也。至不討賊，不書葬，亦後人之言，非聖人原有此説。列國之事，告則書，不告則不書。殺宋萬、葬宋公，或不告魯，故史不書耳，何乃紛紛爲之異論？愚以紀叔姬爲紀季妻，兒子椅文請曰：既爲紀季妻，夫子似不應書之。愚曰：紀季以酅入於齊，求存宗祀。雖紀侯從之，其謀蓋自季發之故。夫子不書紀侯使季，而獨書紀季以酅入於齊。紀季以酅入齊，不攜家室，故叔姬歸魯，至紀事定而叔姬始歸酅。記其夫婦，蓋所以表其賢也。若叔姬爲媵，則媵亦不必書。且伯姬隨紀侯去國入齊而卒，夫子書齊人葬伯姬，則紀侯去國偕家室入齊可知。伯姬卒，而紀侯或竟留齊，或亦歸酅，皆無可考。若叔姬則於歸紀也書之，於其歸酅與卒也又書之，非有取於季與叔姬，何以如是？春秋弱小爲强大侵併者多矣，夫子詳記紀事，以其處變兩有善全之道，亦衰世之意，不得已之心，安得影響而測之耶？此事三傳不詳其實，而經則屢書之。以經求經，其義自明，非予好反前人也。

十有三年　僖王元年

春，齊侯、宋人、陳人、蔡人、邾人會于北杏。

齊侯，《穀》作齊人。北杏，杜注：齊地。當在今山東兖州府東阿縣境。

《左傳》：十三年春，會于北杏，以平宋亂，遂人不至。按：宋萬已誅，則亂平矣，而曰平之者，定宋公之位也。齊桓合諸侯自此會始，雖其創霸非純乎道者，而周賴以延祚者數百年，故夫子大管仲之功，而於此會獨書爵。平宋亂，則宋人即宋公矣，而與三國皆稱人，三國本無足述，人三國而後侯齊侯之意見矣。

夏六月，齊人滅遂。

遂，杜注：遂國在濟北蛇丘縣東北。今兖州府寧陽縣西北三十里有遂鄉，與濟南府肥城縣接界。陳氏深曰：遂國，舜之後。

齊桓因遂人不會北杏，滅遂而戍之，未竟滅之也。而書滅、書人，罪其强暴無禮也。

秋七月。

冬，公會齊侯盟于柯。

柯，杜注：濟北東阿，齊之阿邑。今兖州府東阿縣地。

《左傳》：盟于柯，始及齊平也。齊雖魯讎，而齊襄已死。桓非襄之子也，敵怨不在後嗣，况非讎人之子，桓公志在合諸侯以安民，親魯與盟自可從之，故二公皆書爵。

附　解

孔子取管仲之功，而孟子卑管、晏，人多不明。愚於《孟子恒解》已詳，兹再申言之。周之立國，與後世異。自秦以下，天下皆統於一尊。周制：天子治，僅畿内，封建諸侯，各君其國，各子其民，且世守之，惟禮樂征伐宰於天子，特以巡狩述職，察其賢否而黜陟之。聖人以至公待人，謂天生民而立之，司牧勿使失性，但能如是則足矣，非必自尊無二而後可。然政權各秉，疆土各固，則易長驕淫，久久勢不能無侵陵之弊。春秋之衰，衰由此也。管仲相桓公，合諸侯以戴周。晋文繼之，世世相沿，主盟中夏，天下猶知共生，周室賴以綿延者數百年。迨後韓、趙、魏三分晋室，而秦乃鴟張，故子大管仲之功焉。然特節取其長，非謂爲極善，故又有器小之歎。孟子時，天下襲富强之術，以管、晏爲能，争城争地，殘害生民，而求其如桓、文者亦不可得，故孟子斥之。聖賢莫非救民之意，而時勢不同則立説亦異，比而同之，則非也。此年，齊桓初合諸侯，與魯盟柯，夫子皆無貶詞，與大管仲之功意正相同。先儒言齊桓不先告天子，私合諸侯，非禮，自是正論。但列國不知尊王，非一日矣。諸侯即位，不告天子，征伐會盟，亦不由天子。朝覲典廢，齊桓亦然。此是管仲器小之故。其合諸侯也，意圖自强，原非純乎尊周。而拜天威、申王禁，截諸侯之横暴，亦可安一時之民生。聖人維世厲俗，苟有片長即録，况功在生民，安得不節取之也。録其長亦明其罪，如遂人不會即滅之，書曰齊人，深惡之矣。夫子何容心哉。柯之盟，《公羊》載曹沫劫桓公事，齊取魯汶陽田無考，其事近於俠客，春秋不書，當存疑。

十有四年　僖王二年

春，齊人、陳人、曹人伐宋。

《左傳》：宋人背北杏之會。十四年春，諸侯伐宋，齊桓始合諸侯，即恃强滅遂，何以服諸侯之心？宋之背盟，有由來矣。不自咎而合諸侯以伐之，故稱人。無論爲諸侯、爲大夫，皆貶也。若以爲將卑師少故曰人，則聖人其以動衆爲貴乎？

夏，單伯會伐宋。

《左傳》：諸侯伐宋，齊請師于周。夏，單伯會之，取成于宋而還。蓋齊桓假王命以合諸侯，事之近正者，故書之。

秋七月，荆入蔡。

《左傳》：蔡哀侯爲莘故，繩息嬀以語楚子。楚子如息，以食入享，遂滅息。以息嬀歸，生堵敖及成王焉，未言。楚子問之，對曰：吾一婦人而事二夫，縱弗能死，其又奚言？楚子以蔡侯滅息，遂伐蔡。秋七月，楚入蔡。君子曰：《商書》所謂惡之易也，如火之燎于原，不可鄉邇，其猶可撲滅者，其如蔡哀侯乎。荆即楚也。其曰荆何？狄之也。蔡侯報怨滅息，自取刱辱；楚無道橫行，皆非人類也。故書荆入蔡，均以夷斥之。

冬單伯會齊侯、宋公、衛侯、鄭伯于鄄。

鄄，音絹。鄄，杜注：衛地。東郡鄄城。今山東東昌府濮州東二十里舊城集故鄄城也。

《左傳》：會于鄄，宋服故也。宋因齊合諸侯伐之而遂服，亦改過之善也。單伯王臣，故序諸侯之上。衛鄭不與伐宋而來會，蓋以齊方合諸侯，來從亦無可非者，故皆書爵。

附　解

《左氏》《公羊》書齊、宋、衛、鄭，而《穀梁》獨書單伯會齊侯、鄭伯，曰：復同會也。上文伐宋並無鄭伯，何云復同會哉？即衛亦不與伐宋，此自是諸侯因請王臣下降，而宋即服，知齊桓志在靖亂，喜而會之，何乃妄云？劉氏敞謂單伯非王臣，果爾則大夫而會諸侯，夫子不應書於諸侯之上。且此會是宋來會，衛、鄭亦來見，王臣同會。下文春，齊乃又同諸侯會。《經》文自明，《左氏》不爲誣也。齊桓始會諸侯於北杏，宋旋即背盟。齊桓知不假王命，難以糾合，故請王臣下降。雖未嘗朝王，而徒假王命，本非有禮，然志在安靖列邦，夫子亦節取之。蓋衰世不得已之思耳。

十有五年　僖王三年

春，齊侯、宋公、陳侯、衛侯、鄭伯會于鄄。

《左傳》：春，復會焉，齊始霸也。按：是時齊桓以信約諸侯會而不盟，諸侯亦信之。直書其事，而節取齊桓之意已見。

夏，夫人姜氏如齊。

孫氏復曰：齊侯既死，文姜不安于魯，故如齊。愚按：婦人父母没，無歸寧之禮。齊桓因欲親魯，故許其歸。書文姜如齊，刺魯莊、齊桓失禮固已，而醜文姜獸行，有子不能自安，敗節之耻亦見。

秋，宋人、齊人、邾人伐郳。

郳，《公》作兒。

郳，國名。附庸于宋，非小邾也。蓋叛宋，宋合齊、邾伐之，首宋，主兵也。遠人不服，則修文德以來之，而恃强以伐，宋失而從之者可知矣。故皆貶而稱人。

鄭人侵宋。

《左傳》：鄭人間之而侵宋。愚按：書以志鄭之狡也。鄭爲王畿大國，當南北之衝，齊方藉宋以合諸侯，而鄭乘虚侵宋，是以齊不能已于兵也。

冬十月。

附　解

莊公五年，郳黎來來朝。前人以爲即小邾，則附庸於魯者也。此年之郳，杜預謂爲附庸于宋。以宋仲幾曰郳，吾役也證之，杜氏之説可信，不得謂爲小邾。前人混而爲一，非也。文姜淫婦，齊襄在時屢書其獸行。今齊襄死，而齊桓方圖霸，莊公在位十餘年，姜亦老矣，尚多淫佚。今書如齊，所以病齊桓也。婦人之誼，父母没不得歸寧，從夫從子。文姜爲禽獸之行，有子可從，不安其室，而求歸於齊，齊桓何以許之哉？蓋欲與魯親，故聽之，然而非禮也。姜非人類，聖人備書其如齊、如莒，見其無耻横行，亦由母家夫家縱之。凡婦女不賢者，其責全在父母及夫與子。所以三從之義必明，毋草草視也。

十有六年　僖王四年

春王正月。

夏，宋人、齊人、衛人伐鄭。

南北争鄭于是始。

《左傳》：諸侯伐鄭，宋故也。愚按：鄭突殺子儀入國，齊桓不能請于天子，明正其罪。前年以其自來會，苟且就之。既兩與於會矣，而又間宋侵之。今爲宋伐鄭，不已末乎。故皆稱人以輕之。

秋，荆伐鄭。

《左傳》：鄭伯自櫟入，緩告于楚。秋，楚伐鄭，及櫟，爲不禮故也。愚按：是時楚浸强，有憑陵中國之勢，故藉小故以伐鄭。斥書荆，惡之。書伐，著其用衆，非謂其可伐鄭也。

冬十有二月，會齊侯、宋公、陳侯、衛侯、鄭伯、許男、滑伯、滕子同盟于幽。

《公》作公會。許男下，《公》《穀》有曹伯。滑，杜注：滑國，河南緱氏縣。今河南開封府偃師縣南二十里有緱氏故城，古滑國也。幽，杜注：宋地，當在今河南歸德府考城縣境。

《左傳》：同盟于幽，鄭成也。《公羊傳》：同盟者，同欲也。胡氏安國曰：會者，公也。不書公，諱也。其諱公何也？齊桓有合諸侯靖亂之心，於鄭來服亦弗深究，與諸國同盟相親睦，聖人節取其已亂之心，書曰同盟，則同心相與可知矣。而魯不久叛盟，何耶書同盟而不書公，見公之獨不同也。

郲子克卒。

此大郲也。齊桓初合諸侯以弭兵，郲子與焉。於其卒而赴，故書之。

附　解

周制，王畿之國，僅有采地朝夕供職，王朝其威權去外侯遠甚。東遷以後，諸侯漸多淩亂。鄭莊挾天子以侵伐，兼併土地，而國始大，且逼近王室。楚僻南，秦僻西，欲有事於東方，必越王畿。而鄭爲要衝，又國頗大，故楚必争鄭，齊桓始興，糾合諸侯。而楚即伐鄭，其覬覦之志可想。鄭突不道，法所當討也。又間宋而伐之，齊桓以其來服，即不深究，與之同盟于幽，正欲藉之捍楚，庶可合東諸侯耳。夫子亦不罪其不討鄭突，而書曰同盟。蓋以鄭服而楚不能東出，王室無恙，東諸侯可以合邦交也。厥後晋文繼起，既於殽挫秦，又服鄭以蔽楚，東周賴以綿延者數百年。故曰周之東遷，晋、鄭是依。世儒惟知聖人不尚霸功，而不知所以與管仲之意。詳味《經》文，則可以瞭如。不然，盟會何足貴，而書法若此，何耶？

十有七年　僖王五年

春，齊人執鄭詹。

詹，《公》作瞻，下同。所以執詹之故不可知。必有不當執而執者，故書人。

夏，齊人殲于遂。

《左傳》：遂因氏、領氏、工婁氏、須遂氏饗齊戍，醉而殺之，齊人殲焉。按：齊恃强以滅遂，而不知其臣民心不服也。遂人殲齊人，而曰齊人殲于遂，著齊之不義，言其自取也。遂已亡而猶曰遂，有復讎之臣，即謂遂猶存可也，故書遂若未滅。然滅遂而戍之，今戍人爲遂所殲，書之以爲恃强虐小者之戒。

秋，鄭詹自齊逃來。

詹被執之實無考。夫子書之，必有不當執者。而又書逃來，則罪詹苟免，並著齊人以力服人，人必不服之咎。

冬，多麋。

《公羊傳》：何以書？記異也。麋，澤獸，多則不無害稼擾民，故以異常爲書。

附　解

齊人執鄭詹，《左氏》曰：鄭不朝也。然去年冬始盟于幽，夫子書曰同，則鄭服矣，何緣不朝而執其臣？《公》《穀》以詹爲佞人，亦無實據。按：齊桓初合諸侯，而不知修德行仁，於不順者則伐之、執之，固所常有。詹爲鄭臣歟？抑他國之人歟？既不詳其事，何以定其是非？固當闕疑耳。若謂詹即叔詹，詹與師叔、堵叔爲鄭之三良，何以執之？是未可信也。至麋本常物，但澤居畏人，多則有異。舊史書之，夫子仍之，亦不必曲爲之説。

十有八年　惠王元年

春王三月，日有食之。

孫氏復曰：不言朔，不言日，俱史失之也。

夏，公追戎于濟西。

不言戎來侵，而但曰追之，則戎方入境，魯即覺之而逸，故追之也。善其有備，故《經》書公追。《公》《穀》非謬，《左氏》非也。

秋，有蜮。

蜮，又作蜮，音或。

杜氏預曰：蜮，短狐也。含沙射人，《本草》謂之射工。《洪範五行傳》曰：蜮如鼈，三足，生于南越，淫女惑亂之所生也。張氏洽曰：是時文姜爲亂于閨門之内，其遺毒餘患至哀姜，卒再成簒弑之禍，物類之感，天之示人，顯矣。胡氏安國曰：魯所無也，故以有書。

冬十月。

十有九年　惠王二年

春王正月。

夏四月。

秋，公子結媵陳人之婦于鄄，遂及齊侯、宋公盟。

鄄人嫁女于陳人，結媵之以女，因遂與齊、宋盟。蓋此時齊、宋皆有伐魯之心，結以私事，至鄄遂以君命盟齊。然大夫而盟諸侯，又以私事出，即有君命、無君命皆非也，故詳書以責之。

夫人姜氏如莒。

杜氏預曰：非父母國而往，書姦。愚按：即父母國，親卒亦無歸寧之禮，况異國乎？直書其事，而姜氏之淫縱，莊公之不能防閑失，俱見矣。

冬，齊人、宋人、陳人伐我西鄙。

魯背盟又納鄭詹，齊以其黨鄭而將伐之。公子結因媵女而與齊、宋盟，意將以緩寇也。而齊不相信，故合二國伐魯。魯背盟有致寇之道，故書伐。齊不務德而以强勝，故三國皆貶而稱人。家氏鉉翁曰：是歲，周有子頹之亂，衛師、燕師稱兵伐周，立子頹，天子播遷于外，桓公不能討，乃以三國伐魯，是《春秋》所責也。

附解

《公羊傳》解公子結媵事云：諸侯娶一國，則二國往媵之，以姪娣從。諸侯一聘九女，諸侯不再娶。愚於紀叔姬及《詩經·江有汜》篇辨之詳矣。《左傳》云：凡諸侯嫁女，同姓媵之，異姓則否。今公子結媵陳人之婦，豈同姓乎？凡同姓異姓相厚，以女婢贈之，名之爲媵。豈以姪娣？又豈同姓始然？諸侯一聘九女不再娶，前亦辨之。此事夫子書媵陳人遂盟齊、宋，著魯君臣無禮，所以來齊、宋之伐，非爲媵書也。説經不得其大義，而横生枝節，後人徒以古籍，不敢輕議，以致六經大意，多爲塵封。愚是以不得不反復而詳辨之耳。

二十年 惠王三年

春王二月，夫人姜氏如莒。

姜氏比年如莒，以肆其淫，詳書之以示魯亂所由生。爲萬世夫不能制其妻子，不能防閑其母者戒。

夏，齊大災。

杜氏預曰：來告以大，故書天火曰災。孫氏覺曰：春秋之時，皇極之道汩没不敘，而天下災異不可勝紀。《春秋》但取其著者書之。程氏端學曰：人事不理則責見于天，《春秋》書之，使後世懼天威，懼天威則謹人事矣。

秋七月。

冬，齊人伐戎。

戎在徐州之域，最近齊、魯，又嘗侵魯，齊之伐之，是也。顧王室方有亂，惠王出于鄭，齊桓未匡王室而伐戎。後其所先，先其所後。故稱人以微其事。

二十有一年 惠王四年

春王正月。

夏五月辛酉，鄭伯突卒。

家氏鉉翁曰：自鄭突之入于櫟，《春秋》蓋絶之矣。後周惠王以子頽之亂出居于櫟，諸侯勤王者獨鄭與虢。厲公雖有篡國之罪，亦有勤王之功，是以《春秋》于其卒與葬而復録之。其説非也。來赴故書耳。

秋七月戊戌，夫人姜氏薨。

姜氏死其夫而不悛，縱欲宣淫，《春秋》屢書以惡之。而于其薨從恒辭，固臣子之道當然。然著其獲令，終見莊公縱母爲非，失人子之道寓焉。所謂微而顯者也。

冬十有二月，葬鄭厲公。

鄭突不義得國，春秋所不取，故於其納惠王之功不書。而於其來赴，卒葬謚爲厲者存之。是時周室雖衰，公議尚在。臣子私謚，不敢妄加美名。古意猶可考也。

附解

王室子頹作亂，王出居鄭。衛、燕助頹，鄭、虢殺頹納王，皆事之大者，史宜書之，乃竟無有，豈史佚之歟？然《左氏》有傳，則舊史固甞書之。書之而夫子删之，何也？王奪蔿國等田，致諸人奉子頹作亂，則王大失君道，有以召之。爲王諱故不書耳。既不書王之失，則亦不可書鄭、虢復王之事。前人謂鄭突雖篡，有勤王之功，故書卒與葬。然篡逆大罪，豈他功可贖？且虢公同鄭納王，虢公未甞書而獨書鄭乎？鄭、虢皆王畿諸侯，平日未甞有翼戴天子之實。納王雖一節之長，然不申明子頹之罪，布告天下，以正乾綱，又不能責燕、衛助亂之罪，以告天下。僅僅納王以爲己功，王以復國爲幸，亦不自正其綱，賞酬鄭、虢而已。君臣俱以苟安爲志，何足書耶？且鄭伯因王獨與虢公以爵，遂怨王，後執王使，豈誠知大義者乎？故夫子略之也。其鄭伯卒葬，來赴即書，史之常例。夫子因突謚爲厲名，稱其實存而不削，以見公論猶存。突之不道，倖而獲没，不能免後世之口誅，非予之也。凡是非正理，苟人已明之，聖人即不更加論斷，此因物付物而無成心之義。若姜氏書薨書葬，非特臣子之誼，不得不存舊史也。所以見如此婦人乃得善終，由爲其夫者無夫綱，爲其子者無子道，故肆惡不悛，而貽臭萬年。姜之醜即其夫與子之醜，人道蔑而倫理乖，爲千古羞，用垂戒云爾。

二十有二年　惠王五年

春王正月，肆大眚。

眚，所景反。《公》作省。

孔氏穎達曰：肆，緩也。眚，過也。謂大罪亦赦之也。在魯當時必有故而赦，不言其故，而但曰肆大眚，譏失刑也。天以養人爲心，殺人者違天，故人君奉天討罪，非私也。大眚而肆，善良無辜，爲惡者逞，非天意也。

癸丑，葬我小君文姜。

文姜之惡甚矣，而書葬如恒辭，在《春秋》爲臣子之辭，在莊公亦爲貶母之道。然婦人從夫之爵，無謚之禮。莊公生不能以禮防閑，死乃爲美謚以葢其醜，實以彰其失耳。據事直書，其失自見。

陳人殺其公子御寇。

御，音禦。《公》《穀》作禦。

《史記》：陳侯欲立其嬖姬之子款，而殺太子御寇。《左氏》亦云太子。然《經》

不稱世子，則御寇非世子矣。如《史記》所云，則御寇無罪，何以書陳人殺，不書世子？蓋御寇有見殺之道乃書，國人殺之而稱公子者，世子即有罪，非國人所得殺也。陳侯不能庇其子、教其子，其失皆見。

夏五月。

孫氏復曰：春秋未有以五月首時者，此言夏五月者，蓋五月之下，有脱事耳。

秋七月丙申，及齊高傒盟于防。

傒，音奚。

與盟者公也。不言公，諱之也。公請昏于齊，齊使高傒盟公，其慢魯甚矣。書以志齊之傲，魯之辱，皆非禮也。

冬，公如齊納幣。

《公羊》：納幣不書，此何以書？譏何？譏爾親納幣非禮也。毛氏曰：公已三十七歲矣，而始娶乎？齊欲結魯，魯亦畏齊，以此納歡是也。公居喪納幣，有黨氏夫人，又再娶齊女，其失禮莫大焉。

附　解

眚災肆赦，肇於虞舜。聖人宥過，而開其自新仁民之至也。但殺人者死，乃天理之常。當死而赦之，則爲不義。義所以行仁，不義即不仁矣。莊公不知何事而赦，夫子書肆大眚，以著其不義，而後人由此知不可輕赦。故觀《春秋》而知周禮焉。文姜書葬，固臣子之誼。然夫子之意，實因其謚文而譏，戒後人爲臣爲子者，生當諭道，死不可欲蓋而彌彰也。文爲美謚，姜之惡無不知之，而豈謚之以文遂足掩飾乎？孔子曰：君子疾没世而名不稱。稱，本讀去聲。邢昺註然。朱註改爲平聲，使天下人求名，其誤甚大。君子日日知非，日日改過，惟恐有愧於心，不愜於理，即不足爲人，負罪於天地父母，豈因有名而然乎？世人生則縱其欲，死而求其名。欲以欺人，實不能欺。爲臣者不知以道事君於堯舜，爲子者不知誠身事親，使其親爲聖人，每每阿意曲從，長其惡而毀其德，死乃爲美名以榮之，甚且求銘誄飾行狀，欲以掩蓋。而其失道之事，顯著者受訕於人群，隱晦者貽禍於子孫，終隨荒煙蔓草俱湮，亦何益哉？夫子即文姜以戒人，不取其頌親之意，而病其陷親不義，正欲使人成親之美，當爲之於早也。不誠乎身，不能事其親。言求誠之道，豫則立，不豫則廢，義正如此。陳人殺公子禦寇，三傳不詳其事，而《史記》云然。以《經》文核之，蓋不足信也。公娶齊女，前人多譏其忘親之讎，亦未爲允。在喪納幣，又親納幣，非禮是已。至忘讎之説，讎乃齊襄，非齊桓也。齊、魯相婚非不可，但公已娶黨氏生子般，是早有夫人矣。以公年考之，娶齊女時已三十七歲，而始娶乎？毛西河云：公畏齊桓，藉以納歡，置孟任而再娶哀姜，兩耦匹敵之最無禮者。此一書而大小失禮並見，其後哀姜淫佚，慶父簒弑，皆釀於此。殊爲有見。孟任生子般及女公子，事之可考者。公直以畏齊媚齊，又娶哀姜，故夫子病之。

二十有三年 惠王六年

春，公至自齊。

凡書至，皆爲告于廟也。第莊公方居母喪，娶女親往納幣，以此告廟。幽明之心，何以安耶？趙氏與權曰：公踰年而後反，居喪告朔之禮俱廢。聖人雖書之如常辭，而其失自見矣。

祭叔來聘。

王氏葆曰：祭，采地。叔，字。天子之下大夫也。儻不以王命來，則當以祭伯來之例書，儻以王命來，則當以天王使凡伯來聘之例書。今但曰來聘，見其假王命而私交也。

夏，公如齊觀社。

《左傳》：公如齊觀社，非禮也。曹劌諫曰：不可。夫禮，所以整民也。故會以訓上下之則，制財用之節；朝以正班爵之義，帥長幼之序；征伐以討其不然。諸侯有王，王有巡狩，以大習之。非是，君不舉矣。君舉必書，書而不法，後嗣何觀？愚按：社，常也。有何可觀？公蓋托此以如齊，媚齊而要婚。然越竟觀社，非禮顯然。故直書如齊觀社，而其失已見。

公至自齊。

宗廟社稷，諸侯所同有也。以觀社爲名，而實窺齊女。詳書其至，深刺之也。

荆人來聘。

聘，禮也。而荆來聘，則窺中國之心，故不著其君臣，而書人以略之。或謂爲進之者，非也。

公及齊侯遇于穀。

既親納幣，又親至齊，今又與齊侯會。屢書以著公屈己求婚于齊。本會也，而託名曰遇。子亦如史書之。而書公及，以見公之志在媚齊。穀，齊地。書于穀，則公往會以明。

蕭叔朝公。

《公羊傳》以爲公在外而朝。然未有以見其然也。蕭附庸于魯。朝，常也。書朝公，病公也。何病乎爾？魯襲周公之舊，非不可自立者，而卑己依人。故書以刺之。

秋，丹桓宫楹。

《穀梁傳》：禮，天子、諸侯黝堊，大夫倉，士黈。丹楹非禮也。案：桓薨于齊，因文姜故，今公又娶齊女，至必朝廟。公蓋不安於心，故飾其廟以媚桓。夫子分兩事書之，著其不知大義，欲求免于不孝，而實以甚其不孝之罪，爲世戒也。

冬十有一月，曹伯射姑卒。

十有二月甲寅，公會齊侯盟于扈。

扈，音戶。扈，杜注：鄭地，在滎陽卷縣西北。《後漢志》：卷縣有扈城亭。今河南開封府原武縣西北扈亭是也。

莊公無志，不自修而斤斤親齊，屢至齊而齊始與婚。今婚定矣，乃會而盟然。哀姜不淑，魯亂因之，夫子詳悉，書之以見不自强而越禮以行，禍亂反因之，爲後世戒耳。

附　解

莊公築臺臨黨氏，見孟任從之，閟以夫人許之。割臂盟公，始從公而生子般及女公子，則孟任之爲夫人久矣。今舍孟任而再婚於齊，齊蓋因孟任故，是以遲疑不許。及公再三往求，必以孟任私合非正爲詞，齊始許之。夫子不書孟任，而但書公屢至齊及會盟，以彰公之失。公欲藉此依齊，然通慶父、殺子般，皆哀姜所爲，聖人安得而不以戒世哉？若程子謂公爲文姜所制，使必娶於母家，而齊女待年未及，故莊公三十餘歲始娶夫人。毛西河以爲此事與文姜無預，蓋得其情事，而以傳考之，以情事揆之，則程説自不可從，讀者其明辨焉。

二十有四年　惠王七年

春王三月，刻桓宮桷。

《穀梁傳》：天子之桷，斲之礱之，加密石焉。諸侯之桷，斲之礱之。大夫斲之。士斲本。刻桷，非正也。愚案：刻桷、丹楹，皆飾廟也，而分書之，義已見前。若其僭禮之失，猶其小者。且《穀》所言天子、諸侯、大夫斲礱等不同，經文無考，且當闕之。

葬曹莊公。

夏，公如齊逆女。

親迎，常事也，而書之者，甚公且病公也。

秋，公至自齊。

書至自齊，義同前。

八月丁丑，夫人姜氏入。

不曰至而曰入，難辭，不當入而入之也。無禮胎禍，夫子蓋深病焉。

戊寅，大夫宗婦覿，用幣。

杜氏預曰：宗婦，同姓大夫之婦，小君初至，大夫執贄以見。但男贄大者玉帛，小者禽鳥；女贄不過榛栗棗修。莊公命男女同用幣以見，故御孫諫之。書見公溺於姜而昏於禮，爲後世鑒。

大水。

八月非水涸時，蓋爲災，故書也。

冬，戎侵曹。曹羈出奔陳。赤歸于曹。

羈，蓋曹世子也。嗣位未期年，當稱子，而但曰羈，以其禦戎而出奔，罪之也。赤，蓋亦曹公子，乘亂而入，書亦歸于羈奔之下，赤之藉戎簒奪亦見矣。但此事左氏無傳，《公》《穀》支離，姑從杜氏。

郭公。

案《說文》：亡字从人从乙，與公字相似。故或以爲郭亡，引齊桓之問。郭亡，父老以爲郭君善善，不能用惡，惡不能去，所以亡也。然疑誤之事，聖人闕焉，則杜氏以爲闕誤者是也。張氏溥曰：或云春秋無郭國，疑卽東虢也。

附解

盈世間事，不過人情、物理二端，而天理爲之宰。聖人制禮節，文其太過不及，而適合乎中正。於理安，於情順，則五倫浹洽，萬物和暢，樂卽在其中矣。常人縱其情，逐於物，不準天理，但圖逞一時私心以爲娱悦，而事後追思，移時悔悟，每每銜恨終身。故曰：不學禮，無以立。立者，於理無失，卽於心無愧，而凡事皆可成可久也。莊公知父讎而不報，知母惡而不閑，半由畏齊之故。是以桓公方立卽委曲求親，其悖禮而行，固由天理不摯，而此心之良，不能不内愧焉。而哀姜之入，丹楹刻桷，男女同贄，以覿其媚哀姜者，皆所以畏齊也。夫子疊書於册，其非刺，不彰彰乎？夫人孰無志，但必本天理而行之。志於正則莊敬日强，剛大之氣日生；志於邪則作僞日拙，卑暗之氣日甚，不學禮，無以立。爲其本天理之浩然，養正大之心性，非但規規於儀文，斤斤循古衣冠也。宗婦覿用幣及大水，汪氏克寬云：莊公以男女同贄覿，而致哀姜通共仲、殺嗣君。唐高宗百官命婦同宴麟德殿，而致武后淫毒移唐祚。又曰：莊公娶讎女，而奢僭誇示之故，有陰沴之應。高宗立武后爲昭儀，而萬年宫夜大雨幾溺。其天人感應之機，焉可誣也。其言雖亦可爲炯鑒，而未能及其本原也。大道不過五倫，五倫不正，萬事瓦裂。且不保其身與家國，豈待因災變而使惕然哉？莊公忘其父而怵於權力，娶哀姜以媚齊，希圖久安，禍卽隨之。太宗殺其兄弟而納其弟婦，惑於妖淫，立武氏爲昭儀。不孝不友，天大罰及之，其始由一念之邪，其繼貽子孫之害。人知恨之，而不知正心敦倫，當豫之於早也。奚必以大水爲異，始可戒哉？且水之大也亦事之常，未必盡由天罰。懷山襄陵，堯亦有何失德？漢儒好言災異，生出許多怪誕。宋儒以禍福爲諱，而於災祥之理，亦不能違言休咎，往往入漢儒之習，不可不詳辨也。曹羈出奔，赤歸於曹，《左氏》無傳，《公》《穀》荒謬，惟杜預解較通，今姑就之，然不如闕疑爲妙。郭公的係闕疑，正解已明，不贅。

二十有五年 惠王八年

春，陳侯使女叔來聘。

女，音汝。

《左傳》：陳女叔來聘。使結陳好也。先儒以爲不名大夫，賢之也。不知女叔卽其名也。古人以叔爲名者多。

夏五月癸丑，衞侯朔卒。

外君卒葬，赴則書，亦有赴而不必書者，夫子削之。衞朔書卒，著其倖免於誅，慨王綱之不立也。

六月辛未，朔，日有食之，鼓，用牲于社。

日月有食，人君畏天變，增修德伐鼓，以助陽光，以維陰魄，用幣禮神。此與下大水，皆譏用牲之非也。詳見附解。

伯姬歸于杞。

不書逆女，省文也。此爲下文會伯姬。伯姬來書，故略其來逆。

秋，大水，鼓，用牲于社、于門。

《穀梁傳》：高下有水災，曰大水。用牲非禮也。于社、于門詳書，譏其無禮而擾攘。

冬，公子友如陳。

報女叔之聘也。釋怨修好，故書友。公母弟故稱公子。

附 解

聘問，邦交之常，而《春秋》有事相求、以勢相屈乃聘。夫子或書或不書，皆有故焉。陳曾伐魯，今使來聘，則修好也。公子友報之，亦禮也。夫子書以與之，何必多爲之解。他國之君卒葬，來赴則書。或止赴卒而不赴葬，史亦不書。卽舊史有並書者，夫子以其無關大要，亦不書矣。衞朔逆王命而僥倖死牖下，聖人所深惡，故舊史或衞朔卒葬皆書。夫子第書其卒而不書其葬，以寓刺焉。日月經道緯道俱同，則相掩而食，本天道之常，而聖人必爲救之護之禮者，欲人畏天命，謹自修，恐譴見於天而然，敬慎之道也。日陽精，月陰精，天地之大功用，而陰陽互宅，生化以成。非陽自陽而陰自陰，陰陽本無偏勝，故天地萬古而不毀，有傷之者而乃變矣。火土之餘氣干犯陰陽，偶爾有食，然日月乃天地之精，陰陽卽太極之體，豈因氛祲而卽不能如常？聖人敬天克己，則禮當然耳。伐鼓者，聲音之號，所以詔告於天地之間。陽微陰弱，有不正之氣入焉，以鼓振動宣揚之。用幣告神，則寅恭祈禳之意。若用牲何所取義哉？祭祀用牲，前人未嘗言其故，愚於《禮記·郊特牲》明之，兹不贅。三傳所言用牲代鼓，區區以於彼於此爲得失，非聖人之意也。伯姬者，莊公之女。公事父母均不得其道，尚何能以禮施於子女？書伯姬之事，著公溺愛其女，亦不如禮。合其事父母觀之，見公無以修身正家。子般弑，哀姜淫，國因以亂，其由來非偶，爲世戒也。不然，歸女常也，安能悉書？聖人不外於人情物理，但皆以天理權衡之，非如常人私心偏見耳。夫子曰：我欲託諸空言，不如見諸實事。乃作《春秋》。故《春秋》所書，即夫子行事規模所在，不可以臆見妄爲之説也。

二十有六年　　惠王九年

春，公伐戎。

《公羊》無春字。

戎嘗侵魯，公伐之，攘夷以安國，正也。故書伐，無貶詞。

夏，公至自伐戎。

告廟故書，亦以見伐戎之無過也。

曹殺其大夫。

稱國以殺，或其人有罪，而亦病其君也。君臣一體，使臣以禮，必不可赦而後罰之。大夫或命于天子，或命于其君，無可專殺之禮。其大夫不名，或非一人，否則史失之也。

秋，公會宋人、齊人伐徐。

徐，杜注：徐國，在下邳僮縣東南。《括地志》：徐城縣西十里有大徐城，即古徐國也。今江西鳳陽府泗州北八十里有徐城，相傳爲徐偃王所築。韓氏愈曰：徐與秦俱出伯翳，爲嬴姓，子爵也。

書人，蓋宋齊之臣也。公以徐近魯而爲害，故親會伐之。以公爲主，故宋、齊以爵序而人其臣。徐戎爲魯患久矣，伐之以安邊，故無貶詞。

冬十有二月癸亥，朔，日有食之。

附　解

伐戎伐徐，皆無貶詞，何也？徐戎久爲魯患，伯禽在喪而伐之，夫子録《費誓》，以其受命爲方伯，攘夷安國，分所當也。詩美僖公，遂荒大東，亦以徐戎爲患最大。伐者，討有罪之詞，必請命於天子。而此戎徐則當伐者，故亦書其伐焉。曹殺其大夫，事不可考。不書名，或史逸之，或本無之，俱無徵。《公》《穀》妄爲之説，不可從也。

二十有七年　惠王十年

春，公會杞伯姬于洮。

洮，徒刀反。洮，杜注：魯地。今山東東昌府濮州南五十里有洮城，亦作桃城。《水經注》云：桃城亦曰姚城，因姚墟而得名也。

洮，魯地。伯姬，公女也。非歸寧而來會公，往、會皆非禮也。

夏六月，公會齊侯、宋公、陳侯、鄭伯同盟于幽。

首敘齊侯，以齊主盟也。胡氏安國曰：有惡其反覆而書同盟，有諸侯同欲書同盟。此盟諸侯服齊而同盟，蓋桓不迫諸侯以相服，至是而同欲焉。視他盟爲愈矣。

秋，公子友如陳，葬原仲。

《左傳》：非禮也。原仲，季友之舊也。愚按：人臣無私交，諸侯無會葬，大夫之禮。友之行蓋請于公，而公命之故書於策。然係季友之私情，即公有命亦非也。公從之亦非也。故聖人書以示戒。

冬，杞伯姬來。

《左傳》：歸寧也。凡諸侯之女，歸寧曰來，出曰來歸。夫人歸寧曰如某，出曰歸于某。愚按：歸寧，禮也。何以書？與春會于洮，下杞伯來朝並書，使人合觀之而見不如禮制，皆私情相徇之故，爲世戒耳。聖人制禮以節情，男女夫婦，尤人倫之本，故謹書之。

莒慶來逆叔姬。

《公羊》：莒慶者何？莒大夫也。大夫越竟逆女非禮。胡氏安國曰：諸侯嫁女于大夫，而公自主之，非禮也。

杞伯來朝。

諸侯相朝，禮也。但杞未聞朝王而朝魯，且前伯姬會于洮，又復來魯，今杞伯來朝，則以姻誼效殷勤耳。説見上文。

公會齊侯于城濮。

《左傳》：王使召伯廖，賜齊侯命，且請伐衛，以其立子頹也。不書王命齊，而但書公會齊侯者，王失禮於臣召亂，又不布告諸侯，引咎而命諸侯討之。今事已定，猶不自黜衛侯，僅命齊伐之，君綱靡矣。故諱之而但書公會。公因王命從齊於禮爲正，故與齊皆書爵。

附　解

道在人倫，男女皆子也，恩誼宜無弗同。但先有父母而後有身以及子女，則孝爲大。原雖慈於子亦孝也，而必先孝於親。如女子生而願爲之有家，男子生而願爲之有室，人情所在，即天性之良，不得以爲非也。子妻公治、南容，門人特記之，固以爲愛女之法。春秋倫理多舛矣，夫子即事以明理，於伯姬、叔姬歸紀詳書始終，於莊公女伯姬、叔姬亦書之。然文同而義不同，不可不知也。紀伯姬、叔姬始終於紀，經亂離而不易其度，故書以賢之。莊公忘父之讎，縱母之惡，子道大虧，而於己女則私誼拳拳，故書以刺之。蓋瑣事也，而人倫之誼所關，故存而不削，非漫然也。

二十有八年　　惠王十一年

春王三月甲寅，齊人伐衛。衛人及齊人戰，衛人敗績。

《左傳》：齊侯伐衛。戰，敗衛師。數之以王命，取賂而還。愚按：齊既奉命伐衛，乃取賂而還，則非天討矣，故貶而書人。衛人不引罪自責，抗王命而拒齊師，故書及齊。戰稱人以罪之，《公》《穀》皆妄，不可從。

夏四月丁未，邾子瑣卒。

瑣，素果反。

邾赴故書。

秋，荊伐鄭。

《穀梁傳》：荊者，楚也。其曰荊州舉之也。愚按：王畿之國，楚伐之，蔑周矣，故書荊以夷之。

公會齊人、宋人救鄭。

《左傳》：楚令尹子元欲蠱文夫人，夫人斥其不尋仇讎，故以車六百乘伐鄭。入自純門，是陵弱暴寡之師也。諸侯救之，楚師夜遁，救災恤鄰，義也，故書救，善之。齊、宋書人，蓋其臣也。公佐齊救患，會之無貶辭。

冬，築郿。

郿，莣悲反。杜注：魯下邑。《公》《穀》皆作微。京相璠曰：壽張縣西北三十里有故微張鄉，魯邑也。今山東兗州府東平州西有微鄉城。

郿，魯邑。築之之故不可考。周之冬，夏八九十月也。與下大無麥、禾並書，所以著不恤民之失。

大無麥、禾。

周之冬月，夏八九十。麥熟于夏，禾成在秋，大無則歲荒矣。書以見前築郿之非。

藏孫辰告糴于齊。

以上文書無麥、禾，而不言饑，所以著莊公之失政有以召之，不以爲天災也。不曰藏孫辰如齊告糴，而曰告糴于齊，劉氏敞所以言如齊則其詞緩，告糴則其情急也。告糴雖禮，而失政致饑則足病也，故書以示戒。

附　解

凡事有即其事而見得失者，亦有合前後而觀之乃見得失者事理然。聖人之褒貶亦何獨不然？齊桓奉王命伐衛，正也；公會齊侯伐衛，亦正也。乃今伐衛而魯不與，則公之慢矣。齊奉命伐衛而受賂遂還，其不臣尤甚焉。子頹之亂，齊桓褎如充耳，已非，及受王命，又如此苟且，則書人以罪之，豈不情餘於詞乎？衛不服罪，而意抗命戰齊，無道已極。楚欲憑陵諸夏，必經鄭國。鄭在王畿，且楚入中國要衝，故救鄭爲可取。築郿或以備敵，或僅求完固。凡城邑修葺，亦立國之常，但年饑而用民力則不可，故書之耳。《左氏》云：有宗廟曰都，無曰邑。築邑無書以示戒者，非也。諸侯宗廟何以在邑，殊爲曲説。合下文無麥、禾，告糴並觀，則此書築郿之義自明矣。《左氏》以告糴爲禮不錯，饑饉國所時有，雖備豫有方亦難免堯、湯水旱之憂。夫子非譏告糴，譏築郿而又告糴耳。凡此皆合前後觀之經義自明者。

二十有九年　惠王十二年

春，新延廄。

三傳皆言不時，而《公》《穀》尤勝。《公羊》曰：凶年不修。《穀梁》曰：民勤於力則功築罕，民勤於財則貢獻少，民勤於食則百事廢矣。告糴之年而新廄，故譏。若《左氏》馬日中而出，日中而入，非《經》之意。

夏，鄭人侵許。

鄭莊滅許，分許地，使許叔居許東偏。莊公卒，其子争國，許叔入許。夫子書之，是許亡而復存也。今又侵許，非欺陵之乎？故書人以刺之。

秋，有蜚。

蜚，扶味反。

羅氏願曰：負蠜，今謂之蜚，盤蟲，好以清旦集稻土食稻花，又其氣臭惡，能熼稻使不蕃。又獸名，非此蜚。御案：春秋災異並書，蜚本無而今有則異也，能使稻不蕃則災也。

冬十有二月，紀叔姬卒。

叔姬，伯姬之娣也。紀亡，叔姬守節義故賢，而書其卒，繫之以紀。紀雖亡而榮矣。

城諸及防。

周十二月，今十月。城二邑時也，而猶書者，吴氏澂曰：亟興土功而亟書之，不繫乎時與不時，皆貶也。前年冬築郿大饑而告糴，此年春新延廄，于是又城諸及防，豈不爲亟而書之乎？劉氏敞曰：言及先諸而後防也。

附解

新延廄、城諸及防，皆蒙上年告糴而書之也。年饑告糴，廄非急務，何必新之？城諸及防，時矣，而亦書者，以其一時而興二役，即年足亦不宜耳。《左傳》：凡土功，龍見而畢務，戒事也。言角亢二星，晨見東方，農事既畢，可預備土功之事。夏九月也，火見而致用，謂心星次於角亢，可備材木等物。水，水星也，夏之十月定星昏時，見於南方可栽板築。故曰水昏正而栽。日至，冬至也，冬至日南至則土功可畢。《左氏》以夫子爲書時，然合上文觀之，自是書其輕用民力，不然何以時而書耶？書紀叔姬卒，賢叔姬而存紀，紀已亡而若未亡，其故由紀季以酅存祀，所謂權而不失其正者也。

三十年　　惠王十三年

春王正月。

夏，師次于成。

《左》無師字。

《穀梁》：次，止也。有畏也，欲救鄣而不能也。不言公耻不能救鄣也。

秋七月，齊人降鄣。

降，戶江反。鄣，音章。鄣，杜注：附庸國。東平無鹽縣東北有鄣城。今東平州六十里有鄣城集，即鄣故城也。

胡氏安國曰：降者脅服之辭，罪齊也。蘇氏轍曰：鄣，紀之附庸，齊人力降之，復爲附庸，故不言滅。紀已入齊，鄣無所附，故不言取。萬氏孝恭曰：以齊桓之賢，嘗有存亡繼絶之功。得鄣地不足以爲廣，並鄣衆不足以爲强，乃必降而有之，使紀之土地人民無復孑遺。聖人所以書降鄣，而深致其誅貶也。

八月癸亥，葬紀叔姬。

叔姬，紀季妻耳。此何以書葬？賢叔姬也。紀亡姬不歸宗國而歸酅，所謂秉節守義，不睽婦道者也。故繫之于紀而錄其卒葬，爲後世勸。復繫之紀，不許齊得滅紀也。

九月庚午朔，日有食之，鼓，用牲于社。

救日用牲，非禮也。義見前。

冬，公及齊侯遇于魯濟。

濟，子禮反。魯濟，杜注：濟水歷齊魯界，在齊界爲齊濟，在魯界爲魯濟。

按：《左傳》：遇于魯濟，謀山戎也，以其病燕故也。山戎險遠，齊桓欲伐之，而與魯謀。魯蓋不可，齊桓因亦不親行，而但命將往，遏其犯燕也。

齊人伐山戎。

按《左傳》，齊伐山戎在伐楚之後。而《史記》則以爲山戎伐燕，桓公救燕，遂伐山戎。因之先儒紛紛異論，於《經》書人之意不决。愚按戎與燕隣，蓋時相侵擾。告齊，齊與魯謀伐之，以其險遠中止，但使將往遏其犯燕，故書人。戎可伐故書伐也。詳見附解。

附解

齊人伐山戎，論者不一。《左氏》於公遇齊侯，曰謀伐山戎是也。《史記》載齊侯伐山戎是僖公十年事，而讀者誤以爲即此次伐戎，故來諸儒之異論。夫戎非一也，以四方統言之則東夷、西戎、南蠻、北狄，若渾言之則狄亦曰戎，戎亦曰夷。《經》文明言山戎，山戎者，山右之戎也。戎即周玁狁、漢匈奴，緜亘西北，種類甚多，中國不能知其詳，則概呼曰玁狁、匈奴。《春秋》書戎、狄，皆其類也。燕與戎隣，平日犯境侵掠，蓋所常有。燕苦之告於齊，齊約魯同伐之。魯以爲難，齊亦難之，故中止。而齊但使將領兵往察看情形，禁其暴掠，而果挫戎矣。書曰齊人，非齊侯親行也。攘外安内爲禮，故書曰伐。厥後戎益横暴，燕益受患，故齊候親伐之。前人有言：同一伐戎也，僖十年書齊侯，此書齊人，謂書人爲貶，則後伐戎何以又書齊侯？不知其非一時事，且不知此次伐戎齊侯未親行也。以伐戎前後證之，其義自明。若將卑師少書人之説，前人腐見，不可據以詁《經》。

三十有一年　惠王十四年

春，築臺于郎。

國有靈臺以候雲物、察氛祥。去國而築臺于郎，不緣占候，是特游觀之所耳。又春而爲之，故書以刺。

夏四月，薛伯卒。

俞氏臯曰：不日不名，闕文也。御案：薛稱伯，時王所黜也。

築臺于薛。

薛，杜注：魯地。今山東兖州府滕縣東南有薛城。

義與築臺于郎同，比書之，以見莊公之志荒矣。

六月，齊侯來獻戎捷。

《左傳》曰：非禮也。凡諸侯有四夷之功，則獻于王，王以警于夷。中國則否。諸侯不相遺俘。愚按：齊初與魯謀伐戎，已而中止，命將伐之，竟挫戎而靖燕。使來獻捷，亦人情也。夫子書之，錄其攘外之功，故書爵。與上年書伐意同，非貶也。詳見附解。

秋，築臺于秦。

秦，杜注：東平范縣西北有秦亭。今在山東東昌府范縣南三里。

莊公一歲三築臺，疲民甚矣。

冬，不雨。

周之冬，夏之八九十月也。書冬不雨，蓋三月皆不雨，爲災故書，且以見上文公一年而三築臺，病民傷天和也。

附 解

齊侯獻戎捷，《左氏》曰非禮。諸侯有四夷之功，則獻於王，王以警於夷。中國則否。諸侯不相遺俘。其言是矣，而人多誤解諸侯相遺俘句，遂謂齊來獻捷非禮，不可不辨之。天子有道，諸侯賓服，四夷不靖，以天子命伐之。捷則歸功天子。若中國諸侯有不靖者，奉王命伐之，則不獻捷，何也？不以諸侯儕於四夷，厚也。今齊侯獻戎捷，非獻諸侯之捷，則不得以諸侯不相遺俘之禮罪之。惟不獻捷於王而獻捷於魯，是其失禮。然是時天下騷然，天子尚不能正，諸侯安能正夷狄？齊侯志在匡亂，燕告戎患，自以兵伐之。因會與魯謀伐戎，故獻戎捷於魯，亦是邦交之常，無大害義者也。其不請命天子，則積習相沿，安於無禮。此時天子微弱，不特諸侯妄爲，戎狄亦乘機侵侮。如楚盡諸姬，狄滅衛、邢等是。若再無人救患，更將胡底？夫子故節録之，書齊侯之爵，即微管仲，吾其被髮左衽之意。若不秉命天子，亦姑弗深究，蓋救弊扶衰，不得已之志耳。然古今事勢不同，切勿因《春秋》所書，概以相量。今備論之：周制，中原僅今北五省地，其他皆羈縻之而已。江漢爲王化所基，齒於蠻荒庸蜀，從牧野之師置之化外，豈不屑哉？井田不可概施，禮樂亦難周及。六德、六行、六藝，惟施諸中夏，而其餘不驟强之，聽其自爲君長，漸摩訓導。聖人之仁，亦以當時四裔少跳梁、多愚樸也。後世則不然。楚、蜀、吴、越、黔、滇皆爲中土，山陬海隅且皆臣僕。而非常之材亦不擇地而生於此，而猶曰安中國、攘四夷，是爲不知時務，坐井觀天矣。孔子曰：天子失官，學在四夷。君子居之，何陋之有？太息於諸夏之無君。孟子以舜文爲東、西夷，曷嘗謂中國始有聖賢哉？夷夏之分，在乎天理。有理則夏，無理則夷。宋人苦於遼、夏，故著書立説，多嚴華夏，而不知聖人非斥四夷，斥其悖理焉耳。春秋之世，王室雖微，文武之道未墜。夫子恐其入而亂之，後世中國而紊天常，天亦棄之，尚區區斥夷狄，豈非貿貿？我朝龍興長白，撫有萬方，未得中華以前，荒裔絶域，均已來王。既正位中國，六合内外，無不沾沐生成。故輿圖之廣，爲前代所弗及。此經所書伐戎、伐狄等事，僅爲紙上陳言，學者不可不知也。

三十有二年　　惠王十五年

春，城小穀。

小穀，范甯曰：魯地。孫明復曰：曲阜西北有小穀城。

薛氏季宣曰：去年三築臺而不雨，今又城小穀。平歲猶不可，況薦饑而輕用民力乎。

夏，宋公、齊侯遇于梁丘。

梁丘，杜注：高平昌邑縣西南。今山東兖州府城武縣東北三十里有梁丘山，山南有梁丘城。

《左傳》：齊侯爲楚伐鄭之故，請會于諸侯。宋公請先見于齊侯。夏，遇于梁丘。愚按：首宋者，以宋先請見齊也。齊不自恃，而謙以下人，不爲煩擾，故從其實而書遇以與之。

秋七月癸巳，公子牙卒。

《左傳》：初，公築臺臨黨氏，見孟任，從之。閟，而以夫人言許之。割臂盟公，生子般焉。雩，講于梁氏，女公子觀之。圉人犖自牆外與之戲。子般怒鞭之。公曰：不如殺之，是不可鞭。犖有力焉，能投蓋于稷門。公疾，問後于叔牙，曰：慶父材。問于季友，對曰：臣以死奉般。公曰：鄉者，牙曰慶父材。成季使以君命命僖叔待于鍼巫氏，使鍼季酖之，曰：飲此則有後于魯國，不然，死且無後。飲之，歸及逵泉而卒。立叔孫氏。愚按：牙本季友所酖，而如常書卒者，爲季子諱也。何以諱？牙將助慶父爲亂，友爲國而酖之，不絶其後，陸氏淳所謂恩義俱立，變而得中也。夫子書其卒，若自死者然，如季子之意而賢之也。

八月癸亥，公薨于路寢。

冬十月己未，子般卒。

《左傳》：子般即位，次于黨氏。冬十月己未，共仲使圉人犖賊子般于黨氏。成季奔陳。立閔公。愚按：路寢，正寢，公薨于是，得正也，而季友酖牙之功可知矣。子般卒不書賊，爲内諱也，在喪故稱子。

公子慶父如齊。

按《左傳》，子般被弑，季友奔陳，蓋懼爲慶父害也。立閔公則國人立之，非慶父立之。慶父如齊，蓋恐齊知其情見討，如齊自明爲詭言以欺齊耳。故齊侯使仲孫來覘魯，慶父得以晏然。歸魯又弑閔公，夫子書慶父如齊，罪齊侯庇賊也。

秋伐邢。

杜氏預曰：邢，姬姓，周公之後。在廣平襄國間。

張氏洽曰：以伐書，著其强也。

附　解

爲國諱惡，臣子之誼也。第史以傳信，又不可不明正是非，即夫子書魯亂可知矣。但此事《左氏》得失參半，當分别觀之。慶父藉哀姜欲自立，國人蓋未附之也，助之者惟公子牙。季友於莊公病時假君命以酖之，而慶父勢孤矣。立閔公者，國人，而《左氏》云：閔公：哀姜之娣叔姜之子，故齊人立之。魯非齊屬國，子般卒時，齊侯豈遽知魯事？哀姜欲立共仲，必不以閔公告齊。既不告齊，齊何遽越國而爲魯立君？魯固秉禮，當國内無主，魯臣無一謀臣？必待齊侯而後立君，所謂秉禮者安在？閔公非慶父所立，故公會齊侯，慶父不與，而公且請復季友，若果齊人立公，慶父能專權立公，則會於落姑，慶父必從，亦不請復季友矣。惟國人立公，慶父不得立，又恐己惡敗露，齊或來討，故如齊自解説以欺齊侯。齊侯未知其實，故仲孫湫來省難，而慶父仍晏然歸魯，恃齊自固，不久又弒閔公。夫子書慶父如齊於子般卒下，則般卒而閔公即立，非由齊侯可知。即齊侯爲慶父所欺，不遽恤魯之故亦明。此《經》文之明明可考者。惟閔公之立，非由慶父，故旋即弒公。其弒閔也，亦如弒子般故智，假手於人。然而國人彌不服可知矣。此時季友奉僖公奔陳，慶父與夫人宜無所顧忌，可以自立。而夫人乃孫于邾，慶父亦奔于莒，何也？國人知其藉哀姜以行惡，共謀討罪，故雖季友已出，而慶父與夫人懼禍外奔，此亦事勢之顯然，即《經》可見者。《左氏》不記魯諸臣，而但書立閔公。又以爲齊人立之，則《經》文晦矣。公會齊侯及請季友，非八歲孩童所能，備知其必賢臣左右之可想。夫子諱國惡而明是非，書慶父如齊於子般卒下，則慶父之弒逆明。書公會齊侯，季子來歸，則魯多君子，維持定亂之績著。不書公薨之地，書姜氏孫邾、慶父奔莒於公薨下，則公薨由夫人、慶父可識。《左氏》乃不詳記諸臣，而但記慶父、子牙、季友，似魯國之大，竟無一人止慶父弟兄，或臧或否，擾擾於其間。當由三家專魯，史臣避忌，惟書其先人，而《左氏》仍之，故至此歟？今以《經》定傳，庶聖人用心之密以昭明者，必共諒之。夫史書傳信，詳略固宜允當，如或失宜，則賢者湮没不彰，奸人倖免筆伐，豈非大咎？故愚於三傳必詳求其是非也。

閔公

《魯世家》：閔公名開，莊公之子。《謚法》：在國逢難曰閔。

元　年　　惠王十六年

春王正月。

不書即位，慶父弒君，假手圉人，賊未討，惡未張，國無主，國人立公荒亂之際。公立既非王命，又非莊公遺命，則不容如常書矣，非有不足於閔公。

齊人救邢。

《左傳》：狄人伐邢。管敬仲言于齊侯曰：詩云，豈不懷歸，畏此簡書。簡書，同惡相恤之謂也。請救邢以從簡書。胡氏安國曰：凡書救者，未有不善者也。愚按：救，固善矣，而桓不量狄之强，但命將以往馴，至於狄又入衛，則善而未盡善也。故書人以少之。

夏六月辛酉，葬我君莊公。

《左傳》：葬莊公，亂故，是以緩。慶父未正罪而書葬莊公，則閔公之立無可訾。而前人云不討賊，不書葬者，非也。

秋八月，公及齊侯盟于落姑。

落，《公》《穀》作洛。落姑，杜注：齊地。在今山東兖州府東平州平陰縣界。

《左傳》：請復季友也。齊侯許之，使召諸陳，公次于郎以待之。是時公甫八齡而會齊侯，請季友，非魯有賢臣，安能若是？即公幼慧，亦必有左右之者也。故夫子書公及以美之。

季子來歸。

三傳皆言稱季子，嘉之、賢之、喜之是也。書其出而書其歸，賢其來歸，則其出爲不得已可知也。人臣遇難，非必以捐軀爲賢。善全君國，亦無害於其身，夫子於季蓋深嘉之也。

冬，齊仲孫來。

《左傳》：齊仲孫湫來省難。仲孫歸曰：不去慶父，魯難未已。公曰：若之何而去之？對曰：難不已，將自斃，君其待之。公曰：魯可取乎？對曰：不可，猶秉周禮。周禮，所以本也。臣聞之，國將亡，本必先顛，而後枝葉從之。魯不棄周禮，未可動也。君其務寧魯難而親之，親有禮，因重固，間攜貳，覆昏亂，霸王之器也。不稱齊侯使仲孫，以齊侯有取魯之心，不予其恤魯難也。仲孫言魯秉周禮，諫齊侯臨魯難，故嘉之而不書名。曰來，喜其來也。一言而本國之君免于不義，魯免于危亡，故喜之。

附　解

齊侯聞魯難，不亟恤而安之，使仲孫湫來省難，且曰魯可取乎，則其不義甚矣。仲孫言魯秉周禮未可動，先遏其覬覦之心，乃導其君務寧魯難而親之，且以秉禮爲詞，止君之欲。非知禮者，何以能爲此言？仲孫一言，既使其君免於不義，又使季孫得以歸魯定亂，故夫子賢之。而前人猶有非之者，何耶？晉曲沃桓叔之後篡晉，以賂請得爲諸侯，夫子於詩《無衣》《椒聊》諸什以明其不臣，而《春秋》凡曲沃侵伐晉國諸事，《左氏》詳備，夫子獨一概弗書，則惡之之意尤見。是年晉侯作二軍滅耿、霍、魏皆不書，而《左氏》載卜偃占畢萬之後必大，又於與桓叔初生命名侈陳占義，殊爲大失聖人之意。夫忠孝者，天地之常經，臣子之大防。導之以禮，猶恐其踰，而因命名初封，即卜以後必大。拘信術數，啟亂臣賊子不良之心。因之後人誤信小術，往往干名犯義，皆《左氏》導之也。

二　年　　惠王十七年

春王正月，齊人遷陽。

陽，杜注：國名。今山東青州府沂水縣南有陽都城，即陽國也。

陽無考。遷陽之故亦無傳。書人、書遷，則其恃强擅遷之罪明矣。

夏五月乙酉，吉禘于莊公。

四時之祭，夏曰禘。成王以周公有大勳，勞命季夏，六月以禘。《禮記》：周公于太廟合群廟之主。而以周公爲始祖，實與天子之禘祭異。魯後襲用之，以其儀文特盛，遂僭及于群廟，此所謂禘也。莊公之喪未三年，而遂用吉禮禘焉，非也。《公羊》曰：其言吉何？未可以吉也。

秋八月辛丑，公薨。

《左傳》：初，公傅奪卜齮田，公不禁。秋八月辛丑，共仲使卜齮賊公于武圍。《公羊》：公薨何以不地？隱之也。何隱爾？弒也。孰弒之？慶父也。胡氏安國曰：魯史舊文，必以直書。其曰公薨不地者，仲尼親筆也。書薨以示臣子之情，不地以存見弒之實。

九月，夫人姜氏孫于邾。

孫，音遜。

此時慶父與夫人事齊，蓋已知之。故夫人不敢歸齊，而奔邾也。

公子慶父出奔莒。

《左傳》：成季以僖公適邾。共仲奔莒，乃立之。以賂求共仲于莒，莒人歸之。及密，使公子魚請，不許。哭而往，共仲曰：奚斯聲也。乃縊。閔公，哀姜之娣叔姜之子也，故齊人立之。共仲通于哀姜，哀姜欲立之。閔公之死也，哀姜與知之，故孫于邾。齊人取而殺之于夷，以其尸歸，僖公請而葬之。按：哀姜通于慶父，欲立之。慶父弑君，哀姜與知之，則二人誠賊矣。哀姜亦見誅于齊，春秋連文，直書其事，二人弑逆之迹以彰。其不去姜氏者，明其本齊女而有罪，不敢歸齊，書孫于邾，賤之也。書慶父出奔莒，而不書其歸及卒者，病魯人之失賊也。稱公子者，正名分以誅其淫逆之罪。

冬，齊高子來盟。

齊侯使高子來請難，不言齊侯，使不名，賢高子也。齊侯非誠能恤鄰匡亂者，仲孫來而歸，導君以寧魯難。高子來而與魯人盟立僖公，並賢之，以爲人臣引君當道之法。不書與何人盟，魯臣也，不勝書，且不告天子，臣下私盟立君，亦不必書也。

十有二月，狄入衛。

《左傳》：狄人伐衛。衛懿公好鶴，鶴有乘軒者。將戰，國人受甲者皆曰：使鶴，鶴實有祿位，余焉能戰。及狄人戰于滎澤，衛師敗績，遂滅衛。狄滅衛而不書滅者，汪氏克寬謂不有其地，或雖其有地而不滅其祭祀也。然衛侯不君，有自取之道，故書人以見其國無人焉，其所以致滅之由，則非一朝。先儒謂淫亂之禍，不簒則滅，可爲後鑒，信矣。然父子罪不相及，夫子自以懿公不君，致狄來如入無人之境，爲世戒耳。

鄭棄其師。

《左傳》：鄭人惡高克，使帥師次于河上，久而弗召，師潰而歸。高克奔陳。鄭人爲之賦《清人》。按：鄭伯本欲棄高克耳，然進退人臣不以禮，而委以師旅，聽其離散，故聖人書棄其師，以深罪之。

附　解

禘有大禘、時禘。四時之祭，夏曰禘，以帝出乎震，至夏長養之恩始宏，乘權馭世之象，故名曰禘。周公制禮，既定始祖不祧之典，又推始祖所自出之帝，五年祀之，合群廟之主於太廟，共享如生存，合族歡聚，不分遠近，歸於一本之意。惟天子功德極隆，乃能通於始祖以上，祫祭而名曰大禘，明其非常人所能也。故《禮》曰：不王不禘。諸侯以下五年亦祫祭，然及其太祖而已，不得祀始祖，所自出亦不得稱爲禘。大夫廟止於三，則無合祭祖考之禮。然若有君恩家慶之事請於君，亦許祫祭，但及其高祖而止，故曰有大事請於其君。干祫，及其高祖干求也，本不得祫，求君命爲之，故曰干。《禮記大傳》言禘禮甚明，而先儒紛紛異論疏矣。又前人相沿，譏魯禘非禮，亦未解孔子之言。孔子曰：魯之郊禘，非禮也。杞之郊也禹，宋之郊也契也。天子祭天地，諸侯祭社稷。《國語》云：二王之後，得祀天地三辰。

杞、宋賓王，周天子許修其禮物，以存禹湯之政，故得郊祀禹契。成王念周公勛勞，命魯於周公廟每歲六月以禘。《禮記》：周公於太廟六月。夏之六月，周以子月爲年節，朝賀晏息，而民事仍用夏時。故經傳往往仍以夏令爲言。夏時祭本名禘，今命魯於時禘時，亦合群廟之主。於周公廟祭之，雖名爲禘，而實非大禘，但合祭耳。其許用天子禮樂，非竟同周天子之禮，蓋雜用夏殷天子禮樂，其或有同於周天子者，皆減省之。《禮記·明堂位》所載，明明可考。成王曷嘗以天子禮樂賜伯禽？伯禽亦冒昧而妄受哉？成王以周公有大勳，擬之於杞、宋，然惟周公廟得行之。其後魯子孫因其禮隆盛，並群廟亦行之。夫子所以言其非禮，而以杞、宋祀禹契爲言焉。其僭郊也，亦非僭郊，天之禮也。周公制禮，以后稷爲稷神，爲其粒食生民，功可配天。凡郊而祈穀，必祀稷。魯以周公廟用盛禮，后稷爲周始祖，亦用盛禮，故於祈穀之郊，亦以周公廟之禮樂享之。《魯頌》曰：皇皇后帝，皇祖后稷。誇耀其祖德配於天，鄙人之見也。而其實亦止郊祀后稷耳。《家語》夫子對定公，亦言魯郊非郊上帝，諸儒何不察之？此吉禘即時禘也。莊公喪未三年，因禘祭，合群廟之主於周公廟，禮儀特甚，故不待喪畢，即以莊公入焉。居喪而行吉禮，又以禘禮祀莊公，夫子故書以譏之。禘義愚於《論語》《或問禘》章已詳，恐人不及參考，今又贅言之。齊高子來盟，不書齊侯，而書高子，爲人臣成君之美者功也。陳善閉邪，臣子之誼，非可一概唯唯而行。齊桓於魯亂置之可輕可重之問[1]，原未介意，因仲孫高子來而始靖魯亂，使君無過而且有功，可以爲法，故子書以美之。不書立僖公，不與齊臣得擅立君之權也。詳見下章。

① 問，原文如此，疑作聞。

春秋恒解卷三 晚年定本

僖公

公名申，莊公之子，閔公庶兄。《謚法》：小心畏忌曰僖。

元 年　惠王十八年

春王正月。

不書即位，著魯亂也。魯亂，夫子諱惡，多微詞。不言即位，則閔公之薨，所以不書地及高子，來盟之故始明。且公因齊高子而定位，不書，不與高子擅立他國之君也。

齊師、宋師、曹師次于聶北，救邢。

《左》作曹伯。聶北，杜注：邢地。今山東東昌府聊城縣東北有聶城，齊之西界，近邢地也。

救患，書次，譏也。而此不書狄伐邢，但書救邢，則非譏也。蓋狄嘗侵擾害邢，邢苦之告齊，齊合諸國之師救之。邢已將遷，故次聶北，特其遷而城之。若譏其救之緩，則必書曰某某救邢，次於聶北矣。詳見附解。

夏六月，邢遷于夷儀。

《公》作陳儀。後同。夷儀，杜注：邢也。今直隸順德府邢臺縣西有夷儀城。《元和志》云在縣西一百四十里，俗謁爲隨宜城是也。

書邢遷于夷儀，則邢自遷也。《左氏》曰：諸侯救邢。邢人潰，出奔師。師遂逐狄人，具邢器用而遷之，師無私焉。按：《傳》稱師逐狄人，具邢器用而遷之者，非也。《經》書遷即書城邢，皆在六月一時之事，是邢遷已豫諸侯師至，而始知將遷，故次以特之，遂爲之城。若狄之于邢，特時時侵害，未嘗伐邢圍之。邢何以潰，詳見附解。

齊師、宋師、曹師城邢。

上文言邢自遷，而此特書三國城邢，以著其功。《左傳》曰：救患分災，禮也。《穀梁》曰：美齊侯之功也。皆是也。

秋七月戊辰，夫人姜氏薨于夷，齊人以歸。

《公羊傳》曰：齊桓公召姜氏而縊殺之。夷，齊地。書薨，諱之。曰齊人以歸，明齊桓之殺之也。汪氏克寬曰：蓋殺之于夷，而以喪歸齊國，然後魯請而歸于魯爾。不曰齊侯而曰齊人，討賊之詞也。按：公子慶父弒子般如齊，自飾以欺齊。齊使仲孫來，知慶父姜氏事，故遂定魯亂而殺姜氏，則齊桓誠有明智之才也。故書齊以歸，予之。

楚人伐鄭。

荆始書楚。

始號荆而今號楚，蓋楚自改號，故從其實而目之，非聖人改號之也。稱人，貶也。鄭在王畿，楚欲侵中國，故先伐鄭，志其强横之始也。

八月，公會齊侯、宋公、鄭伯、曹伯、邾人于檉。

檉，勑呈反。《公》作朾檉。杜注：宋地。陳縣西北有檉城。陳縣，今河南開封府陳州，州境有犖城，即檉城也。

《左傳》：盟于犖，謀救鄭也。按：《傳》言盟而《經》不書盟，盟在會後。蓋公不與盟，故魯史只書會也。齊侯欲救鄭而憚楚强，故先合諸侯以謀之。不書救，救緩故削之也。邾稱人，其大夫也。

九月，公敗邾師于偃。

偃，《公》作纓偃，當在山東兖州府費縣南。

《左傳》：虚丘之戍將歸者也。按：公子友奉僖公奔邾，齊復之而後公立，則邾有德于公矣。且八月方同會檉，何以敗其師，蓋魯之臣乘戍人將歸，襲而敗之，公之不禁，故書公敗以刺之也。

冬十月壬午，公子友帥師敗莒師于酈，獲莒挐。

酈，力知反。《公》作犂，《穀》作麗。挐，女居、女加二切。酈，杜注：魯地。

《左傳》：莒人來求賂。公子友敗諸酈，獲莒子之弟挐。公賜季友汶陽之田及費。按：《公羊》：慶父奔莒，莒人逐之，將由乎齊，齊人不納，反舍汶水之上，使奚斯入請，不可，而死。莒人以不納慶父爲己功，故來求賂。是興師者莒，莒之屈也。而不以莒主兵者，甚季友也。方慶父奔莒，魯蓋嘗以賂請。莒不納慶父，未爲無功。魯定亂後，不以禮謝莒，而致來伐，又敗其師，獲其弟，非義也。聖人貴忠恕，故其書法如此。

十有二月丁巳，夫人氏之喪至自齊。

《公羊》云：夫人不稱姜氏爲貶，以其與弑公也。然前薨于夷何以書姜氏？不可不晰也。夫人也而薨于外，其故可知。但不書姜氏，則以歸之地不明。此亦書姜氏。則見絶於齊之故不明。書夫人以明僖公無絶母之道，不書姜氏則其見殺于齊，即見絶于莊公，不得入莊公之廟。聖人之意精密矣。

附 解

次于聶北救邢，前人謂刺救國不力。以《經》文考之，殆不然也。前狄伐邢，而管仲言於齊桓救邢。今不書狄伐邢，而第書次聶北救邢，蓋狄未伐邢，特時時侵擾，爲邢患。邢苦之，故遷於夷儀。齊桓知狄之爲邢患也，合諸侯之師使救邢。救者，往禦狄以安邢。師就道而始邢將遷矣，故次於聶北，俟其遷畢即城之。夫子書次聶北，而曰救邢，明其爲救邢而出師也。接書邢遷，三國之師城邢，則可知次聶北者，爲其已遷，謀爲之城，未有狄師，故不書狄伐邢。而《公羊》以爲狄滅邢，《經》明言邢遷，狄何嘗滅邢？《左氏》云邢潰奔於師。《經》未書狄伐邢，邢何以潰？此皆以意爲之説。楚人伐鄭，齊會諸侯於檉。《左氏》曰：謀救鄭也。《經》不書救，以其方謀御楚，未即救之，故不書次。此可與上條參觀而明者。公敗邾師，《左氏》以爲虚丘之戍將歸者則非。果師也，戍人幾何？何以云師？蓋魯與邾鄰邊疆，恒相侵越。邾之戍虚丘，不知何故，魯人因其歸而要奪之。邾未嘗侵魯，魯未嘗伐邾。夫子以其無故要奪人，惡之，公或未之知，或知而不禁，皆非也，故書公敗邾師。子友敗莒，獲莒挐，《左氏》曰嘉獲之，《公羊》曰大季子之獲，皆妄也。《穀梁》云惡公子之紿，亦誤。師行詭道，若師出有名，紿亦何咎？惟魯以賂求共仲，莒人歸之，而不踐其言，致莒來求賂，魯反恃强敗之，故書帥師敗獲，以彰其咎。不書莒來求賂，而書友帥師，若無故而師敗莒者，其惡之殊甚。

二　年　　惠王十九年

春王正月，城楚丘。

楚丘，杜注：衛邑。朱子《詩經集註》：楚丘在滑州。今直隸大明府滑縣東六十里隋衛南廢縣即古楚丘城也。按：此楚丘之在北者，與戎伐凡伯之地不同。

《左傳》：春，諸侯城楚丘而封衛焉。《經》第言城楚丘，若魯城之者然，何也？公奉齊桓之命城之諸侯，私役諸侯，僭且擅也。從之，無王也。病齊桓，爲公諱，故不書衛，不書諸侯城。

夏五月辛巳，葬我小君哀姜。

哀姜之罪，上文書法已明矣。此如常書葬。吴氏澂曰：子無絀母之道。是也。

虞師、晋師滅下陽。

《公》《穀》作夏陽，晋始見《經》。下陽，杜注：虢邑，在河東大陽縣。今大陽廢縣在山西平陽府平陸縣東北十五里，又三十里爲故下陽城。

案：三傳：晋人以垂棘之璧與屈産之乘，假道於虞以伐虢。宫之奇諫，不聽，終假之道伐虢。還四年，反取虞，非國而曰滅，重夏陽也。夏陽，虞、虢之塞邑，滅夏陽而虞、虢舉矣。晋人首惡而先書虞，前人云罪虞，皆是。

秋九月，齊侯、宋公、江人、黄人盟于貫。

《公》作貫澤。江，杜注：江國。在汝南府安陽縣。《括地志》云：安陽故城，在新息縣西南八十里。新息，今河南汝寧府息縣是也。貫，杜注：宋地。梁國蒙縣西北有貫城。貫與貫字相似。今山東兖州府曹縣西南十里蒙澤故城，即古貫城也。

杜氏預曰：江、黄小國，鬻熊始封之時，蓋附庸于楚，故書人。齊桓以楚漸憑陵中夏，先服其與國。江、黄亦苦楚，來附齊，夫子書之予齊桓也。唯宋與盟，不煩諸侯之意。

冬十月，不雨。

十月罕雨，書十月不雨，蓋彌月不雨，以此爲異也。

楚人侵鄭。

《左傳》：楚人伐鄭鬭章，囚鄭聃伯，書人，惡其猾夏也。

附解

嘗歎《春秋》一書，經義自明。奈傳註多誤解，而經義遂不明矣。如《左傳》云齊桓遷邢於夷儀，封衛於楚丘，後人沿之，以桓爲專封。而考之經文實不然。上年邢遷於夷儀，邢自遷也，非桓遷之。衛爲狄滅，立戴公以廬於曹。戴公卒，文公遷於楚丘，亦非齊桓遷之也。《詩》載《定中》，美文公再造。《左傳》載桓公歸，公乘馬祭服等，亦特貲助之，未嘗遷之。齊、宋、曹歸城邢，具邢器用，亦止是貲助，而謂即桓公遷之封之，是左氏誤也。此年城楚丘，不書衛楚丘，不書諸侯城，而書若魯自城者，蓋齊桓令諸侯城之。恤鄰本美事，而以此私役諸侯，諸侯亦唯唯聽命，則於名分大義深有關係，故夫子不許。使齊桓既不奉天子命而合諸侯、謀城衛，是猶以同寮待列國也。乃居然役使諸侯，諸侯亦不敢違，充其量即蔑王綱，階簒逆之漸，故書法若此。若以不告王而私城楚丘爲專城邢，何以又非專而書之曰城邢？此《經》文之明明可核者也。葬哀姜，吴草廬説是，而程端學謂得罪宗廟，不當以夫人禮葬則非。滅下陽，晋始見《經》，然夫子自是因罪虞而書，非爲書晋，晋昭侯封其叔父桓叔于曲沃而即畔晋，世世相沿。弑君簒國，以至親而簒弑，晋實始之。《左傳》於晋事詳記，而夫子不書，深惡傷倫蔑義也。及殺其世子申生而後書，以著其不臣不義，自殘骨肉，爲世炯戒。江、黄，杜註江爲安陽縣，而不註黄。按楚地遼闊，武王封鬻熊以控制之，惟漢陽與中國鄰，封諸姬於此。諸姬蓋同姓之疏遠，而非大賢者，故封於此，使鬻熊化之。江也、黄也，楚地多以爲名。此江、黄蓋亦初封國時所置，雖附庸於楚，亦統攝多小國。齊桓故結之以抗楚。十月不雨，及下年正月四月不雨，《穀梁》以爲勤雨有志乎民，謂僖公有恤民之心，故書之。然果能恤民，民和而陰陽亦和，何至彌月不雨？則夫子自以不雨妨民而書，非美之也。凡諸此類，前人或從傳，或自爲之説，皆不細繹《經》文而逞私見者也。

三　年　　惠王二十年

春王正月，不雨。夏四月，不雨。

周正月，夏十一月，當雪。雨即雪也。不雨則無雪而麥病。四月，夏之二月，不雨則無澤，而麥苗枯。皆異也，故書之。

徐人取舒。

徐，杜注：徐國。在下邳僮縣東南。《括地志》：徐城縣西四十里有大徐城，即古徐國也。今江南鳳陽府泗州北八十里有古徐城，相傳爲徐偃王築。舒，杜注：舒國。廬江舒縣。今江南廬州府廬江縣西舒縣古城是。

徐戎見於《詩》《書》。莊二十六年，齊桓伐徐，今取舒。取，取其地也。舒，楚與國。齊方謀楚，服江、黄，徐人乘楚有事，而取其地以自益，故書取。書人，以其與楚皆夷，著當時事勢，見齊桓之功，所以猶節取之意。前人之説皆非也。

六月，雨。

六月，夏之四月，此時須雨亟矣。前，三書不雨，而此書雨，喜之也。此爲喜，則前書不雨爲憂民之志，非美僖公也。

秋，齊侯、宋公、江人、黄人會于陽穀。

陽穀，杜注：齊地。在東平須昌縣北。今山東兖州府陽穀縣北三十里陽穀故城是也。

《左傳》：謀伐楚也。愚按：會盟，春秋所不與也。楚無道，侵陵中國，齊桓謀伐之，慎重而不輕動。彼善于此，故于會盟江、黄無貶辭，惡楚故恕桓耳。

冬，公子友如齊涖盟。

《穀》作公子季友。涖，《公》《穀》作莅。後同。

《左傳》：齊侯爲陽穀之會，來尋盟。冬，公子友如齊涖盟。愚按：陽穀之會，魯不與，齊桓伐楚之謀已定，告于諸侯，故魯使友往涖盟。涖，臨也。齊合諸國謀伐楚，盟以相結。不言公使齊之命，非公志也。然公不亟於謀楚，季友成之亦見。

楚人伐鄭。

《左傳》：楚人伐鄭，鄭伯欲成，孔叔不可。曰：齊方勤我，棄德不祥。愚按：屢書楚伐鄭，以著其强凌，見齊桓伐楚之不容已也。

四　年　　惠王二十一年

春王正月，公會齊侯、宋公、陳侯、衛侯、鄭伯、許男、曹伯侵蔡。蔡潰，遂伐楚，次于陘。

陘，杜注：楚地。潁川召陵縣南有陘亭。今屬河南許州郾城縣。

《左傳》：齊侯與蔡姬乘舟于囿，蕩公。公懼，變色。禁之，不可。公怒，歸之，未絶之也。蔡人嫁之。四年春，齊侯以諸侯之師侵蔡，蔡潰，遂伐楚。楚子使與師言曰：君處北海，寡人處南海，惟是風馬牛不相及也。不虞君之涉吾地也，何故？管仲對曰：昔召康公命我先君大公曰：五侯九伯，汝實征之，以夾輔周室。賜我先君履，東至于海，西至于河，南至于穆陵，北至于無棣。爾貢包茅不入，王祭不共，無以縮酒，寡人是徵。昭王南征而不復，寡人是問。對曰：貢之不入，寡君之罪也，敢不共給？昭王之不復，君其問諸水濱。師進，次于陘。愚按：列序諸侯之爵，予伐楚也。蔡服于楚，先侵蔡。蔡潰而後伐楚，兵制之善也。書遂，明伐楚者桓之專志。次陘，不輕進，書亦善之也。是時楚屢伐鄭，非齊桓此伐，鄭没于楚，則中國將左衽矣。夫子所以許管仲之功也。

夏，許男新臣卒。

蓋卒于師也，而不書者，愚按：上書許男同伐楚，則卒于伐楚可知。書之亦予之也。聖人不没人之片長，如此。

楚屈完來盟于師，盟于召陵。

屈，居勿反。完，音桓。召，上照反。召陵，杜注：潁川縣也。今郾東四十五里有召陵城。

《左傳》：夏，楚子使屈完如師。師退，次于召陵。齊侯陳諸侯之師，與屈完乘而觀之。齊侯曰：豈不穀是爲？先君之好是繼。與不穀同好，如何？對曰：君惠徼福于敝邑之社稷，辱收寡君之願也。齊侯曰：以此衆戰，誰禦之？以此攻城，何城不克？對曰：君若以德綏諸侯，誰敢不服？君若以力，楚國方城以爲城，漢水以爲池，雖衆，無所用之。屈完及諸侯盟。愚按：楚無大夫而氏屈完者，予其歸義也。其曰來盟于師者，序桓之績，明楚人之服也。屈完不辱君命，以盟息兵，故亦與之。或謂桓公責楚以細故，不能剏楚，又盟。後楚復滅弦黄，此盟爲虚。不知楚地廣袤，非天子不能削其地、黜其爵。是時王室衰微，既不克命罪征討，而近在王畿如鄭，且數被侵伐。桓之伐之，亦欲戢其虐中國之志耳。南以包茅，而彼服罪，又願繼好，勢不能不罷兵。若其背盟侵，雖君子不必預料其然也。既知其然，而必求戰。戰勝如城濮亦未必。遂挫其威，不勝則益肆矣。彼既服罪而求盟，則許之，固桓之近正也，安得不與之？

齊人執陳轅濤塗。

轅，《公》《穀》作袁。

秋，及江人、黄人伐陳。

《公羊》：濤塗謂桓公曰：君能服南夷矣，何不還師濱海而東，服東夷且歸？桓公曰：諾。于是還師濱海而東，大陷於沛澤之中，顧而執濤塗。稱人而執者，非伯討也。桓公假塗於陳而伐楚，陳人不欲其反，亦由其師多暴掠，故患之也。齊桓不思其故自責，而執轅濤塗，故人以非之。張氏洽曰：《左氏》與《公羊》所傳袁濤塗之罪，大同小異。如《左氏》説，則齊師終由陳反，但怒濤塗之言耳。今案：若果由陳鄭而歸，則何必魯及江、黄伐陳？則知《公羊》陷沛澤之説爲信。所以桓公怒陳之深，至于伐，而又侵也。愚按：張説得之。但書及者，蒙上齊執濤塗之文，謂齊人也。蓋執其臣而又伐其君，言及江、黄不言諸侯者，服楚之後，諸侯兵悉罷去，故陳侯亦歸國，特其臣留耳。江、黄未從伐楚，齊侯因使同己伐陳，魯未與也。故下文書公至自伐楚，而不言伐陳者，以爲書及不書公，内方及，外稱人，皆微者。魯去江黄遠矣，不應諸侯悉罷而獨煩魯兵。

八月，公至自伐楚。

公至告廟必書，常也。以其伐楚，而書亦與之也。吴氏澂曰：公與齊桓爲他會皆不至。此獨至者，重大其事，且以師出三時，久役之勞也。亦通。

葬許穆公。

許，男也，而稱公，從其臣子赴告之詞，非有褒貶也。備書其葬，亦予之之意。

冬十有二月，公孫兹帥師會齊人、宋人、衛人、鄭人、許人、曹人侵陳。

兹，《公》作慈，後同。

《左傳》：叔孫戴伯帥師，會諸侯之師侵陳。陳成歸轅濤塗。杜氏預曰：兹，叔牙子。高氏閌曰：書兹帥師，則知諸國皆大夫帥師以會之矣。諸國皆貶而稱人，則公孫兹與貶可知矣。胡氏銓曰：濤塗誤軍，則罪止濤塗耳，何至伐其國哉？豈有罪一臣而諸國合攻之也？齊桓怒執其臣，又伐之侵之，甚矣。

附　解

孟子曰：春秋無義戰。彼善於此則有之。朱子曰：若召陵之師類是也。齊侯不告天子正楚之罪，以爲天子令不行也。然告雖不行，而名義已正。不告則爲私擅。管仲不知，其器所以小也。伐楚僅邀一盟，人多議之。然是時天子微弱，楚憑陵中夏，《經》疊書楚伐鄭，侵伐及畿内，則其鴟張何如。齊桓知楚强大，非可威服，特欲其服，不侵擾中國。夫子亦以齊不足以制楚，但能止其暴虐，亦可節取，維世不得已之心耳。蔡久服於楚，故齊桓先以重兵侵之。破蔡使楚震慴，此行師先聲奪人之意。《經》書侵者，不令楚知之也。蔡潰遂伐楚，遂之爲言乘勢進兵之意。而《左氏》載齊桓怒蔡姬歸蔡侵之，似齊桓爲蔡而興師，蔡潰乃伐楚，不特寃齊桓，亦晦經文矣。次於陘，美其遲重，及屈完盟，予其不窮兵。楚子不出，但使屈完來盟，亦知齊桓但求免侵鄭耳。大夫而盟諸侯非禮，而此則《經》無貶詞，以楚久不賓服，今來服，義即與盟得柔遠之義，不可以中國大夫盟諸侯例也。其餘正解已詳。

五　年　　惠王二十二年

春，晋侯殺其世子申生。

《左傳》：初，晋獻公欲以驪姬爲夫人，卜之，不吉；筮之，吉。公曰：從筮。卜人曰：筮短龜長，不如從長。且其繇曰：專之渝，攘公之羭。一薰一蕕，十年尚猶有臭。必不可。弗聽。立之，生奚齊。其娣生卓子。及將立奚齊，既與中大夫成謀，姬謂大子曰：君夢齊姜，必速祭之。大子祭于曲沃，歸胙于公。公田，姬寘諸宫六日。公至，毒而獻之。公祭之地，地墳；與犬，犬斃；與小臣，小臣亦斃。姬泣曰：賊由大子。大子奔新城。公殺其傅杜原款。或謂大子：子辭，君必辨焉。大子曰：君非姬氏，居不安，食不飽。我辭，姬必有罪。君老矣，吾又不樂。曰：子其行乎。大子實不察罪，被此名也以出，人誰納我？十二月戊申，縊于新城。姬遂譖二公子曰：皆知之。重耳奔蒲，夷吾奔屈。春，晋侯使以殺大子申生之故來告。《穀梁》：目晋侯斥殺，惡晋侯也。愚按：書殺而不去其世子，申生無罪也。父子天性，雖不中不才，猶當養之。晋侯殺桓莊之族，多行不義，自戕其子，以成大亂，故書以爲鑒。

杞伯姬來朝其子。

孫氏復曰：伯姬内女，來朝其子者，以朝禮見魯侯，書以交譏之也。蘇氏轍曰：父僖公之母成風在焉，則伯姬歸寧，禮也。諸侯之子代父而朝，禮之變也。弱而隨其母以朝，非禮也。吴氏澂曰：杞惠公疑有疾，伯姬以其子爲魯之甥，故挾之至魯，就令攝父行朝禮。是年杞惠公卒，成公嗣位。蓋伯姬豫欲託其子于魯也。杞伯、伯姬、其子，皆非禮也。

夏，公孫兹如牟。

《左傳》：公孫兹如牟，娶焉。禮：卿非君命不越竟。前人謂兹因聘而娶，然《經》不書聘，則兹自越境而娶耳。故並其娶不書，以著其無禮。

公及齊侯、宋公、陳侯、衛侯、鄭伯、許男、曹伯會王世子于首止。

首止，《公》《穀》作首戴。

王子帶有寵于惠后，王將廢大子，鄭爲立之。齊桓請于王，會世子首止以安之。書諸侯之爵，予之也。定儲貳安天上，雖致王世子于會，略其小失而予其大勛。其先書及以會，而後書會王世子，范氏甯所謂不敢令世子與諸侯齊列是也。胡氏安國曰：若曰王世子在，是諸侯咸往會焉，示不可得而抗也。

秋八月，諸侯盟于首止。

張氏洽曰：此盟蓋會世子之禮已畢，約諸侯以同戴世子。愚按：不言世子者，世子非諸侯可得盟，而桓當日實未嘗敢盟世子。故《春秋》復言諸侯盟于首止以美之。桓公之事無善于此者矣。

鄭伯逃歸不盟。

《左傳》：王使周公召鄭伯？曰：吾撫女以從楚，輔之以晋，可以少安。鄭伯喜于王命而懼其不朝于齊也，故逃歸不盟。胡氏安國曰：逃者匹夫之事，書逃歸不盟，深貶之也。人臣以引君當道安社稷爲忠義，王徇惠后私意，將廢大子，非義也。齊桓定世子，安王室，人臣匡弼之正。王亂命而鄭從之，故書逃以賤之。

楚人滅弦，弦子奔黄。

弦，杜注：弦國。在弋陽軑縣東南。今河南汝寧府光州西南有弦城，湖廣黄州府蘄水縣有軑縣故城，皆魏晋時弋陽郡境。

張氏洽曰：楚受盟于召陵，至此因王間鄭而滅弦。書人，罪之也。弦子書奔，不服于楚。而逃去之不名，以爲尚可望以興復其國，故不絶也。愚按《左傳》：江黄道伯方睦于齊，皆弦姻也。楚滅弦而齊不能救，書亦以病齊也。

九月戊申朔，日有食之。

冬，晋人執虞公。

書人，惡晋也。虞爲諸侯，非晋所得執。書虞公，賤之也。以國君而晋人執之，若執匹夫然，惡之甚也。不書滅虞，惡其愚貪自取執，則辱之甚於滅也。晋修虞祀且歸其職貢于王，則不以滅告諸侯，而《春秋》不以其僞掩真也，故人之。

附　解

前虞師、晋師滅下陽，晋始見於《經》。今書殺世子，《左氏》曰：晋人來告，然前此晋豈竟不告，而今始以殺其子告乎？蓋夫子惡晋，於其殺世子而書，以戒將來也。人倫莫大於君父，臣子固當忠孝，而君父亦豈可不自正以爲則乎？子曰：苟正其身矣，於正人乎？何有？其身正，不令而行。孟子曰：身不行道，不行於妻子。何嘗謂爲父，便可侈然自肆？晋曲沃弑君篡國，兼併弱小。虢，王季之穆也，而滅之。桓莊，一本之親也，而滅之。其天良澌滅已，非一朝寵驪姬、殺申生以致大亂。雖人爲之，豈非天意降罰乎？世儒諱言禍福，因禍福之應，遲速不測，且恐導人趨利避禍，當爲不爲。故不言禍福。然天人相應之機，不可誣也。天止一理，順理而天眷之，逆理而天禍之。天非有心，善惡之氣相感而然。夫子言因材而篤，栽者培，傾者覆，其義如此。其或善未必福，惡未必禍者，善而有惡，惡而有善，是以遲速大小之應不同。抑先世所培厚薄有異，而天理則無毫髪差也。羲、文、周、孔以吉凶悔吝教人，使人知禍福生於善惡，早去惡遷善。人情即不求福，豈願求禍？然禍福由於善惡，善惡分於理欲。以禍福教人，實以天理教人耳，先儒何拘滯哉。晋篡弒得國，多行不義，至獻公而自戕其子，固理之宜。論者見其後文、襄繼世，常爲盟主，似不可解。不知乃天眷文、武，藉晋以延周祚，亦唐叔遺留有未艾者也。周家忠厚開基，有天下不以自私而封建諸侯，使之世守，但總其禮樂征伐之權。蓋第求民生可安，不爲子孫長久之計，非後世私利之心所得而同也。然尾大不掉，久必擅權，亦理勢之自然。東遷衰亂，益以外裔多患，如秦、楚其大者。天不忍使文、武之德倏忽銷亡，即不得不就當時情勢，使晋衞周。故殽函之役，柩有聲如牛。豈文公之靈？乃文、武之靈也。三晋分而秦始大，周澤既微，唐叔之遺亦盡。秦始暫一海内，豈天縱强暴以禍世哉？以善惡之定理，揆天予奪之心，所以百世而可知，非外理言禍福也。秦以詐力滅六國，不旋踵而亂亡。三代下如此者不勝屈指，姑略言之。漢高、明祖由布衣而興，辛苦備嘗，宜知天理矣。而藉功臣以興，即屠戮功臣。吕后僭亂，人彘慘傷。燕棣不臣，叔姪争篡。武氏之禍，由於太宗，及同氣納弟妻，太蔑人倫也。德昭不嗣，由於篡奪，欺寡婦蔑孤兒，大傷忠義也。若曹操倖保首領，而丕妻其姬，馬據其槽，國祚僅三十年，何如守臣節，匡漢室之不朽。典午襲曹故智，而爲公爲私，王顗、王冏愚悖，生於繼世，徒慨爲青衣紊馬牛之可羞。隋文混一疆圉，勤政求安，謂前朝天子嫡庶相争，已爲獨孤皇后服生二兒，可以無患矣。然楊廣凶惡，乃賊父兄，何得禍之慘如此哉。受子壻託孤之命，而奪其女孫之位，不仁不義，天未嘗以外戚爲非人倫中人也。是故世變萬端，天止一理。夫子言善不積不足以成名，惡不積不足以滅身。而於餘慶餘殃，又痛切言之。孰謂言禍福非學聖之要乎？夫爲善不求福，爲惡不求禍，孔子曰：中心安仁者，天下人而已。常人求福而知爲善，畏禍而不爲惡。此一念，聖狂之幾因而導之，擴充恒久，將不爲福而亦善，不爲禍而亦去惡。夫子言魯男子善學柳下惠，曰勉强之久，歸於自然。即此義也。《春秋》一書，襃貶是非以教萬世。不言禍福而專言是非，人何以敬畏而屏惡，感悟而行善耶？愚故特贅言之。

六　年　惠王二十三年

春王正月。

夏，公會齊侯、宋公、陳侯、衞侯、曹伯伐鄭，圍新城。

新城，杜注：鄭新密、滎陽、密縣。今河南開封府密縣東南三十里有故密城。

《左傳》：諸侯伐鄭，以其逃首止之盟也。首止定王室，而鄭從王亂命逃歸。齊固不知其由王命也，命諸侯伐之，仗義執言，故書爵以美之。王氏樵曰：不服，故圍新城，然圍而不舉，見桓公以德綏鄭，志不在于爲暴也。

秋，楚人圍許，諸侯遂救許。

《左傳》：楚子圍許以救鄭。諸侯救許，乃還。楚書人，貶也。書遂，美其救之速也。

冬，公至自伐鄭。

《穀梁》：其不以救許致，何也？大伐鄭也。

七　年　惠王二十四年

春，齊人伐鄭。

《左傳》：齊人伐鄭。孔叔言于鄭伯曰：諺有之曰：心則不競，何憚于病。既不能强，又不能弱，所以斃也。國危矣，請下齊以救國。公曰：吾知其所由來矣。姑少待我。對曰：朝不及夕，何以待君？愚按：鄭固可伐矣。第齊方合諸侯以伐之，閲時而又自伐之，嫌其汲汲以力服人，故人之。

夏，小邾子來朝。

《公》作小邾婁子。杜注：以爲郳黎來。然小邾非邾也。郳别一國，小邾則附庸于魯者。前人混而爲一，非也。

小邾本鄒，附庸于魯，後漸盛，受王命爲小邾。子來朝，無貶辭。

鄭殺其大夫申侯。

《左傳》：夏，鄭殺申侯以説于齊，且用陳轅濤塗之譖也。稱國以殺申侯，有自取之咎也。稱大夫，刺鄭伯也。已不義而咎臣，且殺之，失君道矣。

秋七月，公會齊侯、宋公、陳世子款、鄭世子華盟于甯母。

母音某，又音無。《穀》作寧母，音同。甯母，杜注：魯地。高平方與縣東有泥母亭，音如甯。今山東兖州府魚臺縣東二十里有穀城鎮，即其地也。

《左傳》：秋，盟于甯母，謀鄭故也。管仲言于齊侯曰：臣聞之，招攜以禮，懷遠以德，德禮不易，無人不懷。齊侯修禮于諸侯，諸侯官受方物。鄭伯使大子華聽命于會。言于齊侯曰：洩氏、孔氏、子人氏三族，實違君命。若君去之以爲成，我以鄭爲内臣，君亦無所不利焉。齊侯將許之。管仲曰：君以禮與信屬諸侯，而以姦終之，無乃不可乎？子父不奸之謂禮，守命共時之謂信。違此二者，姦莫大焉。公曰：諸侯有討于鄭，未捷。今苟有釁，從之，不亦可乎？對曰：君若綏之以德，加之以訓辭，而帥諸侯以討鄭，鄭將覆亡之不暇，豈敢不懼？若總其罪人以臨之，鄭有辭矣，何懼？且夫合諸侯以崇德也，會而列姦，何以示後嗣？夫諸侯之會，其德刑禮義，無國不記。記姦之位，君明替矣。作而不記，非盛德也。君其勿許，鄭必受盟。夫子華既爲大子而求介于大國，以弱其國，亦必不免。鄭有叔詹、堵叔、師叔三良爲政，未可間也。齊侯辭焉，子華由是得罪于鄭。冬，鄭伯使請盟于齊。御案：陳、鄭二國皆新被侵伐。陳欲渝盟而未敢渝，姑勉强以應。鄭欲與盟而未得與，猶趦趄不前。故君皆不行，而止遣世子也。愚按：齊侯不遽以力脅鄭，而修禮諸侯，又不納子華之請，可謂正矣。故《經》書爵以予之。

曹伯班卒。

班，《公》作般。

公子友如齊。

修好也。時齊桓方以靖亂爲事，公不明而命卿修好，亦禮也。

冬，葬曹昭公。

附解

小邾、大邾，愚於《孟子》鄒與魯閧章已詳辨之。至郳别爲一國。鄭伯及申侯皆不明大義，而鄭伯尤非。齊率侯以伐楚，經由鄭國。若諸侯擾鄭，當言於齊侯，否或告鄭伯以語齊。齊桓、管仲非不可與言者。師行擾民，或未知之。語之宜無不聽，而乃以詭道行之，非也。然其意主於爲國，省費非自爲計，鄭伯受王命逃歸，致齊來伐，非但因申侯之詭而然。乃殺之以説於齊，其無義已甚。然申侯亦有自取之道焉。人臣事君效忠，原弗避難。但委贄之始，必先審量而行。聖人豈不忠愛，然不可則止。誠以不能行道而徒苟祿，不爲也。若本無可行之道，特爲貧而仕，則抱關擊柝，委吏乘田。聖賢固有成規，常人以祿位爲榮，苟且進身，及遇危難，又全身遠害，則非人類。此意豈流俗所知。申侯貪利，倖免於楚，終戮於鄭，祇是以仕進爲榮而已。然鄭伯枉殺，豈人君之道？故夫子書殺其大夫以惡之。兒子椅文問曰：凡仕進必如孔孟而後可乎？曰：不然也。古今勢異，春秋人臣各仕於其國，戰國則多越境，然皆諸侯之臣也。若仕於天子，則止畿甸卿大夫士。後世統於一尊，薄海皆爲臣妾，即不仕進，亦踐土食茅，受朝廷豢養之恩，安可不視君如事父母？第有位與無位較異。如昇平之世，則皇皇求達，固臣子之分。如值衰亂，則默默全身，亦非遂忘忠愛之心。國恩不可不報也。而無益於君，徒殞其身，聖人亦不爲也。特别事二姓則斷不可。君親一也，臣無二君，子無二父。第情事不同，則進退存亡不失其正。非素無至性，不能不失其正者。故誠身要焉。

八　年　惠王二十五年

春王正月，公會王人、齊侯、宋公、衛侯、許男、曹伯、陳世子款盟于洮。

陳世子款下，《公》有鄭世子華。洮，杜注：曹地。今山東東昌府濮州西南五十里有洮城。

《左傳》：惠王崩。襄王慮大叔帶之難，懼不立，不發喪而告難于齊。春，盟于洮，謀王室也。襄王定位而後發喪。王氏樵疑今年十二月丁未方書天王崩，恐秘不發喪，難于經年。而叔帶乃襄王親弟，非外國遠人，亦難以秘喪爲欺。吴氏澂曰：此時王雖未崩，或是有疾。襄王恐一旦大故，而叔帶篡立，故遣下士告難于齊桓公，于是合諸侯以謀之，吴氏之説是也。《左氏》誤記不可從。會于洮而後襄王之位定，王人序于諸侯之上，先王命也。

鄭伯乞盟。

吴氏澂曰：鄭伯徇惠王而逃盟，齊桓再會諸侯，以定世子，又不許子華之請，始悔前非而乞盟。乞盟則必與于盟矣，而不列序，别書乞盟，所以醜鄭伯而予齊桓也。

夏，狄伐晋。

晋，大國也。恃强而不與于齊桓之會，且寵嬖亂嫡狄，得侮而伐之。書以見其自取也。

秋七月，禘于大廟，用致夫人。

周七月，夏之五月，禘夏祭也。太廟，周公廟，成王賜魯。季夏六月祫于太廟，雜用前代天子禮樂，後世遂僭及群廟。今公並合祭群公夫人而移於七月，子故書其變禮用致夫人，釋七月禘太廟之故，言於七月用此禮。致夫人也。不書氏某，不勝書，詳見附解。

冬十有二月丁未，天王崩。

趙氏匡曰：《左氏》云：七年閏月，惠王崩。襄王惡太叔之亂不發喪而告難于齊。八年正月，會于洮，謀王室也。襄王定位而後發喪，據此則正月二月位已定，何得直至十二月而後告喪于諸侯？則《左氏》不足憑也。張氏洽曰：不書葬，魯不會。

附　解

《公羊》以夫人爲姜氏，何休云：僖公聘，楚女爲嫡，齊女爲媵。齊先致其女脅僖公，使用爲嫡。《穀梁》則以爲致成風，蓋皆謂告廟立爲夫人。《左氏》曰禘而致哀姜，非禮也。夫人不薨於寢，不殯於廟，不赴於同，不祔於姑，則弗致。三傳各爲一説，按：《公羊》云公取楚女者無考，《穀梁》云致成風尤非。成風即莊公妾，然僖公既立，而尊其母爲夫人，亦天理人情之正，所謂母以子貴也。《左氏》云哀姜，姜之無道，固宜不得入廟，然子無絶母之義。夫子於其薨、於其喪至貶之，於其葬也，書葬我小君哀姜，所以全公之子道，亦以明子不可絶母也。且姜卒於元年，今八年矣，而始致之乎？是三傳皆非。先儒亦多不得其解，則以魯之禘祭及周用夏令，未通其義故也。周雖以子月爲歲首紀年，而民事則仍用夏時。周官有歲正月吉，歲正即夏令寅月月吉，周正子也。諸經惟《春秋》紀年從周正，其他或言夏正，或言周正不一，前人遂增炫惑。此書七月，夏之五月也。禘有二，大禘合祭群廟之主於始祖廟，並祀始祖所自出之帝，惟天子得以行之，本祫祭而名曰禘。《大傳》曰：不王不禘。以天子功德配天，乃得行之也。其四時之祭夏亦曰禘，以帝出乎震，齊乎巽，相見乎離。上帝長養之功，於夏而盛，故祭亦曰禘。魯之僭禘，非同天子也。成王以周公成文、武之德，己不敢以尋常人臣例之，故封伯禽，使每歲季夏六月祀周公廟，並祀周公所自出。《大傳》所謂諸侯及其太祖者也。其用天子禮樂，亦前代天子，非周天子。間有用天子者，皆降其等，非竟同一致。明堂位所載，分明具在，而先儒乃未之察。六月，周六月，實夏之四月。成王尊周公酌定之禮，權而不失其正，豈成王妄賜，而伯禽亦妄受之哉？魯之子孫，以其禮文特盛，後凡群廟皆用之，而遞增文飾，至三家陪臣亦八佾歌雍，然其始祀周公，亦止六佾，徹不以雍，文、宣以後乃妄行之，非僖公時已然。兹之禘於太廟，襲魯舊制，並非特創。所異者，致夫人耳。夫人，群公之夫人，非三傳所謂成風、哀姜，齊女也。公意以群公皆合祭於太廟，而夫人不之及，故用此時致群夫人而祀之。周公制祫祭，使子孫五年一同祭太廟，原以象生時合家歡聚之意。五廟昭穆，皆有夫人，則亦皆可合祭。而周公制禮，有男無女，以男先於女，故略之也。僖公以意創爲此禮，而移其時於七月，不敢同尋常六月之禘祭。夫子書禘於太廟，釋之曰用致夫人，誌禮之變，亦未嘗遂以爲非也。《小戴雜記》載孟獻子之言，謂七月可以有事於祖，豈僖公此禮，後遂相沿，獻子皆見之，而因言凡七月皆可合祭祖考歟？禘禮即祫禮。《大傳》曰：大夫士有大事，省於其君，干祫，及其高祖。大夫不得合祭，因有大事請於君，君許之，亦得祫祭及其高祖。獻子蓋嘗爲之，又曾言可以有事於祖，故記者謂七月而禘。獻子爲之，然僖公已七月而禘，不自獻子始也。凡書籍記前代事不盡確，當以孔、孟爲主，始無差謬。説《經》者不可不慎。

九　年　襄王元年

春王正月丁丑，宋公御説卒。

正月，《公》《穀》作三月。御，《公》《穀》作禦。説作悦。

《左傳》：九年春，宋桓公卒，未葬而襄公會諸侯，故曰子。

夏，公會宰周公、齊侯、宋子、衛侯、鄭伯、許男、曹伯于葵丘。

葵丘，杜注：陳留外黄縣有葵北。《釋例》曰：宋地也。今在考城縣東三十里，屬河南開封府。

襄王已立，而叔帶尚有睥睨之心，故齊桓復合諸侯于葵丘。王使宰孔賜齊侯胙，本桓公致宰孔于會。而《經》以宰孔主會爲文者，孫氏復謂：不與桓以諸侯致天子三公也。孟子曰：葵丘之會諸侯，束牲載書而不歃血，明王禁五。然則此會翼戴天子，申禁諸侯，蓋會之美者。故列序爵以予之。《公》《穀》云宋子會，非是。然齊桓靖王室，王使宰孔錫命，臨之以王命，安可不與會？君父一也，尊君則父母亦降其等。

秋七月乙酉，伯姬卒。

伯姬蓋公女，未適人不卒，此何以卒？《公》《穀》皆曰許嫁笄而字之，死則以成人之喪治之也。且從之。

九月戊辰，諸侯盟于葵丘。

胡氏安國曰：會盟同地，而再言葵丘，美之也。愚按：盟非春秋所貴也，而以翼戴天子爲盟則可貴。觀孟子所言，桓公之功，于斯爲盛。前人據《左氏》《公羊》謂桓公之志已矜，然無明文，當缺之可也。

甲子，晋侯詭諸卒。

甲子，《公》作甲戌。詭，《左》作佹。

杜氏預曰：未同盟而赴以名。甲子，九月十一日。戊辰，十五日也。書在盟後，從赴。

冬，晋里克殺其君之子奚齊。

殺，《公》作弑。

《左傳》：晋獻公卒，里克、丕鄭欲納文公，故以三公子之徒作亂。初，獻公使荀息傅奚齊，公疾，召之，曰：以是藐諸孤，辱在大夫，其若之何？稽首而對曰：臣竭其股肱之力，加之以忠貞。其濟，君之靈也；不濟，則以死繼之。公曰：何謂忠貞？對曰：公家之利，知無不爲，忠也。送往事居，耦俱無猜，貞也。及里克將殺奚齊，先告荀息曰：三怨將作，秦、晋輔之，子將何如？荀息曰：將死之。里克曰：無益也。荀叔曰：吾與先君言矣，不可以貳。能欲復言而愛身乎？雖無益也，將焉辟之？且人之欲善，誰不如我？我欲無貳而能謂人已乎？冬十月，里克殺奚齊于次。書曰：殺其君之子。未葬也。愚按：奚齊不稱君，先儒從《穀梁》，謂國人不以爲君，獨其君意立之耳。然卓子亦非正，而書君者，則未葬稱子之説信矣。第以其非正，故不但曰子，而曰君之子，以著獻公寵孽立庶之咎。

附　解

五霸之名不一，六經無明文。孟子稱五霸桓公爲盛，則自以春秋五霸爲是。夫子稱齊桓正而不譎，又取管仲之仁，以其能維周室，禁約諸侯。此《經》所書會首止、盟葵丘，即其事也。至戰國時，人競尚霸功，以富强爲事，全不知仁義，故孟子斥之。其因時救民之心則一也。愚於《論》《孟》恒解已詳，不贅。夫人才難得，隨其身之所值，而皆可以維持世教。此惟聖賢能之。其次則不必有全材，能建功立業，不忘忠孝，亦名教所不可少。春秋之時，大都以强凌弱，以衆暴寡，圖自富强，若窺覬神器、公然干犯等事甚少，故齊桓創霸而天下翕從。若戰國則秦已鴟張，目中久無共主，知此乃知孔、孟之意。人祇知孟子卑管仲，而不察孔子所以錄桓、文，故附論之。晉未通中國與會盟，今詭諸卒里克弑始備書之，蓋彰其亂亡之事以戒不德，非徒仍史舊文而已。

十　年　襄王二年

春王正月，公如齊。

諸侯朝聘有常期，而春秋以勢交則不盡然，但以禮以情，聖人亦節取之矣。齊桓方睦諸侯，齊、魯相親何貶？前人之説太泥。

狄滅溫，溫子奔衛。

《左傳》：狄滅溫，蘇子無信也。蘇子叛王即狄，又不能於狄，狄人伐之，王不救，故滅。蘇子奔衛。杜氏預曰：蘇子，周司寇蘇公之後，國于溫。愚按：蘇子固有自取之道，而狄滅王畿之國，天子不能討，諸侯不能救，是聖人所悼歎也。故詳書之。

晉里克弑其君卓及其大夫荀息。

《左傳》：里克殺奚齊于次。荀息將死之，人曰：不如立卓子而輔之。荀息立公子卓以葬。十一月，里克殺公子卓于朝，荀息死之。君子曰：《詩》所謂白圭之玷，尚可磨也；斯言之玷，不可爲也。荀息有焉。司馬氏光曰：獻公溺于嬖寵，廢長立少，荀息爲國正卿君所倚信，不能明白禮義，以格君心之非，而遽以死許之，是則荀息之言玷于獻公未没之前，而不可救于已没之後也。左氏之志，所以貶荀息而非以爲褒也。愚按：里克于獻公將立奚齊之時不能竭力匡正，乃蓄怨而殺其子，以爲忠于太子，非《春秋》所取也。奚齊在喪，次稱子卓。子已立則克之君，故書弑以正其罪。荀息不能以義匡君，徇私意而立嬖寵，又以身徇，故書及以著其立寵嬖之失，亦不没其死難之微長。雖與孔父、仇牧書法似，而用意不同也。

夏，齊侯、許男伐北戎。

北戎，杜注：山戎。

山戎邇于燕、齊，嘗爲燕伐之來獻捷。戎蓋不服，故兹又伐之。以其攘外故書爵、書伐，無貶辭，亦節予之也。

晉殺其大夫里克。

《左傳》：夏四月，周公忌父、王子黨會齊隰朋立晉侯。晉侯殺里克以說。將殺里克，公使謂之曰：微子則不及此。雖然，子殺二君與一大夫，爲子君者不亦難乎？對曰：不有廢也，君何以興？欲加之罪，其無辭乎？臣聞命矣。伏劍而死。于是丕鄭聘于秦，且謝緩賂，故不及。胡氏安國曰：里克弑二君與一大夫，不以討賊之辭書者，惠公殺之不以其罪也。愚按：惠公初非以里克爲賊而討之也，特慮其又將圖己，是以書大夫、書殺，與專殺大夫者同辭。前既書弑君以正其罪，此又著惠公之非，得失不相掩，所以爲聖人之筆也。

秋七月。

冬，大雨雪。

雨，于付反。雪，《公》作雹。

周十月，夏之八月，非雨雪之時大雪，故以異書。

十有一年　襄王三年

春，晋殺其大夫丕鄭父。

丕，浦悲反。

案：《左氏》：丕鄭言于秦伯請出晋君，則鄭不爲無罪。而書殺不去其官者，惠公之入，以汾陽負葵之田賂里克、丕鄭，是不以正矣。既又背賂而殺里克、丕鄭，是以怨懼公，並殺鄭則是始終皆私利悖義之行，故書與專殺大夫者同。

夏，公及夫人姜人[1]會齊侯于陽穀。

夫人，聲姜也。或謂齊桓之女，則歸寧可也。歸寧于會不可。公會齊侯而挈夫人以行，公之失也。齊侯許之亦非也。汪氏克寬曰：書及以會，所以别男女也。桓公如齊稱公，與姜氏此稱及，則僖公猶能防制云爾。《魯頌》稱聲姜爲令妻，則必無文姜之行。愚按：或桓女弟，或桓女姻親，相見亦人情，但男女宜别，故夫子必謹書之耳。

秋八月，大雩。

旱而祭曰雩。書大雩，著其旱也。吴氏澂以諸侯旱而雩爲禮，大雩祀及上帝非禮。不然。詳見附解。

冬，楚人伐黄。

《左傳》：黄人不歸楚貢。冬，楚人伐黄。愚按：伐非諸侯所得專也，况楚乎？斥書人而曰伐，著其憑陵中夏之罪也。

附　解

《春秋》本魯史，故魯事頗詳，他國則否，以或赴或不赴不能盡悉也。今以全書考之，多有三傳所詳而《經》不書者。如晋自隱、桓以來皆不書其事，至晋獻殺申生始書之，並詳書其亂，非所以示戒歟？里克傅申生，會諫以盡孝，非毫不知禮。人因獻公枉殺申生，含忿殺奚齊、卓子，則不明大義，任意妄爲矣。又不即請於秦立文公，與丕鄭貪賂而立惠公，遂至殺身。夫子權衡其得失而書之，蓋人臣忠於所事，必當慎之。於初非其人而相之不可，得其人而不相信亦不可。苟留輔導世子如申生輩，可謂賢矣。而上有昏

[1] 人，疑作氏。

君，下有讒邪，則必思所以善全之道。求全而不能則去之，亦導太子去之。可以不死而死，申生之共也，然不免陷親於不義也。里克昧此，又貪賂而立昏庸，何怪身名俱敗。丕鄭之責輕於里克，特因太子冤死，不欲事驪姬之子，亦爲公憤。而貪賂立夷吾，則大非矣。凡忠孝節義之人，必先無貪財好色苟且冒昧之弊，而後能之。聖人即里克、丕鄭以垂戒，其文約而其義精，不可不細參之。至晋惠惡不勝書，其殺里克、丕鄭尤無良之甚者。文種、韓信等所遭皆此類。夫擇主而事，不貪榮禄，世固少此全材矣。其有貧賤而干禄位，懷才而欲有爲者，人主必思善全之敬。大臣體群臣君上以恩義，何患人不致身哉。故夫子詳書以戒。吴草廬以大雩祭上帝爲非禮，似是而非。自天子至庶人，尊卑異則禮秩殊，固不易禮。而水旱之災，則天子庶人皆同一悚救，鼓奏鼓嗇，夫馳庶人走，聖人制禮，不以其分卑而不救護也。况旱暵民生受困，天子諸侯爲民請禱，而有雩禮。雲漢之詩屢呼天帝，以其事非帝命不可挽，豈如尋常報享之祭，各有專屬，不可僭乎？天人一理，故天人一氣。儒者每歧視三才，於是事天立命，裁成輔相之義，都不明白，安得不辨之？漢陽諸姬，楚實盡之，亦不勝書。書滅江、黄可見其概，非江、黄乃書，他國不必書也。

十有二年　　襄王四年

春王三月庚午，日有食之。

杜氏預曰：不書朔，官失之。

夏，楚人滅黄。

江、黄近楚從齊，楚惡而滅之。斥書楚人，惡其横暴也。齊不能救黄，以黄邇楚而遠于齊，是以不及救也。《穀梁》非是，詳見附解。

秋七月。

冬十有二月丁丑，陳侯杵臼卒。

杵，《公》作處。

附　解

周之立國，與後世異。封建井田，在中原僅今北五省地。武王封鬻熊於楚，控制東南，惟附内之地以封諸姬。然生齒日繁，人心風俗日變。東南諸國多不賓服，故宣王中興江漢，常武命將親征，始克平定。周室衰而楚滋大，盡南土而雄長之，遂盡滅諸姬。諸姬之滅，其事無考，入《春秋》而始則書荆，繼乃書楚，著楚之日强也。既書伐鄭，又書伐江、黄，著其憑陵中夏也。齊桓以争得國，管仲器小之材，未能正身起化，一志匡周，雖糾合諸侯，禁其侵暴，而楚地僻遠，勢又方强，伐江滅黄，齊安能越國鄙遠而遏之？故夫子所書，亦祇惡楚而未嘗刺齊，以情事本可原也。聖人褒貶善惡，不外人情，先儒每咎齊不救江、黄，已爲拘隘，至《穀梁》謂桓公不聽管仲之言，管仲死，楚伐江滅黄，公不能救。此年之冬，齊侯使管仲平戎於王，隰朋平戎於晋，王以上卿之禮饗管仲，仲何嘗死耶。竟似不見國史者，其妄如此，又安能論世知人。

十有三年　襄王五年

春，狄侵衛。

狄類至多，緜亘西北，以地輿考之，今山西、直隸地多爲狄有，故常擾中國。去年春，《左氏》曰：諸侯城衛、楚北之郛，懼狄難也。則齊桓非不救衛。今狄侵衛書侵，以衛有備也。書以誌狄之横，前人必以爲咎桓，非也。

夏四月，葬陳宣公。

公會齊侯、宋公、陳侯、衛侯、鄭伯、許男、曹伯于鹹。

鹹，杜注：衛地。東郡濮陽縣東南有鹹城。在今直隸大名府開州東南六十里。

《左傳》：夏，會于鹹，淮夷病杞故，且謀王室也。秋，爲戎難故，諸侯戍周，齊仲孫湫致之。按：王子帶召戎以伐王城，秦晋伐戎，子帶奔齊。齊侯平戎于王，謂爲王卻戎師也。狄戎爲難，狄人助戎也。會鹹謀戍周城，杞亦以備戎也。時戎狄合兵侵擾諸國，可知勤王恤小，禮也。故皆書爵以予之。

秋九月，大雩。

冬，公子友如齊。

聘齊也。

附　解

六合之大，中國僅如彈丸。因中夏經群聖迭興，制作明備，遂爲勝地。其實外域種類實繁，古今地志往往不清。今盛世中外一家，履其地，考其實，乃知前代書籍，往往舛誤。東遷王室在今河南洛陽。衛，淇縣。邢，邢臺縣。去戎狄遠甚。而春秋狄乃屢至者，周公封燕近狄，唐叔封晋近戎。《春秋》戎狄寖强，今直隸、山西，古燕、晋之地，皆爲戎狄所據，故入中國易也。齊桓之世，山戎、北狄、淮夷俱盛，楚更爲强。其中國諸侯相侵暴者，頗希齊桓糾合諸侯，使相親睦，而伐楚、伐山戎，救邢、衛。今又平戎於王城，杞備淮夷，皆切切爲攘外計。夫子所以言糾合諸侯，不以兵車，微管仲，吾其被髮左衽矣。山戎、北狄，中國不得其詳，概以戎狄呼之。而實西北遼濶，不下千百國，今皆來享來王，同沾化雨，非前世可例。春秋時則與中夏密邇，非齊桓，則周室雖安，諸侯亦必多罹害。夫子故不没其功，宋儒敝於西夏、金、遼，解《春秋》深斥外夷，不足以發明聖人之意，毋爲所拘也。

十有四年　襄王六年

春，諸侯城緣陵。

緣陵，杜注：杞邑。《後漢志》：北海郡有營陵縣。薛瓚曰：春秋緣陵也。故城在樂昌縣東南七十里。今屬山東青州府。

《左傳》：諸侯城緣陵而遷杞焉。不書其人，有闕也。愚按：有闕謂諸侯有散去者。《穀梁》因謂齊桓德衰，諸侯不終其事，不如城邢城夷儀。然使諸侯果有闕，則必詳書其人，以見其有散去者。今不詳書者，蒙上會鹹之諸侯而言，可見其無闕矣。其曰城緣陵而不曰城杞，緣陵杞地，故不書其遷杞，而但書城緣陵，以緣陵杞地人所知也。書諸侯城予其恤患，而不以擅城累諸侯也。

夏六月，季姬及鄫子遇于防。使鄫子來朝。

鄫，似綾反。《穀》作繒，後同。鄫，杜注：瑯琊鄫縣。今山東兖州府嶧縣東有鄫城。

《左傳》：鄫季姬來寧，公怒，止之，以鄫子之不朝也。夏，遇于防，而使鄫子來朝。愚按：公怒而止姬，姬蓋私約鄫子至防告之，故使來朝。詳書以譏魯之無禮于季姬，無責也。《公羊》乃云使來請己，何休謂請己爲夫人，何其謬妄。

秋八月辛卯，沙鹿崩。

沙鹿，杜注：山名。平陽元城縣東有沙鹿土山。今沙鹿山在大名府元城縣東四十五里，其西有沙鹿城。

《左傳》：八月辛卯，沙鹿崩。晉卜偃曰：期年將有大咎，幾國亡。《穀梁》：林屬于山，爲鹿沙山名也。無崩道而崩，故志之。愚按：外異不書，此何以書？朱子曰：山崩川溢，災異之大者，故書之也。

狄侵鄭。

齊合諸侯戍周，而狄屢犯畿内之國，書以志其暴。

冬，蔡侯肸卒。

肸，許乙反。

赴不以日月，聖人因其舊而書之。

附　解

聖人褒貶至中至正，故游、夏不能贊一詞。城邢、城楚丘，書法不同，義已見本事。若兹之城緣陵，則與書城邢同，與書城楚丘異。何者？城杞備淮夷也。杞，禹後，爲淮夷所擾。齊合諸侯遷而城之。有何不合？其遷也，蓋即遷緣陵也。蒙上會鹹，故不再列序諸侯。然書諸侯城，則予諸侯也。非如城楚丘不書諸侯而書如魯，自城之也。諸侯固不宜擅遷人國，而因外患遷之，己亦樂遷，則聖人何弗予之？雖不告天子，非人臣之義，然是時天子無權，列國相侵，外夷作難，天子尚需諸侯戍周，則亦何必定以不告罪之。不察當時情事，徒覺責人無已矣。僖公怒鄫子不朝，因季姬歸甯而止姬，無禮之大者。姬爲公所止，陰使人私告鄫子來魯至防，而姬出見之告以公意，使其來朝。夫子備書，罪公之至防魯地，若非季姬私約，鄫子何以至此？書遇於防，若不期而會者，憫姬受無禮之辱。書使鄫子來朝，見公强人敬己之謬。鄫子来朝，久而季姬始歸，亦書之以罪公。而《公羊》乃謂季姬使來請己，何休遂斥季姬与禽獸無異，安有此国君女與他之君相聞而自出面求婚者？何休狂悖相傳，胡傳亦從之，豈不可笑可恨？晋惠不道，自當滅亡。書沙鹿崩以見人君不德，山川爲之不甯，可以戒也。狄侵鄭，前人罪齊桓不救。然曰侵也，蓋潛師襲之，不久而去，鄭不告，何以救之？若此類皆不諳情事，徒執己見者。

十有五年　襄王七年

春王正月，公如齊。

《周官》：諸侯歲相問，世相朝。《春秋》多事，不能盡然。《春秋》書相朝，亦不盡爲譏刺。齊魯接壤且婚媾，今公如齊，值桓公恤隣時，非有譏也。

楚人伐徐。

徐戎在淮、泗之間，與齊、魯近。楚越國而伐之，欲擾東諸侯也。故書人以惡之。

三月，公會齊侯、宋公、陳侯、衞侯、鄭伯、許男、曹伯盟于牡丘，

牡丘，杜注：地名，闕。今東昌府聊城縣東北七十里有牡丘，或云即春秋會盟處。

《左傳》：盟于牡丘，尋葵丘之盟，且救徐也。楚地極於東南，由南土伐徐亦便。徐方服于齊、魯，徐亡則東方擾，故齊桓合諸侯謀救徐，而盟者恐諸侯以爲齊特自爲也，而實不然。故列序爵，無貶詞。

遂次于匡。

匡，杜注：衞地。在陳留長垣縣西南。《後漢志》：長垣縣有匡城。今屬直隸大名府。

書遂非譏其救患不力也。楚强大，其伐徐蓋第使臣下帥師，諸侯謀亦命大夫帥師救之，次于匡以待之，慎重之道，宜爾。夫子故詳書之，無貶也。

公孫敖帥師及諸侯之大夫救徐。

帥，《公》作率，後同。

《左傳》：孟穆伯帥師及諸侯之師救徐，諸侯次于匡以待之。前人譏諸侯不行而僅使大夫將，然果命將得人亦未必無功，故聖人書救，無貶辭。

夏五月，日有食之。

《左傳》：不書朔與日，官失之也。

秋七月，齊師、曹師伐厲。

厲，杜注：楚與國。義陽隨縣北有厲鄉。今湖廣德安府隨州北四十里有厲山，厲鄉在山下。

《左傳》：秋伐厲，以救徐也。愚按：亦命將伐之，故書。師伐厲以救徐，故書伐，無貶辭。

八月，螽。

《公》作蝝。

《穀梁》：螽，災也。甚則月，不甚則時。愚按：爲災故書。何休云：公久出，煩擾之所生。迂謬矣。

九月，公至自會。

公未親救徐，故以會至。

季姬歸于鄫。

鄫子既朝，乃歸季姬，故書曰歸于鄫，以病僖公也。

己卯晦，震夷伯之廟。

《左傳》：震夷伯之廟，罪之也，于是展氏有隱慝焉。愚按：無駭卒，公命以字爲展氏，則展氏本公族。大夫三廟，夷伯無考，蓋展氏禰廟耳，夷伯其名晦，晦日隱慝，人所不見之惡，天人相應，理不容誣。《經》書震廟惟此，而《左氏》發明其意，以戒肆惡而欺人者，不可欺天也。

冬，宋人伐曹。

《左傳》：討舊怨也。宋襄初立而即背盟修怨，故書人以惡之。

楚人敗徐于婁林。

敗，必邁反。婁林，杜注：徐地。下邳僮縣東南有婁亭。今在江南鳳陽府虹縣東北。

《左傳》：楚敗徐于婁林，徐恃救也。然楚春伐徐，諸侯救之，九月公至，是諸侯秋方散，楚蓋未得逞也。至冬乃乘虛敗徐，夫子書以見楚之暴，而上文書會盟救徐非譏亦明。

十有一月壬戌，晋侯及秦伯戰于韓，獲晋侯。

秦伐晋不書。晋侯，非予之也。明背施幸災者晋侯，欲戰者亦晋侯，書獲晋侯以賤之也。罪晋故略秦，其事則《左氏》詳之矣。

附解

周制：諸侯朝于天子，述職也。而亦時有朝覲之禮，時記湛露、彤弓等，可見一斑。昔人拘《周官》所載，必五年一朝，殊誤。至諸侯邦交，歲相問，殷相聘，世相朝，亦不過大概言之。春秋多事，列國相朝聘，不可以是拘。而解《經》者斤斤周禮，然聖人則未嘗必以相朝爲非，特必得其正耳。徐有南徐、北徐，而在春秋則徐地頗遼，與淮夷雜處，界東南之間。楚地自今兩湖、兩廣以至江南皆是。由江南至徐非遠。春秋時，楚都在今湖北界，而遠伐徐，其爲命將擾東方明矣。齊桓以徐方服從，固不可不救，且楚得徐則東方亦擾，故合諸侯謀救徐。夫子詳書無貶詞，而前人謂諸侯心不一，故盟與次匡、使大夫帥師，皆爲示譏。非也。震夷伯之廟，愚正解已詳，而世儒言雷無殺人之理，蓋沿張子《横渠》之説。然張子實誤，不可從也。天道高遠，鬼神恍惚。而高遠者實卑近，恍惚者實確實。蓋天地人神，止此一理，則亦止此一氣相通。理宰乎氣，氣載乎理，理氣之靈，其名曰神。人所以生者神氣，而天地亦止神氣。雷氣也有神，憑之夫子。迅雷風烈必變，不但以爲氣而已。《詩》曰：敬天之怒，無敢戲豫。日月星辰，天之神光。風雲雷雨，天之真氣。山崩川竭，形之變也。日月風雷，氣之變也。氣著於形，神實司之焉。《左氏》以爲展氏有隱慝，其理自是。人心之隱微不可測也，而天地神明知之。《大學》《中庸》言慎獨，以十目所視，十手所指，相在屋漏爲言，蓋畏天命而後能謹危微。若以天爲高遠，神明爲恍惚，則任心悖理，何所不至。崇德者必修慝。惡之匿於心者，人不能知，故天必罰之，以彰其惡。聖人德合天地，亦祇是此心。此理與天同，非别有神術。以賞善罰惡之理爲妄，則必任其邪心妄想以行。而非理求神，禍且隨之，皆由不知天人止一理，反以正理爲荒誕耳。夫子言視之而弗見，聽之而弗聞，則至恍惚矣。而又曰體物而不可遺，又何等確實。夫微之顯，誠之不可揜，如此夫天命之理，主宰於無聲無臭，而散著於日用事爲。君子謹一念之動，以曁於念念惕；一事之非，以曁於事事臨。保帝謂無時或忘，所以修慝即所以崇德。是故天不在蒼蒼之表，而在耳目之前；神不在冥冥之中，而在方寸之地也。聖人與天合德，則與鬼神合其吉凶。《震》之大象曰：洊雷，震，君子以恐懼修省。恐懼者自省其愆，修省者益懋其德。而張子僅以爲天地之氣而已，其未達於天命之源乎。

十有六年　　襄王八年

春王正月戊申朔，隕石于宋五。是月，六鷁退飛，過宋都。

隕，《公》作賈。鷁，五歷反。《穀》作鶂。過，古禾切。

《左傳》：春，隕石于宋。隕，星也。謂星隕而爲石，石固星之體，而亦不盡然也。或風飛石而他墜，亦常有之，鳥順風而行，退飛則逆矣，何尚能飛，皆異也，故書之。隕石在戊申，而六鷁退飛，則一月常有。五六，其數也。聖人不語怪，非謂怪之必無，以人事反常而後有怪，欲人修其常，不必惑于怪也。此二事似怪而實常，何也？宋襄不義思逞，動静無常，感召物異，聖人故書以垂訓。若使宋襄懼而修省，則不必有其應也。詳見附解。

三月壬申，公子季友卒。

御案：季父討逆定亂，功在公室。書公子而且名字雙舉，《公》《穀》以爲賢之，是也。

夏四月丙申，鄫季姬卒。

諸侯之女嫁爲諸侯夫人者，有大功之服，其卒必赴，則史書之。然聖人或書或不書必有故。鄫，小國耳，以前公止季姬事觀之，則季姬不見禮於公可知。於其卒而子書之，憫姬賢姬，以爲勢利待女者戒也。

秋七月甲子，公孫兹卒。

兹，《公》作慈。

杜氏預曰：兹，叔牙子，叔孫戴伯也。愚按：大夫生而賜族，非周禮之舊。公子季友以大義討慶父，叔牙而立其後，魯公以季友有勳，生而賜族，猶可言也。並賜孟叔以族則非。《經》書公子季友，褒其人而不没其賜族之實。書公孫兹則有微詞矣。

冬十有二月，公會齊侯、宋公、陳侯、衛侯、鄭伯、許男、邢侯、曹伯于淮。

淮，杜注：臨淮郡左右。

《左傳》：十二月會于淮，謀鄫，且東略也。城鄫，役人病。有夜登丘而呼曰：齊有亂。不果城而還。愚案：鄫爲淮夷所病，故齊合諸侯以謀之。是時管仲已卒，而齊侯猶合諸侯恤患，即其事不終，聖人猶予之，故列序爵無貶詞。至許以男而先于邢、曹，邢以侯而後于鄭、許，則齊桓所序，聖人因而不改，以見當時班爵之制已紊矣。

附　解

邵子於八卦外别創八卦之名，曰日、月、星、辰、水、火、土、石，蓋以水、火、土、石之象，上爲日、月、星、辰也。而既知其然，又何必别爲八項。且聖人作八卦，非臆造也。世運漸開，河出圖，洛出書，顯露機緘。伏羲知天心欲闡道矣，乃則圖書而立卦，象天地萬物之藴，包孕無窮，豈可别創爲之。至星隕爲石，偶亦有之。然亦不盡然。前人拘邵子之義，謂此隕石即隕星。誤也。莊子曰：鳥日在風中，而不知其爲風，與之相忘也。鳥必藉風而行，風之順逆，隨時各異其方。鳥卑飛則所之猶可自，如若高飛則風力大而鳥力微，必不能逆風而行。鷁，水鳥耳。飛過宋都則頗高，何以能退飛？且僅退飛過宋都，殊爲可異。石静物而不安於静，妄動反墜；鳥動物而不善其動，欲進反退。是宋襄公動無常之象也。夫子書之，豈無異乎？季友有功於魯，夫子書氏、書族，自是賢之。《左氏》云成風聞成季之繇用事之，而屬僖公焉。故成季立之。事之者，敬之也。而毛氏謂季友通於成風，若狂悖若是。鄫季姬卒，謂赴之故書。然内女之赴者多矣，何以或不書？則夫子必有義也。鄫小國而與魯婚，季姬歸甯，公怒其夫不朝，止之，次年然後使歸鄫。夫子不書鄫子來朝，而但書季姬使鄫子來朝，季姬歸於鄫，今又書鄫季姬卒，蓋深刺公無恤小之義，而妄自尊大也。觀是年齊侯合諸侯於淮謀鄫，則鄫平日受淮夷之患，不知何等杌陧。世人炎涼之見，即家人婦子，往往以富貴貧賤取人。如蘇季妻嫂之事，古今常有。嫁女擇壻，尤多以勢要爲先，即鄫季姬可以觀矣。會於淮，謀城鄫，因役人爲邪説不果，論者遂以爲齊恰逢德衰。然其事固不失救患恤鄰也，故夫子取之。役人登丘而呼，即篝火狐鳴之術所由彷。凡無知小民，或因私忿私嫌，造爲異説，在上者不察，爲所惑亂，其害不小，最當戒之。其造爲異説也，亦不必在上者果有失德，勿一概而論。

十有七年　　襄王九年

春，齊人、徐人伐英氏。

英氏，杜注：楚與國。今江南廬州府六安州西有英氏城，接英山縣界。

《左傳》：齊人爲徐伐英氏，以報婁林之役。徐爲楚辱，齊侯無如楚何，而爲徐伐英氏。英氏，楚與國也，無損于楚，而遷怒興師，故稱人。張氏洽曰：英氏，皋陶後也。

夏，滅項。

項，杜注：項國。汝陰項縣。今河南開封府項城縣東北六十里故項城是也。

孰滅之？魯滅之也。《左傳》：淮之會，公有諸侯之事未歸而取項。蓋魯臣不由公命滅項，不書公，本非公意。不書其人，不予臣下得私取人國也。胡氏謂季孫所爲。御案：是時季友已卒，子無佚不見于《經》，是未爲卿，滅項之季孫何人耶？《公》《穀》以爲爲齊桓諱者，亦非。擅滅人國，聖人何私于桓而諱之？

秋，夫人姜氏會齊侯于卞。

卞，皮彦反。卞，杜注：魯國卞縣。今故卞城在山東兖州府泗水縣東五十里。

夫人，齊女也。毛氏謂上連滅項，下接書公至自會，蓋夫人請于齊而釋公，故公至告廟。其言可從。

九月，公至自會。

至自會，謂淮之會也。《左傳》：謂公未歸而滅項，齊人以爲討，止公。夫子書公至自會，則滅項非公意可知，而齊人之止公，非也，不書，止公諱也。

冬十有二月乙亥，齊侯小白卒。

《左傳》：齊侯之夫人三：王姬、徐嬴、蔡姬，皆無子。齊侯好内，多内寵，内嬖如夫人者六人：長衛姬，生武孟；少衛姬，生惠公；鄭姬，生孝公；葛嬴，生昭公；密姬，生懿公；宋華子，生公子雍。公與管仲屬孝公于宋襄公，以爲大子。雍巫有寵于衛共姬，因寺人貂以薦羞于公，亦有寵，公許之立武孟。管仲卒，五公子皆求立。冬十月乙亥，齊桓公卒。易牙入，與寺人貂因内寵以殺群吏，而立公子無虧。孝公奔宋。十二月乙亥赴，辛巳夜殯。

附　解

《經》《傳》相參，乃可定夫子作《春秋》意。《傳》有而《經》無者，以《經》定《經》。《經》《傳》俱有者，則參觀而詳考以明之。滅項，《左傳》明言魯取，而《公羊》以爲齊，非也。齊人以滅項止公，《經》不書，爲内諱也。而接書公至自會，如何而釋？公，《左傳》未言，《經》書夫人會齊侯於卞，則夫人爲公請，言滅項非公意，故齊即釋公。而接書公至自會，至必告廟，書至如常詞，則止公不久可知。夫子以其止而旋釋改過之速，故亦不書其止公也。毛西河説《春秋》多謬，而此事則可從，故特著之。

十有八年　　襄王十年

春王正月，宋公、曹伯、衛人、邾人伐齊。

宋公下，《公羊》有會字。

《左傳》：宋襄公以諸侯伐齊。三月，齊人殺無虧。按：齊桓夫人皆無子，餘庶出則皆可立。公與管仲屬孝公，于宋公以爲太子，則昭立正矣。易牙、貂私立無虧，宋公伐之固宜。故宋書爵，衛、邾君未親行，書人。不書納子昭者，以五公子皆求立，非抗子昭也。

夏，師救齊。

魯邇于齊，蓋素知桓公立子昭事，聞齊亂而命人帥師往定之。因群公子私相争立，無遂成君者。又子昭已出，故無交兵事。救者，救齊亂也。以其得恤隣救患之義，故書。

五月戊寅，宋師及齊師戰于甗。齊師敗績。

甗，杜注：齊地。在今濟南府歷城縣界。

《左傳》：齊人將立孝公，不勝，四公子之徒遂與宋人戰。夏五月，宋敗齊師于甗，立孝公而還。無虧三月已死，而四公子之徒猶争立抗宋師，故宋戰而敗之。易牙、寺貂之徒不足書名，故書師。齊人書師則宋不得不稱師。書宋及齊師戰而敗之，見宋立昭之難，著齊之亂，以見桓公不能預遠小人以正其家，非有惡于宋也。

狄救齊。

狄人蓋嘗受齊桓之惠，且知立子昭事，故亦救齊。

秋八月丁亥，葬齊桓公。

書葬之緩，見其亂之久也。杜氏言八月無丁亥，存參。《經》於齊桓糾合，每節取之，於其卒而國亂，乃詳書宋公定齊亂之事，以見其無修齊之道，爲後世戒。《論語》仁管仲，歎器小，得失不相掩之義亦明矣。

冬，邢人、狄人伐衛。

狄，始書人。

《左傳》：邢人、狄人伐衛，圍菟圃。衛侯以國讓其父兄子弟及朝衆曰：苟能治之，燬請從焉。衆不可，而後師于訾婁。狄師還。邢嘗困于狄，今與狄平而共伐衛，合外夷以伐同姓，聖人所深惡也。書邢人、狄人，齒邢于狄人者，賤之之詞，而《穀梁》以爲進之，非也。

附解

周制重嫡子，嫡子卒而有孫則立孫。《檀弓》公儀仲子舍孫立子，孔子非之。蓋從周制，若無嫡立長，僅見於叔孫之言。然又曰年鈞則賢，義鈞則卜，則雖宜立長，而長或不賢，自必擇其賢者，否則卜之。且國統於君，家統於父，天地之大義也。君父所命，子必遵之，伯夷讓國於叔齊，即是斯義。周家諸侯世，及其立爲世子，固聽於其父，特立後則必告於王，以明嗣守之重。《春秋》此禮久廢，不可獨以責齊桓矣。《左氏》云公夫人三，皆無子，好内寵，内嬖如夫人者六人。不别尊卑，概曰夫人，名分何以正？而家政何以修？此齊桓之非，即管仲器小之故也。因平日本無尊卑，故桓公立孝公，而無虧等樹黨覬覦不已，又有豎刁、易牙等爲之謀主，其勢日甚，其計日深。當桓公在子昭固已岌岌有難保之勢，屬孝公於宋襄，已不能正其家，而外託諸人，桓公可笑，管仲之才安在？自來君父昧修身齊家之道，以致小人女子表裏爲奸。弗慎於始，迨其勢已成，則智力亦無所施，固不止齊桓、管仲也。桓公甫卒，豎刁、易牙即殺群吏而立無虧，故太子昭奔宋。然無虧雖立，群公子猶不服，互相争鬭，則無虧未遽南面而涖群臣也。據《經》文，桓公以十七年十二月乙亥卒，而《左氏》云十月乙亥卒，十二月乙亥赴，故《經》書如此。然又云辛巳夜殯，則是死六七十日乃殯，又乘夜而殯，其亂未定可知。次年三月，齊人即殺無虧。殺之者誰耶？左氏不記其人，而云齊人將立季公，不勝，四公子之徒遂與宋人戰。則殺無虧者爲群臣，蓋欲立孝公故殺無虧也。奈四公子之徒猶不服，不能遂迎孝公立之，故曰不勝四公子之徒。其曰與宋人戰者，四公子之徒也。《左氏》文意簡約，最易誤認。時宋師已至齊，而四公子猶争立，可見自桓公卒至次夏五月，亂猶未定也。故《經》書宋公以諸侯伐齊，蓋因齊亂，帥師往定之。下書及齊師戰，齊師敗績，乃其定亂之實。齊師者何？四公子之徒也。因群公子求立，争亂未已。非已立君而外拒子昭，故不書納子昭。且納者，不受而强入之詞。齊尚無君，子昭非不當立。《經》書宋及齊師戰，而不書宋公者，蓋第使將帥師與四公子之徒戰，公未入齊國耳。而前人謂子昭非太子，無嫡立長，無虧當立，則左氏屬孝公於宋公立以爲太子者，非子昭乎？又以書魯與狄救齊爲救無虧，豈如齊桓立子昭爲太子，魯狄近齊，皆如其事，故聞群公子争立，子昭出奔，而帥師觀虚實乎？使子昭竟不立，則必與争立者戰。今但帥師往齊，而無戰鬬之事。以子昭奔宋，宋公已挾之伐齊，不煩魯與狄助戰也。迨宋師敗四公子之徒而立子昭，魯、狄之師遂還，以孝公已立，可無事也。若如舊説，魯、狄救無虧，則齊人殺無虧，必不忿而與之戰，或子昭不當立，亦必有争戰事，而俱不然，故知其非爲無虧也。夫子書救，特以其得恤患之意云爾，而不以子昭爲不當立，義亦可見。五霸之事，孔門所不屑道，而夫子曰糾合諸侯，不以兵車一匡天下，民到於今受其賜。孟子雖卑管仲，而亦曰五霸桓公爲盛，皆取其匡周室之功耳。而其所以不可爲法，則即家人婦子之間，已可概見。夫子於齊桓卒後詳悉書之，所以著其無正身齊家之學，身没而國大亂，爲後世戒，至深切也。

十有九年　　襄王十一年

春王三月，宋人執滕子嬰齊。

《左傳》：宋人執滕宣公。而不言何事。《公》《穀》無傳，不知其事，何以知夫子書法？闕疑可也。前人紛紛之説，皆臆見。

夏六月，宋公、曹人、邾人盟于曹南。

《公羊》作宋人。

宋欲合諸侯以圖，伯親至曹地，曹蓋未心服也。二國書人，豈其臣下歟？宋書爵，著其不自脩而徒强服人之非。邾、曹皆以臣下與盟，而宋獨惡曹者，以己親至其地，而曹伯不赴也。

鄫子會盟于邾。

《公羊》：其言會盟，何後會也？案：鄫子赴曹南之會，至于邾，而諸侯已去。

《經》書曰會盟于邾，明其本欲會盟，無罪可執也。

己酉，邾人執鄫子，用之。

《左傳》：夏，宋公使邾文公用鄫子于次睢之社，欲以屬東夷，司馬子魯曰：古者六畜不相爲用，小事不用大牲，而况敢用人乎？祭祀以爲人也。民，神之主也。用人，其誰饗之？桓公存三亡國以屬諸侯，義士猶曰薄德。今一會而虐二國之君，又用諸淫昏之鬼，將以求霸，不亦難乎？得死爲幸。《穀梁傳》用叩其鼻以衈社，謂取其鼻血釁祭社器，非殺之也。同人於獸大非，况國君乎？苟邾子有人心，必不從宋也，乃徇宋而報私忿，故直書邾人，用以罪之。

秋，宋人圍曹。

《左傳》：宋人圍曹，討不服也。子魚言于宋公曰：文王聞崇德亂而伐之，軍三旬而不降，退修教而復伐之，因壘而降。《詩》曰：刑于寡妻，至于兄弟，以御于家邦。今君德無乃猶有所闕，而以伐人，若之何？盍姑内省德乎？無闕而後動。愚案：宋不自反，而急以威脅諸侯，書人書圍，深惡之也。

衛人伐邢。

《左傳》：秋，衛人伐邢，以報莬圃之役。案：衛效尤而報復興師，書人，貶之也。《左傳》：衛大旱，卜有事於山川，不吉。甯莊子言周饑克殷而年豐，天或者欲使衛討邢乎？從之，師興而雨。誣妄已甚。詳附解。

冬，會陳人、蔡人、楚人、鄭人盟于齊。

《公羊》作公會。

《左傳》：陳穆公請好于諸侯以無忘齊桓之德。冬，盟于齊，修桓公之好也。案：楚欲得志于諸侯久矣，而無其隙。今陳欲修好于諸侯，而合楚同會，適中其計。楚自是遂凌諸夏，陳之罪也。故先陳而並貶稱人，諱言公，以深病之。書盟于齊，則齊亦與盟。而不書者，公及諸侯往要齊盟，非齊本意，略齊之罪也。

梁亡。

《左傳》：梁亡。不書其主，自取之也。初，梁伯好土功，亟城而弗處，民罷而弗堪，則曰：某寇將至。乃溝公宫，曰：秦將襲我。民懼而潰，秦遂取梁。案：梁虐用其民，民潰而後秦取之，則自亡也。故略秦罪而書自亡以示戒。

附　解

《春秋》有經文甚明不必需傳者，有必待傳而後明者。如執滕子事，國君見執，且書其名，豈可不知其事而私議妄解？盟於曹南，斥宋公書曹、邾曰人，以經傳並考之，宋公急於求霸，暱就於曹，故親至曹。曹不與也，僅遣臣下盟之，故宋公怒而圍之。《左氏》以爲曹不服，邾盟亦其臣下，而宋公不怒者，素相服也。用鄫子自當從《穀梁》，前人據《左傳》以爲殺之，然子魚言六畜不相爲用，亦謂歃血，非謂殺之。甯莊子妄云周饑克殷年豐，妄言附會，導君伐邢，安可爲信？而《左氏》云師興而雨，如其言將必使人私逞智力，褻天命而誣明神，禍世豈淺鮮哉。周王應天順人，何嘗有取天下之心？況聖人事事責己，若遇饑饉，方返躬修慝、敬天恤民之不遑，而以興師伐人爲功乎？衛旱卜有事於山川不吉，蓋神不許其祈禱而忘内省也，而乃令其伐邢耶？甯速無知妄言，衛君從之，君臣同一愚悖，而《左氏》以爲果驗，其無識乃如傖父矣。陳、蔡舊服於楚，楚久欲爲中夏雄，因齊桓不果。今桓没而其子新立，未知果能繼父否也？魯邇齊而素相睦，鄭本畏楚，齊桓既没，亦不敢不從楚。故楚因鄭而求魯，因魯而求齊，且親至曹而盟，示己欲交歡中國，並無他求之意，是楚之譎也。公不知而許之，遂同盟於齊，《經》深刺之，故不書公。自此盟而楚遂得志，因宋爲上公之爵，方癡心求霸，遂誘執之以威諸侯，而中夏益將多事矣。非晉文城濮之戰，則轥中夏者將不在秦而先在楚，故聖人深惡之，而有取於桓、文。書梁亡與莊十四年書郭亡同，郭亡無考，而梁亡則秦滅之也。秦亦與楚同。楚入中夏而詳書，秦滅梁而略之，何耶？梁非大梁，蓋梁山之梁，本近秦地，非中國之地。且諸侯擅伐滅人國，《經》已屢書之致譏，不必更以此著秦之罪。若自失其道，以致喪其社稷宗廟，則滅之者可，惡而自取，亦何可不以爲罪哉？故既書郭亡，又於梁著之，非薄秦之罪也。

二十年　　襄王十二年

春，新作南門。

南門，杜氏曰：魯城南門，本名稷門是也。本舊有而新作之，其必有僭制焉，故書以譏之。僖公修泮宫而《春秋》不書。修舊不足書，其書者皆非禮之制也。

夏，郜子來朝。

孔氏穎達曰：二十四年傳富辰所云，郜之初封，文王之子，畊季之弟，以後更無所聞。鄭樵謂郜有二，取郜大鼎之郜，北郜；此來朝者南郜。單州有二郜城近之。《公羊》以爲失地之君，然朝不必書名，既失地則不言朝，其説非也。

五月乙巳，西宫災。

《公羊》：西宫者，小寢也。小寢則曷爲謂之西宫？有西宫則有東宫矣。魯子曰以有西宫，亦知諸侯之有三宫也。災何以書？記異也。家氏鉉翁曰：人君之過，嘗在深宫燕處之際。天之示譴，豈徒然哉？其後魯僖没于小寢。

鄭人入滑。

《左傳》：滑人叛鄭而服于衛。夏，公子士、洩堵寇帥師入滑。王氏葆曰：滑與鄭爲鄰，齊桓時常與鄭同盟幽。今鄭首從楚入滑，無忌憚甚矣，故人之。

秋，齊人、狄人盟于邢。

《左傳》：齊狄盟于邢，爲邢謀衛難也。于是衛方病邢。案：邢、狄同伐衛，致結衛怨。今復結齊與狄以謀衛，不自修而外求，非計也。齊欲恤而不修先業，徒結于狄，亦非也。故首齊人，以著其失，書盟于邢，以見其爲邢之志。書人，非之也。

冬，楚人伐隨。

《左傳》：隨以漢東諸侯叛楚。冬，鬭穀於菟帥師伐隨，取成而還。案：隨，漢東姬姓國。鬭伯比曰：漢東之國隨爲大。先王封鬻熊于楚，以統馭東南，而其中亦置同姓之國。楚蠶食諸姬，必先服隨。自此後隨終服楚，而諸姬皆入于楚矣。故書人以貶之。

二十有一年　　襄王十三年

春，狄侵衛。

杜氏預曰：爲邢故。案：狄非可恃爲援者也。齊不揣而結之，爲邢伐衛，聖人書之以戒。若申侯以西戎伐周，而致戎侵擾不已，周遂東遷，秦因以大，皆其類也。

宋人、齊人、楚人盟于鹿上。

鹿上，杜注：宋地。汝陰有原鹿縣，今江南鳳陽府穎川太和縣西有原鹿城。

《左傳》：春，宋人爲鹿上之盟，以求諸侯于楚。楚人許之。公子目夷曰：小國争盟，禍也。宋其亡乎，幸而後敗。案：宋襄不度德量力，欲合諸侯，而又求諸楚，愚妄極矣。故首宋稱人以深貶之。楚懷奸以愚宋，齊昏昧以從楚，故皆貶而稱人。

夏，大旱。

《左傳》：公欲焚巫尪。臧文仲曰：非旱備也。修城郭，貶食省用，務穡勸分，此其務也。巫尪何爲？天欲殺之，則如勿生，若能爲旱，焚之滋甚。公從之。是歲也，饑而不害。《公羊》：何以書？記災也。

秋，宋公、楚子、陳侯、蔡侯、鄭伯、許男、曹伯會于盂。執宋公以伐宋。

盂，《公》作霍，《穀》作雩。或爲宇盂。杜注：宋地。今河南歸德府睢州有盂亭。

宋襄求諸侯于楚，而楚子佯許之，故爲此會。宋襄雖不自量，然信楚而不疑。愚則有之，未若楚之詐也。楚欲逞于中國，而始則僞許宋以致諸侯，繼則執宋公以威諸侯。是宋、楚相權，楚罪爲甚。故聖人先宋于楚，而書爵，惡楚也，非予宋也。楚亦稱爵者，稱人則無以見其爲楚子執宋公，故著其實。諸國亦書爵，以著諸侯靦然列爵，坐視楚執宋公而無何，皆所以貶之也。執宋公不言何人，不予楚以得執之也。

冬，公伐邾。

《左傳》：任、宿、須句、顓臾，風姓也。實司大皞與有濟之祀，以服事諸夏。邾人滅須句，須句子來奔，因成風也。成風爲之言于公曰：崇明祀，保小寡，周禮也。蠻夷猾夏，周禍也。若封須句，是崇皞、濟而修祀紓禍也。案：邾擅滅須句，公以成風言周禮、周禍而伐之，雖未奉王命，猶近正也，故書公書伐。

附杜注：任，任城縣。今爲濟寧州，屬山東兗州府。須句，東平須昌縣西北。今兗州府東平州東南有須句故城，顓臾在泰山武陽縣東北，今兗州府費縣西北八十里有顓臾城。

楚人使宜申來獻捷。

楚稱人，貶也。宜申鬬氏子西，不書族，亦貶也。楚以詐力執宋公來獻捷以脅魯，欲遂長中國也。不書宋捷，《穀梁》曰：不與楚捷于宋也。

十有二月癸丑，公會諸侯盟于薄，釋宋公。

薄，宋地。漢置薄縣，屬山陽郡，後漢改屬梁國。今河南歸德府治西北有亳城，即薄也。

《左傳》：冬，會于薄以釋之。子魚曰：禍猶未也，未足以懲君。愚案：執宋公、釋宋公，皆楚子也。而《經》不書，先儒謂不與楚專執專釋，是也。其執也不言以歸，其釋也不言歸于某，亦不與楚也。不名宋，非楚可執，則不必名也。其執也詳序諸侯，其歸也書會諸侯。罪諸侯之無志也。

附 解

孟子曰：五霸者，三王之罪人。仲尼之徒，無道桓、文之事者。而《春秋》書齊桓事，頗多予之者，以王室既微，强大得志如楚与戎狄皆侵擾中國，非齊桓創霸，周早不能安枕也。宋襄欲霸而反結楚子，又多行不義，豈足與於五霸之數哉？然此年楚執宋公伐宋，夫子反書宋爵，諱其執之之人，何也？不修德而妄求諸侯，宋固可鄙，在楚恃强挾詐，岂足錄哉？宋襄本意無他，因諸侯不服，楚勢强大，欲要結之以威諸侯。楚方欲雄長中國而未有機會，因其相約，即僞許之。宋受其欺，反至取辱，宋之愚甚矣。而不尚欺詐，猶勝於楚，故書爵而上於楚，與言齊桓正而不譎同一意焉。仁義一也，無義不可以行仁。宋襄非誠志仁者，又安能如義？第狡詐如楚，使天下效之，則雖忠正之士，必爲所屈，其害伊於胡底，所以聖人恕宋而深惡楚。厥後詐力相沿，馴至暴秦吞併，荼毒生民，然後知聖人節取齊桓之不譎，姑恕宋襄之狂愚，其憂世至深遠也。楚使宜申來獻捷，蓋魯爲望國，亦非小弱，欲脅魯相從，雄長中夏，故公往會而遂釋宋公，是楚之狡也。宋公之釋，據《公羊傳》，因目夷守國，不求楚釋其君，權而得中。後于謙以此術返英宗。然夫子不書者，人臣委曲全君，固分所宜，然且書釋宋公，則考其事，而自可知耳。

二十有二年　襄王十四年

春，公伐邾，取須句。

句，其俱切，《公》作朐。

《左傳》：伐邾，取須句，反其君焉，禮也。邾滅須句，公伐邾而使爲魯附庸，故反其君。然不以邾罪告于天子，請而伐之，擅伐擅復，則爲私計而已，故書取。

夏，宋公、衛侯、許男、滕子伐鄭。

《左傳》：三月，鄭伯如楚。夏，宋公伐鄭。子魚曰：禍在此也。按：宋不自反，而怒鄭從楚，宜有貶焉。而不然者，楚執宋公欲以威諸侯，諸侯既不能抗楚，然使各自强于政治，楚亦無如。何也？鄭遽朝楚，爲中夏倡，聖人所惡也。故書爵書伐，無貶辭。

秋八月丁未，及邾人戰于升陘。

陘，音刑。升陘，杜注：魯地。

《左傳》：邾人以須句故出師。公卑邾，不設備而禦之。臧文仲曰：國無小，不可易也。無備，雖衆不可恃也。《詩》曰：戰戰兢兢，如臨深淵，如履薄冰。又曰：敬之敬之，天惟顯思，命不易哉。先王之明德，猶無不難也，無不懼也，况我小國乎。君其無謂邾小。蜂蠆有毒，而况國乎。弗聽。八月丁未，公及邾師戰于升陘，我師敗績。邾人獲公冑，懸諸魚門。案：書戰則必有勝負，不言敗績，諱也。諱則其敗可知矣。不言公及，亦諱也。公不以王命討罪，舉廢無以服邾，則自反不縮矣。即勝亦無取焉，敗亦由其自召，故諱之以爲貶也。

冬十有一月己巳朔，宋公及楚人戰于泓，宋師敗績。

泓，杜注：水名。今河南歸德府柘城縣北三十里。

《左傳》：楚人伐宋以救鄭。宋公將戰，大司馬固諫，弗德。冬十一月己巳朔，宋公及楚人戰于泓。宋人既成列，楚人未既濟。司馬曰：彼衆我寡，及其未既濟也請擊之。公曰：不可。既濟而未成列，又以告。公曰：未可。既陳而後擊之，宋師敗績。公傷股，門官殲焉。案：楚救鄭不書，不與鄭以從楚也。書宋公及戰，則主戰者宋公，譏其不修德以自强而徒報怨。公傷而惟言師敗績，不與楚以勝宋也。楚稱人，貶之也。

二十有三年　襄王十五年

春，齊侯伐宋，圍緡。

緡，忙巾切。《穀》作閔，後同緡。杜注：宋邑。高平昌邑縣東南有東緡城。今在山東兖州府金鄉縣東北三十里。

《左傳》：以討其不與盟于齊也。吴氏澂曰：楚與諸侯盟于齊，乘間以干列國爾。齊侯不悟而受其盟，反借此爲名，以責宋伐之于敗傷之後，悖理甚矣。家氏鉉翁曰：齊孝非宋襄之力，則不能有國。顧忘納己之德，乘其敗而圍其邑，所謂以怨報德，刑戮之民也。齊侯書爵，以其背大惠而忍于爲不義，故目其人而誅之。書伐書圍，皆斥其已甚。

夏五月庚寅，宋公兹父卒。

兹，《公》作慈。

《左傳》：夏五月，宋襄公卒，傷于泓故也。不書葬，舊以爲不會葬故不書。然外侯不書葬者，多無關大義，故不盡書耳。

秋，楚人伐陳。

《左傳》：秋，楚成得臣帥師伐陳，討其貳于宋也。遂取焦、夷，城頓而還。吴氏澂曰：曹南之盟，伐鄭之役，陳皆不從。宋盟齊、會盂執宋公，陳皆從楚。考之《經》，唯見陳之服于楚，不見其貳于宋。今楚討陳之貳，蓋以伐宋之後，鄭畏而朝楚，而陳未朝楚，即誣以貳宋之罪伐之也。愚按：陳何以當從楚？故《經》書人書伐，以著其暴。

冬十有一月，杞子卒。

《左傳》：杞成公卒。不書名，未同盟也。凡諸侯同盟，死則赴以名，禮也。赴以名，則亦書之，不然則否，辟不敏也。愚按：如不赴，則不書也。既書其卒，則赴之矣。不名，史失之耳。杞本伯爵而書子，蓋時王黜之，其後復書伯，蓋時王又復之。聖人因而書之。左氏謂夷也。夫即于夷，尚得齒於諸侯哉，聖人安得遽貶諸侯之爵？

二十有四年　　襄王十六年

春王正月。

夏，狄伐鄭。

《左傳》：鄭之入滑也，滑人聽命。師還，又即衛。鄭公子士洩、堵俞彌帥師伐滑。王使伯服、游孫伯如鄭請滑。鄭伯怨惠王之入而不與厲公爵也，又怨襄王之與衛、滑也，故不聽王命而執二子。王怒，以狄伐鄭。富辰諫，弗聽。使頹叔、桃子出狄師。夏，狄伐鄭，取櫟。王德狄人，將以其女爲后。富辰諫王，又弗聽。初，甘昭公有寵于惠后，惠后將立之。未及而卒。昭公奔齊，王復之，又通於隗氏。王替隗氏。頹叔、桃子曰：我實使狄，狄其怨我。遂奉大叔，以狄師攻王。王御士將禦之。王曰：先后其謂我何？寧使諸侯圖之。王遂出。及坎欿，國人納之。秋，頹叔、桃子奉大叔，以狄師伐周，大敗周師，獲周公忌父、原伯、毛伯、富辰。王出適鄭，處于氾。大叔以隗氏居于溫。朱氏睦㮮曰：鄭在王畿，王所倚毗。頹叔、桃子將欲叛王，故先伐鄭。此蓋爲叔帶謀也。伐鄭果出王意，是年王出居于鄭，伐鄭而依鄭，無是理也。愚按：朱氏之説近是。《左氏》綜記前後事，而不明此時狄已與子帶合，則伐鄭必非王意，故此書狄伐鄭。下書天王出居于鄭，著王之所以出，由叔帶倚狄作亂也。詳見附解。

秋七月。

冬，天王出居于鄭。

《左傳》：王使來告難曰：不穀不德，得罪于母弟之寵子帶，鄙在鄭地氾，敢告叔父。臧文仲對曰：天子蒙塵于外，敢不奔問官守。王使簡師父告于晋，使左鄢父告于秦。天子無出，書曰天王出居于鄭，辟母弟之難也。天子凶服降名，禮也。鄭伯與孔將鉏、石甲父、侯宣多省視官具于氾，而後聽其私政，禮也。愚按：天子以天下爲家，故雖出在鄭而猶曰居。書出居于鄭，而不書叔帶以狄師伐王城。爲王諱也。御案：謂襄王之于叔帶有孝友之心，而未得孝友之術，是以聖人不深罪王也。

晋侯夷吾卒。

張氏洽曰：案傳，晋惠公以二十三年九月卒，其子圉懷公立。今年正月秦伯納文公重耳，二月入于曲沃，使殺懷公于高梁。不書，皆不告也。杜預以爲文公定位而後告惠公喪。《春秋》據諸侯策書赴告而作經，徐邈論之詳矣。愚按：晋亂經年故未赴，文公即位始赴，於理可信，餘説皆非也。

附　解

夫子言文勝質則史，史之不可盡信久矣。左氏親在聖門而沿舊，《史記》本國事且多不明，他又何論。夫子作《春秋》，雖曰以明行事之實，爲門人法，而亦深病史之不信也。如狄伐鄭在今年夏，而左氏云王因鄭伐滑，執王臣，王怒，以狄伐鄭。其事固或有之，而其伐鄭則非今年事。多一夏字，似王今年伐鄭後方娶狄女矣。王替隗氏，頹叔、桃子懼狄怨己，遂奉大叔以狄師伐王，其事亦或有之，而《經》於狄伐王城不書，止書伐鄭，何耶？叔帶無禮，頹叔、桃子畔亂，王念先后，不謀禦，而出居于鄭，其意可嘉。故夫子書出居於鄭，若王無事而出，亦予王之意。不但謂天子無出而如是書也，前人乃多以王爲非，不知何義。晋侯夷吾卒，史從其赴時書之，夫子仍之。蓋文公即位以夷吾卒與己立並告諸侯，而《經》不書文即位者，一君卒必有一君立，且外君立，例不書之也。即位不書，即葬亦多不書，三傳妄爲之説，非也。

二十有五年　　襄王十七年

春王正月，丙午，衛侯燬滅邢。

燬之名，三傳皆以爲滅同姓，惡之，是也。但春秋滅同姓者亦多，何以不名？蓋燬使其臣禮至昆弟往仕邢，藉以滅邢，紊君臣大防，倡奸欺大惡，聖人深誅之也。

夏四月癸酉，衛侯燬卒。

宋蕩伯姬來逆婦。

伯姬，公之女也，而配蕩氏。蓋藉歸寧之便爲其子逆婦，非禮也。禮重大昏必備禮者，明男女不輕合，廢禮則苟而亂，故書以譏之。宋桓公生公子蕩，蕩生公孫壽，壽生蕩意諸。意諸之後，以蕩爲氏。

宋殺其大夫。

稱國以殺，不去其官，不以其罪也。不稱名氏，逸也。

秋，楚人圍陳，納頓子于頓。

頓爲陳所滅，頓子奔楚。楚故圍陳而納頓子。于頓存亡繼絶，楚宜有功矣。而書納者，楚特與陳構難，藉頓以抗陳耳，非誠有扶衰之仁也。且諸侯無王命，不得擅滅擅納。

葬衛文公。

冬十有二月癸亥，公會衛子、莒慶盟于洮。

洮，杜注：魯地。孔氏穎達曰：八年盟于洮。杜注曹地。三十一年魯始得曹田，此時不得爲魯地。注誤耳。

杜氏預曰：莒以元年酈之役怨魯，衛文公將平之，未及而卒，成公追成父志。莒慶不稱氏，未賜族。愚按：會盟非《春秋》所喜也。彼善于此則恕之。衛子在喪而出會莒慶，大夫而盟諸侯，皆非也。特其意在于和好息民，衛承父志，莒篤婣睦，故書之無貶辭。

附　解

天地無全人，非人道之難全，而人心之多妄也。聖人教人以誠正修齊，括始終本末之功，而其取人則不拘一概，瑕瑜不相掩，亦衰世不得已之意耳。衛文公再造詩記定中取其有制節而已，其平生實無可紀。於其滅邢，而尤惡之。用間致勝，亦行軍之一法，然必師直有名，而敵者爲頑惡當討之徒，始可爲之。邢衛同姓，何故而擅滅之？禮至既仕於邢，即邢臣也，如何而又可殺其國子，滅其宗社？如使他國亦以其臣仕衛而圖衛，衛容之否？貪狡不顧天良，竟至於此，君臣大義安在哉？戰國時此類甚多，衛燬實爲之倡，謂爲千秋之罪人可矣，夫子能無深惡之？夫婦，人倫之本，聖人制爲六禮，不厭繁重，爲其承宗廟、延子孫、正家國，不可輕視，且以明男女相見之難，防淫而禁非禮也。蕩伯姬爲僖公女，歸寧之後自逆其子婦，在後世多有之，而實太苟簡，出之自侯国尤非，故謹書之也。凡禮之變毁，每由怠肆二字，任情而苟且，則一切禮法覺其無甚關係，此世道人心之憂，安得而不書以訓世？莒、魯本屬姻婭，因慶父之故，季友賂莒得慶父，乃不踐其約。莒來求賂，反討敗之，莒之怨宜矣，魯之不直甚矣。衛欲平魯、莒，其意固美，故書之，無貶辭。

二十有六年　　襄王十八年

春王正月，己未，公會莒子、衛寧速盟于向。

速，《公》作遬，後同。向，杜注：莒地。《寰宇記》曰：莒州南七十里有向城，今屬山東青州府。

《左傳》：春王正月，公會莒兹丕公、甯莊子盟于向，尋洮之盟也。趙氏鵬飛曰：洮之盟衛，欲平莒、魯，故在喪亦親行。莒猶未測魯意，故使大夫聽命。向不盟莒，知魯已肯平乎己，故躬行。二國既從，則衛侯可不親之，故以大夫與歃，質信而已。故聖人兩無貶辭。外雖盟大夫，内不没公，不以爲抗也。

齊人侵我西鄙，公追齊師，至酅，弗及。

酅，户圭反。《公》作巂，《穀》作巂弗，《左》作不酅。杜注：齊地。濟北穀城縣西有地名酅下穀城。今山東兖州府東阿縣西南有酅下聚。

書人書侵，罪齊也。書公追齊師，明其乘虚襲魯，魯覺而追之，所以爲侵也。至酅著其已甚矣。齊與魯世爲婚姻，齊侯不能繼父之志，而乘虚侵魯，聖人固惡之。然逐之出境可也，恃兵相讎，以求必勝，非仁義之道、自强之本也。

夏，齊人伐我北鄙。

前侵魯而未創，今又伐魯，甚矣。故書人以示貶。齊侯因展喜之言而還，未深入，僅至北鄙，故書以著其實。不書展喜卻齊之事，魯權詞退敵，報怨之心未已，故削而不書也。

衛人伐齊。

案：《左傳》，衛因齊伐魯而伐齊，以援魯也。然不明信義，相尋于干戈以爲援，非禮也。故貶而書人。

公子遂如楚乞師。

齊侵伐魯，不義甚矣。然公不能修德自强，而乞楚師以報怨，失又甚焉。直書其事，義自見矣。

秋，楚人滅夔，以夔子歸。

夔，求龜反，《公》作隗。夔，楚同姓國，建平秭歸縣。湖廣荆州府《歸州志》云：州西南三里有夔子城，地名夔沱。

《左傳》：夔子不祀祝融與鬻熊，楚人讓之，對曰：我先王熊摯有疾，鬼神弗赦而自竄于夔。吾是以失楚，又何祀焉？秋，楚成得臣、鬬宜申帥師滅夔，以夔子歸。夔，楚同姓，其不祀祝融、鬻熊，禮也，楚反以是滅之。故夔子不名以著其無罪。楚滅同姓而不名者，蘇氏轍曰：人楚子甚于名楚子。御案：欲削其爵，故不得而名之是也。

冬，楚人伐宋，圍緡。

緡，《穀》作閔。

《左傳》：宋以其善于晋侯也，叛楚即晋。冬，楚令尹子玉、司馬子西帥師伐宋，圍緡。宋爲楚辱傷，而卒叛楚即晋，宜也。楚乃恃强，伐且圍之，故書人。詳書以惡之。

公以楚師伐齊，取穀。

《左傳》：凡師能左右之，曰以。置桓公子雍于穀，易牙奉之以爲魯援。楚申公叔侯戍之。桓公之子七人，爲七大夫于楚。案：書以，不當以者也。書以楚師伐取，甚之也。齊誠無道，魯果理直，請于天子，修德自强可也，而引楚以殘親鄰之國，故刺之。

公至自伐齊。

凡公至告廟必書，常也。而其事異，則文雖同而亦異。上書公以楚師伐齊取穀，而復書公至自伐齊，則公之悻悻報怨，以伐齊爲武可見，然不自知其非義也。

二十有七年　襄王十九年

春，杞子來朝。

杞稱子，時王黜之。前杞子卒已稱子，非因其用夷禮。即用夷禮，夫子亦豈得而私貶其爵，左氏謬矣。杞本魯婚姻，其朝宜也。書其朝以見下文帥師入杞之不義。

夏六月庚寅，齊侯昭卒。

《左傳》：齊孝公卒。有齊怨，不廢喪紀，禮也。《史記》：昭卒，弟潘殺嗣子而自立，是爲昭公。《經》不書，家氏鉉翁曰：疑有闕文。

秋八月乙未，葬齊孝公。

杜氏預曰：三月而葬，速。

乙巳，公子遂帥師入杞。

杜氏預曰：八月無乙巳。乙巳，九月六日。

《左傳》：杞桓公來朝。公卑杞，杞不共。秋，入杞，責無禮也。案：公卑杞而後杞不共，興師責人，無禮甚矣。僖公自公子友卒而用公子遂，政多失德，《經》書公子遂帥師入杞，則其不能輔君以正，罪亦見矣。

冬，楚人、陳侯、蔡侯、鄭伯、許男圍宋。

楚恃强而合諸侯圍宋，無道甚矣，故貶而書人，其爵諸侯何也？不爵諸侯，無以見圍宋之爲楚子，與人楚子之爲貶也。

十有二月甲戌，公會諸侯，盟于宋。

公德楚，故往會楚子于宋。而《經》曰會諸侯者，諱也。然諸侯實從楚子圍宋，而公會之，則公之附楚明矣。又曰盟于宋，是從楚之堅也，公之失可勝計乎？故曰微而顯也。

二十有八年　　襄王二十年

春，晋侯侵曹，晋侯伐衛。

《左傳》：宋如晋告急。狐偃曰：楚始得曹而新昏於衛，若伐曹、衛，楚必救之，則齊、宋免矣。是晋侯欲致楚師而先侵曹伐衛，其事雖譎，其意在乎制楚以救宋，故書爵。再言晋侯者，晋非純乎恤患，亦報曹、衛不禮己也。事雖相連，而書之若兩時事，以見其譎而不正之實。

公子買戍衛，不卒戍，刺之。

刺，七賜反。

公子買戍衛，楚人救衛，不克。公懼於晋，殺子叢以説焉。謂楚人曰：不卒戍也。《公羊》：刺之者何？殺之也。殺之則曷爲謂之刺之？内諱殺大夫，謂之刺之也。案：魯附楚親衛，故使子買戍衛。及晋伐衛而懼，乃委罪于子買，解于晋。又恐楚之責也，則以不卒戍告于楚。是公自不善謀國，而妄殺無辜之臣也。聖人惡之，故詳書其故，以著其罔。

楚人救衛。

凡救未有不善，而此人楚者，不與其救也。衛附楚而楚德之私也，衛不足恤，故救不必善之。

三月丙午，晋侯入曹，執曹伯。畀宋人。

畀，必利反。

《左傳》：晋侯圍曹，門焉，多死，曹人尸諸城上，晋侯患之，輿人之謀曰：稱舍于墓。師遷焉，曹人兇懼，爲其所得者棺而出之。因其兇也而攻之。三月丙午，入曹。數之，以其不用僖負覊而乘軒者三百人也，且曰：獻狀。宋人使門尹班如晋告急。公曰：宋人告急，舍之則絶，告楚不許。我欲戰矣，齊、秦未可，若之何？先軫曰：使宋舍我而賂齊、秦，藉之告楚。我執曹君而分曹、衛之田以賜宋人。楚愛曹、衛，必不許也。喜賂怒頑，能無戰乎？公説，執曹伯。分曹、衛之田以畀宋人。案：晋執曹伯畀宋，非果暴虐于曹，蓋欲激楚而與之戰以勝楚也。然非王命，豈得專執？《春秋》原其欲制楚之意，亦著其專執之失，故書晋侯，而又書其執與畀之非。貶宋稱人，不與宋以得受曹伯，不予宋則不予晋可知矣。

夏四月己巳，晋侯、齊師、秦師及楚人戰于城濮，楚師敗績。

《左傳》：楚子入居于申，使申叔去穀，使子玉去宋，曰：無從晋師。晋侯在外十九年矣，而果得晋國。險阻艱難，備嘗之矣；民之情僞，盡知之矣。天假之年，而除其害。天之所置，其可廢乎？《軍志》曰：允當則歸。又曰：知難而退。又曰：有德不可敵。此三志者，晋之謂矣。子玉使伯棼請戰，曰：非敢必有功也，願以間執讒慝之口。王怒，少與之師，唯西廣、東宫與若敖之六卒實從之。子玉使宛春告于晋師曰：請復衛侯而封曹，臣亦釋宋之圍。子犯曰：子玉無禮哉。君取一，臣取二，不可失矣。先軫曰：子與之。定人之謂禮，楚一言而定三國，我一言而亡之。我則無禮，何以戰乎？不許楚言，是棄宋也。救而棄之，謂諸侯何？楚有三施，我有三怨，怨讎已多，將何以戰？不如私許復曹、衛以攜之，執宛春以怒楚，既戰而後圖之。公說，乃拘宛春于衛，且私許復曹、衛。曹、衛告絶于楚。子玉怒，從晉師。晉師退。軍吏曰：以君辟臣，辱也。且楚師老矣，何故退？子犯曰：師直爲壯，曲爲老。豈在久乎？微楚之惠不及此，退三舍辟之，所以執也，背惠食言，以亢其讎，我曲楚直。其衆素飽，不可謂老。我退而楚還，我將何求？若其不還，君退臣犯，曲在彼矣。退三舍。楚衆欲止，子玉不可。夏四月戊辰，晉侯、宋公、齊國歸父崔夭，秦小子慭次于城濮。楚師背酅而舍，晉侯患之，聽輿人之誦，曰：原田每每，舍其舊而新是謀。公疑焉。子犯曰：戰也。戰而捷，必得諸侯。若其不捷，表裏山河，必無害也。公曰：若楚惠何？欒貞子曰：漢陽諸姬，楚實盡之。思小惠而忘大耻，不如戰也。晉侯夢與楚子搏，楚子伏己而盬其腦，是以懼。子犯曰：吉。我得天，楚伏其罪，吾且柔之矣。子玉使鬭勃請戰，曰：請與君之士戲，君馮軾而觀之，得臣與寓目焉。晉侯使欒枝對曰：寡君聞命矣。楚君之惠未之敢忘，是以在此。爲大夫退，其敢當君乎？既不獲命矣，敢煩大夫謂二三子，戒爾車乘，敬爾君事，詰朝將見。晉車七百乘，韅、靷、鞅、靽。晉侯登有莘之虚以觀師，曰：少長有禮，其可用也。遂伐其木以益其兵。己巳，晉師陳于莘北。胥臣以下軍之佐當陳、蔡。子玉以若敖之六卒將中軍，曰：今日必無晉矣。子西將左，子上將右。胥臣蒙馬以虎皮，先犯陳、蔡。陳、蔡奔，楚右師潰。狐毛設二旆而退之。欒枝使輿曳柴而僞遁，楚師馳之。原軫、郤溱以中軍公族横擊之。狐毛、狐偃以上軍夾攻子西，楚左師潰。楚師敗績。子玉收其卒而止，故不敗。晉師三日館穀，及癸酉而還。愚按：自齊桓没而楚猖狂，侵陵諸侯，欲長中國。晉文此戰蹶之，而後周室賴以綿延。故戰雖非聖人所喜也，而攘外安内則亦與之。晉侯書爵，以此書及，明晉主此戰志在救宋制楚，與他處書及志譏者異也。

楚殺其大夫得臣。

案《左氏》，楚子使子玉去宋，而得臣請戰。楚子怒，少與之師。得臣剛愎，不奉上命，楚子不能正其罪，于敗之後殺之，是其初猶欲僥倖有功，及敗而後殺之，失君道矣。故稱國以殺，而不去其官。

衛侯出奔楚。

衛侯懼晉，使元咺奉叔武以受盟，出奔于楚。衛從楚侵擾，及楚敗而不自説于晉，遽出奔，故書以賤之。蘇氏轍曰：失地而不名使，元咺奉叔武受盟，國猶其國也。

五月癸丑，公會晉侯、齊侯、宋公、蔡侯、鄭伯、衛子、莒子，盟于踐土。

踐土，杜注：鄭地。《括地志》：滎澤縣西北十五里有王宫城，城内西北隅有踐士台。滎澤今屬河南開封府。

《左傳》：甲午，至于衡雍，作王宫于踐土。鄉役之三月，鄭伯如楚致其師，爲楚師既敗而懼，使子人九行成于晉。晉欒枝入盟鄭伯。五月丙午，晉侯及鄭伯盟于衡雍。丁未，獻楚俘于王，駟介百乘，徒兵千。鄭伯傅王，用平禮也。己酉，王享醴，命晋侯宥。王命尹氏及王子虎、内史叔興父策命晋侯爲侯伯，賜之大輅之服，戎輅之服，彤弓一，彤矢百，玈弓矢千，秬鬯一卣，虎賁三百人。曰：王謂叔父，敬服王命，以綏四國，糾逖王慝。晋侯三辭，從命。曰：重耳敢再拜稽首，奉揚天子之丕顯休命。受策以出，出入三覲。衛侯聞楚師敗，懼，出奔楚，遂適陳，使元咺奉叔武以受盟。癸亥，王子虎盟諸侯于王庭，要言曰：皆獎王室，無相害也。有渝此盟，明神殛之，俾隧其師，無克祚國，及其元孫，無有老幼。君子謂是盟也信，謂晋于是役也能以德攻。衛侯出奔，其弟叔武攝位受盟，非王命所加，從未成君之禮，故稱子，而序鄭伯之下。《經》書癸丑，月十八日也。《傳》書癸亥，月二十八日也。《經》《傳》必有誤。陳氏岳曰：襄王聞晋勝，自往勞之，非晋致之也，故爲襄王諱而不書。愚案：襄王聞晋勝楚，錫命可也，自勞之則非也。晋既受王錫命，則當序于諸侯之上。不書王錫命，晋文本未奉王命伐楚，倖勝而後獻俘錫命，君未嘗正其綱，臣未嘗奉君命，一時之倖，聖人不以成敗紊大義也。王子虎未同盟故不書，前人誤也。盟者，願棄楚從晋，與晋盟也。諸侯朝王不書而書公朝者，諸侯畏晋而來，非爲朝王來也。不書公朝則無以見諸侯之朝，而下文晋文又以諸侯朝亦無以見。

陳侯如會。

陳侯本從楚，今亦來從晋盟踐土。後始至，故止書其來會，棄楚歸正，聖人許之。故雖不與踐土之盟，而亦書之。

公朝于王所。

杜氏預曰：王在踐土，非京師，故曰王所。愚案：諸侯皆朝也，而不書者，書公朝則諸侯可知矣。且蒙上踐土之盟，亦可知其皆朝。朝王，禮也，而因晋勝楚，王出始朝，則平日之慢可知。故書朝於王，所以微示其譏。

六月，衛侯鄭自楚復歸于衛。衛元咺出奔晋。

《左傳》：或訴元咺于衛侯曰：立叔武矣。其子角從公。公使殺之。咺不廢命，奉夷叔以入守。六月，晋人復衛侯。甯武子與衛人盟于宛濮，曰：天禍衛國，君臣不協，以及此憂也。今天誘其衷，使皆降心以相從也。不有居者，誰守社稷？不有行者，誰扞牧圉？不協之故，用昭乞盟于爾大神以誘天衷。自今日以往，既盟之後，行者無保其力，居者無懼其罪。有渝此盟，以相及也。明神先君，是糾是殛。國人聞此盟也，而後不貳。衛侯先期入，甯子先長牂，守門以爲使也，與之乘而入。公子歂犬、華仲前驅。叔武將沐，聞君至，喜，捉髮走出，前驅射而殺之。公知其無罪也，枕之股而哭之。歂犬走出，公使殺之。元咺出奔晋。愚案：名衛侯，惡之也。書自楚復歸，著其即楚之實。衛侯不德，其失禮于晋侯猶淺也，即楚而不悔，晋已勝楚不自赴會，委其弟于晋而仍如楚，使晋不受其弟，必將從楚以讎晋。幸而叔武與盟，乃得歸國。殺元咺之子，已爲不明矣。又殺無罪之弟，毫無人心，故書名。書復歸，若不可歸復而復歸云爾。接書元咺之奔，見其因殺武而奔。

陳侯款卒。

秋，杞伯姬來。

杜氏預曰：莊公女。歸寧曰來。愚案：歸寧，常事也，而書者，魯嘗卑杞，又使公子遂帥師入杞，至是伯姬始來，書之以著僖公之薄姻婭而忘禮也。

公子遂如齊。

聘也。聘亦常也，而書者，齊魯搆怨，至是同受盟于晋，始使聘修好。書之以見僖公爲國，不以禮怵于霸主而始，然是晋文之功，而亦足見魯之失也。

冬，公會晋侯、齊侯、宋公、蔡侯、鄭伯、陳子、莒子、邾人、秦人于溫。

晋侯下，《穀梁》無齊侯。溫，王畿之地。

《左傳》：會于溫，討不服也。蓋謂衛、許猶未服，而實非也。晋文因勝楚，王錫命之，遂將更合諸侯朝王，故會以定之。晋文既受命于王，則會之正矣，故書爵書會無貶辭。陳侯書子，以先君未葬也。其序則杜氏預曰：主會所次，非褒貶也。是也。

天王狩于河陽。

狩，《穀》作守。河陽，杜注：晋地。河内郡河陽縣。《穀梁傳》：溫，河北地。

《左傳》：是會也，晋侯召王，以諸侯見，且使王狩。仲尼曰：以臣召君，不可以訓。故書曰：天王狩于河陽。非其地也。案：如杜氏則晋召王至晋，而《穀梁》云河陽即溫，觀下文執衛侯歸京師，則《穀梁》爲信。蓋王聞晋勝楚，至鄭地勞晋，晋侯因欲藉此合諸侯以張威，求王再至于溫。四月勝楚，至冬始合諸侯朝王，蓋合兵耀武以誇其事。狩，冬獵之名也。夫子不書晋率諸僑居朝王，而曰王狩，以其陳兵如講武耳。不書晋朝王，以其本志非誠欲忠于王也。左氏云召，亦請召之意，非呼召。惟王在畿内，故歸衛侯京師，即歸之王也。明德謂君臣之誼，明是爲德，非如孔疏之説也。

壬申，公朝于王所。

此再朝也。諸侯已朝王矣，因晋文留王待冬狩之時，耀武觀兵，自率諸侯見王，故又朝王。略諸侯而獨書公朝，以見王狩河陽之故，著晋侯以己意妄行也。下又書執衛侯等事合觀，而晋文要君之罪乃著。

晋人執衛侯，歸之于京師。

《左傳》：衛侯與元咺訟，甯武子爲輔，鍼莊子爲坐，士榮爲大士。衛侯不勝，殺士榮，刖鍼莊子，謂甯俞忠而免之。執衛侯，歸之于京師，寘諸深室。甯子職納橐饘焉。案：元咺不廢命，奉叔武以守是也。既而因叔武被殺，遂訴于晋。晋當訴諸天子治之，乃恃强而執之，壞法亂紀，莫此爲甚。故書人以疾之。于京師。見其已定衛侯之罪，乃歸于王，跋扈之罪亦著。

衛元咺自晋復歸于衛。

《左傳》：元咺歸于衛，立公子瑕。案：元咺忠而獲罪，不幸之遭本可憫也。然君既不明，去之可也。訴晋已非，既訴而直，遠逃可矣，乃復歸立君則畔矣。蓋晋人導之，故書復歸，以著其不臣，書自晋以罪晋。

諸侯遂圍許。

《穀梁》：遂繼事也。晋文勝楚而驕，擅執國君。因許未服，又以諸侯伐之。夫子承上元咺歸書，遂見其恃力服人之實。非如左氏及諸儒之説也。

曹伯襄復歸于曹，遂會諸侯圍許。

《左傳》：丁丑，諸侯圍許。晋侯有疾，曹伯之豎侯獳貨筮史，使曰：以曹爲解。齊桓公爲會而封異姓，今君爲會而滅同姓。曹叔振鐸，文之昭也。先君唐叔，武之穆也。且合諸侯而滅兄弟，非禮也。與衛偕命，而不與偕復，非信也。同罪異罰，非刑也。禮以行義，信以守禮，刑以正邪，舍此三者，君將若之何？公説，復曹伯，遂會諸侯于許。案：曹伯名，賤之也。任用小人無禮，以致見執。繼又以賂免，失君道矣。日遂會諸侯圍許，著晋文恃强役與國之罪。曰復歸，著其僥倖苟免。

附　解

五霸首桓、文。而夫子云桓不譎，取其九合，於文則云不正，未嘗言其功。蓋桓猶有豁達之意，其糾合諸侯，主於令相交好。伐楚召陵，亦但欲其不侵擾中夏。故楚盟即許，夫子亦節取之。至晋文則必求勝楚以爲强。幸而獲勝，王下勞之，即恃勢擅執衛侯，釋曹伯，伐許，均不由天子之命。爲方伯者，可如是乎？夫子於城濮取其攘楚，於歸元咺伐許，罪其自用，蓋義利公私之辨，不容不辨也。以當時事勢言之，周室已衰，諸侯僭亂，文誠有忠義者，王既錫命爲伯，乘時約束諸侯，以公正行之，請於天王修明綱紀，如衛侯、曹、許等，皆請天子命而行，不專其事。衛、曹雖曾得罪於己，不追咎之，敬慎小心，施仁布義，如此則王必喜而聽之，諸侯亦悦而宗之。此爲臣職，無愧方伯矣。乃以乘楚爲能，乘勝伐許。圍許不由王命，獨斷獨行，充其志事，即莽、操之漸，以齊桓申五禁、拜天威、盟首止較之，且不能及，何論其他。夫子詳書執衛侯、歸元咺，遂伐許、圍許，著其驕肆之跡不止。書狩河陽一事，不許其致王而朝也。《左氏》云晋侯召王亦誤。詳考其事，乃王聞其勝楚而喜，自出勞之。晋侯聞王出，乃作王宫於踐土。踐土，鄭地，在王畿内，去成周僅百里計。己巳戰城濮，甲午晋師至衡雍，纔二十六日。王至踐土，晋侯朝王。丁未獻楚俘，計十四日。己酉王享晋侯，僅三日。旋命王子虎等册命晋侯爲侯伯，是王自出勞晋侯，非晋侯召之。王至踐土之時，惟晋侯先見王。及王至踐土，諸侯始皆到，未遽見王也。晋侯作王宫於踐土，率諸侯朝王。據《經》所書，會踐土之諸侯，惟宋舊服晋，其齊、蔡、魯、衛、鄭，皆舊服楚。莒未服楚亦未服晋，因晋勝楚，王出勞晋乃來服，不敢遽朝王，且先見晋侯。各國初服，故癸丑盟於踐土，蓋與晋盟，明其不貳。於是晋乃留王，至冬又率諸侯陳兵衛以耀武。計戰城濮至盟踐土四十五日，王子虎並未盟，故不書。秦不書者，秦與楚敵，特來助晉耳。盟後諸侯乃朝王，《經》不書諸侯朝王，惟書公朝，及書陳侯如會，愚正註已詳不贅。凡此皆四五月間事。王見諸侯畢，即可歸矣，而何以冬又狩於河陽耶？晉侯以王降勞於己，欲乘此誇耀，以威諸侯。且衛、許諸國未至，故請於王，自己將合諸侯朝王之意。王不得不許之，故延緩歷六七八九月，則後至冬請王出狩。此數月間，想晉必有布告諸侯使來朝王事，而諸侯至者甚希。延至冬月，不能不踐前言，且以現在諸侯見王。故冬始合諸侯於溫，告定朝王之日以諸侯見。溫，王畿之邑也，不久王以賜晉，此時尚屬王。王見諸侯既在畿内，何以云出狩？《經》止言狩，而《左氏》云召王，傳固不如《經》之精審矣。狩非巡狩之狩，冬田曰狩。晉侯以諸侯朝王，盛陳兵衛，諸侯之師皆在。故後伐許、圍許，皆以諸侯之師。夫子以王冬獵書之，而不書諸侯朝王，不予其致王而旅見也。若巡狩則本無此事，且溫在畿内，安得以爲巡狩及此？諸侯共以兵會，而其時適當冬狩之朝。諸侯各以兵會耀武，亦必有田獵事，故書曰狩耳。溫之會，止多秦、邾二國，可見諸侯不至。《左氏》以爲討不服，不知其爲定朝王之日也。何以知其定朝王之日？下書壬申公朝於王所也。夫子於此事詳書其日，令後世得以考其實。惜乎人多忽之耳。書公朝，則衆諸侯皆朝可知。而不悉書者，惡晉不召於京師，而致王出見之。且夏已朝，今又朝，以己私意，致君僕僕，大非禮也。凡諸此義，皆夫子著晉文之譎，以戒後來。而其情事，必合經傳細參乃明。是故成《春秋》而亂臣賊子懼。非但惡逆之顯然者書之，即隱微奸欺如晉文之譎者，亦必著之。後世權奸多祖晉文之譎，安可不明正其罪也哉？

二十有九年　　襄王二十一年

春，介葛盧來。

介，杜注：在城陽黔陬縣。今山東萊州府膠州西南七十里有黔陬城，古介國也。案：黔陬有東西二城。東城秦置，即介亭。其在高密境者，乃後漢時所遷之西城也。

《左傳》：介葛盧來朝，舍于昌衍之上。公在會，饋之芻米，禮也。案：來朝不言朝，以公在外，未行朝禮也。

公至自圍許。

君至告廟則必書，蓋謹人君之行動也。公實自圍許至，故不必更連會溫朝王等而書之矣。前人誤。

夏六月，會王人、晉人、宋人、齊人、陳人、蔡人、秦人盟于翟泉。

會上《公》《穀》上有公字。翟，亭歷反。《公》作狄。翟泉，杜注：洛陽城太倉西南池水也。今古城在河南府洛陽縣東北二十里。

《左傳》：夏，公會王子虎、晋狐偃、宋公孫固、齊國歸父、陳轅濤塗、秦小子慭，盟于翟泉，尋踐土之盟，且謀伐鄭也。卿不書，罪之也。在禮，卿不會公、侯，會伯、子、男可也。愚按：《左氏》有誤，云公會尤非。晋謀伐鄭，何必于王境？且鄭已同會同盟矣。於《經》無鄭，復與楚事亦無合諸侯伐鄭事。《經》文無公字，亦無公至自翟泉字。使公果與盟，春甫歸而夏又往，《經》豈不書？若謂與大夫盟，諱不書公，王子虎不亞於公也，王臣可盟大夫，公何不可？詳玩情事，蓋晋文合諸侯朝王，各歸國後，又各使大夫朝王，以見己尊王之意，而魯亦使大夫往，王使子虎與盟固其交，以爲相依之計。夫子不書魯大夫，以大夫無旅見天子之禮，且抗盟王臣尤非。故以不書魯臣、不名諸大夫爲貶也。子虎亦不名，下盟大夫，亦非禮也。

秋，大雨雹。

《左傳》：爲災也。案：天道人事一理也。人事悖而天道始有災異。《春秋》書災異，聊舉一二以概其餘，欲人常自警省，動循天理，非必事事而比附以求其義也。漢儒好言災異，每失之鑿，反不足爲典要。蓋未知修齊治平之本耳。

冬，介葛盧來。

《左傳》：以未見公，故復來朝。禮之，加燕好。介葛盧聞牛鳴，曰：是生三犧，皆用之矣，其音云。問之而信。孫氏復曰：一歲再朝非禮，然外夷内服，原不必有一定之期。况春來未遇，冬而又來，恭也，何爲非禮？夫子書之，志當時外國多强。合下介侵蕭觀之，見魯無善撫遠人之道耳。

附　解

桓、文創霸，雖未純乎尊王，皆以攘楚爲事。是時外夷多侵擾中國，如戎狄類不一而足，而楚爲最强。楚欲陵中國，道必由鄭。鄭服則中原可安，故齊、晋均以服楚而霸。鄭本王畿諸侯，因鄭莊兼併，獨爲强大。晋文勝楚王，所以親勞之者，以楚入中國，來往畿甸，王亦危殆不安也。晋文以諸侯朝王，王歸國後，又會各國大夫往朝王，以明尊王之誼，亦無不合。但大夫非奉諸侯之命不得覲王，今晋文意主誇示己服楚之功，故不爲全美。王子虎與各國大夫盟於翟泉，王寵勞之亦殊恩，不爲非禮。鄭不與盟者，鄭本在畿内，且已盟踐土、會温，早從晋矣，故不與盟。而《左氏》謂爲謀伐鄭，先儒因之大誤。以《經》考之，魯君本年春至自圍許，則諸侯亦至春始各歸國。圍許之諸侯，鄭固在其中矣，何以春歸而夏即謀伐之？即鄭復從楚，亦時不能及。是《左氏》之謬，安可從耶？曰尋踐土之盟。而踐土之盟，秦不與焉。曰謀伐鄭，而鄭在王畿内，何以就王室而謀之？凡此皆不合情理。至明年冬晋合秦圍鄭，其故愚正註已明，兹不贅。周之秋，夏五六七月，雨雹常也，以其大而害稼故書。前人别爲之説，非也。介葛盧聞牛鳴而知三牲皆用，人以爲異。然周官夷隸貉隸掌與鳥獸言，古人原有通鳥獸言者，公冶長其一焉。吾鄉廣漢尹翁歸能知馬言，則後世猶有傳者，特不多見耳。夫人之異禽獸者幾希，天理良心而已。然禽獸既有知覺，亦自能言，但人不知之。於古若病鶴與李靖言。吾妻姪彭宏玉殺雞享賓，雞忽自言曰：勿殺我。可知人物相去無幾。君子遠庖厨，諸侯大夫無故不殺牛羊，士無故不殺犬豕，固非無故。而近世或以戒殺放生爲異端，然則夫子弋釣不綱不宿，亦屬婦人之仁乎？何其妄也。

三十年　襄王二十二年

春王正月。

夏，狄侵齊。

《左傳》：晋人侵鄭，以觀其可攻與否。狄間晋之有鄭虞也，夏，狄侵齊。愚案：《左氏》又誤也。以晋之强，豈憚伐鄭？上年合大夫謀伐鄭，已共盟矣，今何以不同侵鄭？謂觀其可攻與否？先軫、子犯等致楚戰如玩諸掌，何以窘於謀鄭？若此狄與齊鄰，侵之常也，豈聞晋而然乎？

秋，衛殺其大夫元咺，

《左傳》：晋侯使醫衍酖衛侯。甯俞貨醫，使薄其酖，不死。公爲之請納玉于王與晋侯，皆十瑴。王許之。秋，乃釋衛侯。衛侯使賂周歂、冶廑，曰：苟能納我，吾使爾爲卿。周、冶殺元咺及子適、子儀。公入祀先君。周、冶既服將命，周歂先入，及門，遇疾而死。冶廑辭卿。案：稱國以殺，罪元咺訟君專立，以是爲有可殺之罪，國人殺之云耳。而不去其官者，並罪衛侯也。咺之罪晋成之，而實衛侯失君道致之。元咺奉命居守，衛侯殺其子，咺不廢命，則猶未失人臣之道也。逮衛侯殺叔武，而咺始赴晋，訴訟妄爲，衛侯自反不縮矣。故聖人權輕重而書之如此。

及公子瑕。

瑕立爲君逾年矣，而仍稱公子，且書曰及，若無罪者何？瑕之立，元咺爲之，實晋使之矣。晋已執衛侯歸之京師，當聽王如何治之，並請衛當何人代理。乃遽自用，使元咺立子瑕。子瑕無知，以爲晋以王命行也而不辭。王既釋衛侯，當明告衛人迎之，晋當使子瑕、元咺避之。乃王受玉而釋衛侯，晋猶不如王意，必衛侯賂周、冶始歸。君臣矇朧苟且，陷人于法，是以書及，明其累也。

衛侯鄭歸于衛。

蒙上殺元咺及子瑕而書歸，則知衛侯殺之矣。名之與名曹伯同，而曹伯書復歸，此不言復者，王釋之則可歸矣。惟其不請于王，以子瑕、元咺事告而以賂入，且不自反，必殺元咺、子瑕。故名以惡之。

晋人、秦人圍鄭。

《左傳》：晋侯、秦伯圍鄭。以其無禮于晋，且貳于楚也。無禮，晋侯出亡時事。

貳于楚無明文，豈鄭雖同會踐土與溫，而猶與楚通耶？以情事考之，晋文記小怨，曹、衛皆已報矣。惟鄭未報，以其嘗服楚爲詞伐之。秦欲通中國，而鄭爲之蔽。晋約同伐，欣然從之。故燭之武言願爲東道主而即返，且留人戍鄭。《經》書人，惡晋亦惡秦也。《左氏》記事而不知義之得失，得《經》乃明。今即其事以繹《經》文，而《左氏》之得失亦明矣。

介人侵蕭。

介，蕞爾國耳。去年兩次朝魯，而今遂侵蕭，毋乃挾魯以逞乎？《春秋》人之，責其不自立，而妄侵人國也。

冬，天王使宰周公來聘。

《左傳》：王使周公閲來聘，饗有昌歜、白黑、形鹽。辭曰：國君，文足昭也，武可畏也，則有備物之饗以象其德。薦五味，羞嘉穀，鹽虎形，以獻其功。吾何以堪之？案：天子有聘諸侯之禮。宰周公來聘，蓋因公朝王所而使之報聘也。故書王使無貶辭，而周公辭備物之饗尤有可取者，故亦書其官爵。

公子遂如京師，遂如晋。

《左傳》：東門襄仲將聘于周，遂初聘于晋。案：遂實先聘晋，而《經》言先如京師者，不使諸侯得抗天子也。且王使冢宰下聘于禮，公當朝王，而僅遣大夫往，又以二事出，不恭甚矣。故直書其事以示貶。

三十有一年　　襄王二十三年

春，取濟西田。

濟西田，濟水以西之田，介齊魯間，蓋從前之間地。齊魯時或争據，今魯復取之，然可以取，可以無取者也。故書取，言非我所有也。不繫之齊，非齊封國本有者也。前人誤，詳見附解。

公子遂如晋。

如晋，聘也，晋侯執曹伯，分曹、衛之田以畀宋，怒楚使戰，一時譎計，非盡取其地，且未嘗與魯地。《左》《穀》妄云，不可從。晋方爲伯，遂如晋，聘禮也。故無貶辭。

夏四月，四卜郊，不從，乃免牲。猶三望。

郊，祈穀之祭，非冬至郊天之郊也。周之四月，夏之二月。欲郊而卜不從，卜至四猶不從，神有不享者矣。免牲，不郊也。郊主于祈穀並望祭及海、岱、淮，既不郊則可弗望。猶三望亦非也。譏其瀆與妄。

秋七月。

冬，杞伯姬來求婦。

杞弱常爲魯所侵陵，故來求婦，以求庇耳。但杞有君，而夫人自行求婦，非禮也。聖人不以私情亂大禮。

狄圍衛。

十有二月，衛遷于帝丘。

于，《穀》作於。帝丘，杜注：東君濮陽縣故帝顓頊之墟，故曰帝丘。今直隸大名府開州有顓項城是也。

《左傳》：卜曰三百年。衛成公夢康叔曰：相奪予享。公命祀。甯武子不可，曰：鬼神非其族類，不歆其祀。杞鄫何事？相之不享于此，久矣，非衛之罪也，不可以間成王、周公之命祀。請改祀命。案：衛侯復國，非晋之本意也。狄因晋不睦衛而圍之，衛不能自强，而遷以避狄。書此以見晋文無恤鄰之公義，衛有自取危弱之理。

附　解

取濟西田，《左氏》謂分曹地，《公羊》曰晋侯執曹伯，班其所侵於諸侯。按濟水出齊、魯之間，故有齊濟，有魯濟。濟西田蓋界齊、魯間之間田也。莊公十八年追戎於濟西，言追至邊境而還。周初封國，諸侯皆止百里，名山大澤不以封，有可耕可居者，以爲附庸間田。此濟西田蓋近濟間曠之地，凡近水田土，或時淤，或時燥，恒有始沮洳而繼成沃壤者。此田周公、太公初封時皆不在百里之内，久而 成爲沃土，齊、魯互相侵據。觀宣公元年齊人取濟西田，十年齊人歸我濟西田，則知此田本齊、魯界上地，本非魯有，亦非齊有，特彼此時争踞之。此年公取之，至宣公元年齊人取之，十年仍歸魯。《經》文所載甚明，與曹何涉，而乃以爲曹地哉？且晋文之分曹地也，因欲戰楚而不得。先軫告以執曹君而分曹、衛之田以畀宋人，激怒子玉，使之來戰。既而曹伯歸國，則田當仍歸之矣，何嘗班與諸侯？當時晋亦曾分衛田與宋，不聞其或班於諸侯，何以至此而乃云分與魯耶？且晋伐曹、衛時，魯嘗與楚，未嘗從晋。晋戰勝而後魯公會晋，當時晋何愛於魯而分曹田與之？先軫云分曹、衛之田，亦不過其時用兵所得之地，豈已盡得曹、衛之地而分與人乎？據《公羊》云班諸侯，則所班宜非一二國。會踐土、會溫，諸侯甚衆，各班與之，豈盡相接壤？如秦、鄭者亦越境而有其地乎？《經》文言取濟西田，不言何國，《左氏》道聽塗説以爲曹田，《穀梁》附會之而核諸情事，實屬支離。前人如高氏閌、張氏洽、李氏廉等，亦多疑之，而不敢顯斥《左氏》之非。今若不再證明，《春秋》一書竟成疑案，何以發明聖人之意耶？三望從鄭康成，蓋河原非魯境内。天子四望，魯止三望。或以爲祀日月星辰等，然日月星辰自有專祀，亦非望祀者。

三十有二年　襄王二十四年

春王正月。

夏四月己丑，鄭伯捷卒。

捷，《公》作接。

衛人侵狄。秋，衛人及狄盟。

《左傳》：夏，狄有亂。衛人侵狄。秋，衛人及狄盟。案：衛屢困于狄，今乘其亂而侵之，雖得狄人之盟，非聖人自强服遠之道也。故略而書人，亦或但使大夫盟之耳。

冬十有二月己卯，晋侯重耳卒。

《左傳》：冬，晋文公卒。庚辰，將殯於曲沃，出絳，柩有聲如牛。卜偃使大夫拜，曰：君命大事。將有西師過軼我，擊之，必大捷焉。杞子自鄭使告于秦，曰：鄭人使我掌其北門之管，君潛師以來，國可得也。穆公訪諸蹇叔，蹇叔曰：勞師以襲遠，非所聞也。師勞力竭，遠主備之，無乃不可乎？師之所爲，鄭必知之。勤而無所，必有悖心。且行千里，其誰不知？公辭焉。召孟明、西乞、白乙，使出師于東門之外。蹇叔哭之，曰：孟子，吾見師之出而不見其入也。公使謂之曰：爾何知？中壽，爾墓之木拱矣。蹇叔之子與師，哭而送之，曰：晋人禦師必于殽，殽有二陵焉，其南陵，夏后皋之墓也；其北陵，文王之所避風雨也。必死是間，予收爾骨焉。秦師遂東。

附　解

三傳釋《經》，義例多支離穿鑿。如外侯書卒或不書，以爲赴則書，不赴不書，近之矣。而不書葬，亦云不赴不書。今考《經》文，惟内君書卒書葬，其不書者，必有故也。外侯則不盡然。本年鄭伯、晋侯皆書卒。書晋侯，爲襄縗墨興師敗秦張本。書鄭，爲秦侵鄭張本。此義之可考者，他或無之。要知聖人隨時處中，一言一行，一動一静皆然。春秋之事，經夫子筆削，即爲夫子之事，惟其至是而已，有何義例可拘？説《春秋》者動言某例如此，是以多晦經旨，學者不可不知。

三十有三年　襄王二十五年

春王二月，秦人入滑。

《左傳》：三十三年春，秦師過周北門。左右免胄而下。超乘者三百乘。王孫滿尚幼，觀之，言于王曰：秦師輕而無禮，必敗。輕則寡謀，無禮則脱。入險而脱，又不能謀，能無敗乎？及滑，鄭商人弦高將市于周，遇之。以乘韋先，牛十二犒師，曰：寡君聞吾子將步師出于敝邑，敢犒從者。不腆敝邑，爲從者之淹，居則具一日之積，行則備一夕之衛。且使遽告于鄭。鄭穆公使視客館，則束載、厲兵、秣馬矣。使皇武子辭焉。曰：吾子淹久于敝邑。唯是脯資餼牽竭矣。爲吾子之將行也，鄭之有原圃，猶秦之有具囿也。吾子取其麋鹿以間敝邑，若何？杞子奔齊，逢孫、楊孫奔宋。孟明曰：鄭有備矣，不可冀也。攻之不克，圍之不紀，吾其還也。滅滑而還。秦人滅滑而書入者，不能有其地，非未滅之也。本欲滅鄭，鄭有備而滅滑以爲功。書人書入，惡其暴且如盜也。

齊侯使國歸父來聘。

《左傳》：齊國莊子來聘，自郊勞至于贈賄，禮成而加之以敏。臧文仲言于公曰：國子爲政，齊猶有禮，君其朝焉。臣聞之，服于有禮，社稷之衛也。案：國子來聘有禮，故書之無貶辭。

夏四月辛巳，晋人及姜戎敗秦于殽。

敗，必邁反。敗秦下，《左》《穀》有師字。殽，杜注：在弘農澠池縣。西魏太和十一年置崤縣。唐改硤石，廢殽縣爲石濠鎮。其北有殽山。今崤縣故城在河南府永寧縣北五十里。

《左傳》：晋原軫曰：秦違蹇叔，而以貪勤民，天奉我也。奉不可失，敵不可縱。縱敵患生，違天不祥。必伐秦師。欒枝曰：未報秦施而伐其師，其爲死君乎？先軫曰：秦不哀吾喪而伐吾同姓，秦則無禮，何施之爲？吾聞之，一日縱敵，數世之患也。謀及子孫，可謂死君乎？遂發命，遽興姜戎。子墨衰絰，梁弘御戎，萊駒爲右。夏四月辛巳，敗秦師于殽，獲百里孟明視、西乞術、白乙丙以歸。遂墨以葬文公。晋于是始墨。文嬴請三帥，曰：彼實構吾二君，寡君若得而食之，不厭，君何辱討焉。使歸就戮于秦，以逞寡君之志，若何？公許之。先軫朝，問秦囚。公曰：夫人請之，吾舍之矣。先軫怒曰：武夫力而拘諸原，婦人暫而免諸國。墮軍實而長寇讎，亡無日矣。不顧而唾。公使陽處父追之，及諸河，則在舟中矣。釋左驂，以公命贈孟明。孟明稽首曰：君之惠，不以纍臣釁鼓，使歸就戮于秦，寡君之以爲戮，死且不朽。若從君惠而免之。三年將拜君賜。秦伯素服郊次，鄉師而哭曰：孤違蹇叔以辱二三子，孤之罪也。不替孟明，孤之過也。大夫何罪？吾且不以一眚掩大德。案：晋襄在喪用師，宜稱子而稱人者，蓋許其權以應敵，而爲之諱也。秦越周而襲鄭，使非弦高先覺，晋師敗之，則鄭爲秦有，而中原將敝。故殽之師爲周室安危所係。聖人特許晋而惡秦。書敗秦于殽，若敗狄于箕，皆惡其猾夏也。書及姜戎，亦予之之辭。御案：諱而稱人，若晋子未嘗親行者然。

癸巳，葬晋文公。

文公以去年冬卒，至此始葬，爲用師故，書此而晋襄在喪稱戎，聖人諱之之意。見晋先君有文侯，重耳復謚爲文。謚法不嫌同，季氏之説非也。

狄侵齊。

《左傳》：因晋喪也。案：狄邇晋而遠齊，因晋文已卒，襄公初立，方與秦交兵，故曰因晋喪。書以見當時夷類之擾，所以晋功可節取也。

公伐邾，取訾婁。

訾，子斯反。訾婁，《公》作叢，《穀》作訾樓。訾婁，邾地，當在濟寧州。

報怨興師，亦乘晋文卒而然。直書其事，與下再伐邾合觀，而其失自見。

秋，公子遂帥師伐邾。

《左傳》：公伐邾取訾婁，以報升陘之役。邾人不設備，秋，襄仲復伐邾，《春秋》爲内諱直書若無貶詞。而一伐再伐，乘晋文卒報怨，公之不義自明也。

晋人敗狄于箕。

箕，杜注：太原陽邑縣南有箕城。今在太谷縣東南三十五里。

《左傳》：狄伐晋，及箕。八月戊子，晋侯敗狄于箕。郤缺獲白狄子。先軫曰：匹夫逞志于君而無討，敢不自討乎？免冑入狄師，死焉。狄人歸其元，面如生。初，臼季使過冀。見冀缺耨，其妻饁之。敬，相待如賓。與之歸，言諸文公曰：敬，德之聚也。能敬必有德，德以治民，君請用之。臣聞之，出門如賓，承事如祭，仁之則也。公曰：其父有罪，可乎？對曰：舜之罪也殛鯀，其舉也興禹。管敬仲，桓之賊也，實相以濟，《康誥》曰：父不慈，子不祗，兄不友，弟不共，不相及也。《詩》曰：采葑采菲，無以下體。君取節焉可也。文公以爲下軍大夫。反自箕，襄公以三命命先且居將中軍，以再命命先茅之縣賞胥臣曰：舉郤缺，子之功也，以一命命郤缺爲卿，復與之冀，亦未有軍行。案：狄伐晋而晋敗之，晋侯實在焉，而書人何也？狄擾中國固當伐而晋方在喪，狄之擾非等秦侵鄭之繫王室安危也，故書人。而曰敗狄于箕，明狄未侵晋，晋乘勝敗之耳。

冬十月，公如齊。

《左傳》：如齊，朝，且弔有狄師也。隣國朝聘恤患，禮也。書之無貶詞。

十有二月，公至自齊。

家氏鉉翁曰：天王聘不往，朝國歸父來乃報謝，義固不正，而公以弔狄師往，亦可節錄。故書至如常詞。

乙巳，公薨于小寢。

《左傳》：冬，公如齊，朝。反，薨于小寢，即安也。按：先儒皆以薨于路寢爲正，然路寢乃治事之所，燕息之地。《經》或書路寢、小寢，皆謹志人君卒地，其不得善終如隱、桓者可知。非必以小寢爲非正也。詳見附解。

隕霜不殺草。李梅實。

隕，《公》作霣。

《公羊》：何以書？記異也。何異爾？不時也。案：哀公問于仲尼曰：春秋記隕霜不殺草，何爲記之也？曰：此言可殺也。夫天以好生爲心，非必殺物也。惟是冬令陰氣疑沍之時，物感之而自衰，以是爲天殺之云爾。然物之萎也，其萌芽必先新茁，而後舊葉落焉。陰陽消長之機，乃天道之自然。人君當斷不斷，刑賞乖宜，于是有隕霜不殺、李梅冬實之應。聖人謹而書之以示戒。案：夫子之言，欲公振乾綱也。然當殺不殺，實非其時，亦該于其中，不得以爲權詞。胡氏謂天失其道，草木猶干犯之，非其有旨矣。

晉人、陳人、鄭人伐許。

《左傳》：晉、陳、鄭伐許，討其貳于楚也。案：晉襄嗣立，能承父志，敗秦、敗狄，遏其侵擾中原。合陳、鄭伐許，以其即楚，皆可謂有志矣。然聖人皆人之者，齊桓没而楚横，晉文蹶之，中夏賴以免禍。且襄王命爲侯伯，則晉文實可以奉命討不廷矣。晉襄之立，不請命于王，而墨經興師，追敗秦于殽，又不獻俘天子。敗狄、伐許，皆未請王命，是徒知承父之志爲孝，而不知不奉王命之爲專矣。故《春秋》皆人之。

附　解

春秋大勢，見於城濮、殽，此周室興亡大關也。周制僅中原蕞爾之地，其他皆羈縻之。庸蜀、羌髳、江漢、士女久服王化，而不入版圖。他如燕介山戎，鲁、齐介东夷，亦但使周召太公裔鎮撫之。而戎狄有與中國至近者，如今山左山右燕、晉之地，春秋時多屬外域，故其侵擾中原甚易。至秦、楚本周封國，而奕世强大，據形勢闢土疆，乘周衰亂，皆有覬覦之心。楚欲内侵，得齊桓召陵、晉文城濮而止。秦與晉鄰，欲東必由鄭國。晉文卒，柩聲如牛，非文之靈，天啟晉禦秦敗而始不得入中華，周賴以安。故殽之功於周爲大。晉襄雖縗墨興師，未親至殽，但使大夫帥師，夫子書晉人，從其實也。書敗秦而不言獲三帥，人微不足書也。自此以後，晉世主夏盟，惟專意卻楚救鄭，周祚賴以綿延者百年，故曰周之東遷晉鄭焉。依先軫等第言，秦不哀吾喪而伐吾同姓，縱敵患生，未嘗謂秦取鄭將不利於周。而夫子則以晉有功王室書之也。外侯多不書葬，書晉文見秦乘晉喪伐鄭，將擾中原，非譏也。居喪不可稱兵，然關係國家安危則可，書載《費誓》。《春秋》書殽師皆有取焉，前人多不達矣。狄侵齊，晉敗狄，公如齊，皆詳書之，亦以見當時外夷内擾，非有人捍禦之，則王室危而列邦亦不安，夫子所以有取於殽師及晉之繼霸也。公薨小寢，《左氏》以爲小安，後儒因之，必以薨于路寢爲正。然考之禮文及情事，實不可通。周禮：宫人掌王之六寢。解者謂路寢一，小寢五。諸侯三寢，路寢一，燕寢一，側室三。路寢非夜間寢息之地，在外朝之内。《禮記》云：君日出而眡朝，退適路寢聽政。又眡，大夫退，然後適小寢，釋服。是路寢乃治事之所，如今官廨之内堂，以其在内，故曰寢。君有疾，安能長在此地？或偶薨於此，如成王憑几顧命。抑或疾本不重，在此治事，忽而遂卒。皆人事所或有，安有必薨于此者乎？此外王五寢，諸侯二寢，則燕息之地亦不必鑿指，其因何而設？名義如何也？各書所載，路寢、小寢外，又有高寢、適寢、下寢諸名。然核之實無義理。《左氏》以薨小寢爲非正，則勢必病危之時遷於路寢而後可。然治事之所，可以殯而不必定没於斯。且疾病死亡，往往有出於不及防者，豈皆纏緜牀褥，積日累月，將死而遷内寢之理乎？然則夫子何以書之？人君即位，謹其始亦謹其終，故必書卒之地耳。因病而没即爲正命，有故而没不得爲正命。豈以寢之小爲非宜哉？僖公立閟宫，復泮宫，克淮夷諸事，魯公頌志之，夫子亦存之，而《春秋》不書者，以其皆舊制。公特修葺之，魯臣夸張而爲之頌，人子存《魯頌》所以存周公，非有取於僖公也。愚於《詩經恒解》已詳。觀《春秋》所書公事，曷嘗有當於忠義之事？孟子曰：詩亡而後《春秋》作。正以詩多不實，而史亦多浮詞，將令是非倒置，夫子故不得已而爲之耳。

春秋恒解卷四 晚年定本

文公

楊氏士勛曰：《魯世家》：文公名興，僖公之子，以襄王二十六年即位。《謚法》：慈惠愛民曰文。

元　年　　襄王二十六年

春王正月，公即位。

《穀梁》：繼正即位，正也。案：國不可一日無君，則舊君没，新君即應治國事，但告廟即位改元必以明年之正月，不忍遽忘親也。苟無他故，則必書之，謹始也。桓公、宣公書即位，則著其忘親不討賊也。

二月癸亥，日有食之。

《公羊》日上有朔字。

杜氏預曰：癸亥，月一日。不書朔，官失之。

天王使叔服來會葬。

《左傳》：元年春，王使内史叔服來會葬。公孫敖聞其能相人也，見其二子焉。叔服曰：穀也食子，難也收子。穀也豐下，必有後于魯國。杜氏預曰：叔，氏；服，字。諸侯喪，天子使大夫會葬，禮也。

夏四月丁巳，葬我君僖公。

《穀梁》：薨稱公，舉上也。葬我君，接上下也。僖公葬而後舉謚，謚所以成德也，于卒事乎加之矣。

天王使毛伯來錫公命。

案：大王之錫命，有以始立而錫命者，有以有功而錫命者，有既没而追命之者，此乃天子錫以命服，使爲諸侯耳。但禮諸侯立世子，即當告于王。世子嗣爲諸侯，亦必王命之。三年喪畢，當見天子而受命于廟。春秋諸侯未必如禮，而王猶錫命之，王之于諸侯篤矣，諸侯之不恭甚矣。聖人書王使會葬錫命，亦以見王猶有禮而諸侯之無君，爲可慨也。毛伯，王朝卿士，或始封畿内，爲諸侯，或子孫沿其稱耳。

晋侯伐衛。

《左傳》：晋文公之季年，諸侯朝晋。衛成公不朝，使孔達侵鄭，伐綿、訾及匡。晋襄公既祥，使告于諸侯而伐衛，及南陽。先且居曰：效尤，禍也。請君朝王，臣從師。晋侯朝王于溫，先且居、胥臣伐衛。五月辛酉朔，晋師圍戚。六月戊戌，取之，獲孫昭子。案：晋侯從先且居之言朝王而後伐衛，是爲得其正矣，故書爵書伐以許之。其不書朝王者，朝王，臣子禮之常也，不足書。予其伐衛，則其能朝王、能繼父志之美均見矣。

叔孫得臣如京師。

《左傳》：叔孫得臣如周拜。杜氏謬謂公不躬朝而使卿拜命，故書以示譏。然公喪未終，則使卿拜命非過，但免喪即當朝耳。

衛人伐晋。

《左傳》：衛人使告于陳。陳共公曰：更伐之，我辭之。衛孔達帥師伐晋。案：晋襄繼父之志，抗秦狄以安中國，能朝王于溫，雖不爲全美，然亦有功于諸侯也。衛人無安中夏之志，而逞忿伐晋，故《春秋》不書晋之取戚，而人孔達以罪之。

秋，公孫敖會晋侯于戚。

《左傳》：秋，晋侯疆戚田，故公孫敖會之。案：晋侯居喪，而下會大夫，公孫敖以大夫而專會諸侯，直書其事，彼此之失俱見矣。書晋侯，敖書名，非予之也，不如此不足以見大夫會諸侯之實。

冬十月丁未，楚世子商臣弑其君頵。

頵，俱倫反，《公》《穀》作髡。

《左傳》：初，楚子將以商臣爲大子，訪諸令尹子上。子上曰：君之齒未也，而又多愛，黜乃亂也。楚國之舉，恒在少者。且是人也。蠭目而豺聲，忍人也，不可立也。弗聽。既又欲立王子職而黜大子商臣。商臣聞之而未察，告其師潘崇曰：若之何而察之？潘崇曰：享江芈而勿敬也。從之。江芈怒曰：呼，役夫。宜君王之欲殺女而立職也。告潘崇曰：信矣。潘崇曰：能事諸乎？曰：不能。能行乎？曰：不能。能行大事乎？曰：能。冬十月，以宫甲圍成王。王請食熊蹯而死，弗聽。丁未，王縊。謚之曰靈，不瞑，曰成，乃瞑。穆王立，以其爲大子之室與潘崇，使爲大師，且掌環列之尹。言世子者，君之于世子有父之親，有君之尊。言世子而其義始兼著也。弑逆大惡，亦大變也，而聖人忍書之者，使亂臣賊子蒙千載之口誅，且使爲君父者思履霜之漸，謹身修德以杜其原也。前人謂楚成有取弑之道，然臣子於君父惟負罪引慝，不得毫髮怨懟，非商臣所得而弒也。但惟君父自修言，則可以戒不正其綱者。

公孫敖如齊。

《左傳》：穆伯如齊，始聘焉，禮也。凡君即位，卿出並聘，踐修舊好，要結外援，好事鄰國，以衛社稷，忠信卑讓之道也。忠，德之正也；信，德之固也；卑讓，德之基也。案：人君初立，聘禮鄰國，禮也。至修德勤政，自有本原。《左氏》專重聘事而言，未免太過其實，勿爲所惑。

二　年　　襄王二十七年

春王二月甲子，晋侯及秦師戰于彭衙，秦師敗績。

彭衙，杜注：馮翊郃陽縣西北有彭衙城。在今陝西西安府白水縣東北六十里，漢于此置衙縣。

《左傳》：二年春，秦孟明視帥師伐晋，以報殽之役。二月，晋侯禦之。先且居將中軍，趙衰佐之。王官無地禦戎，狐鞫居爲右。甲子，及秦師戰于彭衙。秦師敗績。晋人謂秦拜賜之師。戰于殽也，晋梁弘御戎，萊駒爲右。戰之明日，晋襄公縛秦囚，使萊駒以戈斬之。囚呼，萊駒失戈，狼瞫取戈以斬囚，禽之以從公乘，遂以爲右。箕之役，先軫黜之而立續簡伯。狼瞫怒。其友曰：盍死之？瞫曰：吾未獲死所。其友曰：吾與女爲難。瞫曰：《周志》有之，勇則害上，不登于明堂。死而不義，非勇也。共用之謂勇。吾以勇求右，無勇而黜，亦其所也。謂上不我知，黜而宜，乃知我也。子姑待之。及彭衙，既陳，以其屬馳秦師，死焉。晋師從之，大敗秦師。君子謂：狼瞫于是乎君子。《詩》曰：君子如怒，亂庶遄沮。又曰：王赫斯怒，爰整其旅。怒不作亂而以從師，可謂君子矣。秦伯猶用孟明。孟明增修國政，重施于民。趙成子言于諸大夫曰：秦師又至，將必辟之，懼而增德，不可當也。《詩》曰：毋念爾祖，聿修厥德。孟明念之矣。念德不怠，其可敵乎。案：秦穆報殽之怨而伐晋，《經》乃不書其伐，而以晋侯及秦戰爲文，何也？甚晋侯也。殽之師遏秦東向争中原之心，雖墨絰興師，聖人猶有恕焉，謂其繫天下之安危也。彭衙之戰，秦來報怨，當以文告通情解忿。秦固有恩于晋，而秦穆亦非至愚者，如以禮待之不可，然後即戎可也。乃恃勢而益結秦怨，故薄秦罪而甚晋侯。

丁丑，作僖公主。

作，爲也，爲僖公主也。立主在葬後祔廟之前。僖公薨至是十有三月，然後作主，蓋至是而始祔也。不言祔而曰作主，書其非禮，諱之也。

三月乙巳，及晋處父盟。

《左傳》：晋人以公不朝來討。公如晋。夏四月己巳，晋人使陽處父盟公以耻之。書曰及晋處父盟，以厭之。適晋不書，諱之也。案：爲國以自修爲主，晋人恃强責魯朝，非禮也。公朝而又以大夫盟耻之，無禮尤甚。不書公朝，與盟亦不書何地，諱公而罪晋特甚。

夏六月，公孫敖會宋公、陳侯、鄭伯、晉士縠盟于垂隴。

縠，戶木反。《穀》作穀。垂隴，《公》《穀》作垂斂。垂隴，杜注：鄭地。滎陽縣東有隴城。京相璠曰：滎陽東二十里。今在河南開封府滎澤縣東北。

《左傳》：公未至，六月，穆伯會諸侯及晉司空士縠盟于垂隴，晉討衛故也。陳侯爲衛請成于晉，執孔達以説。書志晉大夫主諸侯之始也。齊桓糾合，主於安靖列邦，猶拜天威，戢兵車。晉文則但欲自强，襄公繼之，幸而敗秦，即責人以朝，使其臣盟諸侯，無禮甚矣。陳侯始而導衛伐晉，今已爲衛請成，委罪孔達，其謬又甚焉。故夫子書以慨時之變。

自十有二月不雨，至于秋七月。

歷時不雨，則其有妨于農可知，故書之也。前人乃以爲不爲旱，又牽引僖公事，言之殊謬。

八月丁卯，大事于太廟，躋僖公。

《左傳》：大事于大廟，躋僖公，逆祀也。于是夏父弗忌爲宗伯，尊僖公，且明見曰：吾見新鬼大，故鬼小。先大後小，順也。躋聖賢，明也。明、順，禮也。君子曰失禮。禮無不順。祀，國之大事也，而逆之，可謂禮乎？子雖齊聖，不先父食久矣。故禹不先鯀，湯不先契。文、武不先不窋。宋祖帝乙，鄭祖厲王，猶上祖也。是以《魯頌》曰：春秋匪懈，享祀不忒，皇皇後帝，皇祖后稷。君子曰禮，謂其后稷親而先帝也。《詩》曰：問我諸姑，遂及伯姊。君子曰禮，謂其姊親而先姑也。仲尼曰：臧文仲，其不仁者三，不知者三。下展禽，廢六關，妾織蒲，三不仁也。作虛器，縱逆祀，祀爰居，三不知也。《公羊》以大事爲祫，然乃祔主于廟，合祭群廟，非五年大禘之祫也。閔，弟，先立而卒；僖，兄也，升僖于閔上，謂弟不可先兄，而不知閔先立則僖爲其臣。君臣大分，非可以齒少長紊也。

冬，晉人、宋人、陳人、鄭人伐秦。

《左傳》：冬，晉先且居、宋公子成、陳轅選、鄭公子歸生伐秦。取汪，及彭衙而還，以報彭衙之役。案：晉人報怨不已，合諸國之卿以伐秦，所謂忿兵也。故皆貶而稱人。

公子遂如齊納幣。

《公羊》：納幣不書，此何以書？譏。何譏爾？譏喪娶也。何氏休曰：僖以十二月薨，至此未滿二十五月。又禮：先納采問名納吉。乃納幣四者，皆在三年之内。

附　解

霸主雖不純乎尊王，尚能以匡天下爲正，夫子所以取齊桓也。晉文不正，已非桓比。晉襄幸而敗秦，遂襲盟主之舊。然考其功業，惟與秦構兵，凡恤鄰救患、翼戴周室之事無有。特時尚强力，故列邦從之，而前人以擅伐盟主爲非，於義安居？使陽處父盟公，士縠盟諸侯，其妄已甚。盟於垂隴，公時尚在晋，而使公孫敖會，蓋晋自尊，故使大夫主盟也。陳爲衛求成，鄭德殺之師，其甘心下盟固宜。宋公何爲而亦從之？晋藐視列君，列君亦甘受其辱，此後遂爲常例，是晋襄之罪也。故子書以刺之，並誌大夫擅權之漸。魯躋僖公，其失至易明也。而諸儒紛紛異説，轉生荆棘，由拘守傳注耳。周公制禮，因文有穆穆之德，武有昭明之功，稱爲穆考昭考，繼而遂以昭穆爲父子之通稱。父穆則子昭，父昭則子穆，一定之序。至弟兄之不同於昭穆，不待智而知矣。僖兄而閔弟，以倫序言，則弟不可先兄。然閔先立，則僖爲臣。天子之尊，惟父母爲其所事，餘皆臣僕耳。生爲其臣，没安能先之？先卒者先祔，後卒後祔，以卒之前後言，閔亦宜先。以君臣大義言，閔之尊更可知。禮者，天理人情而已。奈何不以天理權衡而嘵嘵争訟乎？人有恒言，曰人情物理。人情物理有是非焉。以天理衷之，恰合乎中，即是禮，何必過求艱深，反違中正乎？凡論世知人，必先解此而後可也。

三　年　　襄王二十八年

春王正月，叔孫得臣會晋人、宋人、陳人、衛人、鄭人伐沈。沈潰。

沈，杜注：國名也。汝南平輿縣北有沈亭。今河南汝寧府汝陽縣東南五十里有平輿故城，沈亭在其地。

《左傳》：春，莊叔會諸侯之師伐沈，以其服于楚也。沈潰，凡民逃其上曰潰，在上曰逃。案：晋襄襲父餘烈，嗣位以來不能修明王禁，上告天子以率諸侯。楚商臣弑逆，正當請王命討之而不能，然徒伐其所與之小國，可謂失輕重矣。且征伐天子之權，諸侯且不可假，而使大夫專之，尤非禮矣。故大夫皆稱人。書沈潰，明沈之自潰，並威勢亦不與諸侯以得假矣。

夏五月，王子虎卒。

《左傳》：夏四月乙亥，王叔文公卒，來赴弔如同盟。杜氏預曰：不書爵者，天王赴也。案：王臣無外交，此蓋天子以其常會諸侯而使之赴，非私赴，故不書爵而稱王子，以明天子命赴，亦禮所不禁也。

秦人伐晋。

《左傳》：秦伯伐晋，濟河焚舟，取王官，及郊。晋人不出，遂自茅津濟，封殽尸而還。遂霸西戎，用孟明也。君子是以知秦穆之爲君也。舉人之周也，與人之壹也，孟明之臣也，其不解也，能懼思也；子桑之忠也，其知人也，能舉善也。案：《左氏》善秦穆公不棄孟明，孟明能圖功于後，爲後世勸節取其事耳。而前人或以左氏霸西戎之言及夫子録秦誓，遂推穆公爲霸。疑齊晋之霸，聖人每書其爵，此獨稱人。不知齊晋攘外安内，有功王室，故聖人節取其一二。秦不奉王命，雄長西戎，此役報怨之師，即幸而成功，亦何足取善乎？鄭氏玉之言曰：夫子于秦穆録其悔過之辭于書以爲法，著其窮兵之禍，于春秋以爲戒。猶化工之于物，生殺並行而不相悖也。

秋，楚人圍江。

《左傳》：楚師圍江。晉先僕伐楚以救江。高氏閌曰：江近楚，自貫澤之盟已從齊桓，而楚自城濮之後亦不敢侵伐。今晉文既没，襄公不能討楚弑逆，故楚復窺諸侯，先圍江以試之。書人書圍，惡其暴也。

雨螽于宋。

螽生于地，今自空而下，如雨之多，其災甚矣，故書。《左氏》《公羊》以爲墜而死，若然，則不爲災矣。

冬，公如晉。十有二月己巳，公及晉侯盟。

《左傳》：晉人懼其無禮于公也，請改盟，公如晉，及晉侯盟。晉侯饗公，賦《菁菁者莪》。莊叔以公降，拜，曰：小國受命于大國，敢不慎儀。君貺之以大禮，何樂如之。抑小國之樂，大國之惠也。晉侯降，辭，登，成拜。公賦《嘉樂》。案：盟雖周制，春秋已爲故事。然晉能知非而請盟，魯忘忿而就好，有交睦之遺風，故書以與之。

晉陽處父帥師伐楚以救江。

《公》《穀》無以字。

《左傳》：冬，晉以江故告于周。王叔桓公、晉陽處父伐楚以救江，門于方城，遇息公子朱而還。案：子朱，先僕也。晉既告天子，王臣同以師救江。因先僕圍江之師已解，遂還，不以王命命楚爲江謀久計。蓋楚大而江偪近楚，晉憚楚將就了事，有負王命矣，故不書王臣，而亦不没晉善，書伐楚以救江。

四　年　　襄王二十九年

春，公至自晉。

公至，告廟則書。孫氏覺云：致之者四危之，不致者二安之。非也。

夏，逆婦姜于齊。

蓋公親迎也。諸侯不親迎，公親齊而自逆婦，非禮也。諱不言公，然稱婦，則爲公妻可見。不稱夫人，自逆偕至，稱夫人無屬。且禮廢則一切成夫人之禮皆紊，蓋深病之也。

狄侵齊。

狄潛師擾害也，齊不能自立可見。聖人爲其侮中夏也，而謹書之。

秋，楚人滅江。

《左傳》：楚人滅江，秦伯爲之降服、出次、不舉、過數。大夫諫，公曰：同盟滅，雖不能救，敢不矜乎。吾自懼也。江、黄邇于楚，齊晉嘗欲結以扞楚，楚亦因是而滅江、黄。楚滅漢陽諸姬，不書，書一二以見楚之强，而中夏所由敝，慨世之意也。

晋侯伐秦。

《左傳》：秋，晋侯伐秦，圍邧、新城，以報王官之役。案：晋侯坐視江之亡而不救，方汲汲于興報怨之師。《春秋》書晋侯，非與之也。御案：救江則遣大夫，伐秦則君親之。故書晋侯伐秦于滅江之下，以見其急于修怨而緩于恤患。得其旨矣。

衛侯使寗俞來聘。

《左傳》：衛寗武子來聘，公與之宴，爲賦《湛露》及《彤弓》。不辭，又不答賦。使行人私焉。對曰：臣以爲肄業及之也。昔諸侯朝正于王，王宴樂之，于是乎賦《湛露》，則天子當陽，諸侯用命也。諸侯敵王所愾而獻其功，王于是乎賜之彤弓一，彤矢百，玈弓矢千，以覺報宴。今陪臣來繼舊好，君辱貺之，其敢干大禮以自取戾。案：諸侯相聘，禮也。甯俞知禮辭賦詩之非，故書其君臣以交美之。吴草廬誤解《論語》引《左氏》事以實，其知不可及。非也。

冬十有一月壬寅，夫人風氏薨。

成風氏，莊公之妾，而實僖公之母也。哀姜已死，僖公既爲君，安得不尊其母爲夫人？夫子書夫人風氏薨，葬我小君成風，明明示後世母以子貴，雖厭于嫡而不厭于其子。先儒妄爲之譏，失夫子之意矣。

附　解

禮者，節文天理，適中而已。自羲農以至孔孟，理同而事不同。知其所以不同，得其所以同，道在是矣。《春秋》皆末世之事，聖人借以明理，使人易知。本無甚艱深，奈三傳多誤，後儒因之，遂成聚訟。書公至自晋，凡至必告廟，人君謹出入之義耳。夫子尊魯，故公至必書，而其事有得失亦因之而見。若晋侯改盟而公與盟，於禮無失，則其書至亦有何譏？逆婦姜於齊世爲婚媾，公又娶齊焉，親齊故特自逆婦，蓋以親迎爲禮當然耳。不知人君無至女家親迎事，夫子書其失，以誌變禮之漸。而《左氏》等遂以爲出姜不終由乎此，豈非穿鑿乎？狄侵齊，楚滅江，當時外夷擾夏，何止於是。夫子特書其一二，以見封建所由壞。楚滅漢陽諸姬，固不能悉書也。甯俞不辱命，故君臣並書，而必即以此爲其知之事，亦非有道，則知無道則愚，乃時人評論武子之言，夫子即其言而反之，戒人勿以避患爲知，非夫子稱爲知也。成風爲僖公母，則稱夫人葬小君，固禮之當然，而儒者言成風本妾，以妾爲夫人爲賤其父。夫父母並尊，妻屈於夫，不屈於子。妾卑於妻，豈卑於子？人不盡終身一妻，則妾自有繼室之時。若公立而哀姜尚存，則公不得遂尊其生母爲嫡。今哀姜已卒，成風現存，公爲其子，尊爲夫人，乃天理人情之至，何爲賤父？諸侯嗣父爲君，己尊矣而以妾禮遇生母，是必己之爲君亦不得爲尊，而後不敢尊其母然。己固父所生也，而無母又何以有身？賤其母即賤己之爲君，賤己爲君即賤君父之統。吾不知先儒之所謂賤者何也？曰父在未立爲夫人，故父没不得以夫人事之。然有嫡妻則妾將終於妾，子何待言？今僖公嫡母卒而生母存，己又嗣父，以妾繼妻，即以己生母夫人繼嫡夫人，乃禮之正也。邦君之妻，君稱之曰夫人，邦人稱之曰小君。而其子爲君，其母不得爲夫人，豈不可怪？世之如成風者不乏矣，夫子故大書特書，以爲後法。奈何誤解而致紊倫教乎？且嫡之尊也，爲其德也。古人重昏禮，娶妻必鄭重其事，正恐無德則不足以正家而起化，若不以德而徒尊，亦何取焉？觀成風告公以崇明祀保小寡，則其賢可知。而夫子書其薨書其葬，無有異詞，豈漫然哉。

五　年　　襄王三十年

春王正月，王使榮叔歸含且賵。

含，戶暗反。

榮叔，王臣。榮，采地。叔，字。珠玉曰含，車馬曰賵，歸含且賵者，天子有贈送諸侯小君之禮，故《左氏》曰：禮也。王不稱天，史闕文。

三月辛亥，葬我小君成風。

君母，邦人稱之曰小君。夫子書葬我小君，明君母之當爲夫人，不虞後人反以爲譏也。

王使召伯來會葬。

召，《穀》作毛。

天子于諸侯有會葬之禮，於其小君亦可。詳書以見成風之成爲夫人，天子亦知，而且加禮遇也。

夏，公孫敖如晉。

三傳不言其事，當闕。或譏其不朝王，且謝而聘晉。然魯宜報謝，王亦無可考，亦宜闕之。

秦人入鄀。

鄀，音若。

《左傳》：初，鄀叛楚即秦，又貳于楚。夏，秦人入鄀。秦自殽以後不得入中國，而南侵小國。書人書入以惡之。

秋，楚人滅六。

六，杜注：六國。廬江六縣。今在江南廬州府六安州北。

《左傳》：六人叛楚即東夷。秋，楚成大心、仲歸帥師滅六。冬，楚公子燮滅蓼，臧文仲聞六與蓼滅，曰：皋陶庭堅不祀忽諸。德之不建，民之無援，哀哉。案：楚元惡不見誅于當時，而擅滅人國。若此聖人書人罪之，亦以慨王綱墜而小國危也。

冬十月甲申，許男業卒。

林氏堯叟曰：僖公卒，昭公錫我立。

附　解

前人斥成風不得爲夫人，故並王使人歸含且賵，會葬，皆以爲非。然人子南面爲君，嫡母已亡，必使其仍以妾禮遇生母，此等禮制，不知從何而來。人生父一而已，母則不一。嫡母、繼母、生母皆服三年喪，何已爲君而不得尊母爲夫人乎？至於歸含且賵，正天子贈送諸侯小君之禮，有何不合？又豈必分遣兩人爲之？《公》《穀》非也，而説者沿之可怪。若胡氏以二夫人祔廟爲亂倫，豈古聖王皆止一妻祔乎？吾不知皇、英當日，舜如何位置之？法古人死必祔廟喪，小記云：歸祔於祖姑。祖姑有三人，則祔於親者三人。既云有三人，又云有親者三人，是不止一夫人矣。不以天理人情爲準，而拘牽傳説，奚免於歧路之中又有歧耶？臯陶庭堅不祀，前人以爲刑官無後，戒世之酷吏可也，豈所以論聖賢哉？弱小而見吞於大國，衰事之時，不得以爲天道之當然。《臯陶謨》具在，孟子稱其見而知之，豈爲刑官而有不德乎？

六　年　　襄王三十一年

春，葬許僖公。

俞氏臯曰：不書月，史闕文也。

夏，季孫行父如陳。

《左傳》：臧文仲以陳、衛之睦也，欲求好于陳。夏，季文子聘于陳，且娶焉。案：行父如陳如晋，《經》連書無異詞，則皆聘問之常耳，若如《左傳》臧孫欲好陳，行父欲娶，二人私意所爲，聖人豈不分明之？書此及仲遂、公孫敖等，見大夫日盛之意耳。

秋，季孫行父如晋。

《左傳》：秋，季文子將聘于晋，使求遭喪之禮以行。其人曰將焉用之？文子曰：備豫不虞，古之善教也。求而無之，實難。過求何害？案：晋襄繼伯，魯固親之。又聞其疾，故使行父往聘，亦事之常，非有譏也。請遭喪禮以行，朱子引證，三思未允，詳附解。

八月乙亥，晋侯驩卒。

驩，喚官反。《公》作讙。

《左傳》：八月乙亥，晋襄公卒。靈公少，晋人以難故，欲立長君。趙孟曰：立公子雍。好善而長，先君愛之，且近于秦。秦，舊好也。置善則固，事長則順，立愛則孝，結舊則安。爲難故，故欲立長君，有此四德者，難必抒矣。賈季曰：不如立公子欒。辰嬴嬖于二君，立其子，民必安之。趙孟曰：辰嬴賤，班在九人，其子何震之有？且爲二嬖，淫也。爲先君子，不能求大而出在小國，辟也。母淫子辟，無威，陳小而遠，無援。將何安焉？杜祁以君故，讓偪姞而上之，以狄故，讓季隗而己次之，故班在四。先君是以愛其子而仕諸秦，爲亞卿焉。秦大而近，足以爲援，母義子愛，足以威名，立之不亦可乎？使先蔑、士會如秦，逆公子雍。賈季使召公子樂于陳。趙孟使殺諸郫。按：外君卒葬赴則書，抑或雖赴不書，無事當考證也。齊桓没而國亂，書卒不書葬。詳其變亂之事，晋襄没而大夫專權，亦詳其卒葬及大夫變亂之事。二國爲盟主，雖非正誼，中國亦姑賴以安，而再傳即替。夫子蓋亦慨之，故詳記焉。

冬十月，公子遂如晋。

葬晋襄公。

諸侯之喪，未有使卿送葬者。雖恒、文之霸，止遣微者會葬。晋文始使大夫吊，卿共葬事，蓋亦當時諸侯恭盟主之私意。三月而即葬，趙盾外求，君未至而葬先君，非禮已甚。

晋殺其大夫陽處父。晋狐射姑出奔狄。

按：《左傳》：晋侯使狐射姑將中軍，處父言趙盾能。以趙盾易之。射姑怨處父。晋侯卒，射姑使續鞫居殺處父。趙盾殺鞫居，射姑奔狄。處父無罪而書，國以殺者著，實也。此時晋未有君，而大夫私相怨殺，書大夫則知處父無罪，接書射姑奔狄，則處父爲射姑殺可知。書晋殺其大夫，非謂晋人殺之，言晋無君有殺其大夫某者，誰歟？狐射姑也。何以知之？殺處父者本續鞫居，鞫居誅而射姑奔狄，射姑使殺處父可知矣。

閏月不告月，猶朝于廟。

告，音牿。

《左傳》：閏月不告朔，非禮也。閏以正時，時以作事，事以厚生，生民之道，于是乎在矣。不告閏朔，棄時政也，何以爲民？愚案：周天三百六十五度四分度之一，日之行也。日一度自今年冬至至明年冬至方一周天，實計三百六十五日零三時辰。而一歲止有三百六十日，更有五日零三時無所歸著，是爲日行之餘分，曰氣盈。月行十一度十九分度之七，當以二十九日中强，而與日合于朔，是每月又有半日弱無所歸著，是爲月中之餘分，曰朔虚。積日月之餘分，每歲常餘十一日弱。治歷以授民時，定四時寒暑之節，以便作事。若不置閏，則積久而弦望晦朔皆非其正，故治歷者以中氣正月，大率三十二月，則有閏。閏前之月中氣在晦，閏後之月中氣在朔，合日月之餘分置閏，以定一歲之節候。雖閏月而仍如日月之常度也。故先王之制，諸侯受十二月朔政于天子，藏諸太廟，每月朔朝廟，使大夫南面，奉天子命，君北面而受之，以特、羊告于廟，謂之告朔，亦謂之朝廟。人君以此朔日，聽視此月之政，謂之視朔，亦謂之聽朔。周禮謂之朝享，在歲首則謂之朝政，有此月則有此月之政，不告月則怠廢矣，猶出于廟。胡氏安國曰：幸其不已之辭。子貢欲去告朔之餼羊，子曰：爾愛其羊，我愛其禮。

附 解

《經》義賴傳而傳，不可盡信，則不得不審定之，非妄也。夫子作《春秋》，原是藉事明理，以示門人。見凡事莫不有一定之理，而實止天理人情之自然，人人可爲，亦人人所當爲。奈粗心者淺測，細心者又深文，於是遂等《春秋》於斷爛朝服，又有羅鉗吉網之譏，可歎也。季孫行父如陳如晋，只聘問之常耳。而夫子不删之者，晋文没而大夫專權，列國亦多大夫用事。魯仲遂行父其著也，存之可以考政柄下移之漸。狐射姑殺陽處父，三傳不同，惟《左氏》較爲明潔可信。孔子因人美季孫三思而行，恐人效之，多思反惑，故示以再思而可。至季孫三思，祇是平日多遲疑，人若效之，必至當爲不爲，當斷不斷，不能勇於爲善，故特借以明慎思之準耳。前人以如晋求遭喪之禮，爲三思之證。然晋襄有疾，魯使問之疾而致鄰國皆知其久，可知矣。行父恐至而已卒，不預備如何行禮？是求遭喪之禮亦人情，不得爲三思之證也。

七 年　襄王三十二年

春，公伐邾。三月甲戌，取須句。

句，《公》作朐。

《左傳》：三月甲戌，取須句，寘文公子焉。非禮也。案：僖公嘗伐邾取須句，其後邾蓋復取之。因邾文公子叛邾在魯，魯君今復取之。于邾書伐。邾有可伐之咎，但公不仍存太皞之祀而寘其畔臣，徒與邾爲難，非也。故書取，若邾應行而不當取者。

遂城郚。

郚，音吾。郚，杜注：魯邑。卞縣南有郚城。今在山東兖州府泗水縣東南。

城郚，備邾難也。書遂，見取人之邑，納其叛臣，又不時勞民，其失多矣。其無存祀恤小之心，取其自利可見。

夏四月，宋公王臣卒。

《穀》作壬臣。

宋成公卒，《史記》載其弟禦殺太子而自立。宋人共殺禦，立成公少子杵臼，是爲昭公。三傳無之，不足信也。

宋人殺其大夫。

《左傳》：夏四月，宋成公卒。于是公子成爲右師，公孫友爲左師，樂豫爲司馬，鱗矔爲司徒，公子蕩爲司城，華御事爲司寇。昭公將去群公子，樂豫曰：不可。公族，公室之枝葉也，若去之則本根無所庇廕矣。葛藟猶能庇其本根，故君子以爲比，况國君乎？此諺所謂庇焉而縱尋斧焉者也。必不可，君其圖之。親之以德，皆股肱也，誰敢攜貳？若之何去之？不聽。穆、襄之族率國人以攻公，殺公孫固、公孫鄭于公宫。六卿和公室、樂豫舍司馬以讓公子卬。昭公即位而葬。書曰：宋人殺其大夫。不稱名，衆也。且言非其罪也。愚案：宋成公卒而宋亂。其所以亂之故，年久傳譌，故《左》《史》互異。夫子第以闕疑書之，言宋公卒而宋亂，殺其大夫多人，見其平日無綱，以戒耳。

戊子，晋人及秦人戰于令狐。晋先蔑奔秦。

令，力呈反。蔑，《公》作昧，奔上有以師字。

晋、秦稱人，皆其大夫也。案《左傳》，晋襄公卒，大子幼，晋人欲立長君。趙盾使先蔑如秦，逆公子雍荀。林父止之。不聽。秦康公以師納公子雍，襄夫人日抱大子以嗁于朝，曰：先君何罪？其嗣亦何罪？舍適嗣不立而外求君，將焉寘此？宣子與諸大夫患穆嬴，且畏偪，乃背先蔑而立靈公，以禦秦師，敗之令狐。案：如《左傳》，趙盾舍嫡嗣而外求君，秦送子雍至而又食言敗秦，罪莫大焉，《經》何不書而第書先蔑？蓋必先蔑之意而盾從之，既而改圖。蔑失信于秦，又得罪新君，乃懼而奔秦，諉罪趙盾，自解于秦。故書蔑奔以惡之，書晋人及，著晋背秦不義也。

狄侵我西鄙。

狄間晋難而伐魯，書以見其肆擾耳。

秋八月，公會諸侯、晋大夫盟于扈。

扈，杜注：鄭地。滎陽卷縣西北有扈亭。今在河南開封府原武縣西北。

《左傳》：秋八月，齊侯、宋公、衛侯、陳侯、鄭伯、許男、曹伯會晋趙盾盟于扈，晋侯立故也。公後至，故不書所會。愚按：《左氏》非也。晋君初立年幼，因襄公承父爲盟主，諸侯皆從。今君新立，趙盾執政，因諸侯來賀新君，趙孟與之盟，以結前好。因大夫抗盟諸侯。故不列書諸侯。以其繼盟主合與國事可節取，且晋侯年幼，趙孟從權主會，亦可姑原。故書無貶辭也。

冬，徐伐莒。

徐舊爲魯患。其伐莒也，蓋欲以撼魯也。以其包藏禍心，擅伐人國，故書徐以齒于狄。

公孫敖如莒涖盟。

《公》《穀》作莅。

《左傳》：穆伯娶于莒，曰戴己，生文伯，其娣聲己生惠叔。戴己卒，又聘于莒，莒人以聲己辭，則爲襄仲聘焉。冬，徐伐莒，莒人來請盟。穆伯如莒涖盟，且爲仲逆。及鄢陵，登城見之，美，自爲娶之。仲請攻之，公將許之。叔仲惠伯諫曰：臣聞之，兵作于内爲亂，于外爲寇，寇猶及人，亂自及也。今臣作亂而君不禁，以啟寇讎，若之何？公止之，惠伯成之。使仲舍之，公孫敖反之，復爲兄弟如初。從之。案：莒弱見伐，而求盟于魯。魯使涖盟，禮也。而敖因爲仲逆魯，以是使之則非。敖爲弟，逆非禮，繼而又自娶，益非禮。公不察其情，使之得行其私，已爲不明。及敖娶已氏。仲將攻之，公不明正其罪而和，其兄弟綱常奚在？卒也敖明年朝京師而遂奔莒，《春秋》直書其事。君不君而臣不臣皆見矣。

附　解

前人云《左氏》長於紀事，《公》《穀》長於義理，而其實皆非也。《左氏》文字之工罕有，而記事實多乖誤。如宋成公卒，云昭公欲去群公子，不言其爲何事。群公子即穆、襄之族也，率國人以攻公，國人何故附之？攻及公宫，殺公孫固、公孫鄭，畔亂極矣，如何公又與和？公孫固等死於無辜，《經》第書宋殺其大夫事朦朧，而《經》[1]亦朦朧，有是理乎？晋趙盾使先蔑、士會如秦逆公子雍，會固晋賢大夫，何以默無一言？禁之即改立新君，何妨以情告秦？乃遽發兵拒秦，其事市井無賴所不爲，而晋臣爲之，不近情理矣。然《左氏》記其事，且曰趙盾將中軍，先蔑將下軍。一先蔑也，已在秦迎子雍，又在晋將兵拒秦，豈能分身者耶？《經》書先蔑奔秦，則先蔑蓋已先返於晋，及晋背秦，蔑不安而後奔秦也。蔑如秦逆公子雍，秦許之，而蔑即先歸報命。不料趙盾别立君，秦已送公子雍至，不肯退，盾乃與之戰。此事之或然者。若先蔑將下軍，則必無之者也。蔑即無如盾何，何至遂亦率兵拒秦？使果率兵戰，其後何以又奔秦？秦豈容之？故當信《經》而不必信傳也。《經》書晋人及秦戰，則見主戰者晋，其背秦明甚。先蔑蓋首倡迎子雍之謀，故《經》特書奔以惡之。惟蔑立雍不果，又得罪新君，故出奔秦，諉罪趙盾，而自解於秦。不然趙盾罪魁，《經》何以不書之？觀士會在秦，三年不見先蔑，則可知先蔑倡爲立雍之議，累及士會，故會銜之耳。觀後晋人以計歸士會而不歸先蔑，則先蔑爲此事主謀尤可想見。傳既難憑，則惟據《經》文以情理參之，庶不至謬。不然信傳而誣古人，夫子筆削之旨，何以明於世哉。

八　年　　襄王三十三年

春王正月。

夏四月。

秋八月戊申，天王崩。

《史記》：襄王崩，子頃王壬臣立。頃王六年，崩。陸氏淳曰：頃王不書崩。

冬十月壬午，公子遂會晋趙盾盟于衡雍。

---

① 經，原文如此，疑當作傳。

盾，徒本反。雍，于用反。

《左傳》：晋人以扈之盟來討。冬，襄仲會晋趙孟，盟于衡雍，報扈之盟也。案：左氏又誤矣。扈之盟，《經》書公會諸侯，晋大夫則非不與會矣，何以又來討？其後至且討公後至，是欲公復朝晋矣，何以但使公子遂往而即無事耶？以《經》文考之，晋主夏盟，自趙孟抗盟諸侯而後遂爲故事。扈之盟，君幼從權，猶可言也，此大夫及大夫盟則竟擅國政，故特書以誌淩替之漸。

乙酉，公子遂會雒戎盟于暴。

雒，音洛。雒戎，《公》作伊雒戎。暴，杜注：鄭地。《路史》曰：暴，辛公采地。一曰暴隧。

按《左傳》，遂盟于衡雍，遂會戎，相去四日之間，則皆奉公命也。故《經》書無貶詞，而杜氏以爲專，左氏以爲珍之，皆非。

公孫敖如京師，不至而復。丙戌，奔莒。

《公》無而字。

《左傳》：穆伯如周弔喪，不至，以幣奔莒，從己氏焉。敖奉命赴天王之喪，中道而返即奔莒，以從己氏。敖之惡固已，文公無以正其臣，何耶？故書其事以刺。

螽。

螽，《公》作蠓。

杜氏預曰：爲災故書。

宋人殺其大夫、司馬。宋司城來奔。

《左傳》：宋襄夫人，襄王之姊也，昭公不禮焉。夫人因戴氏之族，以殺襄公之孫孔叔、公孫鍾離及大司馬公子卬，皆昭公之黨也。司馬握節以死，司城蕩意諸來奔，效節于府人而出。公以其官逆之，皆復之。愚案：《左氏》可疑。昭公不禮其祖母，與群臣何干？而夫人殺之。且能使人殺群臣，夫人其素有權乎？誠然，夫子豈不加褒貶而第囫圇書之乎？蓋策書失實，而左氏仍之，夫子以其事不實故書。當時宋有此事，殺其大夫云云，以志宋之亂蹟，等諸闕文焉爾。

附　解

孔子言世變，曰自諸侯出，自大夫出，陪臣執國命云云，已該春秋事言之，豈於作《春秋》而不明其故耶？周室東遷，王政不行，然天下諸侯尚無公然肆行者，齊桓倡霸，管仲之力，子已言之。而先儒因孟子薄管、晏，黜霸功，不知其故，遂並《春秋》之義亦不明矣。晋文繼霸，服楚城濮，諸侯遂從，然特震其威力，較齊桓不以兵車，已遜一籌。但秦楚絶大，能卻之以安諸夏，聖人亦節取焉。襄公甫立而敗秦，盟主之業不替由此。靈公年幼，趙盾當國，與諸侯會盟，諸侯畏晋不敢有違，然於禮非也。盟扈猶曰君幼初立，盟衡雍則竟大夫專盟，自後相沿大夫主盟主之事，列國亦漸效之，盟會征伐亦皆以大夫然，且支持數百年王室無恙。迨後晉室不綱，大夫内亂，而列國大夫亦鴟張，周室乃衰。夫子曰四世三世希不失，論現在事以見周道陵夷之故，非泛論盛衰之理也。三代惟周祚最長，而其衰亂亦最久。其不遽亡者，文、武、周公之教澤。其下淩上替，則世守世祿之制，流失必然。夫子修《春秋》，有筆削以寓褒貶者，亦有第存舊史以俟考證者，必一一而皆以爲刺譏，則非若本年書盟衡雍，公孫敖不至，而復皆志大夫不臣之漸。書宋殺其大夫，則君失其道可知。讀者當細繹《經》義，不必曲從傳説也。

九　年　　頃王元年

春，毛伯來求金。

《左傳》：毛伯衛來求金，非禮也。不書王命，未葬也。愚案：求金蓋求賻也。王室貧，天子以意授毛伯，而毛伯來爲王求，抑以魯向頗與王親。夫子書之，志慨也。若魯不貢，王不宜求，固不待言。

夫人姜氏如齊。

范氏甯曰：歸寧。趙氏鵬飛曰：父母存，夫人歸寧，常事耳，何以書？蓋文公並妃匹嫡，齊女出姜生惡及視，又嬖于敬。嬴生倭，嬴寵而倭將貴，故出姜如齊謀于父母也。其歸蓋有其故，存焉。是以聖人書之，以著十八年歸齊之張本。出姜，齊昭公女。

二月，叔孫得臣如京師。

蓋爲毛伯來求金而往也。求而往不若未求而貢，然愈于求而不往者矣。

辛丑，葬襄王。

王者不書葬，此以魯臣如京師與葬而書。雖不足爲恭，然亦餼羊之意耳。

晉人殺其大夫先都。

《左傳》：夷之蒐，晉侯將登箕鄭父、先都，而使士穀、梁益耳將中軍。先克曰：狐、趙之勳，不可廢也。從之。先克奪蒯得田于堇陰，故箕鄭父、先都、士穀、梁益耳、蒯得作亂。九年春，王正月己酉，使賊殺先克。乙丑，晉人殺先都、梁益耳。三月甲戌，晉人殺箕鄭父、士穀、蒯得。案：書殺而不去其官，罪上也。先都等作亂，而殺之當矣，何罪乎上？人君司予奪之權，不能禁其不爲亂，平日無政刑矣。然則先都等無罪乎？書人以殺，則見其衆誅之云爾。獨書先都，士穀、箕鄭父不書，蓋亂雖由三人將軍起，而成其亂者先都也。

三月，夫人姜氏至自齊。

姜氏始歸于魯。不氏、不書夫人，文公不以禮逆也。此歸寧告廟而書至，固以其如禮，亦憫夫人也。公溺寵亂嫡，夫人不安，不得已而歸求諸齊，亦無以濟。夫失其綱，致禍其妻者衆矣。故聖人書以示戒。

晉人殺其大夫士穀及箕鄭父。

先都、士縠、鄭父皆大夫，皆被殺。而先書殺先都，鄭父書及，則數人主從之罪，明其粱益耳。蒯得不書，或别有故也，以爲專罪大夫，則賤者爲惡反得幸逃筆誅，可乎？

楚人伐鄭。公子遂會晋人、宋人、衛人、許人救鄭。

《左傳》：范山言于楚子曰：晋君少，不在諸侯，北方可圖也。楚子師于狼淵以伐鄭。囚公子堅、公子尨及樂耳。鄭及楚平。公子遂會晋趙盾、宋華耦、衛孔達、許大夫救鄭，不及楚師。卿不書，緩也，以懲不恪。案：春秋無義戰，惟救患與之。楚伐鄭以憑陵中國，救之是也。書人，大夫也。獨遂書名，著諸人之爲大夫。晋侯不德而趙盾司政，力不足以制楚，故無功。然其救則是也，予其救而略其人，刺晋侯也。人楚子以儕於大夫，貶也。

夏，狄侵齊。

狄乘晋衰而侵齊，齊之無以自强亦可知矣。書以交病之。

秋八月，曹伯襄卒。

九月癸酉，地震。

震，動也。地道以静爲體，安貞則吉，臣道也，子道也。動而不安，臣道不順之象。

冬，楚子使椒來聘。

椒，《穀》作萩。

《左傳》：冬，楚子使越椒來聘。楚至是始稱爵。書其臣名，非進之也，誌楚之强居然與中夏諸侯等，慨中國之無人。自此至春秋之末，中國與楚争盛衰不已。與下秦人歸禭並書子，固有以知中國之斃於秦、楚也。

秦人來歸僖公、成風之禭。

禭，音遂。

《左傳》：秦人來歸僖公、成風之禭，禮也。諸侯相弔賀也，雖不當事，苟有禮焉，書也，以無忘舊好。案：成風卒于僖公之後。僖公、成風，子先書公者，無夫，母當從子言之。歸禭，禮也，而秦則藉是親魯，將以通中國也。魯爲宗國，故齊晋圖伯必先結之，而秦楚欲干中國亦先交好。子書以誌秦、楚入中國之漸。

葬曹共公。

附　解

《春秋》所記皆衰世事，而孔子曰，我欲託諸空言，不如見諸行事之深切著明。是夫子此書，固事理之深切著明者矣。而前人或失之淺，或失之深，弊由不知時中之義。夫世有盛衰，事無窮盡，而理則有一定。使夫子得志於時，亦不過即當時事損益以歸於中，不能盡反其所爲也。麻冕可從，拜上不可從。即其意可以概推。前人説《經》，半多拘鑿，欲求深而反失聖人之心。如毛伯求金，諸侯當貢，天子不當求，何待明者知之？而夫子記此，則慨之，非但譏之也。周制天子僅治畿内，王朝卿士采地在其中，一切賫子費用皆在其中，久必患貧，自然之勢。春秋諸侯兼併，强者益强，弱者益弱，朝貢之禮闕如，天子之貧甚矣。王崩喪事不給，下求賻禮，想亦必平日稍相親睦者，故求之。所以毛伯來求，不書王使也。下書叔孫如京師葬襄王，夫子固喜其能赴喪，亦未責其平日不如禮也。聖人取人，豈苛求哉。夫人姜氏如齊，亦憫之而書以戒世，非但以其歸寧如禮，並其至亦書之，蓋女子從人，然必父母善養教之，更曲全之。所適非人，即賢者亦終身枉辱。聖人重夫綱，非特謂其尊也。蓋正身以率其妻，賢者安，愚者化，然後正内正外，各得其宜，而家國以治。奈世之父母罕明義理，即兒女之賢否，昏然者多，擇壻不求吉士，置其女於陷阱，而夫婦之道亡，人倫之本墮。不忍言亦不勝言，聖人能不關心哉。出姜雖無賢名，而較之文、哀二人，則大有間。只因文公寵孌亂嫡，致姜不得其終，豈得以爲姜咎？當文公尚存而姜已危蹙，不得已歸告於齊，亦無所濟。夫子於其歸寧與至書之，於其大歸亦書之，非憫其不遇，而深戒人父母歟。楚椒來聘，前人以爲進之。楚固外夷，商臣弑父，夫子何緣而進之？春秋中原僅蕞爾地，又有夷戎雜居，楚、秦雖先王封國，而止長蠻戎，不與中國通入。春秋以來漸漸强盛，齊、晋之伯以服秦、楚，故可知當時欲中夏乂安，計惟外攘。晋襄卒，靈公幼，趙盾爲政，雖亦猶然糾率諸侯，而靈公不君，趙盾安能遂服諸侯？故楚人乘時竊發伐鄭伐宋伐麇圍巢，連年屢書。而秦亦伐晋，漸通諸侯。因魯爲望國，故來聘歸襚。自此以後，楚滋大矣。而晋與之抗，僅可姑安。秦亦爲晋所阻，不能遽興。夫子録文侯之命，其非有取於晋乎？周先患楚繼患秦，卒由二國而斃。夫子於此年特書二國來魯，不特下半部春秋之局自此而開，即九鼎湮沈亦由是而肇，非泛然也。

十　年　　頃王二年

春王三月辛卯，臧孫辰卒。

魯執政卒，史蓋皆書之。夫子不盡存，其存者必有謂也。文仲，魯之名大夫，而實竊位，舊史書之，夫子存之，使人考其行而知其稱職與否，内諱宜然，得失自著矣。

夏，秦伐晋。

《左傳》：春，晋人伐秦，取少梁。夏，秦伯伐晋，取北徵。案：晋實始兵，不書而惟書秦伐晋者，著秦之强，以其猾夏，畧晋罪也。

楚殺其大夫宜申。

《左傳》：初，范巫矞似謂成王與子玉、子西曰：三君皆將强死。城濮之役，王思之，使止子玉曰：毋死。不及。止子西，子西縊而縣絶，王使適至，遂止之，使爲商公。沿漢泝江，將入郢。王在渚宫，下，見之。懼而辭曰：臣免于死，又有讒言，謂臣將逃，臣歸死于司敗也。王使爲工尹，又與子家謀弒穆王。穆王聞之。五月，殺鬬宜申及仲歸。案：商臣弒君父，人人得而誅之。宜申爲成王弟，不能死節於當時，隱忍事之，至此而謀弒，反爲所殺。聖人不以謀逆罪之，而書國以殺，不去其官者，爲其猶有討賊之心，不以亂臣賊子目之也。其亦不得已之心也夫。

自正月不雨，至于秋七月。

久不雨則傷農，故書之也。因此書正月，春首不書正月，省文也，拘泥言之者非。

及蘇子盟于女栗。

女栗，杜注：地名，闕。

《左傳》：秋七月，及蘇子盟于女栗，頃王立故也。案：蘇子，王畿内諸侯。其盟也，蓋王使之親魯也。不書王使，爲王諱。不書公，爲公諱也。王不能令諸侯，而使蘇子下盟。公不朝王，而僅與蘇子盟，胥失之矣。盟非春秋所貴，况君臣之際乎。

冬，狄侵宋。

狄之侵諸國屢矣，必謹書之，志外裔之强，見衰亂之日甚也。

楚子、蔡侯次于厥貉。

厥，《公》作屈，音同。貉音麥。厥貉，杜注：地闕。當在陳州項城縣。

《左傳》：陳侯、鄭伯會楚子于息。冬，遂及蔡侯次于厥貉。將以伐宋。宋華御事曰：楚欲弱我也。先爲之弱乎？何必使誘我？我實不能，民何罪？乃逆楚子，勞，且聽命。遂道以田孟諸。宋公爲右盂，鄭伯爲左盂。期思公復遂爲右司馬，子朱及文之無畏爲左司馬。命夙駕載燧，宋公違命，無畏抶其僕以徇。或謂子舟曰：國君不可戮也。子舟曰：當官而行，何彊之有？《詩》曰：剛亦不吐，柔亦不茹。毋縱詭隨，以謹罔極。是亦非辟彊也，敢愛死以亂官乎。書誌楚憑陵中國，且罪蔡也。陳、鄭會楚子及宋服楚皆不書，獨書楚子、蔡侯次厥貉，見導楚爲患者，蔡也。楚子親行，故書以斥其人，非予之也。又按：《經》於楚先書，荆次書，楚書人又次書，楚子以其漸與中夏通盟好。其先本先王封國不絶之也，然久僭王，《經》止書子以齒於諸侯，即正名貶斥之義。而先儒不知，遂謂夫子予楚莊列諸五霸，謬矣。

十有一年　頃王三年

春，楚子伐麇。

《左傳》：厥貉之會，麇子逃歸。十一年春，楚子伐麇，成大心敗麇師于防渚。潘崇復伐麇，至于錫穴。書以誌其憑陵之罪。麇，小國耳。楚子親伐之，其恃强鴟張，不足服人可見。

夏，叔仲彭生會晋郤缺于承筐。

《公》《穀》無仲字。郤，去逆反。筐，《公》《穀》作匡。承筐，杜注：宋地。在陳留襄邑縣。今河南歸德府睢州西三十里有故承筐城。

《左傳》：夏，叔仲惠伯會晋郤缺于承筐，謀諸侯之從于楚者。是時楚强陵，而晋亦不能合諸侯，僅區區使其臣約會以謀之。直書其事，刺之亦慨之也。

秋，曹伯來朝。

《左傳》：秋，曹文公來朝，即位而來見。即位而朝，常禮也。常事不書，此何以書？魯爲望國，秦楚入中夏，亦先與之，諸國更親重焉。而魯不能有以匡扶也，書以慨之。

公子遂如宋。

《左傳》：襄仲聘于宋，且言司城蕩意諸而復之，因賀楚師之不害也。案：是時楚强役宋而辱之，魯使問慰，諸侯無志，可慨，故書之。而左氏以爲賀不害，謬矣。

狄侵齊。

狄屢侵齊，備書以見中國之弱。

冬十月田午，叔孫得臣敗狄于鹹。

鹹，杜注：魯地。

《左傳》：鄋瞞祲齊，遂伐我。公使叔孫得臣追之，敗狄于鹹，獲長狄僑如，富父終甥摏其喉，以戈殺之，埋其首于子駒之門，以命宣伯。初，宋武公之世，鄋瞞伐宋，司徒皇父帥師禦之，耏班御皇父敗狄于長北，獲長狄緣斯，皇父之二子死焉。宋公以門賞耏班，使食其征，謂之耏門。晋之滅潞也，獲僑如之弟焚如。齊襄公之二年，鄋瞞伐齊，齊王子成父獲其弟榮如，埋其首于周首之北門。衛人獲其季弟簡如，鄋瞞由是遂亡。《穀梁傳》曰：長狄也，弟兄三人，佚宕列國，瓦石不能害。叔孫得臣，最善射者也。射其目，身横九畝，斷其首而載之。眉見于軾。案：長狄，僑如狄人之長者也。非兄弟三人俱長，尤非狄人皆長。《穀梁》蓋誤。《國語》孔子謂長狄氏漆姓，亦止言一姓中有是人。外裔猾夏，春秋所惡，故書得臣敗狄以予之，不與尋常擅兵搆怨者比也。

附　解

中國在地維中，彈丸耳。四海内外，爲國不知凡幾。因中國經群聖制作教化，獨得天人一貫之道，故貴於四夷。《春秋》一書，斤斤謹華夷，非謂夷必不如夏，以當時聖人之道存焉耳。若無聖人之道，雖華奚貴？楚本先王封國，不過地介戎蠻，武王、周公以其遼迴，恐難概施禮樂，故命鬻子統屬之。後漸强大，以其地本廣袤也。使能匡周室、靖邦交，夫子亦必賢之。乃僭王猾夏，安得不嚴禁之？至狄類尤多，自三代以來無能知其詳者。叔孫所敗僅其千百之一耳。因時恒擾中國，故聖人亦以敗之爲功。僑如弟兄多力，

《左氏》特記之而並詳其類。然長者僬僑如耳，人長不過十尺，數之極也。而《穀梁》云身横九畝，則長五丈四尺。杜氏亦以爲長三尺，似失之誕矣。然以巨無霸概之，世固未嘗無是人。今西方有長人國、矮人國，明末，長人曾至川界，是竟有一國俱長者矣。天地之大，無所不有。人物形狀，千狀萬態，惟天良則人人皆同，故聖人兢兢維持之也。

十有二年　頃王四年

春王正月，郕伯來奔。

郕，《公》作盛。

《左傳》：郕大子朱儒自安于夫鍾，國人弗徇。十二年春，郕伯卒，郕人立君。大子以夫鍾與郕邽來奔。案：如《左氏》之説，實大子而稱郕伯，謬矣。太子未立之時，居夫鍾習而安焉。既立猶欲居之，國人不順，别立君而來奔。書奔，賤其失民心。不書名，臣民以私逐君，悖逆也。

杞伯來朝。

《左傳》：杞桓公來朝，始朝公也。且請絶叔姬而無絶昏，公許之。范氏甯曰：僖二十七年稱子，今稱伯，蓋時王所進。

二月庚子，子叔姬卒。

《公羊》：此未適人，何以卒？許嫁矣。婦人許嫁，字而笄之，死則以成人之喪治之。案：叔姬許嫁于杞，未歸杞，杞何以請絶其昏？而魯何以又許之？蓋叔姬有疾，杞伯故請。其次而魯亦不拒之也。《經》書子叔姬卒于杞伯來朝下，則杞之請絶爲其疾故可知。而《左氏》：杞請無絶昏，魯遽許之，亦因此可知矣。不稱杞，以未歸杞故也。書名，已許嫁則成人矣。《左氏》不言何以絶，遂來眾説之紛紛也。

夏，楚人圍巢。

巢，杜注：吴楚間小國。廬江六縣有居巢城。今江南廬州府巢城西巢湖。《寰宇記》云：古居巢城陷處。

《左傳》：楚令尹大孫伯卒，成嘉爲令尹。群舒叛楚。夏，子孔執舒子平及宗子，遂圍巢。案：書圍，志其恃眾弱小。書人，本其臣帥師然，不列其名，亦貶之之意。

秋，滕子來朝。

《左傳》：秋，滕昭公來朝，亦始朝公也。汪氏克寬曰：以公之昏庸怠惰而秉禮之舊，周公之澤猶爲諸侯所尊敬，公乃不思述職之有闕，已越再朝之期。不修往覲之禮，何謬之甚哉。

秦伯使術來聘。

術，《公》作遂。

《左傳》：秦伯使西乞術來聘，且言將伐晋。襄仲辭玉曰：君不忘先君之好，照臨魯國，鎮撫其社稷，重之以大器，寡君敢辭玉，對曰：不腆敝器，不足辭也。主人三辭。賓答曰：寡君願徼福于周公、魯公以事君，不腆先君之敝器，使下臣致諸執事以爲瑞節，要結好命，所以藉寡君之命，結二國之好，是以敢致之。襄仲曰：不有君子，其能國乎？國無陋矣。厚賄之。案：秦僻處西陲，而能修聘好于魯，故書其君臣以予之。

冬十有二月戊午，晋人、秦人戰于河曲。

河曲，杜注：在河東蒲坂縣南。今山西平陽府蒲州城外東南隅有蒲坂故城。

《左傳》：秦爲令狐之役故，冬，秦伯伐晋，取羈馬。晋人禦之。趙盾將中軍，荀林父佐之。郤缺將上軍，臾駢佐之。欒盾將下軍，胥甲佐之。范無恤御戎，以從秦師于河曲。臾駢曰：秦不能久，請深壘固軍以待之。從之。秦人欲戰，秦伯謂士會曰：若何而戰？對曰：趙氏新出其屬曰臾駢，必實爲此謀，將以老我師也。趙有側室曰穿，晋君之壻也，有寵而弱，不在軍事，好勇而狂，且惡臾駢之佐上軍也。若使輕者肆焉，其可。秦伯以璧祈戰于河。十二月戊午，秦師掩晋上軍，趙穿追之，不及。反，怒曰：裹糧坐甲，固敵是求，敵至不擊，將何俟焉？軍吏曰：將有待也。穿曰：我不知謀，將獨出。乃以其屬出。宣子曰：秦獲穿也，獲一卿矣。秦以勝歸，我何以報？乃皆出戰。交綏。秦行人夜戒晋師曰：兩君之士皆未憖也，明日請相見也。臾駢曰：使者目動而言肆，懼我也，將遁矣。薄諸河，必敗之。胥甲、趙穿當軍門呼曰：死傷未收而棄之，不惠也，不待期而薄人于險，無勇也。乃止。秦師夜遁。復侵晋，入瑕。杜氏預曰：不書敗績，交綏而退，不大崩也。案：晋秦構怨不已，雖秦伐晋亦晋有以致之。秦晋皆稱人，貶其以私忿兵争也。

季孫行父帥師城諸及鄆。

鄆，《公》作運。後同。鄆，杜注：城陽姑幕縣南有員亭，員即鄆也。今山東青州府沂水縣北鄆城是。又有西鄆在東平州。

二邑皆近莒。帥師以城，備莒争也。書譏其不務本而勞民動衆。

附解

郕伯來奔，《左氏》紀事不明，致生許多疑竇。今以《經》正《傳》，《經》義明而《傳》之簡漏乃可見也。郕伯爲太子，時蓋父命居夫鍾，久而便安，及即位猶喜其地，時往居之，欲遷於此，國人不便，郕伯必欲遷徙，故國人追逐之而出奔此。及左氏之言，可知其故。若尚爲太子，夫子何以書爲郕伯耶？子叔姬卒，《左氏》云杞伯來朝，請絶叔姬，而無絶昏。如叔姬已歸杞歟，則《經》當繫之以杞。且已嫁而絶之則爲被出矣，其被出之罪云何？何不言之而又來求昏？《左氏》誤用一絶字，致事理全不可通矣。經文則書二月庚子，子叔姬卒。然恐人不知杞伯來朝，叔姬旋卒者，叔姬許字于杞，未昏而卒，故杞復求昏。且杞魯世爲昏姻，《經》屢書伯姬、叔姬，原非一人。此年書子叔姬卒，郕公時又有杞叔姬，《左氏》不免牽混，致《經》

義不明。故解《經》最宜詳味經文，不可徒信傳註。

十有三年 頃王五年

春王正月。

夏五月壬午，陳侯朔卒。

陳共公卒，子靈公平國立。

邾子蘧蒢卒。

蘧，其俱反。蒢，丈居反，《穀》作籧篨。

《左傳》：邾文公卜遷于繹。史曰：利于民而不利于君。邾子曰：苟利于民，孤之利也。天生民而樹之君，以利之也。民既利也，孤必與焉。左右曰：命可長也，君何弗爲？邾子曰：命在養民。死之短長，時也。民苟利矣，遷也。吉莫如之。遂遷于繹。五月，邾文公卒。君子曰：知命。

自正月不雨，至於秋七月。

自夏令十一月至五月不雨，麥無收矣。爲災故書。

世室屋壞。

世，《左》《穀》作大。音泰。

《左傳》：書，不共也。《公羊》：世室者何？魯公之廟也。周公封魯而未之國，故魯以周公爲始祖，而又爲伯禽立世室，彷文、武世室，久亦不祧。屋壞則不恭之至矣。

冬，公如晋。衛侯會公于沓。

會下，《公》無公字。沓，杜注：地闕。

吴氏澂曰：公往朝晋，衛侯要之于路，而與公會于沓。欲因公以請平于晋也。

狄侵衛。

狄乘衛侯出會，乘虚而襲之。狄之窺伺，其可忽乎？

十有二月己丑，公及晋侯盟。公還自晋，鄭伯會公于棐。

還上，《公》《穀》無公字。棐，芳尾反。《公》作斐。棐，杜注：鄭地。即棐林。《路史》：開封宛陵有棐林鄉宛陵故城。今屬河南開封府。新鄭縣之東二十五里林鄉城即其地也。

《左傳》：冬，公如晋，朝，且尋盟。衛侯會公于沓，請平于晋。公還，鄭伯會公于棐。子家賦《鴻雁》。季文子曰：寡君未免于此。文子賦《四月》。子家賦《載馳》之四章，文子賦《采薇》之四章。鄭伯拜，公答拜。案：禮，諸侯朝會，俱有常期。然或要事相見，亦何可概拘。是時楚方憑陵中夏，而晋力能抗楚，諸國欲從晋以安，公爲成之。《春秋》與人爲善，故書之無貶辭。

十有四年　頃王六年

春王正月。

《左傳》：十四年春，頃王崩。周公閱與王孫蘇争政，故不赴。凡崩、薨，不赴則不書。禍、福，不告亦不書。懲不敬也。

公至自晋。

公自去冬如晋，久而始歸，王崩若不聞也。雖其事大之謹，過於事王，而亦王室不綱，非事大難以自全。夫子書之志慨，必以爲刺公者，非也。

邾人伐我南鄙，叔彭生帥師伐邾。

邾乘公如晋而伐魯，魯報怨而使叔彭生伐邾，皆非也。書以交譏之。左氏謂邾人討魯不敬，非是。季氏本曰：此即叔仲彭生也，脱仲字耳。

夏五月乙亥，齊侯潘卒。

孔氏穎達曰：齊孝公卒，弟潘殺孝公子而立，以僖二十八年即位。《左傳》：子叔姬生舍。叔姬無寵，舍無威。公子商人驟施于國，而多聚士，盡其家，貸于公，有司以繼之。夏五月，昭公卒，舍即位。秋七月乙卯夜，齊商人弒舍而讓元。元曰：爾求之久矣。我能事爾，爾不可使多蓄憾。將免我乎，爾爲之。

六月，公會宋公、陳侯、衛侯、鄭伯、許男、曹伯、晋趙盾。癸酉，同盟于新城。

新城，杜注：宋地。在梁國穀熟縣西。今河南歸德府商丘縣西南。

《左傳》：六月，同盟于新城，從于楚者服，且謀邾也。案：是時晋靈公昏亂，而趙盾爲政，欲修霸業。是會也，以大夫而與諸侯盟抗矣。然聖人列序諸侯，次之以盾，而書同盟者何？楚憑陵中夏，將爲周害，有人焉安諸侯以禦楚，故當節取也。曰同盟，志諸侯同外楚，許之也。先諸侯于盾，不以爲抗恕之也。此聖人不得已之心也。

秋七月，有星孛入于北斗。

孛，音佩。

《左傳》：有星孛入于北斗，周内史叔服曰：不出七年，宋、齊、晋之君皆將死亂。《穀梁》：其曰入北斗，斗有環域也。孫氏復曰：孛彗之屬，偏指曰彗，光芒四出曰孛。李淳風曰：孛星在角，由杓入斗，是月自北而入。晋居北，齊、宋居晋之東。故晋、齊、宋當之。何氏休曰：孛者，邪亂之氣，狀如篲。篲者，掃故置新之象。愚案：天變所以警人也。有是象而能自儆省，修德以弭之，則雖有其象而無其應。世不察天愛人之意，反以爲天定者，人不能違謬矣。知此乃知《春秋》書天變之意。

公至自會。

晋人納捷菑于邾，弗克納。

捷，《公》作接。菑，側其反。

《左傳》：邾文公元妃齊姜生定公，二妃晋姬生捷菑。文公卒，邾人立定公，捷菑奔晉。晉趙盾以諸侯之師八百乘納捷菑于邾。邾人辭曰：齊出貜且長。宣子曰：辭順而弗從，不詳。乃還。案：晉人恃强而納不順，聞邾人之言而退。《經》書弗克納，交美之也。美邾人之能以義服人，美晉之能知過而改也。然書人者，不與趙盾以大夫而置國君也。

九月甲申，公孫敖卒于齊。

《左傳》：穆伯之從己氏也，魯人立文伯。穆伯生二子于莒而求復，文伯以爲請。襄仲使無朝。聽命，復而不出，三年而盡室以復適莒。文伯疾而請曰：穀之子弱，請立難也。許之。文伯卒，立惠伯。叔伯請重賂以求復，惠叔以爲請，許之。將來，九月卒于齊，告喪，請葬，弗許。案：書以病魯之失政刑，且戒無禮也。敖奉命如京師，而以私慾故廢命奔莒。魯當正其罪而誅之，幸免于罪，絶之可也。乃又聽其私返，繼復適莒，又以重賂求復，魯又許之。淫僻無上之人，任其自來自往而無忌，幸而旋卒于齊，否則魯仍當使爲大夫矣。爲國如此，何以明賞罰而戒私邪哉？書以深譏之也。

齊公子商人弑其君舍。

《左傳》：齊人定懿公，使來告難，故書以九月。齊公子元不順懿公之爲政也，終不曰公，曰夫己氏。《穀梁》：舍未踰年，其曰君何也？成舍之爲君，所以重商人之弑也。孫氏覺曰：人子之心，則未踰年而稱子，國人弑君，則未踰年而稱君，所以辨君臣之分，而防篡弑之禍。趙氏鵬飛曰：《春秋》書弑未踰年者，二晉之奚齊，齊之舍也。奚齊庶孽，獻公殺世子而立之，國人不君也，故以君之子書。舍齊之嫡長，昭公卒，國固其國也，雖未踰年，齊人君之矣，故以君書。汪氏克寬曰：子般、子赤不成之爲君者，夫子魯臣，爲國諱惡，與筆削他國不同。

宋子哀來奔。

《左傳》：宋高哀爲蕭封人，以爲卿，不義宋公而出，遂來奔。書曰宋子哀，貴之也。按：《左氏》不分明，人臣不可則止，何必奔魯？宋公何以不義？目君不義，己未必義也。書子哀而繫以宋，蓋宋諸公子也。宋公必有非禮相侵者，不安而出，故書以賢之，且著宋公之失。

冬，單伯如齊。齊人執單伯。

《左傳》：襄仲使告于王，請以王寵求昭姬于齊。曰：殺其子，焉用其母？請受而罪之。冬，單伯如齊，請子叔姬，齊人執之。又執子叔姬。案：左氏誤，以單伯爲王臣，前人非之，是也。單伯蓋魯大夫，商人弑逆，魯所當討也。今不能而使人請子叔姬，齊無道又執單伯，書以惡商人，亦病魯也。《公》《穀》所言，荒悖之至。

齊人執子叔姬。

杜氏預曰：叔姬魯女，齊侯舍之母，不稱夫人，自魯錄之，父母辭。按：子叔姬爲舍之母，亦商人母也。弑君而又執母，王法不行，亂臣賊子毫無忌憚，《春秋》直書其事，深惡商人，亦罪魯無志不能討賊，而讀之使千載下猶欲手刃商人，此所以成

《春秋》而亂臣賊子懼也。

十有五年　匡王元年

春，季孫行父如晉。

《左傳》：季文子如晉，爲單伯與子叔姬故。魯非甚弱也，商人大逆不能討之，而如晉以求，公之失與行父不能事君皆見。書以病之，亦傷之也。

三月，宋司馬華孫來盟。

《左傳》：宋華耦來盟，其官皆從之。書曰：宋司馬華孫。貴之也。公與之宴，辭曰：君之先臣督，得罪于宋殤公，名在諸侯之策。臣承其祀，其敢辱君，請承命于亞旅。魯人以爲敏。按：《左氏》謂其官皆從，劉氏敞非之云：諸侯相聘，其使介有常數，不聞其官皆從以爲典。是也。華耦稱其祖督弑君，杜氏謂無故揚其先祖之惡。魯人以爲敏，君子所不與亦是。而又曰華孫奉使能臨事制宜，故不稱使。沿其說者曰嘉其得奉使之宜，故不言君使以善之。非也。夫人臣有善必歸于君。華孫果賢，即其君之美也，何得不言？使若非君使而自來盟，尤聖人所不許。詳考《經》文，華，氏也，華孫則非氏矣。司馬，詰奸止亂之官也。華督弑逆，而其後世爲司馬，宋失刑矣。華耦爲其孫而耻之，所謂雖有孝子慈孫不能改也。書宋司馬華孫來盟，蓋因其言以戒爲惡則遺臭，子孫不能蓋也。來盟之事不可考，夫子存史舊文，意亦不在乎其盟也。與書屈完、高子異矣。

夏，曹伯來朝。

《周禮·大行人之職》曰：凡諸侯之邦交，歲相問也，殷相聘也，世相朝也。春秋以勢相交，諸侯之朝者不勝書。書魯之朝及他國之朝魯，以見其不遵王制，不朝天子之失，無善之者。《左氏》非也。

齊人歸公孫敖之喪。

《左傳》：齊人或爲孟氏謀，曰：魯，爾親也。飾棺置諸堂阜，魯必取之。從之。卞人以告。惠叔猶毁以爲請，立于朝以待命。許之，齊人送之。書曰：齊人歸公孫敖之喪。爲孟氏，且國故也。葬視共仲。聲己不視。帷堂而哭。襄仲欲勿哭，惠伯曰：喪，親之終也。雖不能始，善終可也。史佚有言曰：兄弟致美。救乏、賀善、弔災、祭敬、喪哀，情雖不同，毋絶其愛，親之道也。子無失道，何怨于人？襄仲説，帥兄弟以哭之。他年，其二子來，孟獻子愛之，聞于國。或譖之曰：將殺子。獻子以告季文子。二子曰：夫子以愛我聞，我以將殺子聞，不亦遠于禮乎？遠禮不如死。一人門于句鼆，一人門于戾丘，皆死。按：公孫敖負罪而出，既免于刑，絶之可也。乃以惠叔私情聽其歸喪，書之以見魯失政，刑由臣下專命。曰齊人來歸，未許魯之歸之也。

六月辛丑朔，日有食之。鼓，用牲于社。

《左傳》：六月辛丑朔，日有食之，鼓，用牲于社，非禮也。日有食之，天子不舉，伐鼓于社，諸侯用幣于社，伐鼓于朝，以昭事神、訓民、事君，示有等威，古之道也。御案：是年日食，與莊二十五年《春秋》所書同，而《左氏》前後異辭何耶？《左氏》以正陽之月救日則伐鼓，周之六月乃夏之四月，所謂正陽之月也。莊二十五年，《經》書六月，而本非六月，故曰非常。是年實係六月，則伐鼓爲宜。其所失者，不于朝而于社，不用幣而用牲耳。故曰非禮。

單伯至自齊。

不書齊人歸之，而以自至爲文，明單伯之無罪而深惡齊也。李氏廉曰：大夫遭執而書至者三，單伯、叔孫、婼意。如執而不書至者，季孫行父。蓋與公同歸，以公至爲重也。

晋郤缺帥師伐蔡。戊申，入蔡。

《左傳》：新城之盟，蔡人不與。晋郤缺以上軍、下軍伐蔡，曰：君弱，不可以怠。戊申，入蔡，以城下之盟而還。凡勝國，曰滅之。獲大城焉，曰入之。按：蔡背晋即楚，有可伐之罪。然不以德招徠而以威脅，故書伐，又書入以甚之也。書郤缺者，缺實奉命，而不知所以輔君之術也。

秋，齊人侵我西鄙。

商人弑逆，執魯臣，魯不能討而反加兵于我，書以病魯也。

季孫行父如晋。

《左傳》：秋，齊人侵我西鄙，故季文子告于晋。魯君臣不能討齊，行父一歲再如晋，無德甚矣。行父之佐魯可知矣。

冬十有一月，諸侯盟于扈。

《左傳》：冬十一月，晋侯、宋公、衛侯、蔡侯、陳侯、鄭伯、許男、曹伯盟于扈，尋新城之盟，且謀伐齊也。齊人賂晋侯。故不克而還。行父以齊難告晋，晋合諸侯謀之，受齊賂而罷。不序諸侯，而但曰盟于扈，慨討賊之義不明，而諸侯等不足書也。故不列序之也。

十有二月，齊人來歸子叔姬。

單伯至，不言齊人歸，不予齊以擅執而擅歸也。子叔姬異者，叔姬商人之君，母殺其子而絶其母强歸之。魯不係叔姬于齊，著商人絶之之罪。從乎魯父母之辭而曰子叔姬，閔叔姬而病魯也。不能討賊，惟命是聽，何以立國。

齊侯侵我西鄙，遂伐曹，入其郛。

郛，音孚。

《左傳》：齊侯侵我西鄙，謂諸侯不能也。遂伐曹，入其郛，討其來朝也。季文子曰：齊侯其不免乎。己則無禮，而討于有禮者，曰：女何故行禮。禮以順天，天之道也。己則反天，而又以討人，難以免矣。詩曰：胡不相畏，不畏于天，君子之不虐幼賤，畏于天也。在《周頌》曰：畏天之威，于時保之。不畏于天，將何能保？以亂取國，奉禮以守，猶懼不終，多行無禮，弗能在矣。按：商人篡弑，春秋惡之，書人屢矣。兹書齊侯者何？罪魯及諸侯也。不能討逆，而以賂成其爲君，致使益肆其惡，侵我又伐曹，詳書其暴横。斥書齊侯，見其靦然肆惡而不顧也。亂臣賊子無人討正，致使横恣，聖人詎不傷之。

十有六年　匡王二年

春，季孫行父會齊侯于陽穀，齊侯弗及盟。

《左傳》：十六年春，王正月，及齊平。公有疾，使季文子會齊侯于陽穀。請盟，齊侯不肯，曰：請俟君間。書以病魯也。齊商人無道，魯不請于天子討之，因屢見侵伐而與之平，亦已孱矣，又使大夫盟之。季孫行父專魯政，所以謀國者安在？書行父會而曰齊侯弗及盟，著齊淩轢魯國之意。行父以大夫而抗盟國君，非禮也。《春秋》不曰弗肯盟而曰弗及盟，若不以爲抗者，惡齊故以齊欲盟不及爲辭也。

夏五月，公四不視朔。

按：《左氏》以爲公有疾不視朔，非也。使公果疾而不視朔，聖人必恕之矣。蓋公託疾以辭齊侯，因齊侯不及盟而懼，遂託于果疾，四不視朔。聖人因其可以視朔而不視，故書以譏也。視朔重禮，自公始然。而後遂或視或不視矣。杜氏預曰：諸侯每月必聽政，因朝于廟。今公以疾闕不得視，蓋亦以爲真疾。誤矣。

六月戊辰，公子遂及齊侯盟于郪丘。

郪，音西，《公》作犀，《穀》作師，《公羊疏》作菑丘。郪丘，杜注：齊地，當在山東東昌府東阿縣界。

《左傳》：公使襄仲納賂于齊侯，故盟于郪丘。按：公託疾以辭齊侯，齊侯亦以爲誠疾也，又感魯之賂而與公子遂盟。聖人書遂及齊侯盟，惡齊無道而闇于禮，雖大夫抗盟，不知其辱也。書遂及盟，遂之抗見而齊侯之昏亦見，交譏之也。

秋八月辛未，夫人姜氏薨。

杜氏預曰：僖公夫人，文公母也。

毁泉臺。

《左傳》：有蛇自泉宫出，入于國，如先君之數。秋八月辛未。聲姜薨，毁泉臺。按：先公之築泉臺非禮，則毁之亦可也。第公方在喪，不宜貳事，且其毁之也非謂非禮而可毁也，以蛇妖故非。爲蓋前人之愆，不毁之于初政之年，而毁之于蛇出之日，故書以示譏。

楚人、秦人、巴人滅庸。

《左傳》：楚大饑，戎伐其西南，至于阜山，師于大林。又伐其東南，至于陽丘，以侵訾枝。庸人率群蠻以叛楚。麇人率百濮聚于選，將伐楚。于是申、息之北門不啟。楚人謀徙于阪高，蔿賈曰：不可。我能往，寇亦能往。不如伐庸。夫麇與百濮，謂我饑不能師，故伐我也。若我出師，必懼而歸。百濮離居，將各走其邑，誰暇謀人？乃出師。旬有五日，百濮乃罷。自廬以往，振廩同食。次于句澨。使廬戢黎侵庸，及庸方城。庸人逐之，囚子揚窗。三宿而逸，曰：庸師衆，群蠻聚焉，不如復大師，且起王卒，合而後進。師叔曰：不可。姑又與之遇以驕之。彼驕我怒，而後可克，先君蚡冒所以服陘隰也。又與之遇，七遇皆北，唯裨、儵、魚人實逐之。庸人曰：楚不足與戰矣。遂不設備。楚子乘馹，會師于臨品，分爲二隊：子越自石溪，子貝自仞，以伐庸。秦人、巴人從楚師。群蠻從楚子盟。遂滅庸。案：庸非内諸侯比也。然《春秋》書人以滅，無異諸夏。蓋非王命而擅滅人國，皆大罪也。據《左氏》，滅庸者楚，而經三國列序。御案：謂三國共分其地。信矣。

冬十有一月，宋人弑其君杵臼。

《公》作處臼。

《左傳》：宋公子鮑禮于國人，宋饑竭其粟而貸之。年自七十以上，無不饋詒也，時加羞珍異。無日不數于六卿之門，國之材人，無不事也，親自桓以下，無不恤也。公子鮑美而豔，襄夫人欲通之，而不可，乃助之施。昭公無道，國人奉公子鮑以因夫人。于是，華元爲右師，公孫友爲左師，華耦爲司馬，鱗矔爲司徒，蕩意諸爲司城，公子朝爲司寇。初，司城蕩卒，公孫壽辭司城，請使意諸爲之。既而告人曰：君無道，吾官近，懼及焉。棄官則族無所庇。子，身之貳也，姑紓死焉。雖亡子，猶不亡族。既，夫人將使公田孟諸而殺之。公知之，盡以寶行。蕩意諸曰：盍適諸侯？公曰：不能其大夫至于君祖母以及國人，諸侯誰納我？且既爲人君，而又爲人臣，不如死。盡以其寶賜左右而使行。夫人使謂司城去公，對曰：臣之而逃其難，若後君何？冬十一月甲寅，宋昭公將田孟諸，未至，夫人王姬使帥甸攻而殺之。蕩意諸死之。文公即位，使母弟須爲司城。華耦卒，而使蕩虺爲司馬。按：左氏記此事大非，致聖人書法不明。昭公何以無道？何不傳其事？《檀弓》記宋襄公葬其夫人矣，此夫人爲王姬，襄王之姝，計年已老。况昭公果無道，則夫人亦不得有權。果有權，欲殺公矣。公知之而甘心就死，種種不合情理，使左氏屬實，夫子豈不斥弑君之人，而囫圇書之乎？細繹《經》文，蓋舊史見國人感鮑私惠，從之殺君，以爲昭公不君，國人叛之也，而書曰宋人。夫子則以其臣民黨惡皆被以大逆之名，而亦書曰宋人弑其君，若鮑之罪固不待言矣。

附　解

事關人倫之大，名教之防，秉筆記載者，必慎重詳審。蓋一或失真，即貽害於人心風俗也。况《春秋》爲夫子即事垂教之書，安可弗慎？《左氏》載襄夫人事，云昭公不禮之，夫人殺襄公之孫及大司馬。此年云欲通公子鮑，助之施，使昭公田而殺之。是夫人與吕雉、武曌等矣。若昭公無能，爲所困辱，則不得以無禮加之。昭公而稍有能歟，即無禮於夫人，夫人又何能任意殺之？果如《左氏》，襄夫人實弑君，而夫子不書之。婦人之義，夫死從子，况祖母乎？人君承先君之重，爲天子守土，即父母欲殺之猶當奉天子命而行，况於祖母？祖母弑君，與臣民之罪同，夫子何緣而諱之？以《經》

文詳考其事，大抵鮑厚施於民，民感私惠從逆，或者有之。小人不明大義，惟以懷惠爲事。有人豢養之者，即不惜捐生以赴。自來權奸竊君之祿，攘君之權，私恩小惠，要結人心，以致狐群狗黨，翕然成亂。其事實自春秋時始，夫子於《詩》存《無衣》《椒聊》，所以明亂臣賊子結黨朋奸之害，爲後世告此。書宋人弑其君，亦所以深惡宋之臣民附鮑而行逆也，豈薄鮑之罪哉？亂臣賊子若無小人附和，亦不能獨成其惡，故患失之臣，聖人深戒之。人君惡忠直而喜面諛，必至宵小釀惡，最當戒之慎之。

十有七年　　匡王三年

春，晋人、衛人、陳人、鄭人伐宋。

《左傳》：十七年春，晋荀林父、衛孔達、陳公孫寧、鄭石楚伐宋。討曰：何故弑君？猶立文公而還，卿不書，失其所也。案：弑君義所當討。晋爲盟主，僅遣將伐之又不果。伐，大夫例書人，此則更輕略之也。

夏四月癸亥，葬我小君聲姜。

聲，《公》作聖。

聲姜，文公之母也，婦人從夫之謚，别爲之謚，非禮也。《左氏》云有齊難，以《經》考之，葬後乃有齊師。

齊侯伐我西鄙。六月癸未，公及齊侯盟于穀。

《左傳》齊侯伐我北鄙。襄仲请盟。六月，盟于穀。齊蓋以公前未親盟來伐，故公與之盟。商人弑逆，公不能討，反爲所脅制，書以惡齊而病魯，且概世教衰也。

諸侯會于扈。

《左傳》：晋侯蒐于黄父，遂復合諸侯于扈，平宋也。公不與會，齊難故也。書曰諸侯，無功也。于是，晋侯不見鄭伯，以爲貳于楚也。鄭子家使執訊而與之書，以告趙宣子。晋鞏朔行成于鄭，趙穿、公壻池爲質焉。按：《左氏》言復合諸侯。承春伐宋而言。前命大夫，此又謀再伐，而竟與宋平，則賂故也。書會于扈不序列，輕而略之之詞。杜氏謂如十五年會扈，非。

秋，公至自穀。

書公至以見其僕。僕事齊，耻矣。雖如常辭，而意自不同。

冬，公子遂如齊。

《左傳》：襄仲如齊，拜穀之盟。復曰：臣聞齊人將食魯之麥。以臣觀之，將不能。齊君之語偷。臧文仲有言曰：民主偷必死。按：與上公至連書，皆病魯屈事逆賊也。公子遂及臧孫，不知亂賊必有天討，而徒以語卜之，陋且謬矣。

十有八年　匡王四年

春王二月丁丑，公薨于臺下。

《左傳》：十八年春，齊侯戒師期，而有疾，醫曰：不及秋，將死。公聞之，卜曰：尚無及期。惠伯令龜，卜楚丘占之曰：齊侯不及期，非疾也。君亦不聞。令龜有咎。二月丁丑，公薨。《穀梁》：臺下非正也。按：君薨必書其所，謹其終也。三傳不言何臺，亦不言所以薨，當闕。

秦伯罃卒。

秦康公也。因來赴而書也。

夏五月戊戌，齊人弒其君商人。

《左傳》：齊懿公之爲公子也，與邴歜之父争田，弗勝。及即位，乃掘而刖之，而使歜僕。納閻職之妻，而使職驂乘。夏五月，公游于申池。二人浴于池，歜以扑抶職。職怒。歜曰：人奪汝妻而不怒，一抶女庸何傷？職曰：與刖其父而弗能病者何如？乃謀弒懿公，納諸竹中。歸，舍爵而行。齊人立公子元。按：商人固當討之，賊也。然齊人不以爲賊，北面而君之，所以弒之。因報私怨則不能不以弒君目之。書人不特以其人微，謂若齊人共弒之，著商人有可死之道也。

六月癸酉，葬我君文公。

秋，公子遂、叔孫得臣如齊。

《左傳》：六月，葬文公。秋，襄仲、莊叔如齊，惠公立故，且拜葬也。文公二妃敬嬴生宣公。敬嬴嬖而私事襄仲。宣公長而屬諸襄仲，襄仲欲立之，叔仲不可。仲見於齊侯而請之。齊侯新立而欲親魯，許之。按：二人雖同如齊，然一賀立君，一拜葬，兩事故使兩人，本無可書也。因遂欲立宣，請于齊而齊許之，遂行弒逆。則此行實爲有心弒逆而往，故不去其族，明二臣以公族而植黨奸惡，文公不能先事而防，爲後戒也。

冬十月，子卒。

《左傳》：冬十月，仲弒惡及視而立宣公。書曰：子卒。諱之也。仲以君命召惠伯。其宰公冉務人止之，曰：入必死。叔仲曰：死君命可也。公冉務人曰：若君命可死，非君命何聽？弗聽，乃入，弒而埋之馬矢之中。公冉務人奉其帑以奔蔡，既而復叔仲氏。《公羊》：子卒者孰謂？謂子赤也。愚按：惡即赤也。諸侯未踰年稱子。書曰子，成其爲君也。成其爲君，則宣公弒逆之罪著。不書名殺，惡及視皆文公子，皆以爲子，則宣公不得爲子矣，惡之至矣。不日，明其卒之曖昧，則見弒可知。叔仲叔，彭生也。其死其書，蓋宣公諱之，令史臣勿書。夫子爲魯臣，亦不敢追書之也。此事當合公子遂等如齊至行父如齊參觀，乃見《經》書法之意。

夫人姜氏歸于齊。

《左傳》：夫人姜氏歸于齊，大歸也。將行，哭而過市曰：天乎，仲爲不道，殺適立庶。市人皆哭，魯人謂之哀姜。胡氏安國曰：上書大夫並使，接書子卒，又即書曰夫人歸，則見禍亂邪謀發于奉使之日，而公子遂弒立其君之罪著矣。又曰：書夫人則知其正，書姜氏則知其非，見絶于君。書歸于齊則知其無罪，異于孫于邾者，而魯國臣子殺適立庶，敬嬴、宣公之惡並見。

季孫行父如齊。

按：宣十八年，行父云使我殺適立庶者仲也，夫乃逐仲族，是仲遂弒逆，行父實與聞之。今之書如齊，以子赤爲齊甥，恐夫人歸訴而來討，往賂齊也。行父不能討，遂反如齊解之，其罪可勝誅乎？齊惠公不討魯臣之逆，坐視哀姜之大歸，又與于亂臣賊子之甚者。聖人詳書，而其惡皆見矣。

莒弒其君庶其。

《左傳》：莒紀公生大子僕，又生季佗，愛季佗而黜僕，且多行無禮于國。僕因國人以弒紀公，以其寶玉來奔，納諸宣公。公命與之邑，曰：今日必授。季文子使司寇出諸竟，曰：今日必達。公問其故。季文子使大史克對曰：先大夫臧文仲教行父事君之禮，行父奉以周旋，弗敢失隊。曰：見有禮于其君者，事之如孝子之養父母也。見無禮于其君者。誅之如鷹鸇之逐鳥雀也。先君周公制《周禮》曰：則以觀德，德以處事，事以度功，功以食民。作《誓命》曰：毀則爲賊，掩賊爲藏，竊賄爲盜，盜器爲姦。主藏之名，賴姦之用，爲大凶德，有常無赦，在《九刑》不忘。行父還觀莒僕，莫可則也。孝敬忠信爲吉德，盜賊藏姦爲凶德。夫莒僕，則其孝敬，則弒君父矣；則其忠信，則竊寶玉矣。其人，則盜賊也；其器，則姦兆也，保而利之，則主藏也。以訓則昏，民無則焉。不度于善，而皆在于凶德，是以去之。《公羊》：稱國以弒何？稱國以弒者，衆弒君之辭。吴氏曰：如《左氏》言則僕以子弒父，《春秋》不應弗書。且既與國人同弒君，則當自立，又何以奔魯？僕因國人下以字，當作之字。卓氏曰：以已二字，古人通用，因有二義。蓋因緣之因，非因附之因。二説近之。今以《經》繹之。莒子愛幼廢長，國人弗順，又以其無道也而弒之。僕不安來奔，於事理爲近。然僕當討賊遜位，終身布衣，乃爲合義。以寶玉來奔，忘親而徒自全，非也。季孫逐之非過，而不俟公命擅行，亦非也。

附 解

公薨于臺下，前人謂譏其失正。然人死因疾，疾發多不及防，世固嘗有暴卒者矣。人君正始慎終，則必書之，非必盡爲譏美。若弒君大惡，宜書之無異詞。而《經》或稱世子、公子，或書其名，或第曰人，第曰國，各有意義，則當分别觀之。如商人稱齊人，著其如一國弒之。莒子非其類也。《左傳》言莒子無禮於國，不言其狀。而僕因國人以弒莒公，如何因、如何弒，何不詳言？今據卓爾康之説解之。按諸《經》文書法，差爲相合。蓋莒子無道，國人共謀弒之。人衆不得其主名，不得不書國。然書國則一國臣民皆罪之矣，豈恕之哉？君即無道，非臣下所可弒。惟亂賊竊據當誅，然亦必非北面臣之者而後可也。魯自宣公失政，仲遂殺嫡立之，宣公不討而反德之，遂擅魯權。夫子諱國惡而詳書仲孫、叔孫、季孫如齊等事，俾宣公君臣篡弑之跡昭然。其後三家專魯，經於此臚列其人，見權臣擅國有所由來，非一朝夕之故。後世若董、操輩，攘奪亦由漸致。有國者知人善任，廣植賢材，無使小人倖進，乃爲長治之本也。

宣 公

孔氏穎達曰：《魯世家》云：宣公名倭，或作接，文公之子，敬嬴所生，以匡王五年即位。《謚法》：善問周達曰宣。

元　年　　匡王五年

春王正月，公即位。

《穀梁》：與聞乎弑。《公羊》：言即位，何其意也？皆是也。仲遂弑子赤及視立公，公德之靦然，即位以爲固然。夫子如舊史書即位，而詳書君臣如齊等事，則篡弑之迹已明。

公子遂如齊逆女。

太子赤，齊出也。公子遂弑之而立宣公，恐齊見討，又求昏以結齊。宣公居喪未期年，而遽逆女于齊，蓋其心苟得免禍，以此結齊之歡。齊亦忘其殺赤及絶哀姜之罪，而遽許以昏。皆可誅也。公子遂實弑子赤而使逆女，齊亦安之。直書其事，見當時亂賊横行，諸侯實縱之，貶責之意深矣。

三月，遂以夫人婦姜至自齊。

不曰夫人姜氏來歸，而曰遂以夫人至，明乎結昏者遂之謀也。遂寵于敬嬴，因弑子赤而立其子。書婦姜以著敬嬴之罪也。哀姜既出，夫人不得更有，姑何以稱婦？蓋敬嬴以嬖妾而專内政，既逼哀姜歸于齊，則遂位夫人之位。婦姜者，敬嬴之婦也。雖婦而實非婦之正，故並去夫人姜之氏，以明宣公君臣惡逆自固之謀，齊人不明之罪。若未終喪而娶，又其罪之小者矣。

夏，季孫行父如齊。

《左傳》：夏，季文子如齊，納賂以請會。案：納賂即賂以濟西田也。行父不討賊，而爲賊所使，如齊請會，以固公位。直書其罪自見。

晉放其大夫胥甲父于衛。

《左傳》：晉人討不用命者，放胥甲父于衛，而立胥克。先辛奔齊。案：秦晉戰于河曲，胥甲、趙穿不用命事已逾八年。今始放之。又不及趙穿，吴氏澂謂胥甲以他事取惡于趙盾而逐之，理或然也。有罪而放之是也。不及趙穿則偏矣，故稱國以放。而不去其官，明放不以其罪也。

公會齊侯于平州。

平州，杜注：齊地。在泰山牟縣西。今萊蕪縣西有平州城，屬山東濟南府。

《左傳》：會于平州，以定公位。案：書平州，見公至齊地會，以求自安。而齊之助惡，罪亦見矣。

公子遂如齊。

《左傳》：東門襄仲如齊拜成。案：書遂如齊，以見其始終之逆謀，而宣公及齊之罪均見矣。

六月，齊人取濟西田。

濟西，杜注：故曹地。僖三十一年晋文以分魯。

《左傳》：六月，齊人取濟西之田，爲立公故，以賂齊也。按：上書公會齊侯，仲遂如齊，接書齊取濟西田，則魯以田賂齊自明。不曰取我濟西田，我與之，非彼彊取之也。

秋，邾子來朝。

書朝，常也。而此書邾子朝，則有慨也。邾何求于魯而朝之？非畏魯，乃畏齊也。齊悦魯之利，邾畏齊之勢。而篡亂之徒得志，是以慨也。

楚子、鄭人侵陳，遂侵宋。

《左傳》：宋人之弑昭公也，晋荀林父以諸侯之師伐宋，宋及晋平。宋文公受盟于晋，又會諸侯于扈，將爲魯討齊，皆取賂而還。鄭穆公曰：晋不足與也。遂受盟于楚。陳共公之卒，楚人不禮焉。陳靈公受盟于晋。秋，楚子侵陳，遂侵宋。案：晋固不足以爲盟主，而鄭導楚殘中國，豈可恕哉。故書之。如此不書楚子，則疑楚、鄭皆臣下也。書楚子則鄭人即鄭伯可知。宋本有弑逆之罪，楚乃不能聲罪伐之，特因侵陳而及之，欲以憑陵中夏耳。故書遂以見其無義。

晋趙盾帥師救陳。

《左傳》：晋趙盾帥師救陳、宋。案：《傳》稱救陳、宋，而《經》止言救陳。陳無罪被侵，所當救也。宋有弑君之惡，故削而不書。晋無以服諸侯。而書其救陳，聖人善善從長之意。

宋公、陳侯、衛侯、曹伯會晋師于棐林，伐鄭。

棐林，杜注：鄭地。滎陽宛陵縣東南有林鄉。今林鄉城在新鄭縣東二十五里，屬河南開封府。

《左傳》：會于棐林，以伐鄭也。楚蔿賈救鄭，遇于北林。囚晋解楊，晋人乃還。按：列序諸侯，書會書伐，予其伐鄭也。鄭背晋即楚，晋實自取，而《春秋》猶惡鄭者，楚得志于諸侯，周室之患也。故恕晋而書會書伐以予之。

冬，晋趙穿帥師侵崇。

崇，《公》作柳。

《左傳》：晋欲求成于秦，趙穿曰：我侵崇，秦争崇，必救之。吾以求成焉。冬，趙穿侵崇，秦弗與成。案：秦、晋本世好也，自令狐之役而釁生，兵連不已，致秦南與楚合。晋患其合也，故欲求成。然不遣介以禮相結而侵秦與國，欲致秦求成。不知秦非力屈也，豈能暱就晋乎？徒多結一怨國耳。爲此謀者，趙穿也。趙盾當國，不知其謀之拙，而聽之使帥師侵崇，此可見穿之得于盾，而弑逆不能逃其責。經書趙穿帥師，著其專横，爲後弑君起也。

晋人、宋人伐鄭。

《左傳》：晋人伐鄭，以報北林之役。于是，晋侯侈，趙宣子爲政，驟諫而不入，故不競于楚。家氏鉉翁曰：秋伐鄭爵之，今伐鄭人之，何哉？曰：鄭即楚，討之公也。晋受宋賂而輔之篡，復偕宋伐鄭，私也，故伐鄭則爵之，爲宋伐鄭則人之。蓋伐鄭可也，爲宋而伐鄭則不可也。

附　解

古者史以記言記事，不加褒貶，存其實而得失自見也。夫子因史多失實，乃取魯史筆削之，恐民彝正理，久而淆亂，豈自詡明斷哉。魯事不得不諱惡，而諱之之中，不没其事之實，則非易事。夫子時，三桓當國，爲君諱安能不爲三家諱？而三桓之所以專政，非自三桓始也。晋自襄公卒而趙盾當權，爲桓、文後一變局。夫子於盟扈、盟衡雍，書晋大夫、晋趙盾，嗣是屢書之。而本年書趙盾帥師、趙穿帥師，尤見其弟兄擅柄之跡。而下年書趙盾弑君以著履霜之漸。若三桓尚未及此。夫子於其初得志時備詳之，後則各以其事予奪之。先儒因舞佾歌雍，夫子斥之，遂目三家如莽、操，亦爲太過。愚於《論語》《春秋》，發聖人之意而已。

二　年　　匡王六年

春王二月壬子，宋華元帥師及鄭公子歸生帥師，戰于大棘。宋師敗績，獲宋華元。

大棘，杜注：陳留襄邑縣。今河南歸德府睢州之西曲棘里有棘城，又寧陵縣西南七里有大棘城，亦與睢相近。

《左傳》：二年春，鄭公子歸生受命于楚，伐宋，宋華元、樂吕御之。二月壬子，戰于大棘，宋師敗績，囚華元，獲樂吕，及甲車四百六十乘，俘二百五十人，馘百人。狂狡輅鄭人，鄭人入于井，倒戟而出之，獲狂狡。君子曰：失禮違命，宜其禽也。戎，昭果毅以聽之之謂禮，殺敵爲果，致果爲毅。易之，戮也。將戰，華元殺羊食士，其御羊斟不與。及戰，曰：疇昔之羊，子爲政，今日之事，我爲政。與入鄭師，故敗。君子謂：羊斟非人也。以其私憾，敗國殄民。于是刑孰大焉。《詩》所謂人之無良者，其羊斟之謂乎，殘民以逞。宋人以兵車百乘、文馬百駟以贖華元于鄭。

半入，華元逃歸，立于門外，告而入。見叔牂，曰：子之馬然也。對曰：非馬也，其人也。既合而來奔。宋城，華元爲植，巡功。城者謳曰：睅其目，皤其腹，棄甲而復。于思于思，棄甲復來。使其驂乘謂之曰：牛則有皮，犀兕尚多，棄甲則那？役人曰：從其有皮，丹漆若何？華元曰：去之，夫其口衆我寡。案：宋昭簒弒而華元輔之，鄭穆即楚而歸，生佐之二臣皆不明大義，而輔其君以非義。春秋之衰，大夫擅權，聖人即此以著其義。二國之君聽命于臣，動大衆以交綏。而華元所事非君，又無經國之善策，其失尤重。故書及以主此戰，書敗績獲宋華元，賤之以爲失身事非君者戒也。

秦師伐晉。

《左傳》：秦師伐晉，以報崇也，遂圍焦。書師書伐，非予秦也。秦因趙穿侵崇而伐晉，是召兵者晉。晉靈不君，趙盾執政而倡兵釁，聖人蓋尤惡之，故如薄秦之罪者然。

夏，晉人、宋人、衛人、陳人侵鄭。

《左傳》：夏，晉趙盾救焦，遂自陰地，及諸侯之師侵鄭，以報大棘之役。楚鬬椒救鄭，曰：能欲諸侯而惡其難乎？遂次于鄭以待晉師。趙盾曰：彼宗競于楚，殆將斃矣。姑益其疾。乃去之。按：趙盾託辭以去鄭，實畏楚也。晉取宋賂不討其罪，故鄭去之，自反不縮矣。而又不能抗楚，故貶而書人。

秋九月乙丑，晉趙盾弒其君夷皋。

皋，《公》作獋。

《左傳》：晉靈公不君，厚斂以彫墻，從臺上彈人而觀其辟丸也。宰夫胹熊蹯不熟，殺之，寘諸畚，使婦人載以過朝。趙盾、士季見其手，問其故，而患之。將諫。士季曰：諫而不入，則莫之繼也。會請先，不入則子繼之。三進，及溜，而後視之。曰：吾知所過矣，將改之。稽首而對曰：人誰無過？過而能改，善莫大焉。《詩》曰：靡不有初，鮮克有終。夫如是，則能補過者鮮矣。君能有終，則社稷之固也，豈惟群臣賴之。又曰：衮職有闕，惟仲山甫補之。能補過也。君能補過，衮不廢矣。猶不改。宣子驟諫，公患之，使鉏麑賊之。晨往，寢門闢矣，盛服將朝，尚早，坐而假寐，麑退，歎而言曰：不忘恭敬，民之主也。賊民之主，不忠。棄君之命，不信。有一于此，不如死也。觸槐而死。秋九月，晉侯飲趙盾酒，伏甲將攻之。其右提彌明知之，趨登曰：臣侍君宴，過三爵，非禮也。遂扶以下，公嗾夫獒焉。明搏而殺之，盾曰：棄人用犬，雖猛何爲。鬬且出，提彌明死之。初，宣子田于首山，舍于翳桑，見靈輒餓，問其病。曰：不食三日矣。食之，舍其半。問之，曰：宦三年矣，未知母之存否，今近焉，請以遺之。使盡之，而爲之簞食與肉，寘諸橐以與之。既而與爲公介，倒戟以禦公徒，而免之。問何故。對曰：翳桑之餓人也。問其名居，不告而退，遂自亡也。乙丑，趙穿攻靈公于桃園。宣子未出山而復。大史書曰：趙盾弒其君。以示于朝。宣子曰：不然。對曰：子爲正卿，亡不越竟，反不討賊，非子而誰？宣子曰：嗚呼！我之懷矣，自詒伊慼。其我之謂矣。孔子曰：董狐，古之良史也，書法不隱。趙宣子，古之良大夫也，爲法受惡。惜也，越竟乃免。宣子使趙穿逆公子黑臀于周而立之。壬申，朝于武宫。案：趙盾果不與弒君之謀，必討穿而引罪辭職矣。乃坐視穿之弒逆而不救，又不明正其罪，則其心實利君之弒而貪位狥私，史以罪歸之，孔子仍之，誠非過也。董狐謂其亡不越竟，反不討賊，爲有心瞻狥與于弒逆，正論其罪也。夫子言當早去位，雖用董狐言而意自别。古今亂臣賊子，其始非必遂欲爲逆，惟因患失之一念，遂無所不至。當戒也。

冬十月乙亥，天王崩。

三　年　　定王元年

春王正月，郊牛之口傷，改卜牛。牛死，乃不郊。猶三望。

魯郊祀后稷，僭用周公廟之禮樂，非僭天子之郊也，義已屢見。祈穀之郊，在周三月。先二月卜牛而養之，禮也，因牛口傷，再卜牛亦死，不郊則廢禮，非也。望郊之屬，不郊亦無望，可也，猶三望亦非。

葬匡王。

杜氏預曰：四月而葬速。按春秋喪葬，赴往會則書。此葢王室以葬期赴，而魯使人往會葬也。葬不如期，書誌失禮耳。

楚子伐陸渾之戎。

渾，户門反，《公》作賁。渾戎後同，《穀》無之字。

《左傳》：楚子伐陸渾之戎，遂至于雒，觀兵于周疆。定王使王孫滿勞楚子。楚子問鼎之大小輕重焉。對曰：在德不在鼎。昔夏之方有德也，遠方圖物，貢金九牧，鑄鼎象物，百物而爲之備，使民知神、姦。故民入川澤山林，不逢不若。螭魅罔兩，莫能逢之，用能協于上下以承天休。桀有昏德，鼎遷于商，載祀六百。商紂暴虐，鼎遷于周。德之休明，雖小，重也。其姦回昏亂，雖大，輕也。天祚明德，有所底止。成王定鼎于郟鄏，卜世三十，卜年七百，天所命也，周德雖衰，天命未改，鼎之輕重，未可問也。按：陸渾在伊洛之間，逼近王都。楚子無故而伐之，先儒謂非疾陸渾。葢楚始封子爵，久已僭王。《經》不書人而書楚子，明其爲周臣，親率師旅窺瞰王室，有不臣之心。深誅之也。

夏，楚人侵鄭。

《左傳》：夏，楚人侵鄭，鄭即晋故也。按：楚欲入中國，道必由鄭。鄭前服楚，晋成公立，親伐鄭，鄭與之平。楚故侵之，書以誌其陵中國耳。

秋，赤狄侵齊。

按：地譜以洺州爲赤狄之地，則今廣平府也。余氏光謂赤狄隗姓，别爲一種，在山西潞州以北，而東界黎城，即古黎國。其種有潞氏、甲氏，留吁壤地相連。然據二説，皆去齊甚遠。《經》書其侵，度不能遠，越境而至也。赤狄當即是北狄之一種，古今異名，不必强爲之説，聖人以其猾夏，謹而書之耳。

宋師圍曹。

宋文公弑君即位，盡逐武穆之族。武穆之族以曹師伐宋，故宋師圍曹，書以惡其肆惡也。

冬十月丙戌，鄭伯蘭卒。

《左傳》：冬，鄭穆公卒。初，鄭文公有賤妾曰燕姞，夢天使與己蘭，曰：余以伯儵。余，而祖也，以是爲而子。以蘭有國香，人服媚之如是。既而文公見之，與之蘭而御之。辭曰：妾不才，幸而有子，將不信，敢徵蘭乎？公曰：諾。生穆公，名之曰蘭。穆公有疾曰：蘭死，吾其死乎，吾所以生也。刈蘭而卒。

葬鄭穆公。

穆，《公》作繆。

不月，闕文。葬速，非禮也。

四　年　定王二年

春王正月，公及齊侯平莒及郯。莒人不肯。公伐莒，取向。

郯，國名。漢置郯縣。《地理志》：故郯國也。今爲郯城縣，屬山東兗州府。故郯城在縣西南境。向，杜注：莒邑。《寰宇志》：莒州南七十里有向城。今屬山東青州府。

公及齊侯平莒及郯，莒人不肯，公伐莒取向。左氏以爲非禮，是也。然平怨本善舉，而莒不從則必公有不足服人者矣。孟子曰：治人不治，反其治。書不肯、伐、取，示後世先自反也。

秦伯稻卒。

家氏鉉翁曰：秦之卒葬，或名或不名，或葬或不葬。秦不告，史闕書也。

夏六月乙酉，鄭公子歸生弑其君夷。

《左氏》：楚人獻黿于鄭靈公。公子宋與子家將見。子公之食子動，以示子家，曰：他日我如此，必嘗異味。及入，宰夫將解黿，相視而笑。公問之，子家以告。及食大夫黿，召子公而弗與也。子公怒，染指于鼎，嘗之而出。公怒，欲殺子公。子公與子家謀，先，子家曰：畜老，猶憚殺之，而況君乎？反譖子家，子家懼而從之。夏，弑靈公。鄭人立子良，辭曰：以賢則去疾不足，以順則公子堅長。乃立襄公。襄公將去穆氏，而舍子良。子良不可，曰：穆氏宜存，則固願也。若將亡之，則亦皆亡，去疾何爲？乃舍之，皆爲大夫。公子宋以弑君告歸生，歸生不正其罪而反從之。庸懦之徒，如此怯而助賊者不少。故以弑君罪歸之，爲後世鄙夫戒。若《左氏》之非，則前人已辨之矣。

赤狄侵齊。

外夷内侵，聖人必謹書之。一以嚴内外之防，一以見諸侯無以自修，寄慨深矣。

秋，公如齊。公至自齊。

君行告至必書，重人君之舉動也。而宣公以篡弒之故，結齊自固，頻年如齊，備書于策以譏之。

冬，楚子伐鄭。

《左傳》：冬，楚子伐鄭，鄭未服也。案：楚久僭王，書爵以正其名，即爲非之。鄭弒逆，諸侯無能討者，楚之伐之，未必以是爲辭。然其人可誅，則書楚子之爵，恕其伐矣。

五　年　　定王三年

春，公如齊。

《左傳》：五年春，公如齊，高固使齊侯止公，請叔姬焉。

夏，公至自齊。

《左傳》：夏，公至自齊，書，過也。案：公以篡弒故屈身事齊，屢朝于齊。今朝齊，齊脅請叔姬，其辱甚矣，故詳書以彰其自取。

秋九月，齊高固來逆叔姬。

《左傳》：秋九月，齊高固來逆女，自爲也。固以大夫而娶國君女，齊侯實使之，其侮魯甚矣。而公得國不正，自取屈辱，夫子不諱其辱，即所以不恕其罪也嚴也哉。

叔孫得臣卒。

不書日，闕文也。魯卿皆書卒，他國不然，内辭也。叔孫得臣、仲遂身爲弒逆，而亦書之，使後人歎亂臣賊子亦保首領以没，當時之失政刑可知。

冬，齊高固及子叔姬來。

《左傳》：冬，來，反馬也。禮：嫁女留其送馬，不敢自安及廟，見成婦遣使反馬。家氏鉉翁曰：反馬不躬，至歸寧無並行。高固挾婦俱來，以臣抗君，更挾婦以要魯館甥之禮。宣無所嫌，而魯之宗廟朝廷實爲之辱矣。

楚人伐鄭。

《左傳》：楚子伐鄭，陳及楚平。晋荀林父救鄭，伐陳。高氏閌曰：去冬之伐稱楚子所以譏鄭，今稱人罪楚也。按：鄭歸生弒君，晋不能討，何以服諸侯，宜楚人之玩之也。因楚伐而救鄭，舉動乖違，故聖人削而不書晋救。

附　解

天生民而立之君，使養教萬姓，必事事則天，始可無愧。夫子故表堯以爲法。亂臣賊子覬覦富貴，僥倖有成，靦然而爲民，上天豈容之，天下臣民又豈安之？然自曹、馬篡奪而後至於趙宋，皆以篡得國。愚作《史存》止於後漢，已明言其故矣。《春秋》爲亂賊而作，豈容稍諱。而魯則不敢斥言，又不可不彰明其義。桓弒而卒，見殺於齊，宣乃倖而獲終，安可不著其罪。

夫子於其立也，詳書三家黨惡之迹，又詳其卑屈事齊之實，皆所以彰其惡而誅其隱，非但以爲諱詞也。弑逆本由仲遂，而宣公不討其罪，即與同罪。然遂死骨未寒，其子已被季孫逐之，則敢行大逆，圖子孫世享榮利，亦何益哉！

六　年　定王四年

春，晋趙盾、衛孫免侵陳。

《左傳》：六年春，晋、衛侵陳，陳即楚故也。按：晋靈不君，趙盾弑逆，以陳素與晋協者，亦背而即楚。書晋趙盾、衛孫免侵陳，刺己不正而妄責人也。《公羊》謂弑逆者不復見《經》，於義不通，前人已辨斥之。

夏四月。

秋八月，螽。

程子曰：螽，蝗也。汪氏克寬曰：《春秋》書螽災十有六，而宣公之世有四焉。蓋身爲不義而貪暴于民，是以致天災之亟數也。

冬十月。

七　年　定王五年

春，衛侯使孫良夫來盟。

《左傳》：七年春，衛孫桓子來盟，始通，且謀會晋也。案：魯宣因齊得篡，久不事晋。晋成立而欲求諸侯，衛與晋通，故來盟，爲晋求魯。盟非春秋所貴也，况臣盟君乎？特魯、衛兄弟之國，本宜通好，故書君使無貶辭，而書盟以見其抗。

夏，公會齊侯伐萊。

萊，杜注：萊国。東萊黄縣，今屬山東。登州府縣東南二十里有萊子城。公既欲從晋，而又不能遽絶齊也。萊爲齊患，而公聽齊命往會伐之，直書以見其不能自立，而曲徇强暴之失。

秋，公至自伐萊。

凡君至必告廟，以其事出有名，告于祖也。公曲徇齊而伐萊，將何辭以告廟哉？雖至者，常也，而至自伐萊告至，爲有愧矣。

大旱。

天設君以牧民，民危則天怒。春秋災旱必書，使人愛民以事天，不可怠玩，亦不必某變而以某事拘論之也。

冬，公會晋侯、宋公、衛侯、鄭伯、曹伯于黑壤。

黑壤，今山西澤州沁水縣西北四十里黑嶺，周宇文泰改爲烏嶺。《寰宇記》云：即春秋晋黑壤也。

《左傳》：鄭及晋平，公子宋之謀也。故相鄭伯以會。冬，盟于黑壤，王叔桓公臨之，以謀不睦。晋侯之立也，公不朝焉，又不使大夫聘，晋人止公于會，盟于黄父。公不與盟，以賂免。故黑壤之盟不書，諱之也。案：晋主夏盟，卻秦楚以安中國。聖人所予晋成立，而欲紹舊業，故此會無貶詞。惟公負罪下齊，不與晋通，自反不縮。因公不與盟而諱之，而公之失彌彰矣。

八　年　　定王六年

春，公至自會。

公見止于晋人，以賂得免。書公至自會如常辭，予公之往會，而諱其賂免也。公既改過而會晋，則止公者晋過也。以賂免，公雖過也，晋亦非也。故諱之。

夏六月，公子遂如齊，至黄乃復。

《公羊》：至黄乃復何？有疾也。杜氏預曰：丈夫受命而出，雖死以尸將事遂。以疾還，非禮也。

辛巳，有事于大廟，仲遂卒于垂。

大音泰。垂當是魯地。杜注誤。

仲遂者，公子遂也。禮：大夫卒而賜氏。宣公得遂之立己生，而賜氏比于季友之例。《春秋》于其卒不書公子而書氏書名，以見賊臣幸免誅戮，且世其家，其病宣公深矣。先書有事于大廟，爲下不去樂張本。

壬午，猶繹。萬入，去籥。

繹者何？祭之明日以賓尸也。萬，文武二舞之總名。干舞，武舞。籥，文舞也。去文舞，嫌吉也。促遂弑逆當討，而使爲卿。卿卒當不繹，而繹。書以著公私意妄行之咎也。

戊子，夫人嬴氏薨。

《公》《穀》作熊氏。

敬嬴，文公嬖妾，私事仲遂，殺嫡立庶，罪不容誅矣。宣公既立，尊以爲夫人。《春秋》前既書夫人姜氏歸于齊，今又書夫人嬴氏薨，則宣公以妾母爲夫人，卑其父而瀆其祖可見。而嬴氏倖免于戮，又靦焉爲夫人，當時王章之失亦可見。雖諱惡之辭，而微而顯者，莫甚于斯矣。

晋師、白狄伐秦。

《左傳》：春，白狄及晋平。夏，會晋伐秦。晋人獲秦諜，殺諸絳市，六日而蘇。秦怨起，自侵崇，其曲在晋可知矣。乃又結狄以伐秦，書晋師、白狄，齒之于狄，深惡之也。

楚人滅舒蓼。

《公》作舒鄝。舒蓼，杜注：二國名。孔氏穎達曰：二國傳寫之誤，當云一國。今江南廬州府廬江縣西故舒城是也。

《左傳》：楚爲衆舒叛故，伐舒蓼，滅之。楚子疆之，及滑汭。盟吴、越而還。案：晋不能尊周抗楚以安諸侯，而相尋于怨兵。上書晋師、白狄伐秦，下書楚滅舒蓼，志楚之强，慨無人以正之也。書人書滅，罪其暴也。

秋七月甲子，日有食之，既。

日月之食有常度，疑若不爲變也。然王者奉天理物，事天如事親。一物失所必引爲己咎，况日月之眚乎？故以爲己德不修，無以奉天，而弭災變必自責也。《春秋》于日月之食必謹書，以此日食既，則變益甚矣。

冬十月己丑，葬我小君敬嬴。

父一而已，母则不然。小君非不可有二也，而敬嬴不德，宣公以私尊爲小君，夫子亦小君書之，實以彰其黨同弑奪之惡也。

雨，不克葬。庚寅，日中而克葬。

上書己丑，蓋喪既行而爲雨止。因雨不克葬，既異也。國君葬親，豈不能備？其必雨非常而始不克葬也，書不克與克，《經》至詳明，非可以葬而不葬，亦非公不爲雨備，怪而誌之之詞。詳見附解。

城平陽。

平陽，杜注：泰山有平陽縣。今山東濟南府新泰縣西北四里平陽故城是也。

《左氏》以爲書時也，而《經》不言何時。《春秋》重用民力故必書也。

楚師伐陳。

《左傳》：陳及晋平。楚師伐陳，取成而還。是時晋不振而楚强，書師書伐，著其恃衆陵中國耳。

附　解

仲遂諂事敬嬴，殺嫡立庶，宣公德之，不惟免罪，而且敬爲夫人，遂爲正卿。在春秋亂賊之中，實爲漏網僥倖。聖人深惡之，故於遂與敬嬴卒葬詳書，以寓其罪責焉。遂如齊有疾而擅復，其目無君上可知，垂去魯都不遠，故比即知其卒。聞其卒而去籥，以其爲卿也而哀之，不計其無命私復之非也。敬嬴與弑而尊爲夫人，葬以小君，天理安在？雨不克葬，其必有實不能行者，而後次日葬之。董卓之喪，數次不能成葬，此或亦其類乎。胡氏以爲咎徵，亦非無因。若《穀梁》云喪不以制案，周禮遂師，具載葬儀，國君諒無不如制者。《左氏》以雨不克葬爲禮，謂其不苟且從事也。然夫子書己丑不克葬，庚寅日中而克葬，則雨狀非常可知。而適在喪已就道之後，其爲變異亦顯然可想。雖聖人不斤斤論禍福而惡惡逆，著其事以見天意，亦復何害。愚故以爲誌異，而不但常視之。

九　年　　定王七年

春王正月，公如齊。

范氏寧曰：有母之喪而行朝會，非禮。

公至自齊。

夏，仲孫蔑如京師。

《左傳》：春，王使來徵聘。夏，孟獻子聘于周，王以爲有禮，厚賄之。宣公並未一朝王，今使仲孫蔑聘，乃因王來徵聘。《經》上書公朝齊至自齊，接書蔑如京師，胡氏安國曰：屬辭比事，不待貶絶，而惡自見者也。信矣。

齊侯伐萊。

萊，小國耳。齊侯親伐之，故書其實，以罪其恃衆强伐弱小，非予之也。

秋，取根牟。

根牟，杜注：東夷國也。瑯琊陽都縣東有牟鄉。今在山東青州府沂水縣南。孰取之？魯取之也。不言公，諱也。無王命而擅滅國，罪矣。諱之而罪亦因之以著。

八月，滕子卒。

來赴故書。滕，侯爵也，而書子，蓋時王降之也。

九月，晋侯、宋公、衛侯、鄭伯、曹伯會于扈。

扈，鄭地。

《左傳》：會于扈，討不睦也。是時楚强，诸侯多不與晋，故有此會。楚得志，非中國之福也。故於此會列序諸侯無貶辭。

晋荀林父帥師伐陳。辛酉，晋侯黑臀卒于扈。

《左傳》：陳不會，晋荀林父以諸侯之師伐陳。晋侯卒于扈，乃還。陳背晋即楚，晋不遽伐之，會扈以待而不至，命將伐之，幾於有禮矣。故書其實，無貶詞。扈非晋地，故書之，不書卒于會，會已畢，晋命林父伐之，而已待于扈，猶冀陳之至也。此事晋爲有禮，故詳書予之。

冬十月癸酉，衛侯鄭卒。

蓋亦卒于扈也。扈，鄭地，故不書。其皆不書葬，非義所關也。或曰二君皆有貶焉，故不書葬。誤矣。

宋人圍滕。

《左傳》：冬，宋人圍滕，因其喪也。乘喪而圍之，不仁甚矣。人之者，賤之也。

楚子伐鄭。晋郤缺帥師救鄭。

鄭從晋，楚子親伐之。書其實以見其陵中國，非予之而書爵。《左傳》：楚子爲厲之役故，伐鄭。書晋郤缺救鄭，善其救也。

陳殺其大夫洩冶。

《左傳》：陳靈公與孔寧、儀行父通于夏姬，皆衷其衵服，以戲于朝。洩冶諫曰：公卿宣淫，民無效焉，且聞不令，君其納之。公曰：吾能改矣。公告二子，二子請殺之，公弗禁，遂殺洩冶。孔子曰：《詩》云：民之多辟，無自立辟。其洩冶之謂乎？案：稱國以殺者，爲其君臣同謀殺之，斥一人則不足以皆著其罪也。書大夫，美冶之不失其官。書名，著其人也。孔子既書美之而又引《詩》，惜其不早辨之于始，爲輕仕者戒也。

附　解

陳殺其大夫洩冶，《左氏》載孔子之言以無自立辟目冶。黄氏仲炎謂非孔子之言。蓋以冶忠諫而死，不應復加貶斥。然實未明忠孝之義也。夫臣忠子孝，豈必以捐軀爲美哉？事親者誠身竭力，凡有可以致親於道者無不爲，凡有稍失親之歡者必自咎。在己勉爲聖人，能守身矣。又致其親於聖人，故得親順。親必交盡其道。萬一親如瞽瞍，小杖則受，大杖則走。欲殺之不可得，欲使之未嘗不在側，舜所以愛其身而全其親也。豈曰亡身以徇，陷親於不義乎？臣之事君亦然。以堯、舜事其君，則必以舜、禹視其身。身不行道，何以事君？君不信從，何以行道？伊尹必三聘而後出，孔子不脱冕而遂行，豈自貴而忘其君哉？無益於君，與民而徒，苟禄必不可也。孔子曰：以道事君，不可則止。又曰：難進易退。是以三月無君，雖皇皇而未嘗苟就。以忠愛之忱，非枉道而猶可伸也。洩冶非貴戚之卿，無執政之權。其始仕也，既未慎之於初，立其朝而無以成君之德。遇君之失諫之，諫而不從，去之，乃正義也。何隱忍居位，諫不從而弗去，爲孔儀二人私殺哉？夫子以立辟責之，誠非過論。古今忠義之士，明於出處者甚希。其臨危授命，大節凜然，君子不得不表其精誠而略其小失。然若以聖人用行舍藏之義言之，則固猶未爲全美。學者欲爲孔、孟所爲，其必更有精焉者矣。

十　年　　定王八年

春，公如齊。公至自齊。

書事齊之勤，著公不正而藉齊庇也。

齊人歸我濟西田。

《左傳》：齊侯以我服故，歸濟西之田。公初立以濟西田賂齊求庇，今齊喜公之服而歸其田。取田不書我而第言齊取，著齊有挾而取，助逆之罪。歸田書我，著公賂齊以免罪，與如齊、至自齊連書，而公之罪益彰矣。

夏四月丙辰，日有食之。

杜氏預曰：不書朔，官失之。

己巳，齊侯元卒。

齊崔氏出奔衛。

《穀梁》：氏者，舉族而出之之辭也。《左氏》：齊惠公卒。崔杼有寵於惠公，高國畏其偪也，公卒而逐之，奔衛。公卿稱氏，譏世卿。案：舉族而出之，故稱氏是也。崔氏齊丁公後，則譏世卿非是。時崔杼年幼，左氏謂杼有寵，亦非崔氏族强有寵。惠公卒，不自安而出奔，盡族以行。齊告列國，史書之而子仍之，見其族大行止自如也。若高國逐之，後何以又復之？

公如齊。

《左傳》：公如齊奔喪。杜氏預曰：親奔喪，非禮也。

五月，公至自齊。

王氏保言：禮：諸侯卒，有服者奔喪，無服者會葬。不足爲典要，而公以篡立，故屈事齊，實大非禮。《經》屢書之，見人不正其身，徒屈辱而弗能飾罪，爲世戒也。

癸巳，陳夏徵舒弑其君平國。

《左傳》：陳靈公與孔寧、儀行父飲酒于夏氏。公謂行父曰：徵舒似女。對曰：亦似君。徵舒病之。公出，自其廄射而殺之。二子奔楚。按：陳靈公不君甚矣，而《春秋》書弑逆如常辭，何也？徵舒不能以禮防閑其母，又貪位弗早奉母他適，食其禄而弑之，則亂賊矣。至靈公黷倫禍身，直書其事以爲世戒，亦在其中。

六月，宋師伐滕。

《左傳》：滕人恃晋而不事宋，六月，宋師伐滕。書師，惡其恃衆而虐小也。前既乘喪圍之，今又恃衆伐之，滕何罪哉。强與國之事已而以衆陵之，王法所不宥也。

公孫歸父如齊。葬齊惠公。

使人會葬，禮也，而此書其人書其故何？宣公依齊惠以成篡，事之惟謹，卒而自往奔喪，今又使歸父會葬。歸父，仲遂之子也。書以著其君臣始終得成篡逆之由。

晋人、宋人、衛人、曹人伐鄭。

《左傳》：鄭及楚平。諸侯之師伐鄭，取成而還。按：鄭爲中國之蔽，聖人重匡周故重卻楚安鄭，而晋不能以德禮修己治人，區區争鄭亦末矣。書伐鄭，有反復之罪，而無取于晋，故書人。

秋，天王使王季子來聘。

《左傳》：秋，劉康公來報聘。王季子，王之弟也。食采于劉，宣公未嘗朝周，而王使來聘。書無貶辭者，王有時聘諸侯之禮。使來聘，未失也，書之以見王寵如是，而宣公不朝之罪彌彰。

公孫歸父帥師伐邾，取繹。

繹，《公》作蘱。繹，杜注：邾邑。魯國鄒縣北有繹山。今嶧山在鄒縣東南二十里，蓋縣治徙山北也。嶧與繹通。

書帥師伐，著其恃衆虐小。書歸父，著公德仲遂而任其子也。

大水。

大水則民災矣。故特書之。

季孫行父如齊。冬，公孫歸父如齊。

《左傳》：季文子初聘于齊。冬，子家如齊，伐邾故也。公事齊惟謹，伐邾恐齊罪之，齊侯初立，使賀又解伐邾之故。各一人往聘，書以見不正而諂屈事人之謬。

齊侯使國佐來聘。

《左傳》：國武子來報聘。按：報聘，禮也。但在喪未踰年遽行吉禮，非也。

饑。

五穀不成曰饑。前書大水，今書饑，其失政可見矣。

楚子伐鄭。

《左傳》：楚子伐鄭。晋士會救鄭，逐楚師于潁北。諸侯之師戍鄭。書爵，著楚子親行，以見其憑陵中夏之甚。

附　解

五倫首重君父，以其爲綱常之主也。聖人正心修身以齊其家，施之於國與天下，豈有他哉。全天之理，踐倫常之道，無愧於天地父母，乃可以爲子孫儀型。《大學》必以修身爲本，職此故也。君親之尊，同乎兩大也，豈無禮自居猶得爲綱哉？陳靈下淫臣妻，已非人類。徵舒弒之，亦羞惡之良。而聖人書其弒君如常者何？君臣以義合，必難進而易退，非自貴也。不足以行道濟民，而徒食禄希榮，即非人臣之義。徵舒舊爲陳臣，非新進而干禄。其初固不必究，既而陳靈不得，則當見幾早避，即母之不淑，亦宜早爲設法防閑，辭官而去，逃之僻壤，此一定不可少者，何至蒙蒙昧昧，聽母妄爲，至君與大夫下同勾欄之遊，不早禁之，豈當時不聞徵舒似我之言，尚不知羞忿乎？既立其朝，即不得爲逆。爲逆而又不能全其子道，安得不以弒逆書之？雖然，徵舒之罪特因不明所以爲孝之道，而陳靈爲人君父，蔑理亂倫，使綱常掃地，又安可不誅？《經》上書陳殺其大夫洩冶，下書徵舒弒其君，納孔、儀二人於陳，則靈公之惡迹昭。而又書其葬，以明國人被以惡謚，不能逃萬世之耳目。身爲至尊，不齒人群，凡有人心者皆羞之，聖人亦不得已而形諸筆削，豈屑道其事哉？

十有一年　定王九年

春王正月。

夏，楚子、陳侯、鄭伯盟于辰陵。

《穀》作夷陵。辰陵，杜注：陳地。潁川長平縣南有長亭。今開封府陳州西南四十里有辰陵亭，故長平城在州西北六十里。

《左傳》：春，楚子伐鄭，及櫟。子良曰：晋、楚不務德而兵争，與其來者可也。

晋、楚無信，我焉得有信。乃從楚。夏，楚盟于辰陵，陳、鄭服也。按：觀子良之言，則陳、鄭從楚，非得已也。會盟非春秋所貴，有尊王恤患之志者則節取之。今楚爭陳、鄭，非義也，而列書爵，豈予之哉？楚憑陵中夏，晋徒欲襲文之業而無德以綏諸侯。《經》書楚與陳、鄭盟，儼若主盟中夏者，所以傷周之衰，而刺晋不足輔周也。

公孫歸父會齊人伐莒。

宣公德齊不已，齊惠没而猶聽齊命，會齊伐莒，故書以示貶。

秋，晋侯會狄于欑函。

欑，才端反。欑函，杜注：狄地。

《左傳》：晋郤成子求成于衆狄，衆狄疾赤狄之役，遂服于晋。秋，會于欑函，衆狄服也。是行也。諸大夫欲召狄。郤成子曰：吾聞之，非德，莫如勤，非勤，何以求人？能勤有繼，其從之也。《詩》曰：文王既勤止。文王猶勤，况寡德乎？按：狄之爲中國患久矣。晋欲服之，亦未始非綏靖之一事。第是時楚焰方張，列國變亂。晋不能匡正，而徒求成于狄，則末矣。故書晋侯會狄，以著其徒自求安，而無匡周之志。

冬十月，楚人殺陳夏徵舒。丁亥，楚子入陳。納公孫寧、儀行父于陳。

《左傳》：冬，楚子爲陳夏氏亂故，伐陳。謂陳人無動，將討于少西氏。遂入陳，殺夏徵舒，轘諸栗門，因縣陳。陳侯在晋。申叔時使于齊，反，復命而退。王使讓之曰：夏徵舒爲不道，弑其君，寡人以諸侯討而戮之，諸侯縣公皆慶寡人，女獨不慶寡人，何故？對曰：猶可辭乎？王曰：可哉。曰：夏徵舒弑其君，其罪大矣，討而戮之，君之義也。抑人亦有言曰：牽牛以蹊人之田，而奪之牛。牽牛以蹊者，信有罪矣；而奪之牛，罰已重矣。諸侯之從也，曰討有罪也。今縣陳，貪其富也。以討召諸侯，而以貪歸之，無乃不可乎？王曰：善哉。吾未之聞也。反之，可乎？對曰：可哉。吾儕小人所謂取諸其懷而與之也。乃復封陳，鄉取一人焉以歸，謂之夏州。按：楚子入陳，而後殺夏徵舒，今曷爲先書殺徵舒？殺之者，楚子也，曷爲書楚人？蓋不與楚子以討賊也。楚欲服陳久矣，今因徵舒之亂而假以行私，非誠能討賊也。使其果以討賊而來，聖人必書曰楚子伐陳，殺夏徵舒矣。觀其始謂陳人無動，將討于少西氏。而繼遂縣陳，雖納申叔時之言復封陳，而鄉取一人焉以歸，離其父母兄弟妻子以誇其功，此何爲哉？故先書楚人殺徵舒，次書入陳，明其假義擅入人國也。書納公孫寧、儀行父于陳，納者不順之辭，明二人陳所不容而强納之也。寧與行父導君于惡，致使身亾國破，不罪而反納之，又欲縣人之國，何得爲討罪？故聖人詳書以著其失。

附　解

恒言王降而霸，蓋王者以德治世，德衰而力興。霸者以力禁亂，能不失大義，亦可爲天下依仗。《春秋》於齊桓、晋文節取之以此。且桓、文拜天威，受册命，尚不失臣子之義。楚莊憑陵中夏，問鼎窺周，並不朝貢，徒服鄭服陳，克晋以爲强，而後人列諸五霸，其謬不亦甚乎。夏徵舒有罪可討，而陳侯不道亦甚。孔、儀二人實始倡亂，戮之以告天下猶懼其晚，而乃納之，且欲藉勢滅陳。《經》書楚人殺陳夏徵舒，若陳之徵舒無故而爲楚人所殺者，不書楚子殺之也。下文入陳卻又書楚子，明楚子有滅陳之志，乘陳亂而入之，且納陳人所不願之孔、儀二人。其惡之深而書之詳如此。《左氏》乃以爲有禮，何其謬哉！

十有二年　定王十年

春，葬陳靈公。

亂故是以赴緩。先儒謂討賊乃書葬，然惟魯則然耳，若外君則或赴或不赴，或往會葬或不會葬，不可以是爲例。此書陳靈，惡謚以戒後人耳。夏徵舒之罪，陳靈豈不當分其咎哉。

楚子圍鄭。

《左傳》：春，楚子圍鄭。旬有七日，鄭人卜行成，不吉。卜臨于大宫，且巷出車，吉。國人大臨，守陴者皆哭。楚子退師，鄭人修城，進復圍之，三月克之。入自皇門，至于逵路。鄭伯肉袒牽羊以逆，曰：孤不天，不能事君，使君懷怒以及敝邑，孤之罪也。敢不唯命是聽？其俘諸江南以實海濱，亦唯命。其翦以賜諸侯，使臣妾之，亦唯命。若惠顧前好，徼福于厲、宣、桓、武，不泯其社稷，使改事君，夷于九縣，君之惠也，孤之願也，非所敢望也。敢布腹心，君實圖之。左右曰：不可許也，得國無赦。王曰：其君能下人，必能信用其民矣，庸可幾乎？退三十里而許之平。潘尫入盟，子良出質。按：書圍鄭，著其强暴。書楚子，斥其人。不書鄭請平，不予其服于楚。中國無主，聖人所慨也。

夏六月乙卯，晉荀林父帥師及楚子戰于邲，晉師敗績。

邲音弼。邲，杜注：鄭地。今河南開封府鄭州東六里有邲城。

按：《左傳》：晉師救鄭。荀林父將中軍，先縠佐之。士會將上軍，郤克佐之。趙朔將下軍，欒書佐之。趙括、趙嬰齊爲中軍大夫。鞏朔、韓穿爲上軍大夫。荀首、趙同爲下軍大夫。韓厥爲司馬。及河，聞鄭既及楚平，桓子欲還，曰：無及于鄭而剿民，焉用之？楚歸而動，不後。隨武子曰：善。彘子不可，以中軍佐濟。林父不得已從之，欒書、趙莊子皆言不可，趙括、趙同與士縠力持之。魏錡求公族未得，而怒，欲敗晉師。請致師，弗許。請使，許之。遂往，請戰而還。趙旃求卿未得，且怒于失楚之致師者，請戰，弗許。請召盟，許之。與魏錡皆命而往。士會請設備，士縠亦不可。是晉之敗林父，將令不行所致也。故聖人以林父主此戰，深惡其敗師辱國之罪，非與楚也。晉本以救鄭而出師，然楚圍鄭已六月，救緩無益于事，故不書。春秋無義戰，戰楚而衛中夏較可。林父不才，自此一敗而楚滅蕭圍宋，勢益横行，則罪不可逭矣。

秋七月。

《左傳》：秋，晋師歸，桓子請死，晋侯欲許之。士貞子諫曰：不可。城濮之役，晋師三日穀，文公猶有憂色。左右曰：有喜而憂，如有憂而喜乎？公曰：得臣猶在，憂未歇也。困獸猶鬭，况國相乎。及楚殺子玉，公喜而後可知也，曰：莫余毒也已。是晋再克而楚再敗也。楚是以再世不競。今天或者大警晋也，而又殺林父以重楚勝，其無乃久不競乎？林父之事君也，進思盡忠，退思補過，社稷之衛也，若之何殺之？夫其敗也，如日月之食焉，何損于明？晋侯不知修德勤政，而徒事姑容，不治諸臣失律之罪，非也。

冬十有二月戊寅，楚子滅蕭。

冬，楚子伐蕭，宋華椒以蔡人救蕭。蕭人囚熊相宜僚及公子丙。王曰：勿殺，吾退。蕭人殺之。王怒，遂圍蕭。蕭潰。申公巫臣曰：師人多寒。王巡三軍，拊而勉之。三軍之士，皆如挾纊。遂傅于蕭。還無社與司馬卯言，號申叔展。叔展曰：有麥麴乎？曰：無。有山麴窮乎？曰：無。河魚腹疾奈何？曰：目于眢井而拯之。若爲茅絰，哭井則已。明日蕭潰，申叔視其井，則茅絰存焉，號而出之。高氏閌曰：楚既服陳、鄭，又敗晋師，遂深入内地，憑陵小弱，滅人之國，書以著其暴也。趙氏鵬飛曰：蕭，宋之附庸，自宋至楚蓋千里，而楚兵直至宋郊，滅其附庸，則楚之患深矣。按：二説得之。毛大可謂蕭近楚小國，别有蕭邑。然蕭附庸于宋，安得近楚？則此仍當如舊説。

晋人、宋人、衛人、曹人同盟于清丘。

清丘，杜注：衛地。在濮陽縣東南。唐置清丘驛，在今直隸大名府開州東南七十里長樂里。

《左傳》：晋原穀、宋華椒、衛孔達、曹人同盟于清丘。曰：恤病討貳。於是卿不書，不實其言也。按：晋不能繼文、襄之業，修德自强，是时楚强，诸侯觀望不前，晋僅使大夫同會盟，聖人慨之，故書其事而略其人也。

宋師伐陳。衛人救陳。

《左傳》：宋爲盟故，伐陳。衛人救之。孔達曰：先君有約言焉，若大國討我則死之。按：衛自成公被晋執，即不服晋，而晋文現在，衛已不朝。晋文卒，趙孟合諸侯伐之，陳代爲請成。今晋弱楚强，晋欲合諸侯，强衛同盟，宋奉晋命伐陳，而衛即背盟救陳。《經》連書其事，晋之不足主中夏盟見矣。

十有三年　定王十一年

春，齊師伐莒。

《左傳》：齊師伐莒，莒恃晋而不事齊故也。書師，著其恃衆陵弱。

夏，楚子伐宋。

《左傳》：楚子伐宋，以其救蕭也。君子曰：清丘之盟，惟宋可以免焉。卓氏爾康曰：陳、鄭、宋皆在河南，天下要樞也，鄭處其西，宋處其東，陳則介乎鄭、宋之間。得鄭則可以致西諸侯，得宋則可以致東諸侯，得陳則可以致鄭、宋。按：惟然。故楚必欲得三國，而每役楚子皆親行。聖人屢書之，以見其憑陵中夏不軌之心。而或以爲書爵者與之，誤矣。

秋，螽。

杜氏預曰：爲災，故書。

冬，晋殺其大夫先縠。

縠，《穀》作穀，音同。

《左傳》：赤狄伐晋，及清，先縠召之也。冬，晋人討邲之敗，與清之師，歸罪于先縠而殺之，盡滅其族。君子曰：惡之來也，己則取之，其先縠之謂乎？按：先縠違命，當戮之于行師之時。兵敗罪歸主帥，林父免死，則先縠亦可免，既使會諸侯之大夫矣，今始討而戮之，置林父不問，已爲失刑。先軫有大勳于晋，戮縠而並滅其族，又已過焉。故稱國以殺，而不去其官。至《左傳》謂縠召赤狄伐晋，《經》所不書，或晋人文致之辭，不足爲信。不然召寇伐國，縠之罪大，《春秋》必不書其官矣。

十有四年　　定王十二年

春，衛殺其大夫孔達。

《左傳》：十四年春，孔達縊而死。衛人以説于晋而免。遂告于諸侯曰：寡君有不令之臣達，構我敝邑于大國，既伏其罪矣，敢告。衛人以爲成勞，復室其子，使復其位。按：孔達棄信背盟，聽之者衛君也。既聽其言事，僨則殺之以説晋君，使臣以禮如此乎？故書國以殺，而不去其官，深病其君也。

夏五月壬申，曹伯壽卒。

晋侯伐鄭。

夏，晋侯伐鄭，爲邲故也。告于諸侯，蒐焉而還。桓子之謀也。曰：示之以整，使謀而來。鄭人懼，使子張代子良于楚。鄭伯如楚，謀晋故也。鄭以子良爲有禮，故召之。案：楚横陵中國，莫可誰何。晋景因鄭即楚，親將以伐之，爲中國計，亦可節取。故書爵書伐無貶辭。

秋九月，楚子圍宋。

楚子使申舟聘于齊，曰：無假道于宋。亦使公子馮聘于晋，不假道于鄭。申舟以孟諸之役惡宋，曰：鄭昭宋聾，晋使不害，我則必死。王曰：殺女，我伐之。見犀而行。及宋，宋人止之，華元曰：過我而不假道，鄙我也。鄙我，亡也。殺其使者必伐我，伐我亦亡也。亡一也。乃殺之。楚子聞之，投袂而起，屨及于窒皇，劍及于寢門之外，車及于蒲胥之市。秋九月，楚子圍宋。案：楚子不以禮服諸侯，徒恃勢力。孟諸之役既辱宋矣，今使齊而不假道，及宋殺其使，乃以兵圍宋，無禮甚焉。故斥書楚子圍宋以罪之。

葬曹文公。

冬，公孫歸父會齊侯于穀。

冬，公孫歸父會齊侯于穀。見晏桓子，與之言魯樂。桓子告高宣子曰：子家其亡乎，懷于魯矣。懷必貪，貪必謀人。謀人，人亦謀己。一國謀之，何以不亡？案：仲遂佐宣篡立，公德之而任其子。歸父屢以大夫而抗盟諸侯，齊因魯之屈事亦褻其尊而與會。直書其失自見矣。

十有五年　　定王十三年

春，公孫歸父會楚子于宋。

魯西南界宋，因楚圍宋而懼，是以歸父往會之，又恐齊之見討也。故去年先會齊以解之，比事而書，魯君臣之不競可見矣。

夏五月，宋人及楚人平。

《左傳》：宋人使樂嬰齊告急于晉。晉侯欲救之。伯宗曰：不可。古人有言曰：雖鞭之長，不及馬腹。天方授楚，未可與爭。雖晉之彊，能違天乎？諺曰：高下在心，川澤納汙，山藪藏疾，瑾瑜匿瑕。國君含垢，天之道也，君其待之。乃止。使解揚如宋，使無降楚，曰：晉師悉起，將至矣。鄭人囚而獻諸楚，楚子厚賂之，使反其言，不許，三而許之。登諸樓車，使呼宋人而告之。遂致其君命。楚子將殺之，使與之言曰：爾既許不穀而反之，何故？非我無信，女則棄之，速即爾刑。對曰：臣聞之，君能制命爲義，臣能承命爲信，信載義而行之爲利。謀不失利，以衛社稷，民之主也。義無二信，信無二命。君之賂臣，不知命也。受命以出，有死無實，又可賂乎？臣之許君，以成命也。死而成命，臣之祿也。寡君有信臣，下臣獲考死，又何求？楚子舍之以歸。夏五月，楚師將去宋。申犀稽首于王之馬前，曰：無畏知死而不敢廢王命。王棄言焉。王不能答。申叔時僕，曰：鑿室反耕者，宋必聽命。從之。宋人懼，使華元夜入楚師，登子反之牀，起之曰：寡君使元以病告，曰：敝邑易子而食，析骸以爨。雖然，城下之盟，有以國斃，不能從也。去我三十里，惟命是聽。子反懼，與之盟而告王。退三十里。宋及楚平，華元爲質。盟曰：我無爾詐，爾無我虞。案：平釋怨息兵，《春秋》所許也，而稱人何？以其平由臣下也。華元、子反，先私盟而後告其君，聖人書人以著其實，亦以防擅專之漸也。先儒多以爲貶，然子反私與華元盟後告君，貶之可也。華元奉君命求成亦貶之乎？故愚特以爲著其實，而亦以防其漸。

六月癸卯，晉師滅赤狄潞氏，以潞子、嬰兒歸。

潞氏，杜注：赤狄之别種。今山西潞安府潞城縣即其地也。縣東北四十里有古潞城。

《左傳》：潞子，嬰兒之夫人，晉景公之姊也，酆舒爲政而殺之，又傷潞子之目。晉侯將伐之，諸大夫皆曰：不可。酆舒有三儁才，不如待後之人。伯宗曰：必伐之。狄有五罪，儁才雖多，何補焉？不祀，一也；耆酒，二也；棄仲章而奪黎氏地，三也；虐我伯姬，四也；傷其君目，五也。怙其儁才，而不以茂德，益滋罪也。後之人或者將敬奉德義以事神人，而申固其命，若之何待之？不討有罪，曰將待後，後有辭而討焉，毋乃不可乎？夫恃才與衆，亡之道也。商紂由之，故滅。天反時爲災，地反物爲妖，民反德爲亂，亂則妖災生。故文反正爲乏，盡在狄矣。晋侯從之。六月癸卯，晋荀林父敗赤狄于曲梁。辛亥，滅潞。酆舒奔衛，衛人歸諸晋，晋人殺之。案：書師書滅，惡其恃衆而擅滅人國也。書以潞子、嬰兒歸，甚之也。酆舒有罪，討而戮之可也。潞子有罪，請于王而易置之可也。貪其土地而滅之虜之，是以深斥惡之也。

秦人伐晋。

《左傳》：秋七月，秦桓公伐晋，次于輔氏。壬午，晋侯治兵于稷以畧狄土，立黎侯而還。及雒，魏顆敗秦師于輔氏。獲杜回，秦之力人也。初，魏武子有嬖妾，無子。武子疾，命顆曰：必嫁是。疾病，則曰：必以爲殉。及卒，顆嫁之，曰：疾病則亂，吾從其治也。及輔氏之役，顆見老人結草以亢杜回，杜回躓而顚，故獲。夜夢之曰：余，爾所嫁婦人之父也。爾用先人之治命，余是以報。書伐晋，擅滅人國，有可伐之罪。且不書晋敗秦，以著晋罪。然秦亦非專爲救患興師也，故人之。

王札子殺召伯、毛伯。

《左傳》：王孫蘇與召氏、毛伯争政，使王子捷殺召戴公及毛伯衛。卒立召襄。按：王札子即王子捷也。書王子札則似表其爲王子，但書子札又似稱其子，故變文而書。王札子争政而殺召伯、毛伯者，王孫蘇也，何以書王札子？札爲王子，使能正其失，蘇亦不敢違也。乃聽從擅殺，罪莫大焉。故書以惡之。而定王坐視不問，政令何以行乎？書亦以傷周之衰也。杜氏諤曰：桓、襄之前，列國諸侯交相戰伐，列國不稟王命也。至此而王臣相殺，内之卿士不奉王命也。

秋螽。

張氏洽曰：自六年至今三遇螽災，而加之以水旱，此宣公不修德節用愛人之所感也。

仲孫蔑會齊高固于無婁。

《公》作牟婁。無婁，杜注：杞邑。案：《公羊》作牟婁，蓋即隱四年莒人伐杞所取之邑，此時已爲莒邑矣。杜注疑有誤。

大夫非君命不越境，春秋之衰，大夫抗會盟諸侯，今又大夫自相會。三傳皆不言其何事，大抵是時大夫專國政，會以謀之。二國之君平日信任使然。書以誌政逮大夫之概也。

初税畝。

案：周制田九百畝爲一井，八家各受田百畝，中爲公田。以二十畝爲廬舍，尚餘八十畝，八家共助耕公田。公私各收其田之所入，八家皆受百畝，而公僅收八十畝之入，故爲十分取一。税畝者，又徵民田之所入也。宣公無德，而勞民耗財，爲此重賦。首變先王之制，故書初以譏之。

冬，蝝生。

蝝，悦全反。

螽始生曰蝝。周之冬，夏之秋也。蓋將穫而蝝又爲災。曰生，明非蝝生時而生異也，所以年饑。《左氏》乃以爲幸之，謬矣。

饑。

張氏洽曰：宣兩書饑，一在大水之後，一在螽蝝之後。國無蓄積而民無以生可見。

十有六年　　定王十四年

春王正月，晋人滅赤狄甲氏及留吁。

甲氏、留吁，杜注：赤狄别種。案：胡氏注：留吁，赤狄之殘邑。晋滅赤狄，甲氏留吁遂爲晋邑，謂之純留。《水經注》云：絳水經屯留故城，即故留吁國也。今山西潞安府屯留縣南十三里純留故城是也。

《左傳》：十六年春，晋士會帥師滅赤狄甲氏及留吁、鐸辰。三月，獻狄俘。晋侯請于王。戊申，以黻冕命士會將中軍，且爲大傅。于是晋國之盜逃奔于秦。羊舌職曰：吾聞之，禹稱善人，不善人遠。此之謂也。《詩》曰：戰戰兢兢，如臨深淵，如履薄冰。善人在上也。善人在上，則國無幸民。諺曰：民之多幸，國之不幸也。是無善人之謂也。案：是時楚方陵暴諸夏，晋不務抗楚以衛諸侯，徒滅赤狄以拓疆，上故書人以貶之。

夏，成周宣榭火。

《左傳》：夏，成周宣榭火，人火之也。凡火，人火曰火，天火曰災。杜氏預曰：成周，洛陽。宣榭，講武屋。案：臺上有屋曰榭，即今之講武廳也。宣榭蓋宣王講武之所。宣王當厲王之後中興，會諸侯于東都。今王室不振，而宣榭火。雖曰人火，亦天意也。書之以誌周之衰也。

秋，郯伯姬來歸。

《左傳》：秋，郯伯姬來歸，出也。案：伯姬歸郯不書，而來歸書，其必有不當出而出者矣。書以著郯之失也。

夫婦之際，人倫之始，故詳書之。

冬，大有年。

宣公時，災饑屢書，去年冬蝝，饑矣，而公方且加賦，幸之也。君不恤民，天心仁愛，書以慨之。

附　解

杜預以宣榭爲講武屋，而不解宣字。毛大可以爲宣王廟榭，於宣字有着落，而谓宣王廟遠無室，故稱榭。夫宣王中興，義當不祧，則有廟即有室。

祖廟重地，即翼室等處，被火亦宜以廟災書，安有止書榭者乎？故仍從杜説而申其義。郯伯姬來歸，其事無考，則不知爲遇患而大歸歟？抑爲出歟？皆不可知。七出之條，自堯、舜至孔、孟皆未聞言，而《家語》載孔子言之。然細玩其文，云教令不出於閨門，事在供酒食而已，無閫外之非儀。夫教令不出閫門，是已惟供酒食，無閫外非儀。蓋沿《斯干》之詩。然詩意本因落室頌祝之詞，生男則爲大貴，生女則歸賢夫。一家和順，婦人享平安無事之福，無非無議，惟酒食是議，相燕樂而已，非謂婦人於相夫教子立德成名等事全不與知也。又以議爲儀，尤無意義。其文言女子無專制之義，至所以效匹娓之德也，詞義已完。下文孔子遂言曰，女有五不取及七出云云，文義另起，已覺甚強。五不取之義亦不盡允，而七出内無子、惡疾二條尤非。先儒已嘗議之。夫妻之賢否視夫爲轉移，故夫爲妻綱。即有幼小失教之女，夫果賢明，能修身以爲之則，亦可革其故習。如頑梗難化，不任以事，使免飢寒，終其身足矣，烏有不返求諸已，徒責於妻者乎？自先儒誤解地道無成，輕視婦女，遂使正内正外，刑于起化之義不明。愚是以屢爲辨證，而於此又贅言之，豈故反前人哉。誠以陰陽之義，天地交致其功。齊治之原，内外同司其責，不可偏任以失人倫之本也。

十有七年　　定王十五年

春王正月庚子，許男錫我卒。

丁未，蔡侯申卒。

夏，葬許昭公。葬蔡文公。

季氏本曰：是時許、蔡從楚皆來訃喪，而魯往弔焉。見魯亦與楚通矣。

六月癸卯，日有食之。

己未，公會晋侯、衛侯、曹伯、邾子同盟于斷道。

斷，音短。斷道，杜注：晋地。今山西沁州東有斷梁城。

《左傳》：春，晋侯使郤克徵會于齊。齊頃公帷婦人，使觀之。郤子登，婦人笑于房。獻子怒，出而誓曰：所不此報，無能涉河。獻子先歸，使欒京廬待命于齊，曰：不得齊事，無復命矣。郤子至，請伐齊，晋侯弗許；請以其私屬，又弗許。齊侯使高固、晏弱、蔡朝、南郭偃會。及斂盂，高固逃歸。夏，會于斷道，討貳也。盟于卷楚，辭齊人。晋人執晏弱于野王，執蔡朝于原，執南郭偃于溫。苗賁皇使見晏桓子，歸，言于晋侯曰：夫晏子何罪？昔者諸侯事吾先君，皆如不逮，舉言群臣不信，諸侯皆有貳志。齊君恐不得禮，故不出，而使四子來。左右或沮之，曰：君不出，必執吾使。故高子及斂盂而逃。夫三子者曰：若絶君好，寧歸死焉。爲是犯難而來，吾若善逆彼，以懷來者，吾又執之，以信齊沮，吾不既過矣乎？過而不改，而又久之，以成其悔，何利之有焉？使反者得辭，而害來者，以懼諸侯，將焉用之？晋人緩之，逸。案：同盟，志同欲也。而此則譏也。何譏乎爾？楚方强盛侵陵中夏。晋不能禦也。因齊失禮於使臣，魯、晋、衛、曹諸君即聽其臣之言，同盟以謀伐齊。齊桓合諸侯，兩書同盟，以見其一匡之美。晋主夏盟，不能卻楚靖患，而以區區小忿合與國報怨，則書同盟以著其凌夷之故。文同而義異，合觀而春秋盛衰之跡昭然。以書同盟爲皆予之者，非也。何以書爵？前此列國大夫多主會盟，此盟諸侯親相會，而特爲小忿私相期耳，故書其人以誌慨。

秋，公至自齊。

宣公德齊，事之惟謹。今因季孫行父禿齊戲辱之，乃背齊事晋，同謀伐齊。書公至自會，見其不明而爲臣下所役，深慨君道之替也。

冬十有一月壬午，公弟叔肸卒。

肸，許乙反。

《左傳》：冬，公弟叔肸卒。公母弟也。凡太子之母弟，公在曰公子，不在曰弟。《穀梁》曰：公弟叔肸，賢之也。其賢之何？宣弒而非之也。非之則胡爲不去？曰：兄弟也。何去而之與之財？則曰我足矣。織屨而食，終身不食宣公之食，君子以是爲通恩也，以取貴乎春秋。黄氏仲炎曰：曰公弟猶曰公子也。以先君之子稱之，故曰公子。以今之兄弟稱之，故曰公弟。愚案：不書公子而曰公弟，正所以著公之惡而美肸之得弟道也。肸，文公子，惠伯也。肸之子公孫嬰齊，嬰齊之子叔老，叔老之子叔弓，弓之子叔輒、叔鞅，輒之子叔詣，叔弓之曾孫叔還。御案：叔肸卒後未三年而其子嬰齊帥師，厥後世爲大夫。蓋肸不受祿而宣公加恩于其子孫。李氏廉曰：書字而書弟，所以異于其餘稱弟者也。

十有八年　　定王十六年

春，晋侯、衛世子臧伐齊。

《左傳》：十八年春，晋侯、衛太子臧伐齊，至于陽穀。齊侯會晋侯盟于繒，以公子彊爲質于晋。晋師還，蔡朝、南郭偃逃歸。案：《傳》稱晋伐齊而齊與盟，《經》不書齊及晋平而但書晋之伐，著晋侯之罪也。齊不從晋，晋亦未奉王命而長諸侯也。晋無如楚何，而伐齊以强其服，且偕人子背父主兵，以是討有罪，不足服人矣。故世子與晋侯連書誌譏。

公伐杞。

趙氏鵬飛曰：杞世婚于魯。杞桓公魯出，而且娶于魯。僖、文之世各一來朝，惟宣公殺惡及視以自立。杞蓋以宣爲僖、文之罪人，未嘗朝焉。宣公憾之故親伐杞。書公伐杞，見其不義而陵弱之罪。

夏四月。

秋七月，邾人戕鄫子于鄫。

戕，音牆。鄫，《穀》作繒。

《公羊》：戕，賊而殺之也。此蓋邾子使人刺殺鄫子於鄫，宜書盜。而不然者，書盜則無以彰邾子之罪也。書人賤之，書于鄫惡其已甚。世衰弱小不能自全，聖人有深慟焉。

甲戌，楚子旅卒。

旅，《穀》作吕。楚始書卒。

《公羊》云：不書葬，吴、楚之君不書葬。胡氏安國曰：楚僭稱王不書葬。按：來告，故書葬，不書葬，葬未赴耳。或謂以楚莊之賢而卒之則謬。

公孫歸父如晋。

《左傳》：公孫歸父以襄仲之立公也，有寵，欲去三桓以張公室。與公謀而聘于晋，欲以晋人去之。按：公得國不正，又假權于臣下。歸父以父遂之，故屢專會盟。與三桓無二，其欲去三桓，安知非欲自專。書如晋下書至自晋而奔，歸父之妄、季孫行父之專擅俱見，書法之妙也。

冬十月壬戌，公薨于路寢。

公得國不正，而得令終。蓋殺惡及赤而立公者敬嬴與仲遂，公未嘗必自立也。而不討賊則罪亦同。《經》書薨于路寢，如常詞，實著其倖免也。

歸父還自晋，至笙。遂奔齊。

笙，《公》《穀》作檉。笙，杜注：魯境也。

《左傳》：冬，公薨。季文子言于朝曰：使我殺適立庶以失大援者，仲也夫。宣叔怒曰：當其時不能治也。後之人何罪？子欲去之，許請去之。遂逐東門氏。子家還，及笙，壇帷，復命于介。袒、括髮，即位哭，三踊而出。遂奔齊。書曰：歸父還自晋。善之也。案：歸父非純臣也，而其歸自晋，復命于介，哭踊如禮則可取。故書還自晋。還者，畢事之辭，善其完使事也。宣公不德，移權于臣下，而力不能去歸父，以父遂得君而欲去三桓，皆非。《經》固得失不相掩矣。

附　解

自古亂臣賊子，皆狐群狗黨、貪慕富貴之臣阿附而成。然助成亂逆，其得保首領者幾希矣。至身爲亂逆之臣，尤無善報，此天理也。奈先儒諱言禍福，並僥倖得志之徒亦若以爲天命，於是惡人肆意，謂非禮非義，不妨任意爲之。襄仲苟順敬嬴之意，而其子被逐。宣公德遂重用其子，而亦不能終庇之。且自此權移臣下，魯因以微。《春秋》於敬嬴、仲遂父子皆隱寓其譏斥，則公薨路寢雖如常詞，而言外有罔生之歎焉。且新宫不久則災，《經》特書之，其示戒顯然。讀者勿謂悖逆可逃天譴也。

春秋恒解卷五晚年定本

成公

范氏寧曰：《魯世家》：成公名黑肱，宣公之子，以周定王十七年即位。《謚法》：安民立政曰成。

元　年　定王十七年

春王正月，公即位。

二月辛酉，葬我君宣公。

無冰。

周之二月，夏之十二月。無冰則常燠矣。先儒拘拘《洪範傳》之意，每事必求其義相比，然往往失之鑿與誕。夫陰陽之義，以和而已。冬寒固閉真陽，蘊之愈深，則發之愈暢。無冰者陽不斂，而陰無以養陽。明年春生夏長之功皆不能達。要止陰陽不和云爾。以爲異，故書之。

三月，作丘甲。

古者田賦出車以爲戰具，車各有甲士，其甲司之於官，出兵則授甲，還仍歸於官。四井爲邑，四邑爲丘。丘出戎馬一疋，牛三頭。今魯令一丘各自作甲，以備用兵，不必官授以甲。創制故書作，譏其不務本而徒重兵備以擾民也。前人以爲增兵賦者，非。

夏，臧孫許及晉侯盟于赤棘。

赤棘，杜注：晉地。

《左傳》：聞齊將出楚師，夏，盟于赤棘。按：魯欲親晉以抗齊，故爲此盟。是時列國之政，半出大夫，而魯則季孫行父當國。觀臧孫之抗與晋盟，而他國可知矣。書及，内所欲也，許辰之子。

秋，王師敗績于茅戎。

《左傳》：春，晋侯使瑕嘉平戎于王，單襄公如晋拜成。劉康公徼戎。將遂伐之。叔服曰：背盟而欺大國，此必敗。背盟不祥，欺大國不義，神人弗助，將何以勝？不聽，遂伐茅戎。三月癸未，敗績于徐吾氏。秋，王人來告敗。欺戎無備而伐之，敗績者劉子也，曷爲不書？而曰王師，爲尊者諱也。王不能正其臣，臣罪亦王咎也。爲王諱，存周之大一統也。以是爲立君父之大閑也。

冬十月。

《穀梁》：季孫行父禿，晋郤克眇，衛孫良夫跛，曹公子手僂，同時而聘于齊。齊使禿者御禿者，使眇者御眇者，使跛者御跛者，使僂者御僂者，蕭同叔子處臺上而笑之。聞于客，客不説而去。相與立胥閭而語。移日不解。齊人有知之者曰：齊之患必自此始矣。

二　年　　定王十八年

春，齊侯伐我北鄙。

《左傳》：二年春，齊侯伐我北鄙，圍龍。頃公之嬖人盧蒲就魁門焉，龍人囚之。齊侯曰：勿殺。吾與而盟，無入而封。弗聽，殺而膊諸城上。齊侯親鼓，士陵城，三日，取龍，遂南侵及巢丘。案：齊、魯始以私相結，繼以私相怨，其兵皆忿兵也，無足論者。第魯密邇于齊，理宜修好，乃因向晋抗齊，致齊來伐。又不以理卻之，而殺其嬖臣，致失都邑。故書齊伐我北鄙，而略其取龍之事，言魯有以取之也。書齊侯，著其親行恃强之迹。

夏四月丙戌，衛孫良夫帥師及齊師戰于新築，衛師敗績。

新築，杜注：衛地。《史記》：趙成侯及魏惠王遇于葛築。或云即新築也。今直隸大名府魏縣南二十里有新築城。

案：《左傳》：衛侯使孫良夫、石稷、寧相、向禽將侵齊，與齊師遇。石子欲還，孫良夫不可。遂戰，敗績。蓋衛臣侵齊，路遇齊伐魯之師，而遂與戰。衛之侵齊，因良夫怨齊戲之。以私己小忿動國師，又必與齊戰，書良夫主此戰及敗績，深惡良夫無禮也。《左傳》多闕文，故不録。

六月癸酉，季孫行父、臧孫許、叔孫僑如、公孫嬰齊帥師會晋郤克、衛孫良夫、曹公子首及齊侯戰于鞌，齊師敗績。

郤，去逆反。首，《公》《穀》作手。鞌，音安。鞌，杜注：齊地。《穀梁》曰：鞌去齊五百里。杜氏《通典》云：鞌在平陰縣東。今平陰去臨淄五百里，似與《穀梁》合矣。然以《左傳》考之，自始合以至齊敗，止爲一日之事。華不注在濟南城北，去平陰二百三十里，何以一奔而遽至乎？近《志》云：鞌即古之歷下。似爲得之。

案：《左傳》：孫良夫還於新築，不入，遂如晋乞師。臧孫許亦如晋乞師，皆主郤克，晋侯許之七百乘。克復請八百乘，許之。郤克將中軍，士燮將上軍，欒書將下軍，韓厥爲司馬，以救魯、衛爲名，實欲雪一笑之耻也。臧孫許逆晋師，且道之。季文子帥師會之。戰于鞌，齊師敗績，韓厥幾獲齊侯，賴逢丑父與公易位而免。晋師從齊師，入自丘輿，擊馬陘。齊侯使賓媚人致賂，晋人不許，欲以蕭同叔子爲質。賓媚人以禮折之，而後許盟。是此役皆郤克諸臣爲之也。以一笑之故，辱其君，殘其民，致欲質其君母，其罪可勝誅哉。故列書諸臣之名書及，以主此戰以大夫而抗盟諸侯，已僭矣。又抗戰諸侯，大夫之專，可勝慨哉。魯獨列敘四臣之名，惡其黨惡而專擅也。

秋七月，齊侯使國佐如師。己酉，及國佐盟于袁婁。

《穀》作爰婁。爰婁，張氏洽曰：臨淄縣西有袁婁，或曰在淄川境。

《左傳》：秋七月，晋師及齊國佐盟于袁婁，使齊人歸我汶陽之田。案：師在齊境内，故曰如師。書齊侯使國佐，美國佐之不辱君命也。書及國佐盟，見諸大夫爲齊所屈。齊侵虐魯、衛，晋果能請王命以問罪，齊亦當自屈矣。乃諸大夫因笑之，耻連兵摟伐，又不能以理措辭，爲國佐屈，故書以予國佐而愧諸臣。春秋兵争甚矣，能以理爲命，屈人靖患，固聖人所許也。

八月壬午，宋公鮑卒。

來赴故書。鮑亦弑逆也。獲保首領，故異而書之。

庚寅，衛侯速卒。

速，《公》作遬。

《左傳》：九月，衛穆公卒，晋三子自役弔焉，哭于大門之外。衛人逆之，婦人哭于門内，送亦如之。遂常以葬。杜氏預曰：師還過衛，因弔之，故不敢成禮。

取汶陽田。

汶，音問。

汶陽田本魯地也。齊人以歸于我，當曰歸而曰取者，恃晋之力以强取之，與取非其有同。聖人之惡勢力而辨義利如此。

冬，楚師、鄭師侵衛。

齊服于楚，楚故侵衛以救齊，而鄭實導之。楚之憑陵中國，聖人所惡也。鄭導楚侵衛亦罪，然不書人而書師者，略其罪也。衛非能明大義者，其伐齊也以忿，則楚、鄭之侵亦自取也。失均故略之。

十有一月，公會楚公子嬰齊于蜀。

《左傳》：宣公使求好于楚。莊王卒，宣公薨，不克作好。公即位，受盟于晋。會晋伐齊。衛人不行使于楚，而亦受盟于晋，從于伐齊。故楚令尹子重爲陽橋之役以救齊。冬，楚師侵衛，遂侵我，師于蜀。使臧孫往，辭曰：楚遠而久，固將退矣。無功而受名，臣不敢。楚侵及陽橋，孟孫請往，賂之以執斲、執鍼、織紝，皆百人。公衡爲質，以請盟，楚人許平。案：嬰齊以臣抗與君盟，而公甘受之，自反不縮也。公不能自立，從楚從晋，俯仰隨人，臧孫知楚兵不久而公以賂質求盟，故書會公子嬰齊，以志辱。

丙申，公及楚人、秦人、宋人、陳人、衛人、鄭人、齊人、曹人、邾人、薛人、鄫人盟于蜀。

《左傳》：十一月，公及楚公子嬰齊、蔡侯、許男、秦右大夫説、宋華元、陳公孫寧、衛孫良夫、鄭公子去疾及齊國之大夫盟于蜀。卿不書，匱盟也。于是乎畏晋而竊與楚盟，故曰匱盟。蔡侯、許男不書，乘楚車也，謂之失位。君子曰：位其不可不慎也乎。蔡、許之君，一失其位，不得列于諸侯，况其下乎。《詩》曰：不解于位，民之攸塈。其是之謂矣。案：《左氏》謂匱盟者，非也；謂失位者，是也。楚悉師以出，而列國靡然從之，遽與之盟，不畏晋也。晋雖勝齊，乃臣下私忿之兵，非有安靖諸侯之心。公服楚畏齊，幸藉晋服齊取汶陽田，遂同各國盟于蜀。齊亦從楚。當時勢力相屈，不顧信義，聖人所深惡也。故人各君而不諱公會以刺之。

附　解

予觀是年，王及國佐屈晋，而歎禮之爲國，其維繫者長也。《左傳》：晋侯使鞏朔獻齊捷於周，王弗見，使單襄公辭焉，曰：兄弟甥舅，侵敗王略，王命伐之，告事而已，不獻其功。今叔父克遂，有功於齊，而不使命卿鎮撫王室，鞏伯實來，未有職司於王室，其敢廢舊典以忝叔父？夫齊，甥舅之國也，而大師之後也，寧不亦淫從其欲以怒叔父，抑豈不可諫誨？士莊伯不能對。郤克等挾忿勝齊，欲質其母，國佐以理屈之而服。文、武、周公以忠厚開基，義禮治世，後世裂冠毁冕，無所不至，而莫敢覬覦王室者，禮教未盡淪亡，且王室雖微亦未嘗暴虐其民，肆爲非道，即定王此言可以知其概矣。使有賢方伯修明政教，率諸侯以翼戴王家，則中興不難。然且變禮相尋，綿綿延延數百年，而始終如火之熄，如水之涸，無後世亡國之慘禍。有國家者，能無思其故而敬慎歟？

三　年　定王十九年

春王正月，公會晋侯、宋公、衛侯、曹伯伐鄭。

去冬楚鄭侵衛，今衛求晋宋曹同伐鄭報之。《左傳》：諸侯伐鄭，次于伯牛，討邲之役。非也。邲之役晋救鄭而致敗，何以恨鄭？魯、宋、衛、曹皆與鄭從楚，去冬十一月盟于蜀，今又從晋伐鄭，四國之妄可笑，而晋人之愚亦可歎矣。然《經》書爵書伐無貶詞者，楚擾中夏而鄭從之也堅，惡楚故惡鄭也。宋、衛未葬不稱子，仍舊史以著其罪。

辛亥，葬衛穆公。

穆，《公》作繆。

二月，公至自伐鄭。

甲子，新宮災。三日哭。

新宫者何？宣公之宫也。曷爲不曰宣宫？主新入廟也。甫入廟而即災異之，故以新言之。宣公未嘗親纂弑，而縱容仲遂，使賊臣無所顧忌。新宫之災，高氏以爲有天道諒矣。三日哭，則成公之如禮，故書以予之。

乙亥，葬宋文公。

七月而葬，因厚葬故踰制。書以慨當時任心越禮也。

夏，公如晋。

《左傳》：夏，公如晋，拜汶陽之田。夫晋使齊歸汶陽之田，藉以飾其報忿之師，非誠有疆理諸侯之德也。故《經》書曰取，厥後八年晋使韓穿來言，汶陽之田復歸之于齊，合觀而魯之失可見矣。

鄭公子去疾帥師伐許。

《左傳》：許恃楚而不事鄭，鄭子良伐許。案：是時列國之大夫各專政權，去疾書族書伐，著其專兵虐小之罪也。趙氏鵬飛謂：楚越許而後可至鄭，許弱不能抗楚而從之，君子所恤，鄭乃伐之。其後許畏鄭偪，遷入楚地。遷于葉，又遷于白羽，又遷于容城。鄭既失許，故楚兵一出而直履鄭郊。楚患益近，其言至爲詳明。

公至自晋。

公屢如晋，《經》詳書之，著其僕僕事人，不能自立。周公之澤所以衰也。

秋，叔孫僑如帥師圍棘。

棘，杜注：汶陽田之邑，在濟北蛇丘縣。劉昭曰：蛇丘縣有棘鄉。季氏私考曰：今當爲肥鄉縣地。

棘，汶陽之邑，魯取汶陽之田，棘不服，故圍之，復故地。而民不聽魯之政可知矣。故書帥師圍，見其恃衆强民服之迹。自魯作丘甲，稅役日重，棘所以不願爲之民也。成公不知薄斂修德，而肆其兵力，雖得之亦必失之。

大雩。

晋郤克、衛孫良夫伐廧咎如。

廧，在良反。《公》作將，《穀》作牆。咎，音羔。

《左傳》：晋郤克、衛孫良夫伐廧咎如，討赤狄之餘焉。故二臣伐之，廧咎如潰，《經》不書，惡二臣不仁。而晋常滅赤狄潞氏、甲氏及留吁，其餘黨散入廧咎如，又欲盡滅之，深惡其擅兵殘虐之罪。

冬十有一月，晋侯使荀庚來聘。

衛侯使孫良夫來聘。

丙午，及荀庚盟。丁未，及孫良夫盟。

《左傳》：冬十一月，晋侯使荀庚來聘，且尋盟。衛侯使孫良夫來聘，且尋盟。公問諸臧宣叔，謂晋爲盟主，其先之。丙午，盟晋。丁未，盟衛。禮也。案：來聘，禮也。必尋盟非也。春秋以盟爲重，然寒之者多。晋大夫用事忿兵倖勝齊，諸侯即從晋，晋恐其貳也，使聘且盟。《經》詳書之，刺之至矣。魯無德以自立，而區區受盟，故聖人諱之，而言及不言公。

鄭伐許。

凡稱國不稱人與師者，惟戎狄則然。此稱鄭伐許，深惡鄭而鄙之也。鄭爲王畿之國，能修德自强以衛王室，始不愧畿封，乃役于晋、楚，今晋敗于邲，專意事楚已爲無志，又肆虐弱小，一歲而再伐許，聖人惡其闇于理而凶于德也。故斥書鄭以外之。

四　年　　定王二十年

春，宋公使華元來聘。

《左傳》：四年春，宋華元來聘，通嗣君也。案：諸侯世相朝，禮也。宋未嘗聘魯，而兹來聘亦一端之善也。故書之無貶辭。

三月壬申，鄭伯堅卒。

案：杜氏預曰：壬申二月二十八日，蓋史文之誤。

杞伯來朝。

《左傳》：杞伯來朝，歸叔姬故也。案：叔姬之歸杞，不見于《經》，而其來歸也，《經》備書之，與郯伯姬同。然郯伯姬書歸而已，杞叔姬書葬書逆。先儒謂齊人歸子叔姬，罪在齊也。杞叔姬來歸，以自歸爲文，罪在叔姬也。不知先書杞伯來朝，後書杞逆喪以葬，則叔姬之歸爲杞伯之過明矣。夫歸之際，人倫之始，風化之原。士庶有出妻之文，天子諸侯無是也。古之婚也，必在成人。其或不淑，慎之于始可也。既爲杞匹，則將刑于寡妻，以迓于家邦，何至否德而出之？後世情欲勝而禮義衰，以私心愛憎亂其妃匹。杞伯將歸叔姬，而先來朝以言其故，畏魯也。魯聽之而其實必有不可者，故聖人書卒書逆，不絶之于杞，則叔姬之不應歸明矣。

夏四月甲寅，臧孫許卒。

汪氏克寬曰：文仲之子，宣叔也。子紇嗣爲大夫，是爲武仲。

公如晋。

《左傳》：夏，公如晋，晋侯見公，不敬。季文子曰：晋侯必不免。《詩》曰：敬之敬之。天惟顯思，命不易哉。夫晋侯之命在諸侯矣，可不敬乎？案：季孫非能知道者，因晋侯不敬而知其不免，蓋文武之教澤未艾。

葬鄭襄公。

汪氏克寬曰：喪未五月，葬之速也。太不懷也。

秋，公至自晋。

《左傳》：秋，公至自晋，欲求成于楚而叛晋，季文子曰：不可。晋雖無道，未可叛也。國大臣睦，而邇于我，諸侯聽之，未可以貳。史佚之，《志》有之，曰：非我族類，其心必異。楚雖大，非吾族也。其肯字我乎？公乃止。

冬，城鄆。

趙氏鵬飛曰：鄆即汶陽之一邑也。以田言之曰汶陽，以邑言之曰鄆。戴氏溪曰：魯既得汶陽故城，鄆以自固。家氏鉉翁曰：鄆有三莒之别。邑亦曰鄆。九年楚人入鄆是也。魯自有二鄆，文十二年城諸及鄆，此東鄆，莒、魯所争者也。成十六年公待于鄆，此西鄆，今此所城也。

鄭伯伐許。

《左傳》：冬十一月，鄭公孫申帥師疆許田，許人敗諸展陂。鄭伯伐許，取鉏任冷敦之田。晋欒書將中軍，荀首佐之。士爕佐上軍，以救許伐鄭，取氾、祭。楚子反救鄭，鄭伯與許男訟焉。皇戌攝鄭伯之辭，子反不能決也。曰：君若辱在寡君，寡君與其二三臣共聽兩君之所欲，成其可知也。不然，側不足以知二國之成。毛大可曰：許近楚而鄭伐之，欲並楚也。楚不知鄭伐許之故，因晋伐鄭而救之，其後許愬鄭伯于楚與鄭訟。鄭不勝，乃執皇戌及公子國。鄭歸棄楚而從晋，于是晋、楚争鄭。因楚、鄭争許而又一變，其言甚爲有見。鄭喪未踰年稱伯，如其意而書，以著其忘親之罪。

五　年　　定王二十一年

春王正月，杞叔姬來歸。

案：《穀梁》：婦人之義，嫁曰歸，反曰來歸。叔姬來歸，被出也。其被出之故不見于《經》，合前後所書觀之，蓋不當出也。義已見杞伯來朝。

仲孫蔑如宋。

《左傳》：孟獻子如宋，報華元也。汪氏克寬曰：蔑與華元交相聘問，其情厚矣。而明年逼于晋，令遽興侵宋之師，邦交固如是乎？

夏，叔孫僑如會晋荀首于穀。

首，《公》作秀。

《左傳》：夏，晋荀首如齊逆女，故宣伯餫諸穀。案：僑如無公命而私餫荀首，非禮也。故以自會爲書，惡其專擅。

梁山崩。

梁山崩，杜注：在馮翊夏陽縣北。《詩》：弈弈梁山。《水經注》：河水又南逕梁山是也。夏陽，今同州韓城縣，屬陝西西安府。

《穀梁》：梁山崩，壅遏河三日不流。晋君召伯尊而問焉。左氏以爲伯宗辟重，重人曰：待我，不如捷之速也。伯宗因問以山崩事，重人告以禮。伯宗如其言，告晋君而不言重人。孔子以爲攘善。山高而崩，凌夷之象也。周衰由王綱不振，至此則諸侯亦失政矣。故有此異。梁山本韓地，韓滅屬晋，而不書晋者，高氏閌曰：先王之制，名山大川不以封。梁山非諸侯正受封之地，故《經》書梁山崩，而不繫之國，爲天下記異。是也。

秋，大水。

張氏洽曰：山崩大水，陰盛之象。

冬十有一月，天王崩。

不書葬，諸侯不會也。其罪見矣。

十有二月己丑，公會晋侯、齊侯、宋公、衛侯、鄭伯、曹伯、邾子、杞伯同盟于蟲牢。

蟲牢，杜注：鄭地，陳留封丘縣有銅牢。今銅牢亭在河南開封府封丘縣北三里。

《左傳》：冬，同盟于蟲牢，鄭服也。諸侯謀復會，宋公使向爲人議以子靈之難。案：楚憑陵中國，聖人蓋深惡之，故於鄭從晋，諸侯背楚皆有取焉。而此則書同盟，以見其同心禦楚。所以然者，中國禮教猶存，鄭又王畿藩衛，故節取之云爾。

六　年　　簡王元年

春王正月，公至自齊。

凡君自外歸必告廟而有得失，故經不盡書，書必有意。今書至自會，以其會爲無譏焉耳。

二月辛巳，立武宫。

《左傳》云：季文子以鞌之功立武宫，非禮也。《公羊》《穀梁》亦云：然。然鞌之功，魯藉晋力，不得以爲己功。蓋魯君臣見時尚武功，思乞靈于前人。武公爲伯禽九世孫，有武功，特立武公廟，不在群廟之中，故稱武宫。以尚武而創立之故，書以譏。

取鄟。

鄟音專。鄟，杜注：附庸國。

《穀梁》、杜氏以鄟爲國，《公羊》以爲邾邑，皆無確據。要之不當取而取者也，故諱而曰取。

衛孫良夫帥師侵宋。

《左傳》：三月晋伯宗、夏陽説、衛孫良夫、甯相、鄭人、伊雒之戎、陸渾、蠻氏侵宋，以其辭會也。師于鍼，衛人不保。説欲襲衛，曰：雖不可入，多俘而歸，有罪不及死。伯宗曰：不可。衛唯信晋，故師在其郊而不設備。若襲之，是棄信也。雖多衛俘，而晋無信，何以求諸侯？乃止。師還，衛人登陴。案：晋人以宋辭，會合衛伐之，以獨書孫良夫者何？良夫專衛政，與晋郤克交睦。是時郤克專晋。是役也，蓋克之謀而良夫成之者也。晋景弱克與良夫等爲鞌之戰以敗齊，而諸侯遂向晋，故良夫、季孫行父等皆自伐其功。前良夫同郤克伐廧咎，如此復爲晋侵宋，聖人深惡其專擅黨惡也，而特書良夫帥師侵宋。

夏六月，邾子來朝。

蓋怵于取鄟而來朝也。書以見當時畏强暴意。而魯立武宫之故可知矣。

公孫嬰齊如晋。

《左傳》：子叔聲伯如晋。命伐宋。魯讎齊而倚晋爲援，事之惟謹。今嬰齊本聘晋，晋因命伐宋，而左氏明之，書以刺魯君臣不能自立也。

壬申，鄭伯費卒。

《左傳》：六月，鄭悼公卒。赴故書也。

秋，仲孫蔑、叔孫僑如帥師侵宋。

《左傳》：秋，孟獻子、叔孫宣伯侵宋，晋命也。三年魯會宋伐鄭，四年宋華元來聘，五年仲孫蔑聘宋，冬與宋同盟蟲牢，非有隙也。今從晋而侵宋，《經》書若魯自爲之者，深惡其無信義而苟從人也。

楚公子嬰齊帥師伐鄭。

《左傳》：楚子重伐鄭，鄭從晋故也。楚以鄭爲可伐也，《經》亦書伐，著其暴也。且乃見晋救之善也。

冬，季孫行父如晋。

案：《左傳》云：季文子如晋，賀遷也。而以從命侵宋，往復命亦或有之。當時郤克專晋，各國大夫同志相應疊書。魯臣如晋，以見大夫專行之概。

晋欒書帥師救鄭。

《左傳》：晋欒書救鄭，與楚師遇于繞角。楚師還，晋師遂侵蔡。楚公子申、公子成以申、息之師救蔡，禦諸桑隧。趙同、趙括欲戰，請于武子，將許之。知莊子、范文子、韓獻子諫曰：不可。吾來救鄭，楚師去我，吾遂至于此，是遷戮也。戮而不已，又怒楚師，戰必不克。雖克，不令。成師以出，而敗楚之二縣，何榮之有焉？若不能敗，爲辱已甚，不如還也。乃遂還。于是，軍帥之欲戰者衆，或謂欒武子曰：聖人與衆同欲，是以濟事。子盍從衆？子爲大政，將酌于民者也，子之佐十一人，其不欲戰者，三人而已。欲戰者可謂衆矣。《商書》曰：三人占，從二人。衆故也。武子曰：善鈞，從衆。夫善，衆之主也，三卿爲主，可謂衆矣。從之，不亦可乎。案：楚不義而伐鄭，晋能救之，故書以善之。侵蔡不書者，欒書從知、范、韓三人之言，與楚師遇，不遷戮而還，故嘉其改過而不書也。兵非得已而用，能以義節之，是聖人之所許也。

附　解

武宫，《左氏》以爲武公之廟是也，而謂季文子以鞌之功立之，則非。古人行軍，賞於祖，戮於社，後世兵争日甚，崇尚武功，乃有武宫之名。或祀其先，或不祀先而告神以鳴武功。如《左傳》此武宫及晋悼朝於武宫，皆祀其先也。楚子邲之戰爲先君宫告，成事則暫就軍中爲宫祀，先以告武功明堂位，爲漢儒所輯。因此年立武宫，遂云魯公之廟文世室，武公之廟武世室，如其言，則武公與伯禽同爲不祧之廟，當於其没時即立廟，何以至此年乃立武宫而夫子特書之乎？故爲正之如右。

七　年　　簡王二年

春王正月，鼷鼠食郊牛角，改卜牛。鼷鼠又食其角，乃免牛。

鼷音奚。

鼷鼠一名鼱鼩，如鼠狼，鄭夾漈曰：草鼠而微黄。愚聞之師曰：甘口鼠也，噬人畜不知痛。案：鼠，微物也，而食牛角。改卜又食，則非無因而然矣。人君體天出治，凡事無不當循天理。平日立心行事，悖理太多而後天不享其祭，甚且假人物妖邪以明示其警，故詳書以戒人毋以言行爲可苟也。

吴伐郯。

郯音談。吴始見《經》。

《左傳》：春，吴伐郯，郯成。案：吴、楚皆聖賢之後，然僻在荒裔。先王畫井分疆，設官分職不及之，蓋使之長荒域而已。迨後入中國，《春秋》于其始見也，皆書國號，齒之于夷狄。繼而通會盟與兵革，乃漸書人書爵，非予之也，著其漸强陵中國。吴自楚巫臣奔晋來通，吴以罷楚，始爲患于中夏。此書伐郯，著其强也，亦惡之也。

夏五月，曹伯來朝。

《左傳》：夏，曹宣公來朝。汪氏克寬曰：蓋成公嗣位而始來朝也。

不郊，猶三望。

蓋因鼠食牛角而廢郊也。然郊以祈穀，不可廢也。郊畢始望，不郊矣而猶望，書以譏輕重倒置、無知而廢禮之失。

秋，楚公子嬰齊帥師伐鄭。公會晋侯、齊侯、宋公、衛侯、曹伯、莒子、邾子、杞伯救鄭。八月戊辰，同盟于馬陵。

馬陵，杜注：衛地。陽平元城縣東南有地名馬陵。隋開皇六年，析元城縣地置馬陵縣，大業初省。今直隸大名府治東南十五里有馬陵城。

《左傳》：秋，楚子重伐鄭，師于氾。諸侯救鄭。鄭共仲、侯羽軍楚師，囚鄖公鍾儀，獻諸晋。八月，同盟于馬陵，尋蟲牢之盟，且莒服故也。晋人以鍾儀歸，囚諸軍府。案：楚以鄭之背己而即晋，屢伐之，不義甚矣。諸侯同心救之，得安内攘外之義。故書救以善之。曰同盟，同病楚也，亦以見其同欲之善也。

公至自會。

高氏閌曰：諸侯會而楚師退，故不以救鄭至。

吴入州來。

州來，杜注：楚邑。淮南下蔡縣是也。哀二年，蔡昭侯自新蔡遷于州來，謂之下蔡。漢置下蔡縣。今壽州北三十里有蔡國城。

《左傳》：楚圍宋之役，師還。子重請取于申、吕以爲賞田，王許之。申公巫臣曰：不可。此申、吕所以邑也，是以爲賦，以禦北方。若取之，是無申、吕也。晋、鄭必至于漢。王乃止。子重是以怨巫臣。子反欲取夏姬，巫臣止之，遂取以行。子反亦怨之。及共王即位，子重、子反殺巫臣之族子閻、子蕩及清尹弗忌及襄老之子黑要，而分其室。子重取子閻之室，使沈尹與王子罷分子蕩之室，子反取黑要與清尹之室。巫臣自晋遺二子書，曰：爾以讒慝貪惏事君，而多殺不辜。余必使爾罷于奔命以死。巫臣請使于吴，晋侯許之。吴子壽夢説之。乃通吴于晋。以兩之一卒適吴，舍偏兩之一焉。與其射御，教吴乘車，教之戰陳，教之叛楚。寘其子狐庸焉，使爲行人于吴。吴始伐楚，伐巢，伐徐。子重奔命。馬陵之會，吴入州來。子重自鄭奔命。子重、子反于是乎一歲七奔命。蠻夷屬于楚者，吴盡取之，是以始大，通吴于上國。陳氏傅良曰：吴楚交兵不書，至是始書之。吴不敢自列于諸夏，而晋求之急，將以罷楚，楚罷晋亦不復伯矣。入州來，不可不錄其始也。嚴氏啟隆曰：州來迤北，則魯迤南，而西則楚。吴得州來可以窺楚，楚控州來可以禦吴。故州來吴楚之扼吭也。

冬，大雩。

周之十月，今之八月。無雨而雩。蓋因雩而雨，不成旱也。

衛孫林父出奔晋。

自趙盾專政會盟諸侯，列國大夫效之。孫良夫與卻克等因一笑之辱，連兵伐齊而倖勝，於是益張。林父襲父之業，衛君不能安，故惡之。今出奔晋，恃晋大夫相與也。而晋果反其戚邑。使林父不失封邑，權臣比附爲非，聖人深惡之，故書出奔晋以彰其惡。

附　解

聖人不語怪，非闕之也。人事反常，而怪始興。修其常，茂其德，怪於何生？世儒誤解，至謂物怪人妖，一切皆爲虛幻，則天地人神，一理相通，一氣相感之實不明。如鼷鼠食牛角，牛至猛，且非死物，何以爲鼠食而無知哉？一元之氣，彌淪布濩於六合，而消長變化，陰陽分著其象，互致其功，其中即有精粗、純雜、大小等之不同。人、物在天地氣化之中，感受不齊，即賦形成象，種種不一。恃維持主宰之而不失其正者，惟人耳。人爲天地之心，正則與天通，失則與禽獸伍。蟭蟟與龍麟，分大小不分形氣也。愚鄉邨婦不仁不孝，臥病，而群鼠争嚼之，力驅無功，卒至肉盡。而鼷郊牛之食，豈怪誕乎。夫天地人物，祇此一氣。宰氣者理，天理純乎善而無惡，故不善者必有殃。鬼神，陰陽之靈，實止天地之靈。人亦同此陰陽，意誠心正，則陰陽和而性命各正。知一念之純疵，即人物之分界。慎而擇之，正而守之，貞固深造，盡其性而盡人物之性，與天地參，不外是矣。夫子書鼠食牛，其垂訓不至深遠哉，惜乎解者之失諸膚淺也。魯僭郊祭，郊祈穀之郊，非郊天之郊也。郊亦三望山川之神能出靈爲風雨，故並祀之。郊不必定用牛，牛可廢而祈穀不可廢也。故書以譏。

八 年　　簡王三年

春，晋侯使韓穿來言汶陽之田，歸之于齊。

《左傳》：八年春，晋侯使韓穿來言汶陽之田，歸之于齊。季文子餞之，私焉，曰：大國制義以爲盟主，是以諸侯懷德畏討，無有二心。謂汶陽之田，敝邑之舊也，而用師于齊，使歸諸敝邑。今有二命曰：歸諸齊。信以行義，義以成命，小國所望而懷也。信不可知，義無所立，四方諸侯，其誰不解體？《詩》曰：女也不爽，士貳其行。士也罔極，二三其德。七年之中，一與一奪，二三孰甚焉。士之二三，猶喪妃耦，而况霸主？霸主將德是以，而二三之，其何以長有諸侯乎？《詩》曰：猶之未遠，是用大簡。行父懼晋之不遠猶而失諸侯也，是以敢私言之。案：汶陽田本魯地，鞌之戰晋德魯之從伐也，使齊歸之于魯。今又德齊之服從，而令魯復與齊。一以己意爲予奪，不正疆界，念魯世守，不義甚矣。故書晋侯使，以著其脅人之罪。其不曰使歸而書韓穿者，穿不能以義事君，既不諫阻，聞季文子言，又不爲請于君，而屈從之，亦有罪也。書來言者何？緩辭也。來言使歸，歸不歸猶在魯也。而魯君臣俯首聽命，輕棄先人之封土，故書之以罪魯。曰歸之于者，强辭也。不當歸而歸之也。

晋欒書帥師侵蔡。

《左傳》：晋欒書侵蔡，遂侵楚，獲申驪。案：蔡服于楚固非也，而晋亦非能奉天子命以德懷柔，仗義執言者。故書帥師、書侵，以見其恃勢暗襲之意。左氏以爲欒書從知、范、韓，前不伐蔡，今伐之有功，爲從善之效。陋哉！

公孫嬰齊如莒。

《左傳》：聲伯如莒，逆也。汪氏克寬曰：行父如陳，公孫兹如牟，嬰齊如莒，皆因遣聘而請昏納婦。《春秋》止書曰如，不與其託于公以遂其私也。

宋公使華元來聘。

《左傳》：宋華元來聘，聘共姬也。共姬，穆姜女，成公姊妹，爲宋共公夫人。

夏，宋公使公孫壽來納幣。

魯伯姬，宣公女，成公姊妹。宋公孫壽來納幣，婚禮有六，諸侯則止有行聘納幣二事。昏禮人道之始，聖人重之，然不悉書，有故則書。伯姬傅母，不至不下堂，卒以火死。當春秋淫奔之世，而節操若此，《春秋》賢之。故著其始終以勸世焉。

晋殺其大夫趙同、趙括。

不斥晋侯而稱國以殺，則有讒殺之者矣。書大夫，明其無罪。案《左傳》：晋趙莊姬爲趙嬰之亡故，譖之于晋侯曰：原、屏將爲亂。欒、郤爲徵。六月，晋討趙同、趙括。武從姬氏畜于公宫。以其田與祁奚。韓厥言于晋侯曰：成季之勳，宣孟之忠，而無後，爲善者其懼矣。乃立武，而反其田焉。《史記》云：屠岸賈有寵于靈公，追論趙盾弒君之事，誅趙氏，殺趙朔、趙同、趙括而滅其族。孔穎達辨之，諸儒從之，皆以爲然。《左氏》云莊姬通於趙嬰，原屏放之必以君命君，豈不知其故而又信姬之讒乎？謂原屏將爲亂。將者，且然未然之詞，其實何如？何以遽夷滅之？嬰放時曰：我在，故欒氏不作；我亡，二昆其憂哉？趙與欒何讎？嬰如何能制欒氏？其記載模糊若此。史遷以朔妻爲文公女，祖孫同娶，大謬。而其載趙氏孤兒事則近情理。公孫、程嬰二人忠義，世久流傳，若以爲無，遂將没忠節。愚謂《左》《史》所記皆有疵，不足全信。而忠義大節所在，非可妄言。史遷必有所聞，存其事以勸也。可也。

秋七月，天子使召伯來賜公命。

賜，《公》《穀》作錫。

《左傳》：秋，召桓公來賜公命。案：天王、天子，王者之通稱。賜與錫皆上予下之辭。諸侯嗣立，而入見則有賜，來朝則有賜。公立久矣，而不如京師，又未嘗敵王所愾而有功也，何命？書以見王之不綱，所以賜命之故不可考，則所以書之。予奪不可知，闕疑而已。

冬十月癸卯，杞叔姬卒。

《左傳》：冬，杞叔姬卒。來歸自杞，故書。案：叔姬已被出歸魯矣，猶繫以杞者，明不當出也。

晉侯使士燮來聘。叔孫僑如會晉士燮、齊人、邾人伐郯。

《左傳》：晉士燮來聘，言伐郯也，以其事吴故。公賂之，請緩師。文子不可，曰：君命無貳，失信不立。禮無加貨，事無二成。君後諸侯，是寡君不得事君也。燮將復之。季孫懼，使宣伯帥師會伐郯。案：郯爲吴逼，不得已而從之。晉不能修德以來遠，士燮不能以義輔君，爲之聘魯請師。魯亦不能以禮折晉，屈從于晉。僑如亦不能輔君以禮，故齊、邾皆稱人而獨詳士燮來聘、僑如會晉，其責晉與二臣之意深焉。

衛人來媵。

《左傳》：衛人來媵共姬，禮也。案：古凡嫁女，有媵女事如今，助婢非必以姪娣，愚前已詳辨之。媵細事而書，因伯姬之賢，故備録也。毛氏謂共姬守禮，豈能預知忘卻？此書爲夫子事後所修。可笑。

九　年　簡王四年

春王正月，杞伯來逆叔姬之喪以歸。

夫婦人倫之本，娶妻必求涉女，慎重之也。既娶而或出之，必其實有悖倫傷化之行而後可。叔姬自始歸至卒逆喪，夫子詳書之，皆繫以杞，則本不應出而出也。故聖人備詳其事。杞伯來逆叔姬，雖曰畏魯而然，其必有悔于厥心者矣。七出之條，先儒多疑之，幸其猶有三不出之義，故世尊而弗失。然以聖人修身齊家之義揆之，則君子處此必有道矣。

公會晉侯、齊侯、宋公、衛侯、鄭伯、曹伯、莒子、杞伯，同盟于蒲。

《左傳》：爲歸汶陽之田故，諸侯貳于晉。晉人懼，會于蒲，以尋馬陵之盟。季文子謂范文子曰：德則不競，尋盟何爲？范文子曰：勤以撫之，寬以待之，堅彊以御之，明神以要之，柔服而伐貳，德之次也。是行也，將使會吴，吴人不至。案：晉人不以信義綏諸侯，懼其貳而爲此盟。然自此之後，諸侯益貳，則不自治之過也。書同盟以惡其舍本而務末，同一無識也。

公至自齊。

二月，伯姬歸于宋。

范氏寧曰：逆者非卿，故不書。案：伯姬自始至成禮凡七見，蓋必有異乎人之德，而不下堂特其一端。聖人乃詳書之也。爲伯姬而書，故略于宋而詳于魯。

夏，季孫行父如宋致女。

《左傳》：夏，季文子如宋致女，復命，公享之，賦《韓弈》之五章，穆姜出于房，再拜，曰：大夫勤辱，不忘先君以及嗣君，施及未亡人。先君猶有望也。敢拜大夫之重勤。又賦《緑衣》之卒章而入。杜氏預曰：女嫁三月，又使大夫隨加聘問，謂之致女，所以成婦禮，篤昏姻之好。《公羊》未有言致女者，此其言致女何？錄伯姬也。

晉人來媵。

《左傳》：晉人來媵，禮也。《公羊》：媵不書，此何以書？錄伯姬也。

秋七月丙子，齊侯無野卒。

杜氏預曰：丙子，六月一日。書七月，從赴。

晉人執鄭伯。晉欒書帥師伐鄭。

《左傳》：鄭伯如晉。晉人討其貳于楚也，執諸銅鞮。欒書伐鄭，鄭人使伯蠲行成，晉人殺之，非禮也。兵交，使在其間可也。楚子重侵陳以救鄭。案：鄭之從楚，豈得已哉。王命不行，中國無恤患之人，畏而從之，亦人情也。晉不能内修其德，上請王命攘楚而安中夏，方區區以力服人。鄭既受命于蒲，又躬朝晉矣，乃執辱之且殺其行人，乖舛如是。書人書伐鄭，其惡之至矣。楚救鄭不書，鄭不當從楚，故不予楚救鄭也。

冬十有一月，葬齊頃公。

楚公子嬰齊帥師伐莒。庚申，莒潰。楚人入鄆。

《左傳》：冬十一月，楚子重自陳伐莒，圍渠丘。渠丘城惡，衆潰，奔莒。戊申，楚入渠丘。莒人囚楚公子平，楚人曰：勿殺。吾歸而俘。莒人殺之。楚師圍莒。莒城亦惡，庚申，莒潰。楚遂入鄆。案：鄭從楚雖非，然亦勢屈非得已也。晉不能修明德義，服衆而屈楚，執鄭伯殺鄭臣，徒欲威脅。楚伐莒以救鄭，莒無備而潰。晉不能救，徒辱鄭何益？書嬰齊公子、書莒自潰，與上文連書，見楚猶未若晉之無道。深惡晉也。

秦人、白狄伐晋。

白狄曾從晋伐秦，今又從秦伐晋，其向背不足計。書之以著。晋無德義，秦人侮而伐之，以爲謀國失道者戒，秦書人，略之也。

鄭人圍許。

《左傳》：鄭人圍許，示晋不急君也。是則公孫申謀之。曰：我出師以圍許，爲將改立君者，而紓晋使，晋必歸君。案：鄭圍許，示晋不急君。宋目夷、明于謙皆同此術獲濟。而此書人以貶之者何？示不急君可也，無故侵伐人國不可也。鄭誠修德自强，何至俯仰由人，受晋之辱，聖人不以權變苟且之謀廢經邦之正，故書法如此。

城中城。

《左傳》：城中城，書時也。案：聖人重民力，故凡土功不時則譏，得時亦必書之。楚伐莒入鄆，鄆逼于魯城中城，以備不虞，又得時，故無譏。

附　解

夫婦，人倫之本，修身齊家必正内正外，交濟其功而後能成其美。夫綱重矣，婦德尤要。二南多婦女詩，而開端即詳敘后妃之德，多至五篇，聖人之垂教可知矣。婦人無外交，言不出梱，行不外飾，而實人倫治化所由基。《春秋》於魯女之賢者，必詳記其蹟，前已言之。今伯姬歸宋，至於致女亦書，伯姬平日懿行必有大過人者，故夫子大書特書，不一書也。不然待姆不下堂一節之美，凡人亦偶能之。且守株待兔與尾生抱橋而死同一太息，豈遂足繫聖人之深懷哉？然女之賢不肖，其必待父母善教，與男子同。魯多賢女，《詩》不及載，而《春秋》載之，周公遺澤可想。錄伯姬賢，豈獨專美伯姬，亦使人爲父母者善教其女，以發端風化之本也，可以爲常而忽乎？

十　年　　簡王五年

春，衛侯之弟黑背帥師侵鄭。

《左傳》：衛子叔黑背侵鄭，晋命也。晋之辱鄭甚矣，又命衛伐之。衛不明而從之，且使弟帥師。弟非不可使，使不以義，故書以譏其失。

夏四月，五卜郊，不從，乃不郊。

啟蟄而郊，二月下旬。初卜三月上旬，再卜三月下旬，三卜不從則止。此云五卜，蓋於四月下旬又二卜也。瀆則不告，書以志其不敬。乃者，强詞也。

五月，公會晋侯、齊侯、宋公、衛侯、曹伯伐鄭。

《左傳》：鄭公子班聞叔申之謀。三月，子如立公子繻。夏四月，鄭人殺繻立髡頑。子如奔許。欒武子曰：鄭人立君，我執一人焉，何益？不如伐鄭而歸其君，以求成焉。五月，晋會諸侯伐鄭。鄭子罕賂以襄鐘，子然盟于修澤，子駟爲質。辛巳，鄭伯歸。案：晋無禮而執鄭伯，《經》所惡也。此列書爵書伐者何？晋咎鄭從楚，鄭苟改圖，晋非必遂殄滅之，乃不能以禮自責服人。君在而又立君，立繻、立髡頑，是直致成變亂。諸侯伐之雖不以此討鄭，然聖人謂鄭固有可伐之罪也。故其書法如此。

齊人來媵。

前人謂媵，取同姓且姪娣從，愚嘗辨之。今觀異姓亦媵，則媵如今贈婢之意益明，而前人曲説不可從。益信齊之來媵，蓋因聞伯姬之賢也。子書之亦以表伯姬。

丙午，晋侯獳卒。

獳，乃侯反。

《左傳》：晋侯夢大厲，被髮及地，搏膺而踴，曰：殺余孫，不義。余得請于帝矣。壞大門及寢門而入。公懼，入于室。又壞戶。公覺，召桑田巫。巫言如夢。公曰：何如？曰：不食新矣。公疾病，求醫于秦。秦伯使醫緩爲之。未至。公夢疾爲二豎子，曰：彼良醫也。懼傷我，焉逃之？其一曰：居肓之上，膏之下，若我何？醫至。曰：疾不可爲也。在肓之上，膏之下，攻之不可，達之不及，藥不至焉，不可爲也。公曰：良醫也。厚爲之禮而歸之。六月丙午，晋侯欲麥。使甸人獻麥，饋人爲之。召桑田巫，示而殺之。將食，張，如厠，陷而卒。小臣有晨夢負公以登天，及日中，負晋侯出諸厠。遂以爲殉。案：趙同等被殺事，《左》《史》不同。人信《左》疑《史》，然今著大厲事如此，則《史記》必誣矣。

秋七月，公如晋。

《左傳》：秋，公如晋。晋人止公，使送葬。于是糴茷未反。冬，葬晋景公。公送葬。案：是春晋使糴茷如楚未反，晋以魯貳于楚故止公使。會葬，諸侯不必親弔。公自取辱，史諱之，《經》亦仍之。故不書葬景公。

冬十月。

附　解

《春秋》書諸侯之弟不一，先儒紛紛異論，然情事不同，則書法之意自不同，不得以例如何詁《經》。卜郊不從，先儒謂魯郊非禮又不敬，故見譴如此。然既非禮，即敬亦無取矣。前人不知魯之僭郊，乃祈穀之郊，故爲是言。《春秋》書郊祭、災異不一次，皆止著其平日不恤民，臨時又不誠潔耳。晋侯夢大厲而卒，自魏、晋以來皆云趙氏之祖，人不以其事爲妄也，而近猶有執理相争者。謂君枉殺臣，不可言報復，其言似是而非，不可不辨。五倫君親爲大，父母於子生之殺之，似可任意爲矣。然孔子曰：子也者，親之後也，可不敬歟？承宗廟、延世澤，祖父無不樂有孫會。故以德修身，善教子孫，不特父母之道當如此，且不負先人餘蔭也。若不能正身齊家，而責子以善，已爲非禮，况又强子曲從，不顧義理之安，甚或殺之，非祖宗之大罪人乎？世每有輕殺其子而得惡報者，以其傷天倫也。況君臣以義合，忠臣無負於國而枉殺之，即死者赤心無悔，而善不蒙福。又枉殺之大乖天理，豈不大犯天怒？故大厲之事，臣子不可以爲常而怨懟君父，君父則當以此爲戒而善全恩義也。

十有一年　　簡王六年

春王三月，公至自晋。

《左傳》：十一年春，王三月，公至自晋。晋人以公爲貳于楚，故止公。公請受盟，而後使歸。諸侯每歲月朔朝正于廟。晋無禮，止公踰年後歸。不朝正，故不書正月，書三月。公至，其罪晋及刺公無以自立皆見。

晋侯使郤犨來聘，己丑及郤犨盟。

《左傳》：郤犨來聘，且涖盟。晋止公，公請受盟而後得歸。又不即於晋定盟，待公歸而乃使其臣來盟公，其蔑視公甚矣。晋之無禮何如，故諱言公與盟，而書郤犨以著其抗盟之罪。書晋侯使，以罪其不德。

夏，季孫行父如晋。

晋使人來盟公，公又使季孫往謝也。《左氏》云報聘，且涖盟。非也。報聘，彼來禮而以禮報之。已與郤犨盟，何涖之有？左氏之疏若此。

秋，叔孫僑如如齊。

《左傳》：秋，宣伯聘于齊，以修前好。案：鞌之戰，魯從晋伐齊，齊歸汶陽之田。既而齊事晋，晋又使魯歸汶陽于齊。齊忿平矣，故來媵伯姬，而魯使僑如聘之。蓋魯弱役于齊、晋，常以得罪二國爲優。今齊、晋二國既平，故魯得兼事二國。《經》連書如晋如齊，病公無以立國也。

冬十月。

十有二年　　簡王七年

春，周公出奔晋。

《左傳》：周公楚惡惠、襄之偪也，且與伯與争政，不勝，怒而出。及陽樊，王使劉子復之，盟于鄄而入。三日，復出奔晋。十二年春，王使以周公之難來告。書曰：周公出奔晋。凡自周無出，周公自出故也。案：周公爲王卿士，天下皆周，無所出也。乃因争政而忿，王使復之，而猶不已，出奔于晋。王室不綱，王臣忿懟如此。書出奔，以見其自絶于周，而王之不君、晋之納逋逃臣，罪均見矣。

夏，公會晋侯、衛侯于瑣澤。

《公》作沙澤。瑣澤，杜注：地闕。

《左傳》：宋華元合晋、楚之成。夏五月，晋士燮會楚公子罷、許偃。癸亥，盟于宋西門之外，曰：凡晋、楚無相加戎，好惡同之。同恤菑危，備救凶患。若有害楚，則晋伐之。在晋，楚亦如之。交贄往來，道路無壅，謀其不協，而討不庭。有渝此盟，明神殛之，俾墜其師，無克胙國。鄭伯如晋聽成，會于瑣澤，成故也。案：春秋大勢，晋拒秦楚以安中夏，有功周室。故晋、楚争政，聖人每右晋而絀楚。今合晋、楚之成，使諸侯交相見，並事晋、楚，是明明蔑周而以東西帝視晋、楚矣。此何禮哉？故夫子削而不書。瑣澤之會，鄭亦不書，只如常詞，所以立君臣之大防，禁列邦之私相推戴，深惡其事也。

秋，晋人敗狄于交剛。

交剛，杜注：地闕。

《左傳》：狄人間宋之盟以侵晋，而不設備。秋，晋人敗狄于交剛。案：狄侮晋而取敗，故書敗狄于交剛，見狄之自取也。然晋本不德于諸侯多無禮，安能柔遠？故書人以賤之。

冬十月。

案：《左傳》：是月晋郤至如楚聘，且涖盟。楚子享之，子反相，爲地室而懸焉。郤至將登，金奏作于下，驚而走出。郤至援禮引詩以譏其非。然其説詩，非詩本旨也，讀者勿爲所惑。其言享宴則是。

十有三年　　簡王八年

春，晋侯使郤錡來乞師。

錡，魚綺反。

《左傳》：十三年春，晋侯使郤錡來乞師，將事不敬。孟獻子曰：郤氏其亡乎。禮，身之幹也；敬，身之基也。郤子無基。且先君之嗣卿也，受命以求師，將社稷是衛，而惰，棄君命也。不亡何爲？案：是時晋强魯弱，來召兵以伐秦，而《經》書曰乞者，程子曰：不以王命與諸侯師，故書乞。是也。聖人豈以强弱大小計哉？抑豈故抑晋而張魯哉？

三月，公如京師。

不曰朝王而曰如京師者，公道過京師，因以朝王，非誠能敬君者也。不如禮，故不予其朝。而下文書自京師，不没其朝也。聖人之權衡是非如此。

夏五月，公自京師，遂會晋侯、齊侯、宋公、衛侯、鄭伯、曹伯、邾人、滕人伐秦。

《左傳》：三月，公如京師。宣伯欲賜，請先使，王以行人之禮禮焉。孟獻子從。王以爲介，而重賄之。公及諸侯朝王，遂從劉康公、成肅公會晋侯伐秦。成子受脤于社，不敬。劉子曰：吾聞之，民受天地之中以生，所謂命也。是以有動作禮義威儀之則，以定命也。能者養之以福，不能者敗以取禍。是故君子勤禮，小人盡力。勤禮莫如致敬，盡力莫如敦篤。敬在養神，篤在守業。國之大事，在祀與戎。祀有執膰，戎有受脤，神之大節也。今成子惰，棄其命矣，其不反乎？夏四月戊午，晋侯使吕相絶秦。秦桓公既與晋厲公爲令狐之盟，而又召狄與楚，將以伐晋，諸侯是以睦于晋。五月丁亥，晋師以諸侯之師及秦師戰于麻隧。秦師敗績，獲秦成差及不更女父。曹宣公卒于師。師遂濟涇，及侯麗而還。迓晋侯于新楚。成肅公卒于瑕。案：公道過京師而朝王，本無意于朝，然固已朝矣。故書自京師，遂會伐秦。先京師而以會伐爲遂事，重京師以重王也。劉、成二公不書，蓋未先請命道過，私請于王而偕二子以行，非禮故削而不書。書伐書爵者何？秦睦楚以凌中國，本有罪焉。公及諸侯朝王，遂請王臣與俱，重王命故如是書。敗秦不書，晋人責秦黨楚侵陵而以私怨摟伐，故削之。晋絶秦，書多誣罔，今亦弗錄。

曹伯廬卒于師。

廬，《左》作盧。

《左傳》：曹人使公子負芻守，使公子欣時逆曹伯之喪。秋，負芻殺其大子而自立也。諸侯乃請討之，晋人以其役之勞，請俟他年。成子卒于瑕不書。不書同伐，自不應書其卒也。

秋七月，公至自伐秦。

本因伐秦而出，故至亦以此書，而朝京師則略之，予奪嚴矣。

冬，葬曹宣公。

《左傳》：冬，葬曹宣公。既葬，子臧將亡，國人皆將從之。成公乃懼，告罪，且請焉。乃反而致其邑。案：子臧即公子欣時也。因子臧逆喪未歸，負芻殺大子而自立。子臧歸國，力不能討亡可也，乃因負芻之請而復歸則非。

附解

叔孫欲邀王賜請先行，王以行人之禮禮之。孟獻子從，反重賄之，何其明也。郤錡將事不敬，成子受脤不敬，而孟獻子、劉康公以爲必亡不反，當時重禮如此，可見文、武之遺。若劉子言民受天地之中以生，所謂命也，其言尤精。千古聖人盡性立命之學，皆包括裏許。惜能深知者希，今略言之。天地一氣而已。一元之氣在天地未判之始，亦在天地既判之中。主宰而不窮，流行而不息，成象成形。萬有不齊，皆此一氣爲之，而其所以不貳不息，無始無終者，則以其有中也。上天之載，無聲無臭。中之所在，日月於此停輪，璇璣於此運動。萬象包羅，無可名象。人受此中以生，所以貴於物，而可以希天也。成爲形質，發爲物則，一切有爲有象，皆自此中而出。劉子言是，以有動作、禮義、威儀之則以定命也。中者命之本，動作、禮義、威儀命之著，本末相須，内外一原。致中致和，窮理盡性以至於命，皆不外此。豈如後世言性，以昭昭虛靈之心即爲天命哉。命字不一其解。此命字則《中庸》天命之謂性之命字。前人解命字爲命令，遂析天人而二之矣。

秦不更女父，不更秦官。女父，名。毛西河之説是。

十有四年　　簡王九年

春王正月，莒子朱卒。

先儒謂莒無謚故不書葬，非也。不會葬又不赴葬，故不書耳。春秋諸侯半皆私謚，其没稱公。子、男不稱公，亦或不私謚。史書之而聖人不削，以見五等之爵，皆王守土。莒子卒罕書，存此以見一斑也。

夏衛孫林父自晋歸于衛。

《左傳》：春，衛侯如晋，晋侯彊見孫林父焉，定公不可。夏，衛侯既歸晋侯使郤犫送孫林父而見之。衛侯欲辭，定姜曰：不可。是先君宗卿之嗣也，大國又以爲請，不許，將亡。雖惡之，不猶愈于亡乎？君其忍之。安民而宥宗卿，不亦可乎？衛侯見而復之。衛侯饗苦成叔，甯惠子相，苦成叔傲。甯子曰：苦成家其亡乎。古之爲享食也，以觀威儀、省禍福也。故《詩》曰：兕觵其求，旨酒思柔。彼交匪傲，萬福來求。今夫子傲，取禍之道也。案：林父倚晋而脅君以歸，罪不容誅矣。晋人無禮，爲臣脅君，其罪不浮于林父哉。聖人深惡之，故書曰林父自晋歸于衛。程氏端學曰：林父之暴著矣，晋厲之惡顯矣。衛定不能辭以大義而受之，其不能君亦可知矣。

秋，叔孫僑如如齊逆女。

案：卿逆夫人，禮也。而前人謂譏公不親迎，非也。諸侯不親迎，但於國中迎之，書逆不書納幣，略其細而志其大也。叔孫書族，重君命。

鄭公子喜帥師伐許。

《左傳》：八月，鄭子罕伐許，取焉。戊戌，鄭伯復伐許。庚子，入其郛。許人平以叔申之封。案：許何罪？晋、楚已平，許爲楚與國，鄭無故伐之。書帥師，著其恃衆侵弱。書公子喜，罪之也。子罕亦鄭之良，何以如此，故斥而惡之。

九月，僑如以夫人婦姜氏至自齊。

張氏洽曰：稱婦，宣公夫人穆姜尚存。是也。曰僑如以夫人至，著公之不親迎也。冕而親迎，哀公疑其重，而孔子不然之，蓋夫人承宗廟社稷之重，必當親迎。但非遠迎于他國，于其境上或所館也。成公不如禮而第使僑如逆女，故書以夫人至。不然第書夫人婦姜氏至自齊可也。

冬十月庚寅，衛侯臧卒。

《左傳》：衛侯有疾，使孔成子、甯惠子立敬姒之子衎以爲大子。冬十月，衛定公卒。夫人姜氏既哭而息，見大子之不哀也，不内酌飲。曰：是夫也，將不惟衛國之敗，其必始于未亡人。嗚呼！天禍衛國也夫。吾不獲鱄也使主社稷。大夫聞之，無不聳懼。孫文子自是不敢舍其重器于衛，盡寘諸戚，而甚善晋大夫。

秦伯卒。

高氏閌曰：秦桓公也，立二十八卒，史失其名。

十有五年　簡王十年

春王二月，葬衛定公。

三月乙巳，仲嬰齊卒。

嬰齊，仲遂之子，歸父之弟。宣公德公子遂，賜氏仲。仲子歸父欲去三桓，季孫逐之，立嬰齊以爲遂後，故稱仲嬰齊。《公羊》誤解云嬰齊爲兄，後且多爲之説。大夫不等天子諸侯有繼統之責，但繼爵而已，且必由君命，安有弟而爲兄後者乎？悖謬甚矣。遂弑逆不宜有後，于魯宣公德之，生而賜氏，已非法矣。又必爲立後，過矣。書仲嬰齊卒，蓋譏之焉。是時魯有兩嬰齊，一爲叔肸子，一爲仲遂子，皆見于《經》。

癸丑，公會晋侯、衛侯、鄭伯、曹伯、宋世子成、齊國佐、邾人同盟于戚。

曹伯負芻，弑其太子而自立。晋將討之，蓋請于王而後會諸侯謀之。曹伯不知，故來會。晋因執之以歸京師。宋公有疾，故世子會。因有王命討逆，故無譏。《左氏》敘事不明，云會于戚，討曹成公也。會以討之，曹伯知之，豈肯來會？負芻弑立二年餘，晋何以今始討之？非先告王，何以遽歸諸京師？因其此舉討罪至爲合禮，故夫子書爵，書同盟，書晋侯執而歸之京師，蓋春秋以來討賊之善，無逾此者矣。《左氏》又謂不及其民，尤非。弑逆大罪，尚以及民不及民論乎？

晋侯執曹伯歸于京師。

《公》作歸之于。

《左傳》：諸侯將見子臧于王而立之，子臧辭曰：前志有之：聖達節，次守節，下失節。爲君，非吾節也。雖不能聖，敢失守乎？遂逃，奔宋。按：子臧讓國，人以爲賢。然宗臣當以社稷爲重，負芻弑立，子臧力不能討當去之，而苟安其禄，罪也。諸侯討罪，歸之于王。欲見子臧于王而立之，曹更有賢公子，子臧當請于王而立之，己則遜避。如無賢歟，則己義不容辭，聲負芻之罪，請王戮之，風示天下。己修明德政以光先猷，此正理也。乃區區潔身而逃，既又從諸侯言爲負芻反。而先反其懵懵，若此曷足貴哉。

公至自會。

夏六月，宋公固卒。

宋共公也。

楚子伐鄭。

《左傳》：楚將北師。子囊曰：新與晋盟而背之，無乃不可乎？子反曰：敵利則進，何盟之有？申叔時老矣，在申，聞之，曰：子反必不免。信以守禮，禮以庇身，信禮之亡，欲免得乎？楚子侵鄭，及暴隧，遂侵衛，及首止。鄭子罕侵楚，取新石。欒武子欲報楚，韓獻子曰：無庸。使重其罪，民將叛之。無民，孰戰？按：晋曾與楚成矣，而許爲楚與國，鄭先伐之，是倡兵者鄭也。晋不責鄭而惟欲報楚，鄭人惡無信義者，故書楚子伐鄭，著其有以自取也。

秋八月庚辰，葬宋共公。

共音恭。

季氏本曰：宋共公卒三月即葬，必嗣子幼弱，恐有他變而急于襄事也。喪禮之苟可知矣。

宋華元出奔晋。宋華元自晋歸于宋。宋殺其大夫山。宋魚石出奔楚。

《左傳》：秋八月，葬宋共公。于是華元爲右師，魚石爲左師，蕩澤爲司馬，華喜爲司徒，公孫師爲司城，向爲人爲大司寇，鱗朱爲少司寇，向帶爲大宰，魚府爲少宰。蕩澤弱公室，殺公子肥。華元曰：我爲右師。君臣之訓，師所司也。今公室卑而不能正，吾罪大矣。不能治官，敢賴寵乎？乃出奔晋。二華，戴族也。司城，莊族也。六官者，皆桓族也。魚石將止華元，魚府曰：右師反，必討，是無桓氏也。魚石曰：右師苟獲反，雖許之討，必不敢。且多大功，國人與之，不反，懼桓氏之無祀于宋也。右師討，猶有戌在，桓氏雖亡，必偏。魚石自止華元于河上。請討，許之，乃反。使華喜、公孫師帥國人攻蕩氏，殺子山。書曰：宋殺其大夫山。言背其族也。魚石、向爲人、鱗朱、向帶、魚府出舍于睢上。華元使止之，不可。冬十月，華元自止之，不可。乃反。魚府曰：今不從，不得入矣。右師視速而言疾，有異志焉。若不我納，今將馳矣。登丘而望之，則馳。騁而從之，則决睢澨，閉門登陴矣。左師、二司寇、二宰遂出奔楚。華元使向戌爲左師，老佐爲司馬，樂裔爲司寇，以靖國人。案：書華元出奔與歸而皆繫之以宋，明華元因强公室而然，子之也。書華元歸宋而即繼以殺大夫山，則山爲華元所討著矣。然書國以殺者，明山之得罪于國人，國人殺之云爾。山不書族，傳以爲背其族者。是也。書魚石出奔楚于殺山之下，著石爲山之黨也。據《左傳》華元奔晋，未至而反。然《經》書奔晋，自晋歸，則《傳》不足信。《傳》言五大夫出奔，而《經》止書魚石，且魚石止華元，使歸而仍出奔，及華元止不反。《經》獨書魚石，又似石有罪者。以《經》正《傳》，則《傳》不可據，而但當從《經》矣。

冬十有一月，叔孫僑如會晋士燮、齊高無咎、宋華元、衛孫林父、鄭公子鰌、邾人，會吴于鍾離。

咎，其九反。鰌音秋。鍾離，杜注：楚邑。淮南縣，晋成帝置鍾離郡，唐置鍾離縣，明改爲臨淮縣，又析臨淮地置鳳陽縣，今仍之。屬江南鳳陽府。此會吴之始，亦晋以諸侯之大夫爲會之始。

《左傳》：十一月，會吴于鍾離，始通吴也。案：吴子在鍾離，諸侯大夫先約會，而後往會之，故再書會也。會吴子而不言吴子，以其僭號，故止書吴也。諸侯病楚而與吴通，不知是又益一楚也。聖人據事直書，當時之不務德而徒外求人，其君臣之固陋可見矣。

許遷于葉。

葉，舒涉反。

《左傳》：許靈公畏偪于鄭，請遷于楚。辛丑，楚公子申遷許于葉。案：許本欲遷，故以自遷爲文，憫許也。此後昭九年遷夷，十八年遷白羽，定四年遷容城，又二年而滅于鄭。弱小不能自存，此聖人之所深慨也。

十有六年　簡王十一年

春王正月，雨，木冰。

雨冰，常也。雨著木而成冰，異也。木陽性舒散，凝冰，以此爲異，故記之。

夏四月辛未，滕子卒。

滕文公也，在位十年。成公原立，赴，故書。不名，史失之耳。

鄭公子喜帥師侵宋。

案：《左傳》：楚以汝陰之田求成于鄭。鄭叛晉從楚。鄭子罕伐宋，宋將鉏、樂懼敗諸汋陂。退，舍于夫渠，不儆，鄭人覆之，敗諸汋陵，獲將鉏、樂懼。衛侯伐鄭至于鳴雁，鄭即楚而侵宋，不義甚矣。故書以惡之。

六月丙寅朔，日有食之。

晉侯使欒黶來乞師。

黶，于斬反。

《左傳》：晉侯將伐鄭，范文子曰：若逞吾願，諸侯皆叛，晉可以逞。若唯鄭叛，晉國之憂，可立俟也。欒武子曰：不可以當吾世而失諸侯，必伐鄭。乃興師。欒書將中軍，士燮佐之。郤錡將上軍，荀偃佐之。韓厥將下軍，郤至佐新軍，荀罃居首。郤犨如衛，遂如齊，皆乞師焉。欒黶來乞師，孟獻子曰：有勝矣。

甲午晦，晉侯及楚子、鄭伯戰于鄢陵。楚子、鄭師敗績。

鄢，音偃。鄢陵，杜注：鄭地。今屬潁川郡。案：鄢陵與鄢，一地也。鄢，妘姓之國。爲鄭武公所滅，初仍其故名，後改爲鄢陵耳。

《左傳》：戊寅，晉師起。鄭人聞有晉師，使告于楚。楚子救鄭，子反將中軍，子重子辛佐之。五月，晉師濟河。聞楚師將至，范文子欲反，曰：我僞逃楚，可以紓憂。夫合諸侯，非吾所能也，以遺能者。我若群臣輯睦以事君，多矣。武子曰：不可。六月，晉、楚遇于鄢陵。范文子不欲戰，郤至曰：韓之戰，惠公不振旅。箕之役，先軫不反命。邲之師，荀伯不復從。皆晉之耻也。今我辟楚，又益耻也。文子曰：吾先君之亟戰也，有故。秦、狄、齊、楚皆彊，不盡力，子孫將弱。今三彊服矣，敵楚而已。惟聖人能外内無患，自非聖人，外寧必有内憂。盍釋楚以爲外懼乎？甲午晦，楚晨壓晉軍而陳。軍吏患之。范匄趨進，曰：塞井夷竈，陳于軍中，而疏行首。晉、楚唯天所授，何患焉？文子執戈逐之，曰：國之存亡，天也。童子何知焉？欒書曰：楚師輕窕，固壘而待之，三日必退。退而擊之，必獲勝焉。吕錡夢射月，中之，退入于泥。及戰，射楚共王，中目。王召養由基，與之兩矢，使射吕錡，中項，伏弢。以一矢復命。楚師薄于險，叔山冉謂養由基曰：君雖有命，爲國故，子必射。

乃射。再發，盡殪。叔山冉搏人以投，中車，折軾。晉師乃止。囚楚公子茷。旦而戰，見星未已。子反命軍吏察夷傷，補卒乘，繕甲兵，展車馬，雞鳴而食，唯命是聽。晉人患之。苗賁皇徇曰：蒐乘補卒，秣馬厲兵，修陳固列，蓐食申禱，明日復戰。乃逸楚囚。王聞之，召子反謀。穀陽豎獻飲于子反，子反醉而不能見。王曰：天敗楚也夫。余不可以待。乃宵遁。晉入楚軍。三日穀。范文子立于戎馬之前，曰：君幼，諸臣不佞，何以及此？君其戒之。《周書》曰：唯命不于常，有德之謂。案：晉扼楚，使不至内擾，必藉鄭蔽之，故二國以鄭之向背爲勝負。前晉楚平矣，鄭首潰盟伐許，致楚伐鄭。鄭不能抗，又叛晉從楚。今晉伐之，爲有辭矣。故書及楚、鄭戰而敗之，惡楚尤惡鄭，非取晉之能勝，而深惡鄭之反復，楚之憑陵衰世，不得已之意耳。

楚殺其大夫公子側。

《左傳》：楚師還，及瑕，王使謂子反曰：先大夫之覆師徒者，君不在。子無以爲過，不穀之過也。子反再拜稽首曰：君賜臣死，死且不朽。臣之卒實奔，臣之罪也。子重使謂子反曰：初隕師徒者，而亦聞之矣。盍圖之？對曰：雖微，先大夫有之，大夫命側，側敢不義？側亡君師，敢忘其死。王使止之。弗及而卒。案：楚子不義興師，親在行間，兵敗而專咎臣下不得也。以其醉慢誤國誅之，未嘗不可。楚子固引咎，未欲殺側，而嬰齊舍怨以促之死，楚子不察，則失政刑矣。故書國以殺，明側之有罪。不去其官，明殺之不以其道。

秋，公會晉侯、齊侯、衛侯、宋華元、邾人于沙隨，不見公。

沙隨，杜注：宋地。梁國寧陵縣北有沙隨亭。今沙隨城在寧陵縣西六里，屬河南歸德府。

《左傳》：戰之日，齊國佐、高無咎至于師。衛侯出于衛，公出于壞隤。宣伯通于穆姜，欲去季、孟，而取其室。將行，穆姜送公，而使逐二子。公以晉難告，曰：女不可，是皆君也。公待于壞隤，申宫儆備，設守而後行，是以後。使孟獻子守于公宫。秋，會于沙隨，謀伐鄭也。宣伯使告郤犨曰：魯侯待于壞隤以待勝者。郤犨將新軍，且爲公族大夫，以主東諸侯。取貨于宣伯而訴公于晉侯，晉侯不見公。案：公因内難，至會稍遲，非罪也。晉不明，信讒愬不見公，故書公會、不見公，著公自反而縮，以罪晉之妄。

公至自會。

公未見晉侯也，而書至自會，如與會者然，所以明公之無失。

公會尹子，晉侯、齊國佐、邾人伐鄭。

王臣始會伐。

《左傳》：七月，公會尹武公及諸侯伐鄭。將行，姜又命公如初。公又申守而行。諸侯之師次于鄭西。我師次于督揚，不敢過鄭。子叔聲伯使叔孫豹請逆于晉師。諸侯還于制田。知武子佐下軍。以諸侯之師侵陳，至于鳴鹿。遂侵蔡。未反，諸侯遷于潁上。戊午，鄭子罕宵軍之，宋、齊、衞皆失軍。案：尹子，王臣也。尊王故先之。晋不朝覲，先請王命，倖勝楚而請王臣伐鄭，惡其專而慢，故不書王命。既王臣同伐，故書伐。侵陳、蔡及宋、齊、衞敗皆不書，晋無德禮故略之。因公屈於晋，今晋又役之，特書此以見晋之任意虐人也。

曹伯歸自京師。

《左傳》：曹人請于晋，曰：自我先君宣公即世，國人曰：若之何憂猶未弭？而又討我寡君，以亡曹國社稷之鎮公子，是大泯曹也。先君無乃有罪乎？若有罪，則君列諸會矣。君唯不遺德刑，以伯諸侯。豈獨遺諸敝邑？敢私布之。曹人復請于晋，晋侯謂子臧：反，吾歸而君。子臧反，曹伯歸。子臧盡致其邑與卿而不出。案：負芻弑逆，法所必討。晋既執而歸諸京師，王于是時暴其弑逆之罪，寘諸典刑，别賢君，則王綱肅而諸侯有憚心矣。乃寘之不問，曹人私請于晋，聽而釋之，不明甚矣。故書歸自京師，以深病王。曹伯弑立而書爵，著天子不綱，晋侯不正，任其自立而自爲，以致篡逆，無復忌憚也。

九月，晋人執季孫行父，舍之于苕丘。

舍，如字。苕，音條。《公》作招章、遥卜、饒二反。苕丘，杜注：晋地。

宣伯使告郤犨曰：魯之有季、孟，猶晋之有欒、范也，政令于是乎成。今其謀曰：晋政多門，不可從也。寧事齊、楚，有亡而已，蔑從晋矣。若欲得志于魯，請止行父而殺之，我斃蔑也而事晋，蔑有貳矣。魯不貳，小國必睦。不然，歸必叛矣。九月，晋人執季文子于苕丘。公還，待于鄆。使子叔聲伯請季孫于晋，郤犨曰：苟去仲孫蔑而止季孫行父，吾與子國，親于公室。對曰：僑如之情，子必聞之矣。若去蔑與行父，是大棄魯國而罪寡君矣。若猶不棄，而惠徼周公之福，使寡君得事晋君，則夫二人者，魯國社稷之臣也。若朝亡之，魯必夕亡。以魯之密邇仇讎，亡而爲讎，治之何及？郤犨曰：吾爲子請邑。對曰：嬰齊，魯之常隸也。敢介大國以求厚焉？承寡君之命以請，若得所請，吾子之賜多矣。又何求？范文子謂欒武子曰：季孫于魯，相二君矣。妾不衣帛。馬不食粟，可不謂忠乎？信讒慝而棄忠良，若諸侯何？子叔嬰齊奉君命無私，謀國家不貳，圖其身不忘其君。若虚其請，是棄善人也。子其圖之。乃許魯平，赦季孫。案：行父無罪，晋信讒而執之，故書人、書舍之，以著其罪。舍，寘也。

冬十月乙亥，叔孫僑如出奔齊。

《左傳》：冬十月，出叔孫僑如而盟之，僑如奔齊。案：僑如有罪，魯不能正而聽其出奔，書以著魯之失刑也。

十有二月乙丑，季孫行父及晋郤犨盟于扈。

不書晋人釋行父，書與晋大夫盟，則釋可知矣。且不言晋人釋而第書與郤犨盟，則行父之執由犨，其釋亦由犨可見。書以見晋侯之失政也。書及盟，以季孫爲主，與季孫之能服晋。

公至自會。

公會伐鄭，不言至自伐鄭，而書至自會者，晋人因會不見公，以此著晋之無禮，而公無過焉。行止若自如者焉。

乙酉，刺公子偃。

公子偃，公庶弟也。公將行，穆姜指偃與鉏以示公曰：皆君也。故公以爲嫌而殺之。然偃非顯有不軌之謀也，特穆姜私意。公于僑如之大罪不能討，而亟于刺偃，何哉？故書公子以明其無罪。乙丑與卻犨盟，乙酉即刺偃，故書日以刺其暴。不及鉏而惟刺偃，其故無考。左氏疎漏，往往令經義不明若此。

十有七年　　簡王十二年

春，衛北宫括帥師侵鄭。

《左傳》：十七年春，王正月，鄭子駟侵晋虛、滑。衛北宫括救晋，侵鄭，至于高氏。案：衛侵鄭以救晋也。而鄭侵晋不書，衛救晋亦不書者何？甚晋也。何甚乎爾？合諸侯以德晋，恃勢勝楚于鄢陵，而鄭猶不服，則無德以服鄭故也。聖人惡乎不德而任勢力。

夏，公會尹子、單子、晋侯、齊侯、宋公、衛侯、曹伯、邾人伐鄭。

《左傳》：夏五月，鄭太子髡頑、侯獳爲質于楚，楚公子成、公子寅戍鄭。公會尹武公、單襄公及諸侯伐鄭，自戲童至于曲洧。案：晋因鄭不服，假王命以伐之。重王室故尹子單子書爵。而諸侯亦書爵者，鄭堅于從楚，不知有王，亦聖人所惡也。故書伐。

六月乙酉，同盟于柯陵。

柯陵，杜注：鄭西地。

《左傳》：乙酉，同盟于柯陵，尋戚之盟。非也。蓋晋無以服人，請王臣同伐，而鄭不服又不能克之，恐衆心不一，盟以要之。書以譏之而慨之也。

秋，公至自會。

《左傳》：楚子重救鄭，師于首止。諸侯還。案：諸侯伐鄭，因楚救，畏之而還，未嘗果伐也，故不以伐至而以會至，慨諸侯等之無志。

齊高無咎出奔莒。

《左傳》：齊慶克通于聲孟子，與婦人蒙衣乘輦而入于閎。鮑牽見之，以告國武子，武子召慶克而謂之。慶克久不出，而告夫人曰：國子讁我。夫人怒。國子相靈公以會，高、鮑處守。及還，將至，閉門而索客。孟子訴之曰：高、鮑將不納君，而立公子角。國子知之。秋七月壬寅，刖鮑牽而逐高無咎。無咎奔莒，高弱以盧叛。齊人來召鮑國而立之。初，鮑國去鮑氏而來爲施孝叔臣。施氏卜宰，匡句須吉。施氏之宰，有百室之邑。與匡句須邑，使爲宰。以讓鮑國，而致邑焉。施孝叔曰：子實吉。對曰：能與忠良，吉孰大焉。鮑國相施氏忠，故齊人取以爲鮑氏後。仲尼曰：鮑莊子之知不如葵，葵猶能衛其足。案：高國爲齊命卿與國，有休戚之誼。齊國信讒而逐之，非其罪也。故書之以咎齊侯。

九月辛丑，用郊。

此闕文也。九月非郊之時，用郊不成文理。《公》《穀》妄爲之説，不可從。

晋侯使荀罃來乞師。

罃，乙耕反。

將以伐鄭也。晋無德服人，書乞師以著其不務本而外求人也。

冬，公會單子、晋侯、宋公、衛侯、曹伯、齊人、邾人伐鄭。

《左傳》：冬，諸侯伐鄭。十月庚午，圍鄭。案：楚公子申救鄭，師于汝上。十一月，諸侯還。鄭背夏即楚抗王臣而不服，其罪大矣，故書伐以明其有可伐之罪。諸侯亦書爵，然楚救即還，晋之不競亦甚矣。

十有一月，公至自伐鄭。

以伐鄭告廟，故書至自伐鄭，亦以見鄭之當伐也。

壬申，公孫嬰齊卒于貍脤。

貍，力之反。脤，市軫反。《公》作軫，《穀》作蜃。貍脤，杜注闕。

《左傳》：初，聲伯夢涉洹，或與己瓊瑰，食之，泣而爲瓊瑰，盈其懷。從而歌之曰：濟洹之水，贈我以瓊瑰。歸乎。歸乎。瓊瑰盈吾懷乎。懼不敢占也。還自鄭，壬申，至于貍脤而占之，曰：余恐死，故不敢占也。今衆繁而從余三年矣，無傷也。言之，之莫而卒。嬰齊從君以會而道卒，書卒于貍脤，從其實也，亦賢嬰齊也。《公羊》乃以此月無壬申而曲爲之説，劉氏敞辨之已明。

十有二月丁巳朔，日有食之。

邾子貜且卒。

貜，俱縛反。

汪氏克寬曰：定公也，在位四十年。子牼嗣，是爲宣公。

晋殺大夫郤錡、郤犨、郤至。

《左傳》：晋厲公侈，多外嬖。反自鄢陵，欲盡去群大夫，而立其左右。胥童，胥克子也，怨郤缺廢父克，而嬖于厲公。郤錡奪夷陽五田，五亦嬖于厲公。郤犨與長魚矯争田，執而梏之，與其父母妻子同一轅。既，矯亦嬖于厲公。欒書怨郤至，以其不從己而敗楚師也。讒之于公。厲公田，與婦人先殺而飲酒，後使大夫殺。郤至奉豕，寺人孟張奪之，郤至射而殺之。公曰：季子欺余。厲公將作難，胥童曰：必先三郤，族大多怨。去大族不逼，敵多怨有庸。公曰：然。郤氏聞之，郤錡欲攻公，郤至不可。壬午，胥童、夷羊五帥甲八百攻郤氏，公使清沸魋助之，殺三郤，皆尸諸朝。胥童以甲劫欒書、中行偃于朝，曰：不殺二子，憂必及君。公曰：一朝而尸三卿，余不忍益也。對曰：人將忍君。公使胥童爲卿。公遊于匠麗氏，欒書、中行偃遂執公焉。案：郤氏驕恣，罪也。而厲公不能以禮正之，信狎邪嬖，一朝而殺三卿，故稱國以殺，明其有自取之道。不去其官，明殺之者非其罪也。

楚人滅舒庸。

《左傳》：舒庸人以楚師之敗也，道吴人圍巢，伐駕，圍釐、虺，遂恃吴而不設備。楚公子橐師襲舒庸，滅之。案：舒庸間楚而導吴伐楚，有取滅之道矣。而不書其伐楚惟書楚滅庸者，惡楚也。楚之虐小久矣，舒庸即不道，吴亦豈能久存？故書滅書人以惡之。

十有八年　簡王十三年

春王正月，晉殺其大夫胥童。

案：《左傳》：去年閏月乙卯晦，欒書、中行偃殺胥童。而《經》書此年春者，從告也。胥童嬖于厲公，道君殺三郤，致其君死于殺。故稱國以殺，著其罪也。不去其官，明非欒書等所得而殺。

庚申，晉弑其君州蒲。

《左傳》：十八年春，王正月庚申，晉欒書、中行偃使程滑弑厲公，葬之于翼東門之外。以車一乘，使荀罃、士魴逆周子于京師而立之，生十四年矣。大夫逆于清原，周子曰：孤始願不及此。雖及此，豈非天乎？抑人之求君，使出命也，立而不從，將安用君？二三子用我今日，否亦今日，共而從君，神之所福也。對曰：群臣之願也，敢不唯命是聽？庚午，盟而入，館于伯子同氏。朝于武宫，逐不臣者七人。周子有兄而無慧，不能辨菽麥，故不可立。案：書、偃弑君，何以不書？曰：此舊史也。晉君任胥童等擅殺大臣，並欲殺書、偃。公不肯從，書、偃因公狎昵小人，恐終不免，遂使程滑弑君。搶攘之際，諱其實以赴諸侯。晉史不書，魯史亦不書，夫子安能從數百年後追書之？弑逆大惡，非確鑿不可以加人也。然雖仍舊史，而後人考其事，知公得罪臣民，故國人安之。然不討書、偃，一國皆與於弑矣。書一國弑君，則罪一國，而書、偃等何得言？故仍舊史以存疑，未嘗不誅亂賊也。

齊殺其大夫國佐。

案：慶克通于聲孟子，國佐謫之，克告夫人。夫人譖于公，謂高、鮑將爲亂，國佐知之。公刖鮑牽而逐高無咎。無咎子弱以盧叛。慶克帥師討之，國佐從諸侯伐鄭，以慶克事告諸侯，歸遂如盧殺慶克。以穀叛齊侯與之盟而復之，至是使士華免以戈殺國佐于内宫之朝。書曰齊殺其大夫國佐，棄命專殺，以穀叛故也。齊侯不能防閑其母，釋有罪之慶克，而殺世臣，賞罰昧矣。故稱國以殺，而不去其官。

公如晋。

公如晋，朝嗣君也。

夏，楚子、鄭伯伐宋。宋魚石復入于彭城。

彭城，杜注：宋邑。今彭城縣。項羽都此，謂之西楚。晋立徐州，唐、宋、元沿革不一，明初復爲徐州。今直隸江南省。

《左傳》：夏六月，鄭伯侵宋，及曹門外。遂會楚子伐宋，取朝郟。楚子辛、鄭皇辰侵城郜，取幽丘，同伐彭城，納宋魚石、向爲人、鱗朱、向帶、魚府焉。以三百乘戍之而還。案：楚、鄭取宋彭城，納魚石等而不書納者，不予其納。邑爲宋君之邑，非魚石等所有。書伐宋，魚石入，則魚石之入由楚可知。曰復入，則魚石曾據邑以叛亦明。此爲簡而明也。鄭從楚爲不義，故同書以罪之。

公至自晋。

晋侯使士匄來聘。

《左傳》：公至自晋。晋范宣子來聘，且拜朝也。君子謂：晋于是乎有禮。

秋，杞伯來朝。

《左傳》：秋，杞桓公來朝。勞公，且問晋故。公以晋君語之。杞伯于是驟朝于晋而請爲昏。

八月，邾子來朝。

《左傳》：八月，邾宣公來朝。即位而來見也。案：晋世主夏盟，悼公初立，公往朝。杞、邾來朝，蓋問晋君之實以爲向背，固情理所有也。

築鹿囿。

囿耳，苟弗重焉，築之亦不書也。書則譏其不當。

己丑，公薨于路寢。

《穀梁》：路寢，正也。男子不絶于婦人之手，以齊終也。

冬，楚人、鄭人侵宋。

《左傳》：七月，宋老佐、華喜圍彭城，老佐卒焉。冬十一月，楚子重救彭城，伐宋，宋華元如晋告急。韓獻子爲政，曰：欲求得人，必先勤之，成霸安疆，自宋始矣。晋侯師于台谷以救宋，遇楚師于靡角之谷。楚師還。案：楚、鄭黨叛臣而侵宋，書人以惡之。序鄭于楚下，惡其黨楚也。

晋侯使士魴來乞師。

魴，音房。《公》作彭。

《左傳》：晋士魴來乞師。季文子問師數于臧武仲，對曰：伐鄭之役，知伯實來，下軍之佐也。今彘季亦佐下軍，如伐鄭可也。事大國，無失班爵而加敬焉，禮也。從之。

十有二月，仲孫蔑會晋侯、宋公、衛侯、邾子、齊崔杼同盟于虚朾。

杼，直召反。虚，起居反。朾，他丁反。虚朾，杜注：地闕。或云即宋之虚也。

《左傳》：十二月，孟獻子會于虚朾，謀救宋也。宋人辭諸侯而請師以圍彭城。孟獻子請于諸侯，而先歸會葬。案：書同盟，予諸侯之同救宋也。仲孫蔑抗盟諸侯無譏，公有疾而使蔑往，非過也。宋辭諸侯而但请師往，故不書救宋。

丁未，葬我君成公。

《左傳》：丁未，葬我君成公，書，順也。杜氏預曰：薨于路寢，五月而葬。國家安靖，世適承嗣，故曰書順。

附　解

成公在位十有八年，得失參半。始事晉而讎于齊，繼又見辱于晉。然晉聽讒説，不足爲公累也。第夫人失德，公不能以禮防閑，而作丘甲、築鹿囿，恤民之政無聞焉。所以姑安者，孟獻子、子叔聲子輩尚有賢聲，左右維持，故能靖難，而公得善終。此以見爲國得人之實。而魯多君子，所以弱而猶安也。

春秋恒解卷六晚年定本

襄公

楊氏士勛曰：《魯世家》：襄公名午，成公之子，定姒所生。周簡王十四年即位。《謚法》：因事有功曰襄。

元　年　簡王十四年

春王正月，公即位。

《穀梁》：繼正即位，正也。孔氏穎達曰：公年四歲。

仲孫蔑會晉欒黶、宋華元、衛甯殖、曹人、莒人、邾人、滕人、薛人圍宋彭城。

《左傳》：春己亥，圍宋彭城。非宋地，追書也。於是爲宋討魚石，故稱宋，且不登叛人也，謂之宋志。彭城降晉，晉人以宋五大夫在彭城者歸，寘諸瓠丘。齊人不會彭城，晉人以爲討。二月，齊大子光爲質於晉。案：楚取彭城，納其叛臣魚石，戍之三百乘矣猶繫之，宋不與楚助叛臣，不與魚石得有彭城也。然不書討魚石者，晉以宋五大夫歸，而不歸諸宋，以明正典刑，則未爲全美也。

夏，晉韓厥帥師伐鄭，仲孫蔑會齊崔杼、曹人、邾人、杞人次于鄫。

厥，《公》作屈。鄫，《公》作合。鄫，杜注：鄭地。在陳留襄邑縣東南。

《左傳》：夏五月，晉韓厥、荀偃帥諸侯之師伐鄭，入其郛，敗其徒兵於洧上。於是東諸侯之師次于鄫，以待晉師。晉師自鄭以鄫之師侵楚焦夷及陳，晉侯、衛侯次于戚，以爲之援。按：楚徒欲塞吴、楚交通之路而取宋地，納宋彭城，悖義實甚。鄭黨楚爲惡，晉悼既禽魚石等，復伐鄭。然惟今韓厥帥師，諸侯之師次于鄫者，楚師不出則韓厥足以當鄭，不欲重動諸侯之師也。毛氏譏之大非。《傳》書楚子辛救鄭而《經》不書者，鄭無可救之善，楚不得有能救之名，所以削之。胡氏説是也。

秋，楚公子壬夫帥師侵宋。

《左傳》：秋，楚子辛救鄭，侵宋吕、留。鄭子然侵宋，取犬丘。案：楚無如晋，何侵宋以洩忿？高氏閌曰：以其無名加兵，故書曰侵。是也。

九月辛酉，天王崩。

杜氏預曰：辛酉九月十五日。

邾子來朝。

《左傳》：九月，邾子來朝，禮也。案：襄公新即位而邾子來朝以賀，不以公年幼廢禮，故《傳》曰禮。

冬，衛侯使公孫剽來聘。晋侯使荀罃來聘。

《左傳》：冬，衛子叔、晋知武子來聘，禮也。凡諸侯即位，小國朝之，大國聘焉，以繼好結信，謀事補闕，禮之大者也。杜氏預曰：冬者，十月初，王訃未至，故《傳》善之。蘇氏轍曰：九月王崩，十月訃未至於諸侯，故不廢朝聘，不爲非禮。

二　年　靈王元年

春王正月，葬簡王。

杜氏預曰：五月而葬速。

鄭師伐宋。

《左傳》：春，鄭師侵宋，楚令也。案：書師書伐，著其挾楚恃衆，非宋有可伐之罪也。

夏五月庚寅，夫人姜氏薨。

《左傳》：夏，齊姜薨。初，穆姜使擇美檟。以自爲櫬與頌琴。季文子取以葬。君子曰：非禮也。禮無所逆，婦，養姑者也，虧姑以成婦，逆莫大焉。《詩》曰：其惟哲人，告之話言，順德之行。季孫於是爲不哲矣。且姜氏，君之妣也。《詩》曰：爲酒爲醴，烝畀祖妣，以洽百禮，降福孔偕。杜氏曰：齊姜，成公婦。穆姜，成公母。

六月庚辰，鄭伯睔卒。

睔，古困反。

《左傳》：鄭成公疾，子駟請息肩於晋。公曰：楚君以鄭故，親集矢于其目，非異人任，寡君也。若背之，是棄力與言，其誰暱我？免寡人，唯二三子。秋七月庚寅，鄭伯睔卒。

晋師、宋師、衛甯殖侵鄭。

《左傳》：於是子罕當國，子駟爲政，子國爲司馬。晋師侵鄭，諸大夫欲從晋。子駟曰：官命未改。杜氏預曰：晋伐喪非禮。宋雖非卿，師重故叙衛上。愚案：宋從晋報鄭怨心尤切，故書於甯殖上，非特以其師言也。書師著其恃衆，書侵以其伐喪爲無名也。

秋七月，仲孫蔑會晋荀罃、宋華元、衛孫林父、曹人、邾人于戚。

《左傳》：會于戚，謀鄭故也。孟獻子曰：請城虎牢以偪鄭。知武子曰：善。鄫之會，吾子聞崔子之言，今不來矣。滕、薛、小邾之不至，皆齊故也。寡君之憂不唯鄭。罃將復於寡君，而請於齊。得請而告，吾子之功也。若不得請，事將在齊。吾子之請，諸侯之福也，豈唯寡君賴之。案：鄭堅於從楚，致楚猾夏。諸臣奉命而出，會以謀鄭即謀楚也。故列書之無貶辭。不得以大夫爲專也。

己丑，葬我小君齊姜。

《左傳》：齊侯使諸姜宗婦來送葬。召萊子，萊子不會，故晏弱城東陽以偪之。杜氏預曰：齊，謚也。三月而葬，速。

叔孫豹如宋。

《左傳》：穆叔聘於宋，通嗣君也。

冬，仲孫蔑會晋荀罃、齊崔杼、宋華元、衛孫林父、曹人、邾人、滕人、薛人、小邾人于戚，遂城虎牢。

《左傳》：冬，復會于戚。齊崔武子及滕、薛、小邾之大夫皆會，知武子之言故也。遂城虎牢，鄭人乃成。案：虎牢，鄭地也。不繫之鄭者，是時楚地已逼近中國，而鄭復從之。諸侯取鄭虎牢而城之，乃可以扼楚而制鄭，善乎！趙氏鵬飛曰：安一國之功小，安天下之功大。城虎牢以服鄭而制楚，天下蒙其庥，故不繫虎牢於鄭也。會于戚，孟獻子請城虎牢已定計，故書曰遂。而聖人亦以城之爲是，意可見。

楚殺其大夫公子申。

《左傳》：楚公子申爲右司馬，多受小國之賂，以偪子重、子辛，楚人殺之。故書曰：楚殺其大夫公子申。案：申受賄，有罪矣，然不至於死。且子重、子辛偪而殺之，故稱國以殺，而不去其官。

三　年　　靈王二年

春，楚公子嬰齊帥師伐吴。

吴楚争疆自此始。

《左傳》：春，楚公子重伐吴，爲簡之師，克鳩兹。至於衡山。使鄧廖帥組甲三百、被練三千以侵吴。吴人要而擊之，獲鄧廖。其能免者，組甲八十、被練三百而已。子重歸，既飲至，三日，吴人伐楚，取駕。駕，良邑也。鄧廖，亦楚之良也。君子謂：子重於是役也，所獲不如所亡。楚人以是咎子重。子重病之，遂遇心疾而卒。案：楚恃强而不修德，謹度憑陵中夏。既屈於晋，乃欲逞志於吴。嬰齊爲楚宗臣，不輔君以德義而屢興師旅，故斥名書帥師以惡之。

公如晋。

《左傳》：公如晉，始朝也。高氏閌曰：童子侯不朝王，蓋不可接以成人之禮也。豈可反朝同列乎？

夏四月壬戌，公及晉侯盟于長樗。

樗，敕居反。長樗，孔氏穎達曰：近城之地。

《左傳》：夏，盟于長樗。公稽首。知武子曰：天子在，而君辱稽首，寡君懼矣。孟獻子曰：以敝邑介在東表，密邇仇讎，寡君將君是望，敢不稽首？杜氏預曰：晉侯出其國都，與公盟于外。孔氏穎達曰：此或是悼公謙以待人，不敢使國君就己，出盟於外，若相就然，故出城也。蘇氏轍曰：禮，諸侯不親盟於他國。成二年，公如晉，晉人使陽處父盟公。三年雖改盟，而猶盟於其國，亦非禮也。晉悼公修禮於諸侯，故去其國而與公盟於長樗，禮也。

公至自會。

公本朝晉，長樗之盟乃晉悼親公而爲此盟，故不以長樗至。

六月，公會單子、晉侯、宋公、衛侯、鄭伯、莒子、邾子、齊世子光。己未，同盟于雞澤。

雞澤，杜注：在廣平曲梁縣西南。《後漢志》：曲梁侯國有雞澤，即春秋諸侯同盟處。今曲梁故城在直隸廣平府東北。

《左傳》：晉爲鄭服故，且欲修吴好，將合諸侯。使士匄告于齊曰：寡君願與一二兄弟相見，以謀不協，請君臨之，使匄乞盟。齊侯欲勿許，而難爲不協，乃盟于耏外。六月，公會單頃公及諸侯。己未，同盟于雞澤。晉侯使荀會逆吴子于淮上，吴子不至。案：諸侯不敢盟天子之臣，此會單子與焉而書同盟，且列序爵無貶辭何耶？杜氏預以爲周靈王新即位，使王官伯出與諸侯盟以安王室。鄭在王畿，爲楚所役，王室震恐。今晉服鄭而御楚，王喜之，使王臣出會亦事所或有。然晉悼未聞朝王，王何以使王臣出盟？即長樗之盟以推，襄公幼小，晉悼不敢盟之於國，則亦必不敢上盟王臣。當時蓋嘗使人於王朝，特未親行耳。惟其然，故夫子書同盟無貶辭。蓋嘉其可以安内而御楚也。

陳侯使袁僑如會。

楚子辛爲令尹，侵虐於小國。陳成公使袁僑如會求成，晉侯使和組父告于諸侯。案：不但曰陳袁僑如會，而曰陳侯使如會，予其來也。陳服于楚，今去楚而即晉，故予之。且以見晉悼之賢，能使人不召而自來也。

戊寅，叔孫豹及諸侯之大夫及陳袁僑盟。

《左傳》：秋，叔孫豹及諸侯之大夫及陳袁僑盟，陳請服也。案：陳侯久服于楚，今聞晉悼之賢，未敢即至，使袁僑如會以嘗之。晉悼不咎其既往而使諸臣與盟，所以安其心而堅其志。書叔孫豹及諸侯之大夫，明乎諸侯皆在，不與袁僑盟而使諸臣盟之，予其合禮也。乃或以爲大夫專權，豈必諸侯與大夫盟而始是哉？先儒辨之詳矣。

秋，公至自會。

冬，晋荀罃帥師伐許。

許爲鄭所偪而還于楚，必不能舍楚而即晋。晋不務修德以來之，汲汲于伐許，故書帥師以著其恃強之失。

四 年 靈王三年

春王三月己酉，陳侯午卒。

《左傳》：去年，楚公子何忌侵陳。春，楚師故，猶在繁陽。韓獻子患之，言于朝曰：文王帥殷之叛國以事紂，惟知時也。今我易之，難哉。三月，陳成公卒。楚人將伐陳，聞喪乃止。陳人不聽命。臧武仲聞之，曰：陳不服于楚，必亡。大國行禮焉而不服，在大猶有咎，而况小乎？夏，楚彭名侵陳，無禮故也。案：楚虐中國，必得陳、鄭。今陳背楚即晋，禦楚而安中夏，正也。楚不伐喪，其得禮之小者。陳人以禮報喪即可，豈必事楚而後是乎？臧武仲，左氏謂其無禮，大謬。至文王事紂，韓厥第以爲知時亦非。且引喻不稱，尤誤。

夏，叔孫豹如晋。

《左傳》：穆叔如晋，報知武子之聘也，晋侯享之。金奏《肆夏》之三，不拜。工歌《文王》之三，又不拜。歌《鹿鳴》之三，三拜。韓獻子使行人子員問之，曰：子以君命，辱於敝邑。先君之禮，藉之以樂，以辱吾子。吾子舍其大，而重拜其細，敢問何禮也？對曰：《三夏》，天子所以享元侯也，使臣弗敢與聞。《文王》，兩君相見之樂也，臣不敢及。《鹿鳴》，君所以嘉寡君也。敢不拜嘉？《四牡》，君所以勞使臣也，敢不重拜？《皇皇者華》，君教使臣曰：必諮于周。臣聞之：訪問于善爲咨，咨親爲詢，咨禮爲度，咨事爲諏，咨難爲謀。臣獲五善，敢不重拜？案：荀罃元年來聘，今已四年。中間孟獻子會晋公如晋，又再會雞澤，則左氏云報知武子之聘非也。當是魯使聘耳。

秋七月戊子，夫人姒氏薨。

姒，《公》作弋。下定姒同。

《左傳》：秋，定姒薨。不殯于廟，無櫬，不虞。匠慶謂季文子曰：子爲正卿，而小君之喪不成，不終君也。君長，誰受其咎？案：定姒，襄公生母。嫡母齊姜在而姒氏卒則當降禮。齊姜已卒而姒氏薨，襄公尊爲夫人，以禮殯葬，乃禮之正也。季文子安得而降之乎？先儒又謂前年書夫人姜氏，今又夫人，有兩夫人爲譏，不知母以子貴，大謬。

葬陳成公。

汪氏克寬曰：陳即晋，魯會其葬，故書。

八月辛亥，葬我小君定姒。

定姒，成公之妾，襄公之生母也。季文子不欲以夫人之禮葬之，而實則已夫人之矣。故從乎其實而書我小君，譏文子小君之也。然死纔二十三日而即葬，又過速矣。

襄公年幼，季文子等當國，不達於禮。平日戴之以夫人，而臨時過簡其禮，故刺之。

冬，公如晉。

冬，公如晉聽政，晉侯享公。公請屬鄫，晉侯不許。孟獻子曰：以寡君之密邇于仇讎，而願固事君，無失官命。鄫無賦于司馬，爲執事朝夕之命敝邑，敝邑褊小，闕而爲罪，寡君是以願借助焉。晉侯許之。案：聽政，聽晉每年徵調各國兵會等，應出貢賦若干。公故請以鄫歸魯，助其用費。然公母喪未久而如晉，晉亦弗禁。當時弱役強，小役大，不講禮義可知。

陳人圍頓。

《左傳》：楚人使頓間陳而侵伐之，故陳人圍頓。案：頓聽楚而間陳固有罪矣。然陳方居喪，且頓爲楚屬不務修其德，思所以弭之而圍之，以甚楚怒又居喪不哀，故書人以貶之。

附　解

古人遺留詩書，皆所以紀其事，實存其義禮，使人知之而踐行之，非徒文字，尤非求傳後世之名。凡聖人書籍，皆當如此體行。如《春秋》，士大夫説詩説禮，明是非、定吉凶，猶有古人之遺。叔孫不拜《肆夏》《文王》，因講求實踐故爾。其詁《皇華之什》詳繹咨詢等義，乃令詩詞無一虛設。今人但以爲換字成調而已，然若非平日體察義理，求其力行，又安能如此？近世書籍太多，解釋聖人之書者不少，然不力行其事，身體其理，徒恃穎悟博識，互相是非，轉令聖人之意不明，六經皆成糟粕。愚因《左氏》載叔孫事，未嘗不掩卷太息也。至定姒爲襄公生母，公嗣位爲君，安得不尊爲夫人？先儒言嫡庶之禮而不得其會通，反謂孔穎達爲非。愚前已明辨，兹不贅。

五　年　　靈王四年

春，公至自晉。

高氏閌曰：著公不朝正于廟也。當時視朔等禮廢闕，蓋衆皆習以爲常。公謹于事大，而忘守土治民之重，可慨也。

夏，鄭伯使公子發來聘。

《左傳》：夏，鄭子國來聘，通嗣君也。杜氏預曰：發，子産父。李氏廉曰：魯與鄭自輸平來盟，以後未嘗有聘問之禮。終《春秋》僅見于此，則以悼公之盛，諸侯之睦也。

叔孫豹、鄫世子巫如晉。

《左傳》：穆叔覿鄫大子于晉，以成屬鄫。書豹與鄫大子巫如晉，著魯藉晉勢脅鄫屬魯，不遵王制，以大役小之罪也。公妄不念天子分封。

叔孫豹、衛孫林父會吴于善道。

道，《公》《穀》作稻。善道，杜注：地闕。案：阮勝之南。《兗州記》云：盱眙本吴善道地，秦置盱眙縣。許慎曰：張目爲盱，舉目爲眙。城居山上，可以矚遠，故曰盱眙。今屬江南鳳陽府泗州。

《左傳》：吴子使壽越如晋，辭不會于雞澤之故，且請聽諸侯之好。晋人將爲之合諸侯，使魯、衛先會吴，且告會期。故孟獻子、孫文子會吴于善道。季氏本曰：晋將邀吴爲戚之會，而魯、衛近吴且俱同姓，故晋命以通好焉。案：二國會吴，晋命也。而書二臣會吴若自往會者，不予晋得以命諸侯也。

秋，大雩。

《左傳》：秋大雩，旱也。高氏閌曰：因旱祭，志僭也。

楚殺其大夫公子壬夫。

《左傳》：楚人討陳叛故，曰：由令尹子辛實侵欲焉。乃殺之。書曰：楚殺其大夫壬夫。貪也。君子謂：楚共王于是不刑。案：壬夫固有罪矣，然楚子與晋平而失信，又不能早察其臣，興師伐人，人不服而後歸罪于臣，失君道矣。故稱國以殺，而不去其官。

公會晋侯、宋公、陳侯、衛侯、鄭伯、曹伯、莒子、邾子、滕子、薛伯、齊世子光、吴人、鄫人于戚。

《左傳》：九月丙午，盟于戚，會吴，且命戍陳也。穆叔以屬鄫爲不利，使鄫大夫聽命于會。案：陳久從楚，今從晋，恐楚讎之故。晋結吴合諸侯以戍之，然不修德行禮，率諸侯以匡周，固人心而講睦，徒結吴拒楚，末矣。故列書諸侯而人吴，以見此會之失。鄫亦稱人，叔孫使列名入會，夫子善之也。

公至自會。

冬，戍陳。

諸侯皆戍陳也，而獨書魯戍者，舉魯戍則諸侯可知。戍陳非策，聖人所弗許也。書戍陳以見其徒勞。

楚公子貞帥師伐陳。公會晋侯、宋公、衛侯、鄭伯、曹伯、齊世子光救陳。

曹伯下，《公》《穀》有莒子、邾子、滕子、薛伯。

《左傳》：楚子囊爲令尹。范宣子曰：我喪陳矣。楚人討貳而立子囊，必改行而疾討陳。陳近于楚，民朝夕急，能無往乎？有陳，非吾事也，無之而後可。冬，諸侯戍陳。子囊伐陳。十一月甲午，會于城棣以救之。案：楚必欲服陳乃可以擾北方，諸侯救之，善也。故書爵、書救。

十有二月，公至自救陳。

《穀梁》：善救陳也。范氏甯曰：善之，故以救陳至。

辛未，季孫行父卒。

《左傳》：季文子卒。大夫入斂，公在位。宰庀家器爲葬備，無衣帛之妾，無食粟之馬，無藏金玉，無重器備。君子是以知季文子之忠于公室也。相三君矣，而無私積，可不謂忠乎？高氏閌曰：自文子卒而魯有城費作三軍事，則知文子雖專而猶忠慎也。

六　年　　靈王五年

春王三月壬午，杞伯姑容卒。

《左傳》：六年春，杞桓公卒，始赴以名，同盟故也。案：諸侯卒，赴則弔，告葬必會，禮也。春秋惟強弱是視，則赴亦有所不弔，葬亦不會者。杞本弱，然與魯世爲婚姻，豈得不赴不會？而不盡書者，魯不如，禮也。至是杞桓公事魯最謹，又新婚于晋，故魯往弔會葬。《經》書其事，亦可以觀世變矣。

夏，宋華弱來奔。

《左傳》：宋華弱與樂轡少相狎，長相優，又相謗也。子蕩怒，以弓梏華弱于朝。平公見之，曰：司武而梏于朝，難以勝矣。遂逐之。夏，宋華弱來奔。司城子罕曰：同罪異罰，非刑也。專戮于朝，罪孰大焉。亦逐子蕩。子蕩射子罕之門，曰：幾日而不我從。子罕善之如初。案：樂轡與弱因戲怒，以弓梏弱，非也。于朝無禮也。而宋公不罪轡反逐弱，子罕不由公命又逐轡，君臣不正若此，何以爲國？《經》書弱來奔，著其自取。樂轡不書，弱爲君，逐轡則非也。而罪宋公不君，亦可攷焉。

秋，葬杞桓公。

滕子來朝。

《左傳》：秋，滕成公來朝，始朝公也。季氏本曰：滕向無朝矣，此復來朝者，以魯睦于晋，賴魯以爲庇耳。

莒人滅鄫。

案：《左傳》：莒人滅鄫，鄫恃賂也。蓋謂鄫恃貢賦事晋，而不備莒。然鄫非得已也，莒安得而擅滅之哉？書莒人滅鄫，深惡莒也。而魯不能恤鄰，晋悼不能救鄫，其失均見。

冬，叔孫豹如邾。

四年邾、莒伐鄫，魯救之，敗邾于狐駘。今鄫已滅，豹如邾聘且修平，不知其何以措詞？當時列國離合，往往不近情理。書之可覘世變，而豈予其能修好哉？

季孫宿如晋。

《左傳》：晋人以鄫故來討，曰：何故亡鄫？季武子如晋見，且聽命。案：請屬鄫者，魯也。鄫亡而不能救則責之亦宜。但必告于天王，聲罪討莒，乃合。徒責魯而不討莒，何哉？晋悼之不明甚矣。

十有二月，齊侯滅萊。

前二年。齊侯伐萊，萊人賂齊，寺人宿沙衛馬牛百匹而還。其秋齊召萊子使送齊宗婦會葬，萊子不至。齊使晏弱城東陽以偪之，至是圍萊，堙之環城，傅于堞。入萊，萊共公浮柔奔棠。晏弱圍棠而滅之，遷萊于郳。高厚、崔杼定其田。案：凡滅國皆人之，而此書齊侯者，斥而惡之也。齊大國，何以必滅萊自廣？萊君出奔于棠，而必滅之，則萊君蓋死之矣。國君死社稷正，故斥惡齊侯。

七　年　　靈王六年

春，郯子來朝。

《左傳》：始朝公也。季氏本曰：成七年，吴伐郯。郯既從吴，至是吴與晉通好，而遂不禁郯之親魯。故復來朝以修舊好。

夏四月，三卜郊，不從，乃免牲。

郊以祈穀，卜當在建寅之月。今周四月，夏二月矣。三卜郊不從，乃免牲。孟獻子曰：吾乃今而後，知有卜筮。夫郊，祀后稷以祈農事也。是故啟蟄而郊，郊而後耕。今既耕而卜郊，宜其不從也。案：書以譏，非時則爲不敬矣。

小邾子來朝。

《左傳》：亦始朝公也。

城費。

費音祕。

《左傳》：南遺爲費宰。叔仲昭伯爲隧正，欲善季氏而求媚于南遺，謂遺：請城費，吾多與而役。故季氏城費。案：費，季氏食邑，子奪惟君，非世守也，安得而私城之？故書若公自城者然，不予季以得城費也。

秋，季孫宿如衛。

《左傳》：秋，季武子如衛，報子叔之聘，且辭緩。案：公即位而衛使公孫剽來聘。今七年而後使報聘，不足信也。觀今冬衛即來聘，則此爲魯先聘之矣。

八月，螽。

冬十月，衛侯使孫林父來聘。壬戌，及孫林父盟。

《左傳》：衛孫文子來聘，且拜武子之言，而尋孫桓子之盟。公登，亦登。叔孫穆子相，趨進曰：諸侯之會，寡君未嘗後衛君。今吾子不後寡君，寡君未知所過。吾子其少安。孫子無辭，亦無悛容。穆叔曰：孫子必亡。爲臣而君，過而不悛，亡之本也。《詩》曰：退食自公，委蛇委蛇。謂從者也。衡而委蛇必折。案：報聘，禮也。盟，非禮也。當時恃盟而實多渝盟，殊爲可笑。夫子即此以志譏。

楚公子貞帥師圍陳。

書帥師、書圍，見其恃強陵弱之罪。

十有二月，公會晉侯、宋公、陳侯、衛侯、曹伯、莒子、邾子于鄬。

鄬，或作隖，于軌反。鄬，杜注：鄭地。

《左傳》：楚子囊圍陳，會于鄬以救之。案：楚既圍陳，陳侯何以又會諸侯？蓋楚師已退，方會以謀之，尚未興師。《左氏》少一謀字，故事不明耳。

鄭伯髡頑如會，未見諸侯，丙戌，卒于鄵。

髡，苦門反。《公》《穀》作髡原。鄵，七報反，又采南反。《公》《穀》作操鄵。杜注：鄭地。

此事三傳皆不足信。鄭伯如會，未至而卒。《經》書之，慨當時小國事大，僕僕不能自如也。弑君大惡，鄭伯果薨于弑，聖人乃不書之以誅賊臣乎？詳見附解。

陳侯逃歸。

《左傳》：陳人患楚。慶虎、慶寅謂楚人曰：吾使公子黄往而執之。楚人從之。二慶使告陳侯于會，曰：楚人執公子黄矣。君若不來，群臣不忍社稷宗廟，懼有二圖。陳侯逃歸。案：是時楚勢方張，晉未能服楚。鄭雖從晉而未堅。陳久屬于楚，以晉爲不足恃，恐受楚辱，故逃歸也。然不知去就之正，故書逃以鄙之。

附　解

《左傳》云鄭僖公爲大子，時子罕、子豐從適晉、楚不見禮。今將會鄬，子駟相，又不禮焉。子駟使賊夜弑公，而以瘧疾赴於諸侯。《公羊》《穀梁》則謂鄭大夫欲從楚，鄭伯不可，遂弑之。夫弑逆大惡，豈能終祕？况在道途之間，僕從非一，瘧疾致死，必需時日。本弑也而詭言瘧，可以欺人乎？子罕、子駟皆鄭穆公之子，當僖公初立，子罕當國，子駟爲政，不聞有敗行，必無謀弑之事。《公》《穀》謂因從楚而弑，以《經》攷之，尤爲不合。當鄭成公臨卒，子駟請從晉，公以楚王傷目之故不許。公卒，晉來伐喪，諸大夫又欲從晉，只因公遺命未果。及晉城虎牢，而即從晉盟雞澤、盟戚、戍陳、救陳，鄭皆與焉，何嘗有鄭臣欲從楚事？如果鄭臣欲從楚而君不可，則鄭伯卒宜即歸楚矣。乃又侵蔡，獻捷於晉，何耶？弑逆大惡，未有久而不彰者。夫子既書如會，未見諸侯而卒，自當從《經》，而不可從《傳》。

八　年　　靈王七年

春王正月，公如晉。

《左傳》：八年春，公如晉朝，且聽朝聘之數。案：先王之制，朝聘本有定禮。後世踵增，或篤於修好，亦所不禁。自弱役強，小役大，而盟主居然指揮操縱，列國不敢違，非法也。晉自襄公後益增貢幣之數，今悼公頗明，蓋又酌定之，故公如晉以聽。然去冬十二月方會，今又往朝，何僕僕也！書公如晉，公之不振，晉之無禮，蓋交譏焉。

夏，葬鄭僖公。

書葬僖公如常詞，則鄭僖公薨于卒益明矣。《左傳》謂鄭群公子以僖公之死也，謀子駟。子駟先之，辟殺子狐、子熙、子侯、子丁。孫擊、孫惡出奔衛。或子駟從君如會而君薨，其平日銜恨于君，君薨于行，有可疑之迹，故欲謀之乎？然子駟擅殺群公子何以不書？以爲不告故不書。然葬僖公皆告矣。獨擅殺不告，夫子亦因而不書，所謂筆削者安在？則左氏之妄可見矣。且子展、子産等亦良臣，袖手默然，亦大可怪。

鄭人侵蔡，獲蔡公子燮。

燮，《穀》作濕，後同。

《左傳》：庚寅，鄭子國、子耳侵蔡，獲蔡司馬公子燮。鄭人皆喜，唯子産不順，曰：小國無文德，而有武功，禍莫大焉。楚人來討，能勿從乎？從之，晋師必至。晋、楚伐鄭，自今鄭國，不四五年，弗得寧矣。子國怒之曰：爾何知？國有大命，而有正卿。童子言焉，將爲戮矣。案：鄭從晋，故乃侵蔡以挫楚，是鄭大夫未嘗必從楚，而以弑君爲欲從楚，何以通耶？然《經》書人者，事大以禮，不宜以兵侵伐，阿好爲恭。

季孫宿會晋侯、鄭伯、齊人、宋人、衛人、邾人于邢丘。

《左傳》：五月甲辰，會于邢丘，以命朝聘之數，使諸侯之大夫聽命。季孫宿、齊高厚、宋向戌、衛甯殖、邾大夫會之。鄭伯獻捷于會，故親聽命。人諸大夫，不予其抗也。不書季孫宿，無以見齊人等之爲大夫。晋悼因襄公以降，諸侯朝聘無數，今復酌定會邢丘以命之。然非大事，遣使布告足矣，而會以命之，又尊卑雜會，非禮也。

公至自晋。

莒人伐我東鄙。

《左傳》：莒大伐我東鄙，以疆鄫田。案：莒滅鄫而疆其田，因擾魯東鄙也。書伐著其強暴無禮，書人罪之。

秋九月，大雩。

《左傳》：秋九月大雩，旱也。

冬，楚公子貞帥師伐鄭。

《左傳》：冬，楚子囊伐鄭，討其侵蔡。子駟、子國等欲從楚，子孔、子蟜、子展欲待晋。子駟曰：《周詩》有之曰：俟河之清，人壽幾何？兆云詢多，職競作羅。謀之多族，民之多違，事滋無成。民急矣，姑從楚以紓吾民。晋師至，吾又從之。敬共幣帛，以待來者，小國之道也。犧牲玉帛，待于二境，以待彊者而庇民焉。寇不爲害，民不罷病，不亦可乎？子展曰：小所以事大，信也。小國無信，兵亂日至，亡無日矣。五會之信，今將背之，雖楚救我，將安用之？親我無成，鄙我是欲，不可從也。不如待晋。晋君方明，四軍無闕，八卿和睦，必不棄鄭。楚師遼遠，糧食將盡。必將速歸，何患焉？舍之聞之，杖莫如信。完守以老楚，杖信以待晋，不亦可乎？子駟曰：《詩》云：謀夫孔多，是用不集。發言盈庭，誰敢執其咎？如匪行邁謀，是用不得于道。請從楚，騑也受其咎。乃及楚平。使王子伯駢告于晋，曰：君命敝邑，修而車賦，儆而師徒，以討亂略。蔡人不從，敝邑之人，不敢寧處，悉索敝賦，以討于蔡，獲司馬子燮，獻于邢丘。今楚來討曰：女何故稱兵于蔡？焚我郊保，馮陵我城郭。敝邑之衆，夫婦男女，不遑啟處，以相救也。翦焉傾覆，無所控告。民死亡者，非其父兄，即其子弟，夫人愁痛，不知所庇。民知窮困，而受盟于楚，孤也與其二三臣不能禁止。不敢不告。知武子使行人子員對之曰：君有楚命，亦不使一介行李告于寡君，而即安于楚。君之所欲也，誰敢違君？寡君將帥諸侯以見于城下，唯君圖之。案：是自襄元年楚侵宋、圍陳、伐鄭皆書，其大夫書帥，帥非予之，著其強盛内擾，以見晋悼服楚之績也。

晋侯使士匄來聘。

《左傳》：晋范宣子來聘，且拜公之辱，告將用師于鄭。公享之，宣子賦《摽有梅》。季武子曰：誰敢哉。今譬于草木，寡君在君，君之臭味也。歡以承命，何時之有？武子賦《角弓》。賓將出，武子賦《彤弓》。宣子曰：城濮之役，我先君文公獻功于衡雍，受《彤弓》于襄王，以爲子孫臧。匄也，先君守官之嗣也，敢不承命？君子以爲知禮。案：公朝晋，而晋使來謝，且聘禮也。

九　年　　靈王八年

春，宋災。

災，《公》作火。

《左傳》：九年春，宋災。樂喜爲司城以爲政。使伯氏司里，火所未至，徹小屋，塗大屋；陳畚挶，具綆缶，備水器；量輕重，蓄水潦，積土塗，巡丈城，繕守備，表火道。使華臣具正徒，令隧正納郊保，奔火所。使華閲討右官，官庀其司。向戌討左，亦如之。使樂遄庀刑器，亦如之。使皇鄖命校正出馬，工正出車，備甲兵，庀武守。使西鉏吾庀府守。令司宫、巷伯儆宫。二師令四鄉正敬享，祝宗用馬于四墉，祀盤庚于西門之外。晋侯問于士弱曰：吾聞之，宋災，于是乎知有天道。何故？對曰：古之火正，或食于心，或食于咮，以出内火。是故咮爲鶉火，心爲大火。陶唐氏之火正閼伯居商丘，祀大火，而火紀時焉。相土因之，故商主大火。閲其禍敗之釁，必始于火，是以日知其有天道也。公曰：可必乎？對曰：在道。國亂無象，不可知也。杜氏預曰：天火曰災，來告故書。是也。《公》《穀》妄而鑿。

夏，季孫宿如晋。

《左傳》：夏，季武子如晋，報宣子之聘也。

五月辛酉，夫人姜氏薨。

《左傳》：穆姜薨于東宫。始往而筮之，遇《艮》之八。史曰：是謂《艮》之《隨》。《隨》其出也，君必速出。姜曰：亡。是于《周易》曰：《隨》，元亨利貞無咎。元，體之長也。亨，嘉之會也。利，義之和也。貞，事之幹也。體仁足以長人，嘉德足以合禮，利物足以和義，貞固足以幹事，然，故不可誣也，是以雖《隨》无咎。今我婦人而與于亂。固在下位而有不仁，不可謂元。不靖國家，不可謂亨。作而害身，不可謂利。棄位而姣，不可謂貞。有四德者，《隨》而無咎。我皆無之，豈《隨》也哉？我則取惡，能無咎乎？必死于此，弗得出矣。案：姜，成公之母，通于僑如，欲廢成公，故徒居東宫。其亂在子孫之時，子孫無廢祖母之禮，故仍書夫人、書薨、書葬。抑姜自知其罪而不信史言，其悔心之明歟？得没于年，其以此故。元亨利貞之義，夫子《文言》同之。可見古人讀《易》有定解，而秦火無傳，乃今人惟知孔子《十翼》也。

秋八月葵未，葬我小君穆姜。

子孫不可以黜祖，臣安可以黜君？故夫子書薨、葬如常詞。然而攷其事者知其惡，未嘗因諱而不彰也。人苟不德，徒欲讳其惡以欺後人，又安能之？

冬，公會晋侯、宋公、衛侯、曹伯、莒子、邾子、滕子、薛伯、杞伯、小邾子、齊世子光伐鄭。十有二月己亥，同盟于戲。

戲，許宜反。戲，杜注：鄭地。成十七年諸侯伐鄭自戲童至于曲洧，即此也。

《左傳》：冬十月，諸侯伐鄭，圍鄭。鄭人恐，行成。中行獻子曰：遂圍之，以待楚人之救也而與之戰。不然，無成。知武子曰：許之盟而還師，以敝楚人。吾三分四軍，與諸侯之鋭以逆來者，于我未病，楚不能矣，猶愈于戰，暴骨以逞，不可以争。諸侯皆不欲戰。乃許鄭成。十一月己亥，同盟于戲，將盟，鄭六卿皆從鄭伯。士莊子爲載書，曰：自今日既盟之後，鄭國而不唯晋命是聽，而或有異志者，有如此盟。公子騑趨進曰：天禍鄭國，使介居二大國之間。大國不加德音而亂以要之，使其鬼神不獲歆其禋祀，其民人不獲享其土利，夫婦辛苦墊隘，無所底告。自今日既盟之後，鄭國而不唯有禮與彊可以庇民者是從，而敢有異志者，亦如之。荀偃曰：改載書。公孫舍之曰：昭大神，要言焉。若可改也，大國亦可叛也。知武子謂獻子曰：我實不德，而要人以盟，豈禮也哉？非禮，何以主盟？姑盟而退，修德息師而來，終必獲鄭，何必今日？我之不德，民將棄我，豈唯鄭？若能休和，遠人將至，何恃于鄭？乃盟而還。晋人不得志于鄭，以諸侯復伐之，戊寅，濟于陰阪。復侵鄭外邑。案：鄭背晋即楚，故列序諸侯書伐鄭。既服來盟而不書，以其未嘗果服。然則同盟者誰？諸侯也。諸侯既同會伐矣，曷爲又書同盟？晋悼能得諸侯心，書同盟以著諸侯信晋，晋能睦諸侯。楚是時強盛，服鄭不易，晋悼不汲汲勝楚，是《經》所予也。

楚子伐鄭。

《左傳》：楚子伐鄭，子駟將及楚平。子孔、子蟜曰：與大國盟，口血未乾而背之，可乎？子駟、子展曰：吾盟固云：唯彊是從。今楚師至，晋不可救，則楚彊矣。乃及楚平。案：盟戲，鄭未果從晋也。而楚即伐鄭，書楚子見其親行。《經》於晋悼服楚，詳書伐鄭、侵宋等事，以見楚氛之惡，服之之難。及楚共王卒，吴駸強而楚勢始衰，然晋亦不振，凌夷至於戰國。春秋大勢，《經》故不略其事也。

十　年　　靈王九年

春，公會晉侯、宋公、衛侯、曹伯、莒子、邾子、滕子、薛伯、杞伯、小邾子、齊世子光會吴于柤。

柤，莊加反。柤，杜注：楚地。今山東兖州府嶧縣泇口是也。

《左傳》：十年春，會于柤，會吴子壽夢也。三月癸丑，齊高厚相，大子光以先會諸侯于鍾離，不敬。士莊子曰：高子相大子以會諸侯，將社稷是衛，而皆不敬，棄社稷也，其將不免乎。夏四月戊午，會于柤。案：是時楚有吴患，晉欲制楚而結吴以爲援，吴亦欲得晉以爲聲援。此所以晉頻會吴也。第楚之失鄭，自由晉君賢明，扼虎牢三分四軍以疲楚，吴實未嘗助晉襲楚也。《經》書此會，以志吴楚遞興之事。晉悼患楚而結吴，爲安内攘外計，故亦無貶也。

夏五月甲午，遂滅偪陽。

偪音福，又彼力反。《穀》作傅。偪陽，杜注：彭城傅陽縣也。章懷太子曰：偪陽故城在承縣南。今在兖州府嶧縣南五十里。

《左傳》：晉荀偃、士匄請伐偪陽，而封宋向戌焉。荀罃曰：城小而固，勝之不武，弗勝爲笑，固請。丙寅，圍之，弗克。諸侯之師久于偪陽，偃匄請于荀罃曰：水潦將降，懼不能歸，請班師。知伯怒，投之以机，出于其間，曰：女成二事而後告余。余恐亂命，以不女違。女既勤君而興諸侯，牽帥老夫以至于此，既無武守，而又欲易余罪，曰：是實班師，不然克矣。余羸老矣，可重任乎？七日不克，必爾乎取之。五月庚寅，荀偃、士匄帥卒攻偪陽，親受矢石。甲午，滅之。書曰：遂滅偪陽。言自會也。以與向戌，向戌辭，乃予宋公。以偪陽子歸，獻于武宫，謂之夷俘。偪陽，妘姓也。使周内史選其族嗣，納諸霍人。案：高氏閌謂偪陽，楚與國。汪氏克寬曰：在沛縣，吴入北方之要衝。然則晉滅偪陽，削楚而通吴耳。然恃勢滅人之國，無罪可執，非義也。書遂滅以著其罪，而諸侯亦同罰矣。

公至自會。

以會告廟，不以滅偪陽告。蓋滅以與宋、晉志也。魯故不以告廟，而聖人亦因諱而不書。

楚公子貞、鄭公孫輒帥師伐宋。

《左傳》：六月，楚子囊、鄭子耳伐宋，師于訾毋。庚午，圍宋，門于桐門。案：晉滅偪陽與宋，楚即率鄭伐之，則楚強及鄭黨楚可見。書伐者，宋有以自取也。

晉師伐秦。

《左傳》：晉荀罃伐秦，報其侵也。去年秦人侵晉，晉饑不能報。至是伐之，是時秦南交于楚，而秦景妹又爲楚共王夫人。楚、秦合則中國危矣。故書伐秦而無貶詞，且以志當時事實。

秋，莒人伐我東鄙。

《左傳》：莒人間諸侯之有事也，故伐我東鄙。汪氏克寬曰：莒屢同晉悼之盟，而乘間加兵于魯，其無忌憚甚矣。書人惡之，書伐見其無忌憚。

公會晉侯、宋公、衛侯、曹伯、莒子、邾子、齊世子光、滕子、薛伯、杞伯、小邾子伐鄭。

此三駕之一。

鄭從楚堅，故晉又合諸侯伐之。據《左傳》齊崔杼使太子光先至，故長于滕。然後亳城、蕭魚會，皆先莒、邾，則序名乃史之舊文。事因從軍而書，非比尋常。好會必分崇卑，夫子仍之，亦以義無大害耳。

冬，盜殺鄭公子騑、公子發、公孫輒。

騑，《公》《穀》作斐。書盜始此。

《左傳》：初，子駟與尉止有争，將禦諸侯之師而黜其車。尉止獲，又與之争。子駟抑尉止曰：爾車，非禮也。遂弗使獻。初，子駟爲田洫，司氏、堵氏、侯氏、子師氏皆喪田焉。故五族聚群不逞之人，因公子之徒以作亂。冬十月戊辰，尉止、司臣、侯晋、堵女父、子師僕帥賊以入，殺子駟、子國、子耳，劫鄭伯以如北宫。子西聞盜，不儆而出，尸而追盜，盜入于北宫，乃歸授甲。臣妾多逃，器用多喪。子産聞盜，爲門者，庀群司，閉府庫，慎閉藏，完守備，成列而後出，兵車十七乘，尸而攻盜于北宫。子蟜帥國人助之，殺尉止、子師僕，盜衆盡死。侯晋奔晋。堵女父、司臣、尉翩、司齊奔宋。子孔當國，爲載書，以位序，聽政辟。案：三卿皆大夫，而不書大夫尉止等，有名可稽矣。而止書盜，盜之深，誅之矣。而三臣有以自取，亦不免于罪。書公子，病鄭伯之失政刑。衆殺子駟，而不聞言其弑君之惡，則三傳之妄益見。

戍鄭虎牢。楚公子貞帥師救鄭。

《左傳》：諸侯之師城虎牢而戍之。晋師城梧及制，士魴、魏絳戍之。鄭及晋平。楚子囊救鄭。鄭宵涉穎，與楚人盟。欒黶欲伐鄭師，荀罃不可。丁未，諸侯之師還，侵鄭北鄙而歸。楚人亦還。案：曷戍之？諸侯戍之也，非鄭虎牢矣。而繫之鄭者，晋城虎牢以扼楚，非據爲己有。不書諸侯，蒙上文，非謂魯戍之也。鄭從晋即又從楚，反復無信，故不書。晋、楚未交兵，故亦略焉。

公至自伐鄭。

十有一年　靈王十年

春王正月，作三軍。

《左傳》：十一年春，季武子將作三軍，告叔孫穆子曰：請爲三軍，各征其軍。穆子曰：政將及子，子必不能。武子固請之，穆子曰：然則盟諸？乃盟諸僖閎，詛諸五父之衢。正月，作三軍，三分公室而各有其一。三子各毁其乘。季氏使其乘之人，以其役邑入者，無征；不入者，倍征。孟氏使半爲臣，若子若弟。叔孫氏使盡爲臣，不然，不舍。案：周制，大國三軍，次國止有上軍下軍，而無中軍。今季孫增中軍爲三軍，所以然者，會盟征伐，盟主徵求幣賦，日多不足於用，故改舊章作三軍。三家各領一軍，即各征其軍之田賦。有征伐等事，各輪番出應其役。不書作中軍者，意不在乎增兵，而在增賦，且將公田盡行瓜分，不可以作中軍言也。作三軍，三分公室而毀其私，乘以己私邑所入，與公室合而總計，分爲三分，立爲三軍。各分之中，又以父兄子弟分爲四分。季氏專政事繁，盡取四分。叔孫氏取子弟，而以父兄歸公。孟氏止取其子弟之半，而以三歸公。但季氏專政，各國有事，必先及之，久必不支。故穆子曰：政將及子，子必不能盟詛者，誓後中軍兵役不得累及上下軍也。迨後季氏果不能堪，故又舍中軍。聖人惡其變古而自利，書作以譏之，詳見附解。

夏四月，四卜郊，不從，乃不郊。

四卜，瀆也。因不從而不郊，亦非也。郊以祈穀，卜而不從，其必有所以不享也。聖人制禮，盡誠盡敬，卜無不從，豈因之而廢禮。

鄭公孫舍之帥師侵宋。

鄭人患晋、楚之故，諸大夫曰：不從晋，國幾亡。楚弱於晋，晋不吾疾也。晋疾，楚將辟之。何爲而使晋師致死於我，楚弗敢敵，而後可固與也。子展曰：與宋爲惡，諸侯必至，吾從之盟。楚師至，吾又從之，則晋怒甚矣，晋能驟來，楚將不能，吾乃固與晋。大夫説之，使疆埸之司惡於宋。宋向戌侵鄭，大獲。子展曰：師而伐宋可矣。若我伐宋，諸侯之伐我必疾，吾乃聽命焉，且告於楚。楚師至，吾又與之盟，而重賂晋師，乃免矣。夏，鄭子展侵宋。案：爲國以禮，鄭介於兩大，惟當強於政治，親晋而卻楚。既知晋悼之賢，又必以計致其師而妄興師侵宋，苟且權宜之計，聖人不與也。故書舍之帥師侵宋，以罪其謀國之宋。

公會晋侯、宋公、衛侯、曹伯、齊世子光、莒子、邾子、滕子、薛伯、杞伯、小邾子伐鄭。

此三駕之二。

《左傳》：四月，諸侯伐鄭。己亥，齊太子光、宋向戌先至於鄭，門於東門。其莫，晋荀罃至於西郊，東侵舊許。衛孫林父侵其北鄙。六月，諸侯會於北林，師於向，右還，次于瑣，圍鄭。觀兵於南門，西濟于濟隧。案：列書爵書伐，予晋也。晋伐鄭以救宋，然其意威之而已，未嘗必欲戰勝。故善之。是時諸侯之兵常在虎牢，故易集而不致罷勞。

秋七月己未，同盟于亳城北。

亳，蒲洛反。《公》《穀》作京。亳城，杜注：鄭地。當在今河南府偃師縣。

《左傳》：鄭人懼，乃行成。秋七月，同盟于亳。范宣子曰：不慎，必失諸侯。諸侯道敝而無成，能無貳乎？乃盟，載書曰：凡我同盟，毋蘊年，毋壅利，毋保姦，毋留慝，救災患，恤禍亂，同好惡，獎王室。或間茲命，司慎司盟，名山名川，群神群祀，先王先公，七姓十二國之祖，明神殛之，俾失其民，隊命亡氏，踣其國家。案：書同盟，見諸侯之同心卻楚，服晋也。鄭伯亦與獨背盟即楚者，其意實欲從晋，特姑與楚，使之力屈而後堅從晉。故此盟直書同盟，而不以鄭渝盟爲嫌。

公至自伐鄭。

以伐鄭告廟，而不以盟告，蓋諸侯皆知鄭不即服也。

楚子、鄭伯伐宋。

《左傳》：楚子囊乞旅於秦，秦右大夫詹帥師從楚子，將以伐鄭。鄭伯逆之。丙子，伐宋。案：楚乞師于秦，則已爲晉疲矣。又不察鄭之謀，以爲鄭猶親己，同之伐宋。書楚子親行，鄭伯譎從，以志其實。事見晉謀之善，亦衰世節取之意云爾。

公會晉侯、宋公、衛侯、曹伯、齊世子光、莒子、邾子、滕子、薛伯、杞伯、小邾子伐鄭，會于蕭魚。

此三駕之三。蕭魚，杜注：鄭地。《路史》：少昊後，嬴姓國。修魚即蕭魚也。

《左傳》：九月，諸侯悉師以復伐鄭。諸侯之師觀兵於鄭東門，鄭人使王子伯駢行成。甲戌，晉趙武入盟鄭伯。冬十月丁亥，鄭子展出盟晉侯。十二月戊寅，會於蕭魚。庚辰，赦鄭囚，皆禮而歸之。納斥侯，禁侵掠。晉侯使叔肸告于諸侯。公使臧孫紇對曰：凡我同盟，小國有罪，大國致討，苟有以藉手，鮮不赦宥。寡君聞命矣。鄭人賂晉侯以師悝、師觸、師蠲，廣車、軘車淳十五乘，甲兵備。凡兵車百乘，歌鐘二肆，及其鎛磬，女樂二八。晉侯以樂之半賜魏絳，曰：子教寡人和諸戎狄，以正諸華。八年之中，九合諸侯，如樂之和，無所不諧。請與子樂之。辭曰：夫和戎狄，國之福也。八年之中，九合諸侯，諸侯無慝，君之靈也，二三子之勞也，臣何力之有焉？抑臣願君安其樂而思其終也。《詩》云：樂只君子，殿天子之邦。樂只君子，福祿攸同，便蕃左右，亦是帥從。夫樂以安德，義以處之，禮以行之，信以守之，仁以厲之，而後可以殿邦國，同福祿，來遠人，所謂樂也。《書》曰：居安思危。思則有備，有備無患，敢以此規。公曰：子之教，敢不承命。抑微子，寡人無以待戎，不能濟河。夫賞，國之典也，藏在盟府，不可廢也，子其受之。魏絳於是乎始有金石之樂，禮也。案：先列序諸侯伐鄭，即書會于蕭魚，則鄭與會可知矣。而不書鄭伯者，予晉而鄙鄭也。鄭不能自強于治，又不知從楚内擾非禮。及悼公三駕而後來，服晉悼之不以力屈人可嘉也。而鄭自處之卑，可鄙矣。故伐鄭會蕭魚，特以序悼公之績耳。

公至自會。

不以伐鄭至，而以會蕭至，鄭已服也。

楚人執鄭行人良霄。

《穀》作良宵。

《左傳》：鄭人使良霄、大宰石㚟如楚，告將服於晉，曰：孤以社稷之故，不能懷君。君若能以玉帛綏晉，不然則武震以懾威之，孤之願也。楚人執之，書曰行人，言使人也。杜氏預曰：書行人，言非使人之罪。古者兵交，使在其間，所以通命示整。或執殺之，皆爲譏也。案：楚爲晉所敝，不能得鄭，而遷怒於行人。書人、書執行人，罪楚也，而晉悼之善卻楚可見矣。

冬，秦人伐晋。

《左傳》：秦庶長鮑、庶長武帥師伐晋以救鄭。鮑先入晋地，士魴御之，少秦師而弗設備。壬午，武濟自輔氏，與鮑交伐晋師。己丑，秦、晋戰于櫟，晋師敗績，易秦故也。案：秦爲楚伐晋，不書其救鄭與敗晋而書人，惡其黨楚而侵中國也。

附解

《公羊》云：三軍者何？三卿也。譏也。古者上卿、下卿，上士、下士。《穀梁》云：天子六師，諸侯一軍。作三軍，非正也。於是論者紛紛，致經意不明。不知此非變更軍制，乃三分公室耳。《左傳》甚明，奈何誤解？今詳繹之。周制，大國三軍，次國二軍。周公封魯，身留相王室，而伯禽就封地，止百里，非至大國也。公没，成王念公勤勞，賜公廟用前代天子禮樂，命伯禽爲方伯，以寵異之。所以《書》列《費誓》，見其克紹先猷。伯禽没而恩亦殺矣。魯本次國，止有二軍，而無三軍。《詩》云：復周公之宇，公徒三萬。乃詩人過譽僖公之詞，非僖公時已立三軍。觀春秋自隱、桓以來，魯並無三軍之説，可見三軍之專政也，自文、宣而降始然。司徒、司馬、司空，侯國原有，故三家爲之，非爲有三軍而設。今季氏增中軍，襲三軍之名，實非爲兵制計，而爲征賦計。昭五年書舍中軍，此不書作中軍，以其實分公室，非爲軍制，故諱之而曰作三軍也。其作三軍亦不得已之計。前人第責其專擅，而不明其情事，亦非論世知人之道。蓋自齊桓創霸，晋繼之而世主夏盟，御秦、楚，抑強暴，全憑合諸侯之力。而盟會、征伐，一切費用不貲。兼每年朝聘貢獻，悉索敝賦不少，列國疲困極矣。晋靈年幼，趙盾當國，以大夫會盟諸侯，遂成故事。嗣是列國皆使大夫爲之，不特身任其役，並經費等項亦自大夫等籌備之。三家同任魯政，而季氏爲首。内外國用，皆賴其支持，至此實多不給。故託三軍之名，將公田及三家名下自有私田，盡數合併，分爲三股，各領一軍，即各征其所屬之賦税，然猶聽民自爲斟酌去留。季氏令民任季氏之役者無征，不入者倍征。孟氏使半爲公臣，半爲己役。叔孫使子弟盡役於己。父兄歸公以後，凡有會盟、征伐等事，各人自具，不相干涉。此作三軍之故也。然三家雖均分，而季氏專政，列國有事必先任之。即孟仲二家應出軍費等項，他國來求，亦必向季氏索之，不問其當何人支應也。故穆叔曰：政將及子，子必不能言，其法必不能久。夫子書此，志當時列國煩苦及魯衰之由，非罪季氏也。前人於《哀公年饑用不足章》不得其解，正爲不明作三軍舍中軍之故。愚《論語恒解》已詳之，不贅。四卜郊不從，乃不郊，《公》《左》無傳。《穀梁》曰：夏四月，不時也。四卜非禮也。含糊不清。應郊與否，何以弗言耶？古人重卜筮，以天地人神本一氣相通，而理爲氣之主。聖人精義入神，乃能與天地合德，日月合明，鬼神合其吉凶，常人則安能之？故大事必卜誠慮理，有未安即無以格神天而免災譴也。然又曰卜以決疑，不疑何卜者，凡事揆諸理而至當，行之可矣，又何必卜？惟事界兩可，理有精粗，何去何從，必當求神則卜。世人或不修己窮理，而專信卜筮；或又以神靈爲恍惚，而不信占卜，皆爲非是。郊以祈穀，每春必舉，不可廢也。而四卜不從，卜者非其人，不足以通神歟？抑誠敬禮文未周，素無恤民之政，而神不示之歟？然而必郊者，禮也。豈可因卜不從而廢耶？夫子書之，譏其非禮，豈謂必卜之吉而郊乃爲善乎？

十有二年　　靈王十一年

春王二月，莒人伐我東鄙，圍台。

台，《穀》作邰，下同。台，杜注：琅琊費縣南有台亭。今屬山東兗州府。莒屢與魯同會晋而屢伐魯，書人、書伐我、書圍台，惡莒也。

季孫宿帥師救台，遂入鄆。

鄆，《公》作運。鄆，杜注：莒邑。案：文十二年，季孫行父帥師城諸及鄆，即此也。季孫城鄆時鄆屬魯，後入於莒。本年雖入鄆而未能有之，昭元年季孫宿伐莒取鄆，則又屬魯矣。

《左傳》：十二年春，莒人伐我東鄙，圍台。季武子救台，遂入鄆，取其鍾以爲公盤。《穀梁》云：受命救台，不受命而入鄆，惡季孫宿也。然行軍之道，必權宜行事。故曰將在外，君命有所不受。莒不道而伐我，宿奉命救台，乘勝入鄆，豈非權宜利國之事乎？書救善之，書遂入鄆，録其功耳，而豈以爲擅專乎？

夏，晋侯使士魴來聘。

《左傳》：夏，士魴來聘，且拜師。案：修好而謝勞，禮也。

秋九月，吴子乘卒。

吴始書卒。

案：吴、楚皆先王封國，因楚僭王，滅諸姬又猾夏，故《春秋》惡之。吴亦僭王，而晚乃通中國。今卒，來赴，故書耳。書子，不予其自僭。

冬，楚公子貞帥師侵宋。

《左傳》：冬，楚子囊、秦庶長無地伐宋，師於楊梁，以報晋之取鄭也。案：不書秦師，專罪楚也。得志於中國，其心不可問。今失鄭而又結秦侵宋，書帥師侵，以著其恃強憑陵之罪。

公如晋。

《左傳》：公如晋，朝且拜士魴之辱，禮也。然使人報聘已可，而必自往，過於忝矣，非禮也。

十有三年　靈王十二年

春，公至自晉。

《左傳》：十三年春，公至自晉，孟獻子書勞於廟，禮也。案：公至必告廟，示人君言動勿可苟也。如晉非朝聘之常，何勞可書？《傳》以爲禮，非也。

夏，取邿。

邿，音詩。《公》作詩。邿，杜注：任城。亢父縣有邿亭，後漢建武二年封劉隆爲邿侯，即此也。今亢父城在濟寧州南五十里，邿城在州東南。

《左傳》：夏，邿亂，分爲三。師救邿，取之。案：《左氏》以邿爲國，《公羊》以爲邾婁之邑。要之乘亂取人之地，非禮也。故諱而譏之。

秋九月庚辰，楚子審卒。

《左傳》：楚子疾，告大夫曰：不穀不德，少主社稷，生十年而喪先君，未及習師保之教訓，而應受多福。是以不德，而亡師於鄢，以辱社稷，爲大夫憂，其宏多矣。若以大夫之靈，獲保首領以没於地，唯是春秋窀穸之事，所以從先君於禰廟者，請爲靈若厲。大夫擇焉。莫對。及五命乃許。秋，楚共王卒。子囊謀謚。大夫曰：君有命矣。子囊曰：君命以共，若之何毁之？赫赫楚國，而君臨之，撫有蠻夷，奄征南海，以屬諸夏，而知其過，可不謂共乎？請謚之共。大夫從之。案：楚已屈于晉矣，而猶赴于魯者，晉悼以計屈楚，不恃戰勝。楚雖不能争鄭，而未嘗惡於諸侯，故猶赴也。

冬，城防。

《左傳》：冬，城防，書事時也。於是將早城，臧武仲請俟畢農事，禮也。魯有二防，一近宋，一近齊，何又城之？蓋魯以封臧氏且防齊也。故將城，而武仲請俟農畢後。十七年齊圍臧孫于防，二十四年臧孫自邾如防。求爲後於魯，故此書之，以見臧孫受防之始也。

十有四年　靈王十三年

春王正月，季孫宿、叔老會晉士匄、齊人、宋人、衛人、鄭公孫蠆、曹人、莒人、邾人、滕人、薛人、杞人、小邾人會吴于向。

蠆，丑邁反。《公》作囆，後同。

去年吴乘楚喪伐之，楚大敗，吴師獲公子黨。春，吴告敗于晉。會于向，爲吴謀楚也。范宣子數吴之不德也，以退吴人。執莒公子務婁，以其通楚使也。於是子叔齊子爲季武子介以會，自是晉人輕魯幣，而益敬其使。案：《傳》稱范宣子數吴不德，退吴人矣，而書會吴何耶？晉初患楚，結吴以禦之。而吴實不能有裨于晉也，徒中國增一敵耳。書會吴于向，著晉之會吴爲失策。魯以二卿並使，非禮也。如其實書之，譏也。鄭公孫蠆獨書，大夫也。餘稱人，蓋皆微者，戎子駒支亦與於會而不書，略之，不得同於諸夏也。

二月乙未朔，日有食之。

夏四月，叔孫豹會晋荀偃、齊人、宋人、衛北宫括、鄭公孫蠆、曹人、莒人、邾人、滕人、薛人、杞人、小邾人伐秦。

秦、晋兵争止此。

《左傳》：夏，諸侯之大夫從晋侯伐秦，以報櫟之役也。晋侯待於竟，使六卿帥諸侯之師以進。及涇，不濟。叔孫穆子賦《匏有苦葉》。叔向退而具舟，魯人、莒人先濟。鄭子蟜、衛北宫懿子見諸侯之師而勸之濟，濟涇而次。秦人毒涇上流，師人多死。荀偃令曰：雞鳴而駕，唯余馬首是瞻。欒黶曰：余馬首欲東。乃歸。下軍從之。偃曰：吾令實過，悔之何及。乃命大還。欒鍼耻無功，與士鞅馳秦師，死焉。士鞅反，欒黶謂士匄曰：余弟死而子來，是而子殺余之弟也。弗逐，余亦將殺之。士鞅奔秦。秦伯問於士鞅曰：晋大夫其誰先亡？對曰：其欒氏乎。秦伯曰：以其汰乎？對曰：然。欒黶汰虐已甚，猶可以免。其在盈乎。秦伯曰：何故？對曰：武子之德在民，如周人之思召公焉，愛其甘棠，况其子乎？欒黶死，盈之善未能及人，武子所施没矣，而黶之怨實章，將於是乎在。秦伯以爲知言，爲之請於晋而復之。案：秦曾爲楚伐鄭，故晋合諸侯之師伐之。然楚已屈矣，但當保境息民，率列邦脩德勤政，奚必報秦哉？乃連兵伐秦，而又委諸臣下，致使異心僨績，故書以著其黷武之失。

己未，衛侯出奔齊。

《公》作衛侯衎。

《左傳》：衛獻公戒孫文子、甯惠子食，皆服而朝。日旰不召，而射鴻於囿。二子從之，不釋皮冠而與之言，二子怒。孫文子如戚，孫蒯入使。公飲之酒，使大師歌《巧言》之卒章。大師辭，師曹請爲之。初，公有嬖妾，使師曹誨之琴，師曹鞭之。公怒，鞭師曹三百。故師曹欲歌之，以怒孫子以報公。公使歌之，遂誦之。蒯懼，告文子。文子曰：君忌我矣，弗先，必死。并帑于戚而入，見蘧伯玉曰：君之暴虐，子所知也。大懼社稷之傾覆，將若之何？對曰：君制其國，臣敢奸之？雖奸之，庸知愈乎？遂行，從近關出。公使子蟜、子伯、子皮與孫子盟于丘宫，孫子皆殺之。四月己未，子展奔齊。公如鄄，使子行於孫子，孫子又殺之。公出奔齊，孫氏追之，敗公徒于阿澤。鄄人執之。衛人立公孫剽，孫林父、甯殖相之，以聽命於諸侯。案：孫林父逐其君，而《經》以衛侯自奔爲文者，不予臣以得逐君也。書奔則必有所以奔之故，攷其事而其人自彰。奔而書名，君亦有罪。不名則罪臣下之意，多本國之君見逐。書曰孫外侯、曰奔，皆言君自外出，非臣下所得而逐。故當時史書孫林父、甯殖逐其君，而夫子不從之也。豈没林父之罪乎？

莒人侵我東鄙。

莒之侵魯屢矣，興師何名？勝魯何武？故聖人書人以惡之。

秋，楚公子貞帥師伐吴。

《左傳》：秋，楚子爲庸浦之役故，子囊師於棠以伐吴，吴不出而還。子囊殿，以吴爲不能而弗儆。吴人自皋舟之隘要而擊之，楚人不能相救。吴人敗之，獲楚公子宜穀。案：楚不得志於中國，而怨吴，與諸侯睦也，故伐之。然不自修，而尤人恃衆爭衡，非禮也。書貞帥師伐吴，見其君臣暴逞之意。

冬，季孫宿會晋士匄、宋華閲、衛孫林父、鄭公孫蠆、莒人、邾人于戚。

閲，音悦。

《左傳》：晋侯問衛故於中行獻子，對曰：不如因而定之。衛有君矣，伐之，未可以得志而勤諸侯。史佚有言曰：因重而撫之。仲虺有言曰：亡者侮之，亂者取之，推亡固存，國之道也。君其定衛以待時乎。冬，會于戚，謀定衛也。案：林父逐君，大逆也，晋何以不討之而反與會？其必林父飾詞以欺，謂衛侯無禮自慚而出，非有逐之者也。《左氏》以爲定衛，而《經》以林父與衆大夫同書，若非爲林父事者。而又書會于戚，戚固林父封邑也。則各國非定衛君剽而乃庇林父之亂賊，其故已明。大夫擅權，諸侯聽其所爲，逐君亦若尋常事。夫子罪當時之君尤甚，故書法如此。

十有五年　　靈王十四

春，宋公使向戌來聘。二月己亥，及向戌盟于劉。

劉，孔氏穎達曰：《釋例》：地闕，蓋魯城外之近地。

《左傳》：十有五年春，宋向戌來聘，且尋盟。見孟獻子，尤其室，曰：子有令聞，而美其室，非所望也。對曰：我在晋，吾兄爲之，毁之重勞，且不敢間。聘而遂盟，已爲非禮，况公降尊與盟乎？當時各邦皆權歸臣下，所以孫林父、季氏逐君，晏然無事。夫子於此等事書其實，以見履霜之漸，不止爲魯諱也。

劉夏逆王后于齊。

《左傳》云：官師從單靖公逆王后于齊。卿不行，非禮也。案：天子之元士視子男，况大夫乎？何得謂卿不行也。《經》書劉夏逆王后，則夏奉命逆之矣。而《傳》云從單靖公逆，單非卿乎？夏從單子逆，《經》乃不書單而書劉乎？《公》《穀》云過我故書，則天子蓋使魯主婚也。毛氏謂不知何國主婚，亦誤。

夏，齊侯伐我北鄙，圍成。公救成，至遇。

遇，杜注：魯地。

《公羊》其言至遇，何不敢進也？愚案：聖人不重兵交，書齊侯伐我圍成，著齊之横也。公救成，救所當救。至遇而齊師退，遂不至成，未可知也。如《公羊》之言必與齊戰以爲武，豈聖人之心哉？先儒論魯是時政歸私室，公室卑弱，其事則是，而必以聖人書。至遇爲譏則非。

季孫宿、叔孫豹帥師城成郛。

郛，郭也。成近于齊，故並其郛，亦城之備敵而城，爲國之正也。書帥師，以見齊恃強師，而後城則其不得不城，亦見此志事實也。而必以爲譏，豈非深文乎？

秋八月丁巳，日有食之。

日月同經緯道則食。火土餘氣乘之，則更甚。《春秋》日月食多不合史之原文，夫子仍之，亦以其事非甚大關繫也。三傳及先儒必斤斤言其故，甚且以日時言，迂謬殊甚。

邾人伐我南鄙。

《左傳》：秋，邾人伐我南鄙。使告于晉，晉將爲會以討邾、莒。晉侯有疾，乃止。冬，晉悼公卒，遂不克會。案：邾與魯同會屢矣，今黨齊而來伐，故書人以惡之。

冬十有一月癸亥，晉侯周卒。

晉悼公天資甚美，惜無賢師保輔之以學問。其即位也僅十四齡，而能舉不失，職官不易，方澤及於民。其合諸侯也，不區區以力爭，而務誠信以及人。卒之抗楚而得諸侯，諸侯安之，較諸桓、文，功競美而仁厚過之矣。第無聖賢之臣相輔，故事業不純。報秦怨，縱邾、莒，林父逐君而不能正。然其在位方十六年，壽止三十，可不謂質之美者乎？五霸自當居一，而毛西河必斥之，可謂不成人之美矣。

十有六年　　靈王十五年

春王正月，葬晉悼公。

杜氏預曰：踰月而葬，速也。季氏本曰：晉平公初立，見諸侯尚多不協，汲汲焉欲合諸侯，故未三月而速葬。鄭氏玉曰：背禮莫斯爲甚。

三月，公會晉侯、宋公、衞侯、鄭伯、曹伯、莒子、邾子、薛伯、杞伯、小邾子于湨梁。戊寅，大夫盟。

湨，古闃反。湨梁，杜注：湨水出河内軹縣東南，至溫入河。案：《爾雅》：梁莫大於湨梁。湨，梁水隄也。今濟源縣西北原山有白澗水，即湨梁也。

《左傳》：平公即位。羊舌肸爲傅，張君臣爲中軍司馬，祁奚、韓襄、欒盈、士鞅爲公族大夫，虞丘書爲乘馬御。改服修官，烝於曲沃。警守而下，會于湨梁。命歸侵田。晉侯與諸侯宴于溫，使諸大夫舞曰：歌詩必類。齊高厚之詩不類。荀偃怒，且曰：諸侯有異志矣。使諸大夫盟高厚，高厚逃歸。於是，叔孫豹、晉荀偃、宋向戌、衞甯殖、鄭公孫蠆、小邾之大夫盟曰：同討不庭。案：《公》《穀》皆謂書大夫盟，見權移於大夫。杜注、孔疏謂大夫盟高厚非專，然高厚逃歸，因其君欲爭霸，不願從晉，非私心妄爲也。晉平既知齊有貳志，當增修德政，告于天王，申明大義以討之，何得在喪而汲汲會盟？齊君不至，但使高厚至，又敢肆行歌詩見志，罪之可也，問其君罪亦可。而乃今大夫盟之，盟可恃乎？衆諸侯皆在，無如一高厚，而大夫之權乃能使之服乎？各君竟如贅旒，若《公羊》所云矣。故書各君會，而又書大夫盟，罪諸侯之意多，罪大夫次之矣。高厚逃歸不書，以其不足書。而各諸侯大夫之鄙益著。

晉人執莒子、邾子以歸。

《左傳》：以我故，執邾宣公、莒犂比公，且曰：通齊、楚之使。盟主之誼，匡王室敷德義，不徒以勢服人。晉平居喪無禮，不修政尊王，遽執二君，無道甚矣。故書人以罪之。

齊侯伐我北鄙。

案：邾、莒服於齊而魯服晉，齊黨邾、莒而疾魯，故屢伐之。今公往會，齊已叛晉，爲邾、莒間魯而來伐也。書齊侯，親行也。書伐，著其鴟張也。

夏，公至自會。

五月甲子，地震。

叔老會鄭伯、晉荀偃、衞甯殖、宋人伐許。

《左傳》：許男請遷于晉。諸侯遂遷許，許大夫不可。晉人歸諸侯。鄭子蟜聞將伐許，遂相鄭伯以從諸侯之師。穆叔從公。齊子帥師會晉荀偃。夏六月，次於棫林。庚寅，伐許，次於函氏。晉荀偃、欒黶帥師伐楚，以報宋揚梁之役。楚公子格帥師及晉師戰于湛阪，楚師敗績。晉師遂侵方城之外，復伐許而還。案：許本即楚，今請遷於晉，是欲棄楚從晉矣。其大夫不可，蓋久安於楚，知晉不能庇之。晉不爲許諒而遽伐之。鄭屢伐許，徒以楚庇許，故未得志。今聞將伐許而親行，會各國大夫伐之，晉不察也。聖人惡其無禮，故書會鄭伯，又書鄭伯下同各大夫而不耻爲伐許，故晉及各國之罪皆見，而罪晉尤甚矣。

秋，齊侯伐我北鄙，圍成。

《左》作圍郕。

《左傳》：秋，齊侯圍郕，孟孺子速徼之。齊侯曰：是好勇，去之以爲之名。速遂塞海陘而還。案：齊侯實畏速而退耳。齊欲争霸，而不修德義，屢伐魯何意？故斥書，以惡其横暴。

大雩。

冬，叔孫豹如晉。

《左傳》：冬，穆叔如晉聘，且言齊故。晉人曰：以寡君之未禘祀，與民之未息。不然，不敢忘。穆叔曰：以齊人之朝夕釋憾於敝邑之地，是以大請。敝邑之急，朝不及夕，引領西望曰：庶幾乎。比執事之間，恐無及也。見中行獻子，賦《圻父》。獻子曰：偃知罪矣。敢不從執事以同恤社稷，而使魯及此。見范宣子，賦《鴻雁》之卒章。宣子曰：匄在此，敢使魯無鳩乎。案：魯非小弱也，而不自強于治，恃晉爲安。齊今伐之，又懼而求晉。書豹如晉於齊伐之下，譏其君臣之不德也。

十有七年　　靈王十六年

春王二月庚午，邾子牼卒。

牼，苦耕反。《公》《穀》作瞷，音閑。

去年晋人執莒子、邾子，不書其歸，而此書邾子牼卒，存邾子也，惡晋無禮於邾子，卒而書之，明其爲邦君，非晋所得而擅執擅歸也。莒子可知，故不更書。

宋人伐陳。

《左傳》：十七年春，宋莊朝伐陳，獲司徒卬，卑宋也。案：陳即於楚，嘗同楚伐宋。今宋伐陳以報之。然不修政刑，而以報怨爲事，非也。故人之。

夏，衛石買帥師伐曹。

《左傳》：衛孫蒯田于曹隧，飲馬于重丘，毀其瓶。重丘人閉門而詢之，曰：親逐而君，爾父爲厲。是之不憂，而何以田爲？夏衛石買、孫蒯伐曹，取重丘。曹人愬於晋。案：孫蒯啟怨而石買成之，《春秋》惡成人之惡者，故書買帥師伐曹。孫蒯同伐曹而獨書買者，蒯林父子未柄政，石買大夫成蒯之惡，擅興國師爲蒯報小怨，故罪之也。石買不從孫蒯，蒯何敢興師？

秋，齊侯伐我北鄙，圍桃。齊高厚帥師伐我北鄙，圍防。

桃，《公》作洮。高厚上，《左》無齊字。

《左傳》：齊人以其未得志於我故，秋，齊侯伐我北鄙，圍桃。高厚圍臧纥於防。師自陽關逆臧孫，至於旅松。郰叔紇、臧疇、臧賈帥甲三百，宵犯齊師，送之而復。齊師去之。齊人獲臧堅。齊侯使夙沙衛唁之，且曰：無死。堅稽首曰：拜命之辱。抑君賜不終，姑又使其刑臣禮於士。以杙抉其傷而死。案：齊欲與晋爭霸，而魯近且望國，故屢伐魯。今又君臣同伐，齊侯親臨，高厚帥師，伐也，圍也，詳書以見其恃衆威脅無禮之罪。

九月，大雩。

宋華臣出奔陳。

《左傳》：宋華閱卒。其弟華臣欺閱子皋比幼弱。使賊殺其宰華吴，且幽其妻曰：畀余而大璧。宋公欲逐之，左師曰：大臣不順，國之耻也。不如蓋之。乃舍之。十一月甲午，國人逐瘈狗，瘈狗入于華臣氏，國人從之。華臣懼，遂奔陳。杜氏預曰：臣實以冬出，書秋者，以始作亂時來告。案：華臣暴亂，法所必討，而隱忍姑容，及國人逐瘈狗，臣懼而出奔，《春秋》以自奔爲文，譏宋之失政刑也。不書大夫，罪之也。

冬，邾人伐我南鄙。

《左傳》：冬，邾人伐我南鄙，爲齊故也。案：邾子在喪而助齊伐魯，人之所以深貶之。

十有八年　　靈王十七年

春，白狄來。

夷、狄於諸侯無相朝之禮，故來之而已。魯政不修，何以服遠？而白狄來書之，以見魯猶可爲而苟安之，可慨也。

夏，晋人執衛行人石買。

《左傳》：夏，晋人執衛行人石買於長子，執孫蒯於純留，爲曹故也。案：晋當告其君治之，不治而問之，不必代人治其臣也。且於其爲行人時執之尤非。故稱人以執。孫蒯不書，罪在石買也。

秋，齊師伐我北鄙。

書師，惡其恃衆。屢伐屢書，齊之惡見矣。

冬十月，公會晋侯、宋公、衛侯、鄭伯、曹伯、莒子、邾子、滕子、薛伯、杞伯、小邾子同圍齊。

《左傳》：秋，齊侯伐我北鄙。中行獻子將伐齊，夢與厲公訟，弗勝。公以戈擊之，首隊於前，跪而戴之，奉之以走，見梗陽之巫皋。他日，見諸道，與之言，同。巫曰：今兹主必死，若有事於東方，則可以逞。獻子許諾。晋侯伐齊，將濟河。獻子以朱絲繫玉二瑴而禱。冬十月，會於魯濟，尋溴梁之言，同伐齊。齊侯禦諸平陰，諸侯之士門焉，齊侯登巫山以望晋師。晋人使司馬斥山澤之險，雖所不至，必旆而疏陳之。使乘車者左實右僞，以旆先，輿曳柴而從之。齊侯見之，畏其衆也，乃脱歸。丙寅晦，齊師夜遁。師曠告晋侯曰：烏烏之聲樂，齊師其遁。邢伯告中行伯曰：有班馬之聲，齊師其遁。叔向告晋侯曰：城上有烏，齊師其遁。十一月丁卯朔，入平陰，遂從齊師。荀偃、士匄以中軍克京兹。魏絳、欒盈以下軍克邿。趙武、韓起以上軍圍盧。秦周伐雍門之萩。范鞅門于雍門。己亥，焚雍門及西郭、南郭。劉難、士弱率諸侯之師焚申池之竹木。壬寅，焚東郭、北郭。范鞅門於揚門。州綽門於東閭。齊侯駕，將走郵棠。太子與郭榮扣馬，曰：師速而疾，略也。將退矣，君何懼焉。且社稷之主，不可以輕，輕則失衆。君必待之。將犯之，太子抽劍斷鞅，乃止。甲辰，東侵及濰，南及沂。案：諸侯相征伐，非奉王命，皆聖人所弗與也。而此書同圍齊者，惡齊也。周室已衰，晋雖未爲純乎推戴，然聯合諸侯御楚以安中夏，聖人猶節取之。齊背盟逞暴，不惟不與於會，而屢侵伐魯。晋合諸侯伐之，書同圍以見齊環犯天下之公怒也。邾、莒素從齊，亦從伐齊，可見齊惡。疾齊故略諸侯之罪，救弊扶衰，聖人豈得已哉。

曹伯負芻卒于師。

杜氏預曰：禮當與許男同。

楚公子午帥師伐鄭。

《左傳》：鄭子孔欲去諸大夫，將叛晋而起楚師以去之。使告子庚，子庚弗許。楚子聞之，使揚豚尹宜告子庚曰：國人謂不穀主社稷，而不出師，死不從禮。不穀即位，於今五年，師徒不出，人其以不穀爲自逸，而忘先君之業矣。大夫圖之。其若之何？子庚歎曰：君王其謂午懷安乎。吾以利社稷也。見使者，稽首而對曰：諸侯方睦於晋，臣請嘗之。若可，君而繼之。不可，收師而退，可以無害，君亦無辱。子庚帥師治兵於汾。於是子蟜、伯有、子張從鄭伯伐齊。子孔、子展、子西守。二子知子孔之謀，完守入保。子孔不敢會楚師。楚師伐鄭，次于魚陵，右師城上棘，遂涉潁，次于旃然。蔿子馮、公子格率鋭師侵費滑、胥靡、獻于、雍梁，右回梅山，侵鄭東北，至於蟲牢而反。子庚門于純門，信于城下而還。涉于魚齒之下，甚雨及之，楚師多凍，役徒幾盡。晋人聞有楚師，師曠曰：不害。吾驟歌北風，又歌南風。南風不競，多死聲。楚必無功。董叔曰：天道多在西北，南師不時，必無功。叔向曰：在其君之德也。案：楚間鄭伐鄭，公子午知其不可而曲從君命。書午帥師，罪其不能以義匡君也。

十有九年　　靈王十八年

春王正月，諸侯盟于祝柯。

柯，《公》作阿。祝柯，杜注：祝柯縣。今屬濟南郡。案：《禮記》：武王封黄帝之後于祝。即此也。漢爲祝柯縣。唐改禹城縣。今長清縣豐齊鎮北有故祝柯城。

《左傳》：十九年春，諸侯還自沂上，盟于督揚，曰：大毋侵小。此前年圍齊之諸侯也。盟非《春秋》所貴。齊無道，諸侯同心伐之。今同盟曰大毋侵小，得恤鄰禁亂之意，故書同盟以予之。此亦衰世不得已之心耳。

晋人執邾子。

《左傳》：執邾悼公，以其伐我故。案：諸侯不義，當告于天王，奉命討之。晋不能，然遽執國君，又得其地而舍之，故貶稱人。

公至自伐齊。

諸侯同伐齊，因其伐魯。則魯伐齊之主也。故書公至以伐齊。

取邾田，自漷水。

漷，好虢反。又音郭。漷水，杜注：出東海合鄉縣西南，經魯國至高平湖陸縣入泗。案：合鄉，漢縣，北齊省。湖睦即湖陵，在今魚臺縣東北。

《左傳》：遂次于泗上，疆我田。取邾田，自漷水歸之於我。晋侯先歸。公享晋六卿于蒲圃，賜之三命之服。軍尉司馬、司空、輿尉、候奄，皆受一命之服，賄荀偃束錦，加璧，乘馬，先吴壽夢之鼎。諸侯土地受之天子，非可得而擅取也。晋奪邾田以與魯，魯亦不義而受之。取非所有，故不書。晋人取以予魯，而以魯自取爲文，罪魯也。

季孫宿如晋。

《左傳》：季武子如晋拜師，晋侯享之。范宣子爲政，賦《黍苗》。季武子興，再拜稽首曰：小國之仰大國也，如百穀之仰膏雨焉。若常膏之，其天下輯睦，豈惟敝邑？賦《六月》。案：不特拜晋爲魯伐齊，亦拜取邾田耳。書宿如晋於取邾田下，所以著其私奪私取、私相感謝之非。

葬曹成公。

夏，衛孫林父帥師伐齊。

《左傳》：晋欒魴帥師從衛孫文子伐齊。案：齊恃強侵魯，晋當自修德義諭止之，不從則請王命正之。既不能然，伐齊而齊猶不服，又命將同衞臣伐之。林父逐君，罪人也。使伐齊，何以屈齊。欒魴不書而獨書林父，著晋之失也。

秋七月辛卯，齊侯環卒。

環，《公》作瑗。

齊、魯相怨而猶赴魯，蓋齊侯卒光立而思睦魯也。夫子書之，則以爲下文晋不伐喪緣起。

晋士匄帥師侵齊，至穀，聞齊侯卒，乃還。

《左傳》：晋士匄侵齊及穀，聞喪而還，禮也。《公羊》：還者何？善辭也。何善爾？大其不伐喪也。此受命乎君，而伐齊則何大乎？其不發喪，大夫以君命出，進退在大夫也。王氏葆曰：春秋之時，侵伐四出，或背殯帥師，或冒喪伐人者衆矣。而士匄奉命出征，既至齊地，聞喪而還，善矣。

八月丙辰，仲孫蔑卒。

程氏端學以爲譏世卿。然蔑有賢行，慶父不宜世而世，其失在先君。父子兄弟，罪不相及也。爲卿又有懿行，則書其卒者，録之也。

齊殺其大夫高厚。

齊靈公嬖戎子生牙，立以爲太子，而廢太子光。崔杼殺戎子立光，今又殺高厚於灑藍而兼其室。書曰齊殺其大夫，高厚有罪，非楚所得殺也。故書國以殺而不去其官。

鄭殺其大夫公子嘉。

嘉，《公》作喜。

《左傳》：鄭子孔之爲政也專，國人患之，乃討西宫之難，與純門之師。子孔當罪，以其甲及子革、子良氏之甲守。甲辰，子展、子西帥國人伐之，殺子孔而分其室。書曰：鄭殺其大夫。專也。案：子孔之專，君任之也，子展、子西安得而擅殺之？乃竟殺之，又分其室，鄭伯若罔聞知。書曰鄭殺其大夫，若不知何人所殺者，非薄子展、子西之罪，所以深罪鄭伯之不君也。稱公子則不以爲有罪，稱國以殺，與他處死者有罪而以衆殺爲名者不同。蓋子孔之罪，已往非得罪於君，不得因殺之者以爲有罪即罪之也。

冬，葬齊靈公。

世子光立，釋怨而赴於魯，故書。

城西郛。

《左傳》：城西郛，懼齊也。案：郛耳，必城之備齊，未也。故書以譏。

叔孫豹會晋士匄于柯。

《左傳》：齊及晋平，盟於大隧。故穆叔會范宣子于柯。穆叔見叔向，賦《載馳》之四章。叔向曰：肸敢不承命？案：魯懼齊，故爲柯之會以自固。不自修而恃晋以求安，直書其事，失自見矣。

城武城。

武城，杜注：太山南武城縣。《通典》：費縣有古武城。今故城在費縣西南九十里。

《左傳》：穆叔歸曰：齊猶未也，不可以不懼。乃城武城。案：不修德政而亟城以自固，非計也。故疊書城以譏之。

二十年　靈王十九年

春王正月辛亥，仲孫速會莒人盟于向。

速，《公》作遬，後同。

《左傳》：二十年春，及莒平。孟莊子會莒人，盟于向，督揚之盟故也。杜氏預曰：向，莒邑。莒數伐魯，前年諸侯盟督揚以和解之，故二國復自共盟結好。案：莒屢伐魯，及齊與晋平，而莒亦與魯平。書其會盟，以慨當時勢交也。至速居喪未期而會盟，前人非之，不知古無在喪去官之制，君命而行不足疵也。夫子稱孟莊子之孝，而汪氏以爲僅可，非。

夏六月庚申，公會晋侯、齊侯、宋公、衛侯、鄭伯、曹伯、莒子、邾子、滕子、薛伯、杞伯、小邾子盟于澶淵。

澶，市然反。澶淵，杜注：衛地。在頓丘縣南。《水經注》：浮水故瀆，上承在河於頓丘縣，而北出東逕繁陽故城。案：浮水即澶淵也。繁陽故城在内黄縣東北二十七里，古頓丘約略在濬縣之南。漢元光三年，河水徙頓丘東南流，既而決瓠子。今瓠子故城在開州西南二十五里，則澶淵之地當在内黄之南開州之西北也。

《左傳》：夏，盟于澶淵，齊成故也。案：齊以晋不伐其喪而受盟，列書無貶辭。聖人重修好以安民，故節取之也。

秋，公至自會。

仲孫速帥師伐邾。

《左傳》：邾人驟至，以諸侯之事，弗能報也。秋，孟莊子伐邾以報之。案：晋既爲魯執邾子，取邾田以畀魯矣，今又伐之，不亦甚乎？且澶淵方同盟而背之，故書帥師，以著其恃衆之罪。

蔡殺其大夫公子燮。蔡公子履出奔楚。

燮，《公》作濕。

《左傳》：楚人使蔡無常，蔡公子燮欲以蔡之晋求從先君以利蔡，蔡人殺之。公子履，其母弟也。故出奔楚。案：蔡先君文侯欲事晋，燮求從先君以利蔡，是也。然必告於嗣君，不得自專，燮不能然。故見殺不去其官，以其奉先君之命也。履爲燮母弟，有不得不出之勢。書出奔，以病蔡也，非貶履也。故稱公子。

陳侯之弟黄出奔楚。

黄，《公》《穀》作光，後同。

《左傳》：陳慶虎、慶寅畏公子黄之偪，愬諸楚曰：與蔡司馬同謀。楚人以爲討。公子黄出奔楚。公子黄將出奔，呼於國曰：慶氏無道，求專陳國，暴蔑其君，而去其親，五年不滅，是無天也。案：范氏甯曰：鄭嗣曰顯，書弟明其親也。親而奔逐之，所以惡陳侯是也。而或謂兄弟無可去之道，黄亦有罪。不知慶氏專擅，君不能禁，黄何以自容？若留而見殺於慶氏，益以重陳侯之罪矣。《經》書陳侯之弟，其顯刺陳不能容弟何疑。

叔老如齊。

《左傳》：齊子初聘于齊，禮也。蓋既與齊平修好，行聘禮之常耳。

冬十月丙辰朔，日有食之。

季孫宿如宋。

《左傳》：冬，季武子如宋，報向戌之聘也。褚師段逆之以受享，賦《常棣》之七章以卒。宋人重賄之。歸，復命，公享之，賦《魚麗》之卒章。公賦《南山有臺》。武子去所，曰：臣不堪也。

附　解

五倫皆以各盡其道爲主。君父至尊也，而豈得不需臣子以成家國？君父失其道，徒責臣子以忠孝，非聖人所與也。春秋至成、襄時，大夫專政，然其原實由君不正其綱，又因晋爲盟主，以大夫主政，號召諸侯。諸侯亦以大夫應之，習久遂成爲風氣。苟大夫得人輔君以義，亦可維時救俗。如士匄伐齊，聞喪而還，不由君命，固無傷也。蔡公子燮、陳公子黄皆有爲國之心，使其君虚己相商，審其宜而爲之，可以安社稷，免侵陵，亦何不可？乃使小人間之，國人殺之，聖人原其志而書大夫、公子，書弟，所以深惡君之不綱，爲世戒也。乃猶有罪及諸人者，烏知聖人待人以恕，責臣子忠孝亦必戒君父妄爲哉？

二十有一年　靈王二十年

春王正月，公如晋。

《左傳》：二十一年，公如晋，拜師及取邾田也。案：公勤於事晋，藉其勢以報怨取田，直書其事，得失自見矣。

邾庶其以漆、閭丘來奔。

漆、閭丘，杜注：二邑在高平南。平陽縣東北有漆鄉，西北有顯閭亭。今鄒縣北有漆城，即漆鄉也。顯閭亭即閭丘。

《左傳》：邾庶其以漆、閭丘來奔。季武子以公姑姊妻之，皆有賜於其從者。於是魯多盜。季孫謂臧武仲曰：子盍詰盗？武仲曰：不可詰也，紇又不能。季孫曰：我有四封，而詰其盜，何故不可？子爲司寇，將盜是務去，若之何不能？武仲曰：子召外盜而大禮焉，何以止吾盜？子爲正卿而來外盜，使紇去之，將何以能？庶其竊邑於邾以來，子以姬氏妻之，而與之邑，其從者皆有賜焉。若大盜，禮焉以君之姑姊與其大邑，其次皁牧輿馬，其小者衣裳劍帶，是賞盜也。賞而去之，其或難焉。紇也聞之，在上位者，洗濯其心，壹以待人，軌度其信，可明徵也，而後可以治人。夫上之所爲，民之歸也。上所不爲而民或爲之，是以加刑罰焉，而莫敢不懲。若上之所爲而民亦爲之，乃其所也，又何禁乎？《夏書》曰：念兹在兹，釋兹在兹，名言兹在兹，允出兹在兹，惟帝念功。將謂由己壹也。信由己壹，而後功可念也。庶其非卿也，以地來，雖賤必書，重地也。案：庶其竊邑，叛君以出，書其名以惡之。若不以地來，豈遂没其名而諱其叛哉？不書叛而書來奔，陸氏淳謂爲内諱受叛臣故，諱以示譏。是也。公不在而季氏受之，説者以季爲賊淵，然公歸竟不正之，且聽其以公姑姊妻，則公不得辭其責矣。書曰來奔，罪魯也。

夏，公至自晋。

秋，晋欒盈出奔楚。

《左傳》：欒桓子娶於范宣子，生懷子，范鞅以其亡也，怨欒氏，故與欒盈爲公族大夫而不相能。桓子卒，欒祁與其老州賓通，幾亡室矣。懷子患之。祁懼其討也，愬諸宣子，曰：盈將爲亂，以范氏爲死桓主而專政矣，懼害於主，吾不敢不言。范鞅爲之徵。懷子好施，士多歸之。宣子畏其多士也，信之。懷子爲下卿，宣子使城著而遂逐之。秋，欒盈出奔楚。案：欒盈無罪被逐，而去其官以自奔。爲文者罪晋君亦罪盈也。范氏私怨逐盈，晋君不察而任之，斯爲不綱，故書若國人逐之，以見晋之無君。人臣之誼，見幾而作。盈不早避榮禄，潔身遠去，故書自奔以見其自取。繫之以晋，不絶之於晋，著其無可逐之罪耳。

九月庚戌朔，日有食之。冬十月庚辰朔，日有食之。

楊氏士勛曰：此年與二十四年皆頻月日食，據今曆無有頻食之理。但古或有之。愚案：日食月食，經道緯道皆同也。近西曆推步甚精，無稍舛者。而《春秋》所書日月食或不盡然。蓋當時曆法尚疏，聖人因舊史以成文，惟明其綱常義理，至此事或不及詳攷。以爲天道高遠，存其災異以戒人，亦義之正，正不必區區較論事之有無也。

曹伯來朝。

《左傳》：曹武公來朝，始見也。案：諸侯有相朝聘之禮，必爲王事、民事及禮所必然而後可。春秋徒以勢交，以私情契，不足取亦不勝責也。於來朝一二書之，以志譏。曹伯即位喪畢，不朝於京師而朝魯，何取焉？故書以譏也。

公會晋侯、齊侯、宋公、衛侯、鄭伯、曹伯、莒子、邾子于商任。

任音壬。商任，杜注闕。

《左傳》：會于商任，錮欒氏也。按：列書諸侯，斥其人，明其有忝君道，非予之也。欒盈何罪？范氏父子與州賓等構陷之耳。晋侯不明，不能正臣下之得失，聽其所爲，又欲錮其所往而合諸侯。諸侯亦信之，不特窮之於所往，非忠厚也。且爲臣下所驅役，綱常紊而是非淆，莫此爲甚，故深惡之也。

附　錄

案：《公羊》：十有一月庚子，孔子生。《穀梁》：冬十月庚子生。《史記》：襄公二十二年，孔子生。三家不同。朱子《論語集註》序採用《孔子世家》，從《史記》。夏氏洪基謂孔子七十三歲，從《史記》。宋濂作《孔子生卒歲月辨》，從《公》《穀》，作七十四歲。《通鑑前編》謂襄公二十一年，日再食，非生聖人之年。然聖人雖生質不同，而亦必由學。夫子自言好學敏求，三十而立，何嘗是生而即聖？若日食乃天道之常，謂使天生聖人，必非日食之年，是天亦避諱吉凶矣，一何可笑。以《經》攷之，十月朔庚辰，至十月二十一日恰庚子，是《穀梁》爲是。周十月，夏八月也。孔子年七十四歲。

二十有二年　靈王二十一年

春王正月，公至自會。

吴氏澂曰：著不朝正於廟也。

夏四月。

秋七月辛酉，叔老卒。

杜氏預曰：子叔齊子。高氏閌曰：此叔肸之孫，聲伯之子。其子弓嗣爲大夫，是爲子叔敬子。

冬，公會晋侯、齊侯、宋公、衛侯、鄭伯、曹伯、莒子、邾子、薛伯、杞伯、小邾子于沙隨。

邾子下，《公》《穀》有滕子。

《左傳》：二十一年秋，欒盈自楚適齊。晏平仲言於齊侯曰：商任之會，受命於晋。今納欒氏，將安用之？小所以事大，信也。失信不立。君其圖之。弗聽。退告陳文子曰：君人執信，臣人執共，忠信篤敬，上下同之，天之道也。君自棄也，弗能久矣。二十二年冬，會于沙隨，復錮欒氏也。欒盈猶在齊，晏子曰：禍將作矣。齊將伐晋，不可以不懼。案：晋侯偏信范氏，既逐欒盈，而又再合諸侯以錮之。君臣之誼至薄，而無禮勞人亦甚矣。故直書其事，列名刺之。詳見附解。且晋君不綱，偏信范氏，逐錮欒盈。齊不從亦公憤，但惜其無德以正之耳。晏子之言非是，不可從。

公至自會。

楚殺其大夫公子追舒。

《左傳》：楚觀起有寵於令尹子南，未益祿，而有馬數十乘。楚人患之，王將討焉。子南之子棄疾爲王御士，王每見之，必泣。棄疾曰：君三泣臣矣，敢問誰之罪也？王曰：令尹之不能，爾所知也。國將討焉，爾其居乎？對曰：父戮子居，君焉用之？洩命重刑，臣亦不爲。王遂殺子南於朝，轘觀起於四境。子南之臣謂棄疾，請徙子尸於朝，曰：君臣有禮，唯二三子。三日，棄疾請尸，王許之。既葬，其徒曰：行乎。曰：吾與殺吾父，行將焉人？曰：然則臣王乎？曰：棄父事讎，吾弗忍也。遂縊而死。案：追舒寵近小人，黜其權爵可也，何必殺之？稱國以殺，不去其官，病楚子也。王不令棄疾諫其父以改過，而以欲殺其父告之。棄疾不泣懇緩父之死，諫父改行，而忍視父死，以身殉之。君不君，子不子，人倫之道裂矣。夫子書公子、大夫，則舒之罪不至必死，而王及棄疾之罪皆見。稱國以殺，罪其貪位。

附　解

道莫大於五倫，五倫以三綱爲重。三綱不正而求五倫之正，豈可得哉？孟子言《春秋》成而亂臣賊子懼。舉其大者言之，以警當時也。其實夫子於五倫，何一不著其勸戒？夫君臣、父子、夫婦必相需而後成治化，非偏任可以齊治平也。君父不正，徒責臣下，聖人弗許。故其告定公曰：君使臣以禮，臣事君以忠。而孟子更以手足腹心犬馬寇讎明著其戒，豈爲臣下争禮遇哉？以道事君，不可則止。若無益於君，而徒以死徇何益？孔子燔肉不至，不稅冕而行，豈果於忘君，亦禮之當然不得已耳。人君奉天理，民當體天心。一毫不合天理，一事不合天心，即爲負天。故皇皇焉，惕惕焉，斯爲君道之正。臣者佐君出治，寅亮天工者也，故曰股肱心膂。天下有殘其股肱心膂而可望生全者乎？則安有薄待臣工而可以成爲君父者乎？欒氏爲晋世臣，欒書當時以爲有德，而《傳》云與荀偃弒君，殆左氏之妄。不然悼公賢明，何以即位後不聞討弒逆之罪，而仍用書？國人無以爲非者，即讎欒氏。如范鞅亦謂欒武子之德在人，其稱欒氏之惡，不過汰侈，並不言及欒書弒君事。即逐欒盈，亦不言及其祖弒逆，而但曰盈將爲亂。夫欒書弒君，《春秋》不書，則其事已在影響之間矣。盈母爲士匄之女，與州賓通，因讒害盈。士匄不能禁其女，察其姦，而徇其子鞅之意，亦不念盈乃外孫，遽爾逐之，實乃無復有人心者。且既逐而又告君合諸侯錮之，君亦聽之，豈止視之如草芥乎？夫子詳書商任、沙隨之會，後書欒盈入晋、入曲沃，不書其叛，誠以晋君大失君道而惡之也。古今薄待臣寮若此者甚多，聖人能不預防之而深戒之歟？至楚棄疾之事，正註已明不贅。人倫不幸之遇，世所常有。若非明大義、善曲全，往往似是而非。所以誠身方可事親，虞舜得親順親兼至，爲大孝也。

二十有三年　　靈王二十二年

春王二月癸酉朔，日有食之。

三月己巳，杞伯匄卒。

《左傳》：春，杞孝公卒，晋悼夫人喪之。平公不徹樂，非禮也。禮，爲鄰國闕。案：母有喪，子安得不徹樂？左氏不以母子言，而曰禮爲鄰國闕，非也。詳附解。

夏，邾畀我來奔。

《公》作鼻我。

杜氏預曰：畀我，庶其之黨。案：魯納庶其而厚之，故畀我復來奔。書以著魯納叛長惡之失也。

葬杞孝公。

陳殺其大夫慶虎及慶寅。

《左傳》：陳侯如楚。公子黄愬二慶於楚，楚人召之。使慶樂往。殺之。慶氏以陳叛。夏，屈建從陳侯圍陳。陳人城，板隊而殺人。役人相命，各殺其長。遂殺慶虎、慶寅。楚人納公子黄。案：二慶無道，欲專權而逐公子黄，其罪大矣。然陳侯不能正其誅於逐黄之時，及黄愬於楚而圍陳，國人乃殺二慶。是陳侯有如木偶，失君道矣。且二慶以陳叛，而國人亦因城役而叛，殺其大夫。臣民私相叛亂，非國之紀。故書國以殺，明慶氏可殺。不去其官，罪陳侯失政刑。慶寅書及，虎爲首惡，寅爲從也。

陳侯之弟黄自楚歸于陳。

曰弟，親之也。曰歸，不絶之于陳也。而曰自楚歸者何？病陳侯也。黄本無罪，陳侯幾不能有其弟，得楚而後歸也。

晋欒盈復入于晋，入于曲沃。

《左傳》：晋將嫁女于吴，齊侯使析歸父媵之，以藩載欒盈及其士，納諸曲沃。欒盈夜見胥午而告之，對曰：不可。天之所廢，誰能興之？子必不免。吾非愛死也，知不集也。盈曰：雖然，因子而死，吾無悔矣。我實不天，子無咎焉。許諾。伏之，而觴曲沃人。樂作。午言曰：今也得欒孺子，何如？對曰：得主而爲之死，猶不死也。皆歎，有泣者。爵行，又言。皆曰：得主，何貳之有？盈出，徧拜之。四月，欒盈帥曲沃之甲，因魏獻子，以晝入絳。初，欒盈佐魏莊子於下軍，獻子私焉，故因之。欒王鮒告范匄奉公以如固宫，使范鞅逆魏舒如固宫。初，斐豹隸也，著於丹書。欒氏之力臣曰督戎，國人懼之。斐豹謂宣子曰：苟焚丹書，我殺督戎。宣子喜，曰：而殺之，所不請於君焚丹書者，有如日。乃出豹而閉之，督戎從之。踰隱而待之，督戎踰入，豹自後擊而殺之。欒氏乘公門。范匄使其子鞅用劍帥卒，欒樂射之不中，死。欒魴傷。欒盈奔曲沃，晋人圍之。案：欒盈出奔，本非其罪，使其知全身遠害之道，藏身他國，以布衣終，可也。乃復入晋生亂，則悖亂矣。書復入於晋，不當入而入也。復書入于曲沃，明其得以復入者，恃曲沃也。然不書叛者，晋之逐盈也。非其罪又再錮之，君臣之義已絶。盈之叛也，范匄父子促之，而晋君不正則不成其爲君綱，故不以叛書也。誅亂臣亦未嘗不咎君上，聖人豈得已哉。所以明三綱之重，而使人君隆腹心手足之誼，乃可以成治化也。

秋，齊侯伐衛，遂伐晋。

《左傳》：秋，齊侯伐衛。遂伐晋，取朝歌，爲二隊，入孟門，登大行，張武軍於熒庭。戍郫邵，封少水，以報平陰之役，乃還。趙勝帥東陽之師以追之，獲晏氂。書伐晋於欒盈入晋之下，明齊之伐爲欒盈也。齊雖不義，晋亦豈自反而縮哉？故書伐以罪晋。

八月，叔孫豹帥師救晋，次于雍榆。

雍，於用反。榆，《公》《穀》作渝。雍榆，杜注：晋地。汲郡朝歌縣東有雍城。《郡邑志》：黎陽縣有雍城，即古雍榆也。今雍榆城在濬縣西南十八里。

叔孫豹帥師救晋，次于雍榆。案：救患，善也。而書次者，著魯畏晋，復畏齊，不得已而救之意。晋范氏當國，以私怨逐欒氏啟亂，而君聽之，豈以救爲美哉？聖人固責臣子以忠孝，而亦豈曲恕君之不仁？《左氏》以爲禮，《公羊》以爲先通君命，皆非。

己卯，仲孫速卒。

《左傳》：季武子無適子，公彌長，而愛悼子，欲立之。訪於臧紇，臧紇曰：飲我酒，吾爲子立之。季氏飲大夫酒，臧紇爲客。既獻，臧孫命北面重席，新樽絜之。召悼子，降逆之。大夫皆起。及旅，而召公鉏，使與之齒，季孫失色。季氏以公鉏爲馬正，慍而不出。閔子馬見之，曰：子無然。禍福無門，唯人自召。爲人子者，患不孝，不患無所。敬共父命，何常之有？若能孝敬，富倍季氏可也。姦回不軌，禍倍下民可也。公鉏然之。敬共朝夕，恪居官次。季孫喜，使飲己酒，而以其具往，盡舍旃。故公鉏氏富，又出爲公左宰。孟孫惡臧孫，季孫愛之。孟氏之御騶豐點好羯也，曰：從余言，必爲孟孫。再三云，羯從之。孟莊子疾，豐點謂公鉏：苟立羯，請讎臧氏。公鉏謂季孫曰：孺子秩，固其所也。若羯立，則季氏信有力於臧氏矣。弗應。己卯，孟孫卒，公鉏奉羯立於戶側。季孫至，入，哭，而出，曰：秩焉在？公鉏曰：羯在此矣。季孫曰：孺子長。公鉏曰：何長之有？唯其才也。且夫子之命也。遂立羯。秩奔邾。汪氏克寬曰：魯自仲遂殺適立庶，公室於是乎失政。魯卿自季孫宿以私意廢長立幼，於是家臣效尤。孟氏之豐點廢秩立羯，叔孫氏之豎牛殺孟丙而立舍，皆託廢立以擅其權，而三桓微矣。作俑之禍，其流弊可勝言哉。

冬十月乙亥，臧孫紇出奔邾。

《左傳》：孟氏閉門，告於季孫曰：臧氏將爲亂，不使我葬。季孫不信。臧孫聞之。戒。冬十月，孟氏將辟，藉除於臧氏。臧孫使正夫助之，除于東門，甲從己而視之。孟氏又告季孫。季孫怒，命攻臧氏。乙亥，臧紇斬鹿門之關以出，奔邾。案：紇之奔，非其罪也。然爲季孫，棄長立幼，以至公鉏含怨而立羯以禍之，是其悖禮行私，自取罪戾。故書出奔以惡之。

晉人殺欒盈。

《左傳》：晉人克欒盈于曲沃，盡殺欒氏之族黨。欒魴出奔宋。欒盈被讒而出，不隱身避患，挾怨入國，稱兵犯君，則叛逆矣。然書晉人殺之者，人，范匄也。范匄擅逐世臣，君不之究。盈叛有罪，國人殺之可也，范氏以私殺之不可也。書晉人殺，盈之罪、范之惡、晉君之不德皆著。

齊侯襲莒。

《左傳》：齊侯還自晉，不入。遂襲莒，門于且于，傷股而退。齊侯伐晉，猶曰惡范氏而憫欒盈不直晉君也。無端而襲莒，何哉？書襲僅此，惡其逞志而妄也。

附解

禮者，天理之節文。凡事本天理而行，則善矣。而或太過不及，故必以理節文之。外天理人情而言禮，即非至中至正之道。聖人制禮，不外人情。以天理折衷人情，隨時處中，又不可以拘一格。奈世儒言禮者，非失之鑿，則失之拘妄。於是泥古非今，徇今戾古，種種弊竇叢生，遂覺禮難通於世俗，而天理人情，多留憾矣。經生之説，無功於聖人，而反有害於人心，安可不辨？如父母至尊亦同尊，而誤解母統於父之言，遂謂母不如父，豈非謬乎？女子在室，爲父母喪三年，出嫁降服，期非薄於所生也。家夫家，則不容不父母翁姑，而所生父母，亦豈遂可薄哉？喪服雖降，而哀戚必至，此天理人情也。外孫之於外祖父較遠，然外祖父母愛其女孫，恒不亞于己孫。愛子女因愛子女之所生，此亦天理之自然，人情之同然，不容已者。諺云：憨外婆愛外孫，憨雞母愛鴨兒。謂其徒勞耳。而人不因此言遂薄視女孫，豈非天理人情，有不得而泯没者歟？外孫即不同外祖於祖，而豈遂視如路人？正如岳父母鍾愛子壻，子壻即不敢齒岳父母，於父母然而豈遂肩越視之？此皆人情天理之自然，而禮即生焉。凡事準天理而行，情之所在，而以禮將其天理。聖人不過如是。世儒因外戚專權，遂以防範疏遠爲貴。不知愛親敬長，推之而天下可以一家，中國可以一人，况於婦翁父母之行，其父亦大父之行，孝子不匱，永錫爾類。推愛敬之心以及於民物，而獨遺於母族妻族乎？見父之執不敢不敬，而况有恩誼之屬？女以壻之父母爲父母，壻以女之父母爲路人，於天理人情又何以通？外戚專權不用外戚，豈臣子弒逆遂不必有臣子？因噎而廢食，曷不思有虞姜氏，所以維持商周之人，人生皆樂境也。世宙本有情，也以忠恕之心行仁義之事。始於孝弟，暨於治平，合天下蒼生而皆入帡幪。體天地之心，而萬物一體，同此人倫中人，盡其人倫之道。施之有序，中正不偏，情文兼至，仁義兼全，有何不樂？有何不相安之事？薄視其母而後不敬其母族，不知造端夫婦之義而後薄視其妻以及其族，聖人則親親敬長以暨於天下。敬老爲其近於父也，敬長爲其近於兄也。近於父兄者猶且敬之，本儕於父兄者而必薄待之，其義何居哉？父兄而外有伯叔，伯叔之外則外祖父母、岳母父矣。聖人不以外族儕於本宗，恐人薄本宗而重外戚耳。兄弟之外有伯叔兄弟，伯叔兄弟之外則中表郎舅矣。聖人不以中表郎舅同於兄弟，恐人重外戚而輕本支也。然禮制有限，用情則不宜輕。太公爲武王岳翁，而輔相兩世。隋文負子壻托孤，而身遭弑逆。若以世人之見論之，則子壻之位不妨奪，而婦翁爲師亦非，何以古人不然？天意亦不恕無義哉。晋平公值其母居喪不徹樂，以爲不重外戚。母有親喪，子坐視母哀痛漠然無與。孝乎？禮乎？吾不得而知之矣。孝子無時不念其親，孔子推言孝思，至於伐一樹殺一獸，不以其時非孝，豈薄待母族妻族乃爲孝乎？但辨賢否别等威，不偏徇偏愛，由親親敬長而推之，不重彼而輕此，始爲美耳。豈必輕賤外戚，始爲是乎？此禮不明，留禍無窮。是以詳論之。

二十有四年　　靈王二十三年

春，叔孫豹如晋。

《左傳》：二十四年春，穆叔如晋。范宣子逆之，問焉，曰：古人有言曰，死而不朽，何謂也？穆叔未對。宣子曰：昔匄之祖，自虞以上，爲陶唐氏，在夏爲御龍氏，在商爲豕韋氏，在周爲唐、杜氏，晋主夏盟爲范氏，其是之謂乎？穆叔曰：以豹所聞，此之謂世禄，非不朽也。魯有先大夫曰臧文仲，既没，其言立。其是之謂乎。豹聞之，大上有立德，其次有立功，其次有立言，雖久不廢，此之謂不朽。若夫保姓受氏，以守宗祊，世不絶祀，無國無之。禄之大者，不可謂不朽。杜氏預曰：賀克欒氏。然《傳》無明文，當闕。

仲孫羯帥師侵齊。

《左傳》：孟孝伯侵齊，晋故也。蓋晋命而魯從之，然非禮也。

夏，楚子伐吴。

《左傳》：夏，楚子爲舟師以伐吴，不爲軍政，無功而還。案：志吴、楚之交惡也。楚不得於中國，不自修而復結怨於吴，所以致入郢之禍。書爵書伐，從赴告之文，非予之也。

秋七月甲子朔，日有食之，既。

是時列國大夫專政，天子諸侯無權。日食而既，君道微矣。

齊崔杼帥師伐莒。

《左傳》：齊侯既伐晋而懼，將欲見楚子。楚子使薳啟彊如齊聘，且請期。齊侯聞將有晋師，使陳無宇從薳啟彊如楚，辭，且乞師。崔杼帥師送之，遂伐莒，侵介根。案：崔杼奉命送陳無宇，未奉命伐莒也。乃遂伐莒，故書崔杼帥師，以著其專。

大水。

亦陰盛之災也。

八月癸巳朔，日有食之。

公會晋侯、宋公、衛侯、鄭伯、曹伯、莒子、邾子、滕子、薛伯、杞伯、小邾子于夷儀。

夷儀，《公》作陳儀，後同。

《左傳》：會于夷儀，將以伐齊，水，不克。案：是時楚復陵中國，晋無如何，乃斤斤於報怨。書會列序諸侯，以見晋不德，無以服齊。而列邦之君亦衰懦，所以志陵夷之事勢而已，非有取于其會也。

冬，楚子、蔡侯、陳侯、許男伐鄭。

冬，楚子伐鄭以救齊，門于東門，次于棘澤。諸侯還救鄭。楚子自棘澤還，使薳啟彊帥師送陳無宇。案：志楚之強，所以病中國也。三國從楚伐鄭，晋無如之何。合上文觀之，則夫子罪晋不能攘楚靖諸侯之意益見。

公至自會。

公爲晋伐齊，又會晋謀伐齊。書至以著其役于大國僕僕之蹟。

陳鍼宜咎出奔楚。

鍼，其廉反。

《左傳》：陳人復討慶氏之黨，鍼宜咎出奔楚。許氏翰曰：宜咎之事無聞，而以慶氏黨逐，則其人可知。王氏葆曰：宜咎，陳大夫。箴子八世孫，其後在楚爲箴尹宜咎。

叔孫豹如京師。

《左傳》：齊人城郟。穆叔如周聘，且賀城。王嘉其有禮也，賜之大路。時穀洛鬭毁王宫，齊侯叛晋，欲求媚于天子，故爲王城之叔孫豹使如京師，聘且賀焉。諸侯朝王，禮也。未嘗朝王而僅使大夫聘，慢矣，然猶愈於不聘者也。不言朝，大夫不得言朝也。

大饑。

五穀不升爲大饑，民病甚矣。書以慨失政，而憫民窮。

二十有五年　　靈王二十四年

春，齊崔杼帥師伐我北鄙。

《左傳》：報孝伯之師也，公患之，使告於晋。孟公綽曰：崔子將有大志，不在病我，必速歸，何患焉。其來也不寇，使民不嚴，異於他日。齊師徒歸。案：齊侯淫於臣妻而委崔杼以大權。又好勇貪功，伐晋、伐莒、伐魯，昏亂無禮甚矣，崔子含憤，欲報鄰国知之，而已不悟。春秋屢書崔杼帥師，著逆惡之由，以戒君人自修而防履霜也。

夏五月乙亥，齊崔杼弒其君光。

《左傳》：齊棠公之妻，東郭偃之姊也。東郭偃臣崔武子。棠公死，偃御武子以弔焉。見棠姜而美之，使偃取之。偃曰：男女辨姓，今君出自丁，臣出自桓，不可。武子筮之，遇《困》之《大過》。史皆曰：吉。示陳文子，文子曰：夫從風。風隕，妻不可娶也。且其《繇》曰：困于石，據于蒺藜，入于其宫，不見其妻，凶，無所歸也。崔子曰：嫠也何害？先夫當之矣。遂取之。莊公通焉，驟如崔氏。以崔子之冠賜人，侍者曰：不可。公曰：不爲崔子，其無冠乎？崔子因是，又以其間伐晋也，曰：晋必將報。欲弒公以説於晋，而不獲間。公鞭侍人賈舉而又近之，乃爲崔子間公。夏五月，莒子朝于齊。甲戌，饗諸北郭。崔子稱疾不視事。乙亥，公問崔子，遂從姜氏。姜入於室，與崔子自側户出。公拊楹而歌。侍人賈舉止衆從者，而入閉門。甲興。公登臺而請，弗許。請盟，弗許。請自刃於廟，弗許。皆曰：君之臣杼疾病，不能聽命。近於公宫，陪臣干掫有淫者，不知二命。公踰牆。又射之，中股，反隊。遂弒之。晏子立於崔氏之門外，其人曰：死乎？曰：獨吾君也乎哉？吾死也。曰：行乎？曰：吾罪也乎哉？吾亡也。曰：歸乎？曰：君死，安歸？君民者，豈以陵民？社稷是主。臣君者，豈爲其口實？社稷是養。故君爲社稷死，則死之；爲社稷亡，則亡之。若爲己死而爲己亡，非其私暱，誰敢任之？且人有君而弒之，吾焉得死之，而焉得亡之？將庸何歸？門啟而入，枕尸股而哭，興，三踊而出。人謂崔子：必殺之。崔子曰：民之望也。舍之，得民。盧蒲癸奔晋，王何奔莒。叔孫宣伯之在齊也，叔孫還納其女於靈公。嬖，生景公。丁丑，崔杼立而相之。慶封爲左相。盟國人於大宫，曰：所不與崔、慶者。晏子仰天歎曰：嬰所不唯忠於君利社稷者是與，有如上帝。乃歃。辛巳，公與大夫及莒子盟。太史書曰：崔杼弒其君。崔子殺之。其弟嗣書而死者，二人。其弟又書，乃舍之。南史氏聞太史盡死，執簡以往。聞既書矣，乃還。崔氏側莊公於北郭。丁亥，葬諸士孫之里，四翣，不蹕，下車七乘，不以兵車。案：齊侯悖亂，大乖倫理，而崔杼不能防閑其妻，罪亦不細。不自咎而弒逆，史臣所以不恕之也。

公會晋侯、宋公、衛侯、鄭伯、曹伯、莒子、邾子、滕子、薛伯、杞伯、小邾子于夷儀。

《左傳》：晋侯濟自泮，會于夷儀，伐齊，以報朝歌之役。齊人以莊公説，使隰鉏請成。慶封如師，男女以班。賂晋侯以宗器、樂器。自六正、五吏、三十帥、三軍之大夫、百官之正長、師旅及處守者，皆有賂。晋侯許之。使叔向告於諸侯。公使子服惠伯對曰：君舍有罪，以靖小國，君之惠也。寡君聞命矣。案：晋報朝歌之役，會夷儀以謀伐齊。既聞崔杼之弒，則宜聲罪致討，請於王朝。置君而後去之，乃貪賂許成，使亂臣賊子無所忌憚。春秋列序諸侯會于夷儀，不言伐齊及齊成公與會，諱之也。受賊臣賂而昧綱常，惡之大者，故諱而使人思其何以諱，則罪亦著矣。

六月壬子，鄭公孫舍之帥師入陳。

舍，如字。

《左傳》：初，陳侯會楚子伐鄭，當陳隧者，井堙木刊。鄭人怨之。六月，鄭子展、子産帥車七百乘伐陳，宵突陳城，遂入之。陳侯扶其大子偃師奔墓。子展命師無入公宫，與子産親御諸門。陳侯使司馬桓子賂以宗器。陳侯免，擁社。使其衆，男女别而纍，以待于朝。子産執縶見，再拜稽首，承飲而進獻，子美入，數俘而出。祝祓社，司徒致民，司馬致節，司空致地，乃還。案：子展、子産同伐陳而獨書子展，蓋主兵也。書帥師，著其恃衆。書入，不當入也。報怨興師，非聖人所取也。況入其國，迫其君，雖不果滅之，豈足道哉。高氏閌等以爲有禮，誤。

秋八月己巳，諸侯同盟于重丘。

重，直龍反。重丘，杜注：齊地。《寰宇記》：聊城縣東北有重丘，襄二十五年諸侯會盟處。聊城，今東昌府治。案：濟南府德州亦有重丘城，或云會盟處。攷《經》文，公會諸侯於夷儀，同盟於重丘。夷儀，今順德府地，去東昌爲近。自夷儀涉齊境，則其地當在聊城。

《左傳》：秋七月己巳，同盟于重丘，齊成故也。案：許齊成，不討崔杼弑逆之罪。同盟亦有公，而但書曰諸侯同盟，以其同黨惡而受賂，深惡其大亂綱常。而不書公，諱之也。然其實有因諱而益彰者矣。

公至自會。

前書會、書盟，以公故，諱之不言其事。而此以公至自會書，則公之失亦見矣。

衛侯入于夷儀。

《左傳》：衛獻公入于夷儀。家氏鉉翁曰：春秋之世，内外二君者，鄭忽與突、衛衎與剽也。忽之君國正也，祭仲以突簒之。衎之君國正也，孫林父以剽簒之。忽既復位，突乃賊也，是故突之入櫟以名。衎入衛地，剽猶居位。剽乃賊也，是故衎入夷儀不名。及剽死衎入，然後名衎，以正其失國之罪。案：衛侯固衛之君，夷儀其所有之地也。而書入于夷儀，若非所有而入之者，亦罪其不君。與突入于櫟相似，較突爲優者，不名之耳。聖人雖罪臣子，亦豈不責君之正其綱哉。

楚屈建帥師滅舒鳩。

舒鳩，楚屬國。吴人召之使叛楚，楚讓之，舒鳩與楚盟。及是，舒鳩人卒叛楚，令尹子木伐之，及離城。吴人救之，楚師敗之，遂圍舒鳩，舒鳩潰。八月，楚滅舒鳩。案：舒鳩反復，本有自取滅之道，而《經》書帥師滅，惡楚恃强擅滅國者。小國介於兩大，不能自存，聖人所憫也。

冬，鄭公孫夏帥師伐陳。

夏，《公》作囆。

《左傳》：鄭子産獻捷于晉，戎服將事。晉人問陳之罪，對曰：昔虞閼父爲周陶正，以服事我先王。我先王賴其利器用也，與其神明之後也，庸以元女大姬配胡公，而封諸陳，以備三恪。則我周之自出，至於今是賴。桓公之亂，蔡人欲立其出。我先君莊公奉五父而立之，蔡人殺之。我又與蔡人奉戴厲公，至於莊、宣，皆我之自立。夏氏之亂，成公播蕩，又我之自入，君所知也。今陳忘周之大德。蔑我大惠，棄我姻親，介恃楚衆，以憑陵我敝邑，不可億逞。我是以有往年之告。未獲成命，則有我東門之役。當陳隧者，井堙木刊。敝邑大懼不競，而耻大姬。天誘其衷，啟敝邑心。陳知其罪，授手於我。用敢獻功。晋人曰：何故侵小？對曰：先王之命，唯罪所在，各致其辟。且昔天子之地一圻，列國一同，自是以衰。今大國多數圻矣，若無侵小，何以至焉？晋人曰：何故戎服？對曰：我先君武、莊，爲平、桓卿士。城濮之役，文公布命，曰：各復舊職。命我文公戎服輔王，以授楚捷，不敢廢王命故也。士莊伯不能詰，復於趙文子。文子曰：其辭順，犯順不祥。乃受之。冬十月，子展相鄭伯如晋，拜陳之功。子西復伐陳，陳及鄭平。仲尼曰：《志》有之：言以足志，文以足言。不言，誰知其志？言之無文，行而不遠。晋爲伯，鄭入陳，非文辭不爲功。慎辭哉。案：陳即楚伐鄭，固有罪矣。而晋主夏盟，實不能上奉天王，下安與國。鄭報怨伐陳，一歲而兩興師，無禮已甚。子産巧言屈晋，晋非果爲其言有禮，乃力不能卻楚，又不能如鄭何耳。夫子言入陳本非禮，而子産以巧辨服晋，辭不可不慎，本非與之，切勿誤認。兩書鄭臣帥師伐陳，惡其恃衆爭戰不待言，而當時大夫專兵柄亦可見，以爲戒也。夫子取子産，因其惠民而稱之，僅曰君子之道四，後人一概附會，非也。

十有二月，吴子遏伐楚，門于巢，卒。

遏，於葛反。《公》《穀》作謁。

《左傳》：十二月，吴子諸樊伐楚，以報舟師之役。門于巢。巢牛臣曰：吴王勇而輕，若啟之，將親門。我獲射之，必殪。是君也死，疆其少安。從之。吴子門焉，牛臣隱於短牆以射之，卒。孔氏穎達曰：諸侯不生名，此吴子名在伐楚上者，爲卒書名，上之以省文也。案：諸侯報怨相侵伐，聖人所不與也。吴子輕身取禍，書門于巢卒，以戒後之恃勇而輕者。《公》《穀》誤解門字，不可從。

二十有六年　　靈王二十五年

春王二月辛卯，衞甯喜弑其君剽。

剽，匹妙反。

衞獻公自夷儀使與甯喜言曰：苟反，政由甯氏，祭則寡人。甯喜告蘧伯玉，伯玉曰：瑗不得聞君之出，敢聞其入？遂行，從近關出。告右宰穀，右宰穀曰：不可。獲罪於兩君，天下誰畜之？悼子曰：吾受命於先人，不可以貳。穀曰：我請使焉而觀之。遂見公於夷儀。反曰：君淹恤在外十二年矣，而無憂色，亦無寬言，猶夫人也。若不已，死無日矣。悼子曰：雖然，弗可以已，孫文子在戚，孫嘉聘于齊，孫襄居守。二月庚寅，甯喜、右宰穀伐孫氏，不克。伯國傷，甯子出舍于郊。伯國死，孫氏夜哭。國人召甯子，甯子復攻孫氏，克之。辛卯，殺子叔及大子角。書曰：甯喜弑其君剽。言罪之在甯氏也。案：甯殖疾告喜曰：吾得罪于君，悔而無及矣。名藏在諸侯之策，曰：孫林父。甯殖出其君，君入則掩之。若能掩之，則吾子也。若不能，猶有鬼神，吾有餒而已，不來食矣。喜許諾。殖遂卒。故喜欲納獻公。然喜父子既已戴剽爲君而事之十餘年矣，君臣之分已定，其可弑乎？爲喜者辭爵遠奔，布衣疏食以終餘年，猶可謂蓋愆也。乃從父亂命，復弑其君，父子皆蹈大逆，不亦悖而至愚哉。故《經》正其弑逆之罪，不以剽非宜立，而謂非喜君也。

衛孫林父入于戚以叛。

書叛始此。

案：孫林父本以戚如晋，而書入于戚以叛。罪孫氏也。林父實首逆，逐君及衎入，而又以邑如晋。不書以戚如晋，而書入戚以叛者。林父未嘗去戚，特據邑以抗君。書叛，深誅之也。

甲午，衛侯衎復歸于衛。

《左傳》：甲午，衛侯入。書曰復歸，國納之也。案：左氏謂國納，蓋因國人召甯喜攻孫氏也，而實非《經》義。衛侯爲林父逐，本宜歸者也。故書復歸，而非天子討亂而復之，亦非臣民繫念而復之，乃賂甯氏使弑剽而入。以亂易亂，故書名以惡之。

夏，晋侯使荀吴來聘。

《左傳》：晋人爲孫氏故，召諸侯，將以討衛也。夏，中行穆子來聘，召公。案：書晋侯使，罪晋侯也。孫林父據戚以叛，而晋爲之召諸侯而欲討衛，此何義哉？故書以著晋侯之悖也。

公會晋侯、鄭良霄、宋人、曹人于澶淵。

《左傳》：六月，公會晋趙武、宋向戌、鄭良霄、曹人于澶淵以討衛，疆戚田。取衛西鄙懿氏六十以與孫氏。於是衛侯會之。晋人執甯喜。衛侯如晋，晋人執而囚之於士弱氏。秋七月，齊侯、鄭伯爲衛侯故，如晋。國子使晏平仲私於叔向，曰：晋君宣其明德於諸侯，恤其患而補其闕，正其違而治其煩，所以爲盟主也。今爲臣執君，若之何？叔向告趙文子，文子以告晋侯。晋侯言衛侯之罪，使叔向告二君。國子賦《轡之柔》矣，子展賦《將仲子》兮，晋侯乃許歸衛侯。案：《左傳》云公會晋趙武等，而《經》書公會晋侯，則《傳》誤矣。時大夫擅柄，國君與之會盟已爲故事。《經》書晋侯、鄭良霄、宋人、曹人，著其尊卑紊而名分不正，即是可見。若助逆執君，其悖謬不待智而知矣。不書疆戚田、取衛邑、執衛侯，深惡而削之也。

秋，宋公殺其世子痤。

痤，才何反。《穀》作痤，音同。

《左傳》：初，宋芮司徒生女子，赤而毛，棄諸堤下。共姬之妾取以入，名之曰棄。長而美，平公入，夕，共姬與之食。公見棄也，而視之，尤。姬納諸御，嬖，生佐。惡而婉。大子痤美而很，合左師畏而惡之。寺人惠牆伊戾爲大子内師而無寵。

秋，楚客聘於晋，過宋。大子知之，請野享之。公使往，伊戾請從之。至，則欿，用牲，加書，徵之，而騁告公曰：大子將爲亂。既與楚客盟矣。公曰：爲我子，又何求？對曰：欲速。公使視之，則信有焉。問諸夫人與左師，則皆曰：固聞之。公囚大子。大子曰：唯佐也，能免我。召而使請，曰：日中不來，吾知死矣。左師聞之，聒而與之語。過期，乃縊。而使佐爲大子。公徐聞其無罪也，乃亨伊戾。案：痤無罪，宋公聽伊戾之譖而殺之，昏悖甚矣。故稱世子，斥宋公殺以罪之。

晋人執衛甯喜。

甯喜有罪矣，而何以書人賤之？不以其罪告于天王，聽命而行，因其伐孫林父而執之也。林父亦逆賊。既庇林父，何以討甯喜？私而不公，何以聲討賊之義於天下？晋執衛侯不書者，爲林父而執其君，不予晋以執也。

八月壬午，許男甯卒于楚。

《左傳》：許靈公如楚，請伐鄭，曰：師不興，孤不歸矣。八月，卒于楚。案：鄭伐許數矣，許無如何，而托於楚以自安。鄭猶常伐之，許男求楚禦鄭，卒於楚。書其卒，憫之也。弱小困於強暴，無聖王正之，固聖人所憾。

冬，楚子、蔡侯、陳侯伐鄭。

《左傳》：楚子曰：不伐鄭，何以求諸侯？冬十月，楚人伐鄭。鄭人將禦之，子産曰：晋、楚將平，諸侯將和，楚王是故昧于一來，不如使成而歸，乃易成也。子展説，不禦寇。十二月乙酉，入南里，墮其城。涉于樂氏，門于師之梁。縣門發，獲九人焉。涉于氾而歸，而後葬許靈公。案：書楚子二君伐鄭，病中夏無人也。晋不能以德綏諸侯，致許、陳、蔡服于楚，今又因許男之卒而伐鄭，楚轉有恤災扶衰之志，故書其爵以病晋也。

葬許靈公。

書葬許靈公於伐鄭之下，著楚爲許而伐鄭。楚是舉不幾近正乎。故聖人節取而書其爵也。

附　解

君父，至尊也，臣子戴之如天，敬之如神，死生以之，更有何言？雖然，忠孝定理也，而所以忠、所以孝者不同，隨其境之所值，得夫天理之正，人心之安，有隨時處中之妙焉。爲君爲父者，不可侈然自負也。必先修身砥行，無愧怍於臣子，然後上下相與有成，倫道洽而治化興。不然，君不君，父不父，有愧於臣子，即非修身立道之正。孔子不可則止，接淅而行，豈薄視乎君？大舜不告而娶，欲殺之不可得，豈違背其父母？引君當道乃爲忠，諭親於道方爲孝。爲君父者徒喜臣子之恭順，爲臣子者徒以從命爲敬恭，而君父日陷於不義，臣子之罪無可逃矣。夫子明言之，而世人不知之，何哉？甯殖與孫林父逐君，既而悔之，命其子喜蓋愆。喜遂迎故君而弑新君，九州鐵不能鑄此錯矣。人子事親惟象賢，乾、蠱二義，逐君大惡也，甯喜即欲乾、蠱，亦無善策，計惟葬父之後，遠適異國，布衣疏食以終身。即甯殖知悔悟，早辭祿而去亦可。乃父子均貿貿焉，而何怪乎身犯大惡，萬世不能解乎？古今人倫變故甚多，忠孝節義，其苦心可憫可嘉，而其所以，則半由三綱不正。是以不正其身，如正人何？身不行道，不行於妻子，孔、孟諄諄戒之。爲人上者返躬修慝，汲汲爲先。果能無愧怍於臣子，又何患臣子之不忠孝也。

二十七年　　靈王二十六年

春，齊侯使慶封來聘。

《左傳》：齊慶封來聘，其車美。孟孫謂叔孫曰：慶季之車，不亦美乎？叔孫曰：豹聞之：服美不稱，必以惡終。美車何爲？叔孫與慶封食，不敬。爲賦《相鼠》，亦不知也。杜氏預曰：景公即位，通嗣君也。案：齊、魯相惡久矣，景公立，修好行聘，故書齊侯使，以美之。

夏，叔孫豹會晋趙武、楚屈建、蔡公孫歸生、衛石惡、陳孔奐、鄭良霄、許人、曹人于宋。

屈，居勿反。奐，《公》作瑗，後同。晋、楚始同主盟。

《左傳》：宋向戌善于趙文子，又善于令尹子木。欲弭諸侯之兵以爲名。如晋，告趙孟，晋人許之。如楚，楚亦許之。如齊，齊人難之。陳文子曰：晋、楚許之，我焉得已。且人曰弭兵，而我弗許，則固攜吾民矣。將焉用之？齊人許之。告于秦，秦亦許之。皆告于小國，爲會于宋。子木謂向戌：請晋、楚之從交相見也。庚午，向戌復于趙孟。趙孟曰：晋、楚、齊、秦，匹也。晋之不能於齊，猶楚之不能於秦也。楚君若能使秦君辱於敝邑，寡君敢不固請於齊。壬申，左師復于子木。子木使馹謁諸王。王曰：釋齊、秦，他國請相見也。秋七月戊寅，左師至。辛巳，盟于宋西門之外，楚人爭先，叔向告趙孟從之。案：罷兵息民，善舉也，然舉也，然與楚交睦而令諸侯交相見，則非也。周室雖衰，天下之共主，諸侯大夫果能以義輔其君，布德行政，翼戴天王，動必以禮，則修其方伯連帥之職，而攘外以安内，楚雖強，何畏也，乃苟與楚平以圖目前之安，向戌無遠識，而趙武、叔向等亦無能見及此者。書諸大夫會于宋，既慨大夫之專政，尤慨世變之大端也。

衛殺其大夫甯喜。

《左傳》：衛甯喜專，公患之。公孫免餘請殺之。公曰：微甯子不及此，吾與之言矣。事未可知，祇成惡名，止也。對曰：臣殺之，君勿與知。乃與公孫無地、公孫臣謀，使攻甯氏。弗克，皆死。公曰：臣也無罪，父子死余矣。夏，免餘復攻甯氏，殺甯喜及右宰穀，尸諸朝。家氏鉉翁曰：剽，簒君者也。他人可殺，而甯喜嘗事之以爲君，不得殺也。故書弒以正其罪。喜，弒君者也，他人可弒，而衛獻因之以入，不得殺也。故稱國以殺，不削其官。愚案：甯喜從父之亂命弒君以圖，蓋慫獻公餡，甯喜以專政而使之弒君納己。喜不知擅專之罪而寵利居功，獻公不思失言之咎而殺喜自固。父子君臣之間，昏昏如此，《春秋》所以作也。

衛侯之弟鱄出奔晋。

鱄，市戀反，又音專，《穀》作專。

《左傳》：子鮮曰：逐我者出，納我者死，賞罰無章，何以沮勸？君失其信，而國無刑，不亦難乎。且鱄實使之。遂出奔晋。公使止之，不可。及河，又使止之。止使者而盟於河，託於木門，不鄉衛國而坐。木門大夫勸之仕。不可。曰：仕而廢其事，罪也。從之，昭吾所以出也。將誰愬乎？吾不可以立於人之朝矣。終身不仕。公喪之，如稅服，終身。案：衛侯使告甯喜納己，喜必公子鱄一言爲信。鱄初不許衛侯，強使之，不得已與喜盟，不負之。今喜被殺，故出奔。鱄不思納舊君，必去新君，非弒逆，不可剽。已君矣而可弒乎？苟且從命，使喜犯大惡之罪，其不明甚矣。然衛衎負約殺喜，並負鱄，實不成其君道。《經》書衛侯之弟，其罪衛侯深矣。

秋七月辛巳，豹及諸侯之大夫盟于宋。

《左傳》：辛巳，將盟于宋西門之外。楚人衷甲伯州犂曰：合諸侯之師，以爲不信，毋乃不可乎？諸侯望信于楚，是以來服。若不信，是棄其所以服諸侯也。固請釋甲。叔向謂趙孟曰：諸侯歸晋之德只，非歸其尸盟也。子務德，無争先。乃先楚人。壬午，宋公兼享晋、楚之大夫，趙孟爲客。鄭伯享趙孟於垂隴，子展、伯有、子西、子産、子大叔、二子石從。趙孟曰：七子從君，以寵武也。請皆賦以卒君貺，武亦以觀七子之志。子展賦《草蟲》。趙孟曰：善哉，民之主也。抑武也不足以當之。伯有賦《鶉之賁賁》，趙孟曰：牀笫之言不踰閾，况在野乎？非使人之所得聞也。子西賦《黍苗》之四章，趙孟曰：寡君在，武何能焉？子産賦《隰桑》，趙孟曰：武請受其卒章。子大叔賦《野有蔓草》，趙孟曰：吾子之惠也。印段賦《蟋蟀》，趙孟曰：善哉，保家之主也。吾有望矣。公孫段賦《桑扈》，趙孟曰：匪交匪敖，福將焉往？若保是言也，欲辭福禄，得乎？卒享。文子告叔向曰：伯有將爲戮矣。詩以言志，志誣其上，而公怨之，以爲賓榮，其能久乎？幸而後亡。叔向曰：然。已侈。所謂不及五稔者，夫子之謂矣。文子曰：其餘皆數世之主也。子展其後亡者也，在上不忘降。印氏其次也，樂而不荒。樂以安民，不淫以使之，後亡，不亦可乎？前已書諸大夫會于宋矣，曷爲又書盟于宋？合晋、楚之成，使無相侵伐，近之矣。而使諸侯並事晋、楚，置周天子不問，於義可乎？大夫專政，向戌善于屈趙，二臣從而諸侯皆從，衷甲亦争先也，其不足戢楚之志可見。大夫主其事，既會又盟，何爲者哉？叔豹時稱知臣，亦無一言，故不書氏，亦惡之也。《公羊》以再言豹爲殆諸侯，以石惡爲人惡，穿鑿無禮。《穀梁》以諸侯不在而曰諸侯之大夫爲恭。《左氏》以叔孫不從季孫爲違命。劉氏敞皆非之。是也。至子罕謂兵，不可去一偏之見。又謂小國賴晋、楚共威而後慈和，尤爲妄説。

冬十有二月乙卯朔，日有食之。

《左傳》：十一月乙亥朔，日有食之。辰在申，司曆過也，再失閏矣。杜氏預曰：周十一月，今九月，斗當建戌而在申，故知再失閏也。文十一年三月甲子至今年七十一歲，應有二十六閏。今長曆推之，得二十四閏，通計少再閏也。愚案：春秋日月食多誤，聖人仍舊史，以天道重民，安民事天在乎德政，曆法偶失，非大義所關，故略之也。

二十八年　　靈王二十七年

春，無冰。

周之春子丑寅月，氣方寒，正冰時。而乃無冰，則爲災矣。且北五省冬寒較甚，冰其常，不冰爲異。

夏，衛石惡出奔晋。

《左傳》：衛人討甯氏之黨，故石惡出奔晋。衛人立其從子圃以守石氏之祀。案：惡之事無聞，不書大夫，其必有可逐者。《左氏》不詳其何以黨甯氏，亦疏。

邾子來朝。

《左氏》：邾悼公來朝，時事也。案：諸侯相朝，禮有定期。邾屢伐魯，魯愬於晋而執其君，取其田。今來朝，其怵於勢耶？書之如常辭，以相朝固禮耳。

秋八月，大雩。

《左傳》：秋八月大雩，旱也。高氏閌曰：春無冰，秋旱，故大雩以祈之。書以著其不務本而禳災耳。

仲孫羯如晋。

《左傳》：孟孝伯如晋，告將爲宋之盟，故如此也。

冬，齊慶封來奔。

《左傳》：齊慶封好田而耆酒，與慶舍政。以其内實遷於盧蒲嫳氏，易内而飲酒。數日，國遷朝焉。使諸亡人得之者，以告而反之。故反盧蒲癸。癸臣子之，有寵，妻之。癸言王何而反之，二人皆嬖，使執寢戈，而先後之。十一月乙亥，嘗於大公之廟，慶舍涖事。麻嬰爲尸，慶奊爲上獻。盧蒲癸、王何執寢戈。慶氏以其甲環公宫。陳氏、鮑氏之圉人爲優。慶氏之馬善驚，士皆釋甲束馬而飲酒，且觀優，至於魚里。欒、高、陳、鮑之徒介慶氏之甲。子尾抽桷擊扉三，盧蒲癸自後刺子之，王何以戈擊之，解其左肩。猶援廟桷，動於甍，以俎壺投，殺人而後死。遂殺慶繩、麻嬰。慶封歸，遇告亂者。丁亥，伐西門，弗克。還伐北門，克之。入，伐内宫，弗克。反，陳于嶽，請戰，弗許。遂來奔。既而齊人來讓，奔吴。吴句餘予之朱方，聚其族焉而居之，富於其舊。子服惠伯謂叔孫曰：天殆富淫人，慶封又富矣。穆子曰：善人富謂之賞。淫人富謂之殃。天其殃之也，其將聚而殲旃？案：崔杼弑君，慶封黨之。去年九月，崔杼子崔成、崔彊欲殺其宰東郭偃、棠无咎，告慶封。封許以相助，成、彊遂殺偃與无咎。崔杼怒而告慶封，封又許以討成與彊。使盧蒲嫳帥甲以攻崔氏，遂殺崔成、崔彊而滅崔氏。其妻縊，崔杼至則無歸矣，亦自縊。是慶封始則黨惡，繼則相殘，其罪不下於崔杼也。盧蒲癸、王何密謀誅慶氏，爲君報雠，似可録矣。然《經》不書者，癸與何乃嬖寵，且既事慶氏矣，而又殺之，是爲以亂易亂。聖人於崔杼之死不書，不與慶封以討賊也，於慶封來奔削其官，以明有罪。書來奔，著齊之失賊也。

十有一月，公如楚。

諸夏之君始旅見於楚。

《左傳》：爲宋之盟故，公及宋公、陳侯、鄭伯、許男如楚。公過鄭，鄭伯不在。伯有廷勞於黄崖，不敬。穆叔曰：伯有無戾於鄭，鄭必有大咎。敬，民之主也，而棄之，何以承守？鄭人不討，必受其辜。濟澤之阿，行潦之蘋藻，寘諸宗室，季蘭尸之，敬也。敬可棄乎？案：公如楚，盟宋之約也。楚僭王滑夏，聖人所惡。晋無如楚何，而使諸侯往朝。所谓主夏盟者何？書公如楚以該諸侯，且以慨當時中夏無人，本末倒置耳。

十有二月甲寅，天王崩。

《左傳》云：王人來告喪，問奔日，以甲寅告。告緩，故書之，以徵過。然當時諸侯奔王喪者希，王崩亦赴，循故事而已。聖人於赴崩必書，所以尊王右王。斤斤以赴緩計是非，迂淺矣。

乙未，楚子昭卒。

《左傳》：公如楚。及漢，楚康王卒。公欲反，叔仲昭伯曰：我楚國之爲，豈爲一人？行也。子服惠伯曰：君子有遠慮，小人從邇。饑寒之不恤，誰遑其後？不如姑歸也。叔孫穆子曰：叔仲子專之矣，子服子始學者也。榮成伯曰：遠圖者，忠也。公遂行。宋向戌曰：我一人之爲，非爲楚也。饑寒之不恤，誰能恤楚？姑歸而恤民，待其立君而爲之備。宋公遂反。甲寅天王崩，乙未楚子昭卒，相距四十二日，則閏月之驗也。吕氏本中曰：不書閏者，承前月而受其餘日，故書閏月之日繫前月之下，史策常體。杜預以十二月無乙未日，誤。孔穎達以爲甲寅乙未不得同月，皆不知閏月之日繫前月之下耳。

二十有九年　景王元年

春王正月，公在楚。

《左傳》：二十九年春，王正月，公在楚，釋不朝正於廟也。楚人使公親襚，公患之。穆叔曰：祓殯而襚，則布幣也。乃使巫以桃茢先祓殯。楚人弗禁，既而悔之。《公羊》：何言乎公在楚？正月以存君也。案：公踰年不在國，必書之。《公羊》謂存君，是也。《左氏》云譏不朝正，則非。公四年、十二年嘗如晋，皆踰年矣，何不書？而獨此書之。毛氏謂諸侯無親送葬之禮，公與陳侯、鄭伯、許男皆送葬於西門外，故書公在楚以著之。是也。

夏五月，公至自楚。

《左傳》：公還，及方城。季武子取卞，使公冶問，璽書追而與之，曰：聞守卞者將叛，臣帥師徒以討之，既得之矣，敢告。公冶致使而退。公謂公冶曰：吾可以入乎？對曰：君實有國，誰敢違君。公與公冶冕服。固辭。彊之而後受。公欲無入，榮成伯賦《式微》，乃歸。五月，公至自楚。公冶致其邑於季氏。而終不入焉。曰：欺其君，何必使余？季孫見之，則言季氏如他日。不見，則終不言季氏。及疾，聚其臣，曰：我死，必無以冕服斂，非德賞也。且無使季氏葬我。案：書公至，常也。而此則深慨公之弱焉，不能自强於治，役於大國，制於强臣，著之以爲不修德者戒焉。

庚午，衛侯衎卒。

閽殺吴子餘祭。

閽，音昏。祭，側界反。

《左傳》：吴人伐越，獲俘焉，以爲閽，使守舟。吴子餘祭觀舟，閽以刀弑之。案：閽爲越俘，本非閽也。吴子閽之，而使近己。閽讎弑之，則不得如《穀梁》之説謂寺人不得稱名姓，不得君其君。《經》書閽、書弑，固亦以爲臣矣。而不書名，蓋史失之。不然，書閽則明著其人，書弑則彰其惡逆，而又以閽故不名，非義所居也。

仲孫羯會晋荀盈、齊高止、宋華定、衛世叔儀、鄭公孫段、曹人、莒人、滕人、薛人、小邾人城杞。

儀，《公》作齊。莒人下《公》《穀》有邾人。

《左傳》：晋平公，杞出也，故治杞。六月，知悼子合諸侯之大夫以城杞。案：晋平公以母族故城杞，時杞微弱已甚，不能自城，而晋城之，亦恤小之禮。其諸侯大夫共城，則當時各國皆大夫專政。晋趙武頗良，城杞而各大夫助之。《經》書城杞，與城衛城邢一例，未嘗有貶詞也。乃前人譏之，以爲晋平私於母族，不問其事之可否，而以母族爲嫌，必薄待之始可，於理已乖。至子大叔謂晋不恤周宗而夏肄是屏，杞爲禹後，明德之遠，豈不當恤乎？周宗可恤，他國不可恤，無禮妄言，奚足爲訓。

晋侯使士鞅來聘。

《左傳》：范獻子來聘，拜城杞也。公享之，展莊叔執幣。射者三耦，公臣不足，取於家臣。家臣：展瑕、展玉父爲一耦。公臣：公巫召伯、仲顔莊叔爲一耦，鄫鼓父、黨叔爲一耦。高氏閌曰：謝城杞且使我歸杞田也。案：晋使來謝城杞，亦禮也。使歸杞田，亦正也。不得以其私而並廢公理。

杞子來盟。

《左傳》：晋侯使司馬女叔侯來治杞田，弗盡歸也。晋悼夫人愠曰：齊也取貨，先君若有知也，不尚取之。公告叔侯，叔侯曰：虞、虢、焦、滑、霍、揚、韓、魏，皆姬姓也，晋是以大。若非侵小，將何所取？武、獻以下，兼國多矣，誰得治之？杞，夏餘也，而即東夷。魯，周公之後也，而睦於晋。以杞封魯猶可，而何有焉？魯之於晋也，職貢不乏，玩好時至，公卿大夫相繼於朝，史不絶書，府無虚月。如是可矣。何必瘠魯以肥杞？且先君而有知也，毋寧夫人，而焉用老臣？杞文公來盟。書曰：子。賤之也。案：魯侵杞田，晋使歸之，禮也。豈得以晋私母族而非之？女叔妄言不足據。杞子來謝而盟，亦禮之常。杞書子，蓋時王黜之。《左氏》謂夫子賤之，豈有此理。

吴子使札來聘。

吴始聘。吴始君臣並見。

《左傳》：吴公子札來聘，見叔孫穆子，説之。謂穆子曰：子其不得死乎？好善而不能擇人。吾聞：君子務在擇人。吾子爲魯宗卿，而任其大政，不慎舉，何以堪之？禍必及子。請觀於周樂。使工爲之歌《周南》《召南》，曰：美哉，始基之矣，猶未也。然勤而不怨矣。爲之歌《邶》《鄘》《衛》，曰：美哉，淵乎。憂而不困者也。吾聞衛康叔、武公之德如是，是其《衛風》乎？爲之歌《王》，曰：美哉。思而不懼，其周之東乎？爲之歌《齊》，曰：美哉，泱泱乎，大風也哉。表東海者，其大公乎。國未可量也。爲之歌《豳》，曰：美哉，蕩乎。樂而不淫，其周公之東乎？爲之歌《秦》曰：此之謂夏聲。夫能夏則大，大之至也，其周之舊乎？爲之歌《魏》，曰：美哉，渢渢乎。大而婉，險而易行，以德輔此，則明主也。爲之歌《唐》，曰：思深哉。其有陶唐氏之遺民乎？不然，何憂之遠也。非令德之後，誰能若是？爲之歌《陳》，曰：國無主，其能久乎？自《鄶》以下無譏焉。爲之歌《小雅》，曰：美哉。思而不貳，怨而不言，其周德之衰乎？猶有先王之遺民焉。爲之歌《大雅》，曰：廣哉，熙熙乎。曲而有直體，其文王之德乎？爲之歌《頌》，曰：至矣哉。直而不倨，曲而不屈，邇而不偪，遠而不攜，遷而不淫，復而不厭，哀而不愁，樂而不荒，用而不匱，廣而不宣，施而不費，取而不貪，處而不底，行而不流，五聲和，八風平，節有度，守有序，盛德之所同也。見舞《象箾》《南籥》者，曰：美哉。猶有憾。見舞《大武》者，曰：美哉。周之盛也，其若此乎？見舞《韶濩》者，曰：聖人之弘也，而猶有慙德，聖人之難也。見舞《大夏》者，曰：美哉。勤而不德，非禹其誰能修之？見舞《韶箾》者，曰：德至矣哉。大矣，如天之無不幬也，如地之無不載也，雖甚盛德，其蔑以加於此矣。觀止矣。若有他樂，吾不敢請已。其出聘也，通嗣君也。故遂聘于齊，説晏平仲，謂之曰：子速納邑與政。無邑無政，乃免於難。齊國之政，將有所歸，未獲所歸，難未歇也。故晏子因陳桓子以納政與邑，是以免于欒、高之難。聘于鄭，見子産，如舊相識，與之縞帶，子産獻紵衣焉。謂子産曰：鄭之執政侈，難將至矣。政必及子。子爲政，慎之以禮。不然，鄭國將敗。適衛，説蘧瑗、史狗、史鰌、公子荆、公叔發、公子朝，曰：衛多君子，未有患也。自衛如晋，將宿于戚。聞鐘聲焉，曰：異哉。吾聞之也：辯而不德，必加於戮。夫子獲罪于君以在此，懼猶不足，而又何樂？夫子之在此也，猶燕之巢於幕上。君又在殯，而可以樂乎？遂去之。文子聞之，終身不聽琴瑟。適晋，説趙文子、韓宣子、魏獻子，曰：晋國其萃於三族乎。説叔向，將行，謂叔向曰：吾子勉之。君侈而多良，大夫皆富，政將在家。吾子好直，必思自免於難。案：杜元凱、孔仲達皆謂餘祭嗣立，未通中國，至是始遣札來聘，通嗣君。札以餘祭未死之前使，六月至魯，《經》追書餘祭被弑於札聘之上，是也。聘問，修好邦交之禮，吴能擇人而修聘禮，故書子、書使聘以與之。不書公子者，吴僭王，法所當黜，故從其實而書吴子。書其君使，美君也。札不言公子，從其君而書名，明其爲吴子之弟。札之賢，天下共知，不必以書公子而彰也。有謂不書公子，夫子因其辭國生亂而貶之。季氏本曰：札辭國在聘魯二十九年之後，而貶之於二十九年之前，無乃加非其罪乎？然札之讓國，實無可議者。何則？吴諸樊欲立季札，蓋慕泰伯之事而彷之，然非禮也。僚與光皆殘暴之徒，其讓季子也，蓋知季子必不受而佯讓之。季子固不屑於富貴者，又知雖讓必不相安，故辭之耳。其後逃之延陵，則不義光之所爲，而遠害全身，義固當然。若僚、光誠有泰伯之心，而札必不徒爲孤高之舉。抑或有可討賊之權，而徒慕遜讓之迹，亦非中正，尚何賢之與有？

秋九月，葬衛獻公。

齊高止出奔北燕。

北燕始見《經》。

《左傳》：秋九月，齊公孫蠆、公孫竈放其大夫高止於北燕。乙未，出。書曰奔，罪高止也。高止好以事自爲功，且專，故難及之，范氏甯曰：南燕姞姓，在鄭、衛之間。北燕姬姓，在晋之北。案：高止誠有罪，而放之則當矣。何以《經》書出奔？蓋是時子雅、子尾當國，惡高止而放之。放非其罪，故以自出奔爲文。不書大夫，高止亦有自取之罪也。《左氏》誤。

冬，仲孫羯如晋。

《左傳》：冬，孟孝伯如晋，報范叔也。

附　解

季札来聘，《左氏》以爲通嗣君。而吴子被弑在未使之前，故從杜氏、孔氏之説爲是。《公》《穀》以書札來聘，爲賢季子，然《經》書吴子使歸，美其君，非專爲季子書也。人臣即賢，亦必讓善於君。奉君命而使，乃因臣之賢而書，聖人若是之私陋乎？此等議論，似是而非，最宜詳辨。季子之賢，不僅在讓國，夫子未嘗以是稱之也。《公》《穀》知讓國之美，而不知讓亦有是非。諸樊慕泰伯事讓季子，欲興吴國，此妄想也。父死子繼，周王之制。諸樊當立而讓，已爲非義。况懷私妄，如何可受？故季子堅辭。至諸樊卒，而諸弟次及踵壽夢之妄，紊世及之常，不特非禮，亦必長亂。季氏之不受，更宜然矣。夫子稱季子曰吴之習於禮者，於其卒也題其墓，未聞他有所云。而季子之賢，則即觀樂一節可知。流水高山，今古傳爲佳話。聖王樂舞，入聞見而洞悉精微。非有神明之德，安能及此？又有議其讓國生亂者，愚於正解已詳，不再贅。

三十年　景王二年

春王正月，楚子使薳罷來聘。

薳，于委反。罷音皮。《公》作頗，後同。

《左傳》：三十年春王正月，楚子使薳罷來聘，通嗣君也。穆叔問：王子之爲政如何？對曰：吾儕小人，食而聽事，猶懼不給命而不免於戾，焉與知政？固問焉，不告。穆叔告大夫曰：楚令尹將有大事，子蕩將與焉，助之匿其情矣。高氏閌曰：公踰年在楚，楚郟敖新即位，故使薳罷以報之。自文公九年至此歷七十餘年，未嘗交聘。今薳罷來，蓋爲恭也。自是吴楚皆不復來聘矣。案：公朝楚而楚使報聘，亦已倨矣。然聘好聖人所貴，故節取之而君臣並書。

夏四月，蔡世子般弑其君固。

般，音班。

《左傳》：蔡景侯爲大子般娶於楚，通焉。大子弑景侯。案：書君書世子，見其有父之親，有君之尊。弑之者惡大，而爲子所弑，則其爲君父可知矣。亦豈得猶稱君父哉？聖人固未嘗不深戒君父也。

五月甲午，宋災，宋伯姬卒。

《公》《穀》伯姬上無宋字。

《左傳》：或叫於宋大廟，曰：譆譆，出出。鳥鳴於亳社，如曰：譆譆。甲午，宋大災。宋伯姬卒，待姆也。《穀梁》：取卒之日加之災上者，見以災卒也。其見以災卒奈何？伯姬之舍失火，左右曰：夫人少辟火乎？伯姬曰：婦人之義，傅母不在，宵不下堂。左右又曰：夫人少辟火乎？伯姬曰：婦人之義，保母不在，宵不下堂。遂逮乎火而死。婦人以貞爲行者也，伯姬之婦道盡矣。詳其事，賢伯姬也。案：婦人以貞爲貴，貞必守禮。患難而越禮者衆矣。伯姬年老，可以不待姆而以宵分之故，必待姆而後衣履周。火急不能避遂卒。禮莫重於廉耻，危難不逾，雖老不懈。所以詳書卒葬，爲凡婦女勸。

天王殺其弟佞夫。

《公》作年夫。

《左傳》：初，王儋季卒，其子括將見王，而歎。單公子愆期爲靈王御士，過諸廷，聞其歎而言曰：烏乎。必有此夫。入以告王，且曰：必殺之。不慼而願大，視躁而足高，心在他矣。不殺，必害。王曰：童子何知？及靈王崩，儋括欲立王子佞夫，佞夫弗知。儋括圍蔿，逐成愆。成愆奔平畤。五月癸巳，尹言多、劉毅、單蔑、甘過、鞏成殺佞夫。括、瑕、廖奔晋。書曰：天王殺其弟佞夫。罪在王也。案：儋括作亂，欲立佞夫，而佞夫不知，則括之意特藉佞夫爲名，實欲自取之耳。其過朝而歎曰必有此夫，其心可見。王不究本末，殺括而並及佞夫，則殺無罪之弟，其忍甚矣。故書天王殺其弟，以罪之。

王子瑕奔晋。

范氏甯曰：不言出周，無外。案：瑕與括、廖同奔，而獨書瑕，蓋瑕無罪，因佞夫之死，畏而出奔也。故書於殺佞夫之下以累王。

秋七月，叔弓如宋，葬宋共姬。

國君之喪，大夫弔，卿葬。夫人之喪，士弔，大夫葬。魯以卿會葬共姬，葢賢之而優其禮。詳書，賢共姬也。伯姬，宋共公夫人，故從夫謚。《公羊》以爲賢而謚曰共，誤。

鄭良霄出奔許，入于鄭，鄭人殺良霄。

《左傳》：鄭伯有耆酒，爲窟室，而夜飲酒，擊鐘焉，朝至未已。朝者曰：公焉在？其人曰：吾公在壑谷。皆自朝布路而罷。既而朝，則又將使子晳如楚，歸而飲酒。庚子，子晳以駟氏之甲伐而焚之。伯有奔雍梁，醒而後知之，遂奔許。子産斂伯有氏之死者而殯之，不及謀而遂行。印段從之。子皮止之。壬寅，子産入。癸卯，子石入。皆受盟於子晳氏。乙巳，鄭伯及其大夫盟于大宫。盟國人於師之梁之外。伯有聞鄭人之盟己也怒，聞子皮之甲不與攻己也喜，曰：子皮與我矣。癸丑，晨，自墓門之瀆入，因馬師頡介於襄庫，以伐舊北門。駟帶率國人以伐之。伯有死於羊肆。於子蟜之卒也，將葬，公孫揮與裨竈晨會事焉。過伯有氏，其門上生莠。子羽曰：其莠猶在乎？於是歲在降婁，降婁中而旦。裨竈指之曰：猶可以終歲，歲不及此次也已。及其亡也，歲在娵訾之口。其明年，乃及降婁。案：良霄汰侈而悖亂，書奔許、自許入鄭，則其肆行可見。故稱國人以殺，而去其官。

冬十月，葬蔡景公。

胡傳謂：春秋君弑而賊不討，則不書葬。獨書蔡景公者，刺天下諸侯不討賊，不會葬。然實不盡然也。景弑而般立，則葬之者，般也。弑之者，忿也。葬之者，良心也。弑逆而晏然爲君，其必君父有大乖天理，天始緩其臣子之誅罰也。書葬蔡景公如常詞，此義存焉。欲君父無失其綱，亦不得已之意耳。

晋人、齊人、宋人、衞人、鄭人、曹人、莒人、邾人、滕人、薛人、杞人、小邾人會于澶淵，宋災故。

《左傳》：爲宋災故，諸侯之大夫會，以謀歸宋財。冬十月，叔孫豹會晋趙武、齊公孫蠆、宋向戌、衞北宫佗、鄭罕虎及小邾之大夫，會于澶淵。既而無歸于宋。書曰某人會于澶淵。宋災故，尤之也。不書魯大夫，諱之也。案：救災恤鄰，義也。但火災小事，各以其力助之而可，不必召諸國謀之。會謀歸財已非，既而無歸尤非。書曰宋災故，譏之也。不書叔孫豹，諱之，實罪而削之也。

附　解

五倫以三綱爲重。君、父、夫，乾道也；臣、子、妻，坤道也。而《周易》於乾之六爻，惟以乾道變化言之，不言及人倫取象之義。以天至尊，非可妄以人擬也。惟坤則詳柔順之理，而於六二臣位、六五君位又分析言之。

六二曰：直方大，不習無不利。夫子曰：六二之動，直以方也。不習無不利，地道光也。坤本静也，而承天時行，未嘗不動。但其動也，以直方之體行自然之功用，不待習而無不利。則地固有其本體，不因天而變。特天道無不貞，而地亦以貞承之耳。繼之曰：臣道也，子道也，妻道也。地道無成，而代有終。言臣子妻道亦然。如地不居成功，而實代天成物。六五曰：黄裳元吉。象曰：文在中也。夫子曰：君子黄中通理，正位居體，美在其中，而暢於四支，發於事業，美之至也。君位故稱爲君子，爲君子者，神明其德，恭己南面。如坤元内含章美，生生萬物於無窮，其見於四支者，則晬面盎背，施於事業者，則巍乎焕乎。達而爲君相，其象如是，窮而爲布衣，其志事亦無損也。然則君父夫雖擬以乾綱，豈不當敬順以蓄德哉？蓄德之義奈何？曰一言一行，一動一静，惟恐不足爲臣子妻法也。一念之動思，帝天臨之，恐其不謹於人禽之界也。從古聖人無不慎獨修身，以求無過，未嘗期臣子之效順。而忠孝貞節，自然應之。其身正，不令而行也。若侈然自負，毫無蓄德，已大愧其綱。如蔡景公者，更非人類矣。子産曰：如是者恒有子禍。蓋以天理信之。人理即天理，外天理即非人，而况主綱常者乎？天安能恕之？聖人勉臣子妻以忠孝貞，而亦望在上者之持其綱。不然人道裂而敗類多，豈行專咎在下之人哉？宋共姬年已衰老，而拘守待姆之禮殞身。以嫂溺尾生事相衡，大非時中之道，聖人何取焉？解者未分明耳。火發中夜，倉皇擾攘，衣履諸物，必有不及備者。婦人之姆，少則傅教，老則追隨。待姆者，待姆而後衣履可備，非結束已全，呆立待姆也。因姆不即至，火已逼人，遂至殞生。豈拘小禮而亡身命，夫子乃以爲賢哉？摟處子而求妻，不可也。必親迎而後得妻，亦何必盡然。孟子言舍生取義，謂忠孝節義之大非，謂匹夫匹婦小諒。伯姬年老，若衣履周而不避火，必待姆至，則爲大失輕重之義。惟其原非必死，只因夜中倉猝，即衣履不周。他人或不遑計矣，而姬不肯失禮，必待姆將衣履至。而不即來，火忽見逼。故不幸遇災，所以爲難耳。三傳但言待姆，而不知所以必待姆之故，則必於經義不明。世有迂拘之士，以伯姬待姆爲師，執禮而不達權，小則誤己，大則誤家國，不可不辨。吾鄉中夜失火，男女或裹體而奔，以此思伯姬，則知待姆之賢，非謂其硜硜守小節。夫子憫其無辜遇災，亦必其平日之賢夫子已知。而即此一事，昏夜不忘廉耻，故書之以勸，使天下婦女知廉耻重於生死也。死亡迫身，不肯喪其廉耻，故賢焉。兒子松文請曰：然則三傳何不云待衣？曰：衣不一端。昏夜雖倉卒，未必隨身衣服皆無，但猶有要者不備。婦人不同男子，衣固有必不可無者。命姆取之，姆不即至，所以遇災。則云待姆爲是，不但文字較雅也。

三十有一年　　景王三年

春王正月。

夏六月辛巳，公薨于楚宫。

《左傳》：公作楚宫。穆叔曰：《大誓》云：民之所欲，天必從之。君欲楚也夫。故作其宫。若不復適楚，必死是宫也。六月辛巳，公薨於楚宫。君薨必書其地，重之也。前人必以路寢爲正，愚前已辨之。

秋九月癸巳，子野卒。

《左傳》：立胡女敬歸之子子野，次于季氏。秋九月癸巳，卒，毁也。立敬歸之娣齊歸之子公子裯，穆叔不欲，曰：大子死，有母弟則立之，無則立長。年鈞擇賢，義鈞則卜，古之道也。非適嗣，何必娣之子？且是人也，居喪而不哀，在慼而有嘉容，是謂不度。不度之人，鮮不爲患。若果立之，必爲季氏憂。武子不聽，卒立之。比及葬，三易衰，衰衽如故衰。於是昭公十九年矣，猶有童心，君子是以知其不能終也。案：毁不滅性，禮也。子野毁而卒，反爲不孝。湛氏若水曰：春秋之時，臣弑其君，子弑其父，視野之傷，孝何如哉？聖人書之，其感深矣。可謂原情之論矣。

己亥，仲孫羯卒。

羯，居謁反。

《左傳》：己亥，孟孝伯卒。汪氏克寬曰：子貜嗣爲大夫，是爲僖子。

冬十月，滕子來會葬。

諸侯始親來會葬。

《左傳》：冬十月，滕成公來會葬，惰而多涕。子服惠伯曰：滕君將死矣。怠於其位，而哀已甚，兆於死所矣。能無從乎？許氏翰曰：先王之制，諸侯之喪士弔，大夫送葬。滕子會葬，非禮也。家氏鉉翁曰：魯君未嘗會天王之葬，而滕君來會葬。滕之來，魯之受，皆貶也。

癸酉，葬我君襄公。

十有一月，莒人弑其君密州。

《左傳》：莒犂比公生去疾及展輿，既立展輿，又廢之。犂比公虐，國人患之。十一月，展輿因國人以攻莒子，弑之，乃立。去疾奔齊。書曰莒人弑其君買朱鉏，言罪之在也。案：據《左氏》，則展輿實弑君，而以爲不書展輿，罪在國人。左氏之謬甚矣。杜預釋《傳》，以爲罪在鉏，更謬。夫君至不道，如陳靈、蔡景，不能赦其弑者之罪也，況莒子乎？《左氏》記載多不實，愚已於各事正之。若此採之傳聞，不顧經義，尤不可信。而胡安國曲從之，以爲以攻以字是之字之誤，非也。毛大可駁胡氏，而竟謂左氏可信，亦非。此事《公》《穀》無傳，莒子見弑之故不可知。經書莒人，則莒之臣民苦其虐而弑之。史失其人，夫子因之，罪莒臣民耳。

附解

據《左氏》所載，叔孫穆叔在魯亦良臣，而其實乖謬甚多。《春秋》於宋之盟書豹及諸侯大夫盟於澶淵，不書豹會諸侯，皆不足之之意。其後卒以用豎牛作亂餓死，豈得爲賢大夫哉。如本年論公作楚宫，昭公不能終，《左氏》記之以爲皆驗，大非也。楚南服而魯東山，宫室起居不同者多。公在楚樂其宫室之制而彷爲之，間居自適，非朝宁所在。典禮所關，妄爲改易者比此，亦何傷於義，而遂知其必死是耶？衛文公作楚宫，古人不聞非之，魯君何以不可作？楚宫公常居其中，偶然薨於此，夫子書之，所以重人君始終，常也。非謂作楚宫之非，而遂據以爲穆叔言中乎？昭公如不當立，豹身爲大臣，即當明告季氏，何以但私言之？既云年鈞擇賢，斯時魯尚別有賢公子乎？曷不告季氏而立之。《左氏》云公三易衰及童心等事，特少年紈絝之習，亦不爲大惡。穆叔宗臣上卿，儘可從容勸諫，令其改行。且公習儀以亟，亦不過如世俗所云好體面人，正可因此引之於禮。豹不能盡忠輔導，盡職匡襄，徒私斥君上，義安居哉？《左氏》於占卜言議，往往書其後驗，然合於義理者甚寡，讀者毋爲所惑。

春秋恒解卷七晚年定本

昭　公

孔氏穎達曰：《魯世家》：昭公名稠，襄公之子，齊歸所生。以周景王四年即位。《謚法》：威儀共明曰昭。

元　年　景王四年　庚申

春王正月，公即位。

《穀梁》：繼正即位，正也。案：《左傳》穆叔云不必立公，而不言當立者何人。然《經》大書公即位，則公非不當立矣。左氏及叔孫之妄可知。家氏鉉翁因《左傳》而曲爲之説，言書以正季氏之罪，不信《經》而信《傳》，大非。

叔孫豹會晉趙武、楚公子圍、齊國弱、宋向戌、衛齊惡、陳公子招、蔡公孫歸生、鄭罕虎、許人、曹人于虢。

國弱，《公》作國酌。齊惡，《公》作石惡。罕虎，《公》作軒虎。虢，《公》作漷，《穀》作郭。虢，杜注：鄭地。案：東虢君爲鄭所滅，故爲鄭地。

《左傳》：春，楚公子圍聘于鄭，且娶于公孫段氏，將以衆逆。子産患之，使子羽辭。伍舉知其有備也，請垂槖而入。許之。正月乙未，入，逆而出，遂會于虢，尋宋之盟也。楚令尹請用牲，讀舊書，加于牲上。晉人許之。三月甲辰，盟。案：《左傳》云：尋宋之盟，何事而尋盟耶？宋之盟，約諸侯交相見。今楚圍專政娶於鄭段氏，就便會諸侯，非有他故也。楚争先而《經》書先，晉不許楚先中國。陳招稱公子，即無異於稱弟。《公羊》以爲貶。范寧謂石惡、宋戌與君同名，《經》不便正之，皆支離之説。

三月，取鄆。

鄆，《公》作運。

《左傳》：季武子伐莒，取鄆，莒人告于會。楚告于晉曰：尋盟未退，而魯伐莒，瀆齊盟，請戮其使。樂桓子求貨于叔孫，請帶焉。叔孫裂裳帛而與之，曰：帶其褊矣。趙孟聞之，請諸楚曰：魯雖有罪，其執事不辟難，畏威而敬命矣。子若免之，以勸左右可也。莒、魯爭鄆，爲日久矣，苟無大害於其社稷，可無亢也。楚人許之，乃免叔孫。案：毛西河謂：會號無莒，正月會三月取鄆，以《左氏》告于會晉，求楚免叔孫爲誣。然莒告于會，非在會而告。三月甲辰盟，三月取鄆，四月趙孟等尚入鄭享禮，何得爲誣？毛氏譏胡氏不讀《經》，而已先不能讀傳，殊爲易言矣。《經》不書伐而惟書取鄆，乘莒亂而取之，易辭也，而取非有之罪亦章矣。此季氏所爲，而不書季孫宿者，罪公也。公初立而即縱權臣擅取人邑，失政有由然矣。

夏，秦伯之弟鍼出奔晉。

鍼，其廉反。

《左傳》：秦后子有寵於桓，如二君於景。其母曰：弗去，懼選。癸卯，鍼適晉，其車千乘。書曰：秦伯之弟鍼出奔晉。罪秦伯也。后子享晉侯，造舟於河，十里舍車，自雍及絳。歸取酬幣，終事八反。司馬侯問焉，曰：子之車，盡于此而已乎？對曰：此之謂多矣。若能少此，吾何以得見？女叔齊以告公，且曰：秦公子必歸。臣聞君子能知其過，必有令圖。令圖，天所贊也。案：書弟，三傳皆以爲罪秦伯，當矣。而家氏鉉翁以爲鍼汰侈，亦以貶鍼。夫兄之於弟，親之欲其貴，愛之欲其富。鍼如汰侈，自可戒飭之，何至使其遂出奔？則必秦伯有不能容之者矣。卑幼原當敬長，而長者豈可虐弟？觀舜之於象，則爲兄之道自明。聖人固不偏執一理，以紊綱常之正也。

六月丁巳，邾子華卒。

晉荀吴帥師敗狄大鹵。

鹵，音魯，《公》《穀》作大原。杜注：大原，晉陽縣。

《左傳》：晉中行穆子敗無終及群狄于大原，崇卒也。將戰，魏舒曰：彼徒我車，所遇又阨，以什共車必克。困諸阨，又克。請皆卒，自我始。乃毁車以爲行，五乘爲三伍。荀吴之嬖人不肯即卒，斬以徇。爲五陳以相離，兩于前，伍于後，專爲右角，參爲左角，偏爲前拒，以誘之。狄人笑之。未陳而薄之，大敗之。案：不言狄伐晉而言帥師敗狄，甚晉也。是時楚長中國，晉不務修其德，而恃衆以敗狄，爲自保疆之計，則得矣。然無德以綏遠，而恃勢争勝，非聖人所喜。故書帥師敗狄，以見其失輕重之宜。

秋，莒去疾自齊入于莒。

去，起吕反。

《左傳》：莒展輿立，而奪群公子秩。公子召去疾于齊。秋，齊公子鉏納去疾，展輿奔吴。案：《左氏》云展輿太子，而其立也《經》不書。去疾入于莒則書之。書展輿出奔，亦不絶之于莒，與書子糾小白同。則二人之可立，鈞也。國人召去疾而逐展輿，則前此立展輿亦國人可見。即傳所言其事略明，而弑莒子之人卒不可知也。亦闕疑而已。

莒展輿出奔吴。

叔弓帥師疆鄆田。

《左傳》：叔弓帥師疆鄆田，因莒亂也。於是莒務婁、瞀胡及公子滅明以大厖與常儀靡奔齊。案：取之非義，又乘亂而疆之，非義昭然矣。故書帥師，以著其恃勢乘危之罪。據《左氏》務婁等奔齊，弑君者其在此中人乎？

葬邾悼公。

邾未嘗書葬而書，豈悼公賢歟？不可考矣。或云邾魯通好，魯漸微弱，往會葬故書。亦通。

冬十有一月己酉，楚子麇卒。

麇，九倫反。《公》《穀》作卷，音權。

《左傳》：楚公子圍將聘于鄭，未出竟，聞王有疾而還。伍舉遂聘。十一月己酉，公子圍至，入問王疾，縊而弑之。遂殺其二子幕及平夏。葬王於郟，謂之郟敖。案：《左氏》圍入問疾而縊弑之，則必屏左右，祕其迹，以疾終赴于諸侯。史不書，無從核實，故《經》亦仍之。弑逆大惡，不得其實，安可輕以加人哉？《左氏》蓋得之傳聞。後當夫子作《春秋》時，舊史蓋未有矣。或曰會于申，慶封已言之，夫子何以不知？曰：慶封之言，亦左氏既而聞之，追述之耳。

楚公子比出奔晋。

公子圍弑君，祕之之甚，聖人無從廉得其實也。然觀子干、子皙等之奔，則其迹頗彰。故書公子比之出奔以存疑，令後人徐考其事而實之。慎也。意未嘗遂寬圍也，而《左氏》猶傳述其事，圍罪以彰。此《經》之所以有賴於《傳》者也。

二　年　　景王五年　辛酉

春，晋侯使韓起來聘。

《左傳》：二年春，晋侯使韓宣子來聘。觀書於大史氏，見易象與《魯春秋》，曰：周禮盡在魯矣。吾乃今知周公之德，與周之所以王也。遂如齊。自齊聘于衞。諸侯聘好，禮也。公即位而韓起來聘，晋親魯也。而《左氏》謂爲政而來見。非大夫無爲政見，諸侯之禮。起云周禮在魯之故，義詳附解。

夏，叔弓如晋。

《左傳》：叔弓聘於晋，報宣子也。晋侯使郊勞。辭曰：寡君使弓來繼舊好，固曰：女無敢爲賓。徹命於執事，敝邑弘矣。敢辱郊使？請辭。致館。辭曰：寡君命下臣來繼舊好，好合使臣，臣之禄也。敢辱大館？叔向曰：子叔子知禮哉。吾聞之曰：忠信，禮之器也。卑讓，禮之宗也。辭不忘國，忠信也。先國後己，卑讓也。《詩》

曰：敬慎威儀，以近有德。夫子近德矣。晉因公即位使上卿來聘，魯即使報聘，禮也。起與弓皆知禮稱使，春秋聘問，二國交善，無逾此者。故連書以美之。

秋，鄭殺其大夫公孫黑。

《左傳》：秋，鄭公孫黑將作亂，欲去游氏而代其位，傷疾作而不果。駟氏與諸大夫欲殺之。子産聞之，懼弗及，乘遽而至。使吏數之，曰：伯有之亂，以大國之事，而未爾討也。爾有亂心，無厭，國不女堪。專伐伯有，而罪一也。昆弟爭室，而罪二也。薰隧之盟，女矯君位，而罪三也。有死罪三，何以堪之？不速死，大刑將至。再拜稽首，辭曰：死在朝夕，無助天爲虐。子産曰：人誰不死？凶人不終，命也。作凶事，爲凶人。不助天，其助凶人乎？請以印爲褚師。子産曰：印也若才，君將任之。不才，將朝夕從女。女罪之不恤，而又何請焉？不速死，司寇將至。七月壬寅，縊。尸諸周氏之衢，加木焉。案：黑有罪，殺之宜矣，而不去其官者，鄭伯無以正其君道，不誅之於專殺爭室之日，而殺之於寢疾之時。是時私家強盛，子産欲借黑以立威，故乘其疾而殺之。然不早正刑章，因其疾而後殺，權變之爲，非中正之則也。故稱國以殺，著其有罪，而不去其官。

冬，公如晉，至河乃復。季孫宿如晉。

《左傳》：晉少姜卒。公如晉，及河。晉侯使士文伯來辭，曰：非伉儷也。請君無辱。公還，季孫宿遂致服焉。按：惟天子喪諸侯親至。諸侯但遣使往，夫人亦然。少姜即夫人，亦不必親弔也。公感晉侯以上卿來賀即位，故自往，所謂恭而無禮也。幸晉止之而不果。夫子詳書其事，美晉之知禮，喜公之改過，而季孫之往爲大得也。前人妄説皆非。

附　解

韓起見易象、《春秋》，知周禮在魯。數千年稱述之，而其實罕有人知也。兒子松文、椅文問曰：起所見之《春秋》，魯史耳，未經夫子刪定，未必可見周禮。太史掌三易。則易象亦不止《周易》，亦何以見周禮？愚曰：此讀書囫圇者之過，非左氏誤記也。《傳》云起觀書於大史氏，則所見非止易象、《春秋》矣。古時書籍，方策爲之，最難遍及。其要者皆藏於王府，内史不過達書名於四方，不能皆給以書。周公制作，兼群聖而折衷，盡善其事，雖已布於天下，而其義其書掌於太史，人不能皆見也。周公卒而成王念公勳勞，既優其祀典，又使魯存公之書，志六代禮樂與王府等，蓋列國之所無。韓起所以觀太史之書而始知也。然《左氏》不止言書，又言易象、《春秋》者，《易》雖有三，文王爲後天八卦方位，又更其序，始乾坤而不從夏商，爲之彖詞。周公爲爻詞，是發前聖所未發者。易，象也。魯備六代禮樂，史臣之見聞所以比他國爲優。記事援据舊典，不同他人妄語，故起歎美之。然則周禮盡在魯之言，合太史所存之書，而言周之德與周之所以王，乃兼易象、《春秋》而言。文王造周，周公成文、武聖德神功，即此而見，故曰周禮在魯，又知周公之德與周之所以王耳。前人善其言而不得其所以，故成恍惚。若夫今易象、《春秋》，經夫子傳以《十翼》，加以筆削，則神明變化之理即存於日用倫常之間，不特可見周禮也。蓋天地之心、萬物之命、人事之則，莫不函焉，然而知之者誰？

三　年　景王六年　壬戌

春王正月。

丁未，滕子原卒。

《左傳》：丁未，滕子原卒。同盟，故書名。

夏，叔弓如滕。五月，葬滕成公。

滕始書葬。

《左傳》：五月，叔弓如滕，葬滕成公。案：魯與滕同姓相睦，入春秋以來無争奪之事，卒而赴，使會葬，此邦交之最善者。夫子雖書之如常詞，實喜之也。

秋，小邾子來朝。

《左傳》：小邾穆公來朝。季武子欲卑之，穆叔曰：不可。曹、滕、二邾，實不忘我好。敬以逆之，猶懼其貳。又卑一睦，焉逆群好也？其如舊而加敬焉。《志》曰：能敬無災。又曰：敬逆來者，天所福也。季孫從之。

八月，大雩。

《左傳》：八月，大雩，旱也。

冬，大雨雹。

周之冬，八、九、十月，旱又雨雹，陰陽不和，害稼故書。

北燕伯款出奔齊。

《左傳》：燕簡公多嬖寵，欲去諸大夫而立其寵人。冬，燕大夫比以殺公之外嬖。公懼，奔齊。案：燕大夫威脅其君而出之，厥罪大矣。然《經》不書燕大夫擅殺，而惟書燕伯出奔。燕君多内寵，則狎昵小人至矣。又欲去諸大夫，群臣不順，殺其寵人，懼而自出。惟既不自正，故無以正人。書之爲在上者鑒。綱常自上而立，聖人固不容亂賊，亦豈不欲人正綱常以杜其漸哉？

四　年　景王七年　癸亥

春王正月，大雨雹。

雹，《公》《穀》作雪。

《左傳》：大雨雹。季武子問於申豐曰：雹可禦乎？對曰：聖人在上，無雹。雖有，不爲災。古者，日在北陸而藏冰。西陸，朝覿而出之。其藏冰也，深山窮谷，固陰沍寒，於是乎取之。其出之也，朝之祿位，賓食喪祭，於是乎用之。其藏之也，黑牡、秬黍，以享司寒。其出之也，桃弧、棘矢，以除其災。其出入也時，食肉之祿，冰皆與焉。大夫命婦喪浴用冰。祭寒而藏之，獻羔而啟之，公始用之。火出而畢賦。自命夫、命婦，至於老疾，無不受冰。山人取之，縣人傳之，輿人納之，隸人藏之，夫冰以風壯，而以風出。其藏之也周，其用之也徧，則冬無愆陽，夏無伏陰，春無淒風，秋無苦雨，雷出不震，無菑霜雹，癘疾不降，民不夭札。今藏川池之冰，棄而不用。風不越而殺，雷不發而震。雹之爲災，誰能禦之？《七月》之卒章，藏冰之道也。案：周正夏十一月，宜雪而雨雹，則爲陰不斂陽，元氣之藏不固，亦天變也。但季氏專魯，由世執魯政，會盟征伐等事，大國徵調，皆執政爲之。久而民亦習從其令，非忽然竊威擅權者比。先儒弗察，斤斤罪季之專，此等事亦以爲季氏所致，似是而非也。申豐論藏冰之義甚是，以爲曲説亦謬。人道立而天理順，陰陽和，風雨時者，其常也。不幸而有變，則人君必儆懼增修，小心翼翼，昭事上帝，禮宜然也。儒者或好言災異，或又忽於天變，皆非中正。

夏，楚子、蔡侯、陳侯、鄭伯、許男、徐子、滕子、頓子、胡子、沈子、小邾子、宋世子佐、淮夷會于申。

楚子專會諸侯始此。

《左傳》：春王正月，許男如楚。楚子止之，遂止鄭伯，復田於江南。使椒舉如晉求諸侯，晉人許之。夏，諸侯如楚，魯、衛、曹、邾不會。曹、邾辭以難，公辭以時祭，衛侯辭以疾。鄭伯先待於申。六月丙午，楚子合諸侯于申。示諸侯以侈，椒舉諫，弗聽。子産見左師，曰：吾不患楚矣。汰而愎諫，不過十年。左師曰：然。不十年侈，其惡不遠，遠惡而後棄，善亦如之，德遠而後興。案：楚靈弒君，不自怍而欲以威合諸侯。求諸侯而往者，滕、邾、宋、鄭，餘皆其舊屬國。諸侯畏楚，可以無罪。然書諸侯，則不得不書楚，非予之也。書其事以誌春秋變局，慨匡周之無人。

楚人執徐子。

案：《左傳》：徐子，吴出也。以爲貳於楚，故執之。以私意擅執諸侯，無禮甚矣。故貶而稱人。

秋七月，楚子、蔡侯、陳侯、許男、頓子、胡子、沈子、淮夷伐吴，

《左傳》：秋七月，楚子以諸侯伐吴。宋大子、鄭伯先歸，宋華費遂、鄭大夫從。案：楚子合諸侯，鄭、宋、滕、邾皆先歸，不足服人可知，而貿然不自知也。《經》詳書著其横暴，以爲無禮而安危利菑者戒。

執齊慶封，殺之。

《左傳》：使屈申圍朱方，八月甲申，克之。執齊慶封而盡滅其族。將戮慶封。椒舉曰：臣聞無瑕者可以戮人。慶封唯逆命，是以在此，其肯從於戮乎？播於諸侯，焉用之？王弗聽，負之斧鉞，以徇於諸侯，使言曰：無或如齊慶封，弑其君，弱其孤，以盟其大夫。慶封曰：無或如楚共王之庶子圍，弒其君兄之子麇而代之，以盟諸侯。王使速殺之。御案：慶封弒君，法所當討。書執、書殺，明其罪之可殺也。而楚圍非討賊之人，雖其弒逆，夫子未能定之。而其行事横肆，既詳書之，則亦未嘗信其不弒逆也。故書殺慶封于會申、執徐、伐吴之下，見其非能討賊，但以示威。即慶反唇相稽，使人考而詳其惡跡，始如此書也。陳氏傅良曰：此執有罪，曷爲不再言楚子？不予楚以討慶封之辭也。猶曰諸侯執之云耳。

遂滅賴。

《左傳》：遂以諸侯滅賴。賴子面縛銜璧，士袒，輿櫬從之，造於中軍。王問諸椒舉，對曰：成王克許，許僖公如是，王親釋其縛，受其璧，焚其櫬。王從之。遷賴於鄢。案：會申執徐子、伐吴、執慶封、遂滅賴，皆連書以著楚之暴，而其弒逆之有無，已在若隱若見間。此聖人闕疑之慎，而又未嘗不嚴於誅惡。非不憚詞煩，必詳其强暴之事也。

九月，取鄫。

《左傳》：九月，取鄫，言易也。莒亂，著丘公立而不撫鄫，鄫叛而來，故曰取。凡克邑不用師徒曰取。案：書取，言取非其義也。鄫叛而來，魯當曉以大義，歸之於莒。而苟貪人土而取之，豈以易爲是乎？鄫本國名，莒滅之以爲邑。今莒亂不撫鄫，鄫叛來魯，魯取之，遂爲魯地。

冬十有二月乙卯，叔孫豹卒。

案：《左傳》：穆子去叔孫氏，時在庚宗，遇婦人，私焉。適齊，娶於國氏，生孟丙、仲壬。夢天壓己，見人黑而上僂，深目豭喙，號之曰：牛，助余。乃勝之。及僑如奔齊，魯人召豹歸，立之，所宿庚宗之婦人，獻以雉。問其姓。對曰：余子長矣。能奉雉而從我矣。召而見之，則所夢也。未問其名，號之曰牛，曰唯。遂使爲豎。有寵，長使爲政。豹田於丘蕕，遇疾。豎牛欲亂其室而有之，以計殺孟丙、仲壬。不給叔孫豹食，餓卒。牛立昭子而相之。婼將殺牛，牛逃，孟仲之子殺諸塞關外，投其首于寧風之棘上。毛大可云：成公十六年叔孫豹從君如晋，十月叔孫僑如出奔齊，魯召豹而立之。在晋僅一二月間，無遇婦又娶婦生三子之理。愚案：其言甚是。且《經》書公至自會，是豹方從公至矣。《左傳》云十二月召豹於齊而立之，一人也，從公在晋又在齊，僑如奔時，豹在晋，何以舍公而奔齊？則《左傳》不足信矣。然豎牛作亂，昭子殺牛，夫子稱之，其事則有。但庚宗事未必然耳。《經》書豹卒，固無譏焉。

五　年　景王八年　甲子

春王正月，舍中軍。

《左傳》：五年春王正月，舍中軍，卑公室也。毁中軍於施氏，成諸臧氏。初作中軍，三分公室而各有其一。季氏盡征之，叔孫氏臣其子弟，孟氏取其半焉。及其舍之也，四分公室，季氏擇二，二子各一。皆盡征之，而貢於公。以書。使杜洩告於殯。曰：子固欲毀中軍，既毀之矣，故告。杜洩曰：夫子惟不欲毀也，故盟諸僖閎，詛諸五父之衢。受其書而投之，帥士而哭之。昭子即位，朝其家衆，曰：豎牛禍叔孫氏，使亂大從，殺適立庶，又披其邑，將以赦罪，罪莫大焉。必速殺之。豎牛懼，奔齊。孟仲之子殺諸塞關之外，投其首於寧風之棘上。仲尼曰：叔孫昭子之不勞，不可能也。周任有言曰：爲政者不賞私勞，不罰私怨。《詩》曰：有覺德行，四國順之。案：季孫專魯之政，晋、楚徵求，唯季是任。初作三軍時，以爲己之所取，當可以應付。既而不足，故又毀中軍，而多取以自益。叔孫豹曾預策其敗。今以豹死而委咎之，實則季氏之私見也。前書作三軍，已著其强私弱公之罪。今書舍中軍，又見其反復變亂之非。民盡入私家，而公爲虚器。聖人蓋深傷之也。《左氏》記叔孫初生事，詳附解。

楚殺其大夫屈申。

《左傳》：楚子以屈申爲貳於吴，乃殺之。以屈生爲莫敖，使與令尹子蕩如晋逆女。過鄭，鄭伯勞子蕩於汜，勞屈生於菟氏。晋侯送女於邢丘。子産相鄭伯，會晋侯於邢丘。案：屈申圍弒逆而北面事之，有取殺之道也。然申非果貳於吴也，楚子疑而殺之，故稱國以殺，而不去其官。

公如晋。

夏，莒牟夷以牟婁及防、兹來奔。

防，杜注：城陽平昌縣西南有防亭。今平昌故城在安丘縣西南六十里。兹，杜注：姑幕縣東北有兹亭。今山東青州府諸城縣西北有姑幕故城，兹亭在其境。

牟夷，莒大夫也。莒小國，其大夫不見於《經》。今以地來，雖賤，書之。先儒以爲重地，非也。國無大小，其地皆受之天子，傳之先君。臣下以叛而適人國，罪莫大焉。納其叛者，罪與等矣。且地必有民，牟婁防、兹之民，何以肯從牟夷歸魯？故詳書以刺其君之闇與臣之逆。

秋七月，公至自晋。

《左傳》：莒人愬於晋，晋侯欲止公。范獻子曰：不可。人朝而執之，誘也。討不以師，而誘以成之，惰也。爲盟主而犯此二者，無乃不可乎？請歸之，間而以師討焉。乃歸公。秋七月，公至自晋。

戊辰，叔弓帥師敗莒師于蚡泉。

蚡，扶粉反。《公》作濆，《穀》作賁。蚡泉，杜注：魯地。

《左傳》：莒人來討，不設備。戊辰，叔弓敗諸蚡泉，莒未陳也。案：納莒叛人而又敗其師，何義耶？直書其事，罪自見矣。

秦伯卒。

家氏鉉翁曰：史失其名，《春秋》因之，非貶也。

冬，楚子、蔡侯、陳侯、許男、頓子、沈子、徐人、越人伐吴。

越始見《經》。

《左傳》：冬十月，楚子以諸侯及東夷伐吴。越大夫常壽過帥師會楚子於瑣。聞吴師出，薳啟彊帥師從之，遽不設備，吴人敗諸鵲岸。楚子以馹至於羅汭。吴子使其弟蹶由犒師，楚人執之，將以釁鼓。王使問焉，曰：女卜來吉乎？對曰：吉。寡君聞君將治兵於敝邑，卜之以守龜，曰，余亟使人犒師，請行以觀王怒之疾徐，而爲之備，尚克知之。龜兆告吉，曰，克可知也。君若驩焉，好逆使臣，滋敝邑休怠，而忘其死，亡無日矣。今君奮焉，震電馮怒，虐執使臣，將以釁鼓，則吴知所備矣。敝邑雖羸，若早修完，其可以息師。雖易有備，可謂吉矣。且吴社稷是卜，豈爲一人。使臣獲釁軍鼓，而敝邑知備，以禦不虞，其惟吉孰大焉。國之守龜，其何事不卜？一臧一否，其誰能常之？城濮之兆，其報在邲。今此行也，其庸有報志？乃弗殺。是行也，吴早設備，楚無功而還，以蹶由歸。案：楚虔弑逆，倚勢妄爲，《經》於其會申、伐吴，今伐吴，皆書爵書伐，豈予之哉？斥其人著其暴，慨天下無人。爲惡者肆無忌憚，非天罰之，將伊于胡底？天下無王，其弊至此。使後世鑒之，且以志春秋變局之迹。楚强大久矣，桓、文起而中國藉以稍安。晋衰爲宋之盟，楚益得志中國。諸侯皆事之，以楚虔之不道，肆行如此。迨吴興而楚衰，越興而吴亦滅，外夷之患始息。及分晋代齊，中夏之國亦變。故詳著其事，而此年沈、頓、徐、越皆始列序，序其人亦序楚子，非予之也。

附　解

《左氏》於人言休咎及占卜前定，屢詳志之，使人謂前定之數，非人力所能挽迴。其誤世不淺，辨之不能悉辨。今即穆叔事言其義，學者幸毋忽焉。孟子與滕世子言性善，以堯、舜爲法。世子疑而又問，孟子曰：夫道一而已。一者何？善也。人之性即天之理。天理最善，惟人得之，故爲萬物之靈。堯、舜盡性，不過全此善理。凡人能全天理，即皆堯、舜。顔淵、成覸言有爲何畏，彼皆謂同此善性耳。結言滕猶可以爲善。則除卻善字，豈有道哉？天地人神同由此理，故曰道。聖人純乎天理，即與天參。常人有一分天理，即有一分人氣。有一分人理，即有一分福澤。《周易》一書以吉凶悔吝教人，豈欲人妄求福歟？吉凶生於善惡，從理則安，從欲則危。但人不盡知理之是非，故決諸神明。其吉也，必其順理者也；其凶也，必其非理者也。無不秉天理之神明，豈有外理而可以得天佑者哉？後世誠正修齊之學罕傳，求福者不修德而媚禱，卜筮巫史之徒又多庸妄，於是矜神異，廢倫常，亂是非，罹殃禍，紛紛而作。儒者戒之，諱言禍福，云修其在己而已，何必言神天言功效。其義雖是，而不知修己必以敬，敬必畏天命，《大學》《中庸》言慎獨，曰指視相在，畏天命耳。一念之善合天，一念之惡違天。天與人息息相通，栽培傾覆，視其人之自爲。好善雖不求福，而天自應之。孔、孟即受命也，豈曰大德必爲天子哉？世人求福則思媚禱，而不知非禮反可得罪；言理則不信神明，而不知蔑神即爲欺天。均非聖人中正之道也。天理一定，人心無定。因人之善惡無定，故天之賞罰不測。無如愚者蒙昧而妄爲，智者矯枉而過正，安可不辨之也？穆子生，而占者決其餓死，如此則人禽幾希。事天立命之學，全歸無用，豈理也哉？況乎成師敬仲等事，《左氏》艷稱將起亂臣賊子之覬覦，於名教所關尤鉅。愚故不辭再三之瀆焉。

六　年　　景王九年　乙丑

春王正月，杞伯益姑卒。

《左傳》：六年，春王正月，杞文公卒，弔如同盟，禮也。案：即襄二十九年所書杞子也。蓋時王復其爵，故稱伯。

葬秦景公。

秦始書葬。

《左傳》：大夫如秦，葬景公，禮也。案：秦與魯通，則禮應會葬也。

夏，季孫宿如晉。

《左傳》：夏，季孫宿如晉，拜莒田也。晉侯享之，有加籩，武子退，使行人告曰：小國之事大國也，苟免於討，不敢求貺。得貺不過三獻。今豆有加，下臣弗堪，無乃戾也。韓宣子曰：寡君以爲驩也。對曰：寡君猶未敢，況下臣，君之隸也，敢聞加貺？固請徹加而後卒事。晉人以爲知禮，重其好貨。案：宿於君不在而取莒田，納叛人，晉侯固嘗以是欲執公也。今宿如晉，置取莒田於不問，又因其辭加籩而重其好貨，以其小節忘其大慼，晉之失甚矣。《經》書宿如晉，以見其侮晉之志。抑此時晉卿執政，與宿互相黨與，此宿之所以敢於肆歟？

葬杞文公。

宋華合比出奔衛。

《左傳》：宋寺人柳有寵，大子佐惡之。華合比曰：我殺之。柳聞之，乃坎、用牲、埋書，而告公曰：合比將納亡人之族。既盟於北郭矣。公使視之，有焉，遂逐華合比。合比奔衛。於是華亥欲代右師，乃與寺人柳比，從爲之徵，曰：聞之久矣。公使代之。案：宋公前信伊戾之譖而殺大子痤，今又信柳而逐華比，皆寺人爲之，皆坎、用牲加書。但伊戾害太子，公已知之而殺戾矣，何又信柳之爲耶？《左氏》不足信，則合比出奔之事不可知。《經》書出奔，不絶之於宋，則宋公之過矣。

秋九月，大雩。

《左傳》：秋九月，大雩，旱也。

楚薳罷帥師伐吴。

罷，音皮。

《左傳》：徐儀楚聘於楚。楚子執之，逃歸。懼其叛也，使薳洩伐徐。吴人救之。

令尹子蕩帥師伐吴，師於豫章，而次於乾谿。吴人敗其師於房鍾，獲宫廄尹棄疾。子蕩歸罪於薳洩而殺之。案：吴、楚相讎，非中國所急也。《經》書其事，以見吴、楚相爲勝衰，中夏無人，周室所以益衰。書薳罷帥師，見主兵者罷，而其歸罪薳洩之失自著。

冬，叔弓如楚。

叔弓如楚聘，因宋之盟，晋、楚之從，交相見也。書亦聘，楚昭公毫無自强之政，而區區結好荆蠻，直書其事以志世變之迹，無褒貶焉。

齊侯伐北燕。

案：《左傳》：十一月，齊侯如晋，請伐北燕。晋侯許之。十二月，齊侯遂伐北燕，將納簡公。晏子曰：不入。燕有君矣，民不貳。吾君賄，左右諂諛，作大事不以信，未嘗可也。北燕邇于齊，素未通晋。齊大與晋等，景公且欲與晋争霸，欲伐燕，何以必請于晋耶？其伐燕蓋以報怨，非爲納簡公也。如果爲討燕亂，必不受賂而止。晏子何以不諫之？然而《經》書爵書伐何也？譏也。譏其有始無終。初念本欲聲罪致討，既而受賄，不知其稱兵爲何云爾。

附　解

子産鑄刑書，叔向詒書戒之。刑書始見於此，今之律例是其遺法。《吕刑》有明啟刑書之言，則古已有之，但不備耳。案：虞廷始作典刑，流官教贖賊而已。後世襲用五刑，宫、刵、劓、刖、大辟，乃苗民虐刑，非聖王之法，而儒者弗察。愚於《書經恒解》言之矣。古無刑書，隨意斷獄。自春秋暨漢代，動輒棄市、誅夷族，則刑書又安可無哉？説者謂有法則民藉法爲奸，然藉法爲奸，在民少而在官者多，民亦何知？草隨風偃，惟恃有以善教之耳。平日不教化之，臨時又顛倒賞罰之，民亦何辜？然其顛倒賞罰，失之不公，是無良者也。失之不明，是愚妄者也。爲人上而不公不明，尚安得爲父母？又安能保其身家？而至公至明，非聖賢不能也。則必自幼至長，有賢父師焉，養之以善，意如何誠，心如何正，身如何修，本原清矣，而以正己者正人，始克爲之。是故大學之道，無智愚皆當爲之，而士人尤一息不可忘者也。叔向言先王議事以制，不爲刑辟，不知先王出治之原。又云民知有辟則不忌於上，皆於義未全。引書言文王之德，亦未詳德之如何，是其學未深造之故。子産自謂不能及此，亦真實語。是以爲上者正本清源，必由誠正修齊之學。不然，法雖密而人心難防，夫子所以貴使無訟也。

七年　景王十年　丙寅

春王正月，暨齊平。

《左傳》：七年春王正月，暨齊平，齊求之也。癸巳，齊侯次於虢。燕人行成，曰：敝邑知罪，敢不聽命？先君之敝器，請以謝罪。公孫皙曰：受服而退，俟釁而動，可也。二月戊午，盟於濡上。燕人歸燕姬，賂以瑶罋、玉櫝、斝耳，不克而還。案：暨齊平，《穀梁》以爲魯與齊平。以《左氏》下文言燕求成，而上文又云齊求之，文法自相背也。因而先儒多從《穀梁》，不知《左氏》不誤，讀者誤也。齊景鋭意納簡公，及燕賂之而止，自覺蛇頭鼠尾，人將非笑，乃導燕行成，言其畏罪投誠，已故恕之，以掩其受賂之非。故《左氏》先言齊求之也，下乃詳敘其事。若魯與齊景無怨，而何以暨齊平耶？

三月，公如楚。

《左傳》：楚子成章華之臺，願與諸侯落之。大宰薳啟彊曰：臣能得魯侯。薳啟彊來召公，辭曰：昔先君成公命我先大夫嬰齊曰：吾不忘先君之好，將使衡父照臨楚國，鎮撫其社稷，以輯寧爾民。嬰齊受命于蜀，奉承以來，弗敢失隕，而致諸宗祧，曰：我先君共王，引領北望，日月以冀。傳序相授，於今四王矣。嘉惠未至，唯襄公之辱臨我喪。孤與其二三臣，悼心失圖，社稷之不皇，况能懷思君德。今君若步玉趾，辱見寡君，寵靈楚國，以信蜀之役，致君之嘉惠，是寡君既受貺矣，何蜀之敢望？其先君鬼神，實嘉賴之，豈唯寡君？君若不來，使臣請問行期，寡君將承質幣而見於蜀，以請先君之貺。公將往，夢襄公祖。梓慎曰：君不果行。襄公之適楚也，夢周公祖而行。今襄公實祖，君其不行。子服惠伯曰：行。先君未嘗適楚，故周公祖以道之。襄公適楚矣，而祖以道君，不行，何之？三月，公如楚，鄭伯勞於師之梁。孟僖子爲介，不能相儀，及楚。不能答郊勞。案：諸侯相朝聘，禮也。楚靈恃强，致魯往朝，中夏無人匡正，公勢屈而往，弱小固無如之何。《經》書如常詞，亦無譏焉。必責公以不能自强，於理雖是，聖人不如是之苛也。

叔孫舍如齊涖盟。

舍，《左》《穀》作婼，後同。

魯、齊本無釁，而曰涖盟何也？蓋早與齊期相見，而楚忽來召，不敢不去。恐齊以爲負約，則使叔孫往涖盟。當時吴、楚方强，列國事楚已久，齊景且涕出而女吴。魯之如楚，齊安能罪之？但魯弱於齊，不敢得罪，故使舍往涖盟。前人因此句誤解暨齊平，非也。

夏四月甲辰朔，日有食之。

《左傳》：夏四月甲辰朔，日有食之。晋侯問於士文伯曰：誰將當日食？對曰：魯、衛惡之，衛大魯小。公曰：何故？對曰：去衛地，如魯地。於是有災，魯實受之。其大咎，其衛君乎，魯將上卿。公曰：《詩》所謂彼日而食，于何不臧者，何也？對曰：不善政之謂也。國無政，不用善，則自取謫於日月之災，故政不可不慎也。務三而已，一曰擇人，二曰因民，三曰從時。案：日食、月食，皆經緯道同，又火土餘氣犯之。其所食分數，視地球遠近，虧盈而别，非若星變，有各專屬一國之時。春秋所記日月食多誤，蓋當時曆法尚疏，聖人重人事而遠天道，仍之不深究。士文伯所言倖中，不足爲信。左氏寡識記之，毋爲所惑也。

秋八月戊辰，衛侯惡卒。

《左傳》：秋八月，衛襄公卒。晋大夫言於范獻子曰：衛事晋爲睦，晋不禮焉，庇其賊人而取其地，故諸侯貳。《詩》曰：䳭鴒在原，兄弟急難。又曰：死喪之威，兄弟孔懷。兄弟之不睦，於是乎不弔，况遠人，誰敢歸之？今又不禮於衛之嗣，衛必叛我，是絶諸侯也。獻子以告韓宣子。宣子使獻子如衛弔，且反戚田。衛齊惡告喪於周，且請命。王使成簡公如衛弔，且追命襄公曰：叔父陟恪，在我先王之左右，以佐事上帝。余敢忘高圉、亞圉？案：衛齊惡、衛侯惡君臣同名，劉氏敞曰：臣子不敢與世子同名，有生在世子前，王父名者，則亦不改也。

九月，公至自楚。

《左傳》：九月，公至自楚。孟僖子病不能相禮，乃講學之，苟能禮者從之。及其將死也，召其大夫，曰：禮，人之幹也。無禮，無以立。吾聞將有達者曰孔丘，聖人之後也，而滅於宋。其祖弗，父何，以有宋而授厲公。及正考父佐戴、武、宣，三命滋益共。故其鼎銘云：一命而僂，再命而傴，三命而俯。循牆而走，亦莫余敢侮。饘於是，鬻於是，以餬余口。其共也如是。臧孫紇有言曰：聖人有明德者，若不當世，其後必有達人。今其將在孔丘乎？我若獲没，必屬説與何忌於夫子。使事之，而學禮焉，以定其位。故孟懿子與南宫敬叔師事仲尼。仲尼曰：能補過者，君子也。《詩》曰：君子是則是傚。孟僖子可以傚已矣。案：《左氏》云孟僖子將死，而後命二子師仲尼，大誤。孔子二十三歲適周問禮，南宫敬叔言於魯君，資之以車馬，是僖子自楚歸不久即命子從子矣，安有遲之幾二十年而始命子師孔子者哉？《左氏》既云乃講學之，苟能禮者從之，其汲汲可知。故子以爲君子豈因命子從己即許爲君子之理？左氏此句蛇足，蓋不檢之過也。

冬十有一月癸未，季孫宿卒。

内卿卒必書，尊魯也。季孫卒，晋侯謂伯瑕曰：吾所問日食，從矣，可常乎？曰：不可。是也。而以爲六物不同，民心不壹云云，於義亦非。日月所會謂之辰，亦止道得一半。

十有二月癸亥，葬衛襄公。

《左傳》：衛襄夫人姜氏無子，嬖人婤姶生孟縶。孔成子夢康叔謂己：立元，余使羈之孫圉與史苟相之。史朝亦夢康叔謂己：余將命而子苟與孔烝鉏之曾孫圉相元。史朝見成子，告之夢，夢協。晋韓宣子爲政。聘於諸侯之歲，婤姶生子，名之曰元。孟縶之足不良，弱行。孔成子以周易筮之，曰：元尚享國，主其社稷。遇《屯》。又曰：余尚立縶，尚克嘉之。遇《屯》之《比》。以示史朝。史朝曰：元享，又何疑焉？成子曰：非長之謂乎？對曰：康叔名之，可謂長矣。孟非人也，將不列於宗，不可謂長。且其《繇》曰：利建侯。嗣吉，何建？建非嗣也。二卦皆云，子其建之。康叔命之，二卦告之。筮襲於夢，武王所用也，弗從何爲？弱足者居，侯主社稷，臨祭祀。奉民人，事鬼神，從會朝，又焉得居？各以所利，不亦可乎？故孔成子立靈公。十二月癸亥，葬衛襄公。案：孟縶病廢，則靈公當立，何必夢與占耶？衛靈無道，康叔相之而預告焉，豈人心變化，鬼神不測。公後不德，康叔不能知耶？《左氏》喜記此等事，使人以天地鬼神爲無知，凡事皆數定，其惑人不淺。

八　年　　景王十一年　丁卯

春，陳侯之弟招殺陳世子偃師。

《左傳》：陳哀公元妃鄭姬，生悼大子偃師，二妃生公子留，下妃生公子勝。二妃嬖，留有寵，屬諸司徒招與公子過。哀公有廢疾。三月甲申，公子招、公子過殺大子偃師，而立公子留。案：書弟，罪招亦罪陳侯也。陳侯寵任弟招，以致殺嫡之禍。招至親不能以正輔兄，殺其世子，紊天常，絶親親，人倫大變，書世子正招之罪，與弑逆等矣。

夏四月辛丑，陳侯溺卒。

《左傳》：夏四月辛亥，陳哀公縊。案：陳侯非有殺偃師之志也。因招殺偃師而縊，人主不務正其綱常，至於啟禍忘身。書以爲世鑒也。

叔弓如晉。

《左傳》：叔弓如晉，賀虒祁也。游吉相鄭伯以如晉，亦賀虒祁也。史趙見子大叔，曰：甚哉，其相蒙也。可弔也，而又賀之？子大叔曰：若何弔也？其非唯我賀，將天下實賀。案：公如楚賀章華，叔弓如晉賀虒祁，當時晉、楚苟安於息兵，而務崇宫室。列國諸侯不能自强於政治，而卑諂以奉。書以慨世風之衰也。

楚人執陳行人干徵師殺之。

《左傳》：干徵師赴於楚，且告有立君，公子勝愬之於楚，楚人執而殺之。公子留奔鄭。書曰陳侯之弟招殺陳世子偃師，罪在招也。楚人執陳行人干徵師殺之，罪不在行人也。劉氏敞曰：楚人惡公子招而殺干徵師，非其罪也。古者兵交，使在其間可也。家氏鉉翁曰：陳殺大子，罪在一招。行人何罪，而以爲戮乎？蓋靈因陳亂以爲利，殺人以行其詐也。

陳公子留出奔鄭。

公子留已立矣，何以稱公子？蓋招殺世子立留，告楚，楚即殺其使。留懼而出奔，不果立也。留本未嘗欲立，招與過私欲立之，故薄其罪而書公子，不絶之於陳。然書出奔于楚殺徵師下，則其罪亦難逃矣。

秋，蒐于紅。

蒐，所求反。書蒐始此。

《左傳》：秋，大蒐于紅，自根牟至於商、衛，革車千乘。《穀梁》：因蒐狩以習用武事，禮之大者也。艾蘭以爲防置旃以爲轅門，以葛覆質以爲槷流，旁握禦轚者不得入車軌塵馬，候驅掩禽旅御者不失其馳，然後射者能中，過防弗逐，不從奔之道也。面傷不獻，不成禽不獻。禽雖多，天子取三十焉，其餘與士衆。以習射於射宫，射而中，田不得禽則得禽，田得禽而射不中則不得禽，是以知古之貴仁義而賤勇力也。案：蒐之爲言，搜也。當春農事方興，搜取害稼之物，以衛民也。古人隱武事於蒐苗獮狩，而明其莫非衛民。後世徒以肄武而已，則非先王之意矣。三家專魯，民皆其民，兵亦其兵，夫子書之，誌政歸私家，並兵柄亦專之。不書大蒐，非闕文也。無取乎其蒐，則亦無論乎其大不大，深惡三家也。

陳人殺其大夫公子過。

過，古禾反。

《左傳》：陳公子招歸罪於公子過而殺之。過與招同謀，故稱國以殺，著其有罪。不去其官，招爲首惡，不許其委罪於過而免惡也。

大雩。

前書蒐而此書大雩，其慢民事而侈武功，罪已可見。

冬十月壬午，楚師滅陳。執陳公子招，放之于越。殺陳孔奐。

奐，《公》作瑗。

《左傳》：九月，楚公子棄疾帥師奉孫吴圍陳，宋戴惡會之。冬十月壬午，滅陳。使穿封戌爲陳公。晋侯問於史趙曰：陳其遂亡乎？對曰：未也。公曰：何故？對曰：陳，顓頊之族也。歲在鶉火，是以卒滅，陳將如之。今在析木之津，猶將復由。且陳氏得政於齊，而後陳卒亡。自幕至於瞽瞍，無違命。舜重之以明德，寘德於遂，遂世守之。及胡公不淫，故周賜之姓，使祀虞帝。臣聞盛德必百世祀。虞之世數未也。繼守將在齊，其兆既存矣。案：楚子志在滅陳，故不予以討賊，而先書滅陳，且去其號以示貶。招及奐皆賊臣當誅，第放招何耶？繫二人於陳，見二人實陳之賊，陳所當討，病陳不能討而致國滅君亡，以戒有國者也。

葬陳哀公。

《左傳》：輿嬖袁克，殺馬毁玉以葬哀公。楚已滅陳矣，而書葬哀公如常辭，所以存陳也。存陳者，惡楚也。袁克忠矣，而不書，嬖耳。嬖人有寵，必多失德。平日不能輔君以正，死而報其私恩，末矣。故凡嬖寵從君而死皆不書。

九　年　　景王十二年　戊辰

春，叔弓會楚子于陳。

《左傳》：九年春，叔弓、宋華亥、鄭游吉、衛趙黶會楚子於陳。案：書會楚子於陳，譏也。楚滅陳，諸夏所同惡，而往會之。當時中國無人，苟安事楚，聖人蓋深非之。不書諸國大夫，楚未嘗以會召列國，而各自往會之也。

許遷于夷。

《左傳》：二月庚申，楚公子棄疾遷許于夷，實城父，取州來淮北之田以益之。伍舉授許男田。然丹遷城父人於陳。以夷濮西田益之。遷方城外人於許。按：許逼於鄭而遷都近楚。楚人遷之，不書楚遷許而以許自遷爲文，薄楚罪也。小國微弱不能自存，遷近楚而楚弗吞噬之，故弗罪之也。

夏四月，陳災。

災，《公》《穀》作火。

《左傳》：夏四月，陳災。鄭裨竈曰：五年，陳將復封。封五十二年而遂亡。子産問其故。對曰：陳，水屬也。火，水妃也，而楚所相也。今火出而火陳，逐楚而建陳也。妃以五成，故曰五年。歲五及鶉火，而後陳卒亡，楚克有之，天之道也，故曰五十二年。《公羊》：陳已滅矣。其言陳火，何存陳也。

秋，仲孫貜如齊。

貜，俱縛反。

《左傳》：孟僖子如齊殷聘，禮也。

冬，築郎囿。

《左傳》：冬，築郎囿。季平子欲其速成也，叔孫昭子曰：《詩》曰：經始勿亟，庶民子來。焉用速成？其以勦民也。無囿猶可，無民其可乎？案：囿亦不可廢。冬築之，時也。張氏洽謂：意如逢其君，以耳目之娛而竊其權。然季氏專政由盟主大夫專政始，非如莽、操乍竊權威，脅制君上。前人因夫子斥舞佾歌雍，遂於春秋處處以爲惡季氏，誤矣。

十　年　　景王十三年　己巳

春王正月。

夏，齊欒施來奔。

齊，《公》作晋。

齊惠公子有子欒、子高。欒施、高彊皆就祖字而分以爲氏。施字子旗，彊字子良。子旗之父子雅，子良之父子尾。晏子稱之曰二惠，以其皆惠公後也。公族柄政，與陳、鮑不相能。夏，有告陳、鮑謂欒、高將攻陳、鮑。陳、鮑授甲禦之，其實無此事。陳、鮑恐欒、高聞已授甲攻己，先攻之。高、彊欲劫公助己，伐虎門。公以欒、高爲畔也，使王黑率兵攻之。欒、高兵敗來奔，陳、鮑分其室。晏子告陳桓子盡致諸公，桓子又召子尾所逐群公子而反之，資其器用，益其禄。凡公子公孫無禄者，私分之邑。國之貧約孤寡，私與之粟。公與桓子邑，辭。穆姬爲之請高唐，陳氏始大。案：欒、高公族柄政，惡陳、鮑而不修德禮，嗜酒好内。己不正矣，何以正人？陳、鮑攻己，不告公而驟攻虎門，豈非悖亂？公亦不明，反賞陳而罪欒、高。晏子不以四人是非告君，而爲陳氏畫策，是爲背公向私。不書高、彊，以其倡劫公之策，罪之也。

秋七月，季孫意如、叔弓、仲孫貜帥師伐莒。

意，《公》作隱，後同。

《左傳》：秋七月，平子伐莒取郠，獻俘，始用人於亳社。臧武仲在齊聞之，曰：周公其不饗魯祭乎。周公饗義，魯無義。《詩》曰：德音孔昭，視民不佻。佻之謂甚矣，而壹用之，將誰福哉。案：叔弓，叔肹之後，陳氏傅良以爲貳季氏是也。季孫等恃衆伐莒，詳書以著其專權虐小之罪。

戊子，晋侯彪卒。

《左傳》：戊子，晋平公卒。鄭伯如晋。及河，晋人辭之。游吉遂如晋。

九月，叔孫舍如晋，葬晋平公。

《左傳》：九月，叔孫婼、齊國弱、宋華定、衛北宫喜、鄭罕虎、許人、曹人、莒人、邾人、滕人、薛人、杞人、小邾人如晋，葬平公也。既葬，諸侯之大夫欲因見新君。叔孫昭子曰：非禮也。弗聽。叔向辭之，曰：大夫之事畢矣。而又命孤，孤斬焉在衰絰之中。其以嘉服見，則喪禮未畢。其以喪服見，是重受弔也。大夫將若之何？皆無辭以見。昭子至自晋，大夫皆見。高彊見而退。昭子語諸大夫曰：爲人子，不可不慎也哉。昔慶封亡，子尾多受邑而稍致諸君，君以爲忠而甚寵之。將死，疾于公宫，輦而歸，君親推之。其子不能任，是以在此。忠爲令德，其子弗能任，罪猶及之，難不慎也？諸侯卒，列國大夫會葬，禮也。非以其主夏盟而書之。

十有二月甲子，宋公成卒。

成，《公》作戌。

《左傳》：冬十二月，宋平公卒。初，元公惡寺人柳，欲殺之。及喪，柳熾炭於位，將至，則去之。比葬，又有寵。孫氏復曰：此年不書冬，闕文也。

十有一年　景王十四年　庚午

春王二月，叔弓如宋。葬宋平公。

《左傳》：十一年春王二月，叔弓如宋，葬平公也。

夏四月丁巳，楚子虔誘蔡侯般殺之于申。

虔，《穀》或作乾。般，音班。

《左傳》：楚子在申，召蔡靈侯。靈侯將往。蔡大夫曰：王貪而無信，唯蔡於感，今幣重而言甘，誘我也，不如無往。蔡侯不可。三月丙申，楚子伏甲而饗蔡侯於申，醉而執之。夏四月丁巳，殺之，刑其士七十人。蔡般弑逆當討，而楚子非其人也。即仗義討之，猶非全善，况利其土地誘殺之乎？虔與般皆名，以其惡逆之行皆同，著其罪之一也。毛氏以稱楚子爲疑，豈必書楚虔而後爲貶耶？若止書楚虔，反疑非楚子矣。

楚公子棄疾帥師圍蔡。

《左傳》：公子棄疾帥師圍蔡。韓宣子問於叔向曰：楚其克乎？對曰：克哉。蔡侯獲罪於其君，而不能其民，天將假手於楚以斃之，何故不克？然肸聞之：不信以幸，不可再也。楚王奉孫吴以討於陳，曰：將定而國。陳人聽命，而遂縣之。今又誘蔡而殺其君，以圍其國，雖幸而克，必受其咎，弗能久矣。桀克有緡以喪其國，紂克東夷而隕其身。楚小位下，而亟暴於二王，能無咎乎？天之假助不善，非祚之也，厚其凶惡而降之罰也。案：書帥師圍蔡于誘蔡般下，則不予楚以討賊書名之義明。棄疾書公子，罪之也。罪其公族而不輔君以義。

五月甲申，夫人歸氏薨。

《左傳》：五月，齊歸薨。先儒據《左氏》以齊歸爲敬歸之娣，故有妾母稱夫人之譏。何氏釋《公羊》則以齊歸爲襄公嫡夫人，與《左》不同。季氏本謂自昭至哀再無卒襄夫人者，則齊歸之爲嫡，亦未可定。愚案：此皆拘於嫡妾常義，不知子爲君則必尊其母爲夫人，天理人情之正也。觀夫子書成風及此歸氏，則妾母不得爲夫人，其謬自見。愚前已詳言之，不再贅。

大蒐于比蒲。

比，音毘。

夏非蒐時，而蒐，《經》亦仍之。蓋用蒐之制也。書大蒐，明其黷武之意。三家專政，雖有夫人之喪而弗顧也。公室之弱，臣下之横皆見。

仲孫貜會邾子，盟于祲祥。

祲，子鴆反，又七林反。祲祥，《公》作侵羊。祲祥，杜注：地闕。當在兖州府嵫陽縣境。

《左傳》：孟僖子會邾莊公，盟於祲祥，修好，禮也。泉丘人有女，夢以其帷幕孟氏之廟，遂奔僖子，其僚從之。盟于清丘之社，曰：有子無相棄也。僖子使助薳氏之簉。反自祲祥，宿于薳氏，生懿子及南宫敬叔於泉丘人。其僚無子，使字敬叔。案：仲孫以大夫而抗盟邾子，《左氏》以爲禮，謬矣。又云泉丘人女奔僖子而生懿子、敬叔。僖子，大夫也，自悔不學禮，女私奔而以其僚從即納之，當時貴賤何無分别若是？又恰即生二子，此等事使從人觀之，以爲非禮而行仍生賢子，可以無傷也。其爲名教之害不已。甚哉。况是時僖子年已不少。

秋，季孫意如會晋韓起、齊國弱、宋華亥、衛北宫佗、鄭罕虎、曹人、杞人于厥憖。

厥憖，《公》作屈銀。厥憖，杜注：地闕。

《左傳》：楚師在蔡，晋荀吴謂韓宣子曰：不能救陳，又不能救蔡，物以無親，晋之不能，亦可知也已。爲盟主而不恤亡國，將焉用之？秋，會於厥憖，謀救蔡也。鄭子皮將行。子産曰：行不遠，不能救蔡也。蔡小而不順，楚大而弗德，天將棄蔡以壅楚。盈而罰之，蔡必亡矣。且喪君而能守者，鮮矣。三年，王其有咎乎。美惡周必復，王惡周矣。晋人使狐父請蔡於楚，弗許。案：蔡般弑逆，晋不能以王命討之，楚虔藉此滅蔡，理先屈矣。是時晋政由大夫，雖因荀吴之言，會列國大夫於厥慭，而不能損楚分毫。不書救蔡，非特以其不能救，亦不予其救也。

九月己亥，葬我小君齊歸。

九月，葬齊歸。前人以爲襄公嫡夫人，然公母齊歸之娣，亦可稱齊歸。使更有嫡，則公母卒，《經》亦必書。無無母之君上也。而《經》止此書，未再書齊歸，則此爲公母齊歸之娣，而公立時齊歸已故矣。先儒妄説，前已辨之不贅。史趙謂公母喪不慼，必爲魯郊。不慼固非也，而以此卜其必出亡，纖巧傷義，故不録之。

冬十有一月丁酉，楚師滅蔡，執蔡世子有以歸，用之。

有，《穀》作友。

《左傳》：冬十一月，楚子滅蔡，用隱大子於岡山。申無宇曰：不祥。五牲不相爲用，况用諸侯乎？王必悔之。案：申無宇稱用諸侯，以世子將嗣君位，而世子實未嘗立也。不屈被執，故書世子，以明其得死之正。楚誘執蔡般，即滅蔡。世子何由而立？《經》據實書之，先儒紛紛異論皆非。書滅、執與用，深惡楚人之虐。

十有二年　景王十五年　辛未

春，齊高偃帥師納北燕伯于陽。

陽，杜注：陽即唐，燕别邑。中山有唐縣，今直隸保定府唐縣東有漢唐縣故城，春秋時曰陽也。

《左傳》：十二年春，高偃納北燕伯款于唐，因其衆也。北燕伯三年奔齊，今十年而齊始納之于陽。因其衆者，陽之民蓋欲納燕伯，齊故命人帥師納之。不納之于國，國有君也。君爲臣迫，遂納之義也。不書齊侯使偃而惟書偃，蓋偃專其事也。

三月壬申，鄭伯嘉卒。

《左傳》：三月，鄭簡公卒，將爲葬除。及游氏之廟，將毁焉。子大叔使其除徒，執用以立，而無庸毁。曰：子産過女，而問何故不毁，乃曰，不忍，廟也。諾，將毁矣。既如是，子産乃使辟之。司墓之室，有當道者。毁之，則朝而塴；弗毁，則日中而塴。子大叔請毁之，曰：無若諸侯之賓何？子産曰：諸侯之賓，能來會吾喪，豈憚日中？無損於賓，而民不害，何故不爲？遂弗毁。日中而奔。君子謂：子産於是乎知禮。禮無毁人以自成也。案：子太叔不毁游氏之廟，而又請毁司墓之室。何不推類若此？《左氏》疑誤。

夏，宋公使華定來聘。

《左傳》：夏，宋華定來聘，通嗣君也。公享之。爲賦《蓼蕭》，弗知，又不答賦。昭子曰：必亡。宴語之不懷，寵光之不宣，令德之不知，同福之不受，將何以在？案：華定不知詩，不答賦，謂之不學可也。據此既決其必亡，存亡視乎德否，德之不修，必非一日。而以一事決休咎乎？《左氏》喜載此等事，最爲傷義。

公如晋，至河乃復。

《左傳》：公如晋，至河乃復。取郠之役，莒人愬于晋，晋有平公之喪，未之治也。故辭公。公子憖遂如晋。案：公不在而季氏納莒叛臣，受其邑又伐其國，取其地，公不能禁也。如晋而爲晋所阻，不能自明。書如晋，至河乃復，著公之乾綱不振。

五月，葬鄭簡公。

三月而葬，速也。是時子産當國，而不能如禮，則當時禮之發也久矣。

楚殺其大夫成熊。

熊，《公》作然，《穀》作虎。

《左傳》：楚子謂成虎，若敖之餘也，遂殺之。或譖成虎於楚子，成虎知之而不能行。書曰：楚殺其大夫，懷寵也。案：成虎懷寵不行，故稱國以殺，見其不知幾。然楚子信讒而妄殺，非也。故不去其官。人臣以道事君，不可則止。懷寵二字倖免，亦爲苟祿，甚且因之，殺身最宜鑒之。

秋七月。

冬十月，公子慭出奔齊。

慭，《公》作整。

《左傳》：季平子立，而不禮於南蒯。南蒯謂子仲：吾出季氏，而歸其室於公，子更其位，我以費爲公臣。子仲許之。南蒯語叔仲穆子，且告之故。季悼子之卒也，叔孫昭子以再命爲卿。及平子伐莒，克之，更受三命。叔仲子欲構二家，謂平子曰：三命踰父兄，非禮也。平子曰：然。故使昭子。昭子曰：叔孫氏有家禍，殺適立庶，故婼也及此。若因禍以斃之，則聞命矣。若不發君命，則固有著矣。昭子朝，而命吏曰：婼將與季氏訟，書辭無頗。季孫懼，而歸罪於叔仲子。故叔仲小、南蒯、公子慭謀季氏。慭告公，而遂從公如晋。南蒯懼不克，以費叛如齊。子仲還，及衛，聞亂，逃介而先。及郊，聞費叛，遂奔齊。案：慭從南蒯之私謀，欲去季氏而代其位，非純乎忠君欲鋤奸以輔政者也。然能以情告君，君既知而許之，則爲受命矣。故於其出奔也，書公子以著其志在乎君。

楚子伐徐。

《左傳》：楚子狩於州來，次於潁尾，使五大夫等帥師圍徐以懼吴。楚子次于乾谿，以爲之援。右尹子革夕，王見之，與之語曰：昔我先王熊繹，與吕伋、王孫牟、燮父、禽父，並事康王，四國皆有分，我獨無有。今吾使人於周，求鼎以爲分，王其與我乎？對曰：與君王哉。昔我先王熊繹，辟在荆山，篳路藍縷，以處草莽。跋涉山林，以事天子。唯是桃弧、棘矢，以共禦王事。齊，王舅也。晋及魯、衛，王母弟也。楚是以無分，而彼皆。有今周與四國服事君王，將唯命是從，豈其愛鼎？王曰：昔我皇祖伯父昆吾，舊許是宅。今鄭人貪賴其田，而不我與。我若求之，其與我乎？對曰：與君王哉。周不愛鼎，鄭敢愛田？王曰：昔諸侯遠我而畏晋，今我大，城陳、蔡，不羹，賦皆千乘，子與有勞焉。諸侯其畏我乎？對曰：畏君王哉。是四國者，專足畏也，又加之以楚，敢不畏君王哉。工尹路請曰：君王命剝圭以爲鏚柲，敢請命。王入視之。析父謂子革：吾子，楚國之望也。今與王言如響，國其若之何？子革曰：摩厲以須，王出，吾刃將斬矣。王出，復語。左史倚相趨過。王曰：是良史也，子善視之。是能讀《三墳》《五典》《八索》《九丘》。對曰：臣嘗問焉。昔穆王欲肆其心，周行天下，將皆必有車轍馬跡焉。祭公謀父作《祈招》之詩，以止王心。王是以獲没於祗宫。臣問其詩而不知也。若問遠焉，其焉能知之？王曰：子能乎？對曰：能。其詩曰：祈招之愔愔，式昭德音。思我王度，式如玉，式如金。形民之力，而無醉飽之心。王揖而人，饋不食，寢不寐。數日，不能自克，以及於難。仲尼曰：古也有志，克己復禮，仁也。信善哉。楚靈王若能如是，豈其辱於乾谿？案：徐親於吴，楚子故伐之。然無道逞欲，不知患在蕭牆。《經》屢書楚子伐吴、伐徐，著其肆虐之行，爲下弑于乾谿緣起。因楚虔弑逆，傳聞影響，故著其無道之行，使後人詳考，而得其實也。

晋伐鮮虞。

《左傳》：晋荀吴僞會齊師者，假道於鮮虞，遂入昔陽。秋八月，滅肥，以肥子緜皋歸。冬，又伐鮮虞。案：是時楚横陵中夏，晋政在大夫，不能恤隣救患，而吞噬小國。書晋伐鮮虞，齒之於夷狄，深惡之也。

十有三年　景王十六年　壬申

春，叔弓帥師圍費。

《左傳》：十三年春，叔弓圍費，弗克，敗焉。平子怒，令見費人執之以爲囚俘。冶區夫曰：非也。若見費人，寒者衣之，饑者食之。爲之令主，而共其乏困。費來如歸，南氏亡矣。民將叛之，誰與居邑？若憚之以威，懼之以怒，民疾而叛，爲之聚也。若諸侯皆然，費人無歸，不親南氏，將焉入矣？平子從之，費人叛南氏。案：南蒯以費叛奔齊不書，而第書叔弓圍費何也？費，季氏之私邑，其據以自肥久矣。南蒯尤而效之，託名彊公，據邑以叛。叛季氏非叛魯，不得以叛書之也。然其以費奔齊，則彊公之意少，欺罔之情多。書叔弓圍費，則蒯之據費以叛著矣。季氏不臣，其下亦叛之。以内邑而書帥師圍費，若敵國然。魯君擁虚位，臣下競亂陵，均可見也。

夏四月，楚公子比自晋歸於楚，弑其君虔于乾谿。

谿，《穀》作溪。

蔡洧仕于楚，其父死於楚滅蔡時，常欲報楚。觀起之子從與蔡大夫聲子之子朝吴均在蔡，事公子棄疾，常欲報怨。假棄疾之命召公子比及子皙于晋，及郊，而使告之，彊與之盟。聲言蔡公棄疾召二子奉之爲王，棄疾不可，亦刦之。盟以復陳、蔡爲名，遂帥陳、蔡人及怨王諸人奉公子比爲王，棄疾爲司馬，依陳蔡爲國，帥師入楚，殺太子禄及公子罷敵。先除王宫。王聞群公子死，自投于車下，沿夏，將欲入鄢。申亥求王，遇之以歸。夏五月，王縊于申亥氏。案：首亂者觀從，王實自縊，公子比爲棄疾殺。而書比弑君者，比已出奔，楚事可以不與聞矣。而觀從召之即歸，是其心覬覦久矣。棄疾無怨于王，本不欲畔，觀從彊之無比，亦不能強棄疾從也。貿貿爲觀從驅遣，身犯弑逆，卒殞其身。聖人故特書以戒。自古權奸簒亂，必假廢立，援公族以行其私。使其人忠正自持，立除奸僞，則亂息矣。伊周權重位尊，處危疑而不懼，成格天之勳業，豈非以其精忠至德，君上亦信之哉。故書自晉歸弑其君，明其不必歸而歸，固早有簒弑之心也。人受其利己殞身，而徒犯惡逆，以此爲戒。使後人毋信奸人擁戴之説，干名犯義，必終歸誅戮。前人多失經旨，《穀梁》尤謬。至楚虔弑逆，夫子雖未得實，而詳書其横暴，其被弑也書于乾谿，則有罪自取之義亦明。

楚公子棄疾殺公子比。

殺，《公》作弑。

觀從謂子干曰：不殺棄疾，雖得國，猶受禍也。子干曰：余不忍也。子玉曰：人將忍子，吾不忍俟也。乃行。國每夜駭曰：王入矣。乙卯夜，棄疾使周走而呼曰：王至矣。國人大驚。使蔓成然告子干、子晳曰：王至矣。國人殺君司馬，將來矣。君若早自圖也，可以無辱。衆怒如水火焉，不可爲謀。又有呼而走至者曰：衆至矣。二子皆自殺。丙辰，棄疾即位，名曰熊居。葬子干於訾，實訾敖，殺囚，衣之王服而流諸漢，乃取而葬之，以靖國人。他年，芋尹申亥以王柩告，乃改葬之。初，靈王卜，曰：余尚得天下。不吉，投龜，詬天而呼曰：是區區者而不余畀，余必自取之。民患王之無厭也，故從亂如歸。案：比既立矣，而不稱君者，不當君也。比弑逆而不書國以殺者，棄疾圖位而私殺之，故專書棄疾以罪之。《左傳》載棄疾當璧事以爲竟驗，非也。夫國君繼世，大事也，必擇賢而立之。嫡而不賢，聖人未必拘拘立嫡之義，而坐令傾敗。紂之立也，太史争之。季之立也，泰伯讓之。成王雖幼而賢，又有周、召、太公來輔，不然安知邘晋、應韓不可立哉？不知諭教之道及擇賢之理，而區區以璧卜，豈足爲典要哉？學者愼毋遂爲所惑。

秋，公會劉子、晉侯、齊侯、宋公、衛侯、鄭伯、曹伯、莒子、邾子、滕子、薛伯、杞伯、小邾子于平丘。

平丘，杜注：陳留長垣縣西南，漢置平丘縣，晉廢。今故城在河南開封府陳留縣北九十里。

《左傳》：晉成虒祁，諸侯朝而歸者皆有貳心。爲取郠故，晉將以諸侯來討。叔向曰：諸侯不可以不示威。乃並徵會，告於吴。秋，晉侯會吴子於良。水道不可，吴子辭，乃還。七月丙寅，治兵於邾南，甲車四千乘。案：晉侈宫築而諸侯懷貳，當改過修德可也。乃挾王臣以盛兵威，欲脅諸侯，鄙闇莫甚焉。詳書列國諸侯，以王臣在焉。尊王臣必書劉子，書劉子不得不書公。書劉子與公，則亦必書諸侯。蓋不德者晋也，諸侯因晉請王臣下降而召諸侯，諸侯何罪焉。

八月甲戌，同盟于平丘。公不與盟。

《左傳》：晉人將尋盟，齊人不可。晉侯使叔向告劉獻公對曰：盟以底信。君苟有信，諸侯不貳，何患焉？天子之老，請帥王賦。元戎十乘，以先啟行。遲速唯君。叔向告於齊，齊猶不許。叔向曰：明王之制，使諸侯歲聘以志業，間朝以講禮，再朝而會以示威，再會而盟以顯昭明。志業於好，講禮於等，示威於衆，昭明於神，自古以來，未之或失也。晋禮主盟，懼有不治，奉承齊犧，而布諸君，求終事也。君曰：余必廢之，何齊之有？唯君圖之，寡君聞命矣。齊人懼，聽命。叔向曰：諸侯有間矣，不可以不示衆。八月辛未，治兵，建而不旆。壬申，復旆之。諸侯畏之。邾人、莒人愬於晋曰：魯朝夕伐我，幾亡矣。我之不共，魯故之以。晋侯不見公，使叔向來辭曰：諸侯將以甲戌盟，寡君知不得事君矣，請君無勤。甲戌，同盟于平丘。案：晋人不修德禮，威諸侯而與之盟。然《經》書同盟，公不與盟亦不諱者，聖人閔時扶衰，不得已之心。晋雖無匡王恤鄰之實，然襄文之業，世主夏盟，扞禦秦、楚，亦賴以稍安。自宋之盟，諸侯交相見，事楚如晋，以致楚肆行滅陳、滅蔡。使非吴爲楚患，其虐中國不知胡底。今晋合諸侯以申舊約，雖未能義洽信孚，亦安靖之一事。公不能正臣下，妄取人邑，雖亦有咎，而特失之於弱。不諱者，爲其非公罪也。接書執意如，以見公不與盟，咎由意如。然伐莒、取郠，其事已隔四年。今邾、莒、魯同來會，當曉以親睦嚴飭，意如此後不得擅專。以當年未正其罪，今宜不咎既往，予以自新也。然是時晋政亦在大夫，安能如斯？故稱人以執，而不予其能正人焉。

晋人執季孫意如以歸。

《左傳》：晋人執季孫意如，以幕蒙之，使狄人守之。司鐸射懷錦，奉壺飲冰，以蒲伏焉。守者御之，乃與之錦而入。晋人以平子歸，子服湫從。書人以執，義見上。

公至自會。

公不與盟，而亦書至自會者，公不能禁季氏，其來已久。夫子魯臣，慨君之弱，而薄君之咎也。

蔡侯廬歸于蔡。陳侯吴歸于陳。

《左傳》：楚之滅蔡也，靈王遷許、胡、沈、道、房、申於荆焉。平王即位，既封陳、蔡，而皆復之。隱大子之子廬歸於蔡，悼大子之子吴歸於陳。劉氏絢曰：陳、蔡者，先王之封國，非楚可滅，非楚可復也。故書爵、書歸，言位固其所固有，國固其所宜歸也。愚案：二人本公子，未爲君而稱爵，劉氏之説善矣。而書名者，著其實也。前書殺陳昭、蔡般，已滅之矣。今復有君，不知爲何人而復興之，迹亦不彰矣。

冬十月，葬蔡靈公。

蔡靈公之死數年矣，今始書葬，則蔡之復興，其事可知。亦與朝吴之能復國也。

公如晋，至河乃復。

《左傳》：公如晋。荀吴謂韓宣子曰：諸侯相朝，講舊好也。執其卿而朝其君，有不好焉，不如辭之。乃使士景伯辭公於河。案：公如晋，蓋請季孫也。季氏專擅，法所必黜。公既不能自黜，而又爲請於晋，昏庸甚矣。書如晋、至河，乃復病公也。

吴滅州來。

《左傳》：吴滅州來。令尹子旗請伐吴，王弗許，曰：吾未撫民人，未事鬼神，未修守備，未定國家。而用民力，敗不可悔。州來在吴，猶在楚也。子姑待之。案：州來，界吴、楚之小國，春秋於滅國必惡之。吴不書人，亦不書爵，齒以夷狄也。

十有四年　　景王十七年　癸酉

春，意如至自晋。

《左傳》：季孫猶在晋，子服惠伯私於中行，請釋之晋。穆子告韓宣子，且曰：逮滅陳、蔡，不能救，而爲夷執親。乃歸季孫。惠伯曰：寡君未知其罪，合諸侯而執其老。若猶有罪，死命可也。若曰無罪而惠免之，諸侯不聞，是逃命也，何免之爲？請從君惠於會。宣子患之，乃使叔魚。見季孫曰：聞諸吏將爲子除館於西河，其若之何？且泣。平子懼，先歸。惠伯待禮。案：意如有罪，則當告於王而黜之，無則不必執之。執之矣而又無所罪而釋之，如同兒戲，何以令諸侯？書至自晋，病晋也。意如不氏，貶也。其取鄆、取鄲有自取之道，辱國辱身，爲不可恕也。

三月，曹伯滕卒。

夏四月。

秋，葬曹武公。

八月，莒子去疾卒。

在位十四年，子郊公嗣。

《左傳》：秋八月，莒著丘公卒，郊公不慼。國人弗順，欲立著丘公之弟庚輿。蒲餘侯惡公子意恢而善於庚輿，郊公惡公子鐸而善於意恢。公子鐸因蒲餘侯而與之謀曰：爾殺意恢，我出君而納庚輿。許之。案：胡傳謂莒人來赴，故書。卒不會葬，故不書葬。然考《經》文本義，實不盡然也。即赴豈必皆書之？莒子卒而莒亂，將書殺公子意恢，故書耳。

冬，莒殺其公子意恢。

《左傳》：冬十二月，蒲餘侯兹夫殺莒公子意恢，郊公奔齊。公子鐸逆庚輿於齊。齊隰黨、公子鉏送之，有賂田。案：意恢爲莒子所善，蒲餘侯等作亂而殺之。意恢無罪也，故書公子以著其有親親之誼。稱國以殺，病莒子也。莒子不慼，國人弗順，無禮而累其下，猶曰莒子無禮於國，國殺其所善之臣，以戒人君當正己也。

十有五年　　景王十八年　甲戌

春王正月，吴子夷末卒。

《公》作夷味。

二月癸酉，有事于武宫。籥入，叔弓卒。去樂，卒事。

《左傳》：春，將禘于武宫，戒百官。梓慎曰：禘之日，其有咎乎。吾見赤黑之祲，非侵祥也，喪氛也。其在涖事乎？二月癸酉，禘，叔弓涖事，籥八而卒。去樂，卒事，禮也。案：魯禘在六月，左氏誤也。《經》書有事，不言祭武宫。成公六年所立有事蓋爲兵事，而祀武公，非時祭也。叔弓奉命涖事忽卒，他人代之。卒事不以臣死廢君命與祭禮也。去籥以示哀，書以誌變，禮之當也。

夏，蔡朝吴出奔鄭。

朝，《公》作昭，無出字。

《左傳》：楚費無極害朝吴之在蔡也，欲去之。乃謂之曰：王唯信子，故處子於蔡。子亦長矣，而在下位，辱。必求之，吾助子請。又謂其上之人曰：王唯信吴，故處諸蔡，二三子莫之如也。而在其上，不亦難乎？弗圖，必及於難。夏，蔡人逐朝吴。朝吴出奔鄭。王怒，曰：余唯信吴，故寘諸蔡。且微吴，吾不及此。女何故去之？無極對曰：臣豈不欲吴？然而前知其爲人之異也。吴在蔡，蔡必速飛。去吴，所以翦其翼也。案：朝吴，蔡之忠臣，復蔡而輔蔡，楚子非吴，不立，乃敬于讒而不治無極之罪，卒爲所害，禍及宗社遺骸。繫吴於蔡，明吴之爲蔡所繫。書出奔，罪蔡侯之不能庇吴也。

六月丁巳朔，日有食之。

秋，晋荀吴帥師伐鮮虞。

《左傳》：晋荀吴帥師伐鮮虞，圍鼓。鼓人或請以城叛，穆子弗許。左右曰：師徒不勤，而可以獲城。何故不爲？穆子曰：吾聞諸叔向曰：好惡不愆，民知所適，事無不濟。或以吾城叛，吾所甚惡也。人以城來，吾獨何好焉？賞所甚惡，若所好何？若其弗賞，是失信也，何以庇民？力能則進，否則退，量力而行。吾不可以欲城而邇姦，所喪滋多。使鼓人殺叛人而繕守備。圍鼓三月，鼓人或請降，使其民見，曰：猶有食色，姑修而城。軍吏曰：獲城而弗取，勤民而頓兵，何以事君？穆子曰：吾以事君也。獲一邑而教民怠，將焉用邑？邑以賈怠，不如完舊，賈怠無卒，棄舊不祥。鼓人能事其君，我亦能事吾君。率義不爽，好惡不愆，城可獲而民知義所。有死命而無二心，不亦可乎。鼓人告食竭力盡，而後取之。克鼓而反，不戮一人，以鼓子𢧵鞮歸。案：書帥師、書伐，惡以恃衆擅伐也。據《左氏》，吴克鼓，有仁恕之心。然鼓無罪而伐之，雖不屠戮亦小節也。吴既明於此而不能以義匡君，安内攘外，豈足道哉？且鼓實非晋敵，故吴得以從容攻圍耳。豈能施之於他乎？聖人不以其小善廢大義，故書法如此。

冬，公如晋。

《左傳》：冬，公如晋，平丘之會故也。晋人止公不書，諱之也。案：禮，朝聘有常期。公以意如被釋而朝晋，晋猶止之。不書止公而書如晋，至自晋如常詞，以公無咎，而晋之辱公爲不足輕重也。

十有六年　景王十九年　己亥

春，齊侯伐徐。

《左傳》：齊侯伐徐。二月丙申，齊侯至于蒲隧。徐人行成。徐子及郯人、莒人會齊侯，盟于蒲隧，賂以甲父之鼎。叔孫昭子曰：諸侯之無伯，害哉。齊君之無道也。興師而伐遠方，會之有成而還，莫之亢也。無伯也夫。《詩》曰：周宗既滅，靡所止戾。正大夫離居，莫知我肄。其是之謂乎？案：徐屬於楚，齊景公欲争晋霸，又覬楚平新立，是以伐徐。不知齊桓、晋文之霸，聖人所以猶有節取之者，以其匡王、靖諸侯也。今不務修德尊王以治其國，而致遠人，乃僥倖伐徐、取賂、受盟，卑陋甚矣。書齊侯、書伐，著其親兵以虐小，非予之也。

楚子誘戎蠻子殺之。

《公》作戎曼。戎蠻，杜注：河南新城縣東南有蠻城。《後漢志》：新城有鄤，聚古鄤氏，今名蠻中。《水經注》：汝水自梁縣東逕麻解城北，故鄤鄉城也。蠻麻聲近，故誤耳。章懷太子曰：蠻中聚在梁縣東南，今河南南陽府汝州西南有蠻城，是其處也。

《左傳》：楚子聞蠻氏之亂也，與蠻子之無質也，使然丹誘戎蠻子嘉殺之，遂取蠻氏，既而復立其子焉。家氏鉉翁曰：書誘書殺，罪之深也。書子，以見雖有大小，而於周班皆爲子，不得擅相侵陵，况誘而殺之乎？

夏，公至自晋。

義見上。

秋八月乙亥，晋侯夷卒。

《左傳》：秋八月，晋昭公卒。

九月，大雩。

《左傳》：九月，大雩，旱也。

季孫意如如晋。

冬十月，葬晋昭公。

十有七年　景王二十年　丙子

春，小邾子來朝。

《左傳》：十七年春，小邾穆公來朝，公與之燕。季平子賦《采叔》，穆公賦《菁菁者莪》。昭子曰：不有以國，其能久乎？

夏六月甲戌朔，日有食之。

《左傳》：夏六月甲戌朔，日有食之。祝史請用幣。昭子曰：日有食之，天子不舉，伐鼓於社；諸侯用幣於社，伐鼓於朝。禮也。平子禦之，曰：止也。唯正月朔，慝未作，日有食之，於是乎有伐鼓用幣，禮也。其餘則否。太史曰：在此月也。日過分而未至，三辰有災。於是乎百官降物，君不舉，辟移時，樂奏鼓，祝用幣，史用辭。故《夏書》曰：辰不集於房，瞽奏鼓，嗇夫馳，庶人走。此月朔之謂也。當夏四月，是謂孟夏。平子弗從。昭子退曰：夫子將有異志，不君君矣。案：周衰而文武之道未墜，識大識小有人，即昭子、大史之論日食可見。此夫子所以學而聖。若非文、武、周公留遺，難矣哉。

秋，郯子來朝。

《左傳》：秋，郯子來朝，公與之宴。昭子問焉，曰：少皡氏鳥名官，何故也？郯子曰：吾祖也，我知之。昔者黄帝氏以雲紀，故爲雲師而雲名。炎帝氏以火紀，故爲火師而火名。共工氏以水紀，故爲水師而水名。大皞氏以龍紀，故爲龍師而龍名。我高祖少皞摯之立也。鳳鳥適至，故紀於鳥，爲鳥師而鳥名。鳳鳥氏，歷正也。元鳥氏，司分者也。伯趙氏，司至者也。青鳥氏，司啟者也。丹鳥氏，司閉者也。祝鳩氏，司徒也。鴡鳩氏，司馬也。鳲鳩氏，司空也。爽鳩氏，司寇也。鶻鳩氏，司事也。五鳩，鳩民者也。五雉，爲五工正，利器用，正度量，夷民者也。九扈，爲九農正，扈民無淫者也。自顓頊以來，不能紀遠，乃紀於近，爲民師而命以民事，則不能故也。仲尼聞之，見於郯子而學之。既而告人曰：吾聞之，天子失官，學在四夷，猶信。案：郯子言顓頊以來，不能紀遠，則前此聖人紀官必雜取民物之義。其時理氣象數，皆備有典，則此六十四卦，所以皆伏羲所定名義，而非文王始增。郯子言古帝王相承次第，崔氏述據以明今傳炎帝、神農、太皞、伏羲之謬，亦爲有見。學者不可執一隅以概四方也。

八月，晉荀吴帥師滅陸渾之戎。

《公》作賁。渾戎，《穀》無之字。

《左傳》：晉侯使屠蒯如周，請有事於雒與三塗。萇弘謂劉子曰：客容猛，非祭也。其伐戎乎？陸渾氏甚睦於楚，必是故也。君其備之。乃警戎備。九月丁卯，晉荀吴帥師涉自棘津，使祭史先用牲於雒。陸渾人弗知，師從之。庚午，遂滅陸渾，數之以其貳於楚也。陸渾子奔楚，其衆奔甘鹿。周大獲，宣子夢文公攜荀吴而授之陸渾，故使穆子帥師，獻俘於文宫。案：陸渾本居秦、晉西北，在荒服之外。僖二十二年晉與秦遷之於伊川，逼近王畿，非計也。至是晉以其服楚而不與己故，襲而滅之，非謂其逼王室而然也。書帥師、書滅，惡其恃衆而擅滅。蓋偪近王室，不請命於王討之，而私心擅滅，功不敵罪也。

冬，有星孛于大辰。

星芒散出如帚，曰孛。孛，悖也。星光團結，今乃散出，反常故名其名彗也。亦以其象名之。本非常星而忽有，故曰有星。大辰，北辰也。冬，周八九十月。北辰在南，申須以爲火災。然分野之説，前人所訶。中國於六合如彈丸，以之配四七宿，奚可申須言火出而見？謂五六七月，火旺之時孛見，故以爲有火災耳。其確指四國，則以其光芒所指占之。曰大辰之虚，祝融之虚等語，皆敷衍傅會，以就其説。後儒不知以大辰爲大，火謂房、心、尾，曲爲之解，俱非。詳見附解。

楚人及吴戰于長岸。

長岸，杜注：楚地。今江南太平府當塗縣西南三十里有西梁山與東梁山，夾江相對，如門之闕，亦曰天門山。《郡國志》：天門山一名娥眉山，春秋楚獲吴乘舟餘皇處也。

《左傳》：吴伐楚。陽匄爲令尹，卜戰，不吉。司馬子魚曰：我得上流，何故不吉？且楚故，司馬令龜，我請改卜。令曰：魴也，以其屬死之，楚師繼之，尚大克之，吉。戰於長岸。子魚先死，楚師繼之，大敗吴師，獲其乘舟餘皇。使隨人與後至者守之，環而塹之，及泉，盈其隧炭，陳以待命。吴公子光請於其衆，曰：喪先王之乘舟，豈唯光之罪，衆亦有焉。請藉取之，以救死。衆許之。使長鬣者三人，潛伏於舟側，曰：我呼餘皇，則對。師夜從之。三呼，皆迭對。楚人從而殺之。楚師亂，吴人大敗之，取餘皇以歸。案：吴、楚皆僻裔也。楚侵擾中夏百餘年，而吴猶未也。吴、楚爲讎，其得失均。此書楚人及吴戰而不書勝敗，略之也。戰争非聖人所貴，况讎忿乎？書以志春秋之末變局。

附　解

聖人觀天時，察地利，以宜人事。日月星辰，象見於上，精藏於下，以定理言，則天地人一氣相通，本無間隔。因人心寖，失其常道，而天人始相遠，變異叢生矣。聖人書災異，使人畏天威而嚴相在，果能至誠悔過，克己自修，則雖有其象，亦無其應。中宗修德而祥桑死，景公一言而熒惑退，即其事焉。後儒好言災異，事事必言徵應，似氣數所在，人事亦無能挽迴，則非聖人教人之意，而其源實由《左氏》。《左氏》載占驗等事，多不可爲訓。愚曾已言之，如本年日食星孛，叔孫昭子及申須等所言，未嘗無義，而實未達本源。不明其失，將使人人言災祥而昧實修。是以略爲言之。日月經道緯道皆同則食，此乃一定之度，可考而知者也。第日月行空，相隔數重，使無邪氣相干，則亦不食，即食亦僅。惟火之餘氣盛而木爲火逼則昏，土之餘氣盛而水爲土尅則晦。故日月食雖有常度，而先王必制爲救變之禮，恐懼修德其本也，用幣伐鼓其末也。本末交盡，爲是叔孫昭子、太史等未嘗言及之，則失先王禮義矣。有星孛于大辰，大辰爲何？聖人未嘗言也。申須因星象如篲曰彗，言彗所以除舊布新，見於南方，決其有火災。然彗主兵象，不主火災，自古爲然。除舊布新謂火，焚則易舊而新耳。除舊易新，是爲美意，何以爲災？其以分野之説斷爲宋、衛、陳、鄭。分野之説，原不足信，而宋、陳、鄭亦不屬於大辰。若衛，第以星孛及漢占之。然《經》止言孛于大辰，無及漢字，《左傳》始有之，委曲附會以就其説。申須之言已非，而《公羊》又曰：大辰者何？大火也。夫鶉首、鶉中、鶉尾合爲朱鳥，星多而度闊，稱大火爲大辰可通，而所照臨不止四國。《公羊》又曰：伐爲大辰，北辰亦爲大辰。又添設二端，若不知《經》云大辰爲何者。是《公羊》亦惝恍之詞矣。而後儒乃實之曰大，火星居中最明，時候主焉，故曰大辰。主時候之説，不知何本，其義難解。或又曰：大火，房、心、尾也。三星皆蒼龍之宿，尾爲火，而房星則爲日月，何以當爲大辰？十二之中，辰象乎龍，以東方七宿如龍，而亢位在辰，故曰然耳。以爲大辰，已不足以當之，況又舉其三而遺其四，謂爲大辰，實爲牽強。董仲舒、劉向謂心爲明堂，前太子，後庶子，有星孛焉，爲後五年王室亂之兆。其言近是。而以房、心、尾爲大辰，亦沿前人之失。是故星孛大辰，必非四國火災之變。而適逢其會，申須等别有他術，卜得四國將火，秘之而以孛大辰當之。凡自古術數之士，往往如此。後人不知其故，據所言以爲一定如此。子貢執玉高卑決二君死亡，夫子故責其不幸多言而中。聖人即前知，决不妄言。凡妄言者，皆未深知天道者也。故愚不以申須等之言爲是，而略摘其瑕如此。

十有八年　景王二十一年　丁丑

春，王三月，曹伯須卒。

《左傳》：三月，曹平公卒。

夏五月壬午，宋、衛、陳、鄭災。

《左傳》：夏五月，火始昏見。丙子，風。梓慎曰：是謂融風，火之始也。七日，其火作乎。戊寅，風甚。壬午，大甚。宋、衛、陳、鄭皆火。梓慎登大庭之庫以望之，曰：宋、衛、陳、鄭也。數日，皆來告火。裨竈曰：不用吾言，鄭又將火。鄭人請用之。子産不可。子大叔曰：實，以保民也。若有火，國幾亡。可以救亡，子何愛焉？子産曰：天道遠，人道邇，非所及也，何以知之。竈焉知天道？是亦多言矣，豈不或信？遂不與，亦不復火。案：火災，常也。四國同日火則異矣，故書之，因其異也。而妄談紛紛，古今同弊。愚嘗見同日而四五地火者矣，必爲之説，則滋惑。君子修其在己，敬畏天命，又何必在在而言災祥耶？

六月，邾人入鄅。

鄅，杜注：瑯琊開陽縣。《水經注》：開陽在祊之東南，沂水逕其南，故鄅國也。今山東兖州府沂州北十五里有開陽故城。

《左傳》：六月，鄅人藉稻。邾人襲鄅，鄅人將閉門。邾人羊羅攝其首焉，遂入之，盡俘以歸。鄅子曰：余無歸矣。從帑於邾，邾莊公反鄅夫人，而舍其女。趙氏鵬飛曰：春秋小國，真蜂蠆也。晞大陽之溫則肆其毒。邾子見削於魯，亦甚矣。今少安其巢，則毒螫之心生。鄅何慊于邾？邾人乘其不虞而縱兵入其郛，蓋以前日失鄆、失鄑、失漷東田，故僥倖於鄅，庶或掩其不備，取此以償彼也。是誠可疾，故曰邾人入郲。書人書入，賤之也。

秋，葬曹平公。

《左傳》：秋，葬曹平公。往者見周原伯魯焉，與之語，不說學。歸以語閔子馬。閔子馬曰：周其亂乎？夫必多有是説，而後及其大人。大人患失而惑，又曰，可以無學，無學不害。不害而不學，則苟而可。於是乎下陵上替，能無亂乎？夫學，殖也，不學將落，原氏其亡乎？

冬，許遷於白羽。

《左傳》：楚令尹王子勝言於楚子曰：許於鄭，仇敵也，而居楚地，以不禮於鄭。晉、鄭方睦，鄭若伐許，而晉助之，楚喪地矣。君盍遷許？許不專於楚。鄭方有令政。許曰：余舊國也。鄭曰：余俘邑也。葉在楚國，方城外之蔽也。土不可易，國不可小，許不可俘，讎不可啟。君其圖之。楚子說。冬，楚子使王子勝遷許於析，實白羽。孔氏穎達曰：成十五年，遷許於葉。後自葉遷於夷。平王即位，復其本國，許又歸於葉。今又自葉遷於白羽。楚雖遷許，許亦畏鄭樂遷。《經》以自遷爲文，不予楚以得遷國也。

十有九年　　景王二十二年　戊寅

春，宋公伐邾。

《左傳》：郲夫人，宋向戌之女也，故向寧請師。二月，宋公伐邾，圍蟲。三月，取之。乃盡歸郲俘。邾人、郳人、徐人會宋公。乙亥，同盟於蟲。案：書爵、書伐，予宋也。邾無故襲郲而俘其衆，宋元公伐之，雖不奉王命，《春秋》亦節取之。予宋則惡邾深矣。

夏五月戊辰，許世子止弒其君買。

《左傳》：夏，許悼公瘧。五月戊辰，飲大子止之藥，卒。大子奔晋。書曰弒其君。君子曰：盡心力以事君，舍藥物可也。案：禮有嘗藥之訓。嘗，試也。非謂君父服藥，臣子必先口嘗。藥非一端，有可嘗，有不可嘗。若無疾而服有疾之藥，或至傷生，可乎？嘗者，躬親試驗，察藥與疾相宜否？宜矣，藥品佳否？佳矣，服之多寡緩急，皆細心檢察以此爲禮。况瘧疾截瘧者，其藥多暴。許世子不親省視，妄藥殺父，安得免于不孝？因藥係世子所進，不諳藥性，誤投殺父，故以弒加之。《穀梁》云：止痛父死，以位與弟虺，哀毁逾年而卒。然悔之於後，何若慎之於前善乎？萬氏孝恭曰：許止之事雖若可恕，萬一後世臣子，幸君父之疾，進藥以斃之，而自附於不知嘗藥之義，是啟之爲亂原也。其言是也。聖人豈輕加人以大逆之名哉。若《左氏》謂舍藥物，親有疾，不療可乎？

己卯，地震。

地，臣道、子道、妻道也。宜静而不宜動，動則有變。其變亦非一，往往後驗始知。昭公之世再書，據後而觀，公卒于外，季氏居然治國，則其變因此無疑。

秋，齊高發帥師伐莒。

《左傳》：秋，齊高發帥師伐莒。莒子奔紀鄣。使孫書伐之。初，莒有婦人，莒子殺其夫，已爲嫠婦。及老，託於紀鄣，紡焉以度而去之。及師至，則投諸外。或獻諸子占。子占使師夜縋而登。登者六十人，縋絶，師鼓譟。城上之人亦譟。莒共公懼，啟西門而出。七月丙子，齊師入紀。案：書帥師伐入莒，罪其恃强虐小也。而莒子妄殺無辜，致來報怨禍己，亦大可爲鑒焉。

冬，葬許悼公。

《公羊》：賊未討，何以書葬？不成於弑也。何爲不成於弑？止進藥，而藥殺也。止進藥而藥殺，則曷爲加弑焉？亦譏子道之不盡也。其譏子道之不盡奈何？曰：樂正子，春之視疾也，復加一飯則脱然愈，復損一飯則脱然愈。復加一衣則脱然愈，復損一衣則脱然愈。止進藥而藥殺，是以君子加弑焉爾，曰：許世子止弑其君買，是君子之聽止也。葬許悼公，是君子之赦止也。赦止者，免止之罪辭也。案：不討賊不書葬，不盡然也。書葬如常詞，以止原非弑逆等。且止痛父而卒，亦有可原，薄其罪也。《公羊》之説是矣。

二十年　　景王二十三年　己卯

春王正月。

《左傳》：二十年春王二月己丑，日南至。孔氏穎達曰：是年正月當是往年閏月，此年二月乃是正月。史失閏，《經》因史而書正月，從其誤而書之，《傳》以《經》之正月實非正月，更於二月，記南至之日，以正曆之失也。案：杜預以長曆推之，解《左傳》二月日南至，是也。而孔氏謂《經》從史誤書之，然夫子所書，當本正月，未必以二月爲正月。不得以《傳》爲是以《經》爲非也。觀左氏記八月後閏，是當年亦閏，但非如杜氏説在去年耳。梓慎好言禍福，左氏亦喜載之。下文二十一年日食，具詳辨之。

夏，曹公孫會自鄸出奔宋。

鄸，莫公反。《穀》作夢。鄸，杜注：曹邑。今在兗州府曹州北。

書奔未有言所自者，鄸，會之封邑，其父子臧受之於君者也。子臧讓國而不受，其子有罪，猶當原宥焉。今之出奔不言何故，然《經》書公孫、書自鄸，則會蓋無罪而不安其邑出奔者也，書之以病曹君。前人種種曲説皆謬。

秋，盜殺衛侯之兄縶。

縶，《公》《穀》作輒。

《左傳》：衛公孟縶狎齊豹，奪之司寇與鄄，有役則反之，無則取之。公孟惡北宫喜、褚師圃，欲去之。公子朝通於襄夫人宣姜，懼而欲以作亂。故齊豹、北宫喜、褚師圃、公子朝作亂。初，齊豹見宗魯於公孟，爲驂乘焉。將作亂，而謂之曰：公孟之不善，子所知也。勿與乘，吾將殺之。對曰：吾由子事公孟，子假吾名焉，故不吾遠也。雖其不善，吾亦知之。抑以利故，不能去，是吾過也。今聞難而逃，是僭子也。子行事乎，吾將死之，以周事子，而歸死於公孟，其可也。丙辰，衛侯在平壽，公孟有事於蓋獲之門外，齊子氏帷於門外而伏甲焉。使祝鼃寘戈於車薪以當門，使一乘從公孟以出。使華齊御公孟，宗魯驂乘。及閎中，齊氏用戈擊公孟，宗魯以背蔽之，斷肱，以中公孟之肩，皆殺之。公聞亂，載寶以出，如死鳥，齊氏之宰渠子召北宫子。北宫氏之宰不與聞謀，殺渠子，遂伐齊氏，滅之。丁巳晦，公入。與北宫喜盟於彭水之上。公子朝、褚師圃、子玉霄、子高魴出奔晋。閏月戊辰，殺宣姜。琴張聞宗魯死，將往弔之。仲尼曰：齊豹之盜，而孟縶之賊，女何弔焉？君子不食姦，不受亂，不爲利疚於回，不以回待人，不蓋不義。不犯非禮。案：縶無禮於齊豹，以其狎故。蓋相狎久而輕之，不爲大罪。豹乃殺之，目無衛侯，亦不念縶。因廢疾之人，特恃相狎，妄爲告君治之。《經》書盜，惡之至矣。衛侯無以善全其兄，又不能禁臣下妄爲，故書衛侯兄以罪之。宗魯不能以禮匡縶，又不能禦亂。聞豹將殺縶，不思免之之計，而徒死塞責。故子惡之。縶有疾不立，《公》《穀》可信，而以其病足爲輒，故名曰輒。非也。當從左氏作縶。

冬十月，宋華亥、向寧、華定出奔陳。

寧，《公》作甯。

宋元公惡華、向二族，欲去之。華亥、華定與向甯謀先發爲亂。華亥詐疾，誘殺群公子，并劫公。公以太子欒、公子辰、公子地三人爲質，華亥、華定、向甯亦以其子爲質，盟于華氏。其時公子城與華氏戰於鬼閻，敗。適晋華亥與其妻必盥而食，所質公子者而後食。公與夫人每日必適華氏，食公子而後歸。華亥患之，欲歸公子。向寧曰：唯不信，故質其子。若又歸之，死無日矣。華費遂亦華族，公信之，與謀攻。華氏對曰：臣不敢愛死，無乃求去憂而滋長乎？臣是以懼，敢不聽命？公曰：子死亡有命，余不忍其詢。冬十月，公殺華、向之質而攻之。戊辰，華、向奔陳，華登奔吴。向寧欲殺大子。華亥曰：干君而出，又殺其子，其誰納我，且歸之有庸。使少司寇牼以歸，曰：子之齒長矣，不能事人，以三公子爲質，必免。公子既入，華牼將自門行。公遽見之，執其手曰：余知而無罪也，入，復而所。登費遂子。案：宋公不正君綱，君臣交質，大非矣。華氏必食群公子而後食，猶有敬君之心。使公以德禮感之，非不可化者。乃殺其子而攻之，不亦謬乎。華氏不殺群公子，未爲無禮，而公之失可見矣。書三人出奔陳，見其有不得不出奔之勢，著公之無禮于臣下。及三人入南里以叛乃罪之。聖人誅亂逆，亦不予在上者之横行也。

十有一月辛卯，蔡侯廬卒。

廬，《左》作盧。

二十有一年　景王二十四年　庚辰

春，王三月，葬蔡平公。

《左傳》：三月，葬蔡平公。蔡大子朱失位，位在卑。大夫送葬者歸，見昭子。昭子問蔡故，以告。昭子歎曰：蔡其亡乎。若不亡，是君也必不終。詩曰：不解於位，民之攸塈。今蔡侯始即位，而適卑，身將從之。案：此可戒人君動静必慎。

夏，晋侯使士鞅來聘。

書聘止此。

《左傳》：夏，晋士鞅來聘，叔孫爲政。季孫欲惡諸晋，使有司以齊鮑國歸費之禮爲士鞅。士鞅怒，曰：鮑國之位下，其國小，而使鞅從其牢禮，是卑敝邑也。將復諸寡君。魯人恐，加四牢焉，爲十一牢。案：聘問，禮也。晋爲盟主，諸侯朝聘者數，晋往往不如禮報之。是時晋公室弱而士鞅貪，書晋聘止此，以其後不足誌也。左氏所記不足信。既云叔孫爲政，則必與士鞅爲賓主矣。而以卑禮怒之，士鞅豈不怨叔孫而怨季孫乎？士鞅怒矣，又加牢禮。孰加之？叔孫加歟。是自貢其惡，季孫加歟，則必白前卑禮之非己意，而叔孫之惡亦彰矣。昭子亦賢臣，必不爲此。

宋華亥、向寧、華定自陳入於宋南里以叛。

叛，《公》作畔。南里，杜注：宋城内里名。在今商丘縣境。

《左傳》：宋華費遂生華貙、華多僚、華登。貙爲少司馬，多僚爲御士，與貙相惡，乃譖諸公曰：貙將納亡人。亟言之。公曰：司馬以吾故亡其良子。死亡有命，吾不可以再亡之。對曰：君若愛司馬，則如亡。死如可逃，何遠之有？公懼，使侍人召司馬之侍人宜僚，飲之酒而使告司馬。司馬歎曰：必多僚也。吾有讒子而弗能殺，吾又不死，抑君有命，可若何？乃與公謀逐華貙，將使田孟諸而遣之。公飲之酒，厚酬之，賜及從者。司馬亦如之。張匄尤之，曰：必有故。使子皮承宜僚以劍而訊之。宜僚盡以告張匄欲殺多僚。子皮曰：司馬老矣，登之謂甚，吾又重之，不如亡也。五月丙申，子皮將見司馬而行，則遇多僚御司馬而朝。張匄不勝其怒，遂與子皮、臼任、鄭翩殺多僚，劫司馬以叛，而召亡人。壬寅，華、向入。樂大心、豐愆、華牼禦諸横。華氏居盧門，以南里叛。六月庚午，宋城舊鄘及桑林之門而守之。案：召向寧者，華貙也，而不書，獨書亥寧三人者，誅逆也。亥等犯罪出奔，幸免於死，唯當引避可也。乃乘亂入，據南里而叛，則亂逆甚矣。書自陳入，亦罪陳也。亡臣非得陳助，亦何能隻身入國而叛？

秋七月壬午朔，日有食之。

《左傳》：秋七月壬午朔，日有食之。公問於梓慎曰：是何物也，禍福何爲？對曰：二至、二分，日有食之，不爲災。日月之行也，分，同道也，至，相過也。其他月則爲災。陽不克也，故常爲水。案：日月食義見十七年附解，梓慎不因公之問告以修慝，乃云不爲災。小人不知大義而或通占卜，往往諂事權貴，妄言禍福，釀成亂階，甚可惡也。

八月乙亥，叔輒卒。

輒，《公》作痤。

《左傳》：於是叔輒哭日食。昭子曰：子叔將死，非所哭也。八月，叔輒卒。杜氏預曰：叔弓之子伯張輒無事業見於《經》而獨書卒，其亦以其賢乎？若趙鵬飛云誌世爵，則非。

冬，蔡侯朱出奔楚。

朱，《穀》作東。

《左傳》：蔡侯朱出奔楚。費無極取貨於東國，而謂蔡人曰：朱不用命於楚，君王將立東國。若不先從王欲，楚必圍蔡。蔡人懼，出朱而立東國。朱愬於楚，楚子將討蔡。無極曰：平侯與楚有盟，故封。其子有二心，故廢之。靈王殺隱大子，其子與君同惡，德君必甚。又使立之，不亦可乎？且廢置在君，蔡無他矣。案：朱出奔楚，蔡人立東國，是爲悼公。隱，大子有之子，平侯廬之弟，朱之叔。父蔡侯無辜被出，而不書楚致之，蔡人出之，以自奔爲文，何罪之也？儼然爲君無德政，以及臣民隣國讒臣得以出之。故書以戒。觀其出愬於楚，則卑陋可見。愬而不答，遂不能復。聖人略而弗書，所以教人君自修之意切矣。

公如晉，至河乃復。

《左傳》：公如晉，及河，鼓叛晉。晉將伐鮮虞，故辭公。案：禮，朝聘有常期。公內制於強臣，而外屈於晉，是時晉亦大夫專權，與季氏蓋暗結聲援，而公不察也，如晉至河，晉人託故辭公，直書於策，慨公深矣。

附　解

齊侯因疾不痊，欲誅祝史。晏子言：有德之君神福之，而祝史亦與有榮。無德之君，祝史爲虛詞以告神，而己亦蒙禍。其言甚正，可爲世俗不自修而諂瀆鬼神者戒。又言：梁丘據同而非和，君所謂可而有否焉。臣獻其否，以成其可，君所謂否而有可焉。臣獻其可，以去其否，如五味之相和，五聲之相諧，可爲人主好諛惡直者戒。至景公飲酒，樂而欲其無死，對之以古而無死則爽鳩氏之樂也。世人營營逐逐，惟恐樂事之不長，不計義理之得失。然華茂未來，枯槁隨至。觀此可以自笑其愚。晏子之言如此，而其輔君功業，反不如管仲，何也？桓公任仲也專，而景公未能，故不盡其所學耳。兒子輩嘗問曰：子產相鄭與孔明相蜀相似，以子路言志較之，似三人一般抱負，然否？曰：孔明可與仲子同，子產則未之逮也。其言行不盡純，夫子稱其有君子道四，已足畢其生平。子路有勇，知方似不甚難，而在攝大國師旅饑饉時則不易。孔明遭際相近，而以才濟變，不違乎道，故非子產所及。若寬猛相濟之言，夫子善之，人知奉爲箴規，而實不深知夫子意。今詳明之。子曰：寬則民慢，猛則民殘。言偏任之失也。下云寬猛相濟而和，引詩證之。民勞而綏之以惠，寇虐而糾之以猛。寬以養民，猛以懲惡。各有所宜，非謂凡事皆當寬猛相濟也。故又曰：柔遠能邇，以定我王。平之以和，不競不絿，不綱不柔，敷政優優，百祿是遒，和之至也。夫子因子産言，發明寬猛必相濟之意，其行之盡善，非仁育義正不可。非謂子産已能爲是，然子産已自言之矣。謂子太叔曰：唯有德者能以寬服民，其次莫如猛。蓋有德者猛在寬中，無德者猛或在寬外。非仁至義盡，安能寬猛適得其宜？子言和之至以此。子聞子産卒而出涕，稱爲遺愛，又曰惠人。則以道衰俗敝，如子産之心乎愛民忠於謀國者，不可多得耳。聖人於一材一技固無不錄，况子産之賢乎？因世人於寬猛二字，多施之不得其宜。或進忠告，忿然曰夫子之言豈誤。然而是非不明，愛憎多謬，小則害於身家，大則貽禍生民。故不得不詳辨之。

二十有二年　景王二十五年　辛巳

春，齊侯伐莒。

《左傳》：二十二年春，王二月甲子，齊北郭啟帥師伐莒。莒子將戰，苑羊牧之諫曰：齊帥賤，其求不多，不如下之。大國不可怒也。弗聽。敗齊師於壽餘。齊侯伐莒，莒子行成，司馬竈如莒涖盟。莒子如齊涖盟，盟於稷門之外。莒於是乎大惡其君。案：齊侯欲爭霸，而亟伐莒以求勝，恃力不恃德，聖人所惡也。故莒子行成涖盟。不書第，著其恃彊淩弱之失。

宋華亥、向寧、華定自宋南里奔楚。

《左傳》：二十一年冬十月，華登以吴師救華氏。齊烏枝鳴戍宋。厨人濮曰：《軍志》有之，先人有奪人之心，後人有待其衰。盍及其勞且未定也伐諸。若入而固，則華氏衆矣，悔無及也。從之。丙寅，齊師、宋師敗吴師於鴻口，獲其二帥公子苦雂、偃州員。華登帥其餘以敗宋師。公欲出，厨人濮止之。齊烏枝鳴曰：用少，莫如齊致死。齊致死，莫如去備。彼多兵矣，請皆用劍。從之。華氏北，復即之。厨人濮以裳裹首而荷以走，曰：得華登矣。遂敗華氏於新里。十一月癸未，公子城以晋師至。曹翰胡會晋荀吴、齊苑何忌、衛公子朝救宋。丙戌，與華氏戰於赭丘。大敗華氏，圍諸南里。華亥搏膺而呼，見華貙，曰：吾爲欒氏矣。使華登如楚乞師。華貙以車十五乘，徒七十人，犯師而出。食於睢上，哭而送之，乃復入。楚薳越帥師將逆華氏。諸侯之戍謀曰：若華氏知困而致死，楚耻無功而疾戰，非吾利也。不如出之以爲楚功，其亦無能爲也已。宋人從之。己巳，宋華亥、向寧、華定、華貙、華登、皇奄傷、省臧、士平出奔楚。案：書入南里，以叛自南里出奔，明其藉君之地抗君，其罪大矣。三人同罪，故悉書之。書出奔楚以見楚獎亂臣之罪。

大蒐于昌間。

間，《公》作姦。

春而蒐時也。於昌間，非地也。是時政在季氏，大蒐以講武。蓋季氏之爲，非公意也。其擅兵柄而弛文德，蓋可見矣。書以慨之。

夏四月乙丑，天王崩。

《左傳》：王子朝、賓起有寵於景王。王與賓孟説之，欲立之。劉獻公之庶子伯蚠事單穆公，惡賓孟之爲人也，願殺之。又惡王子朝之言，以爲亂，願去之。夏四月，王田北山，使公卿皆從，將殺單子、劉子。王有心疾。乙丑，崩於榮錡氏。戊辰，劉子摯卒，無子，單子立劉蚠。五月庚辰，見王，遂攻賓起，殺之。盟群王子於單氏。

六月，叔鞅如京師，葬景王。

天子崩，天下諸侯當奔其喪。春秋不然久矣。昭公使叔鞅往會葬非禮，然猶愈於並不赴也。故書葬景王以見其尚未忘天子，亦不得已而節取也。前人必以爲刺之，烏知聖人存餼羊之意。三月而葬，以亂故，亦無譏也。

王室亂。

《左傳》：丁巳，葬景王。王子朝因舊官、百工之喪職秩者，與靈、景之族以作亂，逐劉子。劉子奔揚。單子逆悼王於莊宫以歸。子朝之黨王子還夜取王以如莊宫。單子出奔。王子還與召莊公謀，欲殺單子，僞與之盟。奉王以追單子。及領，大盟而復，殺摯荒以説。劉子如劉。單子知其詐，奔于平畤。群王子追之。單子殺還、姑、發、弱、鬷、延、定、稠，子朝奔京。復伐之。劉子入于王城。案：不書何人作亂而曰王室亂，罪景王也。王不早定儲，貳而溺愛子朝以致亂。正身齊家之謂何？何惑乎天下之無王也。前此子頽之亂、子帶之亂，其名分之是非猶昭然，諸侯猶有能匡救者。今則劉、單立猛，尹氏立朝，互相爭伐，國無定者幾五年，亂莫甚焉。故書之以戒後世也。

劉子、單子以王猛居于皇。

皇，杜注：河南鞏縣西南有黄亭。《後漢志》：湟水即皇也。

《水經注》：濟、洛水合於谿泉，又東濁水注之，即湟水也。京相璠曰：黄亭在訾城北三里，今屬河南河南府。

《左傳》：單子欲告急於晋，秋七月戊寅，以王如平畤，遂如圃車，次於皇。王，猛王也。因居喪未逾年，是以不可稱天王，而又不可以諸侯例稱子。稱王繫猛者，乃王者在喪之常稱。不曰王猛居於皇，而曰劉單以之者，著劉單之功。

秋，劉子、單子以王猛入於王城。

《左傳》：劉子如劉。單子使王子處守於王城，盟百工於平宫。辛卯，鄩肸伐皇，大敗，獲鄩肸。壬辰，焚諸王城之市。八月辛酉，司徒醜以王師敗績於前城，百工叛。己巳，伐單氏之宫，敗焉。庚午，反伐之。辛未，伐東圉。冬十月丁巳，晋藉談、荀躒帥九州之戎及焦、瑕、溫、原之師，以納王於王城。庚申，單子、劉蚠以王師敗績於郊，前城人敗陸渾於社。案：書入者，子朝據王城，劉單始以王入也。晋臣帥師納王而不書，惟書劉單以王入者，著其功也。非二人則晋亦不能獨納王也。

冬十月，王子猛卒。

《左傳》：十一月乙酉，王子猛卒，不成喪也。己丑，敬王即位，館于子旅氏。十二月庚戌，晋籍談、荀躒、賈辛、司馬督帥師軍于陰，于侯氏，于谿泉，次于社。王師軍于氾，于解，次于任人。閏月，晋箕遺、樂徵、右行詭濟師，取前城，軍其東南。王師軍于京楚。辛丑，伐京，毁其西南。孫氏復曰：言王，所以明當嗣之人也。言子，所以見未踰年之君也。言猛，所以别群王子也。不崩不葬，降成君也。

十有二月癸酉朔，日有食之。

杜氏預曰：此月有庚戌，又以長曆推校前後，當爲癸卯朔，書癸酉誤。

二十有三年　敬王元年　壬午

春王正月，叔孫婼如晋。

癸丑，叔鞅卒。

汪氏克寬曰：叔弓之子，輒之弟也。子詣嗣爲大夫。

晋人執我行人叔孫婼。

《左傳》：邾人城翼，還，將自離姑。公孫鉏曰：魯將御我。欲自武城還，循山而南。徐鉏、丘弱、茅地曰：道下遇雨，將不出，是不歸也。遂自離姑。武城人塞其前，斷其後之木而弗殊。邾師過之，乃推而蹷之。遂取邾師，獲鉏、弱、地。邾人愬於晋，晋人來討。叔孫婼如晋，晋人執之。使與邾大夫坐。叔孫曰：列國之卿，當小國之君，固周制也。邾又夷也。寡君之命介子服回在，請使當之，不敢廢周制故也。乃不果坐。韓宣子命邾人聚其衆，將以叔孫與之。叔孫聞之，去衆與兵而朝。士彌牟謂韓宣子曰：子弗良圖，而以叔孫與其讎，叔孫必死之。魯亡叔孫，必亡邾。邾君亡國，將焉歸？子雖悔之，何及？所謂盟主，討違命也。若皆相執，焉用盟主？乃弗與。使各居一館。士伯聽其辭而愬諸宣子，乃皆執之，曰：以芻蕘之難，從者之病，將館子於都。叔孫旦而立，期乃館叔孫于箕。舍子服昭伯於他邑，范獻子求貨於叔孫。使請冠焉。取其冠法，而與之兩冠，曰：盡矣。爲叔孫故，申豐以貨如晋。叔孫曰：見我，吾告女所行貨。見，而不出。吏人之與叔孫居於箕者，請其吠狗，弗與。及將歸，殺而與之食之。叔孫所館者，雖一日必葺其牆屋，去之如始至。案：魯取邾師，有罪當討，然必告諸天子，聲罪以伐，而平日己必先尊王仗義，乃足以服諸侯。晋是時大夫專國，令不由君，徒襲前人主盟之勢，以脅諸侯。故諸侯玩之，且討魯罪而執其行人，非禮也。故書人以譏之。

晋人圍郊。

《左傳》：春王正月壬寅朔，二師圍郊。癸卯，郊、鄩潰。丁未，晋師在平陰，王師在澤邑。王使告間，庚戌，還。案：郊本王邑。時子朝在郊，故晋人圍之。不書圍子朝于郊，不予其得有邑也。晋勤王而書人，以其時晋君失政，大夫主兵而君不行微之。書人，不予大夫而主諸侯之事也。

夏六月，蔡侯東國卒于楚。

案：蔡侯朱出奔于楚，蔡人立東國。《經》不書東國簒及蔡侯朱不復國，而且書蔡侯東國卒，何也？東國無自立之心，因國無主，而蔡人立之，非簒也。蔡侯朱不稱其爲君，卒亦不書，則其出奔亦不足惜，所以戒人主當盡其君道也。

秋七月，莒子庚輿來奔。

《左傳》：莒子庚輿虐而好劍，苟鑄劍，必試諸人。國人患之。又將叛齊。烏存帥國人以逐之。庚輿將出，聞烏存執殳而立於道左。懼，將止死。苑羊牧之曰：君過之，烏存以力聞可矣，何必以弒君成名？遂來奔。齊人納郊公。案：庚輿得國不正，而又不仁，書名、書來奔，惡之也。齊納郊公不書者，烏存逐君而齊不討。郊公入國即位而亦縱賊，故削其事以斥之也。

戊辰，吴敗頓、胡、沈、蔡、陳、許之師于雞父。胡子髡、沈子逞滅，獲陳夏齧。

父，《穀》作甫。髡，苦門反。逞，《公》作楹，《穀》作盈。齧，五結反。雞父，杜注：楚地。安豐縣南有雞備亭。今江南鳳陽府壽州西南六十里有安豐故城，雞備亭又在其城西南。

《左傳》：吴人伐州來，楚薳越帥師及諸侯之師救州來。吴人禦諸鍾離。子瑕卒，帥師熸。吴公子光曰：諸侯從於楚者衆，而皆小國也。畏楚而不獲已，是以來。吾聞之曰，作事威克其愛，雖小必濟。胡、沈之君幼而狂，陳大夫齧壯而頑，頓與許、蔡疾楚政。楚令尹死，其師熸，帥賤多寵，政令不壹。七國同役而不同心，帥賤而不能整，無大威命，楚可敗也。吴子從之。戊辰晦，戰于雞父。吴子以罪人三千，先犯胡、沈與陳。三國争之。吴爲三軍以繫於後：中軍從王，光帥右，掩餘帥左。吴之罪人或奔或止，三國亂。吴師擊之，三國敗，獲胡、沈之君及陳大夫。舍胡、沈之囚，使奔許與蔡、頓，曰：吾君死矣。師譟而從之，三國奔。楚師大奔。案：楚令尹帥師，吴子親與楚戰而不書，吴亦但舉國號，惡之也。二國以私怨相争，戰無所取焉。獨書敗六國之師，惡楚憫諸國，傷天下之無王也。書敗六國之師而不言敗楚師，楚自取也。六國之敗，楚累之也。胡、沈之君書滅，亦罪其死之不得其正。陳夏齧書獲罪，其無謀而僨事也。

天王居于狄泉。尹氏立王子朝。

朝，如字。狄泉，杜注：洛陽城内大倉西南池水也。時在城外。定元年城成，周乃繞之人城内也。亦曰翟泉，在洛陽縣東，故洛陽城中，今堙。

天王，敬王也，景王子，王猛母弟。居狄泉，避王子朝也。尹，尹圉封邑。尹氏圉也黨于子朝，故子朝居尹。尹圉誘劉佗殺之，立王子朝。單子、劉子伐尹，皆爲所敗。召伯奂、南宫極皆周世臣，亦黨於子朝。二人以成周人戍尹，單子、劉子、樊齊以王如劉。甲午，子朝入于王城，鄩羅納諸莊宫，尹辛敗劉師，取西闈。又攻蒯，蒯潰。敬王喪已踰年，故稱天王。書尹氏立王子朝，罪尹氏也。不稱名而曰氏，著其爲周世臣也。世臣與國同休戚而助亂，人所以深罪之。朝稱王子，别於外姓，且明其所以争也，亦見景王溺愛之失也。

八月乙未，地震。

《左傳》：八月丁酉，南宫極震。萇弘謂劉文公曰：君其勉之，先君之力可濟也。周之亡也，其三川震。今西王之大臣亦震，天棄之矣。東王必大克。杜氏預曰：《經》書乙未地震，魯地也。丁酉南宫極震，周地亦震也。爲屋所壓而死。汪氏克寬曰：王城震而有子朝之奔，魯地震而有陽州之孫。天之示人，顯矣。

冬，公如晋，至河，有疾，乃復。

至河下，《公》《穀》又有公字。

《左傳》：公爲叔孫故如晋，及河，有疾而復。案：公兩朝晋，而一見止，四不得入。今書有疾而復，明非有他故也。

二十有四年　敬王二年　癸未

春王二月丙戌，仲孫貜卒。

貜，俱缚反。

婼至自晋。

《公羊》有叔孫字。

《左》《穀》皆無叔孫字，而《公羊》有之，且婼作舍，於是有以稱叔孫與否，分褒貶者。不知人臣爲國受辱，分也。叔孫即賢，亦不以此事著。書婼至自晋，與意如不嫌同，皆人臣義所當爲。曲在晋，不在魯臣也。

夏五月乙未朔，日有食之。

《左傳》：夏五月乙未朔，日有食之。梓慎曰：將水。昭子曰：旱也。日過分而陽猶不克，克必甚，能無旱乎？陽不克莫，將積聚也。王氏樵曰：日食非爲水旱，梓慎、叔孫妄測天道。是也。

秋八月，大雩。

《左傳》：秋八月，大雩，旱也。

丁酉，杞伯郁釐卒。

郁，《公》作鬱。

杜氏預曰：未同盟而赴，以名。丁酉，九月五日。有日無月。

冬，吴滅巢。

《左傳》：楚子爲舟師以略吴疆。沈尹戌曰：此行也，楚必亡邑。不撫民而勞之，吴不動而速之，吴踵楚，而疆埸無備，邑能無亡乎？越大夫胥犴勞王於豫章之汭，越公子倉歸王乘舟，倉及壽夢帥師從王，王及圉陽而還。吴人踵楚，而邊人不備，遂滅巢及鍾離而還。沈尹戌曰：亡郢之始，於此在矣。王壹動而亡二姓之帥，幾如是而不及郢？《詩》曰：誰生厲階，至今爲梗。其王之謂乎？案：巢屬楚，小國。故書。

葬杞平公。

附解

福善禍淫，天之定理也。而古今善惡之報，往往不可測度。人遂謂天夢，夢善未必福，惡未必禍。先儒因諱言禍福，惟以自修爲主。不言禍福，意至美矣。而爲善無禍，爲惡無禍，不特非天道之常，且使人敢於爲惡，怠於爲善，是大不可。夫天之賞罰，豈有爽哉。因人善惡不盡純，而其先德及己，前修厚薄不同，故禍福不一。若純乎善而無惡，固無不爲天地所申命者。夫子言栽培傾覆，餘慶餘殃，皆是此理。但爲善不可預求福利，善念方純。而世人每因求福而爲善，故君子戒之。然世教衰矣。有求福而知爲善，求免禍而不敢爲惡，宜急獎借之。蓋其始有爲而爲，久之無爲而亦爲矣。孔子曰：勉强之久，歸于自然。謂魯男子善學柳下，即此義。若忠臣孝子，義夫節婦，捐軀罹患，非禍害也，乃全受全歸之正理，日月爭光之聖賢。世人見奸惡之徒亦僥倖成事，遂謂天道難憑，不知其前修猶有未盡耳，然其後必不免於凶災。如魏、晋皆以爲惡竊位，然操身死而子丕即妻其諸姬，禁錮其諸子，爲司馬氏魚肉。曹叡即絶嗣，竊他人子爲子，其篡竊僅二十年。典午之後，晋惠癡愚，子孫相戕，天下分裂，馬化爲牛，宗社盡如煙雲，天道何曾舛耶？王子朝用成周之寶珪於河，津人得之。陰不佞拘得玉者，取其玉，將賣之，則爲石。王定而獻之。夫一石耳忽而爲玉，忽而爲石，孰使之然？天惡子朝，未遽誅罰，即玉以示警。玉可使石，罰凶人亦何難？而不然者，有待焉耳。夫子不言神怪，恐人廢人道而求神，悖常理而好怪，非謂神怪之無也。若此事大近於怪，而實常理之昭然者。一玉且不輕予人，而况大位乎？玉已爲石，後復爲玉，而歸於王子朝之免於誅戮，豈非大幸。

二十有五年　敬王三年　甲申

春，叔孫婼如宋。

《左傳》：二十五年春，叔孫婼聘于宋。桐門右師見之，語，卑宋大夫，而賤司城氏。昭子告其人曰：右師其亡乎。君子貴其身而後能及人，是以有禮。今夫子卑其大夫而賤其宗，是賤其身也。能有禮乎？無禮必亡。宋公享昭子，賦《新宫》。昭子賦《車轄》。明日宴，飲酒，樂。宋公使昭子右坐，語相泣也。樂祁佐，退而告人曰：今兹君與叔孫，其皆死乎？吾聞之，哀樂而樂哀，皆喪心也。心之精爽，是謂魂魄。魂魄去之，何以能久？季公若之姊爲小邾夫人，生宋元夫人，生子以妻季平子。昭子如宋聘，且逆之。公若從，謂曹氏勿與，魯將逐之。曹氏告公，公告樂祁。樂祁曰：與之。如是，魯君必出。政在季氏三世矣，魯君喪政四公矣。無民而能逞其志者，未之有也。國君是以鎮撫其民。《詩》曰：人之云亡，心之憂矣。魯君失民矣，焉得逞其志？靖以待命猶可，動必憂。案：叔孫如宋聘，因聘而爲季孫逆女。然聖人唯書其聘也，不與其假公以濟私也。季氏專魯，昭公聽之。則婼不能辭君命而不往，不足爲叔孫罪也。

夏，叔詣會晋趙鞅、宋樂大心、衛北宫喜、鄭游吉、曹人、邾人、滕人、薛人、小邾人于黄父。

詣，五計反。《公》《穀》作倪，音詣，後同。大心，《公》作世心，後同。父，音甫。

《左傳》：夏，會于黄父，謀王室也。趙簡子令諸侯之大夫，輸王粟，具戍人，曰：明年將納王。子大叔見趙簡子，簡子問揖讓周旋之禮焉。對曰：是儀也，非禮也。簡子曰：敢問何謂禮？對曰：吉也聞諸先大夫子産曰：夫禮，天之經也，地之義也，民之行也。天地之經，而民實則之。則天之明，因地之性，哀樂不失，乃能協于天地之性，是以長久。簡子曰：甚哉，禮之大也。對曰：禮，上下之紀，天地之經緯也，民之所以生也，是以先王尚之。故人之能自曲直以赴禮者，謂之成人。大，不亦宜乎？簡子曰：鞅也請終身守此言也。宋樂大心曰：我不輸粟，我於周爲客。若之何使客？晋士伯曰：自踐土以來，宋何役之不會？而何盟之不同？曰同恤王室，子焉得辟之？子奉君命，以會大事，而宋背盟，無乃不可乎？右師不敢對，受牒而退。士伯告簡子曰：宋右師必亡。奉君命以使，而欲背盟以干盟主，無不祥大焉。案：會以謀王室，義也。而不書謀王室者，是時各國皆大夫專政，君擁虚位。勤王諸侯之職，而不能自主。王室亂已四年乃謀之，且待明年。不予大夫擅諸侯之權，又安可予大夫以勤王，况乎竟未勤王也。

有鸜鵒來巢。

鸜，其俱反，又作鴝。《公》作鸛，音權。鵒，音欲。

《左傳》：有鸜鵒來巢，書所無也。師己曰：異哉，吾聞文、武之世，童謡有之，曰：鸜之鵒之，公出辱之。鸜鵒之羽，公在外野，往饋之馬。鸜鵒跦跦，公在乾侯，徵褰與襦，鸜鵒之巢，遠哉遥遥。稠父喪勞，宋父以驕。鸜鵒鸜鵒，往歌來哭。童謡有是，今鸜鵒來巢，其將及乎？案：《左氏》謂書所無也，是也。而又記師己之言，述童謡，備言昭公始末事，則誣矣。文、武指何人？魯武公、文公不相屬，周文、武則遥遥矣。昭公失國，亦非希有之事，而童謡預兆，若是了了。數果前定乎？凡諸此類，似是而非，最易惑人長亂。夫數非無有也，而君子以理定之，以修德挽迴之，故《左氏》所載不可信。然則何以書？記異耳。天地氣化變遷，往往古無今有，今有古無，惟君子知其故，慎之。故書耳。

秋七月上辛，大雩；季辛，又雩。

《左傳》：秋，書再雩，旱甚也。胡氏安國曰：書此者，志禦災之無道，而區區於禱祠之末。然旱潦不盡由人，大雩、又雩，救災之切，何譏焉？聖人自以旱甚而書耳。

九月己亥，公孫于齊，次于陽州。

己亥，《穀》作乙亥。孫，音遜。陽，《公》作楊。陽州，杜注：齊魯境上邑。今山東兗州府東平州東北有陽州城是也。案：襄二十一年齊閭丘嬰伐陽州，杜注：魯地。定八年公侵齊門于陽州。蓋陽州本屬魯，而後爲齊有也。

案：《左傳》：季公鳥娶季姒，公鳥死，季公若與公思展申夜姑相其室。季姒與饔人檀通，而懼，僞云公若抶己，又云展與夜姑要己。使告平子，平子拘展而殺夜姑。公若泣請，不從。故公若怨平子。郈昭伯亦怨平子。大夫怨平子。公若獻弓於公爲，且與之出舍於外，而謀去季氏。公爲告公果、公賁。公果、公賁使侍人僚柤告公。公果又自言。公以告臧孫，臧孫以難。告郈孫，郈孫以可，勸。告子家懿伯，懿伯曰：讒人以君儌幸，事若不克，君受其名，不可爲也。舍民數世，以求克事，不可必也。且政在焉，其難圖也。公退之。辭曰：臣與聞命矣，言若洩，臣不獲死。乃館於公。叔孫昭子如闞，公居於長府。九月戊戌，伐季氏，殺公之於門，遂入之。平子登臺而請曰：君不察臣之罪，使有司討臣以干戈，臣請待於沂上以察罪。弗許。請囚於費，弗許。請以五乘亡，弗許。子家子曰：君其許之。政自之出久矣，隱民多取食焉。爲之徒者衆矣，日入慝作，弗可知也。郈孫曰：必殺之。公使郈孫逆孟懿子。叔孫氏之司馬鬷戾言於其衆曰：若之何？莫對。又曰：我家臣也，不敢知國。凡有季氏與無，於我孰利？皆曰：無季氏，是無叔孫氏也。鬷戾曰：然則救諸。帥徒以往，陷西北隅以入。公徒釋甲，執冰而踞。遂逐之。孟氏使登西北隅，以望季氏。見叔孫氏之旌，以告。孟氏執郈昭伯，殺之於南門之西，遂伐公徒。子家子曰：諸臣僞劫君者，而負罪以出，君止。意如之事君也，不敢不改。公曰：予不忍也。與臧孫如墓謀，遂行。己亥，公孫于齊，次于陽州。案：季氏專魯，由晉大夫主盟主之權，列國亦各以大夫聽命司事，久而相沿。三家世秉魯政，君上無權，非意如乍擅政柄也。昭公忿己無權，公若等圖報私怨，公遽信之而逐季氏。孟孫、叔孫恐禍及己，助季伐公，公遂出孫。是逐公者孟、仲，非季氏也。不書某某作亂，公孫於齊，而但書公孫，病公也。失政雖久，苟修德用賢，一切政令，不專任臣下，自然無患。而遽輕動，又不聽子家羈之言，詳其情事，豈獨季氏之罪哉。

齊侯唁公於野井。

唁，音彦。野井，杜注：濟南祝阿縣東有野井亭。今在齊河縣東濟河北岸。

《左傳》：齊侯將唁公于平陰，公先至於野井。齊侯曰：是寡人之罪也。使有司待於平陰。齊侯曰：自莒疆以西，請致千社，以待君命。寡人將帥敝賦以從執事，唯命是聽。君之憂，寡人之憂也。公喜。子家子曰：天祿不再，天若祚君，不過周公，以魯足矣。失魯，而以千社爲臣，誰與之立？且齊君無信，不如早之晉。弗從。案：齊侯果有爲告于天子，問季氏之罪，復公可也。然此時列國皆大夫專政，齊侯亦不能自主。唁公，禮也。復公，非其任也。書唁公，予其有禮，亦慨其止於是而已。所以歎世之衰也。

冬十月戊辰，叔孫舍卒。

《左傳》：昭子自闞歸，見平子。平子稽顙，曰：子若我何？昭子曰：人誰不死？子以逐君成名，子孫不忘，不亦傷乎？將若子何？平子曰：苟使意如得改事君，所謂生死而骨肉也。昭子從公於齊，與公言。子家子命適公館者執之。公與昭子言於幄内，曰：將安衆而納公。公徒將殺昭子，伏諸道。左師展告公，公使昭子自鑄歸。平子有異志。冬十月辛酉，昭子齊於其寢，使祝宗祈死，戊辰，卒。左師展將以公乘馬而歸，公徒執之。案：舍，賢大夫也。然昭公平日弗授以柄，季氏專權已久，舍無如之何。及公孫齊而昭子外出，其家臣鬷戾助季氏，舍不能正其罪，豈季氏庇之歟？意如有改事君之言，欲因是歸公，徐爲之圖。舍意本無不忠，書其卒於公孫之下，見舍卒而公無内援，卒不得歸矣。蓋惜之也。而公徒脅制，公不能禁，其庸懦亦可慨焉。

十有一月己亥，宋公佐卒于曲棘。

曲棘，杜注：宋地。陳留外黄縣城中有曲棘里，當在今河南開封府杞縣境。

《左傳》：十一月，宋元公將爲公故如晋。夢大子欒即位于廟，已與平公服而相之。旦，召六卿。公曰：寡人不佞，不能事父兄，以爲二三子憂，寡人之罪也。若以群子之靈，獲保首領以殁，唯是楄柎所以藉幹者，請無及先君。仲幾對曰：君若以社稷之故，私降昵宴，群臣弗敢知。若夫宋國之法，死生之度，先君有命矣。群臣以死守之，弗敢失隊。臣之失職，常刑不赦。臣不忍其死，君命祗辱。宋公遂行。己亥，卒于曲棘。《公羊》：曲棘者何？宋之邑也。諸侯卒，其封内不地。此何以地？憂内也。胡氏安國曰：宋元之夫人曹氏生子妻意如，則宋元意如之外舅也。而求欲納公，是以正倫恤患爲心，而不匿其私親之惡者也。其賢於當時諸侯遠矣。故雖卒於封内，而特書其地以别之。

十有二月，齊侯取鄆。

《左傳》：十二月庚辰，齊侯圍鄆。案：鄆，魯邑也。齊侯取以處公，非自取也。而書取者何？所以著季氏之惡，而病齊侯。則書公孫於齊，猶不專罪，意如此。書取鄆，則見意如據國而有之，必待齊取鄆，而後公得居之。而齊侯不克仗義討罪，亦可見矣。

二十有六年　　敬王四年　乙酉

春王正月，葬宋元公。

《左傳》：葬宋元公如先君，禮也。

二月，公至自齊，居于鄆。

《左傳》：三月，公至自齊，處于鄆，言魯地也。案：上言齊侯取鄆，而此書公至自齊居于鄆，則齊侯取鄆以處公可知。鄆本公有，公至居之，不以鄆予齊也。不以鄆予齊而書取，又書至自齊居之，著季氏專魯以拒公之罪也。不外公於魯，書至自齊居，若未失國者然，明君臣之防也。尺地莫非公有，意如安得而專之？此誅亂臣之意。

夏，公圍成。

《左傳》：夏，齊侯將納公，命無受魯貨。季氏使申豐從女賈，以幣賂梁丘據，據言於齊侯曰：群臣不盡力於魯君者，非不能事君也。宋元公爲魯君如晋，卒于曲棘。叔孫昭子求納其君，無疾而死。不知天之棄魯耶，抑魯君有罪於鬼神，故及此也？君若待於曲棘，使群臣從魯君以卜焉。若可，師有齊也。君而繼之，玆無敵矣。若其無成，君無辱焉。齊侯從之，使公子鉏帥師從公。成大夫公孫朝黨于季氏，僞以成降齊。齊侯信之，圍成。及魯成備而後告曰：不勝衆。師及齊師戰于炊鼻。齊臣俱不盡力，是以無功。案：圍成者，齊也。奉君討不臣，理之直而事之順者。乃惑於小人，不親帥師，齊臣安肯爲魯君用命？故不書齊圍成而書公圍。然成，公之邑也，而圍之若敵國然，則公之不君，季氏及成之抗均見矣。不書成畔，成未嘗畔公，特拒齊耳。齊不聲罪致討，納公而但欲取成，成故得而玩抗之。責齊之意尤重。

秋，公會齊侯、莒子、邾子、杞伯，盟于鄟陵。

鄟，音專。又，市轉反。鄟陵，杜注：地闕。

《左傳》：秋，盟于鄟陵，謀納公也。案：以齊之强，奉君以討季氏不臣之罪，奚俟莒、邾諸小國爲哉？齊景託於義舉，欲以虚聲糾合諸侯。公昧於情事，欲依齊以求入。書會書盟，交譏之也。

公至自會，居于鄆。

書自會，居于鄆，若公之在國然，所以存君而絶亂賊。

九月庚申，楚子居卒。

《左傳》：九月，楚平王卒。令尹子常欲立子西，曰：大子壬弱，其母非適也，王子建實聘之。子西長而好善，立長則順，建善則治。王順國治，可不務乎？子西怒曰：是亂國而惡君王也。國有外援，不可瀆也。王有適嗣，不可亂也。敗親速讎，亂嗣不祥，我受其名。賂吾以天下，吾滋不從也。楚國何爲？必殺令尹。令尹懼，乃立昭王。

冬十月，天王入于成周。

《左傳》：四月，單子如晋告急。五月戊午，劉人敗子朝之師。戊辰，王城人又敗劉師。劉子以王出，次于渠。王城人焚劉。王宿于褚氏，又次于萑谷，入于胥靡。辛巳，王次于滑。晋荀躒、趙鞅帥師納王。冬十月，王起師於滑。十一月，晋師克鞏。召伯盈逐王子朝。王子朝及召氏之族、毛伯得、尹氏固、南宫嚚奉周之典籍以奔楚。癸酉，王入于成周。晋師使成公般戍周而還。十二月癸未，王入于莊宫。吕氏祖謙曰：漢河南縣即郟鄏，周武王遷九鼎，周公營以爲都，是爲王城。洛誥所謂卜澗水東瀍，水西惟洛食者也。漢洛陽縣，周公營下都，以遷殷頑民，是爲成周。洛誥所謂卜瀍水東，亦惟洛食者也。平王東遷，定都於王城。子朝之亂，其餘黨多在王城。敬王畏之，徙都成周。案：《左傳》：王入於莊宫。杜氏注：莊宫，在王城。然則敬王先入王城，而後乃徙都成周耳。經於王始入即書曰入于成周，明敬王定亂之後即都成周，省文也。其不曰京師而曰成周者，京師天下尊王所居之辭，成周敬王徙都而始名之者也。曰成周，紀實也。不曰歸而曰入，天子無出則亦無歸，異乎諸侯之返國也。晋師納王不書者，晋侯不親行，而又緩於勤王，故削之以戒後世臣子緩於赴君父之難者也。

尹氏、召伯、毛伯以王子朝奔楚。

案：書尹、召、毛三人以王子朝奔楚，著黨惡之罪也。尹氏附子朝而召伯、毛伯據王城，故敬王在外四年而後得入。前書尹氏立王子朝，以著尹氏首惡。此兼書召、毛以著黨惡。書奔賤之，見其倖免也。

二十有七年　敬王五年　丙戌

春，公如齊。公至自齊，居于鄆。

鄆，邑耳，非國也。而書如、書至，如在國，明君臣之大義，不外公于國，所以誅季氏拒君之罪。而齊竟未納公，鄟陵之會徒然可見。詳書公至自齊，病公不明之失亦見焉。

夏四月，吴弑其君僚。

《左傳》：吴子欲因楚喪而伐之。使公子掩餘、公子燭庸帥師圍潛。使延州來季子聘於上國，遂聘於晋，以觀諸侯。楚莠尹然、工尹麇帥師救潛。左司馬沈尹戌帥都君子與王馬之屬以濟師，與吴師遇於窮。令尹子常以舟師及沙汭而還。左尹郤宛、工尹壽帥師至於潛，吴師不能退。吴公子光曰：此時也，弗可失也。告鱄設諸曰：上國有言曰，不索何獲？我，王嗣也，吾欲求之。事若克，季子雖至，不吾廢也。鱄設諸曰：王可弑也，母老子弱，是無若我何。光曰：我，爾身也。夏四月，光伏甲於掘室而享王。王使甲坐于道，及其門。門階戶席，皆王親也，夾之以鈹。羞者獻體改服於門外。執羞者坐行而入，執鈹者夾承之，及體以相授也。光僞足疾，入於堀室。鱄設諸寘劍於魚中以進。抽劍刺王，鈹交於胸，遂弑王。闔廬以其子爲卿。季子至，曰：苟先君無廢祀，民人無廢主，社稷有奉，國家無傾，乃吾君也。吾誰敢怨？哀死事生，以待天命。非我生亂，立者從之，先人之道也。復命哭墓，復位而待。吴公子掩餘奔徐，公子燭庸奔鍾吾。楚師聞吴亂而還。案：吴子壽夢四子，長諸樊、次餘祭、次夷昧、次季札。光，諸樊之子。僚，夷昧之子。季札賢，諸樊以季之賢，欲兄弟相及，以次及札。夷昧卒而札不肯立，僚遂嗣立。光不甘，遂行篡弑。則弑君者光也，何以不書而書國？若一國同弑君者。然此變文以垂戒，不得已之意也。弑君之惡，人人知之，已屢書矣。而此事則與他有異，故變文以戒將來。讓國固美事，而不循正義，致釀亂階，則反爲大惡。周制立嫡立長，諸樊私欲效泰伯與吴，其意已悖。季札所以不受也。吴人以光爲諸樊子，季札不立則國宜與光，是以光弑僚而吴史不書弑君，魯史蓋亦同之。夫子原諸樊之亂命罪吴之君，吴人於諸樊亂命，既不能匡救于前，又不能禁光討之，又罪吴之臣民，是以書國以弑，著其君臣上下悖理妄爲，釀成惡逆，戒後世毋挾私妄爲如諸樊子之輩，杜患於未釀也。若光之弑逆，則考其事而自知光罪，固早衆著也。

楚殺其大夫郤宛。

郤，《穀》作郄。宛，旋阮反，又於元反。

《左傳》：郤宛直而和，國人説之。鄢將師爲右領，與費無極比而惡之。令尹子常賄而信讒。無極譖郤宛焉，謂子常曰：子欲惡飲子酒。又謂子惡：令尹欲飲酒於子氏。子惡曰：我，賤人也，不足以辱令尹。令尹將必來辱，爲惠已甚。吾無以酬之，若何？無極曰：令尹好甲兵，子出之，吾擇焉。取五甲五兵。曰：寘諸門，令尹至，必觀之，而從以酬之。及饗日，帷諸門左，無極謂令尹曰：吾幾禍子。子惡將爲子不利，甲在門矣，子必無往。且此役也，吴可以得志，子惡取賂焉而還，又誤群帥，使退其師，曰：乘亂不祥。吴乘我喪，我乘其亂，不亦可乎？令尹使視郤氏，則有甲焉。不往，召鄢將師而告之。將師退，遂令攻郤氏，且爇之。子惡聞之，遂自殺也。國人弗爇。令曰：不爇郤氏，與之同罪。或取一編菅焉，或取一秉秆焉，國人投之，遂弗爇也。令尹炮之。盡滅郤氏之族黨，殺陽令終與其弟完及陀與晋陳及其子弟。晋陳之族呼於國曰：鄢氏、費氏自以爲王，專禍楚國，弱寡王室，蒙王與令尹以自利也。令尹盡信之矣，國將如何？令尹病之。案：稱國以殺者，罪楚子亦罪郤宛也。臣下信讒擅殺若罔聞，知人君正一國之功罪，爲何郤宛與小人同朝而不早自引避，又輕信無極？果欲來飲，何妨面言？即好甲兵，亦何必預陳於門？無極欺之如小兒，有自取之道矣。君子見幾而作，何至若此？故以垂訓後人焉。若囊瓦、無極之惡則固衆，著者其君，且爲所累而負罪，則身爲惡者可知矣。

秋，晋士鞅、宋樂祁黎、衛北宫喜、曹人、邾人、滕人會于扈。

《左傳》：秋，會于扈，令戍周，且謀納公也。宋、衛皆利納公，固請之。范獻子取貨於季孫，謂司城子梁與北宫貞子曰：季孫未知其罪，而君伐之，請囚，請亡，於是乎不獲。君又弗克，而自出也。夫豈無備而能出君乎？季氏之復，天救之也。休公徒之怒，而啓叔孫氏之心。不然，豈其伐人而説甲執冰以游？叔孫氏懼禍之濫，而自同於季氏，天之道也。魯君守齊，三年而無成。季氏甚得其民，淮夷與之，有十年之備，有齊、淮之援，有天之贊，有民之助，有堅守之心，有列國之權，而弗敢宣也，事君如在國。故鞅以爲難。二子皆圖國者也，而欲納魯君，鞅之願也。請從二子以圍魯，無成，死之。二子懼，皆辭。乃辭小國，而以難復。愚案：天王反正，諸侯當朝見戍周，亦當躬親會以謀之。是時大夫秉政，諸侯大事皆付之，任其行止。戍周、納公皆義舉也，而士鞅納賄不果納，戍周亦不即行。聖人不書戍周、納公，第書會扈。何事而會？則士鞅之罪著矣。首士鞅，以主會者鞅也。名宋衛之大夫，以其志在納公也，餘則略之，因人者也。

冬十月，曹伯午卒。

郲快來奔。

郲快來奔，不知其因何故。以《經》不書氏推之，蓋亦罪之。前人以爲郲庶其畀我之黨，然鑿空之詞，豈可以訓。

公如齊。

《左傳》：冬，公如齊，齊侯請享之。子家子曰：朝夕立於其朝，又何饗焉？其飲酒也。乃飲酒，使宰獻，而靖安。子仲之子曰重，爲齊侯夫人，曰：請使重見。子家子乃以君出。

公至自齊，居于鄆。

案：昭公有一子家羈而不能用，弗知齊不能爲己謀也，而求之者屢。今齊侯使宰獻而請安，乃覺其辱己。明年如晋，然已晚矣。失國之君，雖其臣不道，亦豈非有以自取乎？

附 解

讓，美事也，而亦必審乎義。古今因讓起争，爲家國害者甚衆。夫子所以表泰伯之讓，不求人知，實爲至德。愚曾作《時藝》一篇，發明其義，今略陳之。人倫道裂而後有争。讓則美矣，然必事勢所值，不得不然；又必出於至誠，而無一毫私意，無一毫顧戀。如泰伯之不求人知，夷齊之得仁無怨，乃爲美德。不然則孟子所云，好名之人，能讓千乘之國，簞食豆羹見於色者也。如吴諸樊妄想與吴同於興周，魯隱公因手文便欲讓桓，燕子之假讓國行篡，種種弊端，古今不勝枚舉。吴固周之臣也，諸樊以季札爲賢，則當委國以聽，如周公相武亦可，又何必定以國讓之。太王愛文王，不過喜其必能克家，非欲代商，亦未明見於詞色。泰伯素性恬退，見季歷甚賢，儘堪世守，文王又賢，則樂得自己逍遥，且成父親之意，故藉採藥而逃，豈意周由此有天下哉？本是讓國，夫子爲周之臣，從其有天下後而論之，則曰以天下讓耳。諸樊何人，而乃萌非分之想，欲次傳及札，以興吴國。季札賢者，上有諸兄，並非不肖，即父命以嗣，猶必踵夷齊之行。况諸樊私心妄想，不循世及之禮，豈曲從之？故札之不受，不得爲沽名釀亂。當時諸樊亂命，想季札亦必面爲諫阻，奈樊堅執己見，諸弟亦不以爲非，遂竟兄弟相及。然義所不可，季札豈容中變，既不繼諸樊，又何可繼夷昧，故卒不受國。札不立則光似當立，然僚，夷昧之子也。父死子繼，固周一王之制，孰謂僚不可爲光君哉？因吴人不明大理，以諸樊讓爲賢，輪次至夷昧卒，札不肯自立，則光宜立，僚之見弑，蓋國人其慫恿之。史臣亦不以爲弑也。夫子乃特書曰吴弑其君，以著一國之罪。一國之人皆有罪，而光獨無罪乎？雖未書光，而書吴弑君，使人考其所以弑，自知弑君者爲光，亦不必定書光而後見光罪也。吴一國之人何以有罪？諸樊不當讓而讓，以致生亂。吴國臣民不明大義，以爲夷昧卒則光宜立，當日必同聲附和，光無忌憚，乃敢弑僚。故成光之惡者，國人也。故夫子變文而書，以戒後來。前人疑札不必固讓，謂光爲當立，並誤解書法，是以特詳辯之。

二十有八年　敬王六年　丁亥

春王三月，葬曹悼公。

公如晋，次于乾侯。

乾侯，杜注：在魏郡斥丘縣，晋竟内邑。闞駰曰：地多斥鹵，故曰斥丘。今直隸廣平府成安縣東南有斥丘古城。

《左傳》：二十八年春，公如晋，將如乾侯。子家子曰：有求於人，而即其安，人孰矜之？其造於竟。弗聽。使請逆於晋。晋人曰：天禍魯國，君淹恤在外。君亦不使一介辱在寡人，而即安於甥舅，其亦使逆君？使公復於竟而後逆之。案：《經》詳書公之所在，如在國然，存公也。不使季氏之得出君也。然書次于陽州，次于乾侯，則公失國而猶不能用忠言，以致進退維谷。惜公之意亦見矣。

夏四月丙戌，鄭伯寧卒。

寧，《公》作甯。

六月，葬鄭定公。

案：公在外，而列邦之赴告猶如故，史書之，聖人亦存之。何也？是時列國皆大夫專政，意如之出君，視爲尋常。其赴告之事，亦各國大夫爲之，然聖人書之，如君在國者然。國之禮在，即君在也。

秋七月癸巳，滕子寧卒。

寧，《公》作甯。

冬，葬滕悼公。

二十有九年　敬王七年　戊子

春，公至自乾侯，居于鄆。齊侯使高張來唁公。

《左傳》：二十九年春，公至自乾侯，處於鄆。齊侯使高張來唁公，稱主君。子家子曰：齊卑君矣，君祇辱焉。公如乾侯。案：唁，細事也，而書，惡齊也。公居鄆久矣，因齊不納公而如晋，又不獲見晋侯，復返於鄆。非初失國，無可唁也。而齊侯來唁，有諷意焉，故書以惡其不誠也。觀傳云稱公主君，則齊之卑公，無志納公可見。

公如晋，次于乾侯。

《左傳》：平子每歲賈馬，具從者之衣屨而歸之于乾侯。公執歸馬者賣之，乃不歸馬。衛侯來獻其乘馬曰啟服，塹而死，公將爲之櫝。子家子曰：從者病矣，請以食之。乃以帷裹之。公賜公衍羔裘，使獻龍輔於齊侯，遂入羔裘。齊侯喜，與之陽穀，公衍、公爲之生也，其母偕出。公衍先生。公爲之母曰：相與偕出，請相與偕告。三日，公爲生，其母先以告，公爲爲兄。公私喜於陽穀而思於魯，曰：務人爲此禍也。且後生而爲兄，其誣也久矣。乃黜之，而以公衍爲大子。案：適晋不得見晋侯，還鄆齊侯不禮之，又如晋仍不得見晋君也。狼狽失所，詳書病之，亦心悲之。蓋至此不能更爲公諱，而所以戒後世，亦在其中矣。

夏四月庚子，叔詣卒。

《穀梁》：季孫意如曰：叔倪無病而死，此皆無公也。是天命也，非我罪也。案：叔詣欲納公，無病而死，意如以爲天道。士鞅亦以叔孫昭子無病而死爲天道。權奸篡逆，矯託符命以行其欺，彼惡知天命必本於天理逆理，而猶自謂得天。烏知天之禍之者，正靡涯哉。世俗僥倖目前，不敬天命，往往類此。不可不懲之也。

秋七月。

冬十月，鄆潰。

《公羊》：邑不言潰，此其言潰何？郛之也。曷爲郛之？君存焉耳。案：孔氏穎達曰：此時公如晋，必留人守鄆。鄆人潰散而叛公，使不得更求，當是季氏道之使然，於情事爲得矣。第昭公失國，雖曰季氏使然，亦由平日無德於民，故民不與公。今在外居鄆四年，不能以德結民，徒汲於求齊求晋，至是而民潰叛，則其昧邦本之計，無人君之實可知。故胡安國以爲書以戒後世也。諒矣。

三十年　　敬王八年　己丑

春王正月，公在乾侯。

胡氏安國曰：公去社稷，於今五年。每歲首月不書公者，在魯四村之內，則無適而非其所也。至是鄆潰，客寄乾侯，非其所矣。歲首必書公之所在者，蓋以存君，不與季氏之專國也。劉氏敞曰：公居于鄆，有魯也。在乾侯，無魯也。公雖無魯，魯不可無公。向曰居，今曰在，向也魯而今也晋，一民莫得使焉，尺地莫得有焉。人故曰乾侯之君耳。而《春秋》則以爲猶吾君也。

夏六月庚辰，晋侯去疾卒。秋八月，葬晋頃公。

頃，音傾。

案：列國之君卒葬，赴及弔會葬則書。而《經》不盡書，書必有故也。時公在外，季氏當國，蓋亦以公命往弔會葬。范鞅所謂事君如在國者也。聖人亦據實而書，如公在國。然非季氏竟自爲主，而夫子猶書之。然是時晋亦政歸臣下，雖未失國，亦與魯君在外同。故三月即葬，不以君喪爲重必如禮也。故子詳書以慨時變。

冬十有二月，吴滅徐，徐子章羽奔楚。

羽，《公》作禹。

《左傳》：吴子使徐人執掩餘，使鍾吾人執燭庸。二公子奔楚，楚子大封，而定其徙。逆吴公子，使居養。取於城父與胡田與之。將以害吴也。子西諫曰：吴光新得國，以親其民，視民如子，辛苦同之，將用之也。若好吴邊疆，使柔服焉，猶懼其至。吾又彊其讎以重怒之，無乃不可乎。吴，周之胄裔也，而棄在海濱，不與姬通。今而始大，比於諸華，光又甚文，將自同於先王。不知天將以爲虐乎，使翦喪吴國而封大異姓乎？其抑亦將卒以祚吴乎？其終不遠矣。我盍姑億吾鬼神，而寧吾族姓，以待其歸。將焉用自播揚焉。王弗聽。吴子怒，冬十二月，吴子執鍾吾子，遂伐徐，防山以水之。己卯，滅徐。徐子章羽斷其髮，攜其夫人，以逆吴子。吴子唁而送之，使其邇臣從之，遂奔楚。楚沈尹戌帥師救徐，弗及，遂城夷，使徐子處之。家氏鉉翁曰：闔廬既弑君，怨徐納亡公子而滅之。書滅徐，貶也。章羽以名書，爲其不能死社稷而偷生耳。黄正憲曰：徐在江淮間，爲吴通中國適荆楚之路。四年楚虔恐吴争伯，因執徐子以斷其道。則徐久服於楚，而吴深憾之也。今楚執既衰，吴欲伐楚，故先伐徐。徐子懼死，逃命奔楚。

三十有一年　　敬王九年　丙寅

春王正月，公在乾侯。

王氏錫爵曰：《左氏》曰：言不能外内也。蓋不知《春秋》存君之義。

季孫意如會晋荀躒于適歷。

躒，力狄反。《公》《穀》作櫟，後同。適歷，杜注：晋地。

《左傳》：晋侯將以師納公。范獻子曰：若召季孫而不來，則信不臣矣。然後伐之，若何？晋人召季孫，獻子使私焉，曰：子必來，我受其無咎。季孫意如會晋荀躒于適歷。荀躒曰：寡君使躒謂吾子，何故出君？有君不事，周有常刑，子其圖之。季孫練冠麻衣跣行，伏而對曰：事君，臣子所不得也，敢逃刑命？君若以臣爲有罪也，請囚于費，以待君之察也，亦唯君。若以先臣之故，不絶季氏，而賜之死，若弗殺弗亡，君之惠也，死且不朽。若得從君而歸，則固臣之願也。敢有異心？案：《左傳》此會，本晋侯召意如而詰其罪耳。《春秋》書意如會荀躒，儼然如二君者，深惡意如之不臣而罪晋也。晋侯欲納公而惑於士鞅之言，召意如至會，荀躒等蒙蔽其君，黨惡助逆，書會以見其朋比爲奸，干名犯義，不可逭之罪，而晋君之失亦見矣。

夏四月丁巳，薛伯穀卒。

薛，小國，未嘗書其君卒。此書蓋季氏當國，薛不以其君不在而不赴。書之以罪薛，且著季氏擅國之罪也。

晋侯使荀躒唁公于乾侯。

《左傳》：夏四月，季孫從知伯如乾侯。子家子曰：君與之歸，一慙之不忍，而終身慙乎？公曰：諾。衆曰：在一言矣，君必逐之。荀躒以晋侯之命唁公，且曰：寡君使躒以君命討於意如，意如不敢逃死，君其人也。公曰：君惠顧先君之好，施及亡人，將使歸糞除宗祧以事君，則不能見夫人。己所能見夫人者，有如河。荀躒掩耳而走，曰：寡君其罪之恐，敢與知魯國之難？臣請復于寡君。退而謂季孫：君怒未怠，子姑歸祭。子家子曰：君以一乘入於魯師，季孫必與君歸。公欲從之，衆從者脅公，不得歸。案：本晋納公，使荀躒告公同意如歸也，而書唁公，予晋侯而病公也。晋侯本欲納公，奈荀躒欺蔽之。蓋是時各國皆政在大夫，不獨魯也。公不從子家言，荀躒必以公不願歸復晋侯也。而公之倖倖，本無君德，亦可見焉。故病之若荀躒之罪，又不待言矣。

秋，葬薛獻公。

冬，黑肱以濫來奔。

肱，《公》作弓。濫，杜注：東海昌慮縣。今昌慮故城在山東兗州府滕縣東南。

《左傳》：冬，邾黑肱以濫來奔，賤而書名，重地故也。案：《經》文無邾字，蓋簡脱也。黑肱以濫來奔，則其叛君可見。《公》《穀》因《經》無邾字，妄爲之説，而《穀梁》尤悖謬，不足信也。

十有二月辛亥朔，日有食之。

《左傳》：十二月辛亥朔，日有食之。是夜也，趙簡子夢童子贏而轉以歌。旦占諸史墨，曰：吾夢如是，今而日食，何也？對曰：六年及此月也，吴其入郢乎？終亦弗克。入郢，必以庚辰。日月在辰尾，庚午之日，日始有讁。火勝金，故弗克。案：日食非獨爲吴、楚兆也。史墨以數推之，而籍以答簡子之問。對非所問也。術士以數欺人，往往如此。後世勿爲所惑。

三十有二年　　敬王十年　辛卯

春王正月，公在乾侯。取闞。

闞，魯地也。而書取，以著季氏據國之罪。公不得有其土地，猶取之於外云耳。

夏，吴伐越。

《左傳》：夏，吴伐越，始用師於越也。史墨曰：不及四十年，越其有吴乎。越得歲而吴伐之，必受其凶。案：吴、越皆稱國，不稱爵，稱人，蓋以夷例之。謂其互相侵伐，無關於諸夏之綱常也。

秋七月。

冬，仲孫何忌會晋韓不信、齊高張、宋仲幾、衛世叔申、鄭國參、曹人、莒人、薛人、杞人、小邾人城成周。

世叔，《穀》作大叔。莒人下《公》有邾、婁人，《穀》有邾人。

《左傳》：秋八月，王使富辛與石張如晋，請城成周。天子曰：天降禍于周，俾我兄弟並有亂心，以爲伯父憂。我一二親昵甥舅，不遑啟處，於今十年，勤戍五年。余一人無日忘之，閔閔焉如農夫之望歲，懼以待時。伯父若肆大惠，復二文之業，弛周室之憂，徼文、武之福，以固盟主，宣昭令名，則余一人有大願矣。昔成王合諸侯。

城成周，以爲東都，崇文德焉。今我欲徼福假靈於成王，修成周之城，俾戍人無勤，諸侯用寧，蝥賊遠屏，晋之力也。其委諸伯父，使伯父實重圖之。俾我一人無徵怨於百姓，而伯父有榮施，先王庸之。范獻子謂魏獻子曰：與其戍周，不如城之，天子實云。雖有後事，晋勿與知可也。從王命以紓諸侯，晋國無憂。是之不務，而又焉從事？魏獻子曰：善。使伯音對曰：天子有命，敢不奉承，以奔告于諸侯。遲速衰序，於是焉在。冬十一月，晋魏舒、韓不信如京師，合諸侯之大夫於狄泉，尋盟，且令城成周。魏子南面。衞彪傒曰：魏子必有大咎，干位以令大事，非其任也。《詩》曰：敬天之怒，不敢戲豫。敬天之渝，不敢馳驅。况敢干位以作大事乎？己丑，士彌牟營成周，計丈數，揣高卑，度厚薄，仞溝洫，物土方，議遠邇，量事期，計徒庸，慮材用，書餱糧，以令役於諸侯，屬役賦丈，書以授帥，而效諸劉子。韓簡子臨之，以爲成命。案：敬王遷于成周，而諸侯戍之，此臣子之當然也，亦衰世之善舉也。故列序大夫，書城成周以予之。至魏舒晋之上卿，此舉實由舒始而不書，蓋以其南面干君之位，黜之也。

十有二月己未，公薨于乾侯。

《左傳》：十二月，公疾，偏賜大夫，大夫不受。賜子家子雙琥、一環、一璧、輕服，受之。大夫皆受其賜。己未，公薨。子家子反賜於府人，曰：吾不敢逆君命也。大夫皆反其賜。書曰：公薨於乾侯。言失其所也。趙簡子問於史墨曰：季氏出其君，而民服焉，諸侯與之，君死於外，而莫之或罪也。對曰：物生有兩，有三，有五，有陪貳。故天有三辰，地有五行，體有左右，各有妃耦。王有公，諸侯有卿，皆有貳也。天生季氏，以貳魯侯，爲日久矣。民之服焉，不亦宜乎？魯君世從其失，季氏世修其勤，民忘君矣。雖死於外，其誰矜之？社稷無常奉，君臣無常位，自古以然。故《詩》曰：高岸爲谷，深谷爲陵。三后之姓，於今爲庶，主所知也。在《易》卦，雷乘《乾》曰《大壯》，天之道也。昔成季友，桓之季也，文姜之愛子也，始震而卜，卜人謁之，曰：生有嘉聞，其名曰友，爲公室輔。及生，如卜人之言，有文在其手曰友，遂以名之。既而有大功於魯，受費以爲上卿。至於文子、武子，世增其業，不廢舊績。魯文公薨，而東門遂殺適立庶，魯君於是乎失國，政在季氏，於此君也，四公矣。民不知君，何以得國？是以爲君，慎器與名，不可以假人。案：書薨於乾侯，雖記，失正也，亦以悲公也。公雖闇弱，亦無大惡，而强人專國，列國又皆大夫爲政，黨惡坐視，遂致客死於外。聖人之所傷也。

附　解

昭公一闇懦之人也。其居喪不慼，未葬而三易衰[①]。蓋習於容觀，無天性誠篤之本。故其即位也，無一毫奮發有爲之氣。而徒習儀容，不振乾綱，

① 整理者按：衰，同縗。

乃躁率行事，自取其辱，亦不得專咎季氏也。何則？當時列國會盟，征伐皆委之大夫，積久政柄下移，遂不能挽，相沿成俗，各處皆然，非獨魯也。昭公欲收季氏之權，必修身立德，以仁惠下，以正馭臣，民心歸矣。而令出惟行，臣下不敢擅專，是非美惡自我作主，久久不期正而自正矣。乃徒忿忿攻逐，反爲所勝。據《左傳》所載，季氏未嘗如祭仲、孫林父輩之所行也。公以兵伐之，而叔孫之家臣鬷戾救之，孟孫助之。公見事不成，抱愧而出。叔孫婼未在國，其家臣所爲可以無罪，何忌親學於聖人，而不知逆順，助季氏而伐君，其罪奚逃？夫民之與季氏也，非季氏要結之也。因從來大國徵求，皆上卿應命。季氏世掌魯政，君亦凡事任之。民聽命於下者久，魯君不能自爲操縱，故民止知有季氏，不知有君。非驟奪君權，亦非有莽、操之志也。史墨所謂民不知君者，亦實録也。齊侯、晋侯皆欲納公，而惑於其臣當時賄賂公行。綱常廢墜已久，不足爲怪。季氏已匍袒請罪矣，公若從子家之言，與之入國，入國而委政賢臣如子家輩，亦可以收乾綱。乃爲衆所脅，不用善言，其游魂外境，致墜宗緒，雖覺可傷，豈非自取乎？故人君欲收政權，正不必斤斤自用，但雖修身立道，仁義行之，臣民自然悦服。不然則己德不明，則所謂禮者非其禮，而所謂賢者亦非賢，欲求治安，亦已難矣。觀昭公之事，能毋惕然省歟？

春秋恒解卷八 晚年定本

定公

孔氏穎達曰:《魯世家》:定公名宋,襄公之子,昭公之弟。以敬王十一年即位。《謚法》:安民大慮曰定。

元年 敬王十一年 壬辰

春

每歲必書春,以正歲時。書王以大一統,書正月以明頒朔之義。是時魯昭公之喪尚在外,而定公未即位,國無主政告朔之人,故不書正月。此據事實書者也。而季氏攝政,昭公死於外,定公之立不以正皆著。詳見附解。

王三月,晋人執宋仲幾于京師。

《左傳》:春王正月辛巳,晋魏舒合諸侯之大夫於狄泉,將以城成周。魏子涖政。衞彪傒曰:將建天子,而易位以令,非義也。大事奸義,必有大咎。晋不失諸侯,魏子其不免乎。是行也,魏獻子屬役於韓簡子及原壽過,而田于大陸,焚焉。還,卒于甯。范獻子去其柏椁,以其未復命而田也。孟懿子會城成周。庚寅,栽。宋仲幾不受功,曰:滕、薛、郳,吾役也。謂三國向爲宋役,今既在會受役,則已可免役。薛宰、士彌牟爭之,仲幾不從。乃執仲幾以歸。三月,歸諸京師。城三旬而畢,乃歸諸侯之戍。案:諸侯會城成周,而宋仲幾不受功,其罪大矣。晋當告於天子,以王命討之,乃私執以歸,既而始歸於京師。《春秋》杜悖逆之漸,書曰執宋仲幾於京師,以著其淩犯之罪。曰人者,貶而微之也。

夏六月癸亥,公之喪至自乾侯。戊辰,公即位。

《左傳》：夏，叔孫成子逆公之喪於乾侯。季孫曰：子家子亟言於我，未嘗不中吾志也。吾欲與之從政，且聽命焉。子家子不見叔孫，易幾而哭。叔孫請見子家子，子家子辭，曰：羈未得見，而從君以出。君不命而薨，羈不敢見。叔孫使告之曰：公衍，公爲實使群臣不得事君。若公子宋主社稷，則群臣之願也。凡從君出而可以入者，將唯子是聽。子家氏未有後，季孫願與子從政，此皆季孫之願也，使不敢以告。對曰：若立君，則有卿士、大夫與守龜在，羈弗敢知。若從君者，則貌而出者，入可也。寇而出者，行可也。若羈也，則君知其出也，而未知其入也。羈將逃也。喪及壞隤，公子宋先入，從公者皆自壞隤反。六月癸亥，公之喪至自乾侯。戊辰，公即位。趙氏匡曰：即位皆於朔日，故不書日。定公待昭公喪至既殯而即位，故書日。案：意如出其君，致薨於外，又黜其嗣而立其弟。公子宋貪位自立，不討逆臣之罪。書公之喪至自乾侯，戊辰公即位，則公爲季氏所立可知。家氏鉉翁以爲與纂何異者，是也。

秋七月癸巳，葬我君昭公。

《左傳》：季孫使役如闞，公氏將溝焉。榮駕鵝曰：生不能事，死又離之，以自旌也。縱子忍之，後必或耻之。乃止。季孫問於榮駕鵝曰：吾欲爲君謚，使子孫知之。對曰：生弗能事，死又惡之，以自信也。將焉用之？乃止。秋七月癸巳，葬昭公於墓道南。孔子之爲司寇也，溝而合諸墓。吕氏本中曰：葬必曰我君，所以隆君父之恩，盡忠愛之義。詳味書法，然後有以大警動於其臣下者。趙氏鵬飛曰：八月而葬，其故可知。

九月，大雩。

薛氏季宣曰：有三年之喪，而行大雩之禮，見三桓之無上也。

立煬宫。

煬，羊讓反。

《左傳》：昭公出，故季平子禱於煬宫。九月，立煬宫。案：煬公，伯禽之子也，其廟久毁。季氏出君而私禱焉，煬公豈必福之？乃幸君客死於外，而以爲神佑，復立煬宫，無禮亦無忌憚矣。然則定公何以不禁之？煬公繼兄而立，意如黜公，衍公爲而立定公，援煬公以爲例，定公是以安之也。小人懷奸飾非，其巧詐如此。

冬十月，隕霜殺菽。

趙氏鵬飛曰：周之十月，夏之八月也。《詩》：九月肅霜。則八月非隕霜之時，而隕霜殺菽，常寒之證也。范氏寧曰：舉殺豆，則殺草可也。

附　解

三傳皆以春王爲句，謂定無正月，然定公六月始即位，何以書公正月？或謂正月無事故不書，季氏擅國，即有事亦必不書。非若昭公在時，公雖在外，魯事皆歸公，可以書也。執宋仲幾書者，事關王室，且他國事。《穀梁》云：昭公終非正終，定公始非正始。無正始故不言即位。然公六月即位，

《經》固書之矣。本六月即位，何以當書爲正月？此事之不近人情，大可笑者。若謂不得正始不書，則襄仲殺子惡而立宣公，非正始也，何以猶書正月？又謂正月必頒朔，季氏自以爲君，必如常頒朔，書王不書正月，以治季氏。然頒朔之禮必由天子，王政不行久矣，天子不頒朔，諸侯何由告朔？此不通時勢之言。春秋尊王，故每歲無論正二三月，必書王。自隱三年始屢書春王二月、春王三月矣，則此年王三月，豈爲創見？故王字當連月，不當以春王爲句。三傳謬而衆論紛，然皆求深反淺。抑思昭公在時，國事皆歸於公，故子書如常詞，不許季氏得主政也。今公卒而國尚無君，則正月即有事，亦何可書？若春則歲之首，王則天下之主，不可不書也。故於年下書春，月上書王，夫子祇據實事而書，然不得正終正始，及季氏擅國之罪亦皆見矣。又何必割裂字句以求其義，反致生疑訟哉？至人君即位改元，自必以君卒次年爲元年。春秋無改元禮，昭公去年十二月薨，則定公今年爲元年，禮也。

二　年　　敬王十二年　癸巳

春王正月。

夏五月壬辰，雉門及兩觀災。

觀，工喚反。

杜氏預曰：雉門，公宫之南門。兩觀，闕也。案：天子五門，皋、庫、雉、應、路也。諸侯三門，庫、雉、路。魯亦三門，而庫門擬皋門，雉門擬應門。然特擬其制而已，亦不敢僭皋、應之名。或以爲書災譏其僭者，非也。聖人於災必謹書之。雉門、兩觀，君所有也，而不書之乎？

秋，楚人伐吴。

《左傳》：桐叛楚，吴子使舒鳩氏誘楚人，曰：以師臨我，我伐桐，爲我使之無忌。秋，楚囊瓦伐吴，師於豫章。吴人見舟於豫章，而潛師於巢。冬十月，吴軍楚師于豫章，敗之。遂圍巢，克之，獲楚公子繁。案：是時楚囊瓦當國，信讒嗜貨，危亂將兆，而貪小利以興師，爲吴所愚。故本吴誘楚而書楚伐之，且貶而稱人，深惡囊瓦誤國之臣，爲世戒也。

冬十月，新作雉門及兩觀。

雉門及兩觀災，新之可也。而書作，則必改舊制而大之。有僭於禮者，故書以示譏也。

三　年　　敬王十三年　甲午

春王正月，公如晋，至河，乃復。

公如晋朝，至河而復，三傳皆無明文，不知何故。以當時情事推之，晋君闇弱，大夫專政。士鞅輩與季氏聲勢相倚，必以公即位三年而始朝爲緩，故辭公也。故明年公因會而請盟于臯鼬。

二月辛卯，邾子穿卒。

二月，《公》《穀》作三月。

《左傳》：春二月辛卯，邾子在門臺，臨廷。閽以缾水沃廷。邾子望見之，怒。閽曰：夷射姑旋焉。命執之。弗得，滋怒，自投於牀，廢於爐炭，爛，遂卒。先葬以車五乘，殉五人。莊公卞急而好潔，故及是。汪氏克寬曰：莊公在位三十三年，子益嗣是爲隱公。案：《左傳》可疑。邾子誠卞急在位三十三年，不潔可惡者僅此乎？缾水沃廷可惡，閽言夷射姑旋，而即信之乎？既在門臺矣，又投于牀。牀下有火，北地炕耳，何以即死于炭，左右竟無一人救之？種種不近情理，《左氏》之妄耳。

夏四月。

秋，葬邾莊公。

冬，仲孫何忌及邾子盟于拔。

拔，《公》作枝拔，杜注：地闕。或曰：當在兖州府境。

《左傳》：冬，盟于郯，修邾好也。案：邾子在喪，纔九月而出會，何忌非禮也。然《經》書仲孫何忌及邾子盟，則此盟蓋何忌主之，罪何忌也。邾小國，屢見伐於魯。今邾子初立，仲孫何忌求盟，邾子畏魯而與之盟。善乎，胡氏銓曰：君子不奪人之親，亦不可奪親也。何忌不顧邾子之喪而與之盟，奪人之親。邾子當喪而出盟，奪親也。汪氏克寬曰：魯以大夫而盟邾君，紊君臣之分也。

四　年　　敬王十四年　乙未

春王二月癸巳，陳侯吴卒。

三月，公會劉子、晋侯、宋公、蔡侯、衛侯、陳子、鄭伯、許男、曹伯、莒子、邾子、頓子、胡子、滕子、薛伯、杞伯、小邾子、齊國夏于召陵，侵楚。

《左傳》：蔡昭侯爲兩佩與兩裘，以如楚，獻一佩一裘於昭王。昭王服之，以享蔡侯。蔡侯亦服其一。子常欲之，弗與。三年止之。唐成公如楚，有兩肅爽馬，子常欲之，弗與，亦三年止之。唐人或相與謀，請代先從者，許之。飲先從者酒，醉之，竊馬而獻之子常。子常歸唐侯。自拘於司敗，曰：君以弄馬之故，隱君身，棄國家，群臣請相夫人以償馬，必如之。唐侯曰：寡人之過也，二三子無辱。蔡人聞之，固請而獻佩於子常。子常朝，見蔡侯之徒，曰：蔡君之久也，官不共也。明日，禮不畢，將死。蔡侯歸，及漢，執玉而沈，曰：余所有濟漢而南者，有若大川。蔡侯如晋，以其子元與其大夫之子爲質焉，而請伐楚。四年春三月，劉文公合諸侯于召陵，謀伐楚也。晋荀寅求貨於蔡侯，弗得。言於范獻子曰：國家方危，諸侯方貳，將以襲敵，不亦難乎。水潦方降，疾瘧方起，中山不服，棄盟取怨，無損於楚，而失中山，不如辭蔡侯。吾自方城以來，楚未可以得志，祇取勤焉。乃辭蔡侯。晋人假旄於鄭，鄭人與之。明日，或旆以會。晋於是乎失諸侯。案：蔡侯不堪楚虐，而即於晋，求伐楚。晋已請命於周，天子命王臣臨之，大合諸侯矣。而晋荀寅因求貨不遂，間於士鞅，遂辭蔡侯，不果伐楚。以一大夫而進退諸侯若舉輕，然聖人所深惡也。合十七國興師臨以王臣而書侵，刺其不義昭然。

夏四月庚辰，蔡公孫姓帥師滅沈，以沈子嘉歸，殺之。

姓，《公》作歸。姓，音生。後同。

《左傳》：沈人不會于召陵，晋人使蔡伐之。夏，蔡滅沈。案：沈弱小近楚畏，楚而不敢會召陵，非其罪也。晋不自責而使蔡伐之，蔡不審晋命之非義也，因不得志於楚，遷怒於沈，滅之又殺其君，不仁甚矣。故略晋而專書蔡公孫姓，以深罪其君臣。

五月，公及諸侯盟于皋鼬。

鼬，由又反。皋鼬，《公》作浩油。皋鼬，杜注：繁昌縣東南有城皋亭。案：《水經注》：潁水逕臨潁縣，又東南逕澤城，北即古城皋亭。今在河南開封府臨潁縣界。

《左傳》：將會，衞子行敬子言於靈公曰：會同難嘖，有煩言，莫之治也。其使祝佗從。公曰：善。乃使子魚。子魚辭，公曰：行也。及皋鼬，將長蔡於衞。衞侯使祝佗私於萇弘曰：聞蔡將先衞，信乎？萇弘曰：信。蔡叔，康叔之兄也，先衞，不亦可乎？子魚曰：以先王觀之，則尚德也。昔武王克商，成王定之，選建明德，以藩屏周。三昭之以分物，唯不尚年也。管蔡啟商，惎間王室。王於是乎殺管叔而蔡蔡叔，以車七乘，徒七十人。其子蔡仲，改行帥德，周公舉之，以爲己卿士。見諸王而命之以蔡，其命書云：王曰，胡，無若爾考之違王命也。若之何其使蔡先衞也？武王之母弟八人，周公爲太宰，康叔爲司寇，聃季爲司空，五叔無官，豈尚年哉。曹，文之昭也；晋，武之穆也。曹爲伯甸，非尚年也。今將尚之，是反先王也。晋文公爲踐土之盟，衞成公不在，夷叔，其母弟也，猶先蔡。其載書云：王若曰：晋重耳、魯申、衞武、蔡甲午、鄭捷、齊潘、宋王臣、莒期。藏在周府，可覆視也。吾子欲復文、武之略，而不正其德，將如之何？萇弘説，告劉子，與范獻子謀之，乃長衞侯於盟。案：祝鮀佞口亂義，《經》仍書蔡先衞，惡之而不信其言也。其所云分物，亦豈可盡信哉？故弗錄。書公及盟，劉子不書，不與盟也。定公初立，而求盟以親諸侯，優於昭公之制於季氏。是時大夫專政，多盟諸侯，唯此會公及諸侯同盟。盟末事也，然猶幸諸侯之得主會也。書公及諸侯盟，亦衰世之意，姑節取焉。

杞伯成卒于會。

成，《公》作戊。

案：世子乞嗣，是爲隱公。七月，其弟過，弑隱公自立，是爲僖公。而《經》不書，舊史所無，聖人亦不敢以傳聞書之也。

六月，葬陳惠公。

許遷于容城。

許至是凡四遷矣。畏鄭而即於楚，蓋楚遷之，《經》以自遷爲文，不與楚以得遷國也。然許無德以自强，徒屢遷國，異乎公劉太王之遜狄自强者矣。聖人詳書之，一以傷王室衰微，小國不能自保，一以戒不能修德而遷都避敵者之無益。

秋七月，公至自會。

晋以伐楚召諸侯，而終未成乎其伐，故公至亦但以會告廟，而史因之。

劉卷卒。

卷，音權。

杜氏預曰：即劉蚠也。劉子奉命出盟召陵，則其死同盟者皆知，魯史故書。不書爵，以奉王命出而死，臨以王則不可言劉子也。

葬杞悼公。

楚人圍蔡。

《左傳》：秋，楚爲沈故，圍蔡。案：蔡滅沈，信有罪矣，然其釁實自楚啟之。乃不自返而責人，故人之以示貶。

晋士鞅、衛孔圉帥師伐鮮虞。

圉，《公》作圄。

伐楚之事，義也，臨以王命，而士鞅信貪夫之言阻之。楚人圍蔡，當救也。而晋若罔聞，知乃恃威以伐鮮虞。當時大夫專權，惟其所爲不顧國體，故書士鞅帥師伐鮮虞以惡之也。孔圉黨惡，故亦斥之。

葬劉文公。

卒書劉卷，從乎天子言之也。葬稱公，從乎魯會葬言之也。春秋五等之爵，葬皆稱公，從其臣民之辭。會葬者，又從其臣民之辭，非譏僭也。畿内諸侯不得外交諸侯，則諸侯亦不得往會葬。而此則天子使之，又同盟諸侯，自當會葬，敬天子以及其臣，禮之變而不失其正者也。或以爲非者，誤。

冬十有一月庚午，蔡侯以吴子及楚人戰于柏舉，楚師敗績。楚囊瓦出奔鄭。

柏舉，《公》作伯莒，《穀》作伯舉。吴始書子、書戰。柏舉，杜注：楚地。《名勝志》云：麻城縣東北三十里有柏子山，縣東南有舉水。柏舉之名，蓋合柏山、舉水而得之。其説未知何據。案：傳文子常濟漢，自小別至于大別，又三戰而陳于柏舉，是在漢之東北矣。其地應在麻城境也。

《左傳》：伍員爲吴行人以謀楚。楚之殺郤宛也，伯氏之族出。伯州犂之孫嚭，爲吴太宰以謀楚。楚自昭王即位，無歲不有吴師。蔡侯因之，以其子乾與其大夫之子爲質於吴。冬，蔡侯、吴子、唐侯伐楚。舍舟於淮汭，自豫章與楚夾漢。左司馬戌謂子常曰：子沿漢而與之上下。我悉方城外以毁其舟，還塞大隧、直轅、冥阨，子濟漢而伐之，我自後擊之，必大敗之。既謀而行。武城黑謂子常曰：吴用木也，我用革也，不可久也。不如速戰。史皇謂子常：楚人惡子而好司馬，若司馬毁吴舟於淮，塞城口而入，是獨克吴也。子必速戰，不然不免。乃濟漢而陳，自小别至於大别。三戰，子常知不可，欲奔。史皇曰：安求其事，難而逃之，將何所入？子必死之，初罪必盡説。十一月庚午，二師陳于柏舉。闔廬之弟夫槩王，晨請於闔廬曰：楚瓦不仁，其臣莫有死志，先伐之，其卒必奔。而後大師繼之，必克。弗許。夫槩王曰：所謂臣義而行，不待命者，其此之謂也。今日我死，楚可入也。以其屬五千，先擊子常之卒，奔，楚師亂。吴師大敗之。子常奔鄭。史皇以其乘廣死。案：楚與吴雖周封國，然長於南蠻，不得與諸侯等。後因僭王，故《春秋》以夷例之，而楚尤爲中國患。五霸之興，夫子節取，皆以楚故也。吴後雖亦强盛，而此時尚未陵中國。楚無道暴中國久矣，聖人蓋深惡之。蔡侯於楚有屢世之讎，請師於吴，敗楚於柏舉。書蔡侯以吴子及楚戰，著楚喪師失國之由。蔡書爵，則吴亦不得不書爵。楚自是衰而吴自此强，越又繼興，爲春秋變局。故詳書耳。

庚辰，吴入郢。

郢，《公》《穀》作楚。

《左傳》：吴從楚師，及清發，將擊之。夫槩王曰：困獸猶鬬，况人乎？若知不免而致死，必敗我。若使先濟者知免，後者慕之，蔑有鬬心矣。半濟而後可擊也。從之。又敗之。楚人爲食，吴人及之，奔，食而從之。敗諸雍澨，五戰及郢。己卯，楚子取其妹季芈畀我以出。庚辰，吴入郢，以班處宫。子山處令尹之宫，夫槩王欲攻之，懼而去之，夫槩王入之。左司馬戌及息而還，敗吴師于雍澨，傷。初，司馬臣闔廬，故耻爲禽焉。三戰皆傷，曰：吾不可用也。告其臣句卑布裳，剄而裹之，藏其身而以其首免。楚子涉睢，濟江，入于雲中。王寢，盗攻之，以戈擊王。王孫由于以背受之，中肩。王奔鄖，鍾建負季芈以從，由于徐蘇而從。王奔隨。吴人從之，謂隨人曰：周之子孫在漢川者，楚實盡之。天誘其衷，致罰於楚，而君又竄之，周室何罪？君若顧報周室，施及寡人，以獎天衷，君之惠也。漢陽之田，君實有之。楚子在公宫之北，吴人在其南。子期似王，逃王，而己爲王，曰：以我與之，王必免。隨人卜與之，不吉。乃辭吴曰：以隨之辟小密邇於楚，楚實存之，世有盟誓，至於今未改。若難而棄之，何以事君？執事之患，不唯一人。若鳩楚境，敢不聽命。吴人乃退。王割子期之心，以與隨人盟。初，伍員與申包胥友。其亡也，謂申包胥曰：我必復楚國。申包胥曰：勉之。子能復之，我必能興之。及昭王在隨，申包胥如秦乞師，曰：吴爲封豕、長蛇，以薦食上國。虐始於楚，寡君失守社稷，越在草莽。使下臣告急，曰，夷德無厭，若鄰於君，疆埸之患也。逮吴之未定，君其取分焉。若楚之遂亡，君之土也。若以君靈撫之，世以事君。秦伯使辭焉，曰：寡人聞命矣，子姑就館，將圖而告。對曰：寡君越在草莽，未獲所伏。下臣何敢即安？立，依於庭牆而哭，日夜不絶聲，勺飲不入口七日。秦哀公爲之賦《無衣》，九頓首而坐，秦師乃出。案：蒙上文，故吴不稱子。未有其地但入其國都，故書入郢。無褒亦無貶也。

五　年　　敬王十五年　丙申

春王三月辛亥朔，日有食之。

夏，歸粟于蔡。

《左傳》：夏，歸粟于蔡，以周亟，矜無資。案：《公》《穀》皆稱諸侯歸蔡粟，略而不序。《左傳》以爲魯歸，且言歸之之故。當從左氏也。蔡困于楚，求晉、求吴報楚，至以子爲質，則疲憊可想。又值歲歉，魯同姓又新同會召陵，故歸之粟。夫子善其恤患，故書以予之也。前人作存疑解，非是。

於越入吴。

《左傳》：越入吴，吴在楚也。杜氏預曰：於，發聲也。案：越稱於越，蓋當時之方言。不書越人而曰於越。吴越相讎伐已久，吴困辱越，越乘虚而襲，非無故相侵。雖非正，亦不足深罪，故從夷狄相侵伐之常書之，略之爾。

六月丙申，季孫意如卒。

《左傳》：六月，季平子行東野，還，未至，丙申，卒于房。陽虎將以璵璠斂，仲梁懷弗與，曰：改步改玉。虎欲逐之，告公山不狃。不狃曰：彼爲君也，子何怨焉？既葬，桓子行東野，及費。子洩爲費宰，逆勞於郊，桓子敬之。勞仲梁懷，仲梁懷弗敬。子洩怒，謂陽虎：子行之乎？案：意如有罪當討，公德其立己，遇之如常。《經》亦如常書其卒，見其安然無恙者，公庇之也。不斥君之非，而已著其相容隱之罪，書法之妙也。意如未卒，而陽虎已專權。君爲所制，己亦爲臣所制。不期而然，循環之理可畏。

秋七月壬子，叔孫不敢卒。

案：意如、不敢卒，其子季孫斯、叔孫武叔皆稺弱，陽虎遂執國命，三桓之子孫微矣。

冬，晉士鞅帥師圍鮮虞。

《左傳》：晉士鞅圍鮮虞，報觀虎之役也。案：是時吴、楚越相攻伐，中國正可修政刑以扶王綱。乃不是之務而恃衆虐小，士鞅當晉政之罪也。故書帥師、書圍以惡之。

六　年　　敬王十六年　丁酉

春王正月癸亥，鄭游速帥師滅許，以許男斯歸。

速，《公》作遫，後同。

《左傳》：六年春，鄭滅許，因楚敗也。案：許於鄭非有不共戴之讎也，侮其小而屢伐之。許恃楚以固其國，至於四遷。今鄭乘楚敗而滅許，不仁甚矣。故書帥師、書滅以著其罪。許男被執故書滅，實未嘗滅，惡鄭故甚其詞以罪之耳。

二月，公侵鄭。

《左傳》：二月，公侵鄭取匡，爲晋討鄭之伐胥靡也。往不假道於衛。及還，陽虎使季、孟自南門入，出自東門，舍於豚澤。衛侯怒，使彌子瑕追之。公叔文子老矣，輦而如公，曰：尤人而效之，非禮也。昭公之難，君將以文之舒鼎，成之昭兆，定之鞶鑑，苟可以納之，擇用一焉。公子與二三臣之子，諸侯苟憂之，將以爲之質。此群臣之所聞也。今將以小忿蒙舊德，無乃不可乎。大姒之子，唯周公、康叔爲相睦也。而效小人以棄之，不亦誣乎。天將多陽虎之罪以斃之，君姑待之，若何？乃止。案：鄭黨亂人以伐胥靡，有罪當伐。然魯奉晋之命，非奉天子之命也。陽虎託爲奉伯令以黷武，强公而行，非公果有爲王室討賊之義。然公因公叔文子之言，猶能止陽虎。則虎雖專國政，固未敢藐君，特欺壓季氏耳。自宣公十八年伐杞書公，後將八十年，今始書公侵鄭、侵齊、圍齊。使虎誠有强公抑私之志，以政歸公，已效忠藎則，爲賢矣，而不能然，特欲自專。故夫子惡之而書以爲盗。

公至自侵鄭。

夏，季孫斯、仲孫何忌如晋。

《左傳》：夏，季桓子如晋，獻鄭俘也。陽虎彊使孟懿子往報夫人之幣。晋人兼享之。孟孫立於房外，謂范獻子曰：陽虎若不能居魯，而息肩於晋，所不以爲中軍司馬者，有如先君。獻子曰：寡君有官，將使其人。鞅何知焉？獻子謂簡子曰：魯人患陽虎矣，孟孫知其釁，以爲必適晋，故彊爲之請，以取入焉。案：陽虎欲專政，故彊公侵鄭以媚晋。又彊季孫、仲孫如晋獻俘。三家專魯久矣，今陽虎託於强公抑私，進退大夫由己。聖人書之以著虎專權之迹，亦以見不臣之人，其下效尤，禍亂所積，有如此。

秋，晋人執宋行人樂祁犂。

《左傳》：秋八月，宋樂祁犂言於景公曰：諸侯唯我事晋，今使不往，晋其憾矣。樂祁告其宰陳寅。陳寅曰：必使子往。他日，公謂樂祁曰：唯寡人説子之言，子必往。陳寅曰：子立後而行，吾室亦不亡。唯君亦以我爲知難而行也。見溷而行。趙簡子逆，而飲之酒於緜上，獻楊楯六十於簡子。陳寅曰：昔吾主范氏，今子主趙氏，又有納焉。以楊楯賈禍，弗可爲也已。然子死晋國，子孫必得志於宋。范獻子言於晋侯曰：以君命越疆而使，未致使而私飲酒，不敬二君，不可以不討也。乃執樂祁。案：兩國相交，使在其間。《經》書執行人者，皆貶也，况晋士鞅因賄而執樂祁乎？故書行人、書人執以貶之。黄氏正憲謂：樂祁未致君命而私飲酒通賄，失行人之職，有可執之罪。然非晋君之本意也。《春秋》惡權臣貪賄，假公行私，故略樂祁之罪，而特罪士鞅。

冬，城中城。

中城别于外城。成公九年城之，今又城。陽虎欲挾公自固，以去三桓，故城之。《穀梁》曰三家張，非也。杜預云懼晋，亦非。

季孫斯、仲孫忌帥師圍鄆。

何忌不言何，省文耳。《公羊》云譏二名，非是。昭公孫于齊，齊取鄆以居公，既而鄆潰入於齊。今季、仲帥師圍之，蓋陽虎欲惡忌孫、仲孫於齊，故使之也。《左傳》：陽虎又盟公及三桓於周社，盟國人於亳社，詛於五父之衢。明年，齊人歸鄆、陽關，陽虎居之以爲政。蓋其鷙驁之氣，足以脅陵於齊。三家爲所箝制，宜矣。

七 年　　敬王十七年　戊戌

春王正月。

《左傳》：二月，齊人歸鄆、陽關，陽虎居之以爲政。案：虎據爲己有也。

夏四月。

秋，齊侯、鄭伯盟于鹹。

《左傳》：秋，齊侯、鄭伯盟于鹹，徵會于衛。案：齊景公因晋衰欲圖霸，故求與衛、鄭盟。然是時周儋翩作亂，天王處於姑蕕。齊景不能匡靖王室，方且要結鄭、衛以求復伯，卑不足道也。公孫丑謂晏子以其君顯。晏子之言議多中禮，而其輔君不及仲，蓋明智頗優，而幹濟之才不足。抑齊景時陳氏之權已盛，任嬰亦不專，景公又不如桓之局量豁達也。

齊人執衛行人北宫結以侵衛。

齊侯、衛侯盟于沙。

《公》作沙澤。沙，杜注：陽平元城縣東南有沙亭。晋大和五年，秦王猛圍鄴，慕容垂自沙亭屯内黄是也。在今元城縣東。

《左傳》：衛侯欲叛晋，諸大夫不可。使北宫結如齊，而私於齊侯曰：執結以侵我。齊侯從之，乃盟于瑣。案：是時列國多大夫專政，其君不能自主，然亦君自取之耳。若衛將叛晋從齊，慮其臣之不從，而使齊執之以侵，以便就盟。上以不誠馭下，下以不忠事上，尚安足守土而治民哉？齊侯欲合諸侯而不以德禮，從衛私請，執其臣以要盟，亦奚足以服人？故書齊人執衛行人，以罪齊、衛之君。稱行人，明非所宜執也。書執行人而即繼書盟于沙，以著其挾詐之失。

大雩。

齊國夏帥師伐我西鄙。

《左傳》：齊國夏伐我。陽虎御季桓子、公斂處父御孟懿子，將宵軍齊師。齊師聞之，墮，伏而待之。處父曰：虎不圖禍，而必死。苫夷曰：虎陷二子於難。不待有司，余必殺女。虎懼，乃還，不敗。案：齊師之來，陽虎爲之也。齊、魯久相通好，陽虎不以禮求鄆，而使季孫、仲孫圍鄆，故齊來伐虎。又欲陷二子於難，處父與苫夷禁之，則三家皆陪臣用事。可見虎之不能爲魯患以此。此可以觀世變矣。

九月，大雩。

薛氏季宣曰：一秋而兩大雩，僭瀆之甚也。案：雩雖旱禱之禮，然非治荒之本也。是時陽虎專政，公及大夫皆束手聽命。書以見虎無知妄爲之概耳。

冬十月。

八　年　　敬王十八年　己亥

春王正月，公侵齊。

《左傳》：八年春王正月，公侵齊，門於陽州，士皆坐列，曰：顔高之弓六鈞，皆取而傳觀之。陽州人出，顔高奪人弱弓，籍丘子鉏擊之，與一人俱斃。偃，且射子鉏，中頰，殪。顔息射人中眉，退曰：我無勇，吾志其目也。師退，冉猛僞傷足而先。其兄會乃呼曰：猛也殿。

公至自侵齊。

二月，公侵齊。三月，公至自侵齊。

《左傳》：公侵齊，攻廩丘之郛。主人焚衝，或濡馬褐以救之，遂毁之。主人出，師奔。陽虎僞不見冉猛者，曰：猛在此，必敗。猛逐之，顧而無繼，僞顛。虎曰：盡客氣也。苫越生子，將待事而名之。陽州之役獲焉，名之曰陽州。案：齊師來侵，不得已而禦之，可也。齊師退而必侵之，且三月之内而兩侵，公豈誠有憾於齊乎？非也。陽虎欲去三家而專公室，疲其民以使之怨上，又强公親行。幸軍士皆知其故，不肯爲之盡力。雖無功而還，君得免於難，幸矣。故《經》詳書公侵、公至，以危公而惡虎也。

曹伯露卒。

案：自聲公立五年，其弟通弑之代立，是爲隱公。隱公立四年，其弟露又弑之代立，凡立四年卒。子陽嗣而《經》不書，蓋不赴也。是可知春秋悖亂之事無窮，夫子即魯史以明其義，存什一於千百。是非得失，可例其餘。所以不容一毫苟焉而已。

夏，齊國夏帥師伐我西鄙。

齊與魯未有怨也。而陽虎强公兩侵齊，致齊來伐，書以著陽虎之罪，亦病公之不能正綱也。

公會晋師于瓦。

瓦，杜注：衛地，東郡燕縣東北有瓦亭。《水經注》：酸瀆水自燕城東逕滑臺城，又東南逕瓦亭南。今直隸大名府滑縣東南瓦岡集石瓦亭也。

《左傳》：晋士鞅、趙鞅、荀寅救我。公會晋師于瓦。范獻子執羔，趙簡子、中行文子皆執雁。魯于是始尚羔。案：晋救魯而不知齊之伐魯，陽虎爲之也。公往會之，蓋謝其意而面言其故。晋師遂止，齊亦未與戰，亦知前侵齊皆虎意，聊相報耳。故不書晋救而但書會晋師。不書士鞅等，不予其以臣抗君卿。執羔，禮也，魯人豈不知之？因范鞅執羔而不論貴賤皆尚之，必皆執之，妄矣。

公至自瓦。

瓦，衛地。蓋晋師中道，公即往止之。君至必書，重之也。不言自會，本非會也。前人謂諱公會大夫，然公因晋救我自往謝而止之，非大夫以會召公，何諱之有？

秋七月戊辰，陳侯柳卒。

晋士鞅帥師侵鄭，遂侵衞。

士，《公》作趙。

衞叛晋從齊。晋師至瓦，不果救魯，就衞地，欲盟衞。趙簡子曰：群臣誰敢盟衞君？涉佗、成何曰：我能盟之。衞人請執牛耳。成何曰：衞，吾溫、原也，焉得視諸侯？將歃，涉佗捘衞侯之手，及捥，衞侯怒。遂叛晋。晋人請改盟，弗許。晋欲假王命伐之，以鄭六年曾侵周伊闕，言欲伐鄭爲周報怨。周信之，使成桓公同晋伐鄭，遂侵衞。案：晋無禮於諸侯，致諸侯之叛，猶不自反，而興無名之師，且僞言伐鄭，上援王臣同侵，士鞅專晋，貪妄已甚。以大夫而致王臣與同侵衞，其罪大矣。故斥書其帥師侵二國，而不書成子，不與其抗王臣也。

葬曹靖公。

九月，葬陳懷公。

季孫斯、仲孫何忌帥師侵衞。

九月，師侵衞，晋故也。晋士鞅無如衞何，又使魯臣伐之。斯與何忌黨于鞅，聽之，而陽虎不禁之，蓋欲其得罪鄰國，己得以行其私。書一人帥師，惡其非義而曲從人也。

冬，衞侯、鄭伯盟于曲濮。

曲濮，杜注：衞地。蓋濮水曲折之處，猶言河曲、汾曲也。在今山東東昌府濮州境。

衞、鄭皆受晋侵，故爲此盟以叛晋。書以著晋之無禮於諸侯，諸侯所以解也。

從祀先公。

《左傳》：季寤、公鉏極、公山不狃皆不得志於季氏。叔孫輒無寵於叔孫氏，叔仲志不得志於魯。故五人因陽虎，欲去三桓，以季寤更季氏，以叔孫輒更叔孫氏，己更孟氏。冬十月，順祀先公而祈焉。辛卯，禘於僖公。案：從祀，《公》《穀》謂正閔僖之位，胡氏安國謂昭公至是始從祀於大廟。其説不同。《左氏》云順祀先公而祈焉。辛卯，禘於僖公。則先公者昭公也。昭公不從祀大廟，傳無明文。陽虎因昭公爲季孫意如所出，今欲去季氏，故祈於昭公。而復禘于僖公者，子般弒閔公，殤慶父爲之。季友立僖公而魯安，季氏由是得政。今將去季氏而祀僖公，告以季氏不臣之罪，明己非無故而去季氏，且並合群廟之主於僖公廟祀之也。陽虎私祭先公以祈庇，先公非虎所得祭也。不可云陽虎祭於先公，故曰從祀，猶言公祀先公而陽虎從之以祈耳。不書其祀先公，則没其實，竟云虎祀先公，則先公非虎所得祀也。然孰祀之，則誰從之。接書盜竊玉弓，以知從祀者虎也。豈有虎祀先公而夫子與之書之也哉。

盜竊寶玉、大弓。

《左傳》：壬辰，將享季氏于蒲圃而殺之，戒都車曰：癸巳至。成宰公斂處父告孟孫，曰：季氏戒都車，何故？孟孫曰：吾弗聞。處父曰：然則亂也，必及於子，先備諸。與孟孫以壬辰爲期。陽虎前驅，林楚御桓子，虞人以鈹盾夾之，陽越殿，將如蒲圃。桓子咋謂林楚曰：而先皆季氏之良也，爾以是繼之。對曰：臣聞命後。陽虎爲政，魯國服焉。違之，徵死。死無益於主。桓子曰：何後之有？而能以我適孟氏乎？對曰：不敢愛死，懼不免主。桓子曰：往也。孟子選圉人之壯者三百人，以爲公期築室於門外。林楚怒馬及衢而騁，陽越射之，不中，築者闔門。有自門間射陽越，殺之。陽虎劫公與武叔，以伐孟氏。公斂處父帥成人，自上東門入，與陽氏戰於南門之内，弗勝。又戰于棘下，陽氏敗。陽虎脱甲如公宫，取寶玉、大弓以出，舍於五父之衢，寢而爲食。其徒曰：追其將至。虎曰：魯人聞余出，喜於徵死，何暇追余？從者曰：嘻。速駕，公斂陽在。公斂陽請追之，孟孫弗許。陽欲殺桓子，孟孫懼而歸之。子言辨舍爵於季氏之廟而出。陽虎入於讙、陽關以叛。《穀梁》：寶玉者封圭，大弓者武王之戎弓。周公受賜，藏之魯。理或然也。陽虎欲殺其主而不書，畔僅書竊弓、玉，諱内亂而寓譏慨也。國政有如重器，自三桓專政，久且歸于陪臣。使虎計竟成，其得志勢必勝于季氏。幸而未成。第竊弓玉而已，然魯由是遂微，政柄幾不可復收。幸夫子攝相墮都出甲，三家不振。下文書得寶玉、大弓與此書竊，皆寓言耳，病魯而深大息。至書盗以賤虎，則人所共知者。

九　年　　敬王十九年　庚子

春王正月。

夏四月戊申，鄭伯蠆卒。

蠆，敕邁反。《公》作囆。

得寶玉、大弓。

《左傳》：夏，陽虎歸寶玉大弓。六月，伐陽關。陽虎使焚萊門。師驚，犯之而出，奔齊，請師以伐魯，曰：三加必取之。齊侯將許之。鮑文子諫曰：臣嘗爲隸於施氏矣。魯未可取也。上下猶和，衆庶猶睦，能事大國，而無天菑。若之何取之？陽虎欲勤齊師也，齊師罷，大臣必多死亡，己於是乎奮其詐謀。夫陽虎有寵於季氏，而將殺季孫，以不利魯國，而求容焉。親富不親仁，君焉用之？君富於季氏，而大於魯國，兹陽虎所欲傾覆也，魯免其疾，而君又收之，無乃害乎？齊侯執陽虎，將東之。陽虎願東，乃囚諸西鄙。盡借邑人之車，鍥其軸，麻約而歸之。載蔥靈，寢於其中而逃。追而得之，囚於齊。又以蔥靈逃，奔宋，遂奔晋，適趙氏。仲尼曰：趙氏其世有亂乎？案：陽虎陪臣，賤者也，又爲盗，不足以書其叛，其敗也，《經》皆以寶玉、大弓寄意。書竊則可以考其叛之事，書得則所以幸其亂之未成。非重弓玉也，即弓玉以著虎爲亂之始末，且寄慨於魯政焉。

六月，葬鄭獻公。

秋，齊侯、衛侯次于五氏。

五氏，杜注：晋地。蓋晋大夫邯鄲午之私邑，今直隸廣平府邯鄲縣西有五氏城，亦曰寒氏城。

齊侯伐晋夷儀，次于五氏。晋車千乘在中牟，衞侯將從齊于五氏。卜之不吉，竟越中牟而從齊于五氏。晋人伐齊師，敗之。書次于五氏而不言伐晋，罪晋故略之也。晋不德以致諸侯多貳，有自取之道也。

秦伯卒。冬，葬秦哀公。

秦來赴，往會葬故書。

十　年　　敬王二十年　辛丑

春王三月，及齊平。

魯與齊本無怨，因陽虎構怨。今虎去，魯及齊平。書美其釋怨也。

夏，公會齊侯于夾谷。公至自夾谷。

夾，《公》《穀》作頰。夾谷，杜注：即祝其也。《地理志》：濟南淄川縣西南三十里有甲山，亦名夾山，一名祝山，上有夾谷臺，爲定公會齊侯處。案：齊、魯兩君相會，不應去齊若此之近，去魯若此之遠。今萊蕪縣有夾谷峪，《名勝志》以爲萊兵劫魯侯處，庶幾近之。

《左傳》：夏，公會齊侯于祝其，實夾谷。孔丘相。犂彌言於齊侯曰：孔丘知禮而無勇，若使萊人以兵劫魯侯，必得志焉。齊侯從之。孔丘以公退，曰：士兵之。兩君合好，而裔夷之俘，以兵亂之，非齊君所以命諸侯也。裔不謀夏，夷不亂華，俘不干盟，兵不偪好，於神爲不祥，於德爲愆義，於人爲失禮，君必不然。齊侯聞之，遽辟之。將盟，齊人加於載，書曰：齊師出竟，而不以甲車三百乘從我者，有如此盟。孔丘使兹無還揖對，曰：而不反我汶陽之田，吾以共命者，亦如之。齊侯將享公，孔丘謂梁丘據曰：齊、魯之故，吾子何不聞焉？事既成矣，而又享之，是勤執事也。且犧象不出門，嘉樂不野合。饗而既具，是棄禮也，若其不具，用秕稗也。用秕稗，君辱，棄禮，名惡，子盍圖之？夫享，所以昭德也。不昭，不如其已也。乃不果享。案：因陽虎啟釁，兩侵齊疆，致齊來伐。孔子當國，講信修睦。齊景欲圖霸，與魯平而相會。《經》但書會不書盟，《左傳》言盟者，妄也。萊人以兵劫魯侯，先儒多言無其事。然即使有之，夫子以禮折之，而齊侯即辟夷人，則未果劫也。其云士兵之，亦謂齊不服禮則將使士兵之，亦未果兵之也。《史記》《家語》附會而張大其事，不足信。齊歸汶陽之田，亦齊侯悦服聖人而願親魯，豈夫子盟以要之？《左氏》尤誣。齊將享公，夫子以禮折之而止，亦事之容或有者。《左氏》所載，宜分别善觀之。他書更不足信。是時夫子尚未攝相，左氏云相者，相禮而已。勿誤認。

晋趙鞅帥師圍衞。

《左傳》：晋趙鞅圍衞，報夷儀也。初，衞侯伐邯鄲午於寒氏，城其西北而守之，宵熸。及晋圍衞，午以徒七十人門於衞西門，殺人於門中，曰：請報寒氏之役。涉佗曰：夫子則勇矣，然我往，必不敢啟門。亦以徒七十人，旦門焉，步左右，皆至而立，如植。日中不啟門，乃退。反役，晋人討衛之叛故，曰：由涉佗、成何。於是執涉佗以求成於衛。衛人不許，晋人遂殺涉佗。成何奔燕。君子曰：此之謂棄禮，必不鈞。《詩》曰：人而無禮，胡不遄死。涉佗亦遄矣哉。案：書帥師，惡其恃衆脅服。書圍，又見其不足服衛也。聖人之惡趙鞅甚矣。

齊人來歸鄆、讙、龜陰田。

田上，《穀》有之字。鄆、讙、龜陰，杜注：三邑皆汶陽田。泰山博縣北有龜山。陰田在其北也。案：博縣今之泰安州，州境無龜山。今龜山在新泰縣之西南，泗水縣之東北，蓋與泰安州相接也。

《公羊》：齊人曷爲來歸鄆、讙、龜陰田，孔子行乎季孫三月，不違，齊人爲是來歸之。家氏鉉翁曰：取濟西、取汶陽，書取不言歸，以其仗大國而得歸，故書曰取。歸濟西、歸讙及闡，歸疆也，言歸不言來歸，以其請之而後得，非彼自以之歸。惟此書來歸，言齊人自以故疆來歸，非假兵力、智計而得之，是之謂自歸，視其他歸疆有不同也。案：齊景欲圖霸，先親魯，又感夫子德禮，自以魯地來歸。《左氏》載兹無還揖對，大謬。或又以來歸田爲夫子盛德化人之速，欲尊聖而太過，其實亦非聖人所安也。時夫子尚未攝相，《公羊》於此即云孔子行乎季孫三月，不違，齊人來歸田。誤。

叔孫州仇、仲孫何忌帥師圍郈。

郈，音后，又音下遘反。

《左傳》：初，叔孫成子欲立武叔，公若藐固諫曰：不可。成子立之而卒。公南使賊射之，不能殺。公南爲馬正，使公若爲郈宰。武叔既定，使郈馬正侯犯殺公若。弗能。其圉人曰：吾以劍過朝，公若必曰：誰之劍也？吾稱子以告，必觀之。吾僞固，而授之末，則可殺也。使如之。公若曰：爾欲吴王我乎？遂殺公若。侯犯以郈叛，武叔懿子圍郈，弗克。杜氏預曰：犯以不能副武叔之命故叛。

秋，叔孫州仇、仲孫何忌帥師圍郈。

郈，《公》作費。

《左傳》：秋，二子及齊師復圍郈，弗克。叔孫謂郈工師駟赤曰：郈非唯叔孫氏之憂，社稷之患也。將若之何？對曰：臣之業，在《揚水》卒章之四言矣。叔孫稽首。駟赤謂侯犯曰：居齊、魯之際，而無事，必不可矣。子盍求事於齊以臨民？不然，將叛。侯犯從之。齊使至，駟赤與郈人爲之宣言於郈中曰：侯犯將以郈易於齊，齊人將遷郈民。衆兇懼。駟赤謂侯犯曰：衆言異矣，子不如易於齊。與其死也，猶是郈也。而得紓焉，何必此？齊人欲以此逼魯，必倍與子地。且盍多舍甲於子之門，以備不虞？侯犯曰：諾。乃多舍甲焉。侯犯請易於齊，齊有司觀郈，將至。駟赤使周走呼曰：齊師至矣。郈人大駭，介侯犯之門甲，以圍侯犯。駟赤將射之。侯犯止之，曰：謀免我。侯犯請行，許之。駟赤先如宿，侯犯殿。每出一門，郈人閉之。及郭門，止之，曰：子以叔孫氏之甲出，有司若誅之，群臣懼死。駟赤曰：叔孫氏之甲有物，吾未敢以出。犯曰：子止而與之數。駟赤止而納魯人。侯犯奔齊，齊人乃致郈。案：侯犯家臣耳，故不書其叛，然書圍郈則叛可知。諸侯且不得擅征伐之權，大夫可知，陪臣又不待言矣。三家專魯，其家臣亦尤效。書叔孫、仲孫帥師，著其擅兵柄而啟亂階，至此並不能治其私臣也。駟赤爲叔孫紿侯犯，使易於齊。齊並未與叔孫、仲孫同圍郈，而傳云齊師誤矣。

宋樂大心出奔曹。

《左傳》：九年春，宋公使樂大心盟于晋，且逆樂祁之尸。辭，僞有疾。乃使向巢如晋盟，且逆子梁之尸。子明謂桐門右師出，曰：吾猶衰絰，而子擊鐘，何也？右師曰：喪不在此故也。既而告人曰：已衰絰而生子，余何故舍鐘？子明聞之，怒，言於公曰：右師將不利戴氏，不肯適晋，將作亂也。不然無疾。乃逐桐門右師。案：人臣惟君之命，有死無二。大心稱疾不適晋，不忠甚矣。雖子明譖之，出非其罪，然豈得謂爲無罪哉。故書名出奔以惡之。

宋公子地出奔陳。

地，《公》作池，後同。

《左傳》：宋公子地嬖蘧富獵，十一分其室，而以其五與之。公子地有白馬四。公嬖向魋。魋欲之。公取而朱其尾鬣以與之。地怒，使其徒抶魋而奪之。魋懼，將走。公閉門而泣之，目盡腫。母弟辰曰：子分室以與獵也，而獨卑魋，亦有頗焉。子爲君禮，不過出竟，君必止子。公子地出奔陳，公弗止。案：地爲公族，不以禮正身，而分室與嬖人，又何能以禮事君，而禁君之遠嬖人哉？以惑嬖之故，君强取於臣，臣罔顧其君。迹其行，特童竪之爲耳。《經》以自奔爲文，蓋罪之也。

冬，齊侯、衛侯、鄭遊速會于安甫。

安甫，《公》作窜。杜注：地闕。

齊、衛相結以叛晋，而鄭亦從焉。游速以大夫而會諸侯，二君安之，蓋禮之不講久矣。

叔孫州仇如齊。

《左傳》：武叔聘于齊。齊侯享之，曰：子叔孫。若使郈在君之他竟，寡人何知焉？屬與敝邑際，故敢助君憂之。對曰：非寡君之望也。所以事君，封疆社稷是以。敢以家隸勤君之執事？夫不令之臣，天下之所惡也。君豈以爲寡君賜？案：齊致郈而叔孫往謝焉，禮也。

宋公之弟辰暨仲佗、石彄出奔陳。

暨字下，《公》《穀》有宋字。彄，苦侯反。

《左傳》：公子地出奔，辰爲之請，弗聽。曰：是我廷吾兄也。吾以國人出，君誰與處？冬，母弟辰暨仲佗、石彄出奔陳。案：辰於君爲同母弟，而地則衆公子也。景公寵嬖臣固非，而辰不能以禮匡救，於地等無禮於君亦不能曉以大義，善全其事，棄君而逃，且使佗彄偕出。佗彄身爲卿佐，有君不事，而與辰俱奔。兄不友、弟不悌、臣不忠，詳書深惡之也。

十有一年　敬王二十一年　壬寅

春，宋公之弟辰及仲佗、石彄、公子地自陳入于蕭以叛。

蕭，杜注：宋邑。孔疏：蕭叔大心者，宋蕭邑大夫，平宋亂，立桓公，宋人以蕭邑封叔，爲附庸。宣十二年，楚滅之，復爲宋邑。

案：書弟，罪辰首惡也。辰爲同母弟，棄君兄而出，已失親臣之誼，乃又入蕭以叛，是大逆矣。仲佗等不審逆順，從辰以叛黨惡，亦並書叛以罪之。

夏四月。

秋，宋樂大心自曹入于蕭。

《左傳》：春，宋公母弟辰暨仲佗、石彄、公子地入于蕭以叛。秋，樂大心從之，大爲宋患，寵向魋故也。案：樂大心之出，非其罪也。今而從辰等以叛，則大逆矣。書自曹入于蕭，見其可以無入而入，不順之辭也。前書辰等入蕭以叛，則大心之入蕭亦叛可知。故不復書叛也。

冬，及鄭平。叔還如鄭涖盟。

還，音旋。涖，《公》《穀》作莅。

《左傳》：冬，及鄭平，始叛晉也。杜氏預曰：平六年侵鄭、取匡之怨。案：平，《春秋》所予也。而平此怨，彼則非所許也。《左氏》云平鄭以叛晉，晉非魯君也，何以云叛？當云絶晉。不修德自强，而私相結以抗晉何益？故詳書以譏也。

十有二年　敬王二十二年　癸卯

春，薛伯定卒。

不書，曰史官失之也。汪氏克寬曰：在位十三年，子比嗣。

夏，葬薛襄公。

叔孫州仇帥師墮郈。

墮，許規反。後同。

先王之制，家不藏甲，邑無百雉。三桓專魯，完其食邑以自固，而後反爲家臣所據。孔子仕魯而子路爲季氏宰，建墮三都之議。蓋因家臣之叛而墮其私邑，叔孫等喜其有以制家臣，而聖賢則陰以抑三家而强公室也。此所謂順自然之理勢而濟其忠貞，非私詐可比也。

衛公孟彄帥師伐曹。

彄，苦侯反。

《左傳》：夏，衛公孟彄伐曹，克郊。還滑。羅殿未出，不退於列。其御曰：殿而在列，其爲無勇乎？羅曰：與其素厲，寧爲無勇。案：是時曹伯陽好田獵，公孫彊爲政。衛故因其衰而伐之，然不能以德自修，以禮睦隣，聖人所惡也。故書帥師伐曹，以著其恃衆淩人之罪。

季孫斯、仲孫何忌帥師墮費。

費，音秘，下同。

《左傳》：仲由爲季氏宰，將墮三都。於是叔孫氏墮郈。季氏將墮費，公山不狃、叔孫輒帥費人以襲魯。公與三子入於季氏之宫，登武子之臺。費人攻之，弗克。入及公側。仲尼命申句須、樂頎下，伐之，費人北。國人追之，敗諸姑蔑。二子奔齊。遂墮費。《公羊》：曷爲帥師墮郈、帥師墮費？孔子行乎季孫，三月不違，曰：家不藏甲，邑無百雉之城。於是帥師墮郈、帥師墮費。雉者何？五堵而堵，五堵而雉，五雉而城。案：春秋卿大夫世官世禄習爲固，然寒賤無由驟升。子路、冉子學於夫子，仕於季氏，藉薄禄以贍膏火，非慕勢也。季氏因子路、冉子而稔知夫子之賢，遂虚心倚任夫子，告公使攝己事。夫子告以家不藏甲之禮，而季孫信之，於是墮郈、墮費。使非公斂處父之阻，則成邑亦墮。禮制復有，公室安矣。然因此一墮，夫子雖不久用於魯，而三桓遂微。魯不至如晋、齊之末，則聖賢之大有造於魯也。後儒多謂冉、仲二賢不當仕季氏，是未知當日之情事，且泯二賢維魯之功矣。

秋，大雩。

冬十月癸亥，公會齊侯盟于黄。

齊，《公》作晋。

齊、魯已通好矣，今又會盟何？蓋孔子用魯而齊憚之，欲結好於魯也。季氏本謂：忌沮之意已在其間，女樂之歸其在此盟之後。核以情事甚合。

十有一月丙寅朔，日有食之。

公至自黄。

十有二月，公圍成。公至自圍成。

《左傳》：將墮成，公斂處父謂孟孫：墮成，齊人必至於北門。且成，孟氏之保障也，無成，是無孟氏也。子僞不知，我將不墮。冬十一月，公圍成，弗克。案：墮郈、墮費，皆書叔孫、季孫等，而墮成書公者何？即圍成以見墮郈、墮費之皆出於公命也。孔子仕魯而教化大行，齊人忌之。以《經》文及傳考之，盟黄之後不久，而齊歸女樂，孔子遂行。墮成之役，蓋夫子已去魯，子路亦去季氏矣。不然郈、費皆墮，成不肯墮，夫子而在，必不無所處置。惟孔子已去，故雖以公臨之，亦不能墮成也。書曰弗克，惜之也，亦以見孟氏抗君之罪也。

附　解

孔子平生事蹟，門人未案年詳記如後世年譜行狀，遂致諸書妄傳附會，欲尊聖而反誣聖，不可不辨也。如闕里文獻，考係聖裔所輯，然亦年遠，纂集不免沿訛踵謬。當以《春秋》爲主，三傳亦不可盡從。如或人問子奚不爲政？其不爲政也，因陽虎非因定公。愚《論語恒解》已詳矣。季孫意如末年，虎已專政，即其欲以璠璵斂可見之。虎專家政即專魯國之政矣，故夫子不仕。然夫子家貧，爲委吏乘田，宰中都，非並未仕魯，特不爲虎所用耳。

故或人不曰奚不仕，而曰奚不爲政。以虎面語夫子，而夫子答以將仕，又似夫子因陽虎專政託病在家者，非絶未嘗受職。不然何以虎定公八年出奔，而十年子即從公會夾谷？是虎未出奔時，子已宰中都，或爲司空，故公因使從會夾谷也，時子年已五十。十年相禮於夾谷，十二年乃墮郈、墮費，則子自相夾谷歸，齊人歸田求盟，魯君喜子之賢，爲司空司寇，當在此時。至十二年遂使攝相。攝之事，命之者公，亦季桓子感子賢而有功，欣從之也。不然驟奪季氏之權，不特定公無此乾綱，桓子不悦服，夫子亦必不遂越俎而代。蓋子路、冉子仕於季氏，平日具言夫子之賢。季孫久已心折，及相禮夾谷，折齊侯，反侵田，益生恭敬，遂言於公，願以己事付之。故孟子曰於季桓子見行可之事，而不云於魯定。《論語》記齊人歸女樂，亦曰季桓子受女樂，三日不朝，孔子行，而不曰魯定公受女樂。本國臣民從本國君相之命，固理所宜然，且季氏專政非莽、操比也。自晋襄公卒，靈公年幼，趙盾主盟主之政，號召諸侯，諸侯既而亦以大夫應之，列邦遂皆以大夫專政。季氏世爲上卿，司國政會盟等事，民從其令，久久習爲固然，公遂無權。昭公忿之，欲逐季氏不成，羞忿而出，季氏未嘗逐之也。第事由季起，必以逐君之罪歸之，然逐君者意如，非季桓子。桓子知夫子賢而薦之，定公命之，何不可攝相耶？後儒止知夫子必不私受桓子之命，而不知命之攝者定公，薦之者桓子。桓子無跋扈之事，命夫子仕，子已不可辭，况君命乎？此際是非介在毫芒，前人頗多惘惘，故詳論之。墮都者，夫子，實子路倡之。仲、冉二子仕季氏，平日師弟之間，久欲維魯，奈無其釁。子攝相而遂墮都出甲，故《左傳》云仲由爲季氏宰，將墮三都。不幸齊歸女樂，孔子即行，不然成亦墮矣。然亦當時陪臣多據邑畔，三家患之，故子路之計得行，所謂順其理勢之自然而行所無事也。魯國之患已熄，計夫子攝相時，年五十四，而《闕里志》云五十五，又記孔子行於五十六歲，是定公十四年也。十二年攝相，三月即因女樂而行，何有遲至二年後乃去魯哉？冉子、季路仕季氏，前人多以爲非，大不達於情事。愚於《論語》已明之，不贅。孔子不辭而去，故不敢歸魯，在外多年。然公與桓子實未嘗罪子也，特子非有君命，自不敢歸。迨桓子卒而遺言命召孔子，子乃歸來，然年已老矣，乃專以授徒爲事，删訂《詩》《書》《禮》《樂》。考子周遊之實，始而適周問禮，繼而因女樂行，非無故出遊列國。栖栖皇皇以求世用，所至多主交遊。及門人等亦未嘗干謁諸侯。後人錯解栖栖皇皇語，似夫子日日求仕。不知三月無君皇皇，孟子形容其救世之心。何爲是栖栖？微生諷誠夫子之言。夫子何曾因濟世情殷即到處見諸侯哉？戰國遊説成風，孟子尚不見諸侯，而孔子乃周遊干謁，是枉已矣，安有是理，世人相沿謂子周遊七十二君之廷及泗上十二諸侯。泗上何以有十二諸侯？七十二君又何所指？實因不明夫子仕魯及周遊之故，便生出許多妄説。以爲表聖人用世之苦心，不知其已大悖乎義。即如臨河返駕、還轅息陬一事，夫子如晋不果，亦未嘗歸魯，何有還轅息陬之事？蓋在外日久，思歸魯而不能，偶援琴作息陬操志思鄉之意耳。而後人遂以爲果然息陬。夫子生於陬，長於陬，既而遷居曲阜，則思陬者不過欲歸老於故鄉。几若此類，拘文牽義，不辨蒼黄，若再不正明之，將使實事化爲雲煙，而仕止久速之義亦不彰。烏乎！可也。

十有三年　敬王二十三年　甲辰

春，齊侯、衛侯次于垂葭。

《穀》無衛侯字。葭，《公》作瑕。

《左傳》：十三年春，齊侯、衛侯次于垂葭，實郥氏。使師伐晋，將濟河。諸大夫皆曰：不可。邴意茲曰：可。鋭師伐河内，傳必數日而後及絳。絳不三月，不能出河，則我濟水矣。乃伐河内。齊侯皆斂諸大夫之軒，唯邴意茲乘軒。案：晋政不綱，諸侯解體。齊景欲圖霸，乃要結鄭、衛諸國，窺晋而伐之。不自修德而妄爲，衛亦貿貿從之，故不書伐晋，而書次以示譏。

夏，築蛇淵囿。

蛇淵囿，《水經注》：蛇水又西逕鑄城西，《左傳》所謂蛇淵囿也。京相璠曰：濟北有蛇，丘城城下有水，魯囿也。今蛇丘故城在濟南府肥城縣南。

譏也。囿一而已。成築鹿囿，昭築郎囿，定築蛇淵囿。何囿之多乎？蓋夫子已去，而季桓子導君嬉遊，故書以慨之。

大蒐于比蒲。

蒐以講武。是時晋、楚皆衰，諸侯各以大夫專政，無征伐事。而大蒐者，季桓子與公玩武耳，與築蛇囿並重，其故可知。

衛公孟彄帥師伐曹。

衛附齊而曹尚服於晋，故衛屢伐曹。書帥師伐，著其恃衆黷武之罪。

秋，晋趙鞅入于晋陽以叛。

《左傳》：晋趙鞅謂邯鄲午曰：歸我衛貢五百家，吾舍諸晋陽。午許諾。歸，告其父兄，父兄皆曰：不可。衛是以爲邯鄲，而寘諸晋陽，絶衛之道也。不如侵齊而謀之。乃如之，而歸之于晋陽。趙孟怒，召午，而囚諸晋陽，殺之。趙稷、涉賓以邯鄲叛。邯鄲午，荀寅之甥。荀寅，范吉射之姻也。而相與睦，故不與圍邯鄲，將作亂。董安于聞之，告趙孟，曰：先備諸？趙孟曰：晋國有命，始禍者死，爲後可也。安于曰：與其害于民，寧我獨死，請以我説。趙孟不可。秋七月，范氏、中行氏伐趙氏之宫，趙鞅奔晋陽。晋人圍之。案：列國大夫專政已久，君如虛器，而家臣亦效尤。趙鞅專晋，無能修明政治，而以私忿殺午召亂，不自返躬，歸命君上，遽入己私邑，是其無君已久。故直書入晋陽以叛，誅其心而惡其不臣也。

冬，晋荀寅、士吉射入于朝歌以叛。

荀寅下，《公》有及字。朝，如字。

《左傳》：范皋夷無寵于范吉射，而欲爲亂於范氏。梁嬰父嬖於知文子，文子欲以爲卿。韓簡子與中行文子相惡，魏襄子亦與范昭子相惡。故五子謀，將逐荀寅而以梁嬰父代之，逐范吉射而以范皋夷代之。荀躒言於晋侯曰：君命大臣，始禍者死，載書在河。今三臣始禍，而獨逐鞅，刑已不鈞矣。請皆逐之。冬十一月，荀躒、韓不信、魏曼多奉公以伐范氏、中行氏，弗克。二子將伐公，齊高彊曰：三折肱知爲良醫。唯伐君爲不可，民弗與也。我以伐君在此矣。三家未睦，可盡克也。克之，君將誰與？若先伐君，是使睦也。弗聽，遂伐公。國人助公，二子敗，從而伐之。丁未，荀寅、士吉射奔朝歌。案：荀寅、士吉射因姻親故私伐趙氏，不由君命。荀躒藉首禍譖之，出亡可也。乃悍然伐公，敗而又據公邑，其罪大矣。故直書入于朝歌以叛。汪氏克寬曰：朝歌，衛之舊都。衛徙楚丘。朝歌後屬晋。

晋趙鞅歸于晋。

《左傳》：韓、魏以趙氏爲請。十二月辛未，趙鞅入于絳，盟于公宫。案：前書趙鞅入于晋陽以叛，則鞅有罪著矣。乃韓、魏爲之援，據邑，叛君不特無罪而又得歸，書之以見晋侯失刑卒，至强臣盜國，以爲世戒。

薛弒其君比。

比，如字。

汪氏克寬曰：比弑惠公夷立。案：薛比之弑，三傳不載其事，自不當妄爲之説。史有闕文，闕疑可也。

十有四年　　敬王二十四年　乙巳

春，衛公叔戍來奔。衛趙陽出奔宋。

戍，式樹反。衛趙陽，《公羊》作晋趙陽，《穀》作晋趙鞅。

《左傳》：初，衛公叔文子朝而請享靈公，退，見史鰌而告之。史鰌曰：子必禍矣，子富而君貪，罪其及子乎。文子曰：然。吾不先告子，是吾罪也。君既許我矣，其若之何？史鰌曰：無害。子臣，可以免。富而能臣，必免於難，上下同之。戍也驕，其亡乎。富而不驕者鮮，吾唯子之見。驕而不亡者，未之有也。戍必與焉。及文子卒，衛侯始惡於公叔戍，以其富也。公叔戍又將去夫人之黨，夫子愬之曰：戍將爲亂。十四年春，衛侯逐公叔戍與其黨，故趙陽奔宋，戍來奔。案：衛靈不君，稔南子之惡而縱之。公叔戍，宗臣也，其父賢而其子不肖，當善教化之。乃徒以其富惡之，戍不自斂，固有取罪之道，而衛君逐之亦過。書來奔並及趙陽，不絶之於衛，且著衛靈之不君也。

二月辛巳，楚公子結、陳公孫佗人帥師滅頓，以頓子牂歸。

二月，《公》作三月。孫，《公》作子。佗，徒何反。牂，子郎反，《公》作搶，七良反。

《左傳》：頓子牂欲事晋，背楚而絶陳好。二月，楚滅頓。案：頓，胡小國，舊屬於楚。晋合諸侯會召陵，將伐楚，頓胡始歸晋，晋未果伐楚，而頓胡竟爲楚滅。書帥師滅，著其恃强擅滅國。書帥師之名當時大夫擅柄，著其實耳。陳黨惡故同書以罪之。書以之歸，罪其不知死社稷也。

夏，衞北宫結來奔。

《左傳》：夏，衞北宫結來奔，公叔戍之故也。案：結何以奔？衞靈寵南子而信之，逐其大臣，故書以彰其不君也。

五月，於越敗吴于檇李。吴子光卒。

檇，音醉，《公》作醉。於越，杜注：越國也。帝少康之後，封於會稽。今浙江紹興府。檇李，杜注：吴郡嘉興縣南醉李城。今屬浙江嘉興府，檇李城在縣南四十五里。

《左傳》：吴伐越，越子句踐禦之，陳于檇李。句踐患吴之整也，使死士再禽焉，不動。使罪人三行，屬劍於頸，而辭曰：二君有治，臣奸旗鼓，不敏于君之行前，不敢逃刑，敢歸死。遂自剄也。師屬之目，越子因而伐之，大敗之。靈姑浮以戈擊闔廬，闔廬傷將指，取其一屨。還，卒于陘，去檇李七里。夫差使人立於庭，苟出入，必謂己曰：夫差，而忘越王之殺而父乎？則對曰：唯，不敢忘。三年，而報越。案：吴光弑立，不修德而勤兵，今伐越自取敗亡。書於越敗吴，吴子光卒，以著其自取也。春秋無義戰，况恃勢黷武者乎？

公會齊侯、衞侯于牽。

牽，《公》作堅，又作掔。牽，杜注：魏郡。黎陽縣東北有牽城。《路史》：内黄西南三十里有故牽城。今故牽城在内黄之西南，濬縣之北。二縣屬大名府，濬縣爲漢黎陽，與内黄縣接壤。

《左傳》：晋人圍朝歌，公會齊侯、衞侯於脾、上梁之間，謀救范中行氏。案：趙鞅當國，齊叛晋而衞助齊。趙鞅以取衞貢故，殺午而讎范中行氏。衞睦于齊，故齊要魯同欲救范中行氏。不書謀救范中行氏，不果救也。當時君臣上下以私相與，各公黨類，其事本不足書，書以志天下變局耳。

公至自會。

秋，齊侯、宋公會于洮。

趙鞅專晋，而韓、魏亦强睦于趙。故齊欲救范中行而不敢，又會宋以謀之。然卒無如趙氏何。詳書以誌世變，而刺齊、衞之不自修亦見矣。

天王使石尚來歸脤。

脤，市軫反。

《公羊》：石尚者何？天子之士也。脤者何？俎實也。腥曰脤，熟曰膰。案：《周官》：大宗伯以脤膰之禮親，兄弟之國，則來歸脤，宜矣。第此禮久廢，何以忽然？想魯必有恭於王之事而不可考矣。書以見餼羊之意，不得以爲譏魯。

衛世子蒯聵出奔宋。

蒯，苦怪反。聵，五怪反。

《左傳》：衛侯爲夫人南子召宋朝，會于洮。大子蒯聵獻盂於齊，過宋野。野人歌之曰：既定爾婁豬，盍歸吾艾豭。大子羞之，謂戲陽速曰：從我而朝少君，少君見我，我顧，乃殺之。速曰：諾。乃朝夫人。夫人見大子，大子三顧，速不進。夫人見其色，啼而走，曰：蒯聵將殺余。公執其手以登臺。大子奔宋，盡逐其黨。故公孟彄出奔鄭，自鄭奔齊。大子告人曰：戲陽速禍余。戲陽速告人曰：大子則禍余。大子無道，使余殺其母。余不許，將戕於余。若殺夫人，將以余說。余是故許而弗爲，以紓余死。諺曰：民保於信。吾以信義也。案：劉氏敞謂蒯聵無殺南子之事，乃南子所誣，不然。宋，南子家也。蒯聵負殺南子之名而走，又入其家，敢乎哉？其言深爲有禮。衛靈不君，嬖淫婦而逐其世子。書之以著其無道也。劉絢、張氏洽皆言聵無殺母事，而或以朱子《集註》疑其果欲殺母，然蒯聵出公，父子事，前人多不分明。愚於爲衛君章正注、附解已詳辨之。玆更就《經》文晰之，參觀自明。

衛公孟彄出奔鄭。

書於蒯聵出奔之下，見其亦爲南子而出奔也。衛靈之不君可見矣。

宋公之弟辰自蕭來奔。

案：書宋公弟者，宋公不友其弟，辰叛其兄，倖免于誅，交責之也。

大蒐于比蒲。

比，音毗。

何氏休曰：譏亟也。是也。蒐本常禮，大蒐而屢則非。

邾子來會公。

前人以爲會公于比蒲，非也。時見曰會，非朝亦非不期而遇。邾邇于魯，來見公修睦，故書來會。無褒亦無貶也。

城莒父及霄。

莒父，魯邑。案：莒係以父，魯人語音，如梁父、亢父、剛父是也。今莒州地霄魯邑，在今莒州境。杜氏預曰：是年無冬，史闕文。案：城邑之由，傳無其說。然一時而城二邑，勞民甚矣。

附　解

《論語》記子言衛靈公之無道也，而子曰，夫如是，奚其喪？考靈公時伯玉、史魚皆仕於其朝，不特祝鮀諸人。一長之材相與輔翼，其治國亦未聞有大失德之舉。而子言其無道，蓋謂其不能正家也。偏寵不明，亦世所常有，而爲南子召宋朝，則卻止靈公一人，幾無復有人心矣。《春秋》書世子蒯聵及公孟彄出奔，皆所以著其無道之實。聖人明人倫以厚風俗，必首三綱。爲君爲父無道，徒責臣子以忠孝，可乎？是年無冬，史之闕文。而何休言是歲孔子攝相，齊歸女樂而孔子行，故魯史不書冬，真曲説也。《家語》云孔子定公九年爲邑宰，十年爲司空，十一年爲司寇，而不言攝相之年。何氏據此年無冬遂妄爲之説，决不可從者。愚於定公十二年附解已詳，不再贅。

十有五年　敬王二十五年　丙午

春王正月，邾子來朝。

《左傳》：十五年春，邾隱公來朝。子貢觀焉。邾子執玉，高其容仰。公受玉，卑其容俯。子貢曰：以禮觀之，二君者，皆有死亡焉。夫禮，死生存亡之體也。將左右周旋，進退俯仰，於是乎取之。朝祀喪戎，於是乎觀之。今正月相朝，而皆不度，心已亡矣。嘉事不體，何以能久？高仰，驕也。卑俯，替也。驕近亂，替近疾。君爲主，其先亡乎？案：邾子畏魯而來朝，非禮也。

鼷鼠食郊牛，牛死，改卜牛。

《公羊》：曷爲不言？其所食慢也。案：鼠食牛而致死，其必有非禮而不謹者矣。故書之。

二月辛丑，楚子滅胡，以胡子豹歸。

《左傳》：吴之入楚也，胡子盡俘楚邑之近胡者。楚既定，胡子豹又不事楚，曰：存亡有命，事楚何爲？多取費焉。二月，楚滅胡。案：書滅，罪楚，書以胡子豹歸，罪胡子不善自存，而又不死社稷也。

夏五月辛亥，郊。

魯之僭郊乃祈穀，而以后稷配，非燔柴郊天之郊。期本在春，今以改卜郊，故至夏乃郊，然非禮也。

壬申，公薨于高寢。

《左傳》：夏五月壬申，公薨。仲尼曰：賜不幸言而中，是使賜多言者也。《穀梁》：高寢，非正也。

鄭罕達帥師伐宋。

罕，《公》作軒。

《左傳》：鄭罕達敗宋師於老丘。杜氏預曰：宋公子地奔鄭，鄭人爲之伐宋，欲取地以處之。案：公子地、公子辰等皆奔陳，無奔鄭之文。是時列國多大夫專兵，罕達帥師伐宋，蓋别有故。書以其無禮而恃衆争也。

齊侯、衛侯次于渠蒢。

渠蒢，《公》作蘧蒢。渠蒢，杜注：宋地。

《左傳》：齊侯、衞侯次于蘧蒢，謀救宋也。案：《左氏》可疑。若救宋而次，則《經》必書救宋次于某。鄭非齊敵也，何以謀救宋而不果？或仍爲救朝歌而會以謀耳。

邾子來奔喪。

邾嘗困於魯，自定公爲拔之盟，終身不犯邾，故邾子德之而來奔喪。然非禮也。《傳》曰：諸侯之喪，士弔，大夫送葬。

秋七月壬申，姒氏卒。

姒，《穀》作弋。

《公羊》：姒氏者何？哀公之母也。何以不稱夫人？哀未君。《穀梁》：妾辭也。哀公之母也。案：姒氏定公之妾，而哀公之母。哀公已立，則當尊其母爲夫人。惟嫡尚存則不得遽尊之。今定公嫡夫人《經》不書，則早亡矣。而書姒氏者，喪未踰年，不得遽行吉禮，推尊其母。陳氏傅良之説是也。

八月庚辰朔，日有食之。

九月，滕子來會葬。

諸侯無親會葬諸侯之禮，直書以志其失。

丁巳，葬我君定公，雨，不克葬。戊午，日下昃，乃克葬。

昃，《穀》作稷。

《左傳》以爲禮，《穀梁》以爲喪不以制。家氏鉉翁兩説兼用。然禮葬不爲雨止，謂已就道而柩不便露處耳。若非常之雨，安可草草就窆？則易時易日而葬，固宜然者。《左傳》：雨，不克襄事。爲是。《穀梁》譏簑笠不具爲不如制，然大雨非簑笠可禦。國君豈有不備制者？但雨甚自難遂葬耳。夫子詳書，善其慎重以爲世法，豈云譏乎。

辛巳，葬定姒。

姒氏哀公之母，因初立居憂，未遽尊爲夫人。葬曰定姒，正名以明其爲小君也。而前人妄言何耶。

冬，城漆。

前邾庶其以漆來奔，今城之。張氏洽曰：謀伐邾也。邾子奔定公之喪，且會葬事，魯謹矣。哀公初立，不務善鄰而欲伐之，何哉？書以刺之。

附　解

定公之立也，由季孫意如。其不能正季氏之罪，而收其權，猶曰力未能遽及也。及陽虎作亂，三家漸微，夫子由中都而司寇攝相，桓子亦頗倚信。公於此時當專任夫子，俾大行其志，則禮教修明，權臣氣沮，東周可爲，魯將不止如桓、文而已。乃因境内粗安，桓子耽受女樂，及夫子已去，而政事復隳。徒與齊助亂長惡，迹其所爲，蓋一昏懦人耳。魯之不振也宜哉。孔子仕魯在定公時，係聖人去就出處，大處所關，不容不考其實。愚故略爲辨正，參觀《論語恒解》乃明，勿以爲好辨可也。

哀公

楊氏士勛曰：公名蔣，定公之子，敬王二十六年即位。十四年西狩獲麟，春秋終矣。二十七年薨。《謚法》：恭仁折短曰哀。

元　年　　敬王二十六年　丁未

春王正月，公即位。

趙氏鵬飛曰：繼正。

楚子、陳侯、隨侯、許男圍蔡。

《左傳》：春，楚子圍蔡，報柏舉也。里而栽，廣丈，高倍。夫屯晝夜九日，如子西之素。蔡人男女以辨，使疆於江、汝之間而還。蔡於是乎請遷於吴。案：隨世服於楚，然未嘗與侵中國也。今始見之。定公六年，鄭滅許矣，此復見者，蓋楚復之。夫楚之陵中國，聖人所不許也。今書爵者，豈以其復讎而予之歟？蓋是時中國無修德匡王之人，楚乘隙而合諸侯以陵蔡。書楚子圍蔡，斥其人以著其暴。既書楚子，則不得不爵陳、隨、許。書三國從楚圍蔡，惡其不自立而役於楚，以助虐也。

鼷鼠食郊牛，改卜牛。夏四月辛巳，郊。

郊牛下，《穀》有角字。

鼠食郊牛，必有不敬不潔者也。改卜而郊於四月上辛，猶爲及時。書之以誌變禮之近正者。

秋，齊侯、衛侯伐晋。

《左傳》：齊侯、衛侯會于乾侯，救范氏也，師及齊師、衛孔圉、鮮虞人伐晋，取棘蒲。案：晋固無足爲諸侯盟主，然齊、衛助臣而伐君，非禮也。書爵斥其以國君而助逆臣，非予之也。魯及齊衛伐晋而不書，諱之也。諱魯則伐晋之非益見矣。

冬，仲孫何忌帥師伐邾。

邾之事魯謹矣，魯何爲而伐之哉？三家利其土地，非公意也。書何忌帥師，以著其惡。而公之不能繼父志、壹政權，其失亦見矣。

附　解

事無定，而所以處之之道亦無定，得其中正即善矣。《春秋》，夫子即事明理之書，隨時處中，即此而見。前人多泥字句書法，動以例而言，真乃可笑。三《傳》已然，他更不勝屈指。如本年楚子合諸侯圍蔡，齊、衛伐晋皆書爵，仲孫及下年叔孫等伐邾書伐，豈得據書爵書伐之例，以爲予之乎？魯之僭郊乃祈穀上帝，以后稷配而用盛禮，非冬至祀天之郊。祈穀在春，因牛傷改卜四月上辛乃郊，本無可議。先儒亦誤。或問鼷鼠微物而食郊牛，何故？愚曰：王者代天理物，法制所在。苟非不道，則天心賞罰亦因之。況祀以祈穀，爲萬民生計。上之人平日無養民之實政，臨事又或視爲具文，則神弗享之，藉鼠以警，理之常耳。世人以天道爲高遠，神明爲恍惚，則臨保帝謂之義皆爲虚誕。其以此等事爲怪妄，亦何足怪。

二　年　　敬王二十七年　戊申

春王二月，季孫斯、叔孫州仇、仲孫何忌帥師伐邾，取漷東田及沂西田。癸巳，叔孫州仇、仲孫何忌及邾子盟于句繹。

漷，火虢反，又音郭。句繹，杜注：邾地。應在今山東兖州府鄒縣界。

《左傳》：春，伐邾，將伐絞。邾人愛其土，故賂以漷、沂之田而受盟。案：詳書三家伐邾，罪其無君而擅兵虐小也。書取田及盟，罪其貪人土地而抗與國君盟也。三家伐邾同取田者，季氏先歸，故盟止叔孫、仲孫。

夏四月丙子，衛侯元卒。

《左傳》：初，衛侯遊於郊，子南僕。公曰：余無子，將立女。不對。他日又謂之。對曰：郢不足以辱社稷，君其改圖。君夫人在堂，三揖在下。君命祇辱。夏，衛靈公卒。夫人曰：命公子郢爲大子，君命也。對曰：郢異於他子。且君没於吾手，若有之，郢必聞之。且亡人之子輒在。乃立輒。案：公子郢知蒯聵無罪被逐，必不安于外。輒，聵之子。立輒如立聵，可以安社稷，足矣。郢亦賢矣哉。

滕子來朝。

滕朝止此，諸侯來朝亦止此。

滕，兄弟之國也。魯已衰而猶來朝，以魯爲宗國也。使哀公發奮自强，猶足以復周公之舊，而不能也。書來朝無異辭，然慨魯之意可見矣。

晋趙鞅帥師納衛世子蒯聵于戚。

《左傳》：六月乙酉，晋趙鞅納衛大子于戚。宵迷，陽虎曰：右河而南，必至焉。使大子絻，八人衰絰，僞自衛逆者。告于門，哭而入，遂居之。案：衛靈公叛晋從齊，晋趙鞅與范中行氏構難，齊、衛助范中行氏，鞅深忿之。今衛靈卒甫六十日，而趙鞅帥師納蒯聵，非果欲納聵也，欲併衛也。衛人知其謀，故不納聵。書趙鞅帥師，著鞅之包藏禍心。書于戚，明鞅志不在逆聵入衛。使衛輒果拒父，則當書衛蒯聵自晋入于戚，不以鞅爲主矣。稱世子者，明聵有子之責。南子在堂，靈公無遺命召聵，公子郢又不肯立，則衛舍輒無可立者。且晋將併衛，衛安得不立君以拒之？《春秋》不以衛繫蒯聵，如齊小白入于齊之例，正以聵固不得遽可歸衛也。詳見下文。

秋八月甲戌，晋趙鞅帥師及鄭罕達帥師戰于鐵。鄭師敗績。

鐵，《公》作栗，又作秩。

《左傳》：秋八月，齊人輸范氏粟，鄭子姚、子般送之。士吉射逆之，趙鞅禦之，遇于戚。將戰，郵無恤御簡子，衛大子爲右。登鐵上，望見鄭師衆，大子懼，自投於車下。子良授大子綏而乘之，曰：婦人也。鄭人擊簡子，中肩，斃于車中，獲其蠭旗。大子救之以戈，鄭師北，獲温大夫趙羅。大子復伐之，鄭師大敗，獲齊粟千車。案：鄭助范中行氏而趙鞅禦之，以趙鞅主戰何也？鄭固無禮，然鞅主晋政，不能以禮綏諸侯，懷私忿而報怨。其納蒯聵於戚也，非果欲納之，乃以納聵爲名，欲乘隙併衛。及衛覺其詐，遂置聵於戚，而已亦屯兵於是，蓋據戚以扼衛鄭之要道。鐵者，戚城南邑也。書鞅帥師、鄭罕達帥師，著當時大夫柄兵，私黨私怨，交相攻伐，均不義之至也。是時蒯聵猶不知鞅計，故爲之用。

冬十月，葬衛靈公。

衛人立輒以拒晋，如宋立公子魚之謀。《經》書葬靈公如常辭，則輒之立，爲無罪可知矣。

十有一月，蔡遷于州來。蔡殺其大夫公子駟。

《左傳》：吴洩庸如蔡納聘，而稍納師，師畢入，衆知之。蔡侯告大夫，殺公子駟以説，哭而遷墓。冬，蔡遷于州來。案：蔡始因楚伐而請遷於吴，楚伐之，蔡降楚，師還，蔡悔。其請遷于吴懷異志，故吴將襲之。蔡懼吴而不能禦也，委罪於公子駟，殺之。吴卒遷蔡於州來。以自遷爲文，罪其自取也。書殺公子駟而不去其官，著其無辜殺之，惡之之意可見矣。

三　年　　敬王二十八年　己酉

春，齊國夏、衛石曼姑帥師圍戚。

《左傳》：三年春，齊、衛圍戚，求援于中山。案：趙鞅欲并衛，挾聵以入戚。衛知其謀，立輒以拒晋。鞅計不得逞，遂留聵於戚，以兵戍之。如金人立劉豫之謀，使其父子相拒，並爲捍齊、鄭諸國。其計猾矣。此齊、衛同圍戚，爲晋趙鞅屯兵於此以敗鄭，故齊合衛師而圍之。聖人書齊國夏、石曼姑帥師圍戚，先齊後衛，於戚若敵國，然不以罪輒，以鞅故也。蒯聵初不知晋計，以爲鞅實欲納之也，故於鐵之戰爲鞅盡力。既見鞅不實心送已入國，亦知其計矣，故遂居戚而不與輒爲難。輒之始也亦非敢稱兵拒父，特以南子在堂，父不敢入，已遂藉此久據，而當晋師既退，不遜位以迎父，聽其久居於戚，則爲忘親不仁矣。故衛人不以輒之立爲非，而冉有、子貢亦不能決，正爲趙鞅懷奸以構其父子也。及夫子言夷、齊之仁，而輒之久據君位，忍於忘父，爲不仁乃見。前人未詳其情事，而以輒爲拒父，冉有、子貢亦不能決。夫以子拒父，其悖顯然，何待問之夫子而後知也？愚於《論語》爲衛君章詳之，兹第就《經》文以詁其概。

夏四月甲午，地震。

五月辛卯，桓宫、僖宫災。

《左傳》：夏五月辛卯，司鐸火。火逾公宫，桓、僖災。救火者皆曰：顧府。南宫敬叔至，命周人出御書，俟于宫。子服景伯至，命宰人出禮書，以待命。公父文伯至，命校人駕乘車。季桓子至，御公立於《象魏》之外。命藏《象魏》曰：舊章不可亡也。孔子在陳，聞火，曰：其桓、僖乎。案：桓宫、僖宫。桓、僖已祧而復立之廟，諸侯五世則祧，主人于祧廟。今魯因三家皆出自桓，立于僖，故二公已祧而别爲之廟，擬于文、武世室，非禮也。故孔子聞而知之，《家語》所載甚明。胡氏安國之説亦是。毛西河非之，謂果立桓、僖廟，《經》必書之。然非禮立廟，出自三家之意，何以必書？不書其立廟而書其災，足以戒矣。且不曰廟而曰宫，固不許其得爲廟也。毛氏好爲異論，多失《經》旨，似此者多。

季孫斯、叔孫州仇帥師城啟陽。

啟，《公》作開。啟陽，杜注：琅琊開陽縣，今山東沂州北十五里有開陽故城，本鄅國，後屬魯，名啟陽也。漢避景帝諱作開。

杜氏云備晋，誤也。啟陽故鄅國，其地在邾東鄙，近於費，蓋亦魯取之於邾者。防邾來争故帥師城之。直書其事，三家擅兵侵奪之，罪已著。

宋樂髡帥師伐曹。

曹助樂大心入蕭以及，宋怨之，故伐曹。而不書宋公書樂髡者，當時大夫專政，髡蓋主其事，故書以著其擅兵虐少之罪。

秋七月丙子，季孫斯卒。

《左傳》：秋，季孫有疾，命正常曰：無死。南孺子之子，男也，則以告而立之。女也，則肥也可。季孫卒，康子即位。既葬，康子在朝。南氏生男，正常載以如朝，告曰：夫子有遺言，命其圉臣曰：南氏生男，則以告於君與大夫而立之。今生矣，男也，敢告。遂奔衛。康子請退。公使共劉視之，則或殺之矣，乃討之。召正常，正常不反。朱子曰康子奪嫡即此。

蔡人放其大夫公孫獵于吴。

毛氏曰：獵，公子駟之子也。案：既枉殺其父，又無罪以放其子，故不去其官與族，而書人以惡之。

冬十月癸卯，秦伯卒。

叔孫州仇、仲孫何忌帥師圍邾。

邾謹於事魯，而魯三家必欲并其地。書二子帥師圍邾，惡其擅兵虐小，而公之不綱亦見矣。

四　年　　敬王二十九年　庚戌

春王二月庚戌，盗殺蔡侯申。

二月，《公》《穀》作三月。殺，《公》《穀》作弑。

《左傳》：四年春，蔡昭侯將如吴，諸大夫恐其又遷也，承。公孫翩逐而射之，入於家人而卒。以兩矢門之，衆莫敢進。文之鍇後至，曰：如牆而進，多而殺二人。皆執弓而先，翩射之，中肘，鍇遂殺之，故逐公孫辰，而殺公孫姓、公孫盱。孔氏穎達曰：宣十七年，蔡侯申卒，是文侯也。今昭侯申是隱大子之子，文侯元孫，與高祖同名。周人以諱事神，二申必有誤。弑君是公孫翩，翩賤，故稱盗。不言弑其君者，賤此盗也。盗賤不得有其君，故以盗爲文，不得言弑其君。案：孔説非也。弑君確知其人，而不書以彰其罪乎？翩爲公孫，奚得云賤？賤之而曰盗，盗之名庸，甚於弑逆之名乎？《左氏》云諸大夫恐其又遷也，承。承字謂懲字之義，註疏説也，然於文義爲强。諸大夫恐其又遷，何以便欲弑之？又何爲翩一人射之？君在何處？何無一人相從？翩一人遂得射之？門爲誰氏之門？《左氏》所記甚模糊，則蔡侯之弑必諸大夫同謀，或激怒國人，使賊弑之。不能確指其人，故書曰盗。盗其人耶？盗諸大夫衰世以弑逆爲兒戲。史失其實，聖人亦無如何，豈得妄爲之説，致悖於大義哉？

蔡公孫辰出奔吴。

《左氏》文之鍇殺公孫翩，故逐公孫辰，而殺公孫姓、公孫盱。蓋謂翩之黨也。然以《經》考之不然，詳見下文。

葬秦惠公。

宋人執小邾子。

小邾雖微，國君也，宋恃强而擅執之，其罪大矣。故稱人以罪之。

夏，蔡殺其大夫公孫姓、公孫霍。

杜氏預謂皆弑君之黨，然《經》書殺而不去其官，則非弑君之黨可知矣。然稱國以殺者，爲大夫而不能匡君，致盗得以弑君，則亦有罪。即二人之書大夫，則公孫辰亦非弑君之黨可知。《經》於弑君者不知其人第書盗矣，豈不得正逆之人，而可定從逆者哉？《左氏》誤矣。

晋人執戎蠻子赤歸于楚。

蠻，《公》作曼，音蠻。

《左傳》：楚人既克夷虎，乃謀北方。致蔡於負函，致方城之外於繒關，僞言吴將泝江入郢，襲梁及霍。單浮餘圍蠻氏，蠻氏潰。蠻子赤奔晋陰地。楚以兵臨之，使謂陰地之命大夫士蔑曰：晋、楚有盟，好惡同之。若將不廢，寡君之願也。不然，將通於少習以聽命。士蔑請諸趙孟。趙孟懼，僞言將裂田以與蠻子，且將爲之卜。蠻子聽卜，遂執之，與其五大夫，以畀楚。司馬致邑，立宗焉，以誘其遺民，而盡俘以歸。案：戎蠻子逦於楚而庇於晋，晋既不能庇之，而又爲楚詐，執之以歸。楚其罪大矣。貶而稱人，曰歸之於楚，深惡晋人以京師視楚，爲中夏之大辱。

城西郛。

杜氏預曰：備晋也。然三傳不言其事，則無容妄説。興作必書，重勞民也。況在夏春乎？公弱，凡事仍臣下爲之，書以志慨耳。

六月辛丑，亳社災。

亳，步各切，《公》作蒲。

湯伐夏而爲夏社，以戒亡國。周代商而亦爲亳社，記曰亡國之社。屋之不受天，陽也。有屋故災，書之記異也。魯不能鑒于殷，亦可知矣。

秋八月甲寅，滕子結卒。

汪氏克寬曰：在位二十三年，子虞母嗣，是爲隱公。

冬十有二月，葬蔡昭公。

高氏閌曰：國亂故緩。

葬滕頃公。

五　年　　敬王三十年　辛亥

春，城毗。

毗，頻夷反，《公》作比，又作芘。

與城西郛義同。

夏，齊侯伐宋。

齊非能以義匡諸侯也，然宋伐曹執小邾子，有可伐之罪，故書爵、書伐。

晋趙鞅帥師伐衛。

《左傳》：春，晋圍柏人，荀寅、士吉射奔齊。初，范氏之臣王生惡張柳朔，言諸昭子，使爲柏人。昭子曰：夫非而讎乎？對曰：私讎不及公，好不廢過，惡不去善，義之經也。臣敢違之。及范氏出，張柳朔謂其子：爾從主，勉之。我將止死，王生授我矣。吾不可以僭之。遂死於柏人。夏，趙鞅伐衛，范氏之故也，遂圍中牟。案：趙鞅怨衛助范中行氏，故挾蒯聵以圖衛，非誠欲納聵也。書趙鞅帥師圍衛，惡其以私怨興師擅伐，而《左氏》言范氏之故也，經傳具見趙鞅之隱，而論衛事者不詳考《春秋》，謂以子拒父，子貢諸賢亦不能決，其是非可謂鹵莽矣。

秋九月癸酉，齊侯杵臼卒。

杵，《公》作處。

《左傳》：齊燕姬生子，不成而死。諸子鬻姒之子荼，嬖。諸大夫恐其爲大子也，言于公曰：君之齒長矣，未有大子，若之何？公曰：二三子間于憂虞，則有疾疢。亦姑謀樂，何憂於無君？公疾，使國惠子、高昭子立荼，寘群公子于萊。秋，齊景公卒。冬十月，公子嘉、公子駒、公子黔奔衛，公子鉏、公子陽生來奔。萊人歌之曰：景公死乎不與埋，三軍之事乎不與謀，師乎師乎，何黨之乎？家氏鉉翁曰：景公行事無一可稱，彼謂晏子以其君顯，殆不然歟。

冬，叔還如齊。

還，音旋。

高氏閌曰：使卿弔且會葬也。

閏月，葬齊景公。

喪事不數閏。五月而葬，蓋景公嬖少子荼，使高、國二臣立之，寘群公子於萊。公卒，群公子皆出奔。國有故，故草草也。喪不數閏，《公羊》之説非。

六　年　　敬王三十一年　壬子

春，城邾瑕。

瑕，《公》作葭。邾瑕，杜注：任城。亢父縣北有邾婁城。今在濟寧州南十里。

魯有負瑕，此邾瑕蓋取之邾者也。不曰城瑕而曰邾瑕，惡其不義而非時疲民，蓋三家之爲也。

晋趙鞅帥師伐鮮虞。

《左傳》：晋伐鮮虞，治范氏之亂也。蓋因鮮虞納荀寅于柏人。鞅執晋政，不能以義綏諸侯，而區區報怨，屢興師以伐國，疊書於册，惡之之意可見矣。

吴伐陳。

《左傳》：吴伐陳，復修舊怨也。楚子曰：吾先君與陳有盟，不可以不救。乃救陳，師於城父。案：書吴不書人書爵，以夷例之也。不講信修睦而興師報怨，聖人所惡。楚救陳不書，不果救也。

夏，齊國夏及高張來奔。

案：《左傳》：齊陳乞僞事高、國，而陰構之，告高、國以諸大夫偃蹇，使去之。又告諸大夫以高、國將盡逐之，大夫從之。夏六月戊辰，陳乞、鮑牧及諸大夫，以甲入于公宫。昭子聞之，與惠子乘如公，戰于莊，敗。國人追之。國夏奔莒，遂及高張、晏圉、弦施來奔。夫陳氏厚施於民，以圖竊國久矣。景公知而不早爲之防，又廢長立幼以啟亂階。高、國爲世臣，既不能力争於君以正國本，受其顧託已屬貿貿，且於陳乞之僞並無覺察，致使構陷見逐。書名來奔，固所以著其不明之罪，而景公啟亂、陳乞懷奸，後世人君輕其國本、付託非人，權奸篡逆因之。觀此可知戒矣。

叔還會吴于柤。

許氏翰曰：叔還以吴在柤，故往會之。案：以臣而會君，抗也。吴欲得志於中國，而無其端。魯雖弱，望國也。思結魯以爲援。此會蓋吴志也。故以往會爲辭，而導吴以淩中國之罪亦著矣。

秋七月庚寅，楚子軫卒。

《左傳》：秋七月，楚子在城父，將救陳。卜戰不吉，卜退不吉。王曰：然則死也。再敗楚師，不如死。棄盟逃讎，亦不如死。死一也，其死讎乎？命公子申爲王，不可。則命公子結，亦不可。則命公子啟，五辭而後許。將戰，王有疾。庚寅，昭王攻大冥，卒於城父。子閭退，曰：君王舍其子而讓，群臣敢忘君乎？從君之命，順也。立君之子，亦順也。二順不可失也。與子西、子期謀，潛師閉塗，逆越女之子章，立之而後還。是歲也，有雲如衆赤鳥，夾日以飛，三日。楚子使問諸周大史。周大史曰：其當王身乎。若禜之，可移於令尹、司馬。王曰：除腹心之疾，而寘諸股肱，何益，不穀不有大過，天其夭諸？有罪受罰，又焉移之？遂弗禜。初，昭王有疾。卜曰：河爲祟。王弗祭。大夫請祭諸郊。王曰：三代命祀，祭不越望。江、漢、雎、漳，楚之望也。禍福之至，不是過也。不穀雖不德，河非所獲罪也。遂弗祭。孔子曰：楚昭王知大道矣。其不失國也宜哉。《夏書》曰：惟彼陶唐，帥彼天常。有此冀方，今失其行。亂其紀綱，乃滅而亡。又曰：允出兹在兹，由己率常可矣。

齊陽生入于齊。齊陳乞弑其君荼。

荼音徒，又丈加反，《公》作舍。

案：《左傳》：陳乞使召公子陽生，匿于其家，强盟諸大夫，廢荼而立陽生，然未殺荼也。陽生使朱毛告乞，求殺荼，乞未從陽生，使毛遷荼于駘，不至，殺諸野幕之下。則殺荼者，陽生也。而書乞弑者，非乞陽生何以入？廢荼立陽生，致荼不終，安得逃弑逆之罪？然陽生豈無罪哉？景公未立陽生爲世子，則與荼等耳。使其以父命爲重，奚肯奪弟之位？乃貪位而受賊臣之私，既奪其位，又忍心殺之，天理何存？書陽生入于齊，接書陳乞弑荼，明陽生與乞同弑君也。而豈以陽生當立，獨歸罪于乞哉？故書法與齊小白入于齊取子糾殺之相似。而糾未爲君，較異於荼，小白之立亦不道也。其必殺子糾亦與陽生同。事雖略殊，而不仁不義亦一也。

冬，仲孫何忌帥師伐邾。

魯恃强屢伐邾，蓋三家之謀也。書何忌帥師，惡之至矣。

宋向巢帥師伐曹。

書帥師伐，罪其恃衆凌弱。當時各國皆以大夫專政，疊書以著其惡。

七　年　　敬王三十二年　癸丑

春，宋皇瑗帥師侵鄭。

瑗，于眷反。

《左傳》：謂鄭叛晋故也。李氏廉曰：宋叛晋已久，豈復爲晋討鄭？是也。蓋是時大夫專政，恃衆淩人，已漸開戰國之習。《經》屢書大夫帥師侵伐，惡其僭且暴也。

晋魏曼多帥師侵衛。

曼，音萬。

《左傳》：晋師侵衛，衛不服也。案：衛叛晋已久，晋挾蒯聵以構其父子，而聵父子亦覺之。故聵安于戚，不爲趙鞅盡力；輒隱忍偷安，亦不迎其父。皆晋趙鞅之罪也。但輒以晋之故，久據位而不迎其父，夫子所以謂爲不仁。

夏，公會吴于鄫。

鄫，《穀》作繒。

《左傳》：夏，公會吴于鄫。吴來徵百牢，子服景伯辭之，吴人弗聽。景伯曰：吴將亡矣，棄天而背本。不與，必棄疾於我。乃與之。大宰嚭召季康子，康子使子貢辭。大宰嚭曰：國君道長，而大夫不出門，此何禮也？對曰：豈以爲禮，畏大國也。大國不以禮命於諸侯，苟不以禮，豈可量也？寡君既共命焉，其老豈敢棄其國？大伯端委以治周禮，仲雍嗣之，斷髮文身，贏以爲飾，豈禮也哉？有由然也。反自鄫，以吴爲無能爲也。案：魯不務自强而遠結於吴，卒使吴乘釁來伐，書公會吴於鄫，以著其自弱而致於人之失。

秋，公伐邾。八月己酉，入邾，以邾子益來。

《左傳》：季康子欲伐邾，乃饗大夫以謀之。子服景伯曰：小所以事大，信也。大所以保小，仁也。背大國，不信；伐小國，不仁。民保於城，城保於德，失二德者，危，將焉保？孟孫曰：二三子以爲何如？惡賢而逆之？大夫曰：禹合諸侯於塗山，執玉帛者萬國。今其存者，無數十焉。唯大不字小，小不事大也。不樂而出。秋，伐邾。及范門，猶聞鐘聲。大夫諫，不聽。茅成子請告於吴，不許，曰：魯擊柝聞於邾，吴二千里，不三月不至，何及於我？且國内豈不足？成子以茅叛。師遂入邾，處其公宫，衆師晝掠。邾衆保於繹。以邾子益來，獻於亳社，囚諸負瑕。負瑕故有繹。邾茅夷鴻以束帛乘韋，自請救於吴，曰：魯弱晋而遠吴，馮恃其衆，而背君之盟，辟君之執事，以陵我小國。邾非敢自愛也，懼君威之不立。君威之不立，小國之憂也。若夏盟于鄫衍，秋而背之，成求而不違，四方諸侯，其何以事君？且魯賦八百乘，君之貳也。邾賦六百乘，君之私也。以私奉貳，唯君圖之。吴子從之。案：擅伐國而以其君歸，大惡也。於外曰獲，於内曰來。内外之辭别耳。不言滅者，吴伐魯而魯仍復邾，未嘗滅也。滅邾者三家强公行耳。書公伐邾入邾，以邾子益來，公不君亦不得辭其咎矣。此事之直書而其惡自見者，邾子名惡，其自取敗亡，不死社稷也。

宋人圍曹。冬，鄭駟弘帥師救曹。

《左傳》：宋人圍曹。鄭桓子思曰：宋人有曹，鄭之患也。不可以不救。冬，鄭師救曹。初，曹人或夢衆君子立於社宫，而謀亡曹，曹叔振鐸請待公孫彊，許之。旦而求之曹，無之。戒其子曰：我死，爾聞公孫彊爲政，必去之。及曹伯陽即位，好田弋。曹鄙人公孫彊好弋，獲白雁，獻之。且言田弋之説。説之。因訪政事，大説之。有寵，使爲司城以聽政。夢者之子乃行。彊言霸説於曹伯，曹伯從之，乃背晋而奸宋。宋人伐之，晋人不救，築五邑於其郊，曰黍丘、揖丘、大城、鍾邘。案：宋以私怨而屢伐曹，今又欲滅之。書人、書圍，罪其暴也。鄭能救曹，雖無成功，《春秋》所許也。故詳書之。

附解

天人一理也。理之所在，而氣數因之。故積善必有餘慶，積惡必有餘殃。積之云者，非一朝夕之故也。古今術士言禍福多中，而不知以理爲憑，故往自罹災殃。執理者又專言理而不言禍福，不知氣數統於天理，理在而感應因之，數乃理之昭著者也。夢卜徵驗，其幾甚微，其事在若有若無之間，惟有德者知之。不輕信亦非不言，故曰知幾其神乎？《左傳》記災祥事甚多，辨之不能悉辨。如鬼謀曹社，人以爲曹亡數也，否則謂其妄也，而豈知即此可以知修德迴天、栽培傾覆之義哉？陰陽迭爲消長，故盛衰本天道人事之常，豈有久而不消歇者？第有盛必有衰者，數也；而衰極必盛者，理也。理在天爲元氣，在人爲善德。人性本善，全其天性者爲善人。天道生生而不窮者，一元之氣。不窮實由一元之理無終極也。人能存天之正理，即可存天之正氣。故數有盛衰，德可迴之。堯、舜之子不肖，而堯、舜有盛德，知天下不可以匪材治，不以天下與子作賓王。家歷三代而不窮，此以理迴氣數之道也。曹將亡而振鐸示夢於人，使其子孫知之，而即戒慎自强，豈尚必亡哉？奈夢者不言於衆，朝廷不知，公孫彊竟見用，而曹亦亡。則人事相左，非氣數之必不可迴也。曰何以不夢於其君臣？曰富貴中人，勢利薰心，自謂高明，豈信夢卜？且人必有清明之志氣，而後鬼神假夢以相通。高宗夢傅説，文王夢非熊，其感孚有由來矣。常人素無德行，神昏氣濁，與天日遠。下達者斷無上達之階，亡其幾希，安於愚濛，又何況夢之恍惚而可憑以言理乎？孔子曰：知我其天，天生德於予，天未喪斯文。何其信天之確如斯？周公頌文王曰：帝謂文王：予懷明德，不大聲以色。若與天相告語者，豈爲誕哉？夫德固存於聲色之外，所謂毛猶有倫，必極之無聲臭而後是也。然無聲無臭者實不必求諸渺冥，而近在身心。心至隱，微心全乎德，又何人知之？惟天知之耳。存其心養其性，所以事天。心性在我，而其原在天。天人一理，又安能不一氣？故夢原是幻，亦未必皆幻。以理衷之，則幽明始終之義，未嘗不在焉。若示夢，其子孫亦未必信耳。

八　年　　敬王三十三年　甲寅

春王正月，宋公入曹，以曹伯陽歸。

《左傳》：八年春，宋公伐曹，將還，褚師子肥殿。曹人詬之，不行。師待之。公聞之，怒，命反之。遂滅曹。執曹伯及司城彊以歸，殺之。案：宋擅滅人國而執其君，罪莫大焉。斥書宋公入曹，著其橫暴之罪。不書滅，存曹也。曹，周之同姓。宋爲商裔，獨不思周念成湯存宋，而擅滅周同姓乎？故存曹以惡宋也。

吴伐我。

《左傳》：吴爲邾故，將伐魯，問於叔孫輒。叔孫輒對曰：魯有名而無情，伐之，必得志焉。退而告公山不狃。公山不狃曰：非禮也。君子違，不適讎國，未臣而有伐之，奔命焉，死之可也。所託也則隱。且夫人之行也，不以所惡廢鄉。今子以小惡而欲覆宗國，不亦難乎？若使子率，子必辭，王將使我。子張病之。王問於子洩，對曰：魯雖無與立，必有以斃。諸侯將救之，未可以得志焉。晋與齊、楚輔之，是四讎也。夫魯，齊、晋之脣。脣亡齒寒，君所知也。不救何爲？三月，吴伐我。子洩率，故道險，從武城。初，武城人有因於吴竟拘鄫人者。吴師至，拘者道之，以伐武城，克之。懿子謂景伯：若之何？對曰：吴師來，斯與之戰，何患焉？且召之而至，又何求焉？吴師克東陽而進，舍於五梧，明日，戰於夷。吴臣獲叔子與析朱鉏。獻於王，王曰：此同車，必使能，國未可望也。舍於庚宗，遂次於泗上。微虎欲宵攻王舍，私屬徒七百人，三踊於幕庭。卒三百人，有若與焉，及稷門之内。或謂季孫曰：不足以害吴，而多殺國士，不如已也。乃止之。吴子聞之，一夕三遷。吴人行成。將盟。景伯曰：楚人圍宋，易子而食，析骸而爨，猶無城下之盟。我未及虧，而有城下之盟，是棄國也。吴輕而遠，不能久，將歸矣。請少待之。弗從。景伯負載。造於萊門，乃請釋子服何於吴，吴人許之。以王子姑曹當之，而後止。吴人盟而還。案：魯滅邾而吴救之，乃不書救者何？吴因茅成子之言而興師，又不明正魯入邾之罪，復受盟而還，則非義矣。然魯無故擅滅人國，其屈在己，實有可伐之罪。故書伐我以見其自取。

夏，齊人取讙及闡。

闡，尺善反。《公》作僤，後同。闡，杜注：在東平剛縣北。《漢志》：剛縣故闡城，今兖州府寧陽縣，本魯闡邑地，故剛城在縣東北三十五里。

《左傳》：齊悼公之來也，季康子以其妹妻之，即位而逆之，季魴侯通焉。女言其情，弗敢與也。夏五月，齊鮑牧帥師伐我，取讙及闡。案：左氏誣矣。康子女即與人通，烏肯自言？季氏即知其事，豈有不令女歸而留與魴侯便乎？《公羊》謂魯以邑賂齊，較爲近理。齊因魯滅邾來伐，先取二邑。魯懼求成，即歸邾子耳。然不書取我田而第書取者，言其取之之易。我取邾邑而人亦取我邑，究之不能不歸邾子。有深惡魯之意。

歸邾子益于邾。

《左傳》：齊侯使如吴請師，將以伐我，乃歸邾子。邾子又無道，吴子使大宰子餘討之，囚諸樓臺，栫之以棘。使諸大夫奉大子革以爲政。案：魯畏吴與齊而歸邾子。黄氏仲炎曰：《易》所謂不威不懲者，小人也哉。直書其事，貶可見矣。邾子名，《穀梁》曰：失國也。

秋七月。

冬十有二月癸亥，杞伯過卒。

過音戈。

齊人歸讙及闡。

《左傳》：秋，及齊平。九月，臧賓如齊涖盟。齊閭丘明來涖盟，且逆季姬以歸，嬖。冬十二月，齊人歸讙及闡，季姬嬖故也。案《左氏》，則齊以季姬故而取，亦以季姬故而歸。齊大不近情理。杜氏以爲姬即與侯魴通者，尤不可信。果爾，前齊欲迎而不與，今忽又與之？齊不察其故，而任魯不與或與，直無復有知覺者。然則何以歸邑曰魯及齊平耳？不因季姬也。季姬或公女，未必即季康子之妹。

附　解

春秋諸侯皆先王封國，則宜無可區别。而《經》頗不同，以其所以自爲者不同耳。如吴、楚僭王則黜之，齊遷邢、衛亦禁之，其滅人之國、執人之君，尤深惡矣。而或書人，或書滅書執君，不無微異。宋公執曹伯與晋人執虞公同，本見滅而不書，不予其得滅，且惡滅之者之甚也。虞爲舜後，曹乃周宗。晋篡國而滅虞，宋殷遺而滅曹。一則不念神明之後，一則不尊天潢之屬，其罪之爲深。前人误以曹交爲曹君弟，遂疑曹猶未滅。不知曹交以國爲姓者，非尚有曹國也。

九　年　　敬王三十四年　乙卯

春王二月，葬杞僖公。

三月而葬，速，蓋是時禮廢，多不如禮也。

宋皇瑗帥師取鄭師于雍丘。

雍，於勇反，又於用反。雍丘，杜注：雍丘縣，屬陳留郡。今河南開封府杞縣治。

案：《左傳》：鄭罕達嬖臣許瑕求邑，無以與之。請外取，許之。故圍宋雍丘。宋皇瑗圍鄭師，罕達救之，大敗。二月甲戌，宋取鄭師於雍丘。毛西河謂《左傳》不近情理，嬖人安得興師取人之邑？然是時大夫專政，罕達授之以兵，使取雍丘，非許瑕自有兵而自興師也。蓋潛師襲雍丘欲取之，不虞宋師大至，故罕達即往救而大敗。書取，易辭也。鄭罕達無道，以嬖人之故欲取人邑，反爲人所取。故言取以見其自陷於羅網。

夏，楚人伐陳。

《左傳》：夏，楚人伐陳，陳即吴故也。案：陳滅於楚，楚昭復國而封之，因吴之伐復從吴。小國困於強鄰，情可原矣。楚乃恃強伐之，故書人以示貶。

秋，宋公伐鄭。

宋景入曹而執其君，今又伐鄭，貪兵不已。書爵、書伐，斥其人，著其暴，非予之也。

冬十月。

十　年　　敬王三十五年　丙辰

春王二月，邾子益來奔。

《左傳》：十年春，邾隱公來奔，齊甥也，故遂奔齊。案：邾子又無道，吴人囚之，使邾大夫奉太子爲政，今脱奔魯。書名來奔，惡其不德而自取，賤之也。奔齊不書，書奔以賤之足矣。

公會吴伐齊。三月戊戌，齊侯陽生卒。

《左傳》：公會吴子、邾子、郯子伐齊南鄙，師于鄎。齊人弒悼公，赴於師。吴子三日哭於軍門之外。徐承帥舟師，將自海入齊，齊人敗之，吴師乃還。案：弒君大惡也。若悼公果弒，聖人詎弗考其實而仍史書卒乎？當時陳氏專政，吴師至而公適卒。時人或疑陳氏弒之，然吴子三日哭而不退兵，及齊敗之乃還，則齊未嘗以公卒説于吴，故吴亦不以公卒而罷兵也。《左氏》云弒公以説于吴，不亦謬哉？《經》止書卒，則不得從傳而以爲弒。

夏，宋人伐鄭。

書人，惡其貪兵結怨不休也。

晋趙鞅帥師侵齊。

《左傳》：夏，趙鞅帥師伐齊，大夫請卜之。趙孟曰：吾卜於此起兵，事不再令，卜不襲吉，行也。于是乎取犂及轅，毁高唐之郭，侵及賴而還。案：齊與衛屢救范氏，趙鞅怨之，故乘喪伐齊。書鞅帥師，惡其恃衆尋怨也。

五月，公至自伐齊。

公會吴伐齊，必俟吴帥去而後敢歸。故春伐而五月方至。書至自伐齊，見公之役於吴而不自强也。

葬齊悼公。

公方伐齊，何以又使會葬？亦見公之爲吴役也。

衛公孟彄自齊歸于衛。

定十四年，公孟彄出奔鄭，自鄭奔齊。今齊納之，復歸于衛，蓋南子已死，而衛受之也。其出也非其罪，故書衛書歸。

薛伯夷卒。

夷，《公》作寅。

秋，葬薛惠公。

薛小國而魯弔會葬，猶衰世禮之僅存者。故詳書之。

冬，楚公子結帥師伐陳。吴救陳。

《左傳》：冬，楚子期伐陳。吴延州來季子救陳，謂子期曰：二君不務德，而力争諸侯，民何罪焉？我請退，以爲子名，務德而安民。乃還。案：凡書救，未有不善者也。或謂陳本屬楚，因吴使之叛楚即己，楚故伐之。今吴救陳，不足爲善。然小國無奈大國何，即楚即吴，不能自主，豈必即楚而後是哉？則楚之必服陳也，非也。而吴之可救陳也，亦是也。季札之言已定其是非，何容别爲之説？

十有一年　　敬王三十六年　丁巳

春，齊國書帥師伐我。

《左傳》：十一年春，齊爲鄎故，國書，高無丕帥師伐我，及清。季孫謂其宰冉求曰：齊師在清，必魯故也。若之何？求曰：一子守，二子從公禦諸竟。季孫曰：不能。求曰：居封疆之間。季孫告二子，二子不可。求曰：若不可，則君無出。一子帥師，背城而戰。不屬者，非魯人也。魯之群室，衆于齊之兵車。一室敵車，優矣。子何患焉？二子之不欲戰也宜，政在季氏。當子之身，齊人伐魯而不能戰，子之耻也。大不列於諸侯矣。季孫使從于朝，俟于黨氏之溝。武叔呼而問戰焉。對曰：君子有遠慮，小人何知？懿子強問之，封曰：小人慮材而言，量力而共者也。武叔曰：是謂我不成丈夫也。退而蒐乘，孟孺子洩帥右師，顔羽御，邴洩爲右。冉求帥左師，管周父御，樊遲爲右。季孫曰：須也弱。有子曰：就用命焉。季氏之甲七千，冉有以武城人三百爲己徒卒。老幼守宫，次于雩門之外。五日，右師從之。師及齊師戰于郊，齊師自稷曲。師不踰溝，樊遲曰：非不能也，不信子也。請三刻而踰之。如之，衆從之。師入齊軍，右師奔，齊人從之，陳瓘、陳莊涉泗。孟之側後入以爲殿，抽矢策其馬，曰：馬不進也。林不狃之伍曰：走乎。不狃曰：誰不如？曰：然則止乎？不狃曰：惡賢？徐步而死。師獲甲首八十，齊人不能師。宵，諜曰：齊人遁。冉有請從之三，季孫弗許。公爲與其嬖僮汪錡乘，皆死，皆殯。孔子曰：能執干戈以衛社稷，可無殤也。冉有用矛於齊師，故能入其軍。孔子曰：義也。案：書伐我而不書地，齊敗魯勝亦不書，罪魯也。齊、魯唇齒世交，公會吴伐之。齊師伐我，我自取也。雖幸勝，庸足錄乎？然子以冉子爲義，何也？兵既入境，國將危則不得不禦之。蓋其失在前而不在後，諸賢皆魯人，故以衛國爲是。

夏，陳轅頗出奔鄭。

轅，《公》作袁。頗，破多反。

《左傳》：夏，陳轅頗出奔鄭。初，轅頗爲司徒，賦封田以嫁公女。有餘，以爲己大器。國人逐之，故出。道渴，其族轅咺進稻醴、粱糗、腶脯焉。喜曰：何其給也？對曰：器成而具。曰：何不吾諫？對曰：懼先行。案：轅頗藉公訾私剥民以逞，爲衆所逐，書名出奔，賤之也。

五月，公會吴伐齊。甲戌，齊國書帥師及吴戰于艾陵，齊師敗績，獲齊國書。

《左傳》：爲郊戰故，公會吴子伐齊。五月克博，壬申，至于嬴。齊國書將中軍，高無丕將上軍，宗樓將下軍。陳僖子謂其弟書：爾死，我必得志。宗子陽與閭丘明相厲也。桑掩胥御國子。公孫夏曰：二子必死。將戰，公孫夏命其徒歌《虞殯》。陳子行命其徒具含玉。公孫揮命其徒曰：人尋約，吴髮短。東郭書曰：三戰必死，於此三矣。使問弦多以琴，曰：吾不復見子矣。陳書曰：此行也，吾聞鼓而已，不聞金矣。甲戌，戰于艾陵，大敗齊師。獲國書、公孫夏、閭丘明、陳書、東郭書，革車八百乘，甲首三千，以獻于公。公使大史固歸國子之元，寘之新篋，褽之以玄纁，加組帶焉。案：書公會吴伐齊，著公之導吴也。止言齊及吴戰，而公已在其中。敗齊魯何益哉？國書不能，臨事而懼，善爲國謀，輕與吴戰，喪師辱國，身亦被獲。書及吴戰，以深罪之，爲人臣戒也。

秋，七月辛酉，滕子虞毋卒。

來赴，故書。

冬十有一月，葬滕隱公。

衛世叔齊出奔宋。

《左傳》：冬，衛大叔疾出奔宋。初，疾娶宋子朝女，其娣嬖。子朝出，孔文子使疾出其妻而妻之。疾使侍人誘其初妻之娣，寘于犂，而爲之一宫，如二妻。文子怒，欲攻之，仲尼止之。遂奪其妻。或淫於外州，外州人奪之軒以獻。耻是二者，故出。衛人立遺，使室孔姞。疾臣向魋，魋得罪出，城鉏人攻大叔疾，衛莊公復之。使處巢，死焉。孔文子之將攻大叔也，訪於仲尼。仲尼曰：胡簋之事，則嘗學之矣。甲兵之事，未之聞也。退，命駕而行，曰：鳥則擇木，木豈能擇鳥？文子遽止之，曰：豈敢度其私，訪衛國之難也。將止。魯人以幣召之，乃歸。案：齊之奔固由孔文子，然其不能以禮律己而正家，書名出奔，著其自取也。《左氏》：孔文子將攻大叔段，補仲尼止之之事。

附　解

大國有命卿之制，春秋可考者，齊高國耳。陳氏已盛，欲盜齊而不敢遽爲，憚齊公族及高國也。子雅、子尾卒而公族無人，高氏爲陳氏所構，高國没而陳氏乃大。詳考陳氏奪齊，其深謀遠慮，爲後世莽、操、司馬所祖，有國者不可不鑒也。夫齊固非有大失德之君，特陳氏世官世禄，積私財以行小惠。景公時晏子已明言之，公不於時收其柄禄，坐令市恩怙勢以至竊國。人謀不臧，豈誠嬀將代姜，天爲之乎？陳氏已專國政，而國書猶掌兵柄。使其知進退、察奸邪，引用賢臣，潛消逆志，齊何至亡？乃貿貿以勝吴爲志，身死而國隨之。《經》故以國書主戰、書獲，書以惡之也。至哀公結吴報怨惡之之意，則正解已明。

十有二年　　敬王三十七年　戊午

春，用田賦。

《左傳》：季孫欲以田賦，訪諸仲尼。仲尼不對，而私於冉有曰：君子之行也，度於禮，施取其厚，事舉其中，斂從其薄，如是則以丘亦足矣。若不度於禮，而貪冒無厭，則雖以田賦，將又不足。弗聽。案：周制，賦法田則什一而稅，至兵制則丘乘出甲，本有定數，本無多取者。以用兵時少，特備不虞耳。今魯兵戎煩而軍費一切不貲，取諸山澤等雜賦者，不敷所用，故將一切雜稅歸併在田上，令民出之，是爲以田賦而不以丘賦也。病民特甚，故書以譏之。

夏五月甲辰，孟子卒。

《左傳》：夏五月，昭夫人孟子卒。昭公娶于吴，諱之，使若宋女者，然其稱爲孟子久矣。但何以不書夫人？著魯君臣不道之罪也。昭公卒于外，季氏不以爲君，則不以孟子爲夫人。定公仍之，至哀公猶不更正。卒而不以夫人禮喪葬，史或書其卒而不稱夫人，或並未嘗書，夫子則必書之，明夫人至此始卒，而魯不以爲夫人也。且不書其葬，以見不以夫人禮之之實，若爲魯諱也，而實大彰其惡也。

公會吴于橐皋。

橐，章夜反，又音托。橐皋，杜注：在淮南逡遒縣東南。今江南廬州府巢縣西北六十里有拓皋鎮。漢之橐皋縣，春秋吴邑也。

《左傳》：公會吴於橐皋。吴子使大宰嚭請尋盟。公不欲，使子貢對曰：盟所以周信也，故心以制之，玉帛以奉之，言以結之，明神以要之。寡君以爲苟有盟焉，弗可改也已。若猶可改，日盟何益？今吾子曰：必尋盟。若可尋也，亦可寒也。乃不尋盟。案：公會吴伐齊而勝，懼齊報怨，復會吴於橐皋。書公往會，以著其不自修而倚人之失。

秋，公會衛侯、宋皇瑗于鄖。

鄖，音云，《公》作運。鄖，杜注：發陽也。廣陵海陵縣東南有發繇亭。今江南揚州府如皋縣東立發壩，古發揚也，亦名古鄖。

《左傳》：吴徵會于衛。初，衛人殺吴行人且姚而懼，謀於行人子羽。子羽曰：吴方無道，無乃辱吾君，不如止也。子木曰：吴方無道，國無道，必棄疾於人。吴雖無道，猶足以患衛。往也，長木之斃，無不摽也。國狗之瘈，無不噬也。而況大國乎？秋，衛侯會吴于鄖。公及衛侯、宋皇瑗盟，而卒辭吴盟。吴人藩衛侯之舍。子服景伯謂子貢曰：夫諸侯之會，事既畢矣，侯伯致禮，地主歸餼，以相辭也。今吴不行禮於衛，而藩其君舍以難之，子盍見大宰？乃請束錦以行。語及衛故，太宰嚭曰：寡君願事衛君，衛君之來也緩，寡君懼，故將止之。子貢曰：衛君之來，必謀於其衆。其衆或欲或否，是以緩來。其欲來者，子之黨也。其不欲來者，子之讎也。若執衛君，是墮黨而崇讎也。夫墮子者得其志矣。且合諸侯而執衛君，誰敢不懼？墮黨崇讎，而懼諸侯，或者難以霸乎。太宰嚭説，乃舍衛侯。衛侯歸，效夷言。子之尚幼，曰：君必

墨，國勝乎？大子死乎？且夷德輕，不忍久，請少待之。乃先晋人。案：吴夫差肆其貪虐，欲争長中夏，而越已入其國都。人君不務修德愛民而好大喜功，窮兵不已，未有不自貽伊戚者也。胡氏安國曰：《春秋》初書於越入吴在柏舉之後，再書於越入吴在黄池之後，皆因事屬辭，垂戒後世。信矣。

秋，公至自會。

《左傳》：吴人將以公見晋侯，子服景伯對使者曰：王合諸侯，則伯帥侯牧以見於王。伯合諸侯，則侯帥子男以見於伯。自王以下，朝聘玉帛不同。故敝邑之職貢於吴，有豐於晋，無不及焉，以爲伯也。今諸侯會，而君將以寡君見晋君，則晋成爲伯矣，敝邑將改職貢。魯賦于吴八百乘，若爲子男，則將半邾以屬於吴，而如邾以事晋。且執事以伯召諸侯，而以侯終之，何利之有焉？吴人乃止，既而悔之，將囚景伯。景伯曰：何也立後於魯矣。將以二乘與六人從，遲速唯命。遂囚以還。及戶牖，謂大宰曰：魯將以十月上辛，有事於上帝先王，季辛而畢。何世有職焉，自襄以來，未之改也。若不會，祝宗將曰：吴實然。且謂魯不共，而報其賤者七人，何損焉？大宰嚭言於王曰：無損於魯，而祇爲名，不如歸之。乃歸景伯。吴申叔儀乞糧於公孫有山氏，曰：佩玉縈兮，余無所繫之。旨酒一盛兮，余與褐之父睨之。對曰：粱則無矣，麤則有之。若登首山以呼曰，庚癸乎，則諾。王欲伐宋，殺其丈夫而囚其婦人。大宰嚭曰：可勝也，而弗能居也。乃歸。冬，吴及越平。案：吴強公會且將以公見晋侯，其辱公殊甚。公不自修，有以取之也。書公至自會，危之也。

晋魏曼多帥師侵衛。

魏下，《公》無曼字。

晋修范中行之難，屢侵伐衛，且構蒯輒父子，使相爲敵。而衛悟其計，蒯不與輒爲難，衛輒亦不服晋也。晋無如衛何。今又使曼多侵衛，書帥師，著其恃衆。書侵，罪其無名也。

葬許元公。

九月，螽。

螽害稼，記災也。

冬十有一月，有星孛于東方。

孛音佩，又音勃。

《公羊》：孛者何？彗星也。其言於東方何？見於旦也。何以書？記異也。高氏閌曰：不言宿名者，董仲舒、劉向以爲不加宿也。案：孛，兵象，見於東方。是時中夏衰微，吴、楚、越相争不已之象也。

盜殺陳夏區夫。

區，烏侯反，《公》作彄，苦侯反。

夏區夫蓋陳大夫，其事不可知，而《經》特書之，則必區夫無見殺之道而被殺，書盜以賤惡其人，而書殺見陳之不國也。高氏閌謂，區夫，夏徵舒之後，徵舒弒逆，陳人猶使世執國政。《春秋》書其爲盜所殺，與華孫同。謬矣哉。

十有二月，螽。

許氏翰曰：《春秋》書魯人事至用田賦，書魯天災至於二年三螽，見其重賦害民，傷和致異。民力已窮，天命已去。君子之心於魯已矣。

附　解

周以天下爲公，封建諸侯，使之世守。卿大夫亦世官世禄。天子惟治畿內，諸侯各君其國，各子其民，如民生世守家業然。聖人之意以爲但能乂安百姓，各相安於無事，足矣，不必書歸一人之操縱也。第久而冒昧侵并，強凌弱，衆暴寡，亦勢所必至。故春秋諸侯僭亂，已而大夫、陪臣皆效尤。然止於互相侵奪，以擅富強，無一人顗覦九五、妄圖非分者，以其初無利天下之心，故人亦不以其天下爲利也。齊桓創霸，糾合匡周；晋世紹之，主盟中夏，抑強扶弱，緜延數百年，皆無有不奉共主者。及晋室衰而大夫擅權，列國亦爾，中夏無領袖矣。而入郢之後，楚既陵夷，吴、越繼起。越歸職貢於王，吴亦上求王臣，會晋黄池，欲以雄長諸夏。可見周至微弱，猶爲天下所尊。但夫差無德，徒恃強欲長諸侯，其不自量殊甚。聖人惡其横肆，書法至明。而《公羊》曰：會兩伯也，重吴也。《穀梁》曰：吴進矣。其昧於《經》旨，真堪噴飯。然吴方狂肆，於越已乘其後，不久卒爲所沼。自是而吴亡，楚亦燼，三晋分，田氏簒，周之不可復興昭然矣。然且七雄争伐，荼毒天下已甚，而周室晏然。非二周私分畛域，赧王不至，困於簃臺，故周室之亡如人耄耋奄奄，無病而終。歷觀古今，有幾亡國喪家而子孫不遭荼毒者？忠厚開基與刻薄成家，孰得孰失，何去何從，人其思之。

十有四年　敬王三十九年　庚申

春，西狩獲麟。

《左傳》：十四年春，西狩於大野，叔孫氏之車子鉏商獲麟，以爲不祥，以賜虞人。仲尼觀之，曰：麟也。然後取之。案：狩，常制。西狩，魯大夫狩也。故曰叔孫氏之車子。而《穀梁》曰薪采者，《公羊》曰非狩，何哉？狩常事不必書，爲獲麟而書也。麟，仁獸，亦靈獸也。非聖王不出。非時而出又被獲，則不祥矣。夫子觸物興感，非因是而始作《春秋》也。夫子自言，託諸空言不如見諸實事，其義已明。初意止是以訓門人，即事以爲時中之法。至懼亂賊正人心，孟子所言聖人必不以此自居。絶筆于獲麟，與鳳鳥不至、河不出圖同一道窮之歎，固情理之常，無足異者。杜預謂有感而起，有感而終，已屬非是。况云文成致麟等之妄説，奚足道哉？其絶筆於此者，固誌感慨，亦以天下大勢已去，周不可復興，魯不可復振也。愚於前附解已詳之。

附錄餘傳

聖經絶筆於獲麟，《公》《穀》皆然，而《左氏》獨至孔子卒。蓋尊孔子，志其終也，弟子之宜也。其下又記事，終哀公之世，亦史之宜。至悼之四年一節，則或門人所記，既以終荀瑤事，且以見三晋分而周更微，亦無譏也。非夫子所作，故皆曰傳。

小邾射以句繹來奔。

《左傳》：小邾射以句繹來奔，曰：使季路要我，吾無盟矣。使子路，子路辭。季康子使冉有謂之曰：千乘之國，不信其盟，而信子之言，子何辱焉？對曰：魯有事於小邾，不敢問故，死其城下可也。彼不臣而濟其言，是義之也。由弗能。

夏四月，齊陳恒執其君，寘于舒州。

舒州，《史記》：田常執簡公於徐州，崔駰曰：即《春秋》舒州也。案：舒州，今山東兖州府滕縣東南薛城是。《後漢郡國志》云：薛城在春秋之季曰徐州。《竹書紀年》云：邳遷于薛，改名徐州，亦曰舒州。

《左傳》：齊簡公之在魯也，闞止有寵焉。及即位，使爲政。陳成子憚之，驟顧諸朝。諸御鞅言于公曰：陳、闞不可並也，君其擇焉。弗聽。子我夕，陳逆殺人，逢之，遂執以入。陳氏方睦，使疾，而遺之潘沐，備酒肉焉。饗守囚者，醉而殺之，而逃。子我盟諸陳于陳宗。初，陳豹欲爲子我臣，使公孫言己，已有喪而止。既，而言之，曰：有陳豹者，長而上僂，望視，事君子必得志。欲爲子臣，吾憚其爲人也，故緩以告。子我曰：何害？是其在我也。使爲臣。他日，與之言政，説，遂有寵。謂之曰：我盡逐陳氏，而立女，若何？對曰：我遠於陳氏矣。且其違者，不過數人，何盡逐焉？遂告陳氏，子行曰：彼得君，弗先，必禍子。子行舍於公宫。夏五月壬申，成子兄弟四乘如公。子我在幄，出，逆之。遂入，閉門。侍人禦之，子行殺侍人。公與婦人飲酒于檀臺，成子遷諸寢。公執戈，將擊之。大史子餘曰：非不利也，將除害也。成子出舍于庫，聞公猶怒，將出，曰：何所無君？子行抽劍，曰：需，事之賊也。所不殺子者，有如陳宗。乃止。子我歸，屬徒攻闈與大門，皆不勝，乃出。陳氏追之，失道于弇中，適豐丘。豐丘人執之，以告，殺諸郭關。成子將殺大陸子方，陳逆子而免之，以公命取車於道。及耏，衆知而東之。出雍門，陳豹與之車，弗受，曰：逆爲余請，豹與余車，余有私焉。事子我而有私於其讎，何以見魯、衛之士？東郭賈奔衛。庚辰，陳恒執公于舒州。公曰：吾早從鞅之言，不及此。

庚戌，叔還卒。

五月庚申朔，日有食之。

陳宗豎出奔楚。

宋向魋入于曹以叛。

曹，杜注：哀八年宋滅曹，以爲邑。

《左傳》：宋桓魋之寵害於公。公使夫人驟請享焉，而將討之。未及，魋先謀公，請以鞌易薄，公曰：不可。薄，宗邑也。乃益鞌七邑，而請享公焉。以日中爲期，家備盡往。公知之，告皇野曰：余長魋也。今將禍余，請即救。司馬子仲曰：有臣不順，神之所惡也，而況人乎？敢不承命。不得左師不可，請以君命召之。左師每食擊鐘。聞鐘，公曰：夫子將食。既食，又奏。公曰：可矣。以乘車往，曰：迹人來告曰：逢澤有介麇焉。公曰：雖魋未來，得左師，吾與之田，若何？君憚告子。野曰：嘗私焉。君欲速，故以乘車逆子。與之乘，至，公告之故，拜，不能起。司馬曰：君與之言。公曰：所難子者，上有天，下有先君。對曰：魋之不共，宋之禍也。敢不唯命是聽。司馬請瑞焉，以命其徒攻桓氏。其父兄故臣曰：不可。其新臣曰：從吾君之命。遂攻之。子頎騁而告桓司馬。司馬欲入，子車止之，曰：不能事君，而又伐國，民不與也。祇取死焉。向魋遂入於曹以叛。六月，使左師巢伐之，欲質大夫以入焉。不能。亦入於曹，取質。魋曰：不可。既不能事君，又得罪於民，將若之何？乃舍之。民遂叛之。向魋奔衛。向巢來奔，宋公使止之，曰：寡人與子有言矣，不可以絶向氏之祀。辭曰：臣之罪大，盡滅桓氏可也。若以先臣之故，而使有後，君之惠也。若臣則不可以入矣。司馬牛致其邑與珪焉，而適齊。向魋出於衛地，公文氏攻之，求夏后氏之璜焉。與之他玉，而奔齊，陳成子使爲次卿。司馬牛又致其邑焉，而適吴。吴人惡之，而反。趙簡子召之，陳成子亦召之。卒於魯郭門之外，阬氏葬諸丘輿。

莒子狂卒。

六月，宋向魋自曹出奔衛。宋向巢來奔。

齊人弑其君壬于舒州。

《左傳》：甲午，齊陳恒弑其君壬于舒州。孔丘三日齊，而請伐齊，三。公曰：魯爲齊弱久矣，子之伐之，將若之何，對曰：陳恒弑其君，民之不與者半。以魯之衆，加齊之半，可克也。公曰：子告季孫。孔子辭。退而告人曰：吾以從大夫之後也。故不敢不言。

秋，晋趙鞅帥師伐衛。

八月辛丑，仲孫何忌卒。

《左傳》：初，孟孺子洩將圉馬于成。成宰公孫宿不受，曰：孟孫爲成之病，不圉馬焉。孺子怒，襲成。從者不得入，乃反。成有司使，孺子鞭之。秋八月辛丑，孟懿子卒。成人奔喪，弗内，袒免哭于衢。聽共，弗許。懼，不歸。

冬，陳宗豎自楚復入于陳，陳人殺之。

陳轅買出奔楚。

有星孛。

饑。

十有五年，春王正月，成叛。

《左傳》：十五年春，成叛於齊。武伯伐成，不克，遂城輸。

夏，楚子西、子期伐吴，及桐汭。陳侯使公孫貞子弔焉，及良而卒，將以尸入。吴子使大宰嚭勞，且辭曰：以水潦之不時，無乃廪然隕大夫之尸，以重寡君之憂。寡君敢辭上介。芋尹蓋對曰：寡君聞楚爲不道，薦伐吴國。滅厥民人。寡君使蓋備使，弔君之下吏。無禄，使人逢天之慼，大命隕隊，絶世于良，廢日共積，一日遷次。今君命逆使人曰：無以尸造于門。是我寡君之命委于草莽也。且臣聞之曰：事死如生，禮也。於是乎有朝聘而終，以尸將事之禮，又有朝聘而遭喪之禮。若不以尸將命，是遭喪而還也。無乃不可乎。以禮防民，猶或踰之。今大夫曰，死而棄之，是棄禮也。其何以爲諸侯主？先民有言曰：無穢虐士。備使奉尸將命，苟我寡君之命達於君所，雖隕于深淵，則天命也。非君與涉人之過也。吴人内之。

秋，齊陳瓘如楚。過衛，仲由見之，曰：天或者以陳氏爲斧斤，既斲喪公室，而他人有之，不可知也。其使終饗之，亦不可知也。若善魯以待時，不亦可乎？何必惡焉？子玉曰：然，吾受命矣，子使告我弟。

夏五月，齊高無丕出奔北燕。

鄭伯伐宋。

秋八月，大雩。

晋趙鞅帥師伐衛。

冬，晋侯伐鄭。

及齊平。

冬，及齊平。子服景伯如齊，子贛爲介，見公孫成，曰：人皆臣人，而有背人之心。况齊人雖爲子役，其有不貳乎？子，周公之孫也。多饗大利，猶思不義。利不可得，而喪宗國，將焉用之？成曰：善哉，吾不早聞命。陳成子館客，曰：寡君使恒告曰：寡人願事君如事衛君。景伯揖子贛而進之。對曰：寡君之願也。昔晋人伐衛，齊爲衛故，伐晋冠氏，喪車五百，因與衛地，自濟以西，禚、媚、杏以南，書社五百。吴人加敝邑以亂。齊因其病，取讙與闡。寡君是以寒心。若得視衛君之事君也，則固所願也。成子病之，乃歸成。公孫宿以其兵甲入于嬴。

衛孔圉取大子蒯聵之姊，生悝。孔氏之豎渾良夫，長而美，孔文子卒，通于内。大子在戚，孔姬使之焉。大子與之言曰：苟使我入獲國，服冕乘軒，三死無與。與之盟。爲請於伯姬。閏月，良夫與大子入，舍于孔氏之外圃。昏，二人蒙衣而乘，寺人羅御，如孔氏。孔氏之老欒寧問之，稱姻妾以告。遂入，適伯姬氏。既食，孔伯姬杖戈而先，大子與五人介，輿豭從之。迫孔悝于厠，強盟之，遂劫以登臺。欒寧將飲酒，炙未熟，聞亂，使告季子。召獲駕乘車，行爵食炙，奉衛侯輒來奔。季子將入，遇子羔將出，曰：門已閉矣。季子曰：吾姑至焉。子羔曰：弗及，不踐其難。季子曰：食焉，不辟其難。子羔遂出。子路入，及門，公孫敢門焉，曰：無入爲也。季子曰：是公孫也，求利焉而逃其難。由不然，利其禄，必救其患。有使者出，乃入。曰：大子焉用孔悝？雖殺之，必或繼之。且曰：大子無勇，若燔臺半，必舍孔叔。大子聞之，懼，下。石乞、盂黶敵子路。以戈擊之，斷纓。子路曰：君子死，冠不免。結纓而死。孔子聞衞亂，曰：柴也其來，由也死矣。孔悝立莊公。莊公害故政，欲盡去之。先謂司徒瞞成曰：寡人離病于外久矣，子請亦嘗之。歸告褚師比，欲與之伐公，不果。

衞公孟彄出奔齊。

十有六年，春王正月己卯，衞世子蒯聵自戚入于衞，衞侯輒來奔。

二月，衞子還成出奔宋。

《左傳》：十六年春，瞞成、褚師比出奔宋。衞侯使鄢武子告于周，曰：蒯聵得罪于君父君母，逋竄于晉。晉以王室之故，不棄兄弟，寘諸河上。天誘其衷，獲嗣守封焉。使下臣肸敢告執事。王使單平公對曰：肸以嘉命來告余一人。往謂叔父，余嘉乃成世，復爾禄次，敬之哉。方天之休，弗敬弗休，悔其可追。

夏四月己丑，孔丘卒。

《左傳》：公誄之曰：旻天不弔，不慭遺一老。俾屏余一人以在位，煢煢余在疚。嗚呼哀哉。尼父，無自律。子贛曰：君其不没于魯乎。夫子之言曰：禮失則昏，名失則愆。失志爲昏，失所爲愆。生不能用，死而誄之，非禮也。稱一人，非名也。君兩失之。杜氏預曰：四月十八日乙丑，無己丑，己丑，五月十二日。日月必有誤。案：孔子作《春秋》，終於獲麟之一句。自小邾以下，蓋左氏採魯史之文而略竄易之。至孔子卒，以尊聖人，其餘傳終哀公之世以成十二公之紀，末繫韓、趙、魏滅知伯，以見三晉之始，非連續其文。至悼之四年也，周之東遷，晉、鄭焉依，晉室分而諸侯非舊，乃變爲戰國。此左氏終篇之意也。

附　解

愚於《左傳》是非，不辭辨斥，非必與前人争也。聖人已往全憑遺書尚在，即其書以考其言行。凡聖人之行，固身體之，聖人之言，亦必實踐之，然後可以全乎人理，無忝人倫。若是非稍有不明，何以知所效法？况《春秋》一書，夫子因空言無補，欲以實事明理，使人易於知其是非。故事雖晚近之事，理即時中之理。即夫子褒貶，知夫子行事，豈可一毫失中？故不辭繁瑣，爲之辨明。至諸家更不待言矣。獲麟以下不置一詞，以非聖經比可否，無容必争，讀者其亦可以諒愚之心矣。或曰小邾射以下，乍觀亦似無異聖經，子以爲何如也？曰：如陳恒執其君一事，衹當書陳恒弑其君壬于舒州，傳其先執之事可也，否則書恒放其君于舒州。弑之足矣，書執其君寘于舒州，止是一放字，一事而兩記，非也。他可以知。

六月，衛侯飲孔悝酒于平陽，重酬之，大夫皆有納焉。醉而送之，夜半而遣之。載伯姬於平陽而行。及西門，使貳車反祏於西圃。子伯季子初爲孔氏臣，新登于公。請追之，遇載祏者，殺而乘其車。許公爲反祏，遇之，曰：與不仁人争，明無不勝。必使先射，射三發，皆遠許爲。許爲射之，殪。或以其車從，得祏于橐中。孔悝出奔宋。

楚大子建之遇讒也，自城父奔宋。又辟華氏之亂於鄭，鄭人甚善之。又適晋，與晋人謀襲鄭，乃求復焉。鄭人復之如初，晋人使諜於子木。請行而期焉。子木暴虐其私邑。邑人訴之。鄭人省之，得晋諜焉。遂殺子木。其子曰勝，在吴。子西欲召之。葉公曰：吾聞勝也詐而亂，無乃害乎？子西曰：吾聞勝也信而勇，不爲不利，舍諸邊竟，使衛藩焉？葉公曰：周仁之謂信，率義之謂勇。吾聞勝也好復言，而求死士，殆有私乎？復言，非信也。期死，非勇也。子必悔之。弗從。召之使處吴竟，爲白公。請伐鄭。子西曰：楚未節也。不然，吾不忘也。他日，又請，許之。未起師。晋人伐鄭，楚救之，與之盟。勝怒，曰：鄭人在此，讎不遠矣。勝自厲劍，子期之子平見之，曰：王孫何自厲也？曰：勝以直聞，不告女，庸爲直乎？將以殺爾父。平以告子西。子西曰：勝如卵，余翼而長之。楚國第，我死，令尹、司馬，非勝而誰？勝聞之，曰：令尹之狂也，得死，乃非我。子西不悛。勝謂石乞曰：王與二卿士，皆五百人當之，則可矣。乞曰：不可得也。曰：市南有熊宜僚者，若得之，可以當五百人矣。乃從白公而見之。與之言，説。告之故，辭。承之以劍，不動。勝曰：不爲利諂，不爲威惕，不洩人言以求媚者，去之。吴人伐慎，白公敗之。請以戰備獻，許之。遂作亂。秋七月，殺子西、子期于朝，而劫惠王。子西以袂掩面而死。子期曰：昔者吾以力事君，不可以弗終。抉豫章以殺人而後死。石乞曰：焚庫弑王，不然不濟。白公曰：不可。弑王不祥，焚庫無聚，將何以守矣？乞曰：有楚國而治其民，以敬事神，可以得祥，且有聚矣，何患？弗從。葉公在蔡，方城之外皆曰：可以入矣。子高曰：吾聞之，以險徼幸者，其求無饜，偏重必離。聞其殺齊管修也而後入。白公欲以子閭爲王，子閭不可，遂劫以兵。子閭曰：王孫若安靖楚國，匡正王室，而後庇焉，啓之願也，敢不聽從？若將專利以傾王室，不顧楚國，有死不能。遂殺之，而以王如高府，石乞尹門。圉公陽穴宫，負王以如昭夫人之宫。葉公亦至，及北門，或遇之，曰：君胡不胄？國人望君如望慈父母焉。盜賊之矢若傷君，是絶民望也。若之何不胄？乃胄而進。又遇一人曰：君胡胄？國人望君如望歲焉，日月以幾。若見君面，是得艾也。民知不死，其亦夫有奮心。猶將旌君以徇于國，而又掩面以絶民望，不亦甚乎？乃免胄而進。遇箴尹固，帥其屬將與白公。子高曰：微二子者，楚不國矣。棄德從賊，其可保乎？乃從葉公，使與國人以攻白公。白公奔山而縊，其徒微之。生拘石乞而問白公之死焉，對曰：余知其死所，而長者使余勿言。曰：不言將烹。乞曰：此事也，克則爲卿，不克則烹，固其所也。何害？乃烹石乞。王孫燕奔頯黄氏。沈諸梁兼二事，國寧，乃使寧爲令尹，使寬爲司馬，而老于葉。

衛侯占夢，嬖人求酒于大叔僖子。不得，與卜人比而告公曰：君有大臣在西南隅，弗去，懼害。乃逐大叔遺。遺奔晋。

衛侯謂渾良夫曰：吾繼先君而不得其器，若之何？良夫代執火者而言，曰：疾與亡君，皆君之子也。召之而擇材焉可也。若不材，器可得也。豎告大子。大子使五人輿豭從己，劫公而強盟之，且請殺良夫。公曰：其盟免三死。曰：請三之後，有罪殺之。公曰：諾哉。

十七年春，衛侯爲虎幄於藉圃，成，求令名者，而與之始食焉。大子請使良夫。良夫乘衷甸兩牡，紫衣狐裘，至，袒裘，不釋劍而食。大子使牽以退，數之以三罪而殺之。

三月，越子伐吴。吴子禦之笠澤，夾水而陳。越子爲左右句卒，使夜或左或右，鼓譟而進。吴師分以禦之，越子以三軍潛涉，當吴中軍而鼓之，吴師大亂，遂敗之。

晋趙鞅使告于衛曰：君之在晋也，志父爲主。請君若大子來，以免志父。不然，寡君其曰，志父之爲也。衛侯辭以難，大子又使椓之。夏六月，趙鞅圍衛。齊國觀、陳瓘救衛，得晋人之致師者。子玉使服而見之，曰：國子實執齊柄，而命瓘曰：無辟晋師。豈敢廢命？子又何辱？簡子曰：我卜伐衛，未卜與齊戰。乃還。

楚白公之亂，陳人恃其聚而侵楚。楚既寧，將取陳麥。楚子問帥于大師子穀與葉公諸梁。子穀曰：右領差車與左史老，皆相令尹、司馬以伐陳，其可使也。子高曰：率賤，民慢之，懼不用命焉。子穀曰：觀丁父，鄀俘也，武王以爲軍率，是以克州、蓼，服隨、唐，大啟群蠻。彭仲爽，申俘也，文王以爲令尹，實縣申、息，朝陳、蔡，封畛於汝。唯其任也，何賤之有？子高曰：天命不諂，令尹有憾於陳，天若亡之，其必令尹之子是與，君盍舍焉？臣懼右領與左史有二俘之賤，而無其令德也。王卜之，武城尹吉。使帥師取陳麥。陳人御之，敗，遂圍陳。秋七月己卯，楚公孫朝帥師滅陳。王與葉公枚卜子良以爲令尹。沈尹朱曰：吉，過於其志。葉公曰：王子而相國，過將何爲？他日，改卜子國而使爲令尹。

衛侯夢于北宫，見人登昆吾之觀。被髮北面而譟曰：登此昆吾之虚，緜緜生之瓜。余爲渾良夫，叫天無辜。公親筮之，胥彌赦占之，曰：不害。與之邑，寘之，而逃奔宋。衛侯貞卜，其繇曰：如魚竀尾，衡流而方羊。裔焉大國，滅之將亡。闔門塞竇，乃自後踰。冬十月，晋復伐衛，入其郛。將入城，簡子曰：止。叔向有言曰，怙亂滅國者無後。衛人出莊公而與晋平，晋立襄公之孫般師而還。十一月，衛侯自鄄入，般師出。

初，公登城以望，見戎州。問之，以告。公曰：我姬姓也，何戎之有焉？翦之。公使匠久。公欲逐石圃，未及而難作，辛巳，石圃因匠氏攻公，公閉門而請，弗許。踰于北方而隊，折股。戎州人攻之。大子疾、公子青踰從公，戎州人殺之。公入于戎州己氏。初，公自城上見己氏之妻髮美，使髡之，以爲吕姜髢。既入焉，而示之璧，曰：活我，吾與女璧。己氏曰：殺女，璧其焉往？遂殺之而取其璧。衛人復公孫般師而立之。十二月，齊人伐衛，衛人請平。立公子起，執般師以歸，舍諸潞。

公會齊侯，盟于蒙，孟武伯相。齊侯稽首，公拜。齊人怒，武伯曰：非天子，寡君無所稽首。武伯問于高柴曰：諸侯盟，誰執牛耳？季羔曰：鄫衍之役，吴公子姑曹；發陽之役，衞石魋。武伯曰：然則彘也。

宋皇瑗之子麇，有友曰田丙，而奪其兄劖般邑以與之。劖般慍而行，告桓司馬之臣子儀克。子儀克適宋，告夫人曰：麇將納桓氏。公問諸子仲。初，子仲將以杞姒之子非我爲子。麇曰：必立伯也，是良材。子仲怒，弗從，故對曰：右師則老矣，不識麇也。公執之。皇瑗奔晋，召之。

十八年春，宋殺皇瑗。公聞其情，復皇氏之族，使皇緩爲右師。

巴人伐楚。圍鄾。初，右司馬子國之卜也，觀瞻曰：如志。故命之。及巴師至，將卜帥。王曰：寧如志，何卜焉？使帥師而行，請承。王曰：寢尹、工尹，勤先君者也。三月，楚公孫寧、吴由于、薳固敗巴師于鄾，故封子國于析。君子曰：惠王知志。《夏書》曰：官占，唯能蔽志，昆命于元龜。其是之謂乎。《志》曰：聖人不煩卜筮。惠王其有焉。

夏，衞石圃逐其君起，起奔齊。衞侯輒自齊復歸，逐石圃，而復石魋與不叔遺。

十九年春，越人侵楚，以誤吴也。

夏，楚公子慶、公孫寬追越師，至冥，不及，乃還。

秋，楚沈諸梁伐東夷，三夷男女及楚師盟于敖。

冬，叔青如京師，敬王崩故也。

二十年春，齊人來徵會。夏，會于廩丘，爲鄭故，謀伐晋。鄭人辭諸侯。秋，師還。

吴公子慶忌驟諫吴子曰：不改，必亡。弗聽。出居于艾，遂適楚。聞越將伐吴，冬，請歸平越，遂歸。欲除不忠者以説于越。吴人殺之。

十一月，越圍吴，趙孟降于喪食。楚隆曰：三年之喪，親暱之極也。主又降之，無乃有故乎？趙孟曰：黄池之役，先主與吴王有質，曰：好惡同之。今越圍吴，嗣子不廢舊業而敵之，非晋之所能及也，吾是以爲降。楚隆曰：若使吴王知之，若何？趙孟曰：可乎？隆曰：請嘗之。乃往。先造于越軍，曰：吴犯間上國多矣，聞君親討焉，諸夏之人莫不欣喜，唯恐君志之不從，請入視之。許之。告于吴王曰：寡君之老無恤，使陪臣隆敢展謝其不共。黄池之役，君之先臣志父得承齊盟，曰：好惡同之。今君在難，無恤不敢憚勞。非晋國之所能及也，使陪臣敢展布之。王拜稽首曰：寡人不佞，不能事越，以爲大夫憂。拜命之辱。與之一簞珠，使問趙孟，曰：句踐將生憂寡人，寡人死之不得矣。王曰：溺人必笑，吾將有問也。史黯何以得爲君子？對曰：黯也進不見惡，退無謗言。王曰：宜哉。

二十一年夏，五月，越人始來。

秋八月，公及齊侯、邾子盟于顧。齊人責稽首，因歌之曰：魯人之皋，數年不覺，使我高蹈。唯其儒書，以爲二國憂。是行也，公先至於陽穀。齊閭丘息曰：君辱舉玉趾，以在寡君之軍。群臣將傳遽以告寡君，比其復也，君無乃勤。爲僕人之未次，請除館於舟道。辭曰：敢勤僕人？

二十二年夏，四月，邾隱公自齊奔越，曰：吴爲無道，執父立子。越人歸之，大子革奔越。

冬十一月丁卯，越滅吴，請使吴王居甬東。辭曰：孤老矣，焉能事君？乃縊。越人以歸。

二十三年，春，宋景曹卒。季康子使冉有弔，且送葬，曰：儆邑有社稷之事，使肥與有職競焉，是以不得助執紼，使求從輿人，曰：以肥之得備彌甥也，有不腆先人之産馬，使求薦諸夫人之宰，其可以稱旌繁乎。

夏六月，晋荀瑶伐齊，高無丕帥師御之。知伯視齊師，馬駭，遂驅之，曰：齊人知余旗，其謂余畏而反也。及壘而還。將戰，長武子請卜。知伯曰：君告于天子，而卜之以守龜於宗祧，吉矣。吾又何卜焉？且齊人取我英丘，君命瑶，非敢耀武也，治英丘也。以辭伐罪足矣，何必卜？壬辰，戰于犂丘，齊師敗績。知伯親禽顔庚。

秋八月，叔青如越，始使越也。越諸鞅來聘，報叔青也。

二十四年夏，四月，晋侯將伐齊，使來乞師，曰：昔臧文仲以楚師伐齊，取穀；宣叔以晋師伐齊，取汶陽。寡君欲徼福于周公，願乞靈于臧氏。臧石帥師會之，取廪丘。軍吏令繕，將進。萊章曰：君卑政暴，往歲克敵，今又勝都，天奉多矣，又焉能進？是躗言也。役將班矣。晋師乃還，餼臧石牛。大史謝之，曰：以寡君之在行，牢禮不度，敢展謝之。

邾子又無道，越人執之以歸，而立公子何。何亦無道。

公子荆之母嬖，將以爲夫人，使宗人釁夏獻其禮。對曰：無之。公怒曰：女爲宗司，立夫人，國之大禮也，何故無之？對曰：周公及武公娶于薛，孝、惠娶于商，自桓以下娶于齊，此禮也則有。若以妾爲夫人，則固無其禮也。公卒立之，而以荆爲大子。國人始惡之。

閏月，公如越，得大子適郢，將妻公，而多與之地。公孫有山告于季孫。季孫懼，使因大宰嚭而納賂焉，乃止。

二十五年夏，五月庚辰，衛侯出奔宋。衛侯爲靈臺於藉圃，與諸大夫飲酒焉。褚師聲子韤而登席，公怒。辭曰：臣有疾，異於人。若見之，君將㱿之，是以不敢。公愈怒。大夫辭之，不可。褚師出，公戟其手，曰：必斷而足。聞之，褚師與司寇亥乘，曰：今日幸而後亡。公之入也，奪南氏邑，而奪司寇亥政。公使侍人納公文懿子之車于池。初，衛人翦夏丁氏，以其帑賜彭封彌子。彌子飲公酒，納夏戊之女，嬖，以爲夫人。其弟期，大叔疾之從孫甥，少畜于公，以爲司徒。夫人寵衰，期得罪。公使三匠久。公使優狡盟拳彌，而甚近信之。故褚師比、公孫彌牟、公文要、司寇亥、司徒期因三匠與拳彌以作亂，皆執利兵，無者執斤。使拳彌入于公宫，而自大子疾之宫譟以攻公。鄄子士請禦之。彌援其手，曰：子則勇矣，將若君何？不見先君乎？君何所不逞欲？且君嘗在外矣，豈必不反？當今不可，衆怒難犯，休而易間也。乃出。將適蒲，彌曰：晋無信，不可。將適鄄，彌曰：齊、晋争我，不可。將適冷，彌曰：

魯不足與，請適城鉏以鉤越，越有君。乃適城鉏。彌曰：衛盜不可知也，請速，自我始。乃載寶以歸。公爲支離之卒，因祝史揮以侵衛。衛人病之。懿子知之，見子之，請逐揮。文子曰：無罪。懿子曰：彼好專利而妄，夫見君之人也，將先道焉。若逐之，必出于南門而適君所。夫越新得諸侯，將必請師焉。揮在朝，使吏遣諸其室。揮出，信，弗內。五日乃館諸外里。遂有寵，使如越請師。

六月，公至自越。季康子、孟武伯逆于五梧。郭重僕見二子，曰：惡言多矣，君請盡之。公宴于五梧，武伯爲祝，惡郭重，曰：何肥也？季孫曰：請飲彘也。以魯國之密邇仇讎，臣是以不獲從君，克免于大行，又謂重也肥。公曰：是食言多矣，能無肥乎？飲酒不樂，公與大夫始有惡。

二十六年夏，五月，步孫舒帥師會越皋如、后庸、宋樂茷，納衛侯，文子欲納之。懿子曰：君愎而虐，少待之，必毒于民，乃睦于子矣。師侵外州，大獲。出禦之，大敗。掘褚師定子之墓，焚之於平莊之上。文子使王孫齊私于皋如，曰：子將大滅衛乎，抑納君而已乎？皋如曰：寡君之命無他，納衛君而已。文子致衆而問焉，曰：君以蠻夷伐國，國幾亡矣，請納之。衆曰：勿納。曰：彌牟亡而有益，請自北門出。衆曰：勿出。重賂越人，申開守陴而納公，公不敢入。師還，立悼公，南氏相之。以城鉏與越人。公曰：期則爲此。令苟有怨于夫人者報之。司徒期聘于越，公攻而奪之幣。期告王，王命取之，期以衆取之。公怒，殺期之甥之爲大子者。遂卒于越。

宋景公無子，取公孫周之子得與啟，畜諸公宮，未有立焉。於是皇緩爲右師，皇非我爲大司馬，皇懷爲司徒，靈不緩爲左師，樂茷爲司城，樂朱鉏爲大司寇。六卿三族降聽政，因大尹以達。大尹常不告，而以其欲稱君命以令。國人惡之。司城欲去大尹，左師曰：縱之，使盈其罪。重而無基，能無敝乎？冬十月，公遊于空澤，辛巳，卒于連中。大尹興空澤之士千甲，奉公自空桐入，如沃宮。使召六子，曰：聞下有師，君請六子畫。六子至，以甲劫之，曰：君有疾病，請二三子盟。乃盟于少寢之庭，曰：無爲公室不利。大尹立啟，奉喪殯于大宮。三日，而後國人知之。司城茷使宣言于國曰：大尹惑蠱其君而專其利，今君無疾而死，死又匿之，是無他矣，大尹之罪也。得夢啟北首而寢于盧門之外，已爲烏而集于其上，咮加于南門，尾加于桐門。曰：余夢美，必立。大尹謀曰：我不在盟，無乃逐我，復盟之乎？使祝爲載書，六子在唐盂，將盟之。祝襄以載書告皇非我。皇非我因子潞、門尹得、左師謀曰：民與我，逐之乎？皆歸授甲，使徇于國曰：大尹惑蠱其君，以陵虐公室。與我者，救君者也。衆曰：與之。大尹徇曰：戴氏、皇氏將不利公室，與我者，無憂不富。衆曰：無別。戴氏、皇氏欲伐公。樂得曰：不可。彼以陵公有罪，我伐公，則甚焉。使國人施于大尹。大尹奉啟以奔楚，乃立得。司城爲上卿，盟曰：三族共政，無相害也。

衛出公自城鉏使以弓問子贛，且曰：吾其入乎？子贛稽首受弓，對曰：臣不識也。私于使者曰：昔成公孫于陳，甯武子、孫莊子爲宛濮之盟而君入；獻公孫于齊，子鮮、子展爲夷儀之盟而君入。今君再在孫矣，內不聞獻之親，外不聞成之卿，則賜不識所由入也。《詩》曰：無競惟人，四方其順之。若得其人，四方以爲主，而國于何有？

二十七年春，越子使后庸來聘，且言邾田，封于駘上。二月，盟于平陽，三子皆從。康子病之，言及子贛，曰：若在此，吾不及此夫。武伯曰：然。何不召？曰：固將召之。文子曰：他日請念。

夏四月己亥，季康子卒。公弔焉，降禮。

晋荀瑶帥師伐鄭，次于桐丘。鄭駟弘請救于齊。齊師將興，陳成子屬孤子，三日朝。設乘車兩馬，繫五邑焉，召顔涿聚之子晋，曰：隰之役，而父死焉。以國之多難，未女恤也。今君命女以是邑也，服車而朝，毋廢前勞。乃救鄭。及留舒，違穀七里，穀人不知。及濮，雨，不涉。子思曰：大國在敝邑之宇下，是以告急。今師不行，恐無及也。成子衣製，杖戈，立于阪上，馬不出者，助之鞭之。知伯聞之，乃還，曰：我卜伐鄭，不卜敵齊。使謂成子曰：大夫陳子，陳之自出。陳之不祀，鄭之罪也。故寡君使瑶察陳衷焉，謂大夫其恤陳乎？若利本之顛，瑶何有焉？成子怒曰：多陵人者皆不在，知伯其能久乎？中行文子告成子曰：有自晋師告寅者，將爲輕車千乘，以厭齊師之門，則可盡也。成子曰：寡君命恒曰：無及寡，無畏衆。雖過千乘，敢辟之乎？將以子之命告寡君。文子曰：吾乃今知所以亡。君子之謀也，始、衷、終皆舉之，而後入焉。今我三不知而入之，不亦難乎？

公患三桓之侈也，欲以諸侯去之。三桓亦患公之妄也。故君臣多間。公遊于陵阪，遇孟武伯于孟氏之衢，曰：請有問于子，余及死乎？對曰：臣無由知之。三問，卒辭不對。公欲以越伐魯，而去三桓。秋八月甲戌，公如公孫有陘氏，因孫于邾，乃遂如越。國人施公孫有山氏。

悼之四年，晋荀瑶帥師圍鄭。未至，鄭駟弘曰：知伯愎而好勝，早下之，則可行也。乃先保南里以待之。知伯入南里，門于桔柣之門。鄭人俘酅魁壘，賂之以知政，閉其口而死。將門，知伯謂趙孟：入之。對曰：主在此。知伯曰：惡而無勇，何以爲子？對曰：以能忍耻，庶無害趙宗乎？知伯不悛，趙襄子由是惎知伯，遂喪之。知伯貪而愎，故韓、魏反而喪之。

按：左氏爲魯史官，則其記魯事自不止此。特因夫子修《春秋》以教門人，丘明在門人之列，故《傳》終於孔子卒，以全其爲師書。至記事終哀公，則史官之職。其終言荀瑶事至悼四年，或左氏長年自記，或孔門弟子所記，均不可知。要知三傳皆多荒謬，而《左氏》較《公》《穀》爲優，《經》義賴之以考，固宜後人重之也。